VPN mit Linux

Ralf Spenneberg

VPN mit Linux

Grundlagen und Anwendung virtueller privater Netzwerke mit Open-Source-Tools

 ADDISON-WESLEY

An imprint of Pearson Education

München • Boston • San Francisco • Harlow, England
Don Mills, Ontario • Sydney • Mexico City
Madrid • Amsterdam

Bibliografische Information der Deutschen Nationalbibliothek
Die Deutsche Nationalbibliothek verzeichnet diese Publikation in der Deutschen Nationalbibliografie;
detaillierte bibliografische Daten sind im Internet über <http://dnb.d-nb.de> abrufbar.

10   9   8   7   6   5   4   3   2   1

12   11   10

ISBN 978-3-8273-2515-0

© 2010 by Addison-Wesley Verlag,
ein Imprint der Pearson Education Deutschland GmbH,
Martin-Kollar-Straße 10–12, D-81829 München/Germany
Alle Rechte vorbehalten
Einbandgestaltung: Marco Lindenbeck, webwo GmbH (mlindenbeck@webwo.de)
Lektorat: Boris Karnikowski, bkarnikowski@pearson.de
Fachlektorat: Wilhelm Dolle, Berlin
Korrektorat: Friederike Daenecke, Zülpich
Herstellung: Monika Weiher, mweiher@pearson.de
Satz: le-tex publishing services GmbH, Leipzig
Druck und Verarbeitung: Kösel, Krugzell (www.KoeselBuch.de)
Printed in Germany

Für Claudia

Inhaltsübersicht

Teil V   OpenVPN 2.x   **427**

Inhaltsverzeichnis

II Praktische Umsetzung

Vorwort zur 2. Auflage

Die erste Auflage des Buches war ein großer Erfolg. Ich war sehr überrascht von der großen Resonanz, die ich erhalten habe. Allerdings ist die erste Auflage inzwischen nicht mehr verfügbar, und es haben sich auch große Änderungen und Weiterentwicklungen im VPN-Umfeld ergeben. So hat *OpenVPN* als alternative VPN-Lösung inzwischen eine große Bedeutung erlangt. In Kundenprojekten wird immer häufiger auch nach OpenVPN gefragt. Daher widme ich OpenVPN einen eigenen Teil (s.u.) am Ende des Buches. Auch im IPsec-Bereich hat sich viel getan. Das FreeS/wan-Projekt hat sich beendet. *Openswan* und *strongSwan* sind würdige Nachfolger. Beide werden in diesem Buch daher mit ihren Möglichkeiten betrachtet. Ich persönlich bevorzuge strongSwan. Dies ist auch in den einzelnen Kapiteln im Buch erkennbar. Dabei kenne ich Paul Wouters und Ken Bantoft von Openswan genauso gut wie Prof. Dr. Andreas Steffen, der strongSwan entwickelt.

Mit strongSwan steht aber auch eine ausgereifte IKEv2-Implementierung in der OpenSource-Welt zur Verfügung. Diese kann erfolgreich auch mit Windows 7-Clients VPN-Verbindungen aufbauen. Daher wird dem IKEv2-Protokoll und dessen Implementierung und Möglichkeiten auch ein eigener Teil in diesem Buch gewidmet.

Die restlichen Teile des Buches wurden gründlich überarbeitet und auf die aktuellen Versionen abgestimmt. Überholte Kapitel und Aussagen wurden ersatzlos gestrichen und durch aktuelle Konfigurationsbeispiele ersetzt. So betrachten wir auch den Kernel 2.4 mit seinen `ipsecX`-Netzwerkkarten nicht mehr, sondern konzentrieren uns auf den Kernel 2.6 mit der Netkey-IPsec-Implementierung. Leser, die sich für die alte Implementierung noch interessieren, aber die alte Auflage nicht mehr erhalten können, möchte ich auf die Online-Version des Buches unter `http://www.os-t.de/buecher_new.php` hinweisen. Dort finden Sie auch die erste Auflage dieses Buches als PDF.

Leser der ersten Auflage werden sich aber weiterhin in diesem Buch zurechtfinden. Das Ziel des Buches ist es weiterhin, die Planung, Implementierung und den Einsatz von virtuellen privaten Netzwerken mit Linux zu unterstützen. Hierbei setze ich lediglich grundsätzliche administrative Kenntnisse voraus. Die eingesetzten Protokolle und Programme werden ausführlich erläutert.

Der Teil I, „Grundlagen", beginnt mit einer allgemeinen Einführung in die Technik und Grundlagen virtueller privater Netzwerke. Anschließend werden die verschiedenen Verschlüsselungsalgorithmen erklärt, die hier zum Einsatz kommen. Ihre Kenntnis ist bei der Anwendung eines VPNs nicht zwingend notwendig, jedoch erlaubt Ihnen ein gewisses Grundwissen eine Einschätzung Ihrer Sicherheit.

Schließlich werden die eingesetzten Protokolle der IPsec-Familie betrachtet und analysiert. Auch dieses Wissen ist nicht zwingend erforderlich, um ein VPN zu betreiben. Bei einer Fehlersuche ist solches Hintergrundwissen jedoch sehr nützlich, wenn nicht sogar obligatorisch.

Sollte das entsprechende Grundwissen bereits vorhanden sein oder sollten Sie ungeduldig mit dem Aufbau eines VPNs beginnen wollen, so können Sie direkt mit Teil II des Buches beginnen. Für das Verständnis, die Planung und die Fehlersuche empfiehlt es sich jedoch, zu einem späteren Zeitpunkt Teil I nachzulesen.

Teil II, „Praktische Umsetzung", beschreibt den Aufbau einfacher virtueller privater Netzwerke mit den momentan zur Verfügung stehenden Implementierungen für den Linux-Kernel 2.6 mit dem IKE-Protokoll in der Version 1. Hier werden Openswan, strongSwan, Racoon und der Isakmpd besprochen. Auch die Anbindung weiterer Betriebssysteme wie Windows XP und Cisco kommt zur Sprache.

Der Teil III, „IKEv2 mit strongSwan", betrachtet den Bau von VPNs mit dem IKEv2-Protokoll. Hier wird auch die Anbindung von Windows 7 erläutert.

Teil IV, „Fortgeschrittene Konfiguration und Fehlersuche", beschreibt besondere Eigenheiten der Implementierungen und stellt zusätzliche Funktionalitäten vor, die für die eine oder andere Implementierung einzigartig sind. Hier werden Funktionen wie NAT-Traversal, XAuth und IKE-Config-Mode besprochen. Auch die Unterstützung von Hardware-Kryptoprozessoren zur Beschleunigung der Verschlüsselung wird hier angesprochen.

In Teil IV werden auch die wichtigsten Werkzeuge zur Fehlersuche vorgestellt.

Schließlich wird in Teil V, „OpenVPN 2.x", die Implementierung von VPNs mit OpenVPN vorgestellt. OpenVPN nutzt ein proprietäres, auf OpenSSL basierendes Protokoll für die Realisierung von virtuellen privaten Netzwerken.

Bei der Strukturierung des Buches habe ich versucht, die Aufgabenstellungen beim Aufbau eines VPNs in Schritt-für-Schritt-Anleitungen durchzusprechen. Sicherlich wird dabei nicht jedes Problem geklärt. Um diesem Missstand Rechnung zu tragen, behandelt Teil IV komplizierte und besondere Fragestellungen. Hierbei ist es jedoch nur möglich, Einblicke in bestimmte Probleme zu geben. Sie sollen als Anregung aufgefasst werden und den Lösungsweg aufzeigen.

Alles in allem hoffe ich, dass mir ein Buch gelungen ist, mit dem Sie in der Lage sind, den Einsatz von virtuellen privaten Netzwerken auf der Basis von Linux abzuwägen und umzusetzen. Hoffentlich haben Sie bei dem Lesen des Buches genauso viel Spaß wie ich beim Schreiben hatte.

Kontakt für Rückfragen und Anmerkungen

Virtuelle private Netzwerke sind weiterhin ein sehr aktuelles Thema. Dies führt dazu, dass die entsprechenden Technologien und Produkte ständig weiterentwickelt werden. Die in diesem Buch besprochenen Themen sind dabei sicherlich keine Ausnahme. Wenn Sie also zum Inhalt dieses Buches Updates, Korrekturen oder einfach Anregungen loswerden möchten, können Sie mich unter `ralf@os-t.de` erreichen. Ich biete zu diesen Themen auch Schulungen und Workshops an und berate und unterstütze Sie bei der Planung, Evaluation und Implementierung von VPN-Lösungen. Dabei können Sie auf meine Erfahrung speziell auch bei der Implementierung zahlreicher heterogener VPN-Lösungen zugreifen. Kleinere Fragen können sicherlich auch unkompliziert per E-Mail gestellt und beantwortet werden. Unabhängig davon werde ich versuchen, unter `http://www.spenneberg.com/` Updates und Korrekturen zum Buch zu veröffentlichen.

Teil I

Grundlagen

Dieser Teil des Buches behandelt die allgemeinen und theoretischen Grundlagen beim Aufbau von virtuellen privaten Netzwerken. Dabei sind viele Informationen allgemeiner Natur und betreffen nicht nur das Betriebssystem Linux. Die Informationen in diesem Teil sind für das Verständnis und die Wartung von derartigen VPNs unbedingt erforderlich. Wenn Sie dieses Wissen bereits besitzen oder Sie ungeduldig mit dem Aufbau eines VPNs beginnen wollen, so können Sie direkt zum Teil II vorblättern. Ich möchte Ihnen jedoch auch bei entsprechender Erfahrung empfehlen, später den Teil I nachzulesen. Vielleicht findet sich doch noch die eine oder andere Information, die für Sie interessant ist.

Einleitung

Virtuelle private Netzwerke (VPN) erlauben eine sichere, stabile und preisgünstige Kommunikation über das Internet. Mit ihrer Hilfe können verteilte Unternehmensnetze verbunden werden oder Außendienstmitarbeiter auf Ressourcen und Daten in dem Unternehmensnetz zugreifen. Sie bieten eine kostengünstige und sichere Anbindung von Filialen an eine Zentrale und erlauben den Einsatz von Telearbeitsplätzen, bei denen die Angestellten von zu Hause aus ihre Arbeit erledigen.

Die Implementierung eines VPNs erforderte in der Vergangenheit immer die Beteiligung eines Providers, das Mieten dedizierter Verbindungen und den Einsatz komplizierter und kostspieliger Hardware. Seit einigen Jahren besteht jedoch die Möglichkeit, derartige VPNs komplett softwarebasiert auf der Basis des Internet-Protokolls IP zu implementieren. Es existiert eine ganze Reihe von kommerziellen Lösungen, die unterschiedlich gut und häufig sehr kostspielig sind.

Das Open-Source-Betriebssystem Linux wird seit über 15 Jahren immer häufiger als Alternative zur Senkung der Lizenzkosten bei proprietärer Software eingesetzt. Auch seine Firewallfähigkeiten sind allgemein anerkannt. Seit der ersten Auflage dieses Buches wird es auch immer häufiger verwendet, um anspruchsvolle VPN-Lösungen zu bieten. Sogar viele Hersteller haben dies erkannt und bieten VPN-Appliances an, die intern auf Linux basieren. In diesem Buch versuche ich, Ihnen die Möglichkeiten und Grenzen der unter Linux existierenden Technologien aufzuzeigen und eine Anleitung für die Praxis zu geben.

Um speziell den praktischen Gesichtspunkt nicht außer Acht zu lassen, werden im Rahmen dieses Buches verschiedene klassische Szenarien für den Einsatz eines VPNs besprochen und die Linux-Lösungen beschrieben.

1. Was ist ein virtuelles privates Netzwerk?

Ein virtuelles privates Netzwerk (VPN) ermöglicht die private vertrauliche Kommunikation über ein öffentliches und eigentlich unsicheres Netz. Hierzu werden virtuelle Verbindungen genutzt, die ein Abhören und Modifizieren der Informationen unmöglich machen sollen. Als öffentliches Transfernetz wird hier meist das Internet gewählt[1].

Derartige VPNs erlauben eine kostengünstige Kommunikation zwischen Unternehmensnetzen weltweit. Wenn in der Vergangenheit eine dedizierte Leitung durch einen Kommunikationsanbieter bereitgestellt werden musste, genügt nun die Anbindung über einen lokalen Internet Service Provider (ISP). So können auch lokale Netze (Local Area Network, LAN) an vollkommen unterschiedlichen Standorten, etwa Berlin und New York, ohne dedizierte Leitung, bei der der Telefonanbieter die Vertraulichkeit durch sein eigenes Netzwerk bereitstellt, sicher und vertraulich kommunizieren.

Ein VPN ermöglicht auch den sicheren Zugang zu internen Ressourcen für Außendienstmitarbeiter, die von unterschiedlichen Standorten aus zugreifen wollen. Bisher wurden hierzu meist Modem-Pools durch die Unternehmen zur Verfügung gestellt, bei denen sich der Außendienstmitarbeiter – meist über ein Ferngespräch – einwählen konnte. Die Verbindungskosten sind jedoch hoch, und außerdem ist keine Vertraulichkeit garantiert, wenn die Informationen nicht verschlüsselt übertragen werden.

Ein VPN kann hier eine Lösung bieten, da die Außendienstmitarbeiter sich nun über nationale oder internationale ISPs in das Internet einwählen können. Anschließend kann ein VPN auf der Basis dieser Internetverbindung aufgebaut werden. So kann die Vertraulichkeit und Integrität der ausgetauschten Informationen sichergestellt werden, ohne dass sich der Außendienstmitarbeiter direkt im Unternehmen einwählt und durch die Telefonverbindung hohe Kosten verursacht.

Dieses Szenario wird in den letzten Jahren auch immer häufiger von Firmen eingesetzt, um den eigenen Administratoren während ihrer Rufbereitschaft die Anfahrt in das Unternehmen zu ersparen. Viele Probleme können dann von dem Administrator während einer Einwahl durch das VPN gelöst werden. Auch Wartungszugänge für Telefonvermittlungen, Kopierer und weitere Maschinen werden häufig über VPN-Verbindungen realisiert. Hier ist natürlich die Sicherheit besonders wichtig. Sie wollen ja nicht, dass der Wartungsmitarbeiter einer fremden Firma bei Ihnen ohne Ihr Wissen herumschnüffeln kann.

---

1   Alternativ gibt es auch Anbieter, die auf der Basis von MPLS (Multiprotocol Label Switching) VPN-Lösungen anbieten. Diese sollen hier nicht betrachtet werden.

Schließlich können die VPN-Technologien auch innerhalb eines LANs eingesetzt werden, um die Kommunikation der Rechner untereinander vor einem möglichen Lauschangriff zu schützen. Sind die Informationen sehr sensitiv und der Zugang zu dem LAN nicht geschützt[2], so kann ein VPN verwendet werden.

---

2   Dies ist zum Beispiel auch bei einem WLAN der Fall.

2. Aufgaben eines VPN

Ein virtuelles privates Netzwerk stellt ein Sicherheitsinstrument dar. Damit Sie die Aufgaben eines VPNs richtig verstehen können, werde ich zunächst einige Risiken im Internet aufzählen und erläutern.

2.1 Gefahren im Internet

Ein lokales Netzwerk (LAN) ohne Internetanbindung ist üblicherweise relativ gut geschützt. Ein Zugriff von außen ist nicht möglich. Wenn die Benutzer des Netzwerks vertrauenswürdig sind, ist mit bösartigen Angriffen nicht zu rechnen. Häufig genügen dann einfache Maßnahmen, um die Sicherheit und Funktionalität des Netzwerks zu gewährleisten. Hierbei handelt es sich um Maßnahmen zur Sicherung der Daten (Backup) sowie zum Schutz vor Viren und vor Hardwareausfall. Es sollte jedoch nicht vergessen werden, dass davon ausgegangen wird, dass viele erfolgreiche Angriffe von innen ausgeführt werden. Hier kann die Intrusion Detection bei der Erkennung dieser Angriffe helfen.

Sobald dieses LAN jedoch mit dem Internet verbunden wird, kommen einige wesentliche Gefahren hinzu. Das Internet ist ein anonymes Netzwerk, das keine Schutzmechanismen bietet. Angriffe sind meist nicht zu verfolgen und sehr einfach auszuführen. Sämtliche Informationen, die im LAN transportiert und gespeichert werden, sind nun diesen Angriffen ausgesetzt. Dies gilt insbesondere für die Daten, die über das Internet transportiert werden.

Im Wesentlichen existieren vier verschiedene Gefahren im Internet:

» *Lauschangriff (Sniffen)*: Die TCP/IP-Protokolle bieten keinen Schutz vor dem Lauschangriff auf die übertragenen Informationen. Alle klassischen Protokolle der TCP/IP-Familie in Version 4 übertragen die Informationen im Klartext. Daher ist es die Aufgabe der Applikationsprotokolle oder des Benutzers, die vertraulichen Daten zu verschlüsseln, bevor sie an die TCP/IP-Protokolle übergeben werden. Dies ist recht umständlich und erfordert einen zusätzlichen Aufwand durch den Benutzer. Erfolgt keine Verschlüsselung, so können die Daten entlang der gesamten Verbindungsstrecke mitgelesen werden (siehe Abbildung 2.1). Eine Vertraulichkeit der Daten ist nicht gewährleistet.

» *Einbruch*: Der Einbruch in ein Netzwerk ist eine sehr große Gefahr bei der Anbindung dieses Netzwerks an das Internet. Einbrüche sind häufig möglich, da die eingesetzten Produkte Sicherheitslücken aufweisen oder der Administrator bei der Konfiguration dieser Produkte Fehler gemacht hat. Der Einbrecher entdeckt diese Lücken und Fehler und nutzt diese aus, um sich Zugang zum LAN zu verschaffen. Üblicherweise wird eine Firewall eingesetzt, um derartige Einbrüche zu vereiteln. Dies genügt jedoch in vielen Fällen nicht.

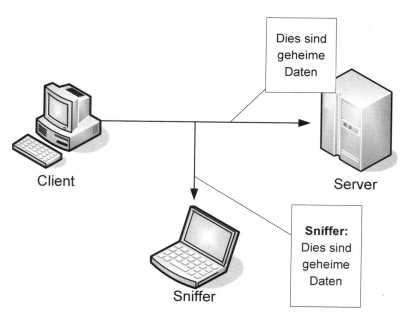

Abbildung 2.1: **Dritte Personen können Netzwerkverbindungen mitlesen und die Daten verändern.**

Sobald der Einbrecher erfolgreich eine Sicherheitslücke ausgenutzt hat (Exploit), ist er in der Lage, (sämtliche) Funktionen des LANs zu nutzen, zu stören und möglicherweise auch Kernfunktionen umzukonfigurieren.

» *Falsche Identität*: Eine große Gefahr im Internet besteht in seiner scheinbaren Anonymität. Es gibt keine Möglichkeit, mithilfe der TCP/IP-Protokolle einwandfrei die Identität eines Kommunikationspartners zu garantieren. Dieser kann eine falsche IP-Adresse (IP-Spoofing), eine falsche MAC-Adresse (ARP-Spoofing[1]) oder sogar einen falschen DNS-Namen (DNS-Spoofing) vortäuschen. So besteht mit DNS-Spoofing die Möglichkeit, dass ein Angreifer vortäuscht, den DNS-Namen www.sparkasse.de zu besitzen. Mögliche Besucher der Website werden dann auf die Website des Angreifers geleitet. Existieren keine weiteren über die TCP/IP-Protokolle hinausgehenden Methoden zur Feststellung der Authentizität der Website, kann dieser Angriff durch den Besucher nicht erkannt werden.

» *Modifikation der Daten*: Sobald ein Mitlesen der Daten möglich ist, können diese Daten auch bei deren Transport verfälscht oder können zusätzliche Daten eingeschleust werden. Die klassischen Protokolle der TCP/IP-Familie bieten keinerlei Integritätsschutz der transportierten Informationen. Ein Angreifer kann übertragene E-Mails oder Word-Dokumente bei deren Transport modifizieren oder erweitern. Diese Modifikation ist durch den Empfänger nicht zu erkennen (siehe Abbildung 2.1).

Ein VPN hat die Aufgabe, in Zusammenarbeit mit anderen Maßnahmen einen Schutz vor diesen Gefahren zu bieten.

---

1 Dies ist nur im lokalen Netzwerk möglich.

2.2 Schutz durch eine Firewall

Der Schutz vor einem Einbruch wird üblicherweise durch eine Firewall gewährleistet. Die Aufgabe dieser Firewall ist es, den Netzwerkverkehr über die Firewall zu untersuchen und zu kontrollieren. Sie werden die Funktion einer Firewall vermutlich grundsätzlich kennen. Ich möchte Ihnen hier aber dennoch kurz der Begriff und die verwendeten Technologien erläutern. In der Autoindustrie bezeichnet das Wort *Firewall* die Wand, die den Motorraum von den Insassen trennt. Sie stellt einen Schutz vor einem möglichen Motorbrand dar und muss in der Lage sein, diesem zu widerstehen.

Übertragen auf Computernetze stellt eine Firewall im einfachsten Fall ein trennendes Gerät zwischen mindestens zwei Netzen dar. Sie unterbindet den ungehinderten Austausch von Informationen. Lediglich ausgewählte Daten dürfen transportiert werden. Damit die Firewall diese Funktion erfüllen kann, darf keine zusätzliche Verbindung zwischen den beiden Netzen existieren, die eine Umgehung der Firewall erlauben würde. Die Firewall muss die einzige Verbindung sein. Es gibt nun verschiedene Techniken, eine Firewall zu implementieren. Die beiden am weitesten verbreiteten Techniken sind der Paketfilter und der Filter auf der Schicht des Applikationsprotokolls, häufig auch als *Proxy* oder *Application Level Gateway* (ALG) bezeichnet. In vielen Fällen setzen Firewallsysteme beide Techniken ein. Beispiele für Open-Source-Produkte, die diese Techniken implementieren, sind *Ipchains* und *Iptables/Netfilter* als Paketfilter und *Squid* und *HAVP* als Proxy. Beide Ansätze unterscheiden sich stark in ihrer Performance und in ihren Filtermöglichkeiten.

2.3 Paketfilter

Wie es der Name schon sagt, ist der reine Paketfilter in der Lage, Pakete zu filtern. Dazu betrachtet er die Header der IP-Pakete. Die meisten Paketfilter können den IP-Header und – wenn vorhanden – auch den TCP-, UDP- und ICMP-Header lesen und verarbeiten. Bei diesen Informationen handelt es sich um die IP-Adressen, das IP-Protokoll, zum Beispiel TCP, UDP, ICMP, IGMP, ESP, AH und – wenn vorhanden – die TCP- und UDP-Ports und den ICMP-Code. Weitere Informationen im IP-Header sind beispielsweise der Fragmentierungszustand, die Länge des Paketes sowie TTL- und TOS-Werte[2].

Mithilfe dieser Kriterien können Regeln definiert werden, die zum Beispiel nur Pakete zu einem Webserver durchlassen, wenn sie an seinen Port 80 gerichtet sind. Da ein Paketfilter normalerweise nicht in der Lage ist, den Inhalt der Pakete zu betrachten, kann er jedoch nicht feststellen, ob diese Pakete tatsächlich eine HTTP-Anfrage enthalten und ob das HTTP-Protokoll fehlerfrei verwendet wird. Der Paketfilter arbeitet meist im Kernel des Betriebssystems auf den Schichten 3 und 4 des OSI-Modells. Er hat normalerweise keinerlei Zugriff auf die Applikationsdaten. Die zu filternden Pakete müssen nicht an eine Applikation im Userspace weitergegeben werden. Dadurch kann der Paketfilter sehr schnell arbeiten.

---

2   Virtuelle private Netzwerke auf der Basis von IPsec verwenden als IP-Protokolle das Protokoll (ESP) und das Authentication Header|seeAH Protokoll (AH). Dies sind die IP-Protokolle 50 bzw. 51. Diese Protokolle verwenden jedoch keine Portnummern.

Es existieren zwei verschiedene Varianten eines Paketfilters: einfache *zustandslose Paketfilter* und *zustandsorientierte Paketfilter*, sogenannte „Stateful Packetfilter". Ein zustandsloser Paketfilter (zum Beispiel *ipchains*[3]) ist in der Lage, einzelne Pakete zu filtern. Er ist jedoch nicht in der Lage, einen Zusammenhang zwischen verschiedenen Paketen herzustellen. Bei einem Paket, das den Paketfilter von außen erreicht, kann er nicht feststellen, ob dieses Paket Teil einer bereits aufgebauten Verbindung ist oder eine neue Verbindung öffnet. Ein zustandsloser Paketfilter muss daher alle theoretisch möglichen Antwortpakete von außen erlauben, um eine reibungslose Kommunikation zu unterstützen. Ein zustandsorientierter Paketfilter (zum Beispiel *iptables*[4]) prüft bei jeder neuen Verbindung, ob sie entsprechend den Regeln erlaubt ist. Er erzeugt dann einen Eintrag in seiner Zustandstabelle. Anschließend können weitere Pakete dieser Verbindung automatisch zugelassen werden. Es müssen nicht mehr alle denkbar möglichen Antwortpakete erlaubt werden. Der Paketfilter erlaubt nur noch diejenigen Pakete, die zu vorher aufgebauten und entsprechend den Regeln authentifizierten Verbindungen gehören. Dies erhöht die Sicherheit des Paketfilters. Damit ist ein zustandsorientierter Paketfilter gewissermaßen ein Verbindungsfilter.

Viele dieser Paketfilter unterstützen die „Stateful Inspection". Hierbei betrachtet der Paketfilter auch den Inhalt einiger Pakete für die Verwaltung seiner Regeln. Dieses Verhalten wird benötigt, da einige Protokolle vom üblichen Standard einer IP-Verbindung zwischen einem Client und einem Server abweichen. Normalerweise kontaktiert der Client von einem hohen Port (Port $\geq$ 1024) den Server auf einem privilegierten Port (Port <1024). Über diese Verbindung werden alle Informationen ausgetauscht. Der bekannteste Vertreter der Protokolle, die sich nicht an diesen Standard halten, ist FTP. Der Client verbindet sich von einem hohen Port mit dem Port 21 (ftp control port) auf dem Server. Diese Verbindung wird verwendet, um die Informationen zur Anmeldung und die weiteren Befehle zu übertragen. Sobald der Server Daten auf den Client übertragen muss (Verzeichnisinhalt oder Datei), öffnet der Server eine Verbindung von Port 20 (ftp data port) zu einem anderen hohen Port des Clients. Dies bezeichnet man als aktives FTP, da der Server eine aktive Rolle einnimmt (siehe Abbildung 2.2). Der zu verwendende hohe Port wird zuvor von dem Client an den Server in einem sogenannten PORT-Kommando übertragen. Stateful Inspection bedeutet, dass die Firewall in der Lage ist, das PORT-Kommando zu erkennen und anschließend spezifisch die aktive FTP-Verbindung zu erlauben. Eine zustandslose Firewall kann diesen Zusammenhang nicht herstellen und muss daher grundsätzlich Pakete von jedem beliebigen Rechner und Port 20 auf jeden hohen Port eines Clients zulassen, um aktives FTP zu unterstützen. Die Stateful Inspection stellt die einzige Ausnahme dar, bei der ein Paketfilter intelligent auf den Inhalt des Paketes zugreift.

---

3   Der Paketfilter *ipchains* ist auch in der Lage, Pakete zu maskieren. Hierbei wird die Absender-IP-Adresse in den Paketen ausgetauscht. Damit die Antwortpakete später den korrekten Absendern und Ports zugeordnet werden können, muss ipchains eine Zustandstabelle pflegen und stellt in dem Moment eine Art zustandsorientierten Paketfilter dar. Dies trifft jedoch nur für die maskierten Verbindungen zu!

4   Der Paketfilter *iptables/Netfilter* ist nur dann ein zustandsorientierter Paketfilter, wenn das *xx_conntrack.o*-Modul geladen wurde. Dies erfolgt automatisch, wenn der Paketfilter eine Network Address Translation (NAT) durchführt. Zusätzlich müssen jedoch diese Funktionalitäten auch von den Regeln genutzt werden. Für die „Stateful Inspection" müssen ebenfalls weitere Module geladen werden.

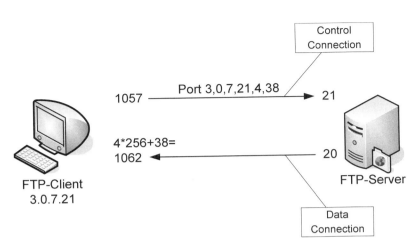

Abbildung 2.2: **Aktive FTP-Verbindung**

Dies kann auch für die Applikationsprotokolle Internet Relay Chat (IRC), Point to Point Tunneling Protocol (PPTP), H.323, ICMP und andere erfolgen. Ansonsten betrachtet jedoch ein Paketfilter nur die Header der Pakete. Er ist mehr oder weniger ein intelligenter Router! Das bedeutet, dass die Verbindung bei einem Paketfilter (im Gegensatz zum Proxy) zwischen dem echten Client und dem echten Server aufgebaut wird.

2.4 Proxy-Firewall

Ein Proxy betrachtet die Pakete nicht. Ein Proxy arbeitet im Userspace und bekommt von dem Betriebssystem die Pakete zu einem Datenstrom aufbereitet. Diesen Datenstrom kann nun der Proxy verarbeiten. Dabei ist er theoretisch in der Lage, auf sämtliche Informationen des Datenstroms zuzugreifen, diese zu untersuchen und zu verändern.

Der Proxy fungiert hierbei als ein Mann in der Mitte (Man-in-the-Middle). Der Proxy nimmt anstelle des Servers die Anfragen des Clients als Datenstrom entgegen. Er verarbeitet und filtert diese Anfrage und leitet sie anschließend als Client an den echten Server weiter. Dieser sendet seine Antwort an den Proxy, der erneut in der Lage ist, die Daten zu analysieren und zu filtern. Schließlich wird der Proxy die Daten an den echten Client zustellen.

Ein Proxy erlaubt nicht den Aufbau von Netzwerkverbindungen zwischen dem Client und dem Server. In Wirklichkeit werden zwei Netzwerkverbindungen aufgebaut: vom Client zum Proxy und vom Proxy zum Server. Es existiert kein Paketaustausch zwischen dem Client und dem Server! Das größte Problem bei der Implementierung einer Firewall rein auf der Basis von Proxys stellen die Applikationsprotokolle selbst dar. Diese weisen keine gemeinsame Grundlage auf. Sie unterscheiden sich in ihren Befehlen, ihrer Syntax, Sprache und Funktionalität sehr stark. Daher ist es erforderlich, für jedes Applikationsprotokoll einen eigenen Proxy zu entwickeln, der in der Lage ist, dieses Protokoll zu verstehen, zu filtern und weiterzuleiten.

So stellt das HTTP-Applikationsprotokoll andere Anforderungen an einen Proxy als das POP3-E-Mail Protokoll.

Kommerzielle Firewalllösungen auf der Basis eines Proxy als auch Open-Source-Lösungen sind daher nicht in der Lage, sämtliche Protokolle nativ zu unterstützen. In solchen Fällen kommen häufig weitere generische Proxys zum Einsatz, die lediglich die Verbindung auf einem Port entgegennehmen und eine neue Verbindung aufbauen. Hierbei ist aber keine Analyse oder Filterung des Datenstroms möglich. Diese Proxys werden auch als *Circuit Relay* oder *Plug Proxy* bezeichnet.

Ein Proxy hat durch seine Sicht auf den Datenstrom wesentlich mehr Möglichkeiten als ein einfacher Paketfilter. Dies soll am Beispiel eines HTTP-Proxys für den WWW-Zugriff beschrieben werden.

» Der Proxy kann die Zugriffe in Abhängigkeit von der URL filtern. Ein Paketfilter sieht lediglich die IP-Adressen der Kommunikationspartner. Heute werden häufig viele verschiedene Websites auf einem Rechner gehostet.[5] Ein Paketfilter ist nicht in der Lage, zwischen diesen Websites oder zwischen verschiedenen Bereichen einer Site zu unterscheiden.

» Der Proxy kann in Abhängigkeit vom Inhalt der Datei filtern. Ein Proxy erkennt den Beginn und das Ende der Dateien. Dadurch kann er den Dateityp erkennen, überprüfen und den Inhalt auf bestimmte Eigenschaften oder Viren testen. Bei einem Bild kann zum Beispiel geprüft werden, ob es sich tatsächlich um ein Bild handelt oder ob es doch eine ausführbare Datei ist. Grundsätzlich kann ein Proxy auch einen Virenscanner nutzen, um den Datenstrom auf Viren zu prüfen.[6]

» Ein Proxy kann den Dateiinhalt verändern. Dies ist zum Beispiel bei aktiven Inhalten von Webseiten sinnvoll. Ein Proxy kann JavaScript-Inhalte filtern und so modifizieren, dass sie vom Client nicht ausgeführt werden.

» Ein Proxy kann eine Authentifizierung eines Benutzers vor dem Zugriff auf die Webseite verlangen.

Dies sind Fähigkeiten, die ein normaler Paketfilter nicht zur Verfügung stellen kann. Der Proxy benötigt jedoch aufgrund der fortgeschrittenen Möglichkeiten wesentlich mehr Ressourcen als ein Paketfilter. Speziell ein Virenscan ist sehr zeitaufwendig und ermöglicht teilweise auch Denial-of-Service-Angriffe[7]. Diese Fähigkeiten stehen deshalb auch nicht bei allen Proxys zur Verfügung. Besonders der generische Proxy ist nicht in der Lage, derartige Filterfunktionen zur Verfügung zu stellen. In vielen Umgebungen ist die Implementierung fortgeschrittener Filterfunktionen durch einen Proxy nicht möglich, da die Anforderungen an die Bandbreite der Netzwerkverbindung nur von einem Paketfilter erfüllt werden können.

---

5   Virtual Name Hosting
6   Der Open-Source-Proxy HAVP bietet genau diese Funktion.
7   42.zip führt einen DoS-Angriff auf Mailserver mit Virusscanner durch. Diese etwa 42 kByte große Datei erzeugt beim Auspacken 1048576 Dateien mit einer Gesamtgröße von etwa 4 PentaByte (4.503.599.626.321.920 Byte).

2.5 Zusammenfassung

Eine Firewall ist also in der Lage, die Kommunikation einzuschränken und nur in einer bestimmten Richtung bestimmte Inhalte zu erlauben. Dennoch kann eine Firewall nur im Rahmen der Richtlinien ihre Filterfunktionen wahrnehmen. Selbst wenn eine Firewall den Zugriff auf JavaScript-Inhalte einschränken kann, so besteht meist nicht die Möglichkeit, zwischen gutartigem und bösartigem JavaScript zu unterscheiden. Ähnliche Einschränkungen gelten für Java und andere aktive Inhalte.

Eine Firewall ist nicht in der Lage, die folgenden Punkte zu garantieren:

» *Integrität der übertragenen Daten*: Eine Firewall kann nicht erkennen, ob die Daten bei ihrer Übertragung verändert oder ausgetauscht wurden.

» *Vertraulichkeit der übertragenen Daten*: Eine Firewall ist nicht in der Lage, einen verschlüsselten Kanal aufzubauen, um die Vertraulichkeit der übertragenen Daten sicherzustellen.

Dies sind Funktionen, die von einem VPN bereitgestellt werden.

3. Schutz durch ein VPN

Ein VPN bietet Authentifizierung, Vertraulichkeit und Schutz der Integrität der übertragenen Informationen. Diese Punkte werden wir in diesem Kapitel genauer betrachten.

3.1 Authentifizierung

Die Authentifizierung ist ein sehr wichtiger Bestandteil beim Aufbau eines virtuellen privaten Netzwerks. Eine erfolgreiche Authentifizierung ist die Voraussetzung für den Aufbau einer anschließenden verschlüsselten Verbindung. Wird die Authentifizierung übersprungen oder nicht korrekt durchgeführt, besteht die Gefahr eines sogenannten Man-in-the-Middle-Angriffes (s.u.). Für eine Authentifizierung können drei unterschiedliche Faktoren einzeln oder in Kombination genutzt werden:

» *Wissen*: zum Beispiel ein Kennwort. Die Authentifizierung kann erfolgen, da der Benutzer etwas weiß.

» *Besitz*: zum Beispiel eine Smartcard. Die Authentifizierung kann erfolgen, da der Benutzer eine Smartcard besitzt. Dieser Besitz zeichnet ihn als korrekten Benutzer aus.

» *Person*: zum Beispiel ein Fingerabdruck. Die Authentifizierung erfolgt biometrisch und testet die Person direkt. Die Identität der Person wird so eindeutig erkannt.

Häufig werden diese Verfahren in Kombination eingesetzt. So sind Smartcards meist zusätzlich mit einem Kennwort geschützt. Die biometrischen Verfahren haben leider keine Reife erlangt, die ihren Einsatz im Consumerbereich rechtfertigen würde.

Im Folgenden werde ich nun die Wichtigkeit der Authentifizierung eines Kommunikationspartners an zwei Beispielen verdeutlichen.

Stellen Sie sich vor, Sie möchten ein gebrauchtes Auto privat für 5000 Euro erwerben. Dann werden Sie sicherlich nicht mit dem Verkäufer lediglich die Schlüssel gegen den Geldbetrag tauschen. Sie werden zusätzlich eine Authentifizierung verlangen, dass das Fahrzeug auch tatsächlich dem Verkäufer gehört. Diese Authentifizierung erfolgt zum Beispiel, indem der Verkäufer Ihnen sowohl den Fahrzeugbrief als auch seinen Personalausweis vorzeigt. Erst dann können Sie sicher sein, dass er das Recht hat, das Fahrzeug zu verkaufen, denn er besitzt den Brief. Und Sie wissen, dass er tatsächlich derjenige ist, der er vorgibt zu sein, wenn Sie sein Gesicht mit dem Foto im Personalausweis vergleichen.

Stellen Sie sich nun vor, dass der Verkäufer Ihnen einen italienischen Fahrzeugbrief zeigt und selbst über einen spanischen Personalausweis verfügt. Sie werden sicherlich nicht leicht bereit sein, ihm das Fahrzeug abzukaufen, da Sie zunächst nicht in der Lage sind, die Validität

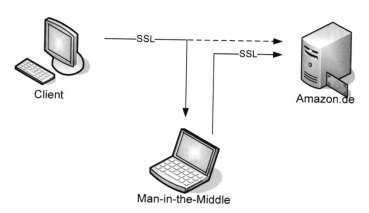

Abbildung 3.1: **Ein Man-in-the-Middle-Angriff**

seiner Dokumente zu überprüfen. Im Falle der deutschen Dokumente stellt das jedoch kein Problem dar, da das Layout eines Personalausweises und eines Fahrzeugbriefes grundsätzlich bekannt sind.

Ein ähnliches Problem tritt auf, wenn Sie fünf Tage vor Weihnachten feststellen, dass Ihnen noch ein Geschenk fehlt. Sie haben leider keine Zeit mehr, um lange durch Geschäfte zu streifen und nach einem Geschenk zu suchen. Sie erinnern sich, dass Online-Shops wie zum Beispiel Amazon.de den Versand bis Weihnachten noch garantieren, und suchen dort entsprechende Geschenke aus. Nachdem Sie sämtliche Geschenke in Ihrem virtuellen Einkaufskorb gesammelt haben, gehen Sie zur virtuellen Kasse. Hier stellt Amazon.de fest, dass Sie bisher noch nicht Kunde sind, und bittet Sie um die Eingabe Ihrer Konto- oder Kreditkarteninformationen.

Nun stehen Sie vor einem Problem. Zum einen möchten Sie Ihre Informationen verschlüsselt übertragen. Hierzu müssen Sie einen verschlüsselten Tunnel aufbauen. Dies ist, seit Diffie und Hellman den nach ihnen benannten Schlüsselaustausch erfunden haben (siehe Abschnitt 7.11), sehr einfach mit dem *Secure Socket Layer* (SSL) des *Hypertext Transport Protocol* (HTTP) möglich. Ihnen fehlt jedoch zuvor eine Authentifizierung von Amazon.de. Nur weil die Website überzeugend aussieht, bedeutet das ja noch lange nicht, dass Sie tatsächlich auf der Website von Amazon gelandet sind. Es könnte ja sein, dass ein Angreifer unsere Anfrage an Amazon.de abgefangen und auf seinen Rechner umgeleitet hat (siehe unten den Exkurs zum DNS-Spoofing). Bei dem Autokauf konnten Sie sich den Personalausweis des Verkäufers zeigen lassen. Ganz so einfach ist das in diesem Fall nicht. Ein Man-in-the-Middle-Angriff ist möglich (siehe Abbildung 3.1).

DNS-Spoofing. *Computer im Internet kommunizieren über ihre IP-Adresse miteinander. Dies ist eine Nummer, die aus vier Bytes besteht. Zur einfachen Darstellung werden die Bytes üblicherweise durch Punkte voneinander getrennt, zum Beispiel 10.5.171.253. Da es sehr schwer ist, sich diese IP-Adressen zu merken, erhalten Computer meistens zusätzlich einen Namen. Für die Auflösung des Namens in die entsprechende IP-Adresse und umgekehrt haben sich im Laufe der Zeit verschiedene Systeme etabliert, von denen das Domain Name System (DNS) das heute am*

meisten verwendete System ist. Dieses System ist verantwortlich dafür, dass ein Rechner einen DNS-Namen in die entsprechende IP-Adresse auflösen und für eine IP-Adresse auch den entsprechenden Namen ermitteln kann. Wenn Sie in Ihrem Browser die Adresse `http://www.os-t`
`.de` eingeben, so wird dieser Browser zunächst eine DNS-Anfrage stellen, um die IP-Adresse des entsprechenden Rechners in Erfahrung zu bringen. Erhält er hierbei eine falsche IP-Adresse, so spricht man von DNS-Spoofing. So besteht zum Beispiel die Möglichkeit, dass ein Angreifer einen Benutzer auf eine andere Website umlenkt und ihm falsche Informationen unterschiebt.

Es existieren grundsätzlich zwei Methoden, mit denen das DNS-Spoofing erfolgen kann:

1. DNS-Server kennen nicht alle DNS-Namen des Internets. Daher müssen Sie häufig bei anderen DNS-Servern nachfragen, um die Auflösung eines DNS-Namens in eine IP-Adresse zu gewährleisten. Um nicht für denselben DNS-Namen nach kurzer Zeit eine neue Anfrage zu starten, cachen die DNS-Server diese von anderen DNS-Servern gelieferten Ergebnisse. Die Dauer der Zwischenspeicherung bestimmt der liefernde DNS-Server.

   Gelingt es dem Angreifer, hierbei falsche Informationen zu senden, die dann im Cache gespeichert werden, spricht man vom DNS Cache Poisoning. So erlaubt es das DNS-Protokoll dem antwortenden DNS-Server, zusätzliche Informationen, die nicht ursprünglich angefragt wurden, mitzuliefern. Diese werden von dem fragenden DNS-Server dann häufig auch gecacht (siehe Abbildung 3.2). Moderne DNS-Server bieten üblicherweise Funktionen, um dies zu unterbinden.

   Solch ein Angriff wurde in dem New Yorker Wahlkampf 1999 auf die Website von Hillary Clinton angewendet, um Zugriffe auf Ihre Website `http://www.hillary2000.org` auf die Website `http://www.hillaryno.org` umzulenken.

   Dan Kaminsky hat im Sommer 2008 auf der Blackhat-Konferenz eine neue Methode vorgestellt, die ein DNS-Cache-Poisoning bei fast jedem DNS-Server erlaubte.

2. Bei der zweiten Variante werden direkt die Anfragen des Browsers an den DNS-Server oder des DNS-Servers an weitere DNS-Server aufgefangen und durch ein Programm des Angreifers direkt beantwortet. Da dieses Programm wahrscheinlich wesentlich schneller die Anfrage beantworten kann als ein DNS-Server, der zunächst in seiner Datenbank suchen muss, wird diese Antwort als korrekte Antwort akzeptiert. So kann ein Angreifer also warten, bis er eine entsprechende Anfrage im Netz erkennt, und dann sein Opfer gezielt auf die falsche IP-Adresse lenken.

Um dies im Zusammenhang mit einer SSL-verschlüsselten Verbindung ausnutzen zu können, wird noch eine Anwendung benötigt, die auf dem Rechner des Angreifers läuft, den verschlüsselten Tunnel aufbaut und dem Opfer den Eindruck vermittelt, dies sei der korrekte Rechner. Dug Song hat derartige Werkzeuge bereits 1998 öffentlich vorgestellt. Hierbei handelt es sich um die Werkzeuge `webmitm` und `dnsspoof` seines Programmpaketes `dsniff`[1].

Public-Key-Kryptografie bietet hier Hilfe. Eine genauere Betrachtung dieser Methode erfolgt in den späteren Kapiteln. Bei der Public-Key-Kryptografie erzeugt ein Benutzer für sich zwei

---

1   `http://www.monkey.org/~dugsong/dsniff/`

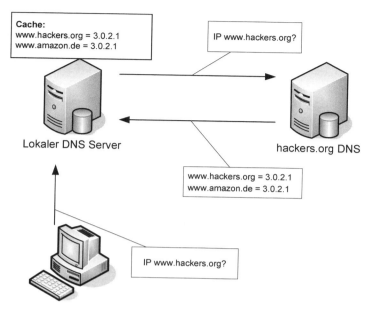

Abbildung 3.2: **DNS Cache Poisoning**

Schlüssel. Der eine Schlüssel wird als privater Schlüssel bezeichnet und ist nur dem Benutzer bekannt und kann daher als Identitätsnachweis verwendet werden. Jeder, der über diesen Schlüssel verfügt, kann sich als der entsprechende Benutzer authentifizieren. Häufig wird dieser Schlüssel zum Schutz noch mit einem Kennwort verschlüsselt und auf einer Smartcard gespeichert. Der zweite Schlüssel wird als öffentlicher Schlüssel (Public Key) bezeichnet. Dieser Schlüssel kann frei abgegeben werden.

Die Besonderheit der Public-Key-Kryptografie besteht nun in der Beziehung der beiden Schlüssel. Eine Nachricht, die mit dem privaten Schlüssel verschlüsselt wurde, kann nur mit dem entsprechenden öffentlichen Schlüssel entschlüsselt werden. Dies gilt dementsprechend auch in die andere Richtung. Eine mit dem öffentlichen Schlüssel verschlüsselte Nachricht kann nur mit dem privaten Schlüssel entschlüsselt werden (siehe Abbildung 3.3).

Dieses Verfahren kann nun zur Authentifizierung eines Webshops genutzt werden. Für den Webserver von wird ein derartiges Schlüsselpaar erzeugt. Der öffentliche Schlüssel wird zum Kunden übertragen. Anschließend kann der Kunde, bevor er vertrauliche Daten an den Webshop überträgt, die Authentifizierung verlangen. Hierzu kann er eine große zufällige Zahl an den Webshop übermitteln und diesen auffordern, diese Zahl mit seinem privaten Schlüssel zu verschlüsseln. Der Webshop sendet diese verschlüsselte Herausforderung (Challenge) an den Kunden zurück, der sie mit dem öffentlichen Schlüssel entschlüsseln und mit der Original-Zahl vergleichen kann.

Kommen wir zurück zum Problem: Sie wollen wenige Tage vor Weihnachten noch die Geschenke einkaufen. Wie erhalten Sie den öffentlichen Schlüssel des Webshops? Ganz einfach. Der Webshop sendet Ihnen diesen Schlüssel über das Internet. Dies erfolgt noch nicht ver-

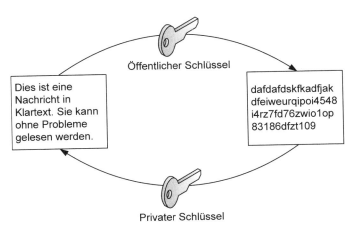

Abbildung 3.3: Ver- und Entschlüsselung mit dem Public-Key-Verfahren (vereinfacht)

schlüsselt. Da es sich um den öffentlichen Schlüssel handelt, ist das auch nicht erforderlich. Woher wissen Sie nun, dass der Schlüssel tatsächlich von dem Webshop ist und nicht von einem Man-in-the-Middle gesendet wurde? Dies stellt nun das zentrale Problem dar.

Im Falle des Fahrzeugkaufs war es einfach, wenn der Verkäufer einen deutschen Personalausweis besaß. Dieser Personalausweis zertifizierte ihn als deutschen Staatsbürger und konnte sehr einfach überprüft werden, da das Layout und die Stempel allgemein bekannt sind. Im Grunde vertraut der Käufer der Stelle, die den Personalausweis ausgegeben hat, dahingehend, dass sie die Identität der Person geprüft hat. Es wird also hier eine dritte Zertifizierungstelle (Certificate Authority, CA) genutzt.

Das Verfahren wurde auf das Internet übertragen. Hierzu hat der Webshop seinen öffentlichen Schlüssel mit einer „Kopie des Personalausweises" an eine Zertifzierungsstelle gesendet. Diese bestätigt die Echtheit des Schlüssels, indem sie ihn mit ihrem eigenen privaten Schlüssel signiert. Diese Signatur kann nun mit dem öffentlichen Schlüssel der Zertifizierungsstelle (CA) validiert werden. Ist die Signatur echt, dann ist auch der öffentliche Schlüssel des Webshops echt, und der Browser des Kunden kann den Challenge an den Webshop senden. Wenn der Webshop den Challenge richtig verschlüsselt, handelt es sich tatsächlich um den richtigen Webserver.

Wie erhält nun der Kunde den öffentlichen Schlüssel der Zertifizierungsstelle, um deren Signatur zu prüfen? Hier besteht ja dasselbe Problem wie zuvor mit dem öffentlichen Schlüssel des Webshops. Der Trick liegt in der Tatsache, dass die verwendeten Browser bereits sämtliche öffentlichen Schlüssel der anerkannten Zertifizierungsstellen enthalten. Die Browserhersteller haben diese bereits in ihren Browsern hinterlegt[2]. So können die Browser Zertifikate, die von diesen CAs unterzeichnet wurden, validieren.

Dieses Verfahren der Authentifizierung von Kommunikationspartnern mit Zertifikaten wird in späteren Kapiteln noch genauer erläutert. Im Grunde arbeiten die meisten guten Authentifi-

---

2   Eine interessante Frage ist: Woher wissen Sie, dass hierbei keine Fehler unterlaufen sind?

zierungssysteme auf diese oder ähnliche Weise. Jedoch sollte der Stellenwert der Authentifizierung deutlich geworden sein. Ohne eine vorherige Authentifizierung der Kommunikationspartner kann keine Datensicherheit garantiert werden. Die Authentifizierung garantiert den Ursprung der Daten und stellt damit sicher, dass die Daten von dem gewünschten Kommunikationspartner stammen.

3.2 Vertraulichkeit

Die Garantie der Vertraulichkeit der übertragenen Daten ist ein weiterer wichtiger Aspekt eines virtuellen privaten Netzwerks. Diese Vertraulichkeit kann technisch durch einen Provider in Form eines ATM-Netzwerks gewährleistet oder durch eine sichere Verschlüsselung der Daten während des Transports garantiert werden. Die Realisierung durch einen Provider in Form eines ATM-Netzwerks ist nicht Thema dieses Buches und soll daher hier vernachlässigt werden. Wenn heute von einem Software-VPN-Produkt gesprochen wird, so garantiert dieses die Vertraulichkeit durch eine Verschlüsselung (meist mit IPsec) der übertragenen Informationen. Bei den heute eingesetzten Verschlüsselungsverfahren werden symmetrische und asymmetrische Verfahren unterschieden. In beiden Fällen sind die mathematischen Verfahren bekannt und werden dauernd auf Herz und Nieren geprüft.

Bei den *symmetrischen Verfahren* wird für die Ver- und Entschlüsselung der identische Schlüssel eingesetzt. Bei den *asymmetrischen Verfahren* handelt es sich um Public-Key-Algorithmen, die mit zwei Schlüsseln arbeiten. Dabei wird die Nachricht mit einem Schlüssel verschlüsselt und kann nur mit dem entsprechenden Pendant entschlüsselt werden (vereinfacht, siehe Kapitel 7).

Die heute im Einsatz befindlichen symmetrischen Verfahren wie DES, 3DES, AES, Blowfish, Twofish, CAST und RC5 weisen bei richtiger Anwendung keine wesentlichen Sicherheitslücken auf, die es ermöglichen würden, aus einem verschlüsselten Text auf den Klartext oder den verwendeten Schlüssel zu schließen. Leider hat der Anwender keinen Einfluß auf die Umsetzung durch den Programmierer. Daher sollten Sie Open-Source-Programmen den Vorzug geben, bei denen Sie oder auch die Gemeinschaft den Code kontrollieren können. Ein Angriff ist lediglich durch einen sogenannten Brute-Force-Angriff möglich. Hierbei muss der Angreifer sämtliche möglichen Schlüssel ausprobieren. Dies dauert in Abhängigkeit vom verwendeten Algorithmus, der verwendeten Schlüssellänge und der zur Verfügung stehenden Hardware unterschiedlich lange. So errechnete das Projekt distributed.net (http://www.distributed.net), dass sie bei einer dauerhaften Rechenleistung von 45,998 2-GHz-AMD-Athlon-XP-Rechnern 790 Tage benötigt hätten, um sämtliche möglichen RC5-64-Schlüssel auf einen verschlüsselten Text anzuwenden. Diese für das Knacken aufzuwendende Zeit lässt sich sehr einfach durch einen längeren Schlüssel exponentiell verlängern. So erfordert ein 1 Bit längerer Schlüssel den doppelten und ein 2 Bit längerer Schlüssel bereits den vierfachen Aufwand. Heutzutage übliche Längen eines symmetrischen Schlüssels sind 40, 56, 64, 128, 168 und 256 Bit. Schlüssellängen kleiner als 128 Bit werden jedoch als nicht sicher eingestuft. Inzwischen existieren jedoch spezialisierte Hardwaresysteme, die diese Analyse schneller verrichten können. So haben die Universitäten Bochum und Kiel im März 2007 mit der Hardware COPACOBANA[3] gezeigt, dass mit marktüblichen FPGA-Prozessoren ein DES-Schlüssel in 6,4 Tagen im Brute-Force-Verfahren ermittelt werden kann. Die Kosten für die Hardware beliefen sich damals auf 10.000 Dollar. Aktuell werden vor allem aktuelle Grafikkartenprozessoren und Spielekonsolen für diese Anwendungen missbraucht. Um ausreichend Rechenleistung zur Verfügung zu haben, werden die Systeme in einem Cluster eingesetzt.

Die symmetrischen Verfahren haben jedoch den Nachteil, dass der verwendete Schlüssel beiden Kommunikationspartnern bekannt sein muss. Das bedeutet, dass der symmetrische Schlüssel vor dem Aufbau der Verbindung auf geheimem Weg ausgetauscht werden muss. Erhalten dritte Personen Zugang zu diesem Schlüssel, so sind sie in der Lage, die Verbindung mitzulesen.

Diesen Nachteil weisen asymmetrische Public-Key-Verfahren (RSA, DSA, ElGamal etc.) nicht auf. Hierbei erzeugt jeder Kommunikationspartner ein Schlüsselpaar aus öffentlichem und privatem Schlüssel. Anschließend werden die öffentlichen Schlüssel ausgetauscht und können zur Verschlüsselung von Nachrichten genutzt werden. Da eine Nachricht, die mit einem öffentlichen Schlüssel verschlüsselt wurde, nur mit dem privaten Schlüssel gelesen werden kann, können die so erzeugten Mitteilungen nur von der gewünschten Person gelesen werden.

Damit die asymmetrischen Verfahren jedoch als sicher gelten können, sind wesentlich längere Schlüssel erforderlich. Übliche asymmetrische Schlüssellängen sind 512, 768, 1024, 2048 und 4096 Bit. Schlüssellängen kleiner als 1024 können nicht mehr als sicher eingestuft werden. Eine asymmetrische Verschlüsselung ist daher aus rechentechnischer Sicht aufwendiger als eine symmetrische Verschlüsselung. Daher werden üblicherweise beide Verfahren gemeinsam in einem sogenannten *Hybridverfahren* eingesetzt. Dabei wird die Nachricht mit einem zufälligen symmetrischen Schlüssel verschlüsselt und dieser mit einem öffentlichen Schlüssel verschlüsselt und angehängt. Nur der Besitzer des entsprechenden privaten Schlüssels kann den symmetrischen Schlüssel und damit die ganze Nachricht entschlüsseln.

3.3 Integrität

Schließlich ist ein VPN auch in der Lage, die Integrität der übertragenen Daten zu sichern. Dies ist erforderlich, damit die übertragenen Daten nicht verfälscht oder zusätzliche Daten injiziert werden können.

Hierfür werden üblicherweise kryptografische *Prüfsummen* verwendet. Diese haben eine ähnliche Bedeutung wie zum Beispiel die Quersumme. Wenn zwei Personen eine Zahl austauschen und sicherstellen möchten, dass bei der Übertragung kein Fehler passiert, so ermitteln sie eine Prüfsumme (zum Beispiel in Form der Quersumme) und übertragen diese ebenfalls (siehe Abbildung 3.4).

Eine einfache Prüfsumme, wie eine Quersumme, ein Paritätsbit oder die CRC32-Prüfsumme, genügt üblicherweise, um zufällige Datenübertragungsfehler zu entdecken. Für diese Anwen-

---

3   http://www.copacobana.org

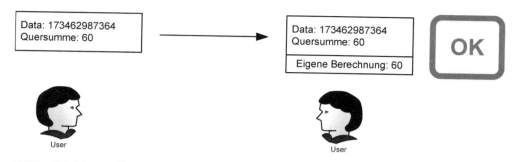

Abbildung 3.4: **Schutz vor Übertragungsfehlern mit einer Quersumme**

dung genügt ihre Komplexität. Wenn jedoch bewusste Veränderungen durch einen Angreifer erkannt werden sollen, reichen diese Prüfsummen nicht mehr. Hier sind kryptografische Prüfsummen, wie MD5, SHA-1 oder SHA-2 erforderlich. Diese Prüfsummen (Hash) verwenden Algorithmen, die eine Veränderung eines Textes unter Beibehaltung der Prüfsumme unmöglich machen sollen. Haben zwei Texte eine identische Prüfsumme, so spricht man von einer *Kollision*. Natürlich gibt es unendlich viele Kollisionen bei den heute eingesetzten Algorithmen. Jedoch sollen die eingesetzten Algorithmen eine bewusste Berechnung dieser Kollisionen in praktikabler Zeit unmöglich machen. Hier hat es jedoch in den letzten Jahren einige besorgniserregende Entwicklungen gegeben, die später genauer angesprochen werden.

Mit diesen Prüfsummen können nun sogenannte Authentifizierungswerte (Hash Message Authentication Codes, HMAC) erzeugt werden. Dazu erzeugt der Absender aus einem vorher ausgetauschten Geheimnis (PreShared Key, PSK[4]) und der Nachricht eine Prüfsumme und hängt diese an. Der Empfänger liest die Nachricht und erzeugt auf identische Weise die Prüfsumme. Stimmen beide Prüfsummen überein, so wurde die Nachricht nicht verfälscht und stammt aus der erwarteten Quelle. Ein Angreifer kann nicht die Nachricht so verändern, dass der Empfänger es nicht merkt, da ihm das PSK zur Erzeugung des HMAC fehlt.

3.4 Vor- und Nachteile eines VPN

Der Einsatz eines virtuellen privaten Netzwerks weist sowohl Vor- als auch Nachteile auf. Zunächst scheint ein VPN nur Vorteile zu bieten. Seine Funktionen umfassen den Schutz der Vertraulichkeit, der Integrität und garantieren die Authentifizierung der Kommunikationspartner. Damit wird die sichere und vertrauliche Übertragung sämtlicher Daten im VPN gewährleistet. Dies gilt für alle transportierten Informationen. Bei einem VPN ist es nicht erforderlich, jedes Applikationsprotokoll einzeln abzusichern.

In der Vergangenheit wurden häufig einzelne Applikationsprotokolle mit zusätzlichen Methoden (zum Beispiel Secure Socket Layer, SSL) gesichert. Diese zusätzliche Ebene garantierte

---

4   Dies ist nicht der *PreShared Key*, der auch zum Aufbau eines VPNs genutzt wird. Der Begriff *PreShared Key* kann in vielen Umgebungen verwendet werden und bedeutet lediglich, dass zwei Kommunikationspartner vorher einen Schlüssel ausgetauscht haben.

die Vertraulichkeit, Integrität und Authentifizierung der mit dem Applikationsprotokoll übertragenen Daten. Jedoch traf dies nur für die Daten zu, die mit dem entsprechenden Protokoll übertragen wurden. Mit SSL können HTTP, Telnet, POP, IMAP und die meisten weiteren
TCP-Applikationsprotokolle gesichert werden. Zusätzlich wurden aber auch komplett neue
Anwendungen entwickelt, die die Verschlüsselung bereits enthielten. Die Secure Shell ist ein
Beispiel für eine derartige Anwendung. Sie ersetzt die klassischen UNIX-r-Dienste durch entsprechende verschlüsselnde s-Dienste.

Dennoch war für jedes Applikationsprotokoll die eigene Entwicklung einer derartigen Verschlüsselung oder eine Anpassung der Secure Socket Layer oder ihrer Weiterentwicklung,
der Transport Layer Security (TLS), erforderlich. Ein VPN ist nicht auf ein Applikationsprotokoll beschränkt. Sämtliche übertragenen Daten werden unabhängig von dem verwendeten
IP-Protokoll verschlüsselt übertragen. Hierbei spielt es keine Rolle, ob es sich um eine TCP-
Verbindung oder eine UDP-Verbindung handelt. Auch ICMP-Pakete und selbst das Appletalk-
DDP-Protokoll können über ein VPN übertragen werden (siehe Abbildung 3.5).

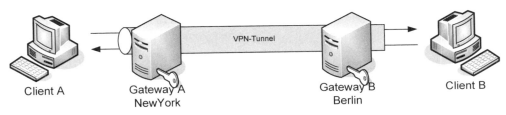

Client A   Gateway A   Gateway B   Client B
NewYork   Berlin

Abbildung 3.5: **Ein typischer VPN-Tunnel**

Der Aufwand für die sichere Übertragung all dieser Protokolle hält sich in Grenzen. Es muss
lediglich einmal der verschlüsselte Tunnel aufgebaut werden, anschließend können über diesen Tunnel jegliche Informationen ausgetauscht werden.

Ein derartiges VPN hat jedoch nicht nur Vorteile. Die Verschlüsselung ist nur zwischen denje-
nigen Maschinen gewährleistet, die die Verschlüsselung durchführen. Der Bereich zwischen
dem Client im Netzwerk Berlin und dem Gateway Berlin beziehungsweise zwischen dem
Gateway im Netzwerk NewYork und dem Client NewYork in der Abbildung 3.5 ist nicht verschlüsselt. Hier werden die Daten im Klartext übertragen.

Der Endbenutzer ist darüber hinaus nicht in der Lage, die korrekte Verschlüsselung seiner
Daten zu überprüfen. Beim Einsatz von zum Beispiel HTTPS hat der Benutzer direkt eine posi-
tive Rückmeldung der Verschlüsselung durch den Browser. Dieser kennzeichnet den erfolgreichen Aufbau einer verschlüsselten Verbindung üblicherweise mit einem geschlossenen
Vorhängeschloß in der unteren Ecke. Hierbei handelt es sich also um eine Ende-zu-Ende-
Verschlüsselung (vom Webserver zum Webbrowser). Bei einem VPN muss der Endbenutzer
darauf vertrauen, dass das VPN (Abbildung 3.5) seine Aufgabe korrekt erfüllt.

Möchte der Endbenutzer gar sicherstellen, dass eine E-Mail von keinem außer dem gewünschten Empfänger gelesen werden kann, so kann ein VPN dies nicht leisten. Eine derartige Verschlüsselung kann nur durch Werkzeuge wie *Pretty Good Privacy* (PGP) oder *GNU
Privacy Guard* (GnuPG) erreicht werden.

3.5 VPNs und Firewalls

Die größten Probleme bei dem Einsatz eines VPN entstehen jedoch, wenn ein VPN gemeinsam mit einer Firewall eingesetzt werden soll. Dabei ist das zunächst gar nicht zu verstehen. Beide Systeme versuchen, die Sicherheit der Daten zu gewährleisten. Sie erhöhen die Sicherheit des Unternehmens. Bei genauer Betrachtung stellt man jedoch fest, dass eine Firewall und ein VPN vollkommen unterschiedliche Methoden einsetzen, um dieses Ziel zu erreichen, und eigentlich auch zwei verschiedene Ziele verfolgen. Tabelle 3.1 zeigt bereits die wesentlichen Unterschiede auf.

VPN	FIREWALL
Verschlüsselung erlaubt keinen Einblick.	Untersucht den IP-Header und den Inhalt und protokolliert dies.
Erlaubt üblicherweise über das VPN ungehinderten Zugang.	Schränkt den Zugriff stark ein.
Erweitert das Netz um weitere Rechner und Netze.	Reduziert das zu schützende Netz auf einen Single Point of Defense.

Tabelle 3.1: **Vergleich VPN – Firewall**

Die wesentliche Tätigkeit eines VPNs ist die Verschlüsselung sämtlicher übertragener Informationen. Eine Firewall kann diese verschlüsselten Daten dann nicht mehr analysieren, unterscheiden oder protokollieren. Die Firewall ist sozusagen blind. Eine Firewall kann lediglich die unverschlüsselten Daten filtern.

Ein weiterer wesentlicher Bestandteil eines VPNs ist häufig der ungehinderte Zugang zum Intranet über das VPN. Der Vorstandsvorsitzende eines Unternehmens möchte von zu Hause aus über das VPN genau so arbeiten können, als ob er sich an seinem Arbeitsplatz in der Firma befindet. Hierzu benötigt er ungehinderten Zugang zu allen Systemen und Ressourcen, die die Firma bietet, einschließlich der Datenbanken, Mailserver oder Dokumentenrepositories. Die Aufgabe einer Firewall ist es jedoch, derartige Zugriffe von außen zu unterbinden oder auf ein Mindestmaß zu reduzieren. Auch hier kommt es zu einem Interessenkonflikt zwischen dem Firewall- und dem VPN-Administrator.

Der letzte Punkt stellt jedoch nach meiner Ansicht das größte Problem dar. Sobald eine VPN-Verbindung mit einem anderen Netzwerk oder einem Außendienstmitarbeiter aufgebaut wurde, werden die entsprechenden Rechner Teil des eigenen Netzes. Die eigene Firewall ist plötzlich auch für den Schutz dieser Rechner vor Angriffen von außen verantwortlich. Diese Rechner befinden sich nun logisch hinter der Firewall. Die Sicherheit dieser Rechner definiert plötzlich die Sicherheit des gesamten Rechnernetzes. Wenn die Firewall von dem Netzwerk NewYork in Abbildung 3.5 nicht richtig konfiguriert ist und ein Einbruch in Netzwerk NewYork erfolgte, so kann der Angreifer direkt auf die Rechner in Netzwerk Berlin unter Umgehung der Firewall in Netzwerk Berlin zugreifen.

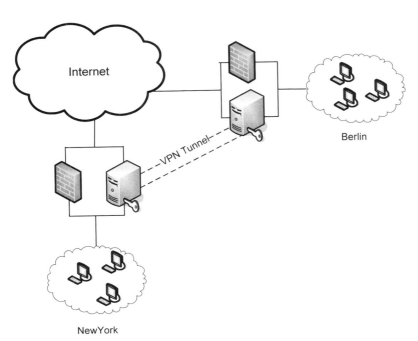

Abbildung 3.6: **Firewall und VPN sind parallel zueinander aufgebaut (schlecht)**

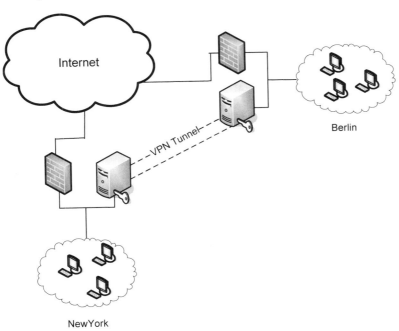

Abbildung 3.7: **Firewall und VPN sind nacheinander geschaltet**

Bisher gibt es leider kaum Open-Source-Software, die die Integrität und Sicherheit des Clients bei dem Aufbau eines VPNs überprüft. Eine Ausnahme ist die OpenVPN Management-*Software von Thorsten Robers (siehe Abschnitt 55.1). Diese erlaubt nur dann den Aufbau des VPNs, wenn der Rechner über einen aktuellen Virenscanner und eine Firewall verfügt.*

Dieser Zugriff des Angreifers ist natürlich nur möglich, wenn das VPN eine Umgehung der Firewall erlaubt. Leider wird in vielen Fällen das VPN derart konfiguriert, dass es einen Zugang parallel zu Firewall erlaubt (Abbildung 3.6).

Daher sollte sich immer zwischen dem VPN-Gerät und dem internen Netzwerk noch eine Firewall befinden, die den Zugriff auf das interne Netzwerk über das VPN kontrollieren und beschränken kann. Sinnvollerweise befindet sich auch vor dem VPN-Gerät eine Firewall, die das VPN-Gerät schützen kann (Abbildung 3.7).

So sind die über das VPN transportierten Daten und das dahinter liegende Netz optimal geschützt. Dieser logische Aufbau einer VPN/Firewall-Struktur wird auch von vielen kommerziellen Anbietern geschätzt. Diese bieten häufig ein gebündeltes Produkt an, das beide Funktionen (VPN und Firewall) bietet. Wird dieses Produkt auf einem physikalischen Gerät

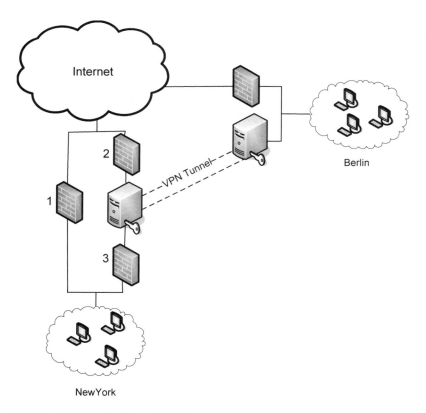

Abbildung 3.8: **Ideale VPN/Firewall-Struktur**

installiert, so kann von der logischen Funktion die in Abbildung 3.8 dargestellte Struktur realisiert werden.

Hierbei wird der normale Verkehr durch die Firewall 1 gefiltert. Parallel hierzu existiert ein VPN-Gateway, das durch zwei weitere Firewalls (2 und 3) geschützt wird. Hierbei filtert die Firewall 2 den verschlüsselten Verkehr von und nach außen und schützt die VPN-Gateway-Software vor Angriffen. Die Firewall 3 filtert den entschlüsselten Verkehr, der über das VPN-Gateway in das interne Netz gelangt.

Eine derartige Struktur kann mit Linux ebenfalls aufgebaut werden. Bei der Besprechung der entsprechenden Szenarien und Implementierungen werden Beispiel-Firewallregeln für Linux vorgestellt und erklärt. Dabei kann ich leider aus Platzgründen nicht sehr in die Tiefe gehen. Wenn Sie weitere Hintergrundinformationen zum Thema Firewall und Linux benötigen, können Sie diese in meinem Buch „Linux Firewalls mit Iptables & Co." (ISBN 9783827321367) nachlesen.

4. Open-Source und Sicherheit

Beim Einsatz von Sicherheitstechnologien kommt dem Stichwort *Open Source* besondere Bedeutung zu – besonders im Zusammenhang mit Verschlüsselungstechnologien. Die Vergangenheit hat mehrfach gezeigt, dass in vielen Fällen Hersteller in Closed-Source-Produkten mangelhafte Verschlüsselung implementiert oder bewusst Hintertüren eingebaut haben, die die Verschüsselung aushebeln konnten. Dabei nutzten die Hersteller häufig sichere Algorithmen, jedoch wurden die Parameter falsch gewählt.

Zunächst wird wahrscheinlich jeder normale Mensch aufschrecken, wenn er hört, dass die gesamten Verschlüsselungsalgorithmen und der gesamte Quelltext für jedermann offenliegen. Wie kann eine derartige Software eine sichere Verschlüsselung durchführen?

Wie ich jedoch im Kapitel 7 zur Kryptografie noch ausführen werde, liegt die Stärke der modernen kryptografischen Algorithmen genau in diesem Detail. Der Algorithmus verwendet allgemein zugängliche Methoden und Verfahren, um einen Klartext mit einem geheimen Schlüssel in den sogenannten *Ciphertext* umzuwandeln. Dadurch können sämtliche Kryptoanalytiker weltweit versuchen, eine Sicherheitslücke im Algorithmus zu finden. Solange dies nicht der Fall ist und das Geheimnis lediglich im Schlüssel verborgen ist, gilt der entsprechende Algorithmus als sicher (entsprechende Schlüssellängen vorausgesetzt).

Implementiert jedoch eine Firma einen neuen Algorithmus und hält ihn geheim, so sollte sich der Verdacht aufdrängen, dass der Erfinder nicht das entsprechende Vertrauen in seinen eigenen Algorithmus besitzt. Dann sollten Sie von dem entsprechenden Produkt Abstand nehmen.

Der bekannte Kryptologe Bruce Schneier vergleicht den Kryptografie-Algorithmus mit einem Safe. Selbst bei Kenntnis der Baupläne muss dieser Safe allen Angriffen wiederstehen.

Jedoch ist es nicht nur wichtig, dass der Algorithmus allgemein begutachtet und anerkannt wurde. Dies gilt auch oder umso mehr für die Implementierung des Algorithmus in Software. Hier können Programmierfehler vorliegen, die eine Sicherheitslücke erst ermöglichen. Dies kann bei Closed-Source-Software jedoch nicht geprüft werden. Bei Closed-Source-Software besteht darüber hinaus die Möglichkeit, dass der Hersteller bewusst eine Hintertür eingebaut hat, um die Verschlüsselung oder die Authentifizierung zu umgehen. Dies kommt leider relativ häufig bei proprietärer Software vor. Der Anwender kann sich aber nicht davor schützen, da es für den Benutzer sehr schwer möglich ist, die Vorgänge in der Software nachzuvollziehen.

Dazu einige Beispiele:

» Die Datenbank *Interbase* von Borland wurde nach vielen Jahren als Closed-Source-Projekt am 25. Juli 2000 als Open Source freigegeben. Dieser Code wurde dann vom Firebird-Projekt (http://firebird.sourceforge.net) weitergepflegt.

Etwa ein halbes Jahr später, am 9. Januar 2001, wurde in dem Sourcecode ein hartkodiertes Login und Kennwort gefunden (https://www.kb.cert.org/vuls/id/247371): politically correct. Dies war wahrscheinlich seit 1993 bereits in der Datenbank hartkodiert vorhanden. Mit diesem Login war es möglich, mit administrativen Rechten auf die Datenbank zuzugreifen. Wäre die Datenbank nicht ein Open-Source-Produkt geworden, wäre diese Hintertür wahrscheinlich bis heute nicht bekannt und nicht entfernt worden.

» Die *Crypto AG* (http://www.crypto.ch) ist eine Schweizer Firma, die seit über 50 Jahren kryptografische Hard- und Software herstellt und vertreibt.

Die Crypto AG vertreibt die entsprechenden Geräte weltweit und war als Schweizer Firma nicht an die Exportbeschränkungen der Vereinigten Staaten von Amerika gebunden. Der Export von starker Kryptografie aus den USA fiel dort unter das Kriegswaffenkontrollgesetz und war verboten. So verkaufte die Crypto AG auch Geräte in den Iran. Im März 1992 wurde Hans Bühler, ein Verkaufsrepräsentant der Crypto AG im Iran, von iranischen Behörden unter dem Vorwurf der Spionage festgenommen und neun Monate inhaftiert. Die Crypto AG zahlte eine Million Dollar Lösegeld und holte Hans Bühler aus dem iranischen Gefängnis. In der Heimat wurde Hans Bühler entlassen, und die Crypto AG forderte das gezahlte Lösegeld von ihm zurück.

Anschließend wurden Gerüchte laut, dass die iranischen Vorwürfe korrekt seien und die Geräte der Crypto AG tatsächlich vom deutschen Bundesnachrichtendienst und der amerikanischen National Security Agency (NSA) modifiziert wurden, sodass diese den Austausch von Informationen abhören konnten. Eine offizielle Bestätigung dieser Gerüchte erfolgte jedoch nie[1].

» Bei dem Fall des *NSA-Keys* handelt es sich wahrscheinlich mehr um heiße Luft als um einen tatsächlichen Key für die National Security Agency in den verschiedenen Microsoft Windows-Betriebssystemen (Windows 9x, NT und 2000)[2]. Jedoch existiert hier dennoch ein Problem mit dem Kryptosystem der Betriebssysteme. Das Kryptosystem besitzt zwei öffentliche Schlüssel, KEY und _NSAKEY, die von Microsoft verwendet werden, um die kryptografischen Anwendungen so zu signieren, dass die Microsoft-Betriebssysteme ihnen vertrauen. Der Name des zweiten Schlüssels war Anlass zur Spekulation, ob möglicherweise die NSA Zugang zu diesem Schlüssel hätte und ebenfalls derartige Anwendungen zertifizieren könnte. Ob dies der Fall ist, mag bezweifelt werden. Jedoch können diese Schlüssel von Microsoft nicht zurückgerufen werden. Beide können von Microsoft eingesetzt werden. Dies ist unüblich. Normalerweise wird für derartige Operationen nur ein Schlüsselpaar eingesetzt. Dies ermöglicht einen theoretischen Angriff auf das Kryptosystem, der vom Anwender nicht erkannt werden kann (http://www.counterpane.com/crypto-gram-9904.html).

---

1 http://jya.com/nsa-sun.htm
2 http://en.wikipedia.org/wiki/NSAKEY

» Bei dem *Clipper Chip*[3] handelte es sich um ein spezielles Gerät zur Verschlüsselung von privater Kommunikation. Der Clipper Chip wurde am 16. April 1993 vom Weißen Haus angekündigt. Der Clipper Chip stellt sicher, dass staatliche Behörden freien Zugriff auf die verschlüsselten Informationen erhalten und so die Kommunikation überwachen können. Als kryptografischer Algorithmus kam im Clipper Chip der Skipjack-Algorithmus zum Einsatz. Für den Zugriff auf die verschlüsselten Informationen erhalten zwei US-Bundesbehörden (NIST und Department of Treasury) jeweils einen Schlüssel, die zusammen die Entschlüsselung der Informationen erlauben. Dies bezeichnet man als ein Key-Escrow-System. So soll eine Verschlüsselung möglich sein, die es dennoch den Strafverfolgungsbehörden erlaubt, auf die verschlüsselten Informationen zuzugreifen. Der Nachfolger des Clipper Chip ist der *Capstone Chip*.

» Die Programmierer der Software *PGP* haben ebenfalls angefangen, seit der Version 5.5 ein Key-Escrow-System mit einzubinden[4]. Diese Funktionalität steht in der Business-Version der Software PGP zur Verfügung. Die Software PGP wird seit 2002 von einer neuen Firma gepflegt. Die verfügbare PGP-Enterprise-Version 8.0 enthält ebenfalls derartige Funktionen zur Schlüsselwiederherstellung. Diese Funktion wird von PGP als *Key Reconstruction* bezeichnet. Es stellt jedoch nichts anderes als ein Key-Escrow-System dar.

» *Lotus Notes* enthielt ebenfalls lange Jahre ein Key-Escrow-System. Bereits vor der Lockerung der US-amerikanischen Exportbeschränkungen für starke Kryptografie wollte IBM 1996 die Lotus Notes-Software mit 64-Bit-Schlüsseln ausstatten. Die Exportregelungen erlaubten jedoch nur Schlüssellängen von 40 Bit. Um dennoch eine Exportgenehmigung zu erhalten, wurde zusammen mit der NSA das *Workgroup Differential*-Verfahren entwickelt. Hierbei handelt es sich um die sogenannte *Differential Workgroup Cryptography*. Diese verschlüsselt die Nachricht mit 64 Bit. Anschließend werden 24 Bit des Schlüssels mit einem öffentlichen Schlüssel der NSA verschlüsselt und an die Nachricht angehängt. Die NSA kann so auf 24 Bit des originalen 64 Bit langen Schlüssels in Klartext zugreifen. Die restlichen 40 Bit des Schlüssels können mit modernen Rechnern in Bruchteilen von Sekunden errechnet werden. Dennoch war die Nachricht vor jedem weiteren Angreifer mit 64 Bit geschützt. Nur die NSA konnte 2 hoch 24 = 16777216-mal einfacher den Schlüssel knacken [16].

» Die *Mifare Classic RFID*-Technik wird weltweit mehrere Milliarden Male eingesetzt. Sei dient zur Zutrittsregelung, Bezahlung in Mensen und im öffentlichen Nahverkehr. Der hier eingesetzte Algorithmus *Crypto-1* wurde lange geheim gehalten. Nach der Analyse des Algorithmus kann heute der Schlüssel in 12 ms (Millisekunden) gebrochen werden [15].

Open-Source-Software wird offen entwickelt. Heimlich können hier hoffentlich keine derartigen Hintertüren eingebracht werden, ohne dass diese relativ schnell gefunden werden – vorausgesetzt, das Produkt ist so interessant, dass es mehrere Programmierer pflegen!

Es soll allerdings nicht außer Acht gelassen werden, dass in einigen Fällen derartige Hintertüren bewusst gewünscht werden. Hierbei handelt es sich um:

---

3   http://epic.org/crypto/clipper/
4   http://www.rossde.com/PGP/pgp_backdoor.html

» Gesetze, die den Strafverfolgungsbehörden die Möglichkeit verschaffen wollen, auf verschlüsselte Daten zuzugreifen.

» Unternehmen, die weiterhin Zugriff auf verschlüsselte Daten eines ausgeschiedenen Mitarbeiters benötigen. Hierbei genügt es jedoch, ein Key-Escrow-System lediglich für die dauerhaft gespeicherten Daten einzusetzen. Es ist nicht notwendig für verschlüsselte Transaktionen.

In solchen Fällen sind Key-Escrow- oder Key-Recovery-Systeme nötig. Jedoch muss in diesen Fällen die Sicherheit des entsprechenden Systems gewährleistet werden. Darüber hinaus betreffen diese Anwendungen meist nur gespeicherte Daten. Ein Key-Escrow-System für Kommunikationen ist meist nicht erforderlich und sollte daher auch nicht eingerichtet werden. Auch die Lawful Interception verlangt ähnliche Ansätze.

5. Kommerzielle Lösungen

Es existiert eine ganze Reihe von kommerziellen Lösungen, die den Aufbau eines VPNs ermöglichen. Im Folgenden sollen einige Anbieter vorgestellt werden. Die Liste erhebt keinerlei Anspruch auf Vollständigkeit und ist sicherlich auch nicht erschöpfend. Die Auswahl erfolgt aufgrund eigener Erfahrungen mit den Systemen. Insbesondere wird bei den einzelnen Systemen die Kompatibilität in einer gemeinsamen heterogenen VPN-Lösung mit Linux betrachtet.

5.1 Cisco

Die Produkte von Cisco umfassen unter anderem Router, Switches, Firewalls und Intrusion-Detection-Systeme. Hierbei sind die meisten Router und Firewalls in der Lage, auch ein VPN mithilfe von IPsec aufzubauen.

Die Preise der Cisco-Produkte richten sich nach der Größe, dem Ausbau und der verwendeten Software. Besondere Funktionalitäten wie zum Beispiel ein VPN werden bei den Systemen häufig als zusätzliche Feature Packs verkauft.

So kostet zum Beispiel ein kleiner aktueller Cisco-Router zwischen 2000 und 3000 Euro. Hinzu kommt immer noch das entsprechende IP-Feature Pack zur Verschlüsselung, das mit weiteren etwa 800 Euro zu Buche schlägt.

Die Interoperabilität der Cisco-Produkte mit IPsec-Implementierungen unter Linux ist sehr hoch. Erst im Jahr 2008 wurden diese wieder auf der jährlichen IPsec-Konferenz im Bezug auf IKE Version 2 getestet. Die Cisco-Produkte sind in der Lage, sowohl mit Zertifikaten als auch mit Kennworten (PreShared Keys, PSK) einen verschlüsselten Kanal aufzubauen. IKE Version 2 wird noch nicht offiziell von Cisco unterstützt.

5.2 Checkpoint FW-1/VPN-1

Checkpoint stellt mit seiner Software *Firewall-1* sicherlich eine der bekanntesten Software-firewalls her. Dieses Produkt benötigt immer zusätzlich einen Rechner mit einem entsprechenden Betriebssystem (Linux/Intel, WinNT/Intel, Solaris/Intel, Solaris/SPARC, HPUX, AIX). Die einzige Ausnahme stellen die Geräte von Nokia dar. Nokia produziert Hardwaregeräte mit einem abgespeckten BSD als Betriebssystem, auf dem dann die Firewall-1 vorinstalliert ist. Das aktuelle Produkt *VPN-1 UTM Power Gateway* bietet sowohl Firewall- als auch VPN-Funktionalitäten und ist sehr modular erweiterbar. Die Lizenzierung erfolgt bei Checkpoint

Max. Clients	ca. EUR
25	3.500
50	4.750
100	7.000
250	9.750
500	11.500
unlimitiert	14.500
8-core	32.000

Tabelle 5.1: **Checkpoint VPN-1 UTM Power Gateway**

in Abhängigkeit von den zu schützenden Rechnern (siehe Tabelle 5.1). Die jeweiligen VPN-Clients, die benötigt werden, um die Verbindung zum Checkpoint-VPN-Gateway aufzubauen, sind lizenzkostenfrei.

Die Interoperabilität ist im Falle der Checkpoint-IPsec-Implementierung nicht in allen Fällen gegeben. Es besteht die Möglichkeit, Linux als Client mit Checkpoint kommunizieren zu lassen. Jedoch kann der freie Checkpoint-VPN-Client nicht genutzt werden, um eine Verbindung zu einem Linux-Gateway aufzubauen. Bei der Authentifizierung unterstützt Checkpoint sowohl X.509-Zertifikate als auch PreShared Keys (PSK).

5.3 Microsoft Windows

Microsoft hat mit Windows 2000 und Windows XP begonnen, IPsec in seinen Betriebssystemen zu unterstützen. Windows Vista und Windows 2003 und Windows 2008 Server unterstützen natürlich auch IPsec. Dies erfolgt im Zuge der Unterstützung für IPv6, der nächsten Generation des Internet-Protokolls. Die von Microsoft implementierte VPN-Unterstützung setzt jedoch das IPsec-Protokoll gemeinsam mit dem L2TP-Protokoll ein. Dieses zusätzliche Protokoll erlaubt die Vergabe von dynamischen IP-Adressen und die Authentifizierung von Benutzern. Für Linux existieren ebenfalls L2TP-Dienste, jedoch ist deren Konfiguration recht aufwendig (siehe Kapitel 8.13).

Es besteht aber auch die Möglichkeit, reine IPsec-Tunnel aufzubauen, die mit Linux einfacher interoperieren können. Dies ist jedoch mit Einschränkungen verbunden (siehe Abschnitt 18.3).

Speziell Microsoft Windows 7 wird in Zusammenhang mit IKEv2 genauer besprochen.

5.4 Microsoft Windows 98/ME/NT

Die Microsoft-Betriebssysteme Windows 98, Windows ME und Windows NT enthalten keine Unterstützung für das IPsec-Protokoll. Hier sind normalerweise Werkzeuge von Drittherstellern erforderlich. Jedoch hat Microsoft im Juni 2002 einen kostenlosen IPsec/L2TP-Client veröffentlicht. Dieser Client unterstützt jedoch leider nicht reine IPsec-Verbindungen, sondern nur kombinierte IPsec/L2TP-Tunnel (siehe Kapitel 8.13).

Dieser Client soll in Zukunft das unsicherere Point-To-Point-Tunneling-Protokoll (PPTP) ablösen. Dies stellte bislang die einzige von Microsoft unterstützte Möglichkeit zum Aufbau eines VPN unter den genannten Betriebssystemen dar.

5.5 SSH Sentinel

Die Firma SSH (http://www.ssh.com) ist durch die Vermarktung der kommerziellen Version der Secure Shell bekannt geworden. SSH produziert jedoch inzwischen auch PKI- und VPN-Produkte. Der *SSH Sentinel* (ehemals *Internet Pilot*) ist ein IPsec-VPN-Client für Microsoft Windows-Betriebssysteme.

Er erweitert diese Betriebssysteme um einen IPsec-Stack und erlaubt die Authentifizierung mit X.509-Zertifikaten und PreShared Secret Keys. Hierbei kann er in eine vorhandene *Public Key Infrastructure* (PKI) eingebunden werden. Die privaten Schlüssel können auf Chipkarten gespeichert werden. Zusätzlich verfügt der SSH Sentinel über eine eingebaute Personal Firewall. Der SSH Sentinel ist interoperabel mit den entsprechenden Lösungen unter Linux.

Leider ist dieses Werkzeug vor einigen Jahren an die Firma SafeNet verkauft und anschließend eingestellt worden. Jedoch setzen viele Adminstratoren das Werkzeug noch ein und viele Dokumentationen im Internet verweisen hierauf.

5.6 GreenBow-VPN-Client

Als Alternative für den nicht mehr existierenden SSH Sentinel kann der VPN-Client der Firma *GreenBow* genutzt werden. Dieser ist unter http://www.thegreenbow.com/vpn.html erhältlich und mit 58 EUR recht preiswert.

Der Client erlaubt den einfachen grafischen Aufbau von VPN-Verbindungen und steht auch in einer deutschen Lokalisierung zur Verfügung.

Der Hersteller veröffentlicht außerdem recht ordentliche Hinweise für den Betrieb mit Linux-basierten VPN-Gateways[1].

5.7 SafeNet SoftRemote

Die SafeNet *SoftRemote*-Software (früher SoftPK) wird von SafeNet, Inc. (ehemals IRE, http://www.safenet-inc.com) hergestellt. Dieser Client wird auch von einigen anderen Herstellern eingesetzt und stellt auch die Basis für den oben erwähnten freien Windows 95/98/ME L2TP-Client dar. Auch SoftRemote enthält eine persönliche Firewall. Laut Webpage ist SoftRemote der am häufigsten eingesetzte VPN-Client weltweit.

Der Vertrieb der Software erfolgt über verschiedene Partner oder online über die URL http://www.safenet.biz/. Die Safenet SoftRemote-Software ist für die Microsoft-Betriebssysteme

---

1   http://www.thegreenbow.com/vpn_gateway.html

ab Windows 95 verfügbar. Zusätzlich existieren SoftRemotePDA-Versionen. Diese Software kostet 149 Dollar für die Desktop-Versionen und 39 Dollar für die PDA-Versionen.

SoftRemote weist keine Probleme bei einem kombinierten Einsatz mit den Linuxversionen auf.

5.8 OpenBSD, FreeBSD, NetBSD

Bei den Betriebssystemen OpenBSD (http://www.openbsd.org), FreeBSD (http://www.freebsd.org) und NetBSD (http://www.netbsd.org) handelt es sich um freie UNIX-Systeme. Alle diese Betriebssysteme sind in der Lage, eine IPsec-Verbindung aufzubauen und weisen keine Probleme in Kombination mit Linux auf. Die von diesen Systemen verwendeten IKE-Daemons sind teilweise auch auf Linux lauffähig.

5.9 Weitere Produkte

VPN-Produkte werden von weiteren zahlreichen Herstellern angeboten. Hier soll kurz auf die folgenden hingewiesen werden:

» Mac OS X: Das Betriebssystem Mac OS X enthält einen IPsec-Stack. Dieser muss jedoch mit einem Kommandozeilenwerkzeug konfiguriert werden (ähnlich Linux). Ein grafischer Client mit dem Namen *VPN Tracker* ist verfügbar bei Equinux (http://www.equinux.com/us/products/vpntracker/index.html).

» Fast jeder bessere DSL-Router bietet heute auch VPN-Funktionen an. Meist handelt es sich hierbei tatsächlich um Systeme, die auf dem Linux-Betriebssystem basieren. Daher ist die Interoperabilität häufig gewährleistet. Probleme bereiten dann nur die unterschiedlichen Begrifflichkeiten. Viele Hersteller verwenden für identische Funktionen unterschiedliche Begriffe und für unterschiedliche Funktionen identische Begriffe.

6. Verschiedene VPN-Szenarien

Dieses Kapitel soll bereits einige Szenarien für den Einsatz eines virtuellen privaten Netzwerks vorstellen. Diese sollen sowohl als Anregung dienen als auch als Einleitung zu den späteren Kapiteln, die dann Lösungen für diese Szenarien bieten.

Die im Folgenden beschriebenen Szenarien sind sicherlich nicht vollständig und beispielhaft für jede mögliche Situation. Sie sollen jedoch die klassischen Fälle für den Einsatz eines VPNs beschreiben. Im weiteren Verlauf des Buches werden diese dann wieder aufgegriffen und Lösungen dazu präsentiert.

6.1 Kommunikation zwischen zwei Netzwerken

Die Kommunikation zwischen zwei Netzen ist die häufigste Anwendung für ein virtuelles privates Netzwerk. Hierbei werden zwei Standorte, die jeweils über eine Internetanbindung verfügen, mit einem VPN vernetzt, sodass sie vertrauliche Informationen austauschen können. Dieses Szenario wird auch als *Site-to-Site-VPN* bezeichnet. Abbildung 6.1 stellt exemplarisch ein derartiges VPN dar. Sämtliche zwischen den beiden Gateways ausgetauschten Informationen werden für den Transport im Internet verschlüsselt und über das Internet transportiert. Die Kommunikation innerhalb der Netze erfolgt im Klartext.

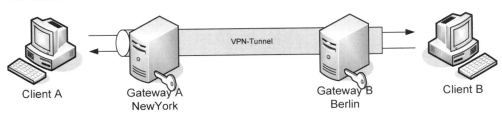

Client A   Gateway A NewYork   VPN-Tunnel   Gateway B Berlin   Client B

Abbildung 6.1: **Site-to-Site-VPN**

Diese Lösung wird häufig gewählt, um zwei Filialen miteinander zu verbinden.

6.2 Kommunikation zwischen zwei Rechnern

Häufig soll nicht die Kommunikation zwischen zwei Netzwerken verschlüsselt und gesichert werden, sondern die Kommunikation zwischen zwei Rechnern. Dies wird auch als ein *End-to-End-VPN* bezeichnet. Abbildung 6.2 skizziert ein derartiges VPN. Hierbei enthalten die kommunizierenden Rechner auch bereits die VPN-Funktionalität. Die Informationen verlassen die

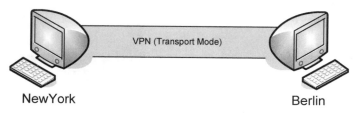

NewYork   Berlin

Abbildung 6.2: **VPN zwischen zwei Rechnern**

Rechner bereits verschlüsselt und müssen nicht mehr durch ein VPN-Gateway verschlüsselt werden.

6.3 Kommunikation zwischen vielen festen Standorten

Dieses Szenario gleicht dem ersten Szenario. Lediglich die Anzahl der zu verbindenden Netzwerke ist größer als zwei. Um eine größere Anzahl von Standorten mit einem VPN zu vernetzen, existieren grundsätzlich zwei verschiedene mögliche Strukturen für den Aufbau eines VPNs: Stern und Netz.

Bei einer Sternstruktur bauen alle Standorte eine Verbindung zu einem zentralen VPN-Gateway auf. Dessen Aufgabe ist es, die über das VPN transportierten Nachrichten entsprechend zu den Empfängern zu routen (siehe Abbildung 6.3). Diese Struktur erlaubt einen sehr einfachen Aufbau. Es wird nur jeweils ein Tunnel pro Standort benötigt. Jedoch hat diese Struktur auch den Nachteil, dass bei einem Ausfall des zentralen Gateways die komplette VPN-Kommunikation ausfällt. Aus diesem Grunde werden in derartigen Szenarien häufig die zentralen Gateways hochverfügbar ausgelegt.

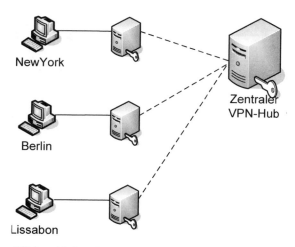

NewYork

Berlin

Lissabon

Zentraler
VPN-Hub

Abbildung 6.3: **Sternförmiger Aufbau eines VPNs**

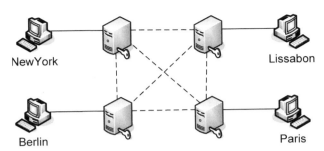

NewYork

Lissabon

Berlin

Paris

Abbildung 6.4: **Netzförmiger Aufbau eines VPNs**

Die netzförmige Struktur stellt wesentlich höhere Ansprüche an die Administration und Wartung des VPNs. Hierbei baut jeder Standort einen Tunnel zu jedem weiteren Standort auf. Dies gewährleistet die direkte Kommunikation und umgeht mögliche Verfügbarkeitsprobleme eines zentralen Gateways (siehe Abbildung 6.4).

Speziell für Cisco-basierte Systeme gibt es hier die Möglichkeit eines sogenannten DMVPN (Dynamic Multipoint VPN). Dies wird aktuell aber nur von IOS-basierten Cisco-Systemen unterstützt[1].

6.4 Anbindung von Telearbeitsplätzen an einen Standort

Viele Firmen und ihre Mitarbeiter entdecken heute die Möglichkeiten der Telearbeit. Dabei greifen die Mitarbeiter mit ihrem Rechner von zu Hause aus auf das Intranet der Firma zu. Aus Kostengründen werden hierzu immer mehr Internetverbindungen eingesetzt. So können auch DSL-Bandbreiten für den Zugang genutzt werden[2].

Derartige Verbindungen über das Internet müssen jedoch sicher und geschützt aufgebaut werden. Hierfür eignen sich idealerweise VPN-Lösungen auf der Basis von IPsec. Die Einwahl erfolgt über einen lokalen Internetdienste-Anbieter (Internet Service Provider, ISP). Dann wird ein IPsec-Tunnel zu einem VPN-Gateway der Firma aufgebaut und der Zugang hergestellt. Abbildung 6.5 zeigt ein derartiges Szenario.

Derartige Lösungen werfen gegenüber den oben bereits besprochenen Szenarien weitere neue Probleme auf, die hier kurz erwähnt werden sollen:

» *Keine statischen IP-Adressen*: Der Telearbeiter erhält bei seiner Einwahl bei seinem ISP eine beliebige IP-Adresse. Die IP-Adresse kann daher nicht zur Authentifizierung genutzt werden.

---

1 http://en.wikipedia.org/wiki/Dynamic_Multipoint_Virtual_Private_Network
2 Bedenken Sie aber, dass die meisten DSL-Anschlüsse asynchron sind. Sie bieten lediglich ein Upload von 128 bis 1024 kBit/s.

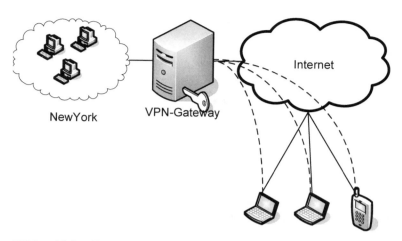

Abbildung 6.5: **Zugriff von Telearbeitern auf ein Intranet (Roadwarrior)**

» *Benutzerauthentifizierung bei der Anmeldung*: Da nun das VPN durch einen Benutzer aufgebaut wird, wird auch häufig eine Authentifizierung gefordert, die einer Anmeldung entspricht.

» *Unter Umständen eine Network-Address-Translation durch den ISP*[3]: Die IPsec-Protokolle überprüfen die verwendeten IP-Adressen der Kommunikation. Änderungen dieser IP-Adressen führen häufig zu Problemen.

» *Zuweisung einer IP-Adresse aus dem internen Netz zur einfachen Kommunikation*: Damit sich der Telearbeiter anschließend im Netz normal bewegen kann, soll ihm häufig eine virtuelle IP-Adresse aus dem internen Netz zugewiesen werden.

Diese Punkte werden im Weiteren in diesem Buch näher erläutert, und Lösungen werden vorgestellt. Hier möchte ich nur bereits erwähnen, dass IPsec bei Verwendung des IKE-Protokolls 1 durchaus Probleme haben kann. Speziell OpenVPN und auch das IKE-Protokoll 2 wurden jedoch so entwickelt, dass sie diese Funktionen perfekt unterstützen.

6.5 Anbindung von Außendienstmitarbeitern (Roadwarriors) an einen Standort

Dieses Szenario stellt im Grunde eine Kopie des letzten Szenarios dar. Hier besteht die Notwendigkeit, dass ein Außendienstmitarbeiter abends aus seinem Hotelzimmer seine Datenbanken mit den zentralen Firmendatenbanken synchronisieren möchte. Auch dazu bietet sich ein VPN an. Der Außendienstmitarbeiter kann sich von seinem Telefonanschluss im Hotel bei einem lokalen oder nationalen ISP einwählen und so eine Internetverbindung aufbauen. Diese kann er dann anschließend nutzen, um einen Tunnel zum Gateway der Firma aufzubauen. Über diese verschlüsselte Verbindung können dann alle Informationen ausgetauscht werden.

---

3   Dies ist zum Beispiel bei einer Einwahl über UMTS oder einen WLAN-Hotspot der Fall.

Dieses Szenario ist jedoch mit denselben Problemen behaftet wie das Szenario mit den Telearbeitern.

6.6 Absicherung eines Wireless LAN

Wenn heute neue lokale Netzwerke (LAN) implementiert werden, so werden sie immer häufiger als Wireless LAN (WLAN) ausgeführt. WLANs können ohne Umbauarbeiten und dadurch verursachte Ausfallzeiten sehr einfach und schnell aufgesetzt werden. Mietverträge oder Denkmalschutz können die möglichen baulichen Änderungen bei einer Vernetzung stark einschränken. WLANs benötigen keine baulichen Veränderungen und können bereits mit einer Bruttobandbreite von über 54 Mbit/s Daten transferieren. Für den Schutz dieser Daten wurde die *Wired Equivalent Privacy* (WEP) als Standard geschaffen. Sie verschlüsselt die übertragenen Daten mit 40 Bit oder 104 Bit.

Die Länge des Schlüssels wird teilweise unterschiedlich angegeben. Bei beiden Schlüssellängen wird zusätzlich ein 24 Bit langer Initialisierungsvektor zusätzlich verwendet. Daraus resultieren dann 64 Bit beziehungsweise 128 Bit.

Dieser Verschlüsselungsmechanismus wurde bereits Mitte 2001 von Scott Fluhrer, Itsik Mantin und Adi Shamir geknackt (http://www.crypto.com/papers/others/rc4_ksaproc.ps). Die entsprechenden Werkzeuge wurden kurze Zeit später als Open-Source-Werkzeuge zur Verfügung gestellt (AirSnort: http://airsnort.shmoo.com/; WEPCrack: http://wepcrack.sourceforge.net/). Die Verschlüsselung kann daher nicht als ausreichend sicher angesehen werden.

Daher wurden die Verschlüsselungsverfahren WPA und WPA2 entwickelt. Bei der Verwendung mit einem Preshared-Key (PSK) weisen jedoch auch diese Verfahren Schwächen auf, die für einen Brute-Force-Dictionary-Angriff genutzt werden können.

Ein Wireless LAN kann jedoch recht gut mit einem VPN geschützt werden. Hierzu ist nur wenig mehr Aufwand als beim weiter oben beschriebenen Stern-Szenario erforderlich. Ein Beispielprojekt, das dies in universitärem Rahmen durchführt, ist das MOPO-Projekt: http://mopoinfo.vpn.uni-freiburg.de/. Hier ist ein etwa 20 Accesspoints umfassendes WLAN aufgebaut worden, das eine Authentifizierung des Benutzers mit X.509-Zertifikaten durchführt und anschließend den Aufbau von verschlüsselten IPsec-Tunneln ermöglicht.

6.7 Opportunistische Verschlüsselung

Die opportunistische Verschlüsselung ist eine neue Eigenschaft, die bisher nur unter Linux mit FreeS/WAN und seinen Nachfolgern Openswan und strongSwan zur Verfügung steht (siehe Kapitel 36). Hierbei ist Linux in der Lage, den VPN-Tunnel bei Bedarf und technischer Verfügbarkeit aufzubauen. Dazu ermittelt das VPN-Gateway mithilfe des DNS-Dienstes, ob der entsprechende Kommunikationspartner möglicherweise durch ein VPN-Gateway geschützt wird. Ist dies der Fall, so baut das Linux-VPN-Gateway zu dem entsprechenden zweiten VPN-Gateway einen IPsec-Tunnel auf und überträgt die Daten verschlüsselt. Steht kein VPN-Gateway zur Verfügung, so werden die Daten in Klartext übertragen.

Diese Funktion ermöglicht den Aufbau von VPN-Verbindungen mit beliebigen Partnern, die die entsprechenden Informationen in ihren DNS-Servern hinterlegen. So kann eine schrittweise Migration erfolgen.

Das ist zum Beispiel sinnvoll, wenn innerhalb eines Netzwerks die Kommunikation auf IPsec umgestellt werden soll. Es ist meist nicht möglich, über Nacht die Konfiguration auf allen Systemen zu modifizieren und anzupassen. Bei opportunistischer Verschlüsselung ermitteln die Systeme selbst, mit welchen Systemen sie eine verschlüsselte Verbindung aufbauen können.

7. Kryptografie

Die Kryptografie ist eine elementare Technologie beim Aufbau von virtuellen privaten Netzwerken. Sie sollten daher die verschiedenen Verfahren, ihre Zusammenhänge und ihre Vor- und Nachteile kennen. Dieses Kapitel stellt nach einem kurzen Ausflug in die Geschichte die symmetrische und sie asymmetrische Verschlüsselung, wie sie heute verwendet wird, vor. Anschließend werden der Diffie-Hellman-Schlüsselaustausch und die Hash-Funktionen besprochen. Ohne diese Methoden sind die VPN-Protokolle (IPsec und OpenVPN) nicht denkbar.

7.1 Einleitung

Die Kryptografie ist ein Teilbereich der Kryptologie, die zusätzlich auch die Kryptoanalyse behandelt. Diese beiden Disziplinen der theoretischen Mathematik versuchen entweder die Vertraulichkeit eines Textes durch Verschlüsselung zu garantieren oder die entsprechende Verschlüsselung zu brechen und einen verschlüsselten Text in seinen Klartext zu überführen.

Für das Verständnis der folgenden Seiten ist die Kenntnis einiger Begriffe sinnvoll:

» *Kryptografie* ist die Durchführung und das Studium der Ver- und Entschlüsselung. Hierbei werden Daten so mathematisch codiert, dass nur bestimmte ausgewählte Personen die Daten dekodieren können. Üblicherweise werden die lesbaren Daten (Klartext) entsprechend einem Algorithmus mit einem geheimen Schlüssel codiert (*Ciphertext* oder auch *Chiffretext*). Das Ziel der Kryptografie ist es, möglichst sichere Verschlüsselungssysteme zu entwickeln.

» Die *Kryptoanalyse* beschäftigt sich ebenfalls mit dem Studium der Verschlüsselung und Entschlüsselung. Ihr Ziel ist jedoch die Entdeckung von Lücken in den eingesetzten Algorithmen oder Schlüsseln, um so eine Entschlüsselung der codierten Daten zu ermöglichen.

» Der *Ciphertext-Only-Angriff* versucht, eine Verschlüsselung nur aufgrund der Kenntnis des chiffrierten Textes zu lösen. Dies ist die größte Herausforderung für jeden Kryptoanalytiker.

» Der *Brute-Force*-Angriff ist ein Angriff, der bei jeder Verschlüsselungsmethode eingesetzt werden kann, deren Algorithmus bekannt ist. Der Brute-Force-Angriff probiert nacheinander alle verschiedenen möglichen Schlüssel für die Entschlüsselung durch. Hierfür muss der Angreifer jedoch erkennen können, wann er den richtigen Schlüssel gefunden hat. Daher wird dieser Angriff häufig auch als *Klartext-Angriff* bezeichnet. Häufig genügen jedoch bereits allgemein bekannte Informationen über den Klartext. So beginnt jedes

Microsoft Word-Dokument unabhängig von seinem Inhalt mit einem einheitlichen Datei-header, der erkannt werden kann.

» *Alice*, *Bob* und *Eve* oder *Charles* sind die üblicherweise in der kryptografischen Literatur verwendeten Beispielpersonen. Hierbei versuchen Alice und Bob eine gesicherte Kommunikation aufzubauen. Eve (für engl. *Eavesdropper*, Lauscher) oder Charles (wegen den Buchstaben A, B und C) versucht, die Kommunikation abzuhören. Diese Namen werden daher auch hier verwendet.

7.2 Geschichte

Der Wunsch nach der Vertraulichkeit übertragener Daten ist sehr alt. Es ist bekannt, dass bereits frühe Hochkulturen eine Nachricht in die Kopfhaut eines Sklaven tätowierten. Sobald dessen Haare nachgewachsen waren, wurde der Sklave zum Empfänger geschickt, der nur den Kopf rasieren musste, um die Nachricht zu lesen.

Das erste militärisch genutzte System wurde etwa 500 Jahre vor Christus von dem spartanischen General Pasanius verwendet. Bei der Skytale handelte es sich um einen Holzstab mit definiertem Durchmesser. Der Absender wickelte einen Papierstreifen um diesen Holzstab und schrieb seine Nachricht quer zur Wickelrichtung (Abbildung 7.1). Anschließend wurde der Papierstreifen abgezogen und verschickt. Hierbei verschieben sich die Buchstaben in Leserichtung. Daher werden derartige Verfahren als *Transpositionsalgorithmus* bezeichnet. Der Empfänger benötigte zum erfolgreichen Lesen der Nachricht einen Holzstab identischer Dicke.

```
Demiieenrs   gTieeshxtet i
```

Abbildung 7.1: **Der Skytale verwendet einen Transpositionsalgorithmus**

Julius Cäsar entwickelte den Cäsar-Code (Caesar's Cipher). Hierbei wird jeder Buchstabe im Alphabet durch einen anderen Buchstaben ausgetauscht. Diese Verfahren werden auch als *Substitutionsalgorithmus* bezeichnet. Die älteste Form ist wahrscheinlich die Methode Atbash. Hierbei wurde der erste Buchstabe im hebräischen Alphabet durch den letzten, der zweite durch den vorletzten Buchstaben und so weiter ausgetauscht. Dadurch ergibt sich ein Substitutionsalphabet wie in folgendem Beispiel:

```
Klartext: ABCDEFGHIJKLMNOPQRSTUVWXYZ
Cipher:   ZYXWVUTSRQPONMLKJIHGFEDCBA
```

Cäsars Verfahren unterschied sich von Atbash durch eine zusätzliche Variablität. Hierbei wurden die Alphabete um eine bestimmte Anzahl von Buchstaben gegeneinander rotiert. Für die Ver- und Entschlüsselung der Nachrichten war erstmals nicht nur die Kenntnis des Algorithmus, sondern auch eine Art Schlüssel erforderlich. Die Funktionsweise des Verfahrens lässt sich leicht am Beispiel des Namens des Hauptrechners aus dem Spielfilm „Space Odyssee 2001" von Stanley Kubrick nachvollziehen. Dieser Rechner erhielt den Namen HAL. Eine Rotation um eine Stelle im Alphabet ergibt: IBM. Julius Cäsar verwendete jedoch meist eine Rotation um 13 Stellen:

```
Klartext: ABCDEFGHIJKLMNOPQRSTUVWXYZ
Rot-13:   NOPQRSTUVWXYZABCDEFGHIJKLM
```

Ein schönes Werkzeug zur Demonstration dieser Algorithmen ist *CrypTool*. Dieses Werkzeug ist über seine Homepage http://www.cryptool.de/ verfügbar.

Caesar's Cipher weist jedoch einige Schwächen auf:

» Die Schlüssellänge ist sehr kurz. Caesar's Cipher erlaubt nur 25 verschiedene Schlüssel, da das Alphabet nur über 26 Buchstaben verfügt. Die Kryptografie misst jedoch nicht die Anzahl der Schlüssel, sondern die Schlüssellänge. Hierzu wird die Anzahl der Schlüssel binär dargestellt und die Anzahl der Stellen (ihre Länge) gemessen:

```
25 = 11001
```

Die Schlüssellänge bei Cäsar beträgt somit 5.

» Eine weitere wesentliche Schwäche kann durch eine Frequenzanalyse ausgenutzt werden. Hierbei wird die Häufigkeit der einzelnen Buchstaben in der natürlichen Sprache bestimmt. In der deutschen Sprache besitzt der Buchstabe E eine Häufigkeit von etwa 18 Prozent. Die Häufigkeit des Buchstaben X ist jedoch fast null (siehe [7]). Wendet der Kryptoanalytiker dieses Wissen auf den Ciphertext an, so kann er sehr schnell erkennen, um wie viele Buchstaben das Alphabet rotiert wurde. Daher sind derartige *monoalphabetische Substitutionsalgorithmen*, bei denen jeder Buchstabe des Alphabets immer durch denselben Buchstaben ersetzt wird, nicht sehr sicher. Im kryptografischen Fachjargon spricht man von der *Blockgröße*. Hätte Cäsar nicht einzelne Buchstaben, sondern immer ganze Wörter verschlüsselt, hätte der Kryptoanalytiker die Häufigkeit der Wörter in der entsprechenden Sprache ermitteln müssen. Die Blockgröße wird identisch zur Schlüssellänge gemessen. Bei Cäsar gibt es 26 verschiedene Einheiten, die einzeln verschlüsselt werden. Dies entsprecht der binären Zahl 11010 mit der Länge 5. Die Blockgröße ist daher bei Cäsar auch 5.

Besser sind hier *polyalphabetische Substitutionsalgorithmen*. Sie tauschen einen Buchstaben des Alphabets durch eine bestimmte Folge von Buchstaben aus. Die ersten polyalphabetischen Verfahren gehen auf Leon Battista Alberti zurück. Er beschrieb 1466 ein Verfahren, bei dem zwei Kupferscheiben, auf denen sich jeweils das Alphabet befand, gegeneinander verdreht wurden. Dabei wurden die Scheiben nach einigen verschlüsselten Wörtern verdreht und so der Schlüssel ausgetauscht. Dieses Verfahren wurde von dem Abt Johannes Trithemius weiterentwickelt. Hierbei kamen zum ersten Mal Substitutionstabellen zum Einsatz.

Die bekannteste Variante wurde schließlich von Blaise de Vigenere entwickelt. Vigenere entwickelte eine Tabelle und einen Algorithmus, um mit dieser Tabelle einen Text zu verschlüsseln.

```
  A B C D E F G H I J K L M N O P Q R S T U V W X Y Z
a A B C D E F G H I J K L M N O P Q R S T U V W X Y Z
b B C D E F G H I J K L M N O P Q R S T U V W X Y Z A
c C D E F G H I J K L M N O P Q R S T U V W X Y Z A B
d D E F G H I J K L M N O P Q R S T U V W X Y Z A B C
e E F G H I J K L M N O P Q R S T U V W X Y Z A B C D
f F G H I J K L M N O P Q R S T U V W X Y Z A B C D E
g G H I J K L ....
h H I J K L ....
....
```

Um nun einen Text zu verschlüsseln, wird zunächst ein Schlüssel gewählt, zum Beispiel: IPSEC. Dann wird der Schlüssel durch Wiederholungen auf die identische Länge der Tabelle gebracht. Anschließend kann der Benutzer den Text verschlüsseln, indem er den entsprechenden Ciphertext in der Tabelle abliest. Dabei definiert der Schlüssel die Spalten und der Klartext die Zeilen in der Tabelle.

```
Schlüssel   : IPSECIPSECIPSECIPSECIPSECIPSEC
Klartext    : diesistgeheimertext
Ciphertext: LXWWKAIYIJMXEITBTPX
```

Durch den polyalphabetischen Algorithmus werden die Buchstaben IPSEC nacheinander durch WIMIT ersetzt. Eine Frequenzanalyse ist nun wesentlich aufwendiger.

Der Vigenere-Algorithmus wurde bis in die moderne Zeit benutzt.

Seit dem Ersten Weltkrieg stieg die Bedeutung der Kryptografie stark und war teilweise kriegsentscheidend. So waren die Allierten im Zweiten Weltkrieg in der Lage, die deutsche und japanische Verschlüsselung zu brechen. David Kahn veröffentlichte die Geschichte der Kryptoanalyse der Enigma in seinem Buch „The Codebreakers". Mit dem Erscheinen dieses Buches stieg in den 1960er-Jahren auch das öffentliche Interesse an der Kryptografie.

Seit dem Zweiten Weltkrieg sind auch Verfahren entwickelt worden, bei denen noch keine Schwächen entdeckt wurden. Diese starken kryptografischen Verfahren bieten bei ausreichender Schlüssellänge praktisch einen totalen Schutz. Ein Knacken der verschlüsselten Texte würde Ressourcen benötigen, die momentan nicht zur Verfügung stehen. Ein Angriff kann daher nicht in annehmbarer Zeit durchgeführt werden.

Aus diesem Grund wird oder wurde der Kryptografie ein ähnlicher Stellenwert zugesprochen wie anderen Kriegsmitteln. Starke Kryptografie wird daher meist von der Kriegswaffenkontrollgesetzgebung reguliert. Die Vereinigten Staaten von Amerika verboten ab 1993 die Ausfuhr starker Kryptografie. Diese Beschränkungen sind inzwischen wieder weitgehend aufgehoben oder vereinfacht worden, da allgemein verstanden wurde, dass die Ausfuhr von Kryptographieverfahren nicht durch Gesetze regulierbar ist. Jedoch ist der Export starker Kryptografie aus den USA in als solche bezeichnete „Schurkenstaaten" weiterhin untersagt. Auch in weiteren Ländern wie zum Beispiel Frankreich unterliegt die Ein- oder Ausfuhr starker Kryptografie besonderen Regelungen.

7.3 Symmetrische Verschlüsselung

Alle in der Praxis verwendeten symmetrischen Verschlüsselungsverfahren basieren auf einem allgemein bekannten Algorithmus und einem geheimen Schlüssel. Die Offenlegung des Algorithmus wird als eine Voraussetzung für die Sicherheit des Verfahrens angesehen. Nur so ist es möglich, dass Kryptoanalytiker in der Lage sind, das Verfahren zu studieren und Fehler zu finden. Nur wenn die Verfahren mehrere Jahre derartiger offener Kryptoanalyse durch unabhängige Fachleute überstanden haben, werden sie als momentan sicher anerkannt. Wird eine Schwäche entdeckt, die einen schnelleren Angriff als den Brute-Force-Angriff ermöglicht, gilt das Verfahren als *gebrochen*.

Eine Auswahl von symmetrischen Verfahren, die als sicher angesehen werden, sind: DES[1], 3DES, Blowfish, Twofish, RC5, Serpent und AES (Rijndael).

Wie funktioniert nun die symmetrische Verschlüsselung? Die Grundvorraussetzung für die erfolgreiche Anwendung ist die Vereinbarung eines zu verwendenden Verschlüsselungsalgorithmus und eines geheimen Schlüssels. Bei der symmetrischen Verschlüsselung müssen beide Kommunikationspartner den identischen Schlüssel besitzen. Ein symmetrisches Verfahren verwendet den identischen Schlüssel für die Codierung eines Textes und die spätere Entschlüsselung des Ciphertextes. Daher der Zusatz *symmetrisch*. Abbildung 7.2 verdeutlicht den Ablauf.

Werden sichere Verfahren für die Verschlüsselung eingesetzt, so hängt die Sicherheit der Verschlüsselung lediglich von der Schlüssellänge ab. Sie bestimmt, wie viele verschiedene Schlüssel möglich sind. Bei einem erfolgreichen Brute-Force-Angriff müssen statistisch 50 Prozent aller möglichen Schlüssel getestet werden, im schlechtesten Fall sogar sämtliche Schlüssel.

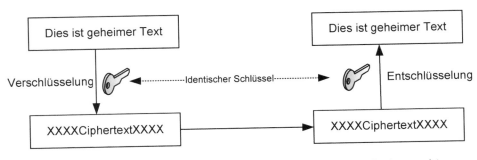

Abbildung 7.2: **Bei der symmetrischen Verschlüsselung wird nur ein gemeinsamer Schlüssel verwendet.**

---

1 DES gilt inzwischen nicht mehr als sicher. Dies hängt jedoch mit der kurzen Schlüssellänge zusammen. Das Verfahren selbst weist keinen Fehler auf.

Um die Schlüssellängen der verschiedenen Verfahren bewerten zu können, führen wir nun kurz eine einfache Rechnung durch. Bei einem 56 Bit langen Schlüssel existieren 2 hoch 56 = 72.057.594.037.927.936 mögliche Schlüssel. Dauert der Test eines Schlüssels eine Picosekunde auf einem Rechner, so benötigt der Rechner 20 Stunden, um sämtliche Schlüssel zu testen. Dies entspricht in etwa der Geschwindigkeit des COPACOBANA-Systems aus Abschnitt 3.2. Können diese Tests parallel durchgeführt werden, reduziert sich entsprechend die Dauer.

Kürzere beziehungsweise längere Schlüssel verkürzen oder verlängern die benötige Zeit für einen Brute-Force-Angriff drastisch. Ein 40 Bit langer Schlüssel, wie er typischerweise vor der Lockerung der US-amerikanischen Exportbeschränkungen bei exportierter Software eingesetzt wurde, ermöglicht nur 1.099.511.627.776 verschiedene Schlüssel. Ein Test aller Schlüssel würde in diesem Fall 1 Sekunde benötigen. Ein entsprechender 128 Bit langer Schlüssel erlaubt 340.282.366.920.938.463.463.374.607.431.768.211.456 verschiedene Kombinationen. Unter denselben Voraussetzungen würde der Rechner immer noch 10.790.283.070 .806.014.188 Jahre für die Berechnung benötigen.

Wenn Sie diese Berechnungen nachvollziehen möchten, so können Sie den universellen Rechner bc und das folgende Programm verwenden:

```
# Dieses Programm berechnet die Dauer für einen Brute-Force-Angriff

# Wie lang ist der Schlüssel?
print "Wie lang ist der Schlüssel? --> "
keylength = read()

# Wie viel Zeit wird für eine Operation benötigt (in Picosekunden)?
dauer=1

schluessel = 2^keylength
schluessel = schluessel * dauer

sekunde = (((( schluessel / 1000 ) / 1000 ) / 1000 ) / 1000)
minute = ( sekunde / 60)
stunde = ( minute / 60)
tag = ( stunde / 24)
jahr = ( tag / 365)

print "Länge:     ",keylength," Bit\n"
print "Schlüssel: ",schluessel,"\n"
print "Dauer:     ",jahr," Jahre oder ",tag," Tage\n"
print "Dauer:     ",stunde," Stunden oder ",minute," Minuten oder ",
        sekunde," Sekunden\n"
quit
```

Im Folgenden stelle ich kurz die üblicherweise verwendeten symmetrischen Verschlüsselungsverfahren vor. Dabei gehe ich nicht näher auf ihre mathematischen Hintergründe ein. Es existieren hierfür wesentlich bessere Bücher, die in der Bibliografie am Ende des Buches erwähnt werden. Für den Einsatz in einem VPN sind außer der Sicherheit des Algorithmus lediglich die Schlüssellänge, die Blockgröße und die Geschwindigkeit entscheidend.

7.3.1 Data Encryption Standard (DES)

Die Entwicklung von DES unter der Federführung von IBM dauerte mehrere Jahre. 1977 wurde DES in den USA zum nationalen Standard erklärt. Lange Jahre wurde der Algorithmus mit Skepsis betrachtet, da auch die NSA (National Security Agency) an der Entwicklung beteiligt war. Inzwischen gilt es jedoch als sicher, dass die NSA keine Hintertür in dem Algorithmus eingebaut hat. DES ist ein Verschlüsselungsalgorithmus, der immer ganze Datenblöcke von 64 Bit verschlüsselt. Er verwendet einen Schlüssel mit 56 Bit Länge. Dieser Schlüssel enthält zusätzlich 8 Bit Paritätsdaten, sodass der gesamte Schlüssel 64 Bit lang ist. DES stellte für lange Jahre den Standard in der Codierung dar und lässt sich sehr gut in Software und noch besser in Hardware implementieren. Es existieren Hardwarechips der unterschiedlichsten Hersteller, die mehrere 100 MByte/s verschlüsseln können. Dies führt inzwischen auch zur Unsicherheit von DES. Es sind bis heute keine wirksamen Angriffe gegen DES bekannt, jedoch entwickelte bereits 1993 Michael Wiener einen Rechner für eine Million Dollar, der in der Lage ist, einen Brute-Force-Angriff erfolgreich in durchschnittlich 3,5 Stunden durchzuführen. 1999 konnte die *Electronic Frontier Foundation* (EFF) einen 56-Bit-Schlüssel in 22 Stunden knacken. Das Problem liegt nicht in dem Algorithmus selbst, sondern im kurzen Schlüssel.

Die IPsec-Standards verlangen die Implementierung von DES als Verschlüsselungsalgorithmus. DES soll als kleinster gemeinsamer Nenner bei allen IPsec-Implementierungen zur Verfügung stehen. Einige kleine Router sind nur in der Lage, DES zu verwenden. Viele kommerzielle Anbieter knüpfen den Einsatz stärkerer Verschlüsselung an besondere Lizenzen und verlangen hierfür gesondert Gebühren. Grundsätzlich sollten Sie von einem Einsatz von DES in einem VPN jedoch absehen.

7.3.2 3DES

3DES oder auch *Triple-DES* stellt die Antwort auf die Verwundbarkeit von DES dar. Wie oben dargestellt wurde, ist DES aufgrund des kurzen Schlüssels von 56 Bit recht schnell zu knacken. 3DES umgeht dieses Problem, in dem es zwei beziehungsweise drei 56-Bit-Schlüssel verwendet. Diese Schlüssel werden genutzt, um dreimal eine Verschlüsselung der Daten durchzuführen.

Hierzu werden die Daten zunächst mit dem ersten Schlüssel codiert, anschließend mit dem zweiten Schlüssel entschlüsselt und schließlich mit dem ersten (bei zwei Schlüsseln) oder dem dritten Schlüssel (bei drei Schlüsseln) erneut verschlüsselt. So verwendet 3DES einen 112 Bit oder 168 Bit langen Schlüssel. Leider ist dieses Verfahren sehr zeitaufwendig. Dieser Nachteil wird jedoch vielfach dadurch aufgewogen, dass es für DES optimierte Chipsätze gibt.

So kann durch den Einsatz von Hardware-Kryptoprozessoren die Verschlüsselung beschleunigt werden.

3DES war lange Zeit sicherlich der am häufigsten eingesetzte Verschlüsselungsalgorithmus in IPsec-basierten VPN-Lösungen. Es existieren langjährige Erfahrungen mit DES und ein großes Vertrauen in die Sicherheit des Algorithmus, die einfach auf 3DES übertragen werden können. 3DES bietet die Stabilität von DES mit der Sicherheit eines 168 Bit langen Schlüssels.

7.4 International Data Encryption Algorithm (IDEA)

IDEA ist ein patentierter Verschlüsselungsalgorithmus, der wie DES 64-Bit-Datenblöcke bearbeitet. Er verwendet einen Schlüssel mit 128 Bit Länge. Bruce Schneier bewertet ihn in seinem Buch „Angewandte Kryptografie" als einen der besten und sichersten verfügbaren Algorithmen. Softwareimplementierungen des IDEA-Algorithmus sind etwa doppelt so schnell wie DES. Patentinhaber ist die Firma *Ascom Systec AG* in der Schweiz.

Aufgrund des IDEA-Patents wird dieser Algorithmus nur sehr selten für die Verschlüsselung in IPsec-basierten VPN-Lösungen genutzt. Insbesondere Open-Source-Lösungen deaktivieren häufig diesen Algorithmus oder implementieren ihn gar nicht, um mögliche Patentstreitigkeiten zu vermeiden.

7.4.1 RC4/RC5/RC6

Die RC-Algorithmen wurden von Ron Rivest entwickelt. Der RC5-Algorithmus ist in der Lage, mit variabler Blockgröße, Schlüssellänge und Schleifendurchläufen zu arbeiten. Kryptoanalysen zeigen, dass der Algorithmus wahrscheinlich ab einer Schleifenanzahl von 6 sicher ist. Ron Rivest empfiehlt eine Schleifenanzahl von wenigstens 12.

Der Name RC5 ist als Warenzeichen und Patent angemeldet.

Der Nachfolger RC6 wurde von Ron Rivest gemeinsam mit Matt Robshaw, Ray Sidney und Yiqun Lisa Yin bei der Firma *RSA Laboratories* für den AES-Wettbewerb entwickelt. Es handelt sich um einen sehr modernen und schnellen Algorithmus, der auf den Erfahrungen von RC5 basiert. Die Schlüssellänge ist variabel zwischen 0 und 255 Bytes (entsprechend 2048 Bit).

7.4.2 Blowfish

Blowfish wurde von Bruce Schneier entwickelt. Die Entwicklung zielte auf den Einsatz auf großen Mikroprozessoren. Ein 32-Bit-Mikroprozessor kann 1 Byte Daten üblicherweise in 26 Takten verschlüsseln. Der Algorithmus benötigt nur 5 kByte Speicher und verwendet lediglich einfache 32-Bit-Operationen. Die Schlüssellänge von Blowfish ist variabel und kann bis zu 448 Bits lang sein. Blowfish ist ideal für Anwendungen, bei denen der Schlüssel nur selten getauscht wird und große Datenmengen mit demselben Schlüssel verarbeitet werden. Der Algorithmus ist auf modernen Prozessoren wesentlich schneller als DES. Blowfish weist einige Schwächen auf, wenn er nicht komplett implementiert wird. Wie die meisten anderen

Algorithmen arbeitet diese Methode mit Schleifen. Wird die Schleifenanzahl gekürzt, so sinkt möglicherweise die Sicherheit drastisch ([8]).

Blowfish ist frei von Patenten und in der Public-Domain. Der Algorithmus wird unter anderen von OpenSSH und von OpenBSD eingesetzt. Insbesondere in Open-Source-VPN-Lösungen wird auch Blowfish unterstützt. Die Unterstützung von Blowfish bei IPsec-basierten VPN-Lösungen nimmt zu.

7.4.3 Twofish

Twofish wurde ebenfalls wie Blowfish von Bruce Schneier entwickelt. Es verarbeitet Daten in 128-Bit-Blöcken und kann einen bis zu 256 Bit langen Schlüssel verwenden. Es eignet sich für die Implementierung in Hardware, auf Smartcards und in Software. Bisher konnte kein Angriff gegen Twofish entwickelt werden. Twofish gelangte mit einigen anderen Kandidaten (Serpent, RC6, Rijndael) in die Endausscheidung zum Advanced Encryption Standard.

Twofish ist wie Blowfish nicht patentiert, frei von Copyright und in der Public Domain.

7.4.4 AES

Im Jahr 1997 schrieb das *National Institute of Standards and Technology* (NIST) einen Wettbewerb für einen neuen Verschlüsselungsstandard aus. Dieser Advanced Encryption Standard (AES) sollte die längst überfällige Ablösung des DES darstellen. Insgesamt 15 Algorithmen nahmen als Kandidaten am Wettbewerb teil (http://csrc.nist.gov/encryption/aes/index2.html). Zu den Finalisten gehörten MARS, RC6, Rijndael, Serpent und Twofish. Schließlich wurde der Algorithmus *Rijndael* von den Belgiern Joan Daemen und Vincent Rijmen zum AES gekürt. Hierbei handelt es sich um einen Algorithmus mit variabler Block- und Schlüssellänge. Definiert wurde bisher das Verhalten für Blöcke und Schlüssel von 128, 192 und 256 Bit Länge. Rijndael kann sehr effizient sowohl in Hard- als auch in Software implementiert werden. Er stellt einen der schnellsten momentan verfügbaren Algorithmen dar.

Die Spezifikation zur Wahl des AES erfordert unter anderem die lizenzfreie weltweite Verfügbarkeit des Algorithmus. Er unterliegt also keiner Einschränkung.

Moderne IPsec-Implementierungen verwenden diesen Algorithmus besonders gerne, da er frei von Einschränkungen einen der schnellsten verfügbaren Verschlüsselungsalgorithmen mit ausreichender Schlüssellänge darstellt.

Zu Beginn gab es Zweifel an der Qualität des AES-Verschlüsselungsalgorithmus (http://www.counterpane.com/crypto-gram-0209.html). Courtois und Pieprzyk haben einen Angriff gegen Serpent und AES beschrieben. Die Wirksamkeit dieses Angriffes ist umstritten. Eric Filiol hat zwei Artikel veröffentlicht, in denen er Angriffe gegen den Algorithmus beschreibt. Diese Angriffe konnten jedoch inzwischen widerlegt werden. Jedoch sind auch weitere theoretische Angriffe beschrieben worden (http://www.schneier.com/blog/archives/2009/07/another_new_aes.html) Dennoch sind heute die meisten Kryptologen von der Sicherheit des Algorithmus überzeugt.

7.4.5 Weitere Verfahren

Es existiert eine ganze Reihe weiterer Verfahren, die aber meist keine besondere Bedeutung für den Einsatz in einer IPsec-VPN-Lösung haben. Hierzu gehören CAST, CAST-128, CAST-256, MARS und Serpent. Das bedeutet nicht, dass sie nicht geeignet sind; häufig existieren nur gleich gute oder bessere Verfahren. Weitere Informationen können Sie in der einschlägigen Literatur nachlesen.

7.4.6 Cipher Block Chaining (CBC)

Im Zusammenhang mit der geschichtlichen Entwicklung der Kryptografie habe ich die Frequenzanalyse erwähnt. Sie kann auch auf die klassischen symmetrischen Verfahren angewendet werden, die im letzten Abschnitt besprochen wurden. Immerhin verschlüsselt das DES-Verfahren identische Informationen mit dem gleichen Ergebnis bei gleichen Schlüsseln. Stehen genug Daten zur Verfügung, kann damit ein statistischer Angriff durchgeführt werden.

Um dies zu vermeiden, wird eine Verkettung der Datenblöcke durchgeführt. Dabei wird hauptsächlich der zu verschlüsselnde Datenblock vor seiner Verschlüsselung exklusiv-oder mit dem letzten verschlüsselten Datenblock verknüpft. Erst nach dieser XOR-Verknüpfung wird die Verschlüsselung durchgeführt. Gleiche Klartextblöcke werden so unterschiedlich modifiziert und unterschiedlich verschlüsselt. Ein besonderes Problem stellt aber der erste zu verschlüsselnde Datenblock dar. Für ihn wird ein Initialisierungsvektor (IV) erzeugt. Dieser IV wird meist aus Zufallszahlen erzeugt. Da dieser IV auch für die Entschlüsselung benötigt wird, muss er dem Empfänger übermittelt werden. Seine Vertraulichkeit ist jedoch nicht erforderlich, daher wird er meist im Klartext übermittelt. Die IPsec-Protokolle übertragen den IV-Vektor in jedem Datenpaket (siehe Abschnitt 8.8 zu ESP).

7.5 Asymmetrische Verschlüsselung

Bei der asymmetrischen Verschlüsselung (auch Public Key-Kryptografie genannt) werden im Gegensatz zur symmetrischen Verschlüsselung zwei verschiedene Schlüssel benötigt. Sie werden als *öffentlicher Schlüssel* oder *Public Key* und als *privater Schlüssel* oder *Private Key* bezeichnet.

Grundlage der Public-Key-Kryptografie sind ungelöste oder sehr schwierige mathematische Probleme. Dabei kommen üblicherweise Funktionen zum Einsatz, deren Berechnung in einer Richtung vergleichsweise schnell und einfach durchzuführen ist, deren Umkehrung aber unmöglich ist. Als *unmöglich* definiert man in diesem Zusammenhang einen Rechenaufwand, der einige Tausend bis Millionen Jahre beträgt. Das Diffie-Hellman-Verfahren (nächster Abschnitt) beruht auf einer derartigen Funktion. Wenn die Verfahren tatsächlich zur Verschlüsselung eingesetzt werden sollen, so ist es erforderlich, eine Umkehrung zu ermöglichen. Hier werden Falltürfunktionen eingesetzt, die bei Kenntnis eines privaten Schlüssels eine Umkehrung ermöglichen.

Üblicherweise wird der Public Key zur Verschlüsselung und der Private Key zur Entschlüsselung verwendet. Ein Dokument, das mit dem Public Key verschlüsselt wurde, kann nicht mit

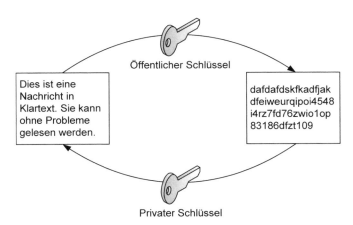

Abbildung 7.3: **Der Public Key verschlüsselt.**

dem Public Key entschlüsselt werden. Hierzu ist der Private Key erforderlich (siehe Abbildung 7.3).

Möchte Alice ein Dokument verschlüsselt an Bob senden, erzeugt Bob zunächst ein derartiges Schlüsselpaar. Den privaten Schlüssel verwahrt Bob möglichst sicher und erlaubt keinem Dritten den Zugriff. Den öffentlichen Schlüssel kann er über ein beliebiges Medium verteilen. So erhält auch Alice den öffentlichen Schlüssel von Bob. Alice kann nun mit diesem Schlüssel das Dokument codieren. Da dieser Schlüssel aber lediglich zur Verschlüsselung eingesetzt werden kann, ist sie nicht in der Lage, die verschlüsselte Nachricht zu dechiffrieren. Dies ist nur mit dem entsprechenden privaten Schlüssel möglich. Lediglich Bob besitzt den Private Key, und nur Bob kann daher den Ciphertext wieder in den Klartext überführen (Abbildung 7.4).

Bei diesem Verfahren ist es nicht nötig, vorher einen gemeinsamen geheimen Schlüssel zu vereinbaren, dessen sichere Übertragung gewährleistet werden muss. Dies ist der entscheidende Vorteil des Verfahrens. Bei einer symmetrischen Verschlüsselung ist es erforderlich, bevor das Dokument verschlüsselt werden kann, eine Vereinbarung über den symmetrischen Schlüssel zu treffen. Da zu diesem Zeitpunkt noch keine Verschlüsselung möglich ist, ist es sehr schwer, den Code vertraulich auszuhandeln. Es handelt sich um ein klassisches Henne-Ei-Problem.

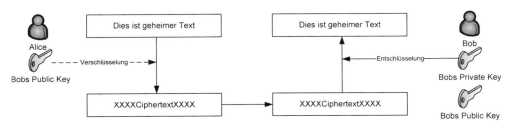

Abbildung 7.4: **Asymmetrische Verschlüsselung**

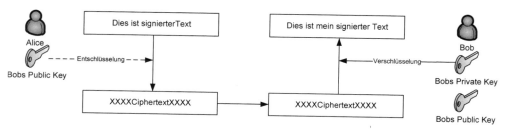

Abbildung 7.5: **Digitale Signatur**

Einige asymmetrische Verfahren (zum Beispiel DSA) verwenden jedoch auch die Schlüssel umgekehrt. Der Private Key bietet die Verschlüsselung, und der Public Key kann genutzt werden, um ein so verschlüsseltes Dokument zu entschlüsseln. Einige Verfahren unterstützen beide Verwendungen (zum Beispiel RSA). Diese Verwendung wird nicht zur eigentlichen Verschlüsselung eingesetzt, sondern dient zur digitalen Signatur. Hiermit ist es auch möglich, eine Authentifizierung durchzuführen. Abbildung 7.5 zeigt den schematischen Ablauf. Hierbei möchte Bob eine Nachricht an Alice senden. Alice soll in der Lage sein, Bob eindeutig als Absender zu identifizieren und die Integrität der Nachricht nachzuvollziehen. Hierzu kann Bob die Nachricht mit seinem privaten Schlüssel verschlüsseln. Besitzt Alice den öffentlichen Schlüssel von Bob, kann sie die Nachricht decodieren. Ist sie erfolgreich, so wurde die Nachricht von Bob geschrieben, denn lediglich Bob besitzt den für die Verschlüsselung erforderlichen privaten Schlüssel. Außerdem kann die Nachricht nicht verändert worden sein, denn dann hätte die Entschlüsselung nicht funktionieren können. So kann zweifelsfrei die Echtheit der Nachricht überprüft werden.

Um dieses Verfahren nun zur Authentifizierung einzusetzen, sendet Alice eine sehr große Zufallszahl in Klartext an Bob. Dies bezeichnet man als *Herausforderung* oder *Challenge*. Bob nimmt diese Zahl, verschlüsselt sie mit seinem Private Key und sendet sie an Alice zurück. Alice kann diese Information mit dem Public Key von Bob entschlüsseln. Erhält sie die identische Zahl, so muss es sich um Bob handeln, da nur Bob den entsprechenden privaten Schlüssel besitzt.

In Verbindung mit VPN-Lösungen werden asymmetrische Verfahren in erster Linie zur Authentifizierung und zum Schlüsselaustausch mit dem Diffie-Hellman-Verfahren eingesetzt. Das Diffie-Hellman-Verfahren wird in einem eigenen Abschnitt (Abschnitt 7.11) besprochen.

Die Verwaltung der Schlüssel und ihre Einbettung in eine Schlüsselinfrastruktur (PKI) betrachten wir in Kapitel 28.

7.6 Das Beste aus beiden Welten

Asymmetrische Verfahren sind wesentlich aufwendiger in der Implementierung und ihrer tatsächlichen Durchführung. Dies hängt auch mit den wesentlich längeren Schlüsseln zusammen, die für einen sicheren Einsatz erforderlich sind. Typischerweise werden 1024 oder 2048 Bit lange Schlüssel eingesetzt. Die Verschlüsselung oder die Signatur von Nutzdaten wird

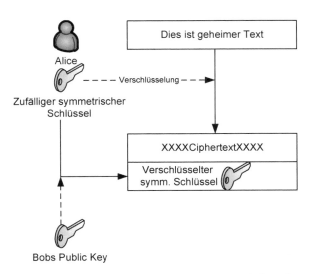

Abbildung 7.6: **Das Hybridverfahren kombiniert symmetrische und asymmetrische Verschlüsselung.**

durch diese großen Schlüssel jedoch vollkommen unpraktikabel. Daher werden in der Praxis häufig Abkürzungen gewählt, die keine Beeinträchtigung der Sicherheit bedeuten.

Im Vergleich zu Abbildung 7.4 verschlüsselt Alice in Abbildung 7.6 nicht direkt den Text mit dem asymmetrischen Verfahren. Sie ermittelt zunächst zufällig einen beliebigen symmetrischen Schlüssel. Dieser Schlüssel wird verwendet, um den Text zu verschlüsseln. Anschließend codiert Alice diesen Schlüssel mit dem Public Key von Bob und hängt ihn an die verschlüsselte E-Mail an. Bob kann zunächst den symmetrischen Schlüssel mit seinem Private Key decodieren und anschließend hiermit die Nachricht entschlüsseln. Dieses Hybridverfahren verbindet die Vorteile beider Verfahren (symmetrisch und asymmetrisch) in einem: Der Schlüssel wird sicher mit einem Public-Key-Verfahren übertragen und die Verschlüsselung schnell und sicher mit einem symmetrischen Verfahren durchgeführt.

Ähnlich kann die digitale Signatur durch den Einsatz eines kombinierten Verfahrens beschleunigt werden. Hierzu wird nicht das ganze Dokument von Bob mit dem privaten Schlüssel verschlüsselt, wie in Abbildung 7.5 dargestellt, sondern zuvor mit einer Hash-Funktion eine kryptografische Prüfsumme ermittelt. Sie wird mit dem privaten Schlüssel verschlüsselt und zum Beispiel an die E-Mail angehängt. Der Empfänger kann den Inhalt ohne weitere Aktion lesen. Möchte er die Herkunft und die Integrität prüfen, so ermittelt er mit der bekannten Hash-Funktion ebenfalls die kryptografische Prüfsumme und entschlüsselt mit dem Public Key des Absenders die angehängte Prüfsumme. Stimmen die beiden Zahlen überein, so ist die Echtheit bestätigt. Stimmen die beiden Zahlen nicht überein, existieren folgende Möglichkeiten:

1. Das Dokument wurde während der Übertragung verändert. Daher ergibt die Hash-Funktion einen anderen Wert.

2. Das Dokument wurde nicht vom Absender Bob erzeugt. Der Erzeuger hatte keinen Zugriff auf den privaten Schlüssel von Bob und konnte daher nicht die Prüfsumme so verschlüsseln, dass sie mit dem Public Key von Bob dechiffriert werden konnte.

3. Bob hat seine Schlüssel gewechselt und verwendet einen anderen Private Key.

7.7 Public-Key-Schlüssellängen

Asymmetrische Verfahren sollten Schüssel mit ausreichenden Längen einsetzen. Was ist nun ausreichend? Dies hängt im Grunde von den zu schützenden Informationen ab. Alle eingesetzten asymmetrischen Verfahren weisen Lücken in ihrem Algorithmus auf, die eine Abkürzung des Brute-Force-Angriffes erlauben. Daher müssen die Schlüssellängen etwa um den Faktor 10 größer sein als bei den symmetrischen Verfahren. Bei den asymmetrischen Verfahren sind die Schlüssellängen meist variabel und nicht fest von den Verfahren vorgeschrieben. Bereits im Februar 2000 gelang es, eine Faktorisierung eines 512 Bit langen RSA-Modulus durchzuführen (siehe [1]). 2005 konnten bereits 663 Bit und 640 Bit lange RSA-Moduli faktorisiert werden. Die Forscher vermuten, dass zehn Jahre später, also 2010, die Faktorisierung von 768 Bit langen Schlüsseln erfolgreich durchgeführt werden kann. Namhafte Kryptografen empfehlen jedoch schon seit einer geraumen Zeit längere Schlüssellängen [8]. Auch die Bundesnetzagentur gibt hierzu unter http://www.bundesnetzagentur.de/media/archive/15549.pdf Empfehlungen aus. Ein Schüssel mit 768 Bit Länge (zum Beispiel ein Standard-SSH-Serverkey) sollte nur noch eingesetzt werden, um Informationen zu verschlüsseln, deren Vertraulichkeit nur für wenige Minuten oder Stunden gesichert werden muss. Im Falle der Secure Shell wird der Serverkey alle 60 Minuten neu generiert. Ansonsten sollten Schlüssellängen von 1024 Bit für einige Monate und 2048-Bit-Schlüssel für einige Jahrzehnte ausreichen. Wenn die Vertraulichkeit von Informationen darüber hinaus sichergestellt werden muss, sollten noch längere Schlüssel verwendet werden.

7.8 RSA

RSA wurde von Ron Rivest, Adi Shamir und Leonard Adleman entwickelt. Dies war der erste Public-Key-Algorithmus, der eine Verschlüsselung und Signatur erlaubte, und RSA ist bis heute auch der populärste Algorithmus. Über die Jahre konnte durch Kryptoanalyse weder seine Sicherheit nachgewiesen werden noch eine Sicherheitslücke entdeckt werden. Das Diffie-Hellman-Protokoll ist zwar älter und wurde bereits 1976 entwickelt, jedoch handelt es sich lediglich um ein Protokoll zum Schlüsselaustausch und nicht zur Verschlüsselung und Signatur. RSA unterstützt sowohl den Einsatz als Verschlüsselungsverfahren als auch zur Signatur.

Der Algorithmus beruht auf der Faktorisierung sehr großer Zahlen in ihre Primfaktoren. Die Berechung des Produkts zweier Primzahlen ist sehr einfach. Bei gegebenem Produkt die beiden Primzahlen zu berechnen, ist bei entsprechender Zahlengröße sehr aufwendig (praktisch unmöglich). Der öffentliche und der private Schlüssel sind Funktionen eines Primzahlenpaares mit 100 bis 500 Stellen.

Die Implementierung von RSA in Hardware ist etwa um Faktor 1000 langsamer als DES. RSA war lange Zeit durch die Firma RSA patentiert. Jedoch wurde der Alorithmus im Jahre 2000 kurz vor Ablauf des Patentschutzes öffentlich zur Verfügung gestellt. RSA ist heute der Standard für öffentliche Kryptografie.

7.9 ElGamal

ElGamal kann wie RSA sowohl zur digitalen Signatur als auch zur Verschlüsselung eingesetzt werden. Seine Sicherheit beruht auf der Komplexität der Berechnung diskreter Logarithmen im finiten Feld.

Die Berechnung von ElGamal ähnelt sehr stark dem Diffie-Hellman-Schlüsselaustausch. In der Gleichung y = g hoch x % p sind y, g und p der öffentliche Schlüssel. x ist der private Schlüssel.

Obwohl ElGamal selbst nicht patentiert war, ist der Algorithmus aufgrund seiner Ähnlichkeit bis 1997 durch das Diffie-Hellman-Patent geschützt gewesen.

7.10 Digital Signature Algorithm (DSA)

Der Digital Signature Algorithm (DSA) wurde 1991 von dem National Institute of Standards and Technology (NIST) vorgeschlagen. Der Standard wurde als *Digital Signature Standard* (DSS) bezeichnet.

DSA wurde ursprünglich nur für die digitale Signatur entwickelt. Dieser Algorithmus sollte nicht in der Lage sein, eine Verschlüsselung durchzuführen. Jedoch besteht die Möglichkeit, mit diesem Algorithmus eine ElGamal-Verschlüsselung durchzuführen.

Die Sicherheit von DSA ist stark von der Schlüssellänge abhängig. Der Algorithmus ist erst ab einer Schlüssellänge von 1024 Bits als sicher einzustufen.

Die weltweite Verwendung des Algorithmus ist momentan problematisch. Es existiert ein weltweites Patent des Herrn Schnorr für den gleichnamigen Algorithmus. Dieses überschneidet sich mit dem DSA-Algorithmus. Jedoch herrscht inzwischen die einhellige Meinung vor, dass das Schnorr-Patent nur Anwendung bei bestimmten Smartcards findet und nicht auf die Implementierung in Software zu übertragen ist.

7.11 Diffie-Hellman

Das Diffie-Hellman-Verfahren ist das erste öffentlich bekannte Public-Key-Verfahren. Es wurde von Whitfield Diffie und Martin Hellman 1976 entwickelt. Es bietet nicht die Möglichkeit zur Verschlüsselung oder Signatur, aber es löst das klassische Henne-Ei-Problem bei der symmetrischen Verschlüsselung: Wie wird der Schlüssel übertragen? Daher wird das Verfahren häufig auch als Diffie-Hellman-Schlüsselaustausch bezeichnet. In Wirklichkeit wird jedoch kein Schlüssel ausgetauscht, sondern ein Schlüssel erzeugt.

Aus diesem Grund ist das Diffie-Hellman-Verfahren anfällig für Man-in-the-Middle-Angriffe. Bevor das Diffie-Hellman-Verfahren angewendet wird, ist für die Sicherheit zwingend eine Authentifizierung erforderlich. Hierfür können sehr gut die beschriebenen Public-Key-Verfahren eingesetzt werden.

Die Besonderheit des Verfahrens liegt in seinem möglichen Einsatz über unsichere Kanäle. Salopp ausgedrückt, erlaubt es das Diffie-Hellman-Verfahren, dass sich zwei Personen, Alice und Bob, öffentlich einige Zahlen zurufen, die von sämtlichen umstehenden Mathematikern und Kryptoanalytikern mitgehört werden dürfen. Dennoch sind Alice und Bob in der Lage, sich auf eine geheime Zahl zu einigen, die allen weiteren Personen unbekannt ist und auch nicht errechnet werden kann.

Mathematisch formuliert, einigen sich Alice und Bob zu Beginn auf eine große Primzahl p und eine weitere zufällige Zahl z. Diese Informationen sind öffentlich. Nun wählen Alice und Bob jeder persönlich eine weitere zufällige geheime Zahl a und b. Alice wie Bob berechnen nun die Potenz z^a bzw. z^b. Anschließend berechnen Alice und Bob den Rest einer Division (Modulo) durch p. Alice hat nun $A = z^a \mod p$ berechnet. Bob hat $B = z^b \mod p$ berechnet. Nun tauschen Alice und Bob A und B aus. Dieser Austausch erfolgt nun wieder öffentlich. Bisher sind öffentlich bekannt: A, B, p und z. Ein direkter Rückschluss auf die Zahlen a und b ist nicht möglich. Durch die Anwendung der Modulo-Operation können dies unendlich viele Zahlen sein, die einzeln ausprobiert werden müssen. Alice und Bob führen nun dieselben Operationen ein weiteres Mal durch. Alice berechnet also $B^a \mod p$, und Bob berechnet A^b $\mod p$. Diese beiden Zahlen sind identisch, da $B^a \mod p = (z^b)^a \mod p = z^{(ab)} \mod p = (z^a)^b \mod p = A^b \mod p$ ist. Da die weiteren Anwesenden im Raum nicht die Zahlen a und b kennen, können sie diese Operation nicht durchführen.

Damit dies nicht rein trockene und schwer nachvollziehbare Theorie bleibt, wollen wir dies kurz mit echten (kleinen) Zahlen nachvollziehen.

Stellen wir uns vor, Alice und Bob wählen als Primzahl 479 und als Zufallszahl 5. Diese beiden Zahlen sind öffentlich bekannt. Anschließend wählt Alice als geheime Zahl 8 und Bob 13. Nun wird gerechnet:

$$\text{Alice: } 5^8 \quad \mod 479 = 390625 \quad \mod 479 = 240 \tag{7.1}$$

$$\text{Bob: } 5^{13} \quad \mod 479 = 1220703125 \quad \mod 479 = 365 \tag{7.2}$$

Diese Zahlen werden nun ausgetauscht, und Alice und Bob führen die Operationen ein weiteres Mal durch.

$$\text{Alice: } 365^8 \quad \mod 479 = 315023473396125390625 \quad \mod 479 = 88 \tag{7.3}$$

$$\text{Bob: } 240^{1}3 \quad \mod 479 = 876488338465357824000000000000000 \quad \mod 479 = 88 \tag{7.4}$$

Wenn Sie dies nachvollziehen wollen, können Sie dazu den Befehl bc unter Linux nutzen.[2] bc ist ein Rechenprogramm mit beliebiger Genauigkeit. Ein Taschenrechner würde bei den obi-

---

2   Der Modulo-Operator in bc ist das Prozentzeichen %.

gen Zahlen bereits Rundungsfehler einführen. Das folgende Programm erlaubt die Berechnung des Diffie-Hellman-Schlüsselaustausches.

```
primzahl = 479
zufall   = 5
alice    = 8
bob      = 13

alicepot = zufall^alice
alicemod = alicepot%primzahl
print ":nAlice: ",zufall," hoch ",alice," % ",primzahl," = ",alicemod ⏎
       ,":n";

bobpot   = zufall^bob
bobmod   = bobpot % primzahl
print ":nBob: ",zufall," hoch ",bob," % ",primzahl," = ",bobmod,":n";

print "Austausch!:n"
alicepot = bobmod^alice
print bobmod," hoch ",alice," = ";alicepot
aliceres = alicepot % primzahl
print "Alice erhält als Ergebnis = ",aliceres,":n"

bobpot   = alicemod^bob
print alicemod," hoch ",bob," = ";bobpot
bobres   = bobpot % primzahl
print "Bob erhält als Ergebnis = ",bobres,":n"

quit
```

Warum ist dieses Verfahren nun sicher? Um als Außenstehender ebenfalls das Ergebnis berechnen zu können, ist es erforderlich, die geheime Zahl von Alice oder Bob zu ermitteln.

Vernachlässigen wir zunächst die Bildung des Modulo. Dann reduziert sich das Problem auf $A = z^a$. Sind die Zahlen A und a bekannt, so ist dieses Problem bereits relativ aufwendig in der Lösung. Es muss der Logarithmus von A zur Basis z berechnet werden.

Zusätzlich erschwert der Modulo die Berechnung. Stellen Sie sich ein kleines Zahlenspiel vor. Sie sollen eine Zahl erraten. Sie wissen, dass diese Zahl den Rest 15 bei einer Division durch 30 hat. Die möglichen Lösungen sind: 15, 45, 75, 105, 135, 165, 195 und so weiter. Um die richtige Zahl zu erraten, müssen Sie sämtliche Zahlen durchprobieren. In der Kombination mit dem Logarithmus-Problem und den langen Schlüssellängen ist dieses Problem unlösbar.

Bei der Verwendung des Diffie-Hellman-Verfahrens mit dem IKE-Protokoll sind die beiden öffentlichen Zahlen p (Primzahl) und z (Generator) allgemein festgelegt. Dadurch ist es nicht erforderlich, sie zu übertragen. Die beiden Kommunikationspartner bestimmen lediglich eine sogenannte MODP-Gruppe mit einer bestimmten Länge (768, 1024, 1536, 2048, 3072, 4096, 6144 oder 8192 Bits), die dann die entsprechenden Zahlen vorschreibt. Diese wurden im RFC3526[3] festgelegt.

7.12 Hash-Funktion

Hash-Algorithmen sind unter vielen Namen bekannt. Sie werden auch als *Kompressionsfunktion*, *Message Digest*, *Fingerabdruck* und *kryptografische Prüfsumme* bezeichnet. Die letzte Bezeichnung gibt ihren Sinn am besten wieder. Es handelt sich bei ihnen um mathematische Funktionen, die aus einer Eingabe meist variabler Länge eine Ausgabe bestimmter Länge erzeugen. Dieselbe Eingabe erzeugt immer eine identische Ausgabe. Hierbei versuchen die meisten Hash-Algorithmen, eine Gleichverteilung der Ausgaben zu erzeugen. Dass bedeutet, dass bei vier Eingaben AAAA, AAAB, AAAC und ZZZZ, die Ausgaben über den gesamten Bereich der möglichen Hash-Ausgaben gleichverteilt sind. Dies ist mit Fingerabdrücken vergleichbar. Werden die Fingerabdrücke von drei Europäern und einem Nordamerikaner aufgenommen, so zeigen sie nicht die nähere Verwandtschaft der drei Europäer. Ein Rückschluss vom Fingerabdruck auf die Person ist ohne Vergleich nicht möglich. Die Existenz eines zweiten Fingers mit demselben Abdruck ist ebenfalls sehr unwahrscheinlich. Genauso arbeiten die Hash-Funktionen in der Kryptografie. Ist nur das Ergebnis der Hash-Funktion bekannt, so ist ein Rückschluss auf die Eingabe unmöglich. Die Erzeugung einer zweiten Eingabe mit demselben Hash-Wert ist sehr schwierig.

Allgemein werden an Hash-Funktionen die folgenden Forderungen gestellt:

1. Die Hash-Funktion soll schnell aus einer beliebigen Eingabe einen Hash-Wert definierter Größe erzeugen.
2. Eine Umkehrung der Funktion, also das Berechnen der Eingabe aus dem Hash-Wert, soll unmöglich sein.
3. Es soll möglichst schwierig sein, eine zweite verschiedene Eingabe zu erzeugen, die denselben Hash-Wert erzeugt.

Weist der Hash-Algorithmus im dritten Punkt Schwächen auf, so bezeichnet man diese als *Kollision* und den Angriff als *Birthday-Attack*. (Eine mathematische Darstellung des Birthday-Problems finden Sie auf http://de.wikipedia.org/wiki/Geburtstagsparadoxon.)

Hashes werden für Integritätsprüfungen und Authentifizierungen eingesetzt. Die Integritätsprüfung ermittelt die kryptografische Prüfsumme eines Datums und kann diese mit einer zu einem früheren Zeitpunkt ermittelten Prüfsumme vergleichen. Stimmensie überein, so wurde

---

3   http://www.ietf.org/rfc/rfc3526.txt

das Datum nicht modifiziert. Für die Authentifizierung wird das Klartextkennwort einer Person in seinen Hash umgewandelt und abgespeichert. Anschließend kann bei jeder Anmeldung der Person aus dem eingegebenen Klartextkennwort sofort der Hash ermittelt und mit dem abgespeicherten Hash verglichen werden. Stimmen sie überein, so wurde das richtige Kennwort eingegeben.[4]

Eine besondere Form ist der *Hash Message Authentication Code* (HMAC). Ein HMAC wird verwendet, um die Integrität einer Nachricht zu garantieren. Dazu wird die Hash-Funktion auf die Nachricht und einen geheimen Schlüssel angewendet. Nur die Person, die den geheimen Schlüssel kennt, kann die Hash-Funktion ausführen und die Integrität überprüfen. Für diesen Zweck werden die Hash-Funktionen bei den IPsec-Protokollen eingesetzt.

Erfreulicherweise gelten diese Verfahren als grundsätzlich kollisionsarm, selbst wenn beim eingesetzten Algorithmus Kollisionen nachgewiesen wurden.

Im Zusammenhang mit IPsec kamen üblicherweise nur zwei Hash-Funktionen zum Einsatz: MD5 und SHA. Wegen den in der letzten Zeit aufgetretenen Problemen bei MD5 und SHA werden in Zukunft aber auch hier vermehrt SHA-2-Funktionen anzutreffen sein. Diese werden von den RFCs aber nicht zwingend vorausgesetzt.

7.13 MD5

MD5 ist eine verbesserte Variante des MD4-Hash-Algorithmus. Der MD4-Algorithmus wird zum Beispiel vom Betriebssystem Microsoft Windows NT zur Speicherung der Kennwörter eingesetzt. Es erzeugt einen 128 Bit langen Hash. Dies erfolgt in mehreren Durchläufen. Bei dem MD5-Verfahren wurden bereits Kollisionen nachgewiesen. Diese haben keine direkte praktische Auswirkung auf die Sicherheit von MD5 als HMAC. Jedoch schreibt Bruce Schneier in seinem Buch „Angewandte Kryptografie", dass er der Verwendung mit Vorsicht gegenübersteht.

Spätestens seit 2004 ist die Welt von MD5 nicht mehr in Ordnung: Im August 2004 veröffentlichten Xiaoyun Wang, Dengguo Feng, Xuejia Lai und Hongbo Yu eine Methode zur Berechnung von MD5-Kollisionen [17], die in den letzten Jahren weiter verfeinert wurde, sodass 2008 auch das X.509-Zertifikatssystem angegriffen werden konnte [18].

Dies wird sicherlich dazu führen, dass auch die VPN-Implementierungen in Zukunft MD5 nicht mehr einsetzen werden. Aktuell handeln die Implementierungen die zu verwendenen Hash-Algorithmen bereits aus. Stehen bessere Algorithmen zur Verfügung, werden diese genutzt.

---

4   Damit nicht zwei Benutzer mit identischem Kennwort denselben Hash-Wert in der Datenbank erzeugen, werden die Hashes häufig noch „gesalzen" (*Salted Hash*).

7.14 SHA

Der *Secure Hash Algorithm* (SHA) ist für die Verwendung beim DSA-Algorithmus entwickelt worden. Er erzeugt klassischerweise einen 160-Bit-Hash. Dies ist wesentlich mehr als bei MD5. Es existieren jedoch inzwischen weitere SHA-Implementierungen, die auch eine Verschlüsselung mit 256, 384 und 512 Bit ermöglichen. Diese werden als SHA-2 bezeichnet. Das NIST plant bereits den SHA-3-Algorithmus, der ähnlich dem AES in einem Wettbewerb ausgewählt werden soll.

In der letzten Auflage konnte ich noch schreiben, dass es keine bekannten kryptoanalytischen Angriffe auf SHA gibt. Dies ist nicht mehr der Fall. Auch hier wurden Anfang 2005 Schwächen gefunden.[5]

Bei SHA-2 kann aufgrund des längeren Hashes davon ausgegangen werden, dass er derartigen Angriffen länger widerstehen kann.

---

5 http://www.schneier.com/blog/archives/2005/02/sha1_broken.html

8. VPN-Protokolle

Es existieren mehrere verschiedene Protokolle, die
für den Aufbau eines VPNs genutzt werden können.
In diesem Buch beschreibe ich in erster Linie die
IPsec-Protokolle. OpenVPN benutzt ein eigenes proprietäres Protokoll, das die Verschlüsselung auf den
SSL-Algorithmen aufbaut. OpenVPN wird aber in
einem eigenen Kapitel behandelt. Daher beschäftigt sich dieses Kapitel auch vorrangig mit den
IPsec-Protokollen. Da jedoch auch das L2TP-Proto-
koll immer stärker in Kombination mit IPsec genutzt wird, wird auch dieses Protokoll kurz vorgestellt. Das PPTP-Protokoll wird heute nur noch
selten eingesetzt. Eine Unterstützung unter Linux
ist möglich, aber nicht Thema dieses Buches.

8.1 Einleitung

Der Bedarf, Daten verschlüsselt über Computernetze zu übertragen, ist so alt wie die Computernetze selbst. Die eigentlichen Netzwerkprotokolle, wie zum Beispiel das Internet-Protokoll
IP, bieten diese Funktion jedoch nicht. Daher gibt es eine Vielzahl von verschiedenen Protokollen, die dies basierend auf den Netzwerkprotokollen ermöglichen. Einige dieser Protokolle
haben einen höheren Bekanntheitsgrad erreicht (zum Beispiel das *Secure-Shell*-Protokoll und
die *Secure Socket Layer* (SSL)) und wurden standardisiert (zum Beispiel *Transaction Layer
Security* (TLS)). Meist sind die Protokolle für eine ganz bestimmte Anwendung entwickelt worden. So ist das SSL-Protokoll ursprünglich für den Schutz der HTTP-Kommunikation zwischen einem Browser und einem Webserver entwickelt worden. Die Protokolle, die in einem
VPN eingesetzt werden, unterscheiden sich in ihrer Universalität meist von den anwendungs-
orientierten Protokollen. Sie ermöglichen es, sämtliche Daten und alle Kommunikations-
ströme unabhängig vom verwendeten Protokoll gemeinsam zu verschlüsseln und ihre Vertraulichkeit und Integrität zu garantieren. Üblicherweise werden dazu die zu übertragen-
den Nutzpakete komplett im VPN-Protokoll abgekapselt. Um dies zu unterstützen, muss das
VPN-Protokoll in der Lage sein, IP-Pakete zu übertragen. Das SSL-Protokoll kann lediglich
die Pakete einer TCP-Verbindung übertragen. SSH ist nur in der Lage, ASCII-Verbindungen
zu ermöglichen und einzelne TCP-Verbindungen zu tunneln. Erste Versuche, ein VPN unter
UNIX oder Linux aufzubauen, basierten häufig auf der Secure Shell. Hierzu wird eine Secure-
Shell-Verbindung zwischen zwei UNIX-Systemen aufgebaut. Über diese Verbindung können
nun ASCII-Daten ausgetauscht werden. Anschließend wird auf beiden Seiten der Point-to-
Point-Protokoll-Daemon (PPP-Daemon) gestartet. Der PPP-Daemon kommuniziert nun über
die Secure-Shell-Verbindung und überträgt Netzwerkpakete. Beim Start des PPP-Daemons
wird automatisch auf beiden Systemen eine zusätzliche Netzwerkkarte ppp0 initialisiert. Alle
Pakete, die an diese Karte geschickt werden, werden nun vom PPP-Daemon über die Secure-

Shell-Verbindung an den zweiten Rechner geschickt, dort entgegengenommen und über die ppp0-Karte wieder zur Verfügung gestellt. Existieren nun entsprechende Routingeinträge, so kann diese Verbindung als einfaches VPN genutzt werden. Das Linux-VPN-HowTo (http://www.tldp.org/HOWTO/VPN-HOWTO/) beschreibt einen derartigen Aufbau.

Das erste in großem Stil eingesetzte VPN-Protokoll war das Point-to-Point-Tunneling-Protokoll (PPTP). Dieses Protokoll wurde unter anderem von Microsoft entwickelt und steht in vielen Microsoft Windows-Betriebssystemen zur Verfügung. Bei genauer Betrachtung ähnelt das PPTP-Protokoll der Variante mit SSH/PPP. Das PPTP-Protokoll ermöglicht den Aufbau eines GRE-(Generic Routing Encapsulation-)Tunnels zwischen zwei Rechnern. Auf der Basis dieses GRE-Tunnels wird auf beiden Seiten der PPP-Daemon gestartet. Der PPP-Daemon übernimmt die IP-Pakete und verpackt sie in PPP-Pakete, die über den GRE-Tunnel transportiert werden. Das PPTP-Protokoll ist aber im Gegensatz zum SSH-Protokoll beim oben beschriebenen Tunnel in keiner Weise für die Verschlüsselung oder Authentifizierung zuständig. Es überträgt lediglich die für die PPP-Sitzung zu verwendenden IP-Adressen. Die Authentifizierung wird vom PPP-Daemon durchgeführt. Hierbei erfolgt die Anmeldung mit einem Benutzernamen und einem Kennwort. Um dieses Protokoll dennoch als Basis für ein VPN einsetzen zu können, wurde von Microsoft das PPP-Protokoll erweitert. Für eine sichere Authentifizierung wurde von Microsoft ein *Challenge/Response Authentication Protocol* (CHAP) in Form von MS-CHAP implementiert. Dieses wurde, nachdem einige Fehler bekannt wurden, als MS-CHAPv2 überarbeitet.

Zusätzlich soll ein VPN die Vertraulichkeit der übertragenen Pakete sicherstellen. Hierzu wurde von Microsoft der PPP-Daemon um das Microsoft-Point-to-Point-Encryption-Protokoll (MPPE) erweitert. Dieses Protokoll erlaubt die Verschlüsselung der Pakete mit 40 oder 128 Bit. Der hierbei verwendete Schlüssel wird vom eingesetzten Kennwort abgeleitet und typischerweise alle 256 Pakete neu ausgetauscht. Die wesentliche Schwäche des PPTP-Protokolls besteht in der Authentifizierung, aber es wurden auch weitere verschiedene Schwächen im MS-CHAP-Protokoll nachgewiesen. Bruce Schneier hat diese in mehreren Dokumenten aufgeführt (http://www.counterpane.com/pptp.html). Das größte Problem stellt die Authentifizierung mit einem Kennwort dar. Kennwörter werden üblicherweise nicht zufällig erzeugt und sind daher von geringer Entropie. Es ist wesentlich einfacher, ein Kennwort zu erraten, als einen Brute-Force-Angriff auf einen 128 Bit langen Schlüssel durchzuführen.

Heute wird das PPTP-Protokoll nur noch selten für die Implementierung einer neuen VPN-Lösung eingesetzt. Selbst Microsoft hat erkannt, dass das PPTP-Protokoll kein Vertrauen mehr genießt, und einen freien IPsec/L2TP-Client für die Betriebssysteme veröffentlicht, die bisher keine IPsec-Unterstützung bieten (http://download.microsoft.com/download/win98/Install/1.0/W9XNT4Me/EN-US/msl2tp.exe).

8.2 IPsec

Bei der Entwicklung des Protokolls IP Version 4 wurden Sicherheitsaspekte vernachlässigt. Das Augenmerk wurde auf Geschwindigkeit und Robustheit der Anwendung gelegt. Bei der Entwicklung des IP-Protokolls Version 6 sollten derartige Fehler von Beginn an vermieden werden. Dies führte zur Entwicklung der IPsec-Protokolle, die im Anschluss auf das IP-Protokoll Version 4 portiert wurden. Die IPsec-Protokolle können die Vertraulichkeit, Authentizität und Integrität der übertragenen Daten garantieren. Zusätzlich stellen sie eine Zugangskontrolle (Access Control) sicher.[1] Hierfür stehen das *Authentication Header*-Protokoll (AH) und das *Encapsulated Security Payload*-Protokoll (ESP) zur Verfügung.

Diese Protokolle bieten zusätzlich einen Schutz vor Replay-Angriffen. Dabei werden mit einem Schiebefenster automatisch wiederholt gesendete Pakete erkannt und verworfen. Für die Verschlüsselung, Authentifizierung und die Integritätsüberprüfung werden symmetrische Schlüssel benötigt. Sie müssen vorher bekannt sein. Um deren automatische Aushandlung zu ermöglichen, wurde das *Internet Key Exchange*-Protokoll (IKE) entwickelt. IKE authentifiziert die Kommunikationspartner mit geeigneten Mitteln und verhandelt die zu verwendenen Algorithmen und Verwaltungsinformationen. Hierzu erzeugt das IKE-Protokoll auch mit dem Diffie-Hellman-Verfahren symmetrische Schlüssel in der benötigten Anzahl.

Das IKE-Protokoll existiert in zwei Versionen. Die originale Version 1 hat viele Probleme bei dem Einsatz in IPv4-Umgebungen. Die neue Version 2 berücksichtigt die speziellen Aspekte wie NAT, DHCP etc. besonders und erleichtert so in IPv4-Umgebungen den Aufbau von VPN-Verbindungen. Dies wird später (siehe Abschnitt 8.11 und 8.12) genauer erläutert.

Bei der Entwicklung des IPsec-Protokolls wurden viele Aspekte des IPv4-Protokolls vernachlässigt. Dies ist verständlich, da die IPsec-Protokolle zunächst für IPv6 entwickelt wurden. IPv6 wird keine *Network Address Translation* (NAT) benötigen (und unterstützt diese bisher auch noch nicht), da der Adressraum mit 128 Bit langen Netzwerkadressen wesentlich größer ist als der IPv4-Adressraum mit seinen 32 Bit langen Netzwerkadressen. Die IPsec-Protokolle unterstützen daher auch kein NAT. Neue Erweiterungen (siehe zu NAT-Traversal den Abschnitt 8.11.4) der IPsec-Protokolle erlauben es, ESP-Pakete erneut in UDP-Paketen zu kapseln. Da das UDP-Protokoll ein NAT unterstützt, erben die IPsec-Protokolle diese Funktion. Zusätzliche Erweiterungen versuchen auch die Zuweisung einer IP-Adresse an den Client zu ermöglichen. Diese Erweiterungen und die Neuerungen des IKEv2-Protokolls werden am Ende dieses Teils vorgestellt.

8.3 Integrität und Authentifizierung bei IPsec

Die IPsec-Protokolle stellen die Integrität der übertragenen Pakete sicher und authentifizieren die Quelle der Pakete. Hierzu werden Hash-Algorithmen (siehe Abschnitt 7.12) im Hash-Message-Authentication-Code-Verfahren (RFC 2104) eingesetzt. Dabei wird der Hash-Wert aus einem geheimen, nur den Kommunikationspartnern bekannten Schlüssel und den zu schützenden Daten ermittelt. Das Ergebnis, der HMAC, stellt gewissermaßen eine Signatur dar und erlaubt es, die Herkunft und die Integrität des Paketes zu testen. Die IPsec-Protokolle verwenden einen HMAC mit einer festen Länge von 96 Bits. Dieser HMAC kann mit den ver-

---

[1] Die IPsec-Protokolle prüfen jedes Paket daraufhin, ob es den Tunnel benutzen darf. Hierzu dienen die Traffic-Selektoren. Nicht erlaubte Pakete werden verworfen. Sie können also nicht einfach durch eine zusätzliche Route weitere IP-Adressen durch einen existenten Tunnel erreichen!

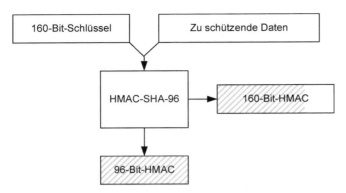

Abbildung 8.1: **Der HMAC wird aus einem geheimen Schlüssel und den zu sichernden Daten ermittelt. Verwendet werden die 96 höchstwertigen Bits.**

schiedensten Protokollen ermittelt werden. Die IPsec-Standards verlangen die Implementierung von HMAC-MD5-96 (RFC 2401) und HMAC-SHA-1-96 (RFC 2404). Hierbei wird bei MD5 ein geheimer Schlüssel von 128 Bit und bei SHA-1 ein geheimer Schlüssel von 160 Bit eingesetzt. Aus diesem Schlüssel und den zu schützenden Daten berechnet der Algorithmus einen HMAC. Dieser HMAC ist bei MD5 128 Bit lang und bei SHA-1 160 Bit lang. Die höchstwertigen 96 Bit dieses Schlüssels werden tatsächlich als HMAC (auch ICV, *Integrity Check Value*) von den IPsec-Protokollen verwendet (siehe Abbildung 8.1).

Der geheime Schlüssel und der eingesetzte HMAC-Algorithmus werden entweder vom Administrator von Hand festgelegt (manuell verschlüsselte Verbindungen), oder das IKE-Protokoll ermittelt diese Parameter und erzeugt die entsprechenden *Security Associations*. Seit einigen Jahren werden zusätzliche HMAC-Varianten entwickelt. So existiert mit RFC 4868 ein Dokument, das die Verwendung von SHA-2 mit 256, 384 und 512 Bit Schlüssellänge beschreibt. Weitere teilweise für IPsec weniger gebräuchliche HMAC-Verfahren sind HMAC-RIPEMD-160, HMAC-PANAMA und HMAC-TIGER.

8.4 Verschlüsselung bei IPsec

Die IPsec-Protokolle stellen die Vertraulichkeit der übertragenen Daten durch eine symmetrische Verschlüsselung der Informationen sicher. Hierbei werden die Daten mit einem geheimen Schlüssel im *Cipher Block Chaining*-(CBC-)Modus mit symmetrischen Verfahren verschlüsselt. Lediglich die Kommunikationspartner verfügen über den geheimen Schlüssel und können so die Vertraulichkeit der Daten garantieren. Die IPsec-Protokolle können unterschiedliche Verschlüsselungsverfahren mit unterschiedlichen Schlüssellängen einsetzen. Die IPsec-Standards verlangen die Unterstützung von NULL (RFC 2410), CBC-DES (RFC 1829) und CBC-DES mit expliziten IV (RFC 2405). Die DES-Verschlüsselung verwendet jedoch nur einen 64 Bit langen Schlüssel. 8 Bits dieses Schlüssels dienen lediglich als Paritätsinformation. Daher beträgt die wirksame Länge des Schlüssels nur 56 Bit. Aus diesem Grund werden heute weitere CBC-Verschlüsselungsverfahren von den meisten IPsec-Implementierungen unterstützt (RFC 2451): CAST-128, RC5, IDEA, Blowfish und 3DES. Zusätzliche RFCs beschreiben

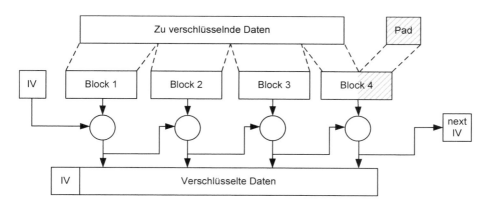

Abbildung 8.2: **Im CBC-Modus werden die zu verschlüsselnden Blöcke miteinander verknüpft. Der erste Block verwendet hierzu einen expliziten Initialisierungsvektor. Vor der Verschlüsselung ist unter Umständen ein Padding erforderlich.**

die Verwendung von AES (RFC 3602) oder RC6. Das neueste RFC 4305 rät nun von der Verwendung von DES ab und empfiehlt 3DES mit 168 Bit. Sämtliche eingesetzten Verschlüsselungsverfahren sind Block-Ciphern. Das bedeutet, dass diese die zu schützenden Daten in ganzen Blöcken verarbeiten. Die Blocklänge variiert und hängt vom Verfahren ab. Da in den seltensten Fällen die zu verschlüsselnden Daten exakt ein Vielfaches der Blocklänge sind, ist ein Auffüllen der Daten bis zur nächsten Blockgrenze erforderlich. Dies wird als Padding bezeichnet.

Da es sich in allen Fällen um monoalphabetische Verschlüsselungsverfahren (siehe Abschnitt 7.2) handelt, ist es erforderlich, das Cipher-Block-Chaining-Verfahren (siehe Abschnit 7.4.6) einzusetzen, um einen Angriff durch eine Frequenzanalyse zu verhindern. Dabei wird ein Initialisierungsvektor verwendet, der vor jeder Verschlüsselung mit dem Klartextblock exklusiv verknüpft wird. Der erste Initialisierungsvektor wird zunächst zufällig ermittelt. Anschließend wird ein verschlüsselter Block als Vektor des nächsten Blockes genutzt. Jedes verschlüsselte IPsec-Paket enthält einen Initialisierungsvektor. Um den Zufallszahlengenerator nicht übermäßig zu belasten, wird meist auch bei allen folgenden Paketen als Initialisierungsvektor der letzte verschlüsselte Block des vorhergehenden Paketes verwendet. Getreu dem Motto „Ein Bild sagt mehr als tausend Worte" gibt Abbildung 8.2 dies grafisch wieder.

8.5 Anti-Replay-Schutz

Die IPsec-Protokolle implementieren einen optionalen Anti-Replay-Service. Hierzu muss der Absender jedes Paket mit einer (monoton) steigenden Sequenznummer versehen. Der Empfänger kann diese Nummer zum Schutz vor Replay-Angriffen nutzen. Hierzu verwendet der Empfänger ein Schiebefenster bestimmter Größe (typisch sind Größen von 32 oder 64 Paketen). Erhält der Empfänger nun ein Paket, dessen Sequenznummer links außerhalb des Fensters liegt, so wird dieses Paket sofort verworfen. Befindet sich die Sequenznummer im Fenster und wurde das Paket bereits erhalten, so wird es ebenfalls verworfen. Lediglich neue

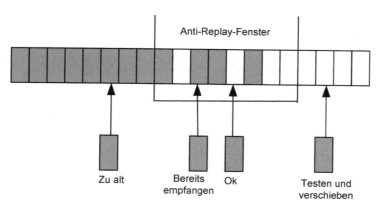

Abbildung 8.3: **Das Anti-Replay-Fenster schützt vor Replay-Angriffen mit alten aufgezeichneten Paketen.**

Pakete im oder rechts vom Fenster werden nach erfolgreicher Authentifizierung akzeptiert und entschlüsselt. Befindet sich die Sequenznummer des akzeptierten Paketes rechts außerhalb des Fensters, so wird nach der erfolgreichen Authentifizierung das Fenster so weit nach rechts verschoben, dass sich dieses Paket nun auch innerhalb des Fensters befindet (siehe Abbildung 8.3).

Ein Angreifer, der die korrekten Pakete einer VPN-Verbindung aufzeichnet und sie zu einem späteren Zeitpunkt wieder abspielt, um einen Denial-of-Service zu erreichen, kann so erfolgreich daran gehindert werden. Würden nicht diese Sequenznummern eingesetzt werden, so müsste der Empfänger alle Pakete entschlüsseln, da die Prüfung ihrer Integrität und Authentizität erfolgreich wäre. Sie stammen ja alle vom korrekten Absender und wurden vom Angreifer nicht verändert. Nun werden veraltete und bereits erhaltene Pakete vor dem Test der Authentifizierung bereits verworfen. Die aufwendige Prüfung der Integrität und die Entschlüsselung des Paketes braucht nicht durchgeführt zu werden. Das Fenster sollte nicht zu klein gewählt werden. Die Pakete können aufgrund der Struktur des Internets in unterschiedlicher Reihenfolge beim Empfänger eintreffen. Wird das Fenster zu klein gewählt, so sind häufige Neuübertragungen mit neuen Sequenznummern erforderlich. Die Mindestgröße beträgt laut Standard 32 Bit.

8.6 Tunnel- und Transportmodus

Die IPsec-Protokolle unterstützen zwei verschiedene Modi zur Übertragung der Informationen: den Tunnelmodus und den Transportmodus. Im Transportmodus[2] wird lediglich das Upper-layer-Protokoll (zum Beispiel TCP oder UDP) durch das IPsec-Protokoll geschützt. Dabei wird der IPsec-Header zwischen dem IP-Header und dem Header des höheren Protokolls eingeschoben. Das Next-Header-Feld im IPsec-Header enthält dann die Nummer des höheren Protokolls. Dieser Modus kann jedoch nur zum Einsatz kommen, wenn die beiden

---

2   Da IPsec für IPv6 entworfen wurde und die Entwickler davon ausgingen, dass alle Systeme mithilfe von IPv6 kommunizieren, ist dieser Modus bei vielen Implementierungen der Default-Modus.

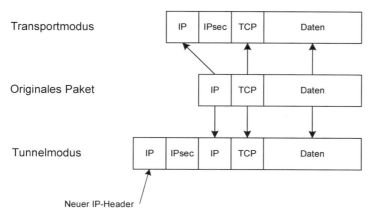

Abbildung 8.4: **Im Tunnelmodus wird das gesamte IP-Paket durch einen IPsec-Header und einen neuen IP-Header gekapselt.**

kommunizierenden Rechner direkt die Pakete verschlüsseln. Häufiger wird daher der Tunnelmodus eingesetzt, bei dem die Rechner als VPN-Gateway fungieren und komplette IP-Pakete einschließlich ihrer Header schützen. Dabei wird das gesamte IP-Paket in einem IPsec-Header eingefasst, mit einem neuen IP-Header versehen und zum gegenüberliegenden Endpunkt des IPsec-Tunnels transportiert, wo es ausgepackt und mit seinem originalen IP-Header weitergeschickt wird. Das Next-Header-Feld des IPsec-Headers enthält hier die Zahl 4 für das Protokoll IPv4 (siehe /etc/protocols). Die Konstruktion der Header ist auch in Abbildung 8.4 schematisch nochmals dargestellt.

8.7 Authentication Header – AH

Das AH (IP-Protokoll 51) stellt die Authentifizierung und die Integrität der IP-Pakete sicher. Das *Authentication Header*-Protokoll wird in dem RFC 4302 beschrieben. Dieser löst die älteren RFC 2402 und RFC 1826 ab. Für seine Funktion setzt das AH-Protokoll einen *Integrity Check Value* ein. Hierbei handelt es sich um die 96 höchstwertigen Bits eines Hash-Message Authentication Codes (HMAC). Üblicherweise werden als HMAC sowohl HMAC-MD5-96 als auch HMAC-SHA-96 unterstützt. Neuere IPsec-Varianten setzen jedoch auch HMAC-SHA-256-96, HMAC-SHA-384-96, HMAC-SHA-512-96 und HMAC-RIPEMD-160-96 ein. Als zusätzlichen Schutz versieht das AH-Protokoll jedes Paket mit einer Sequenznummer, die vom Empfänger zum Schutz vor Replay-Angriffen genutzt werden kann.

Der Header des AH-Protokolls ist in Abbildung 8.5 dargestellt.

Der Header enthält folgende Informationen:

» *Next Header*
Dieses Feld (8 Bit) gibt das Protokoll der im Paket übertragenen Informationen an. Handelt es sich um ein Paket im Transportmodus, so befindet sich hier die Protokollnummer des entsprechenden höheren Protokolls, zum Beispiel 6 (TCP) und 17 (UDP). Wird gleich-

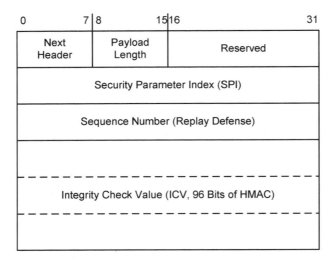

Abbildung 8.5: **Das Authentication-Header-Protokoll hat einen 24 Byte langen Header.**

zeitig auch das ESP-Protokoll eingesetzt, so befindet sich hier die Nummer 50 (ESP). Im Tunnelmodus ist hier bei Verwendung von IPv4 die Nummer 4 zu finden.

» *Payload Length*
Hier wird die Länge des Headers in 8 Bit angegeben. Der Name *Payload Length* ist daher irreführend. Außerdem handelt es sich um einen IPv6 Header. Daher wird die Headerlänge in Vielfachen von 32 Bit angegeben, nachdem zuvor 64 Bit abgezogen wurden. Bei einem Header aus 3*32 Bit plus 96 Bit ICV ergibt sich 192 Bit Gesamtlänge. Abzüglich 64 Bit bleiben 128 Bit; geteilt durch 32 Bit ergibt das einen Wert von 4 für die Payload Length (siehe RFC 2402).

» *Reserved*
Dieses 16-Bit-Feld ist für zukünftige Zwecke reserviert und muss mit Nullen aufgefüllt werden.

» *Security Parameter Index (SPI)*
Diese 32-Bit-Zahl identifiziert in Kombination mit der Ziel-IP-Adresse und dem IPsec-Protokoll (AH oder ESP) eindeutig die Security Association. Die Zahl 0 ist für interne Verwendung reserviert. Die Zahlen 1 bis 255 (0x1-0xff) sind für die Verwendung durch die *Internet Assigned Numbers Authority* (IANA) reserviert.

» *Sequence Number*
Die 32 Bit lange Sequenznummer ist eine monoton steigende Nummer, die vom Absender jedem Paket zugewiesen wird. Der Empfänger kann diese Nummer nutzen, um sich vor Replay-Angriffen zu schützen. Neue Implementierungen unterstützen auch eine 64-Bit-Sequenznummer. Hier werden dann die niedrigen 32 Bit gespeichert. Die höherwertigen 32 Bit werden im Anschluss an das IP-Datagramm gespeichert.

» *Integrity Check Value (ICV)*
In diesem 96 Bit langen Feld werden die Authentifizierungsdaten gespeichert. Diese Daten

können mit den verschiedenen HMAC-Verfahren erzeugt werden. In allen Fällen werden nur die 96 höchstwertigen Bits des ermittelten Hashes hier abgespeichert.

Das Authentication-Header-Protokoll sichert das gesamte IP-Paket. Das bedeutet, dass bei der Berechnung des ICVs nicht nur der AH-Header und die gekapselten Informationen herangezogen werden, sondern auch der äußere IP-Header berücksichtigt wird. Dieser äußere IP-Header fließt in die Berechnung des ICV mit ein. Nicht berücksichtigt werden lediglich die folgenden Felder des IPv4-Headers: *Type of Service* (TOS), *Flags*, *Fragment Offset*, *Time to Live* (TTL) und *Header Checksum*. Diese Felder werden für die Berechnung des ICV auf null gesetzt. Im Falle von IPv6 werden die folgenden Felder nicht berücksichtigt: *Class*, *Flow Label* und *Hop Limit*. Die Einbeziehung des äußeren IP-Headers und damit auch der IP-Adressen in die Berechnung des ICV schließt die gleichzeitige Verwendung von *Network Address Translation* (NAT) aus. Eine Modifikation der IP-Adressen nach Berechnung des ICV würde zu dessen Ungültigkeit führen.

Aus diesem Grund wird das AH-Protokoll heute kaum noch in VPN-Umgebungen eingesetzt. Das ESP-Protokoll übernimmt seine Aufgaben.

8.8 Encapsulated Security Payload – ESP

Das *Encapsulated Security Payload*-Protokoll (IP-Protokoll 50) stellt die Authentifizierung, die Integrität und die Vertraulichkeit der IP-Pakete sicher. Das ESP-Protokoll wird in dem RFC 4303 beschrieben. Dieser löst die älteren RFC 2406 und RFC 1827 ab. Für seine Funktion setzt das ESP-Protokoll einen Integrity Check Value ein. Hierbei handelt es sich um die 96 höchstwertigen Bits eines Hash-Message Authentication Codes. Üblicherweise werden als HMAC sowohl HMAC-MD5-96 als auch HMAC-SHA-96 unterstützt. Neuere IPsec-Varianten setzen jedoch auch HMAC-SHA-256-96, HMAC-SHA-384-96, HMAC-SHA-512-96 und HMAC-RIPEMD-160-96 ein. Als zusätzlichen Schutz versieht das ESP-Protokoll jedes Paket mit einer Sequenznummer, die vom Empfänger zum Schutz vor Replay-Angriffen genutzt werden kann. Um die Vertraulichkeit zu gewährleisten, werden die zu schützenden Informationen zusätzlich verschlüsselt. Der Header des ESP-Protokolls ist in Abbildung 8.6 dargestellt.

Der Header enthält folgende Informationen:

» *Security Parameter Index* (SPI)
Diese 32-Bit-Zahl identifiziert in Kombination mit der Ziel-IP-Adresse und dem IPsec-Protokoll (AH oder ESP) eindeutig die *Security Association*. Die Zahl 0 ist für die interne Verwendung reserviert. Die Zahlen 1 bis 255 (0x1-0xff) sind für die Verwendung durch die *Internet Assigned Numbers Authority* (IANA) reserviert.

» *Sequence Number*
Die 32 Bit lange Sequenznummer ist eine monoton steigende Nummer, die vom Absender jedem Paket zugewiesen wird. Der Empfänger kann diese Nummer nutzen, um sich vor Replay-Angriffen zu schützen. Ähnlich wie bei AH können hier von modernen Implementierungen auch 64-Bit-Sequenznummern genutzt werden.

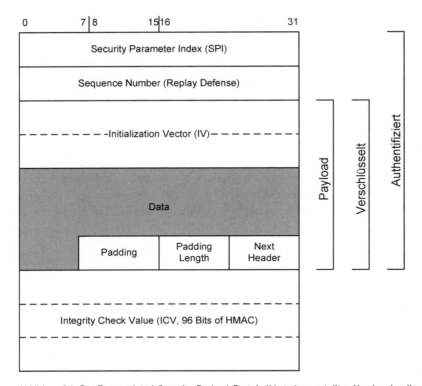

Abbildung 8.6: **Das Encapsulated-Security-Payload-Protokoll hat einen geteilten Header, der die zu schützenden Informationen umschließt.**

» *Payload*

Hier werden die eigentlichen meist verschlüsselten Nutzinformationen abgespeichert. Wenn der Verschlüsselungsalgorithmus einen *Initialization Vector* benötigt, wird dieser zu Beginn abgespeichert.

- *Initialization Vector* (IV)

  Sämtliche eingesetzten symmetrischen Verschlüsselungsverfahren sind monoalphabetisch und werden daher im Cipher-Block-Chaining-Modus eingesetzt. Hierfür ist ein Initialisierungsvektor notwendig. Dieser wird zu Beginn abgespeichert. Die Länge richtet sich nach dem eingesetzten Verschlüsselungsverfahren. 3DES benötigt zum Beispiel einen 64 Bit langen IV.

- *Data*

  Direkt im Anschluss an den IV werden die verschlüsselten Daten abgespeichert.

» *Padding*

Da grundsätzlich bei IPsec Block-Ciphern eingesetzt werden, ist häufig ein Padding erforderlich. Hiermit werden die Daten bis zur nächsten Blockgrenze aufgefüllt. Dass Padding kann 0 bis 255 Bytes lang sein.

» *Padding Length*
Um nach der Entschlüsselung das Pad entfernen zu können, wird hier dessen Länge abgespeichert.

» *Next Header*
Dieses Feld (8 Bit) gibt das Protokoll der im Paket übertragenen Informationen an. Handelt es sich um ein Paket im Transportmodus, so befindet sich hier die Protokollnummer des entsprechenden höheren Protokolls, zum Beispiel 6 (TCP) und 17 (UDP). Im Tunnelmodus ist hier bei Verwendung von IPv4 die Nummer 4 zu finden.

» *Integrity Check Value* (ICV)
In diesem 96 Bit langen Feld werden die Authentifizierungsdaten gespeichert. Diese Daten können mit den verschiedenen HMAC-Verfahren erzeugt werden. In allen Fällen werden nur die 96 höchstwertigen Bits des ermittelten Hashs hier abgespeichert.

Bei der Verarbeitung der Daten durch das ESP-Protokoll werden zunächst die Informationen verschlüsselt und anschließend erst die Authentifizierungsinformationen (ICV) berechnet. Dadurch ist sichergestellt, dass der Empfänger die Daten nicht aufwendig entschlüsseln muss, wenn die Überprüfung der Authentifizierung fehlschlägt. Bei der Berechnung des ICV wird im Gegensatz zum AH-Protokoll nicht der äußere IP-Header mit einbezogen. Der ICV bezieht sich lediglich auf den ESP-Header und die zu sichernden Daten. Daher ist es grundsätzlich möglich, die IP-Adressen im äußeren IP-Header auszutauschen (Network-Address-Translation, NAT) ohne dass der ICV ungültig wird. In vielen Fällen ist ein NAT dennoch nur eingeschränkt möglich, da NAT-Geräte eine interne Zuordnung der „genatteten" Verbindungen über die in der Verbindung vewendeten Ports durchführen. Sowohl das AH- als auch das ESP-Protokoll benutzen jedoch keine Ports. Somit ist die Unterstützung mehrer Verbindungen gleichzeitig nicht möglich, da das Unterscheidungskriterium Port fehlt.

8.9 Security Association

Die Security Association (SA, dt. Sicherheitsassoziation, RFC 2401, RFC 4301) definiert die von den IPsec-Protokollen zu verwendenden Parameter: Ziel-IP-Adresse, IPsec-Protokoll, Verschlüsselungsalgorithmus, Authentifizierungsalgorithmus und Schlüssel. Zusätzlich werden eine Lebensdauer, der Modus (Transportmodus/Tunnelmodus) und weitere Eigenschaften (zum Beispiel Anti-Replay-Service (ARS)) abgespeichert.

Die Security Associations sind immer unidirektional. Das bedeutet, dass in der Praxis immer für eine bidirektionale Kommunikation zwei unidirektionale IPsec-SA existieren müssen: Eine bestimmt den ausgehenden Verkehr und eine weitere den ankommenden Verkehr. Ein Zugriff auf die Security Associations ist eindeutig möglich mit dem Triplett: SPI, Ziel-IP-Adresse und IPsec-Protokoll. Daher können alle Security Associations in einer Security-Association-Datenbank (SAD) gespeichert werden. Eine Security Association enthält mindestens die folgenden Parameter:

» Ziel-IP-Adresse

» IPsec-Protokoll

» Security Parameter Index (SPI)

» aktuelle Sequenznummer

» Definition für den Fall eines Sequenznummerüberlaufs

» Anti-Replay-Fenster

» AH/ESP-Algorithmus mit Schlüsseln

» Lebensdauer der SA

» IPsec-Modus (Tunnelmodus/Transportmodus/Beliebig[3])

» Path-MTU

8.10 Security Policy

Die Security Association allein führt noch nicht zu einer Verschlüsselung und/oder Authentifizierung des Netzwerkverkehrs. Sie spezifiziert lediglich, *wie* der Verkehr geschützt werden soll, aber nicht was und wann. Dies ist die Aufgabe der Security Policy (SP, RFC 2401, RFC 4301). Die Security Policys werden in der Security-Policy-Datenbank (SPD) gespeichert.

Für jedes ein- wie ausgehende Paket wird die SPD daraufhin geprüft, ob dieses Paket in irgendeiner Form modifiziert werden muss. Die SPD liefert für jedes Paket eine von drei möglichen Antworten: DISCARD (verwerfen), PASS (unverändert durchlassen) und APPLY (IPsec-SAs anwenden). Die DISCARD-Funktion führt dazu, dass unter Windows 2000 mithilfe der Security Policys auch Firewallfunktionen realisiert werden. Einige Microsoft Windows-Administratoren brachten daher in der Vergangenheit IPsec nur mit Firewallfunktionen in Verbindung. Verlangt die Security Policy die Anwendung einer IPsec-SA, so muss sie zusätzlich diese IPsec-SA spezifizieren.

Um die Gestaltung der Security Policys möglichst flexibel zu ermöglichen, existieren die IPsec-Selektoren. Sie erlauben es, in der IPsec-Security-Policy spezifisch den Dienst zu definieren, der mit IPsec geschützt werden soll. Hierzu können die IP-Adressen und das höhere Transportprotokoll (zum Beispiel TCP oder UDP) angegeben werden. Wenn das Transportprotokoll Ports unterstützt, können sie zusätzlich angegeben werden. Hiermit ist es möglich, nur den Verkehr eines NTP-Zeitservers zu schützen.

8.11 Internet Key Exchange – IKEv1

Das *Internet Key Exchange* -(IKE-)Protokoll (RFC 2409) basiert auf dem *Internet Security Association Key Management Protocol* (ISAKMP, RFC 2408), dem *Oakley Key Determination*-Protokoll (RFC 2412), der IPsec-*Domain of Interpretation* (DOI, RFC 2407) und dem SKEME-Protokoll. Hier soll aus Platzgründen lediglich das IKE-Protokoll betrachtet werden. Weitere Ausführungen sind in den RFCs und in den Büchern [2] und [6] zu finden. Das IKE-Protokoll ermöglicht einen sicheren authentifizierten Schlüsselaustausch und die Aushandlung von IPsec-

---

3   Achtung: Der Linux-Kernel 2.6 unterstützt keine SAs, die sowohl im Tunnel- als auch im Transportmodus verwendet werden können. Der Modus muss bei Linux immer angegeben werden.

Security-Associations (IPSec-SAs). Hiermit ermöglicht es eine automatische Erzeugung der IPsec-SAs und einen automatischen Aufbau der VPN-Verbindungen. Zusätzlich kann es die Sicherheit der VPN-Verbindung dauerhaft gewährleisten, da es in der Lage ist, beim Ablauf einer SA diese mit neuen Schlüsseln neu zu erzeugen. Im Gegensatz zum AH- und dem ESP-Protokoll handelt es sich bei IKE nicht um ein eigenständiges IP-Protokoll. Es setzt vielmehr auf dem UDP-Protokoll auf und verwendet üblicherweise den Port 500.

Das IKE-Protokoll ist heute in zwei Versionen im Einsatz. Die originale Version 1 wird in diesem Abschnitt besprochen. Die Version 2 wird in dem folgenden Abschnitt erläutert.

Das IKEv1-Protokoll arbeitet hierzu in zwei Phasen. In Phase 1 handeln die beiden Kommunikationspartner eine ISAKMP-SA aus. Sie stellt einen sicheren authentifizierten Kanal dar, über den alle weiteren Verhandlungen erfolgen. Hierzu definiert das IKE-Protokoll zwei verschiedene Modi: den *Main-Modus* und den *Aggressive-Modus*[4]. Diese Modi unterscheiden sich in ihrem Aufwand und in ihrer Sicherheit (s.u.). In Phase 2 wird vom IKEv1-Protokoll der *Quick-Modus* verwendet. Dieser sehr schnelle Modus greift auf die ISAKMP-SA der Phase 1 zurück, nutzt deren sicheren Kanal und braucht daher nicht erneut die Authentifizierung durchzuführen. Mit dem Quick-Modus erzeugt das IKEv1-Protokoll die IPsec-SAs. Der *New-Group-Modus* stellt einen Modus dar, der zwischen Phase 1 und Phase 2 verwendet werden kann, um eine neue Diffie-Hellman-(Oakley-)Gruppe zu vereinbaren.

8.11.1 Der Main-Modus

In Phase 1 des IKEv1-Protokolls wird eine ISAKMP-SA ausgehandelt. Hierzu stehen zwei verschiedene Modi zur Verfügung: der *Main-Modus* und der *Aggressive-Modus*. Hier soll zunächst der Main-Modus mit seinen Austauschvorgängen beschrieben werden. Sie unterscheiden sich jedoch stark je nach eingesetztem Authentifizierungsverfahren. Daher werden wir die Authentifizierungsverfahren einzeln betrachten.

Authentifizierung mit RSA-Signaturen

Die Authentifizierung mit einer digitalen Signatur erfordert sechs Nachrichten zwischen dem Initiator und dem Empfänger (Responder). Dies ist die heute sicherlich am häufigsten eingesetzte Variante der Authentifizierung im Main-Modus. Die Abfolge der Nachrichten ist in Abbildung 8.7 dargestellt.

Der Initiator sendet zunächst in seinem ersten ISAKMP-Paket einen oder mehrere Vorschläge (Proposal) für die ISAKMP-SA. Diese Vorschläge enthalten die angebotenen und unterstützten Authentifizierungsalgorithmen, Verschlüsselungsalgorithmen und Oakley-Gruppen[5]. Der Responder wählt einen dieser Vorschläge aus und bestätigt diesen in der zweiten Nachricht. Lehnt der Responder sämtliche Vorschläge ab, so endet die Kommunikation bereits hier, und die Verbindung kommt nicht zustande. Anschließend sendet der Initiator in der dritten Nachricht das öffentliche Ergebnis seiner Diffie-Hellman-(DH-)Berechnung als KEi (Key Exchange

---

4   Es existiert auch noch der *Base-Modus*, der aber keine praktische Bedeutung erlangt hat.
5   Die Oakley-Gruppen definieren die öffentlichen Parameter des Diffie-Hellman-Schlüsselaustauschs.

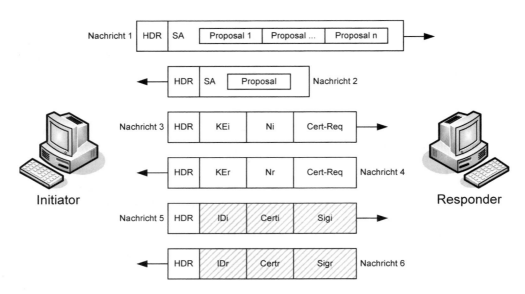

Abbildung 8.7: **Die Authentifizierung mit digitalen Signaturen erfordert sechs Nachrichten im IKE-Main-Modus.**

Initiator) und einen zufälligen Nonce Ni, der vom Responder für die Berechnung der Signatur verwendet wird. Wenn der Initiator nicht den öffentlichen Schlüssel des Responders besitzt, kann er ihn in dieser Nachricht in Form eines Zertifikats anfordern. Der Responder antwortet in der vierten Nachricht mit den analogen Informationen. Der Initiator kann nun mit dem Wert KEr (Key Exchange Responder) die Diffie-Hellman-Berechnung zu Ende führen und erhält einen symmetrischen Schlüssel. Er berechnet nun die digitale Signatur und sendet sie zusammen mit seiner Identität und bei Bedarf mit seinem Zertifikat an den Responder. Dabei werden diese Daten bereits mit dem im DH gewonnenen symmetrischen Schlüssel verschlüsselt (schraffiert). Ein Dritter ist nicht in der Lage, die Identität oder das Zertifikat unverschlüsselt zu lesen. Der Main Mode bietet hier einen Identitätsschutz. Der Responder antwortet mit den analogen Informationen in der sechsten Nachricht. Sowohl Initiator als auch Responder können die Inhalte der Nachrichten 5 und 6 entschlüsseln und die Signaturen mit den öffentlichen Schlüsseln überprüfen. Wurden diese in Form von Zertifikaten übermittelt, so müssen zuvor die Zertifikate auf ihre Korrektheit überprüft werden.

Dieses Verfahren wird meist eingesetzt, wenn X.509-Zertifikate genutzt werden.

Authentifizierung mit Public-Key-Verschlüsselung

Dieses Verfahren kommt in der Praxis kaum vor. Es soll aber der Vollständigkeit halber hier erläutert werden. Bei der Authentifizierung mit Public-Key-Verschlüsselung werden RSA-Schlüssel eingesetzt. Hierzu ist es erforderlich, dass die öffentlichen RSA-Schlüssel des jeweiligen Partners im Vorfeld ausgetauscht wurden. Ein automatischer Austausch während Phase 1 ist nicht vorgesehen. Nachricht 1 und 2 unterscheiden sich nicht von der Authentifizierung mit digitalen Signaturen. In der Nachricht 3 überträgt der Initiator wie gehabt auch das öffentliche Ergebnis seiner Diffie-Hellman-Berechnung. Zusätzlich überträgt er seinen

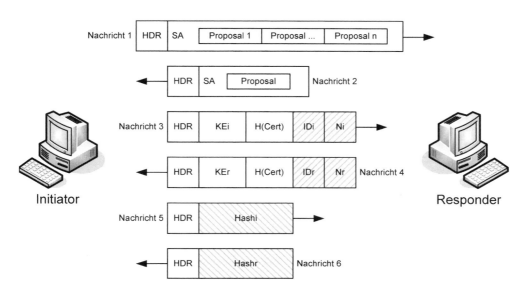

Abbildung 8.8: **Die Authentifizierung mit Public-Key-Verschlüsselung erfordert vier Public-Key-Operationen.**

Nonce und seine Identität (Abbildung 8.8). Diese verschlüsselt er einzeln mit dem öffentlichen Schlüssel des Empfängers (schraffiert). Verfügt er über mehrere öffentliche Schlüssel des Empfängers, so wählt er einen aus und überträgt zusätzlich den Hash-Wert dieses Schlüssels (H(Cert)). Der Responder antwortet analog in Nachricht 4. Insgesamt werden also vier Informationen IDi, Ni, IDr und Nr mit RSA verschlüsselt. Nun können Initiator und Responder mit ihren privaten RSA-Schlüsseln die Identität des Partners und dessen Nonce entschlüsseln. Zusätzlich können die Diffie-Hellman-Berechnungen mit den Werten KE zu Ende geführt und der symmetrische Schlüssel bestimmt werden. Initiator und Responder berechnen nun aus dem Nonce und weiteren Informationen einen Hash, der anschließend mit dem symmetrischen Schlüssel übertragen wird. Kann die jeweilige Gegenstelle den Hash authentifizieren, so besaß der Erzeuger des Hash den Nonce. Um den Nonce zu besitzen, musste dieser jedoch zuvor mit dem privaten Schlüssel entschlüsselt werden. Somit ist die Gegenseite authentifiziert. Dieses Verfahren wird, wie ich zu Beginn bereits erwähnt habe, nur selten eingesetzt.

Authentifizierung mit revidierter Public-Key-Verschlüsselung

Auch diese Variante kommt in der Praxis eigentlich nicht vor. Die Authentifizierung mit Public-Key-Verschlüsselung (siehe letzter Abschnitt) bietet Vorteile, da ein Angreifer sowohl die symmetrische als auch die asymmetrische RSA-Verschlüsselung knacken muss. Sie besitzt aber auch den Nachteil, dass vier Public-Key-Operationen pro System durchzuführen sind: zwei Verschlüsselungen und zwei Entschlüsselungen. Das revidierte Verfahren reduziert dies auf zwei Public-Key-Operationen. Das revidierte Verfahren (Abbildung 8.9) ähnelt dem Public-Key-Verschlüsselungsverfahren. Die erste und zweite Nachricht sind wieder identisch. In Nachricht 3 überträgt der Initiator den Nonce verschlüsselt mit dem Public Key des Respon-

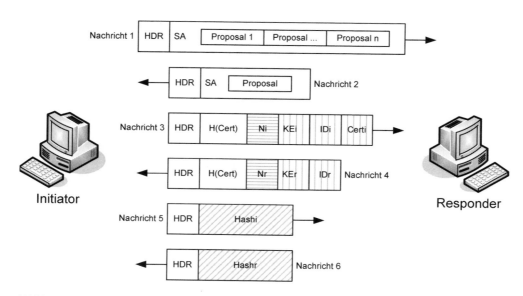

Abbildung 8.9: **Die revidierte Authentifizierung mit Public-Key-Verschlüsselung reduziert den Aufwand auf zwei Public-Key-Operationen.**

ders. Erneut muss er den Hash des verwendeten Public Keys übertragen, wenn mehrere Public Keys zur Verfügung stehen. Das Ergebnis der Diffie-Hellman-Berechnung, seine eigene Identität und ein möglicher eigener Public Key werden jedoch nicht mit dem Public Key des Empfängers verschlüsselt, sondern mit einem symmetrischen Schlüssel. Da das Diffie-Hellman-Verfahren aber noch nicht abgeschlossen wurde, ermittelt der Initiator diesen Schlüssel aus seinem eigenen Nonce. Der Responder kann den Nonce mit seinem priva-ten Schlüssel decodieren und den symmetrischen Schlüssel nach dem identischen Verfahren ableiten. Mit diesem kann er dann die Daten IDi und KEi entschlüsseln. Der Responder ant-wortet wieder mit analogen Daten. Die beiden Nachrichten 5 und 6 enthalten wieder Hashes, die neben anderen Informationen auch auf den ausgetauschten Nonces beruhen. Sie dienen zur Authentifizierung.

Authentifizierung mit PreShared Keys (PSK)

Die Phase 1 des Main-Modus unterstützt auch die Authentifizierung mit einem PreShared Key. Hierzu werden die beiden ersten Nachrichten wie bei den anderen Methoden ausgetauscht (Abbildung 8.10).

Anschließend tauschen Initiator und Responder den Nonce und das öffentliche Ergebnis der Diffie-Hellman-Berechnung aus (Nachrichten 3 und 4). Dabei wird der PSK bereits für die Erzeugung der Ausgangswerte für die Schlüsselberechnung verwendet. Nach dem Austausch der Werte KE können Initiator und Responder die Nachrichten 5 und 6 übermitteln. Hier werden unter anderem die Identitäten verschlüsselt ausgetauscht. Dies ist der wesentliche Grund, warum bei der Verwendung von PSKs im Main Mode bei unbekannten IP-Adressen alle Kommunikationspartner denselben PSK verwenden müssen. Werden unterschiedliche PSKs

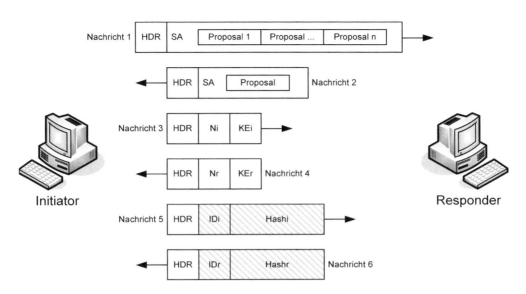

Nachricht 1 | HDR | SA | Proposal 1 | Proposal ... | Proposal n

HDR | SA | Proposal | Nachricht 2

Nachricht 3 | HDR | Ni | KEi

HDR | Nr | KEr | Nachricht 4

Initiator

Nachricht 5 | HDR | IDi | Hashi

HDR | IDr | Hashr | Nachricht 6

Responder

Abbildung 8.10: **Bei der Authentifizierung mit PreShared Keys wird die Identität erst in den letzten Nachrichten verschlüsselt übertragen.**

benutzt, so muss der Kommunikationspartner bereits vor dem Senden der Nachrichten 3 und vier 4 richtigen PSK wählen. Da die Identität noch nicht übertragen wurde (Identitätsschutz des Main-Modus) kann die Auswahl der PSKs nur auf der IP-Adresse beruhen. Handelt es sich hier nicht um eine feste, gleich bleibende IP-Adresse, die als Kriterium für die Auswahl des PSK dienen kann, kann nur ein allgemeiner PSK verwendet werden.[6]

8.11.2 Der Aggressive-Modus

Der Aggressive-Modus stellt eine schnellere Variante zur Verhandlung der Phase 1 dar. Hierbei werden sämtliche Informationen in nur drei Nachrichten ausgetauscht. Dadurch sind im Gegensatz zum Main-Modus Denial-of-Service-Angriffe möglich, da bereits das erste Paket eine Verschlüsselung verlangt. Ein Angreifer kann so eine Vielzahl von Paketen erzeugen und durch unzählige sinnlose Verschlüsselungsvorgänge einen DoS erzeugen. Der zweite Unterschied beim Aggressive-Modus betrifft die Authentifizierung mit PreShared Keys und digitalen Signaturen. Werden PSKs oder digitale Signaturen im Aggressive-Modus eingesetzt, so wird die Identität im Klartext übertragen. Der Aggressive-Modus verlangt keinen Identitätsschutz wie der Main-Modus. Daher ist es möglich, im Aggressive-Modus unterschiedliche PSKs auch bei dynamischen unbekannten IP-Adressen einzusetzen. Bei der Authentifizierung mit Public-Key-Verschlüsselung werden weiterhin die Identitäten geschützt. Der fehlende Identitätsschutz des Aggressive-Modus stellt eine wesentliche Sicherheitslücke dar. Es existieren einige Werkzeuge (*IKEcrack*, http://sourceforge.net/projects/ikecrack) und Artikel (www.ernw.de/download/pskattack.pdf), die diese Sicherheitslücke beschrei-

---

6   *Racoon* unterstützt die Verwendung eines Default-PSK nicht!

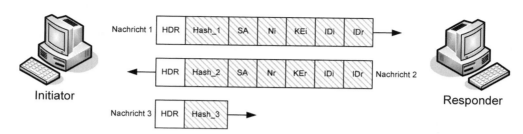

Abbildung 8.11: **Der Quick-Modus überträgt alle Informationen verschlüsselt.**

ben und ausnutzen können. Eine Verwendung des Aggressive-Modus sollte aus diesen Gründen nur in Betracht gezogen werden, wenn der Main-Modus von einem Kommunikationspartner nicht unterstützt wird.

8.11.3 Der Quick-Modus

Der Quick-Modus wird in der Phase 2 vom IKE-Protokoll verwendet. Er setzt immer eine erfolgreich durchlaufene Phase 1 vorraus. Hiermit können die IPsec-Security-Associations auf der Basis der ISAKMP-SA der Phase 1 erzeugt werden. Dabei können unter dem Schutz einer ISAKMP-SA mehrere IPsec-SAs sogar innerhalb eines Quick Mode erzeugt werden. Hier wird nun der Vorteil der Aufteilung des IKE-Protokolls in Phase 1 und Phase 2 deutlich: Werden mehrere IPsec-SAs benötigt, so müssen die aufwendigen Authentifizierungsnachrichten nur einmalig beim Aufbau der ISAKMP-SA ausgetauscht werden. Die ISAKMP-SA stellt damit auch schon Dienste zur Überprüfung der Integrität, Authentifizierung und zur Sicherstellung der Vertraulichkeit zur Verfügung. Sämtliche Pakete der Phase 2 werden verschlüsselt ausgetauscht. Für den Aufbau einer IPsec-SA werden drei Nachrichten benötigt (Abbildung 8.11).

Hierbei müssen der SA-Vorschlag, der Hash-Wert und der Nonce-Wert übertragen werden. Optional sind die Identitäten und der Diffie-Hellman-Wert. Der Diffie-Hellman-Wert wird benötigt, wenn *Perfect Forward Secrecy* gewünscht wird. Dann werden sämtliche benötigten Schlüssel neu berechnet und nicht von den Masterschlüsseln der ISAKMP-SA abgeleitet. Damit wird sichergestellt, dass ein Angreifer durch die Berechnung eines Schlüssels nicht weitere Schlüssel erschließen kann.

8.11.4 UDP Encapsulation

Einer der wichtigsten Beweggründe für die Entwicklung des IPv6-Protokolls war die prognostizierte Knappheit der IPv4-Adressen zu Beginn der 1990er-Jahre. Das IPv6-Protokoll bietet mit einem 128 Bit großen Adressraum ausreichend IP-Adressen „für jeden Toaster und jede Ampel auf der Erde". Auf die Erdoberfläche umgerechnet, können mehr als 600.000.000.000 .000.000.000.000 IP-Adressen je Quadratmeter vergeben werden. Dies führte jedoch auch dazu, dass bei der Entwicklung der IPsec-Protokolle nicht berücksichtigt wurde, dass *Network Address Translation* (NAT) erforderlich sein könnte. Network Address Translation wurde entwickelt, um der Knappheit der IPv4-Adressen zu begegnen. So benötigt ein großes Unternehmen mit mehreren Tausenden Rechnern nur wenige offizielle IPv4-Adressen, um jedem

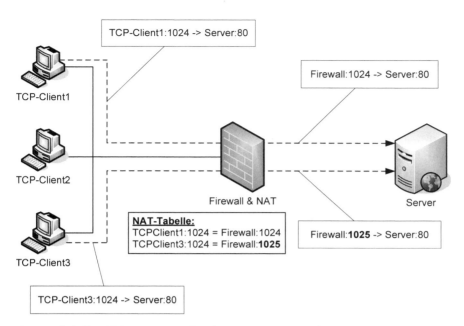

Abbildung 8.12: **Ein NAT-Gateway ordnet die Pakete den genatteten Verbindungen über die Client-IP-Adresse und den Client-Port zu.**

Rechner einen Zugriff auf das Internet zu ermöglichen und erreichbar zu sein. Intern werden private IPv4-Adressen verwendet, die beim Zugriff auf das Internet meist von einer Firewall in offizielle IPv4-Adressen umgesetzt werden. Das *Authentication Header*-(AH-)Protokoll verhindert diese Umsetzung wirkungsvoll, da es auch die IP-Adressen des äußeren IP-Headers authentifiziert. Werden sie verändert, so wird das Paket ungültig.

Das *Encapsulated Security Payload*-(ESP-)Protokoll weist diese Einschränkung nicht auf. Dennoch führt sein Einsatz in NAT-Umgebungen häufig zu Problemen. Damit Sie dies verstehen, werde ich kurz erläutern, wie in den meisten Fällen das NAT durchgeführt wird. Hierbei gehe ich nur auf das Source-NAT, das Austauschen der Absender-IP-Adresse, ein.

Abbildung 8.12 zeigt die Funktion des NAT-Gateways.

Ein NAT-Gerät erzeugt eine Tabelle, in der sämtliche Verbindungen gepflegt werden. Um einen eindeutigen Index auf diese Tabelle zu erhalten, werden die Verbindungen nach der Client-IP-Adresse und dem Client-Port (bei TCP und UDP) sortiert. Um ankommende Antwort-Pakete eines Servers eindeutig zuordnen zu können, wird jedem Paar aus Client-IP-Adresse und Port ein Paar aus IP-Adresse des NAT-Gateways und Port zugewiesen. Dies ist jedoch nur möglich, wenn das Protokoll Ports unterstützt. Bei einigen Protokollen (zum Beispiel ICMP) können auch andere Parameter des Protokolls genutzt werden. Das Protokoll ESP unterstützt nun jedoch keine Ports. Die einzige Information, die dem Port nahekommt und in Klartext lesbar ist, ist der Security-Parameter-Index (SPI). Leider ist der SPI für eingehende und ausgehende ESP-Pakete derselben Verbindung unterschiedlich, da diese Pakete von unterschiedlichen IPsec-SAs behandelt werden.

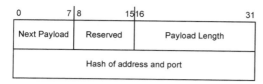

Aus diesem Grund gibt es Probleme, sobald mehr als ein Rechner über eine NAT-Gateway eine IPsec-Verbindung aufbauen möchte. Das NAT-Gateway hat Schwierigkeiten, die Antwortpakete den Clients wieder zuzuordnen, da keine Unterscheidung der Verbindungen auf der Basis des Ports vorgenommen werden kann.

Hier hilft die erneute Kapselung aller IPsec-Pakete in UDP-Paketen. UDP-Pakete weisen einen Port auf und können daher durch eine Standard-NAT-Tabelle unterschieden werden. Verschiedene Drafts der *Internet Engineering Task Force* (IETF) Drafts und seit 2005 zwei RFCs beschreiben das sogenannte NAT-Traversal: „RFC 3947: Negotiation of NAT-Traversal in the IKE" und „RFC 3948: UDP Encapsulation of IPsec ESP Packets". Das erste RFC beschreibt eine Erweiterung des IKE-Protokolls. Damit ist es möglich, automatisch die Unterstützung von NAT-Traversal durch den Kommunikationspartner und das Vorhandensein eines NAT-Gerätes zwischen den Kommunikationspartnern zu erkennen. Diese Erkennung erfolgt in Phase 1 des IKE-Protokolls. Die NAT-Traversal-Unterstützung wird durch spezielle Vendor-ID-Nachrichten erkannt. Die Lokalisierung eines möglichen NAT-Gerätes erfolgt durch spezielle NAT-Discovery-(NAT-DNAT-Discovery-)Pakete in Phase 1 (Abbildung 8.13). Diese NAT-D-Pakete enthalten jeweils den Hash der Quell- und der Ziel-IP-Adresse und des Ports. Berechnet der Empfänger einen anderen Hash aufgrund der IP-Adresse und des Ports im IP-Header, so befindet sich ein NAT-Gerät zwischen Absender und Empfänger. Diese Pakete sind beim Main-Modus in den Nachrichten 3 und 4 und im Aggressive-Modus in den Nachrichten 2 und 3 enthalten. Verfügt ein Absender über mehrere IP-Adressen, über die das Paket den Rechner verlassen darf, so kann er mehrere dieser Pakete in seinen Nachrichten übertragen. Unterstützt der Empfänger kein NAT-Traversal, ignoriert er diese Nachrichten.

Da es einige NAT-Geräte gibt, die versuchen, mit IPsec intelligent umzugehen, und dies beim NAT-Traversal störend sein kann, sollte möglichst bald der IKE-Port 500/udp gewechselt werden. Diese intelligenten NAT-Geräte erkennen den IPsec-Verkehr meist nur am IKE-Port 500/udp. IKE-Daemons, die NAT-Traversal unterstützen, verwenden daher, sobald sie NAT erkannt haben, den Quell- und den Ziel-Port 4500/udp. Alle weiteren Rekey-Vorgänge der ISAKMP-SA und der IPsec-SAs werden mit diesem Port durchgeführt. Die NAT-Geräte dürfen diesen Port clientseitig beliebig verändern. Hiermit ist Phase 1 abgeschlossen.

Nun können in Phase 2 mit dem Quick-Modus die IPsec-SAs verhandelt werden. Hierbei stehen zwei neue Kapselmodi zur Verfügung:

» UDP-Encapsulated-Tunnel
» UDP-Encapsulated-Transport

Diese beiden Modi werden im RFC 3948 „UDP Encapsulation of IPsec ESP Packets" beschrieben. Die wesentlichen Grundzüge werden im Folgenden dargestellt. Die IPsec-ESP-Pakete

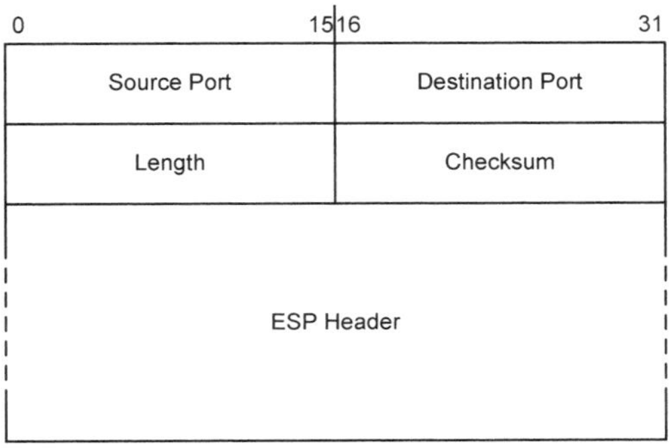

Abbildung 8.14: **Das ESP-Paket wird in einem UDP-Header eingepackt.**

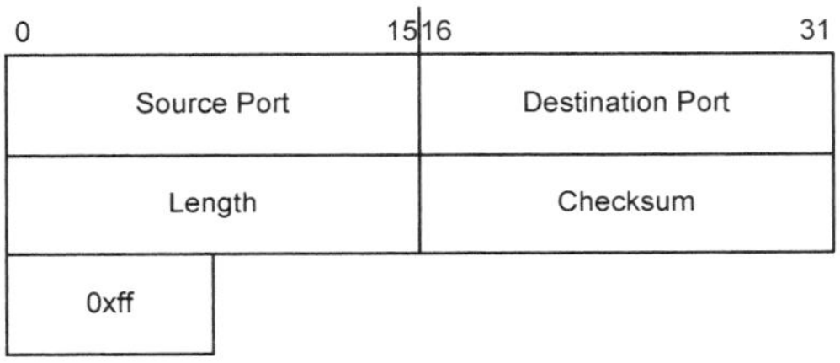

Abbildung 8.15: **Der UDP-NAT-Keepalive-Header hält die Verbindung aufrecht, wenn keine Daten transportiert werden müssen.**

werden in UDP-Pakete eingepackt. Hierbei wird derselbe Port verwendet, wie er auch bereits für die IKE-Verhandlungen verwendet wurde: 4500/udp. Der UDP-ESP-Header ist in Abbildung 8.14 dargestellt.

Damit die NAT-Verbindung über NAT-Geräte am Leben erhalten werden kann, auch wenn kein Verkehr zu transportieren ist, werden NAT-Keepalive-Pakete gesendet. Ansonsten verwerfen eigentlich alle NAT-Geräte bereits nach kurzer Zeit[7] die Verbindung aus der NAT-Tabelle. Der NAT-Keepalive-Header ist in Abbildung 8.15 zu sehen.

Diese Keepalive-Pakete werden normalerweise alle 20 Sekunden versandt, wenn kein anderes Paket über den Tunnel transportiert wurde. Dieser Zeitraum kann aber bei den meisten Implementierungen auch eingestellt werden.

8.11.5 DHCP-over-IPsec

In vielen Fällen, bei denen ein entfernter Rechner über eine VPN-Verbindung mit einem LAN in Kontakt tritt, ist es von Vorteil, wenn anschließend der entfernte Rechner eine IP-Adresse aus dem internen Netzwerk erhält und sich scheinbar im LAN befindet. Dies kann erreicht werden, indem der Client eine virtuelle IP-Adresse per DHCP erhält. Es existieren eine Vielzahl von Drafts und ein RFC (RFC 3456), die den Einsatz von DHCP über IPsec beschreiben.

---

7   Bei einer Linux-NAT-Firewall geschieht das per Default nach 180 Sekunden. Dies kann auf modernen Linux-Systemen in der Datei /proc/sys/net/netfilter/nf_conntrack_udp_timeout_stream eingestellt werden.

Diese Methode hat sich mangels der Unterstützung kommerzieller Hersteller nicht durchgesetzt. Da aber einige Clients und auch Linux dies noch unterstützen, will ich die Methode kurz vorstellen.

Hier wird die Technologie so beschrieben, wie sie vom RFC 3456 als Standard vorgeschlagen wird. Dies weicht in einzelnen Punkten von den frühen Drafts und Implementierungen ab. Die Verwendung von DHCP ist nur für IPv4-Adressen im IPsec-Tunnelmodus beschrieben und sinnvoll. Hierbei kann mit DHCP die IP-Adresse an den Client zugewiesen werden. Die Verwendung von DHCP bietet folgende Vorteile:

» Die Verwendung von DHCP erleichtert den Einsatz und die Integration in große Netze, da diese meist sowieso bereits mithilfe des DHCP-Protokolls verwaltet werden.

» Zusätzlich bietet das DHCP-Protokoll die Möglichkeit, den Adressen-Pool anhand bestimmter Eigenschaften des Clients zu verwalten. So können bestimmten Clients bestimmte IP-Adressen zugewiesen werden.

» Die Speicherung der DHCP-Daten und der DHCP-Datenbank auf dem DHCP-Server erleichtert die Konfiguration einer Hochverfügbarkeitslösung, da diese Informationen nicht über die VPN-Gateways verteilt werden.

» Das DHCP-Protokoll verfügt bereits über Verfahren zur Neukonfiguration der IP-Adressen. Diese Funktion muss daher nicht im IKE-Protokoll implementiert werden.

» Sämtliche DHCP-Funktionen können ohne weitere Änderung des IKE-Protokolls genutzt werden. Dadurch sind keine Einschränkungen der Sicherheit oder eine zusätzliche Komplexität zu erwarten.

Abbildung 8.16 zeigt eine typische Anwendung. Hierbei baut der externe Client einen IPsec-Tunnel auf. Durch den IPsec-Tunnel verbindet er sich mit einer virtuellen IP-Adresse, die er zuvor vom DHCP-Relay auf dem VPN-Gateway erhalten hat. Anschließend befindet er sich scheinbar im internen Netzwerk.

Hierzu benötigt der externe Rechner zwei IP-Adressen und üblicherweise zwei Netzwerkkarten. Eine physikalische Netzwerkkarte mit echter IP-Adresse wird verwendet, um den Tunnel zum VPN-Gateway aufzubauen. Diese IP-Adresse wird auch als IP-Adresse im äußeren IP-Header verwendet. Die zweite virtuelle Netzwerkkarte verwendet die virtuelle IP-Adresse, die über DHCP zugeteilt wurde. Diese IP-Adresse wird im inneren, verschlüsselten IP-Header des Tunnels verwendet.

Die DHCP-over-IPsec-Kommunikation funktioniert folgendermaßen:

1. Der Client baut eine ISAKMP-SA in der Phase 1 des IKE-Protokolls auf.

2. Der Client baut eine DHCP-SA mit dem Tunnelmodus zum VPN-Gateway auf. Hier werden Protokoll- und Portselektoren verwendet, um sicherzustellen, dass lediglich DHCP-Verkehr über diese SA ausgetauscht werden darf.

3. Die DHCP-Nachrichten werden zwischen dem Client und dem DHCP-Relay auf dem VPN-Gateway ausgetauscht. Das DHCP Relay fordert die virtuelle IP-Adresse für den Client vom DHCP-Server an und gibt sie an den Client weiter.

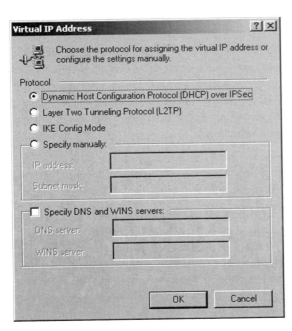

Abbildung 8.16: **Der Client fordert zunächst per DHCP eine IP-Adresse an, um später mit dieser Adresse über den Tunnel zu kommunizieren.**

4. Nun kann die Original-DHCP-SA gelöscht und eine neue SA mit der neuen IP-Adresse aufgebaut werden (üblich) oder die vorhandene durch Erweiterung der Protokoll- und Portselektoren für den allgemeinen Verkehr geöffnet werden.

Obwohl sicher andere Varianten existieren, wird normalerweise das VPN-Gateway nicht auch der DHCP-Server sein. Aus diesem Grund ist auf dem VPN-Gateway ein DHCP-Relay erforderlich. FreeS/WAN und seine Nachfolger Openswan und strongSwan können als VPN-Gateway diese Funktionen wahrnehmen.

8.12 IKEv2

Die Version 2 des Internet-Key-Exchange-Protokolls (IKE) wurde entwickelt, um das Aufsetzen von IPsec-basierten VPNs einfacher zu gestalten. Hierzu wurden viele Funktionen, die bei dem IKEv1-Protokoll später teilweise proprietär hinzugefügt wurden (NAT-T, DPD, Mode-Config etc.), direkt bei der Verabschiedung des Standards berücksichtigt. IKEv2 ist lediglich ein Ersatz für das IKEv1-Protokoll. Die weiteren IPsec-Protokolle AH und ESP wurden in dem Zuge nicht großartig modifiziert.[8] Somit kann durch einen einfachen Austausch des IKE-Daemons jede Plattform IKEv2-fähig werden.

---

8   Ihre Überarbeitung aktualisiert im Wesentlichen nur die unterstützten Krypto-Verfahren.

8.12.1 Überblick

IKEv1 hat sich in den vergangenen Jahren den Ruf erarbeitet, sehr kompliziert und fehlerträchtig in der Konfiguration zu sein. Insbesondere bei heterogenen VPNs, bei denen unterschiedliche Systeme miteinander kommunizieren sollen, kam es häufig aufgrund der Vielzahl der möglichen kryptografischen Optionen zu Fehlern bei der Einrichtung der Verbindung. IKEv1 wurde daher auch von Niels Ferguson und Bruce Schneier in ihrem Dokument „A Cryptographic Evaluation of IPsec" als zu komplex verurteilt.[9]

Ein großer Fortschritt bei der Entwicklung von IKEv2 ist die Beschreibung des Protokolls in einem einzigen RFC (RFC 4306). IKEv1 ist über mehrere RFCs verteilt beschrieben. Dies hat sicherlich nicht zur fehlerfreien interoperablen Implementierung des Protokolls auf den unterschiedlichen Zielsystemen beigetragen.

In dem Protokoll hat man die Unterscheidung in zwei Phasen mit ihren unterschiedlichen Modi (Main-, Aggressive- und Quick-Modus) abgeschafft. Da die Erfahrung gezeigt hat, dass meist nur ein Tunnel aufgebaut wird, kann das neue Protokoll in nur vier ausgetauschten Nachrichten einen kompletten Tunnel aufbauen. Dies hat jedoch seinen Preis. IKEv2 verzichtet auf den vorhergehenden Austausch der Sitzungs-Cookies, um mit diesen vier Nachrichten auszukommen. Die Cookies schützen ein VPN-System vor Denial-of-Service-Attacken, da erst nach ihrem Austausch aufwendige kryptografische Berechnungen durchgeführt werden. IKEv2 muss aber die erste Runde der Diffie-Hellman-Berechnungen durchführen. Meist führt der Responder auch bereits die zweite Runde durch. Der Schutz ist daher nicht mehr so gut, wie bei IKEv1.

Eine weitere Verbesserung gegenüber IKEv1 stellt die Rollenzuweisung dar. Während auch IKEv1 einen Initiator und einen Responder kennt, regelt IKEv1 nicht, wie diese bei einem Paketverlust zu reagieren haben. Dies führt bei IKEv1 häufig zu gleichzeitigen Wiederholungen der zuletzt gesendeten Pakete. IKEv2 regelt dies nun in Meldungspaaren. Jede Anfrage (Request) des Initiators muss von dem Responder quittiert werden. Erkennt der Responder einen Fehler, muss er eine differenzierte Fehlermeldung (Notify Payload) senden. Kommt es zum Paketverlust, ist es nur die Aufgabe des Initiators, durch Wiederholung seiner Nachricht diesen zu beheben.

NAT-Traversal, das bei IKEv1 erst nachträglich implementiert wurde, ist nun fester Bestandteil des IKEv2-Protokolls. Daher werden hier keine Vendor-ID-Nachrichten mehr genutzt. Bereits in dem ersten Paket teilen die Systeme sich ihre NAT-Traversal-Fähigkeit mit einem NAT-Discovery-Hash mit. Wird NAT erkannt, wechselt auch IKEv2 auf den UDP-Port 4500.

Genauso ist die Dead Peer Detection (siehe Kapitel 39), die bei IKEv1 sowohl nachträglich standardisiert als auch von einigen Herstellern proprietär gehandhabt wurde, nun Bestandteil des IKEv2-Protokolls. Dabei ist nicht einmal eine Aushandlung der Funktionalität mithilfe von Vendor-IDs erforderlich. IKEv2 missbraucht die IKEv2-Anforderung, dass jede Nachricht von der Gegenseite quittiert werden muss. IKEv2 sendet dann einfach regelmäßig leere INFORMA-

---

9   http://www.schneier.com/paper-ipsec.html

TIONAL-Nachrichten, die ebenso quittiert werden müssen. Erhält eine Seite mehrmals keine Antworten, erklärt sie den Tunnel für tot.

Die für IKEv1 proprietär von Cisco entwicklten X-AUTH- und Config-Mode-Erweiterungen sind nun leicht abgewandelt Bestandteil von IKEv2 geworden. So unterstützt IKEv2 eine Config-uration-Payload, mit der eine virtuelle IP-Adresse, DNS- und WINS-Server zugewiesen werden kann. Als Ersatz für X-AUTH unterstützt IKEv2 nun das *Extensible Authentication Protocol* (EAP). Hiermit sind dann sämtliche denkbaren erweiterten Authentifizierungsprotokolle durch IKEv2 unterstützt. Dies können Hardware-Token, SIM-Karten (EAP-SIM) oder auch einfache Benutzername/Kennwort-Paare sein. Das Gateway muss sich dann aber immer noch mit einem Zertifikat ausweisen. Die Authentifizierung ist also auf der Client- und der Gateway-Seite nicht gleich. Diese Hybrid-Authentifizierung unterstützt IKEv2 auch in Form einer RSA-Signatur-basierten Authentifizierung auf der Seite des Gateways und einer PSK-basierten Authentifizierung auf der Seite des Clients. So ist keine aufwendige Public-Key-Infrastruktur (PKI) für alle Clients erforderlich. Dabei können PSKs (PreShared Keys) nun auch unproblematisch mit dynamischen IP-Adressen eingesetzt werden.

Speziell für Umgebungen, in denen große UDP-Pakete fragmentiert werden und es zu einem Verlust dieser Fragmente kommt, kann auf eine Übertragung der Zertifikate verzichtet werden. Anstelle der X.509-Zertifikate kann IKEv2 eine URL angegeben, von der das Zertifikat der Gegenseite geladen wird. Natürlich muss es sich immer noch um ein vertrauenswürdiges Zertifikat handeln. Dennoch hat es in der Vergangenheit häufig Probleme bei IKEv1 mit 2048-Bit-Zertifikaten gegeben.

Schließlich enthält IKEv2 mit dem *Mobility and Multihoming Protocol* (MOBIKE) auch noch eine Erweiterung, die ein Roaming mit mobilen Clients unproblematisch unterstützt. So kann ein Client seine IP-Adresse ändern und sogar das Medium (WLAN, GPRS, UMTS) wechseln. Der Client teilt dies dann einfach dem Gateway mit, das seine Informationen entsprechend aktualisiert. Der Tunnel kann dann weiter genutzt werden.

8.12.2 IKEv2 im Detail

IKEv1 und IKEv2 sind nicht miteinander kompatibel. Allerdings weisen die ausgetauschten Nachrichten genug Unterscheidungsmerkmale in dem Header auf, dass sie unzweideutig auf dem gleichen Port verwendet werden können. Eine IKEv1-Nachricht kann nicht als IKEv2-Nachricht missverstanden werden oder umgekehrt. Dies ist wichtig, da – obwohl IKEv2 das Protokoll IKEv1 ablösen soll – sicherlich noch einige Jahre beide Protokolle parallel in Betrieb sein werden.

Das IKE-Protokoll hat die Aufgabe, zwei Parteien gegenseitig zu authentifizieren und eine IKE-Security-Association aufzubauen. Diese wird dann genutzt, um weitere SAs für das ESP- und das AH-Protokoll auszuhandeln und die kryptografischen Algorithmen für den Schutz zu definieren.

Die gesamte IKE-Kommunikation basiert auf Nachrichtenpaaren: Request und Response. Dieses Paar wird auch als *Exchange* bezeichnet. Es können vier verschiedene Paare auftreten:

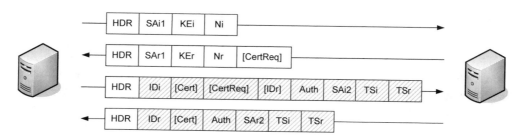

Abbildung 8.17: **IKEv2 benötigt nur 4 Nachrichten für den Aufbau des Tunnels.**

» `IKE_SA_INIT`
Hier werden die Parameter für die IKESA ausgehandelt, Nonces und Diffie-Hellman-Ergebnisse übertragen. In jedem Fall müssen als Erstes diese Nachrichten ausgetauscht werden. Vorher dürfen keine weiteren Nachrichten ausgetauscht werden.

» `IKE_AUTH`
Diese Nachrichten übertragen die Identitäten, belegen die Kenntnis der geheimen Informationen (Authentifizierung) und erzeugen die erste `CHILD_SA`. Dies sind immer die zweiten Nachrichten, bevor weitere Nachrichten ausgetauscht werden dürfen.

» `CREATE_CHILD_SA`
Dieses Paar erzeugt eine weitere `CHILD_SA`.

» `INFORMATIONAL`
Diese Nachrichten übertragen Fehlermeldungen, löschen SAs oder teilen bei MOBIKE neue IP-Adressen mit. Es sind auch leere Nachrichten erlaubt, die quittiert werden müssen. Diese werden für die Dead Peer Detection verwendet.

Initialer Austausch

Die Kommunikation beginnt immer mit `IKE_SA_INIT`- und `IKE_AUTH`-Nachrichten. Dies entspricht am ehesten der Phase 1 bei IKEv1. Teile des zweiten Nachrichtenpaars können bereits verschlüsselt sein.

Im Folgenden betrachten wir die Nachrichten genauer. In der ersten Nachricht überträgt der Initiator den IKE-Header (HDR), die SAi1-Payload, das eigene Diffie-Hellman-Ergebnis (KEi) und den Nonce des Initiators (Ni). Der Responder antwortet mit den entsprechenden Informationen. Hierbei wählt er aus den angebotenen SAs des Initiators eine SA aus. Optional sendet er eine Zertifikatsanfrage. Hierin nennt er die von ihm vertrauten Zertifikatsautoritäten.

Nach den ersten beiden `IKE_SA_INIT`-Nachrichten können beide Kommunikationspartner die Diffie-Hellman-Berechnung abschließen und Schlüssel für die Verschlüsselung und Integritätsprüfung generieren. Hierbei werden für jede Richtung jeweils unterschiedliche Schlüssel generiert. Mit diesen Schlüsseln werden die Daten der `IKE_AUTH`-Nachrichten bereits verschlüsselt (schraffiert dargestellt in Abbildung 8.17).

Die IKE_AUTH-Nachrichten enthalten die verschlüsselte Identität des Initiators[10], möglicherweise ein Zertifikat des Initiators, eine Zertifikatsanfrage und die Identität des Responders, mit der sich der Responder bei dem Initiator authentifizieren muss. Die letzte Information ist wichtig, wenn der Responder über mehrere Identitäten mit eigenen Zertifikaten verfügt. Der Initiator beweist seine Kenntnis des zur IDi gehörenden Geheimnisses (PSK oder privater Schlüssel) mit der AUTH-Payload.

Gleichzeitig beginnt in der IKE_SA_INIT-Nachricht auch schon die Aushandlung der ersten CHILD_SA. Die CHILD_SAs beschreiben die einzelnen Tunnel und die hier einzusetzenden Protokolle (ESP, AH). Hierzu sendet der Initiator seine entsprechenden Vorschläge (SAi2) und die dazugehörigen Traffic-Selektoren (TS) für die Seite des Initiators und Responders. Diese wurden bei IKEv1 erst im Quick-Modus übertragen.

Alle Informationen außer dem Header werden in dem zweiten Nachrichtenpaar verschlüsselt übertragen.

Der Responder antwortet im vierten Paket mit seiner eigenen Identität (IDr), bei Bedarf mit seinem Zertifikat und bestätigt seine Echtheit mit der AUTH-Payload. Des Weiteren sendet er auch die aus den Vorschlägen des Initiators gewählte SA für die CHILD_SA und die dazugehörigen Traffic-Selektoren. Diese Informationen werden im nächsten Abschnitt genauer besprochen.

8.12.3 CREATE_CHILD_SA-Nachrichten

Genügt der bei dem initialen Austausch aufgebaute Tunnel nicht für die Funktion und werden weitere Tunnel (CHILD_SA) benötigt, können diese mit zusätzlichen CREATE_CHILE_SA-Nachrichten aufgebaut werden.

Hierbei handelt es sich um ein einzelnes Nachrichtenpaar. Dies entspricht am ehesten der Phase 2 von IKE. Dieser Nachrichtenaustausch kann von jeder Seite aus angestoßen werden. Das bedeutet, dass der Initiator dieses Nachrichtenpaares nicht mit dem originalen Initiator übereinstimmen muss. Daher unterscheidet man häufig auch zwischen *Initiator* und *originalem Initiator*.

Der Initiator sendet seine SA-Vorschläge (SAi), einen Nonce (Ni) und optional ein Diffie-Hellman-Ergebnis. Hiermit wird für diesen Tunnel eine neue Diffie-Hellman-Berechnung durchgeführt. Ansonsten wird das Schlüsselmaterial der IKE_SA wiederverwendet. Bei der initialen CHILD_SA (letzter Abschnitt) darf kein weiterer Diffie-Hellman-Austausch durchgeführt werden.

Abbildung 8.18: **Eine CHILD_SA wird in nur zwei Paketen ausgehandelt.**

---

10 IKEv2 realisiert immer den Identitätsschutz!

Handelt es sich bei den Nachrichten um ein erneutes Aushandeln einer vorhandenen SA (*Rekeying*), dann muss die Notify-Payload (N) dies identifizieren (Typ: REKEY_SA). Handelt es sich um eine neue CHILD_SA darf diese Payload nicht gesendet werden!

Bei der Berechnung des KEi-Wertes muss der Initiator raten, welchen SA-Vorschlag der Responder annehmen wird. Liegt er hier falsch, muss er aus der Antwort des Responders die Diffie-Hellman-Gruppe extrahieren und seinen KEi-Wert erneut berechnen und senden.

Die Traffic-Selektoren haben noch eine besondere Aufgabe. Der Initiator sendet hier die IP-Adressen, Protokolle und Ports, für die er einen Tunnel wünscht. Der Responder prüft seine eigene Konfiguration daraufhin, ob ein derartiger Tunnel erlaubt ist, und kann in seiner Antwort auch die Traffic-Selektoren enger setzen. Dies wird am einfachsten an einem Beispiel deutlich: Der Initiator wünscht einen Tunnel für die Netze 192.168.0.0/24 und 10.0.0.0/8. Der Responder prüft seine Konfiguration und antwortet mit 192.168.0.0/24 und 10.0.1.0/24. Der anschließende Tunnel wird dann nur diese Netze unterstützen. Dies erlaubt eine wesentlich einfachere Konfiguration des IKEv2-Protokolls, da nun nicht zwingend eine identische Konfiguration beider Seiten erforderlich ist. Bei IKEv1 hätte diese Konfiguration zum Abbruch der Verhandlung geführt.

Fehlen die Traffic-Selektoren, so wird mit diesen CREATE_CHILD_SA-Nachrichten bei seinem Ablauf der Schlüssel der IKE_SA neu ausgehandelt.

8.12.4 INFORMATIONAL-Nachrichten

Zu unterschiedlichsten Zeitpunkten ist es sinnvoll, weiter Informationen auszutauschen. Dies erfolgt mit den INFORMATIONAL-Nachrichten. Sie enthalten Fehlermeldungen oder Informationen zum Löschen einer SA.

Sämtliche Nachrichten müssen entsprechend der IKE_SA verschlüsselt werden, auf die sie sich beziehen. Die Nachrichten können keine oder eine der folgenden Payloads enthalten:

» Notification

» Delete

» Configuration

Der Responder muss antworten. Bleibt die Antwort aus, nimmt der Initiator an, dass die Nachricht verloren ging, und sendet sie erneut.

ESP- und AH-SAs werden immer bidirektional in Paaren ausgehandelt. Wird eine SA gelöscht, so müssen immer beide SAs gelöscht werden. Auch bei geschachtelten SAs, die zunächst die Daten mit IPCOMP komprimieren, mit ESP verschlüsseln und mit AH authentifizieren, sind immer alle SAs zu löschen. Hierzu müssen alle SPIs in der Delete-Payload aufgeführt werden.

8.12.5 Cookies

IKE verwendet im Main-Modus Cookies, um sich vor einem Denial-of-Service-Angriff mit gespooften IP-Adressen zu schützen. Der Initiator muss zunächst beweisen, dass er auf der verwendeten IP-Adresse auch Pakete empfangen kann, bevor der Responder aufwendige Krypto-Operationen durchführt und den Zustand der Verbindung speichert.

IKEv2 verzichtet auf diesen präventiven Austausch der Cookies. IKEv2 bezeichnet die Cookies von IKEv1 nun auch als Security-Parameter-Index (SPI) für die `IKE_SA`. Dennoch kann sich auch IKEv2 vor Denial-of-Service-Angriffen schützen. Erkennt ein Responder, dass viele `IKE_SA`-Aushandlungen halb offen auf die `IKE_AUTH`-Nachrichten des Initiators warten, kann er reagieren.

Hierzu lehnt er bei weiteren `IKE_SA_INIT`-Nachrichten diese mit einer *Notification Payload* ab. Diese Notification Payload hat den Typ *Cookie* und enthält eine Zahl, die der Responder jederzeit einfach neu berechnen kann und nicht speichern muss.[11] Diese Zahl darf nicht durch den Initiator vorhersagbar sein. Der Initiator muss dann seine `IKE_SA_INIT`-Nachricht erneut senden und ebenfalls eine Notification Payload vom Typ *Cookie* mit den gerade erhaltenen Daten einbetten. Ein Initiator, dessen Anfrage von einer gespooften Adresse ausging, erhält diese Informationen nicht und kann so nicht einen DoS auslösen.

Die hier beschriebene Verwendung der Cookies ist optional und muss nicht implementiert sein!

8.12.6 Implementierungen

Während IKEv1 auf fast allen Plattformen zur Verfügung steht, sodass sich dort eine entsprechende Auflistung erübrigt, ist das bei IKEv2 nicht der Fall.

Die folgenden Produkte beherrschen nach meiner Kenntnis zum Zeitpunkt der Drucklegung dieses Buches IKEv2:

» Linux
  - StrongSwan[12]
  - Racoon2[13]
  - Ikev2[14]
  - OpenIKEv2[15]
  - Openswan[16]
» Certicom, Security Builder IPSec
» Freescale, iGateway LX-Familie
» Juniper, NetScreen-Familie
» Mocana, Embedded IPsec/IKE
» SafeNet, QuickSec Toolkit

---

11 Das verhindert, dass durch viele Anfragen dieser Speicher erschöpft werden kann.
12 http://www.strongswan.org
13 http://www.racoon2.wide.ad.jp/w/
14 http://ikev2.zemris.fer.hr/
15 http://openikev2.sourceforge.net/
16 http://www.openswan.org

» SonicWALL, TZ und PRO Products mit SonicOS Enhanced

» Wind River, Wind River IPIKE-Familie

Da unter Linux zum Zeitpunkt der Drucklegung strongSwan die fortgeschrittenste und leistungsfähigste Variante der IKEv2-Implementierung darstellte, werde ich im Praxisteil auch nur diese Variante vorstellen. In seiner weiteren Konfiguration (IKEv1) unterscheidet sich strongSwan auch nicht (wesentlich) von FreeS/Wan und Openswan.

8.13 L2TP

Das *Layer Two Tunneling Protocol* (L2TP) ist kein VPN-Protokoll per se. Es bietet lediglich Tunnelfunktionen. Hierzu tunnelt es beliebige Pakete in einem UDP-Tunnel. Er verwendet den Port 1701. Das L2TP ist nicht in der Lage, die Integrität, Authentizität oder Vertraulichkeit der übertragenen Daten zu garantieren. Dennoch soll das Protokoll hier betrachtet werden, da verschiedene Hersteller, zum Beispiel Microsoft, es in Kombination mit dem IPsec-Protokoll einsetzen, um VPN-Funktionen anzubieten. Hierbei wird zunächst mit dem IPsec-Protokoll eine verschlüsselte Verbindung zwischen den Kommunikationspartnern aufgebaut. Diese Verbindung garantiert die Authentizität, Integrität und Vertraulichkeit der übertragenen Informationen. Auf der Basis dieser Verbindung wird anschließend mit dem L2TP-Protokoll ein weiterer L2TP-Tunnel aufgebaut (Abbildung 8.19). Dieser Tunnel bietet alle Vorteile des L2TP-Protokolls. Im Einzelnen sind das die folgenden Punkte:

» Der Aufbau des L2TP-Tunnels erfordert eine erneute Benutzerauthentifizierung. Sie kann von der IPsec-Authentifizierung verschieden sein.

» Der L2TP-Tunnel kann einen anderen Endpunkt haben als die IPsec-Verbindung.

» Der L2TP-Tunnel kann auch Nicht-IP-Pakete transportieren, zum Beispiel IPX. Es ist ein Tunnel auf Layer-2.

» Der L2TP-Tunnel kann andere IP-Adressen verwenden als die IPsec-Verbindung. Das L2TP-Protokoll bietet sogar Funktionen, um diese IP-Adressen automatisch einem Client zuzuweisen (ähnlich DHCP-over-IPsec).

Damit ist das L2TP-Protokoll in Kombination mit dem IPsec-Protokoll ideal dazu geeignet, Rechnern mit dynamischer IP-Adresse (Roadwarrior) von außen einen gesicherten Zugriff auf

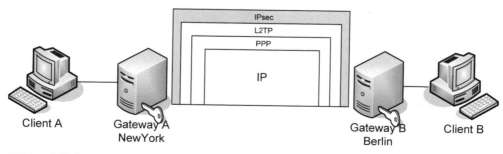

Abbildung 8.19: **IPsec schützt den L2TP-Tunnel.**

ein Unternehmensnetzwerk zu ermöglichen. Die IPsec-Protokolle haben wir bereits ausführlich betrachtet. Für die Sicherung des L2TP-Protokolls muss verpflichtend das ESP-Transport-Protokoll implementiert werden. Die Implementierung des ESP-Tunnel-Protokolls ist optional. Eine automatische Schlüsselverwaltung ist erforderlich. Das IKE-Protokoll wird für diesen Zweck empfohlen. Diese Anforderungen werden von allen dem Autor bekannten Implementierungen eingehalten. Jetzt soll das L2TP-Protokoll kurz erläutert werden. Ausführlichere Informationen finden Sie in RFC 2661 (Layer Two Tunneling Protocol) und RFC 3193 (Securing L2TP using IPsec).

Einführung

Das L2TP-Protokoll ist eine Erweiterung des Point-to-Point-Protokolls (PPP). Das PPP-Protokoll definiert die Schachtelung beliebiger Pakete über eine Layer-2-(L2-)Point-to-Point-Verbindung. Hierzu fordert der Benutzer zunächst eine L2-Verbindung an und benutzt anschließend PPP über diese Verbindung. L2TP erlaubt dabei im Gegensatz zu PPP, dass die L2-Verbindung und die PPP-Verbindung auf unterschiedlichen physikalischen Geräten enden. Für die Beschreibung des L2TP-Protokolls ist die Bedeutung einiger Begriffe erforderlich, von denen die wichtigsten im Folgenden beschrieben werden sollen:

» CHAP – *Challenge Handshake Authentication Protocol* (RFC 1994)
Ein Authentifizierungsverfahren, bei dem das Kennwort nicht in Klartext übertragen wird.

» Attribute Value Pair (AVP)
Ein Paar aus einem Attribut und einem Wert. Steuerungsmitteilungen bestehen aus mehreren AVPs.

» L2TP Access Concentrator (LAC)
Ein Endpunkt eines L2TP-Tunnels.

» L2TP Network Server (LNS)
Ein Endpunkt eines L2TP-Tunnels und der Kommunikationspartner des LAC.

» Incoming Call
Ein Anruf, der von einem LAC zur Weitergabe an ein LNS empfangen wurde.

» Outgoing Call
Ein Anruf, der von einem LAC für ein LNS getätigt wird.

Das Protokoll

Das L2TP-Protokoll verwendet zwei unterschiedliche Nachrichtenformen: *Steuerungsnachrichten* und *Datennachrichten*. Steuerungsnachrichten werden verwendet, um Tunnel und Anrufe aufzubauen, zu verwalten und zu löschen. Datennachrichten werden verwendet, um die Daten PPP-gekapselt über den Tunnel zu transportieren. Im Gegensatz zum Steuerungskanal garantiert der Datenkanal nicht die erfolgreiche Übertragung der Daten. Der L2TP-Header ist für die Steuerungs- und Datennachrichten identisch und in Abbildung 8.20 dargestellt.

Die Felder im Header haben die folgenden Aufgaben:

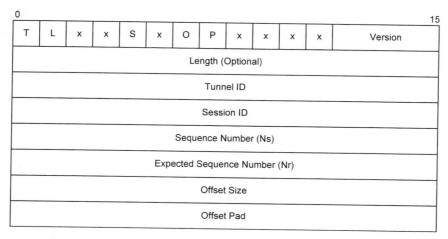

Abbildung 8.20: **Der L2TP-Header ist identisch für Steuerungs- und Datennachrichten.**

» *T* Type 0-Datennachricht, 1-Steuerungsnachricht.
» *L* Wenn dieses Feld auf 1 gesetzt ist, ist das Feld *Length* gesetzt.
» *x* Reserviert für zukünftige Verwendung.
» *S* Wenn dieses Feld gesetzt ist, enthalten die Pakete eine Sequenznummer.
» *O* Wenn dieses Feld gesetzt ist, enthalten die Pakete ein Offset-Feld.
» *P* Wenn dieses Feld gesetzt ist, sind die Pakete mit erhöhter Priorität zu behandeln.
» *Version* Die L2TP-Version. Dieses Feld muss für L2TP den Wert 2 tragen.
» *Length* Dieses optionale Feld enthält die Gesamtlänge in Bytes.
» *Tunnel ID* Dies kennzeichnet den einzelnen Tunnel. Diese Angabe ist nur lokal eindeutig. Die Endpunkte können unterschiedliche Tunnel-IDs verwenden. Die Tunnel-ID in einer Nachricht ist immer die Tunnel-ID des Empfängers.
» *Session ID* Dies kennzeichnet die einzelne Sitzung in einem Tunnel. Die in einer Nachricht gesetzte Session-ID ist immer die ID des Empfängers.
» *Ns, Nr* Sequenznummern für gesendete Pakete (sent, s) und empfangene Pakete (received, r).
» *Offset* Dieses Feld definiert, wo im L2TP-Paket die eigentlichen Daten beginnen.

Diese Ausführungen sollten genügen, um das L2TP-Protokoll einsetzen und analysieren zu können.

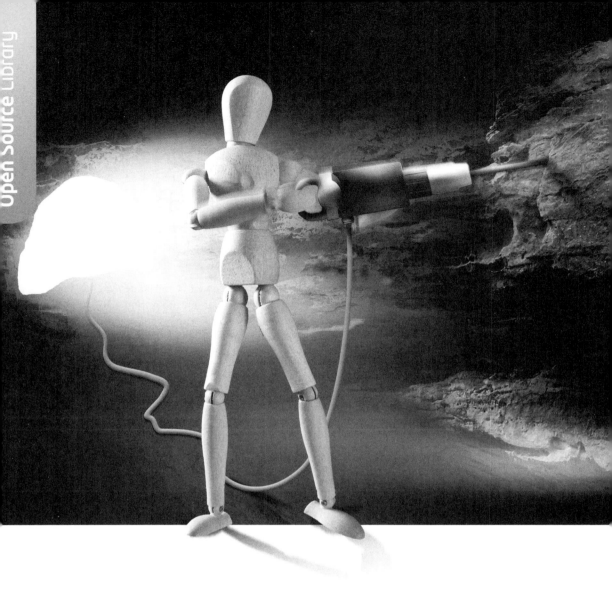

Teil II

Praktische Umsetzung

Es existieren momentan im Wesentlichen zwei IPsec-Implementierungen für Linux.

Beginnend mit dem Entwickler-Kernel Version 2.5.45 wurde von Dave Miller und Alexey Kuznetsov ein IPsec-Stack im Kernel implementiert. Hierbei handelt es sich um einen neu entwickelten IPsec-Stack. Diese IPsec-Implementierung hat mit dem Linux-Kernel 2.6 nun auch Einzug in alle Linux-Distributionen gehalten.

Zum einen existiert mit FreeS/WAN und seinen Nachfolgern Openswan und strongSwan seit einigen Jahren eine relativ stabile Version für den Linux-Kernel 2.4, die sich in der Vergangenheit sehr großer Beliebtheit erfreute.

Natürlich sind FreeS/WAN, Openswan und strongSwan seit dem Erscheinen des Kernels 2.6 auch auf den neuen IPsec-Stack portiert worden.

Dieser Teil des Buches ist nun folgendermaßen aufgebaut. Zunächst betrachten wir die IPsec-Funktionalitäten direkt im Linux-Kernel. Hierbei werden wir die ESP- und AH-Protokolle manuell konfigurieren und testen. Das funktioniert ohne Werkzeuge wie Openswan, strongSwan oder Racoon. Diese Art der Verbindung bezeichnet man auch als *manuell verschlüsselte IPsec-Verbindungen*, da wir selbst manuell die benötigten Schlüssel festlegen.

Diese Variante ist nicht besonders sicher und skaliert miserabel. Die Schlüssel bleiben immer unverändert und müssen von Ihnen oder dem Administrator sicher ausgetauscht werden. In der Praxis unterbleibt dies dann häufig. Daher betrachten wir anschließend mit Openswan und strongSwan zum einen und Racoon zum anderen zwei verschiedene IKEv1-Implementierungen. Mit strongSwan werde ich anschließend dann auch eine IKEv2-Implementierung vorstellen und die Besonderheiten in der Konfiguration erläutern.

9. IPsec mit dem Linux-Kernel 2.6

Die native IPsec-Implementierung im Linux-Kernel ab Version 2.5.47 wurde komplett neu entwickelt. Hierbei wurden Anleihen bei dem USAGI-Projekt gemacht. Die Administrationswerkzeuge wurden von dem KAME-Projekt übernommen und auf Linux portiert.

9.1 Geschichte

Mit dem FreeS/WAN-Projekt existierte bereits seit 1996 ein Projekt, das die Implementierung eines IPsec-Netzwerk-Stacks für Linux zum Ziel hatte. Dennoch begannen Dave Miller und Alexey Kuznetsov im Herbst 2002 mit einer nativen IPsec-Implementierung, die auf dem USAGI-Projekt (http://www.linux-ipv6.org/) basierte. Das USAGI-Projekt versucht, einen kompletten IPv6-Netzwerk-Stack für Linux zu erzeugen. Die im Kernel 2.4 existierende IPv6-Implementierung ist unvollständig, sehr alt und fehlerhaft. Hierbei arbeitet das USAGI-Projekt eng mit dem WIDE-Projekt (http://www.wide.ad.jp/), dem TAHI-Projekt (http://www.tahi.org/) und dem KAME-Projekt (http://www.kame.net/) zusammen. Alle drei Projekte beschäftigen sich mit der Implementierung und dem Test von IPv6.

Das KAME-Projekt entwickelt einen IPv6- und IPsec-Stack (auch für IPv4) für die *BSD-Betriebssysteme. Diese Entwicklung ist sehr weit fortgeschritten. Das USAGI-Projekt hat große Teile der Architektur und der Userspace-Befehle übernommen. Daher ist die Konfiguration von IPsec mit dem Linux-Kernel 2.6 der IPsec-Konfiguration unter NetBSD und FreeBSD sehr ähnlich.

OpenBSD verfügt seit Jahren über eine eigene IPsec-Implementierung und mit dem *Isakmpd* über einen eignen IKE-Daemon. Es wird hier nicht Racoon verwendet! Der Isakmpd-IKE-Daemon wurde auch auf Linux portiert. Diese Portierung ist inzwischen jedoch leider veraltet.

Ausschlaggebend für die Entwicklung des nativen IPsec-Stacks waren mehrere Gründe. Zum einen wurde es aus politischen Gründen US-Amerikanern nicht ermöglicht, an dem FreeS/WAN-Code mitzuwirken. Dies erfolgte aus der Angst heraus, dass Exportprobleme für den gesamten Code entstehen könnten. Zusätzlich gab es viele Bedenken in Bezug auf die Qualität des Kernelcodes KLIPS (http://www.edlug.ed.ac.uk/archive/Sep2002/msg00244.html). Selbst Henry Spencer, ein ehemaliger führender Entwickler des FreeS/WAN-Projektes, schrieb am 8. November 2002: „And, in fairness, KLIPS is the ugliest and least maintainable part of FreeS/WAN, and deserves to be supplanted." (http://lists.freeswan.org/pipermail/design/2002-November/003901.html)

9.2 Lizenz

Der Kernel-IPsec-Stack unterliegt, wie auch der Rest des Linux-Kernels, der *GNU General Public License*. Die Userspace-Werkzeuge `setkey` und `racoon` unterliegen ebenfalls Open-Source-Lizenzen. Hierbei handelt es sich um die Lizenz des WIDE-Projektes und des OpenSSL-Projektes.

9.3 Installation

Die Installation ist recht einfach. Hierzu benötigen Sie einen aktuellen Linux-Kernel der Version 2.6.x, ein aktuelles `iproute2`-Paket und das `ipsec-tools`-Paket. Die meisten Distributionen liefern diese Pakete und einen entsprechend konfigurierten Kernel bereits mit.

9.3.1 Kernel

Wenn Ihr Kernel keine entsprechende Unterstützung besitzt, können Sie ihn natürlich selbst entsprechend konfigurieren und übersetzen. Die Übersetzung des Kernels ist relativ unproblematisch. Zunächst ist es erforderlich, über einen aktuellen Kernel-Sourcecode zu verfügen. Er kann von `http://www.kernel.org` geladen werden. Wählen Sie hier einen aktuellen Kernel der Baureihe 2.6.x. Aber achten Sie darauf, dass Ihre Distribution mit diesem Kernel zusammenarbeitet. In der Version 2.6 sind mehrfach verschiedene Funktionen modifiziert worden, die eine Anpassung der Distribution erfordern.

Wurde der Kernel-Sourcecode geladen, kann er zunächst ausgepackt werden. Anschließend muss er konfiguriert und übersetzt werden. Bei der Konfiguration ist es erforderlich, für die spätere Verwendung von IPsec einige der in dem folgenden Beispiel genannten Optionen zu aktivieren. Sicherlich sind nicht alle Krypto-Verfahren erforderlich. Außerdem sollten Sie den Kernel an Ihre persönliche Konfiguration anpassen. Hier werden mit jeder neuen Version eine ganze Reihe zusätzliche Optionen hinzugefügt.

```
CONFIG_XFRM=y
CONFIG_XFRM_USER=y
CONFIG_XFRM_SUB_POLICY=y
CONFIG_XFRM_MIGRATE=y
CONFIG_XFRM_STATISTICS=y
CONFIG_XFRM_IPCOMP=m
CONFIG_NET_KEY=m
CONFIG_NET_KEY_MIGRATE=y
CONFIG_INET_AH=m
CONFIG_INET_ESP=m
CONFIG_INET_IPCOMP=m
CONFIG_INET_XFRM_TUNNEL=m
CONFIG_INET_TUNNEL=m
CONFIG_INET_XFRM_MODE_TRANSPORT=m
CONFIG_INET_XFRM_MODE_TUNNEL=m
```

```
CONFIG_INET6_AH=m
CONFIG_INET6_ESP=m
CONFIG_INET6_IPCOMP=m
CONFIG_IPV6_MIP6=m
CONFIG_INET6_XFRM_TUNNEL=m
CONFIG_INET6_TUNNEL=m
CONFIG_INET6_XFRM_MODE_TRANSPORT=m
CONFIG_INET6_XFRM_MODE_TUNNEL=m
CONFIG_NETFILTER_XT_MATCH_POLICY=m
CONFIG_CRYPTO=y
CONFIG_CRYPTO_ALGAPI=y
CONFIG_CRYPTO_ALGAPI2=y
CONFIG_CRYPTO_AEAD=m
CONFIG_CRYPTO_AEAD2=y
CONFIG_CRYPTO_BLKCIPHER=m
CONFIG_CRYPTO_BLKCIPHER2=y
CONFIG_CRYPTO_HASH=y
CONFIG_CRYPTO_HASH2=y
CONFIG_CRYPTO_RNG=m
CONFIG_CRYPTO_RNG2=y
CONFIG_CRYPTO_MANAGER=y
CONFIG_CRYPTO_MANAGER2=y
CONFIG_CRYPTO_GF128MUL=m
CONFIG_CRYPTO_NULL=m
CONFIG_CRYPTO_AUTHENC=m
CONFIG_CRYPTO_TEST=m
CONFIG_CRYPTO_CCM=m
CONFIG_CRYPTO_GCM=m
CONFIG_CRYPTO_SEQIV=m
CONFIG_CRYPTO_CBC=m
CONFIG_CRYPTO_CTR=m
CONFIG_CRYPTO_CTS=m
CONFIG_CRYPTO_ECB=m
CONFIG_CRYPTO_LRW=m
CONFIG_CRYPTO_PCBC=m
CONFIG_CRYPTO_XTS=m
CONFIG_CRYPTO_HMAC=y
CONFIG_CRYPTO_XCBC=m
CONFIG_CRYPTO_CRC32C=m
CONFIG_CRYPTO_MD4=m
CONFIG_CRYPTO_MD5=y
CONFIG_CRYPTO_MICHAEL_MIC=m
CONFIG_CRYPTO_RMD128=m
```

```
CONFIG_CRYPTO_RMD160=m
CONFIG_CRYPTO_RMD256=m
CONFIG_CRYPTO_RMD320=m
CONFIG_CRYPTO_SHA1=y
CONFIG_CRYPTO_SHA256=m
CONFIG_CRYPTO_SHA512=m
CONFIG_CRYPTO_TGR192=m
CONFIG_CRYPTO_WP512=m
CONFIG_CRYPTO_AES=m
CONFIG_CRYPTO_AES_586=m
CONFIG_CRYPTO_ANUBIS=m
CONFIG_CRYPTO_ARC4=m
CONFIG_CRYPTO_BLOWFISH=m
CONFIG_CRYPTO_CAMELLIA=m
CONFIG_CRYPTO_CAST5=m
CONFIG_CRYPTO_CAST6=m
CONFIG_CRYPTO_DES=m
CONFIG_CRYPTO_FCRYPT=m
CONFIG_CRYPTO_KHAZAD=m
CONFIG_CRYPTO_SALSA20=m
CONFIG_CRYPTO_SALSA20_586=m
CONFIG_CRYPTO_SEED=m
CONFIG_CRYPTO_SERPENT=m
CONFIG_CRYPTO_TEA=m
CONFIG_CRYPTO_TWOFISH=m
CONFIG_CRYPTO_TWOFISH_COMMON=m
CONFIG_CRYPTO_TWOFISH_586=m
CONFIG_CRYPTO_DEFLATE=m
CONFIG_CRYPTO_LZO=m
CONFIG_CRYPTO_HW=y
```

Für die Übersetzung und Konfiguration des Kernels führen Sie in dessen Wurzelverzeichnis die folgenden Befehle aus. Der beim Linux-Kernel 2.4 erforderliche Befehl make dep fällt hierbei weg.

```
# make clean
# make menuconfig    # oder make xconfig, make oldconfig oder make config
# make bzImage
# make modules
```

Nun müssen Sie für eine erfolgreiche Installation des Kernels und seiner Module sorgen. Dazu führen Sie die Befehle make install und make modules_install aus. Nun ist es noch erforderlich, den Bootmanager so anzupassen, dass der neue Kernel beim nächsten Reboot im Menü angeboten wird. Dies erfolgt bei einigen Distributionen automatisch bei dem Befehl make install.

Anschließend sollten zumindest die folgenden Kernel-Module vorhanden oder in den Kernel fest einkompiliert sein:

» af_key

» ah4

» esp4

» ipcomp

» xfrm_user

» xfrm4_tunnel

9.4 Userspace-Befehle

Für die Verwaltung von IPsec können verschiedene Systeme eingesetzt werden. In diesem Kapitel möchte ich die IPsec-Tools vorstellen. Dabei möchte ich mich zunächst auf den Befehl setkey beschränken. Der IKE-Daemon Racoon wird in einem späteren Kapitel behandelt. Dieser Befehl ist Teil des Paketes IPsec-Tools, das unter http://ipsec-tools.sf.net veröffentlicht wird. Die Weiterentwicklung erfolgt allerdings seit einigen Jahren wieder im NetBSD-Zweig. Die aktuellen Distributionen liefern das Paket meist mit. Eine manuelle Übersetzung ist aber recht einfach:

```
[spenneb@kermit build]$ wget -q http://mesh.dl.sourceforge.net/ ↵
          sourceforge/ipsec-tools/ipsec-tools-0.7.1.tar.gz
[spenneb@kermit build]$ tar xzf ipsec-tools-0.7.1.tar.gz
[spenneb@kermit build]$ cd ipsec-tools-0.7.1
[spenneb@kermit build]$ ./configure
[spenneb@kermit build]$ make
[spenneb@kermit build]$ sudo make install
```

9.5 Konfiguration

Die Konfiguration unterscheidet sich sehr stark von der Konfiguration mit Openswan oder strongSwan, jedoch können Sie auch den Befehl setkey verwenden, um deren Funktion zu überprüfen. Die Kenntnis des Befehls ist daher in jedem Fall sinnvoll.

Die IPsec-Konfiguration erfolgt mit dem Befehl setkey. Dieser Befehl liest dazu die Angaben aus einer Datei oder von der Standardeingabe. Da die Verwendung von Dateien sinnvoller und weniger fehlerträchtig ist, wird im Weiteren diese Methode genutzt.

Zunächst soll jedoch der Befehl setkey vorgestellt werden.

9.6 Das Kommando setkey

Das Kommando setkey ist das zentrale Kommando für die Konfiguration von IPsec im Linux-Kernel 2.6. Es ist in seiner Funktion mit dem Kommando iptables vergleichbar. Mit iptables konfigurieren Sie die Firewallregeln im Kernel, während Sie mit setkey die IPsec-Policys und Security Associations im Kernel konfigurieren. Jedoch verwendet es eine andere Syntax und keine standardisierte Konfigurationsdatei. Mit dem Kommando können Sie die *Security Association Database* (SAD) und die *Security Policy Database* (SPD) direkt im Kernel editieren.

Das Kommando akzeptiert die folgenden Optionen:

» -D Diese Option gibt sämtliche Einträge der SAD aus (Dump). Wenn zusätzlich die Option -P angegeben wird, so werden die Einträge der SPD ausgegeben. Wird zusätzlich -p angegeben, so werden die Ports ausgegeben.

» -F Diese Option löscht sämtliche Einträge der SAD (Flush). Wenn zusätzlich die Option -P angegeben wird, so werden die Einträge der SPD gelöscht.

» -a Üblicherweise werden „tote" Einträge der SAD nicht angezeigt. „Tote" Einträge sind in ihrer Gültigkeit abgelaufen, werden aber noch von SPD-Einträgen referenziert. Die Option zeigt auch diese Einträge an.

» -l Debugging

» -x Gibt sämtliche Nachrichten des PF_KEY-Kommunikationskanals in einer Endlosschleife aus.

» -H Die Ausgabe der PF_KEY-Nachrichten (-x) erfolgt hexadezimal.

» -l Diese Option kann im Zusammenhang mit der Option -D verwendet werden, um die Ausgabe in einer Endlosschleife zu ermöglichen.

» -v Hiermit aktivieren Sie die ausführlichere Ausgabe (Verbose).

» -f datei Liest die durchzuführenden Operationen aus der angegebenen Datei.

» -c Liest die durchzuführenden Operationen von der Standardeingabe.

» -r Hiermit verwendet der Befehl setkey die IPsec-RFC-Semantiken. Dies ist der Default. Das führt dazu, dass für jede in-Policy auch eine fwd-Policy automatisch angelegt wird. Der Linux-Kernel verwaltet, abweichend von den RFCs ab der Version 2.6.10 auch Forward-Policies.

» -k Hiermit verwendet der Befehl setkey die Kernel-Semantiken. Damit wird nicht automatisch für jede in-Policy auch eine fwd-Policy angelegt. Dies müssen Sie dann selbst erledigen.

Von diesen Optionen ist die Option -f die wichtigste. Mit ihr ist es möglich, die durchzuführenden Operationen aus einer Datei einzulesen. Eine typische Datei ist in dem folgenden Listing dargestellt.

```
#!/usr/sbin/setkey -f

# Lösche die SAD und SPD
```

```
flush;
spdflush;

# manuelle Parameter für AH-SAs
add 3.0.0.1 5.0.0.1 ah 0x200 -A hmac-md5 0 ↵
        xbf9a081e7ebdd4fa824c822ed94f5226;
add 5.0.0.1 3.0.0.1 ah 0x300 -A hmac-md5 0 ↵
        xbf9a081e7ebdd4fa824c822ed94f5226;

# manuelle Parameter für ESP-SAs
add 3.0.0.1 5.0.0.1 esp 0x201 -E 3des-cbc 0 ↵
        x3f0b868ad03e68acc6e4e4644ac8bb80ecea3426d3d30ada;
add 5.0.0.1 3.0.0.1 esp 0x301 -E 3des-cbc 0 ↵
        x3f0b868ad03e68acc6e4e4644ac8bb80ecea3426d3d30ada;

# Richtlinien zur Verwendung der SAs
spdadd 3.0.0.1 5.0.0.1 any -P out ipsec
            esp/transport//require
            ah/transport//require;

spdadd 5.0.0.1 3.0.0.1 any -P in ipsec
            esp/transport//require
            ah/transport//require;
```

Hierbei unterstützt der Befehl `setkey` die folgenden Operationen, die hier in alphabetischer Reihenfolge genannt werden:

» `add [-46n] src dst protocol spi [extensions] algorithm;` Hiermit wird ein Eintrag zur SA-Datenbank hinzugefügt. Dabei ist es erforderlich, die Source- und Destination-IP-Adresse anzugeben. Dabei ist es nun möglich, Rechnernamen zu verwenden. `setkey` führt dann eine Namensauflösung vor Erzeugung der SA durch. Mit `-4` bzw. `-6` beschränken Sie die Namensauflösung auf IPv4- und IPv6-Adressen. Die Angabe `-n` verlangt zwingend bereits nummerische Adressen. Das anzugebende Protokoll kann entweder `esp`, `ah`, `ipcomp` oder `tcp`[1] sein. Das Protokoll wird in Kleinbuchstaben angegeben. Auf BSD-Betriebssystemen wird hier zusätzlich `esp-old` und `ah-old`[2] unterstützt.

An das Protokoll schließt sich der *Security-Parameter-Index* (SPI) an. Dies ist eine dezimale oder hexadezimale Zahl von 255 bis -65535 beziehungsweise von 0x100 bis 0xffff[3].

`[extensions]` sind optionale Erweiterungen. Linux unterstützt

- `-m mode` Angabe des Modus: `tunnel` oder `transport`. Transportmodus ist der Default-Modus, das bedeutet, für eine Tunnel-SA muss der Tunnelmodus speziell angegeben werden!

---

1   RFC 2385 beschreibt eine Variante des TCP-Protokolls, das mit MD5-Prüfsummen abgesichert wird.
2   Hierbei handelt es sich um Implementierungen entsprechend den RFC 1827 und RFC 1826.
3   TCP-MD5 muss als SPI 0x1000 verwenden. Es kann also nur eine SA je Host aufgebaut werden.

Achtung! Dies unterscheidet die Linux-Implementierung von der KAME-Implementierung. Bei Linux kann eine SA entweder nur für den Tunnel- oder den Transportmodus genutzt werden. KAME unterstützt jedoch zusätzlich den Mode `any`, der beide Modi ermöglicht.

- `-r size` Größe des Schiebefensters für den Schutz vor Replay-Angriffen (Anti-Replay-Service). Hier kann eine 32-Bit-Zahl angegeben werden. Wird keine Zahl oder 0 angegeben, wird dieser Schutz deaktiviert.

- `-lh time`, `-ls time` Diese Angaben erlauben die Definition der Lebensdauer der SA (hard/soft) in Sekunden.

- `-bh bytes`, `-bs Bytes` Diese Angaben erlauben die Definition der Lebensdauer der SA (hard/soft) in Bytes.

- `-u id` Hiermit können Sie in einer SA die dazugehörige Policy referenzieren. Normalerweise sucht der Kernel selbstständig die zueinander passenden SAs und SPs.

- `-f padoption` Der letzte zu verschlüsselnde Cipherblock muss meist aufgefüllt werden. Dies bezeichnet man als *Padding*. Hiermit definieren Sie, mit welchem Inhalt aufgefüllt werden soll:
    - `zero-pad`
    - `random-pad`
    - `seq-pad`

- `-ctx doi algorithm context-name` SELinux hat inzwischen auch Einzug in die IPsec-Routinen des Kernels gehalten. Einzelne Tunnel können SELinux-Label erhalten. So kann SELinux entscheiden, welche Domäne (Applikation) Zugriff auf welche Tunnel erhält. Dies wird im Moment aber noch kaum aktiv genutzt.

Nun muss für die Definition der SA noch der Algorithmus und der zu verwendene Schlüssel angegeben werden. Hierbei wird der Verschlüsselungsalgorithmus und Schlüssel mit `-E algo key` angegeben. Dabei sind sämtliche durch den Kernel unterstützten Algorithmen möglich. Hierzu gehören meist die folgenden Agorithmen:

- `des-cbc`: 64-Bit-Schlüssel[4]
- `3des-cbc`: 192-Bit-Schlüssel
- `aes-cbc`: 128-, 192- oder 256-Bit-Schlüssel

Der letzte Algorithmus dient zur Kompression mit IPCOMP. Weitere Algorithmen sind in der Manpage aufgeführt. Der Authentifizierungsalgorithmus wird mit `-A algo key` angegeben. Hierbei sind unter anderem die folgenden Algorithmen möglich. Weitere sind in der Manpage aufgeführt.

- `hmac-md5`: 128 Bit
- `hmac-sha1`: 160 Bit
- `hmac-sha256`: 256 Bit
- `hmac-sha384`: 384 Bit

---

4 Natürlich verschlüsselt DES nur mit 56 Bit. Dennoch benötigt DES einen 64-Bit-Schlüssel, da 8 Bit Paritätsinformationen speichern.

- `hmac-sha512`: 512 Bit

Auch eine Kompression der Daten vor der Verschlüsselung ist bereits möglich (`-C algo`). Hierbei wird jedoch nur der Algorithmus `deflate` unterstützt. Der Schlüssel kann in allen Fällen als hexadezimale Zahl (mit 0x...) oder als Zeichenkette in doppelten Anführungszeichen angegeben werden. Hierbei ist darauf zu achten, dass der Schlüssel die richtige Länge aufweist. Das Protokoll AH erlaubt lediglich eine Authentifizierung (`-A algo key`). Das Protokoll ESP erlaubt sowohl eine Authentifizierung als auch eine Verschlüsselung. Die Angabe der Verschlüsselung ist immer zwingend erforderlich. Zusätzlich kann dann auch die Authentifizierung spezifiziert werden. Dabei ist die Reihenfolge `-E algo key -A algo key` zwingend vorgeschrieben (siehe das Beispiel-Listing 9.6).

» `delete src dst protocol spi;`: Hiermit kann ein vorhandener Eintrag der SAD gelöscht werden. Dabei ist es erforderlich, die Source- und Destination-IP-Adresse, das Protokoll und die SPI zur genauen Identifizierung des Eintrages anzugeben.

» `deleteall src dst protocol;`: Diese Operation erlaubt es, alle zutreffenden Einträge in der SAD zu löschen.

» `dump [protocol];`: Dieser Befehl gibt alle auf das angegebene Protokoll zutreffenden Einträge der SAD aus.

» `flush [protocol];`: Dieser Befehl löscht alle zutreffenden Einträge der SAD.

» `get src dst protocol spi;`: Dieser Befehl zeigt den angegebenen Eintrag aus der SAD an. Die hierbei anzugebenden Werte wurden bereits bei der `add`-Operation erklärt.

» `spdadd src_range dst_range upperspec policy;` Mit diesem Befehl kann ein Eintrag zur SPD (Security Policy Database) hinzugefügt werden. Diese Datenbank definiert, wann welche Pakete wie zu behandeln sind. Um diese Zuordnung zu erzeugen, ist es erforderlich, zunächst die Rechner anzugeben, deren Kommunikation durch eine SA geschützt werden soll. Hierbei kann immer nur eine Richtung angegeben werden. Dies erfolgt in numerischer Form. Vier verschiedene Formen sind möglich:

- `IP-Adresse`
- `IP-Adresse/Netzmaske`: Hierbei muss die Netzmaske in CIDR-Notation angegeben werden, zum Beispiel als `/24`.
- `IP-Adresse[Port]`: Die Angabe der eckigen Klammern ist erforderlich. Hier kann auch das Schlüsselwort `[any]` verwendet werden.
- `IP-Adresse/Netzmaske[Port]`

Es sind auch FQDN-Namen möglich.

Die Angabe `upperspec` definiert das Protokoll, das geschützt werden soll. Hier kann entweder der Name des Protokolls (`/etc/protocols`) oder seine Nummer verwendet werden. Als Wildcard kann das Schlüsselwort `any` genutzt werden.

Schließlich muss noch die `policy` mit der Option `-P` definiert werden. Es existieren drei verschiedene Policies:

- `direction [priority] discard` Der IPsec-Code verwirft alle zutreffenden Pakete.
- `direction [priority] none` Der IPsec-Code führt keinerlei Veränderungen an den Paketen durch, er ignoriert sie.

- direction [priority] ipsec protocol/mode/src-dst/level Der IPsec-Code erkennt und bearbeitet das Paket.

Der Platzhalter direction erlaubt die Angabe der Richtung mit drei verschiedenen Werten: in, out oder fwd. Um die Pakete mit IPsec zu verschlüsseln und/oder zu authentifizieren, wird die Policy ipsec benötigt.

Mithilfe der optionalen priority kann die Position der Policy in der SPD angegeben werden. Höhere Prioritäten sortieren die Policy zu Beginn der Liste ein, während niedrige Prioritäten die Policy am Ende einsortieren. Die Priorität ist eine signierte Zahl von -2147483647 (niedrig) bis 2147483648 (hoch). Die Angabe erfolgt mit prio nummer.

Die Angabe protocol definiert das Protokoll ah, esp oder ipcomp. Mit der Angabe mode kann entweder der transport- oder der tunnel-Mode aktiviert werden. Beim Tunnelmodus ist es zwingend erforderlich, die IP-Adressen der SA als src und dst getrennt durch ein Minus-Zeichen anzugeben. Beim Transportmodus kann diese Angabe wegfallen.

Die Angabe level erlaubt die Angabe von default[5], use, require oder unique. Der Kernel versucht, eine SA zu verwenden, wenn use angegeben wurde. Existiert keine SA, so werden die Pakete ohne IPsec-Behandlung versandt und empfangen. Bei der Angabe require verlangt der Kernel eine SA. Existiert keine SA, so fordert der Kernel sie vom Key Exchange Daemon (z.B. Racoon) an, wenn ein IKE-Daemon läuft. Mit unique kann jeder Policy eine eindeutige SA bereits zugeordnet werden. Diese SA wird dann nur für diese Policy verwendet. Hierzu werden den SAs mit der Option -u eindeutige Nummern zugewiesen und diese Nummern hier mit unique:nummer referenziert.

» spddelete src_range dst_range upperspec -P direction; Hiermit kann ein spezieller Eintrag aus der SPD gelöscht werden. Die Parameter wurden bereits bei spdadd erläutert.

» spddump; Dieses Kommando zeigt alle Einträge der SPD an.

» spdflush; Dieses Kommando löscht alle Einträge der SPD.

Der Befehl setkey führt exakt die vom Benutzer angeforderten Operationen aus. Hierbei überprüft er die Angaben nicht auf ihre RFC-Konformität. Dies ist Aufgabe des Benutzers!

Mit diesen Operationen ist es nun möglich, sämtliche Arten von IPsec-Verbindungen aufzubauen. Im Folgenden beschreibe ich den Aufbau von manuell verschlüsselten Verbindungen mit setkey. Dies ist als Grundlagenwissen bei dem Aufbau von automatisch verschlüsselten Verbindungen mit Openswan, strongSwan und Racoon von Vorteil.

---

5 Hier wertet der Kernel die sysctl-Variable esp_trans_deflev aus.

10. Manuell verschlüsselte Verbindung

Dieses Kapitel beschreibt den Aufbau einer manuellen verschlüsselten Verbindung mit dem Kommando setkey. Dies ist das zentrale Kommando für die Verwaltung der *Security Associations Database* (SAD) und der *Security Policy Database* (SPD) beim IPsec-Stack des Linux-Kernels 2.6. Dieses Werkzeug erlaubt dabei einen direkten Zugriff auf diese Informationen. Auch wenn Openswan, strongSwan oder Racoon für die Verwaltung dieser Informationen später verantwortlich sind, können Sie immer mit diesem Kommando die Datenbanken darstellen und modifizieren.

Bei einer manuell verschlüsselten Verbindung definiert der Administrator die für die Verbindung erforderlichen Schlüssel manuell. Hierbei handelt es sich um die Schlüssel für die Authentifizierung und Verschlüsselung der Pakete und die anzuwendenden Protokolle AH oder ESP. Bei einer automatisch verschlüsselten Verbindung ist es die Aufgabe des IKE-Protokolls, diese Schlüssel zwischen den beiden VPN-Partnern auszutauschen. Dabei kann das IKE-Protokoll einen regelmäßigen Wechsel der Schlüssel garantieren. Bei einer manuell verschlüsselten Verbindung ist es Aufgabe des Administrators, für den Schlüsselaustausch zu sorgen. Ist eine dritte Partei in der Lage, die verwendeten manuellen Schlüssel zu ermitteln, so kann sie alle versendeten und empfangenen Nachrichten entschlüsseln!

Aus diesem Grund soll hier nochmals darauf hingewiesen werden, dass eine automatisch verschlüsselte Verbindung mit dem IKE-Protokoll eine wesentlich höhere Sicherheit bei gleichem oder sogar geringerem Administrationsaufwand bedeutet. Der Aufbau einer manuell verschlüsselten Verbindung sollte daher nur zu Testzwecken und bei einer Inkompatibilität des IKE-Protokolls genutzt werden. Wir wollen uns aber hier damit beschäftigen, um IPsec und die spätere Leistung der IKE-Daemons wirklich zu verstehen und im Fehlerfall bessere Diagnosen stellen zu können.

Der hier verwendete Testaufbau ist in Kapitel 44 „Testumgebungen", ausführlich beschrieben. Die verwendeten IP-Adressen, Namen usw. sind dort erläutert. Dort befinden sich auch Hinweise, wie sie mit VMware, XEN, KVM oder User Mode Linux aufgebaut werden können.

10.1 Manuelle Verbindung im Transportmodus

Das Kommando setkey verfügt bisher nicht über eine feste Konfigurationsdatei. Der Name und der Ort der Konfigurationsdatei sind frei wählbar. Die Linux-Distributoren haben hier unterschiedliche Namen gewählt und erzeugen diese Datei teilweise sogar on-the-fly. Um jedoch eine Verwechslung mit der Konfigurationsdatei /etc/ipsec.conf[1] von Openswan und strongSwan zu vermeiden, soll im Weiteren der Name ipsec-tools.conf genutzt werden. Diese Datei wird auch unter Debian Lenny hierfür genutzt und in dem Verzeichnis /etc gespeichert.

Diese Datei soll nun erzeugt werden, um eine manuell verschlüsselte Verbindung im Transportmodus aufzubauen. Diese Verbindung soll den Rechnern 3.0.0.1 und 5.0.0.1 die verschlüsselte und authentifizierte Kommunikation erlauben. Dabei erzeugen die Rechner im Transportmodus direkt die entsprechenden IPsec-Pakete. Es erfolgt keine Kapselung von IP-Paketen in IPsec-Paketen wie beim Tunnelmodus. Das Endergebnis der Konfigurationsdatei für den Rechner 3.0.0.1 ist in Listing 10.1 dargestellt.

Listing 10.1: **Manuelle Verbindung im Transportmode (3.0.0.1)**

```
# Loesche die SAD und SPD
flush;
spdflush;

# manuelle Parameter fuer AH-SAs
# add src dst proto spi -A authalgo key;
add 3.0.0.1 5.0.0.1 ah 700 -A hmac-md5 0xbf9a081e7ebdd4fa824c822ed94f5226;
add 5.0.0.1 3.0.0.1 ah 800 -A hmac-md5 0xbf9a081e7ebdd4fa824c822ed94f5226;

# manuelle Parameter fuer ESP-SAs
# add src dst proto spi -E encalgo key;
add 3.0.0.1 5.0.0.1 esp 701 -E 3des-cbc ↵
        0x3f0b868ad03e68acc6e4e4644ac8bb80ecea3426d3d30ada;
add 5.0.0.1 3.0.0.1 esp 801 -E 3des-cbc ↵
        0x3f0b868ad03e68acc6e4e4644ac8bb80ecea3426d3d30ada;

# Richtlinien zur Verwendung der SAs
# spdadd src-range dst-range upperspec policy;
spdadd 3.0.0.1 5.0.0.1 any -P out ipsec
        esp/transport//require
        ah/transport//require;

spdadd 5.0.0.1 3.0.0.1 any -P in ipsec
        esp/transport//require
        ah/transport//require;
```

In jedem setkey-Script sollten zu Beginn die Kommandos flush und spdflush aufgerufen werden. Hiermit werden die Security Associations Database und die Security Policy Database komplett gelöscht. Ansonsten besteht die Gefahr, dass alte Einträge mit der neuen Konfiguration kollidieren. Jede Zeile in dieser Konfigurationsdatei muss mit einem Semikolon abgeschlossen werden!

---

1 Unter BSD wird meist dieser Name genutzt.

Anschließend werden die manuellen SAs erzeugt. Eine Security Association ist immer unidirektional und nur für ein IPsec-Protokoll gültig. Wenn das AH-Protokoll in beiden Richtungen genutzt werden soll, so werden zwei Security Associations benötigt. Die beiden nächsten Zeilen erzeugen die entsprechenden SAs für das AH-Protokoll, und die anschließenden beiden Zeilen tun dies für das ESP-Protokoll. Jede SA benötigt einen eigenen SPI, mit dem sie eindeutig identifiziert werden kann. Zusätzlich ist die Angabe des Protokolls (esp|ah) erforderlich. ESP unterstützt sowohl Authentifizierung als auch eine Verschlüsselung der Pakete, AH lediglich die Authentifizierung. Hierfür ist die Angabe des Protokolls und des manuell erzeugten Schlüssels wichtig. Dieser Schlüssel kann als hexadezimale Zahl mit dem Präfix 0x oder als Zeichenkette in Anführungszeichen angegeben werden.

Wurden die SAs erzeugt, müssen nun die Security Policys erzeugt werden, die definieren, wann die SAs eingesetzt werden müssen. Die Security Policys werden mit dem Befehl spdadd erzeugt, der von setkey gelesen wird. Dieser Befehl benötigt die Angabe der IP-Adressen, deren Pakete mit IPsec behandelt werden sollen. In diesem Fall handelt es sich um den transport-Modus. Daher kommunizieren die Rechner 3.0.0.1 und 5.0.0.1 direkt miteinander. An die IP-Adressen schließt sich das zu schützende Protokoll an. In den meisten Fällen wird hier die Angabe any richtig sein. Jedoch besteht die Möglichkeit, lediglich tcp- oder icmp-Pakete mit IPsec zu schützen.

Der wichtigste Teil der Definition der Security Policy ist die Policy selbst. Hier wird definiert, aus welcher Richtung die Policy die Pakete betrachten soll und ob eine Behandlung der Pakete erfolgen soll. Die Richtung kann mit in|out und die Behandlung mit discard|none| ipsec angegeben werden. Um eine Verschlüsselung und Authentifizierung zu erreichen, ist die Angabe von ipsec erforderlich. Auch die Security Policy ist lediglich unidirektional. Daher sind für eine richtige Verbindung immer zwei Security Policys erforderlich: eine für die Richtung in und eine für die Richtung out. Dann geben Sie an, wie die Pakete zu schützen sind. Hierzu spezifizieren Sie das Protokoll und die IP-Adressen der Rechner, die die Verschlüsselung durchführen (protocol/mode/src-dst/level). Im transport-Modus handelt es sich um dieselben IP-Adressen, die bereits als src-range dst-range der Policy angegeben wurden. Daher kann die Angabe hier entfallen. Vergleichen Sie dies mit der Angabe im nächsten Abschnitt! Die Angabe des level definiert, ob eine Verschlüsselung lediglich erwünscht (use) oder zwingend erforderlich (require) ist.

In einer Security Policy kann sowohl eine ESP- als auch eine AH-SA angegeben werden. Wenn dies gewünscht wird, ist aber die Reihenfolge wichtig. RFC 2401 verlangt, dass zuerst das ESP- und anschließend das AH-Protokoll auf das Paket angewendet wird. Daher ist diese Reihenfolge auch bei der Definition der Policy zu wählen. Der ESP-Header ist dann der innere und der AH-Header der äußere Header in dem fertigen Paket.

Der Linux-Kernel erzwingt diese Reihenfolge nicht und erlaubt so die Erzeugung nicht RFC-konformer IPsec Verbindungen!

Nach der Datei für den Rechner 3.0.0.1 muss eine analoge Datei für den Rechner 5.0.0.1 erzeugt werden (Listing 10.2). Hierbei ist die unterschiedliche Sichtweise des Rechners wichtig. Es ist nicht möglich, die Datei 1:1 zu übernehmen.

Listing 10.2: **Manuelle Verbindung im Transportmode (5.0.0.1)**

```
# Loesche die SAD und SPD
flush;
spdflush;

# manuelle Parameter fuer AH-SAs
# add src dst proto spi -A authalgo key;
add 3.0.0.1 5.0.0.1 ah 700 -A hmac-md5 0xbf9a081e7ebdd4fa824c822ed94f5226;
add 5.0.0.1 3.0.0.1 ah 800 -A hmac-md5 0xbf9a081e7ebdd4fa824c822ed94f5226;

# manuelle Parameter fuer ESP-SAs
# add src dst proto spi -E encalgo key;
add 3.0.0.1 5.0.0.1 esp 701 -E 3des-cbc ↵
        0x3f0b868ad03e68acc6e4e4644ac8bb80ecea3426d3d30ada;
add 5.0.0.1 3.0.0.1 esp 801 -E 3des-cbc ↵
        0x3f0b868ad03e68acc6e4e4644ac8bb80ecea3426d3d30ada;

# Richtlinien zur Verwendung der SAs
# spdadd src-range dst-range upperspec policy;
spdadd 3.0.0.1 5.0.0.1 any -P in ipsec
        esp/transport//require
        ah/transport//require;

spdadd 5.0.0.1 3.0.0.1 any -P out ipsec
        esp/transport//require
        ah/transport//require;
```

Die notwendigen Änderungen an der Datei für den Rechner 5.0.0.1 betreffen lediglich die Richtungen der Security Policies, die ausgetauscht werden müssen.

Wurde die Konfiguration auf beiden Systemen erzeugt, so sollte zunächst überprüft werden, ob die Netzwerkkonnektivität zwischen beiden Systemen gewährleistet ist. Hierzu genügt ein simples Ping-Kommando. Besteht keine Netzwerkkonnektivität, so kann sie durch IPsec sicherlich nicht hergestellt werden!

Anschließend werden auf beiden Rechnern die Security Association Database und Security Policy Database mit dem Kommando `setkey -f /etc/ipsec-tools.conf` *gefüllt. Wenn hier der Fehler* `setkey: invalid keymsg length` *auftritt, hat Ihr Kernel einen Bug. Prüfen Sie, ob Ihre Distribution ein Update des Kernels anbietet. Dieser Fehler wurde in Kernelversion 2.6.28 behoben. Sie können sich behelfen, in dem Sie in jeder Policy die zweite Regel (Zeile für das AH-Protokoll) löschen. Dann können Sie auch die AH-SAs löschen. Achten Sie aber darauf, dass jeder Befehl wieder mit einem Semikolon (;) abgeschlossen wird. Wurde der Befehl auf beiden Rechnern ausgeführt, so sollte ein* `ping` *möglich sein. Ein Mitschnitt mit* `tcpdump` *zeigt aber nur noch verschlüsselte Pakete an:*

Listing 10.3: **Mitschnitt des verschlüsselten Pings**

```
12:45:39.373005 5.0.0.1 > 3.0.0.1: AH(spi=0x00000320,seq=0x1): ESP(spi=0 ↩
        x00000321,seq=0x1) (DF)
12:45:39.448636 3.0.0.1 > 5.0.0.1: AH(spi=0x000002bc,seq=0x1): ESP(spi=0 ↩
        x000002bd,seq=0x1)
12:45:40.542430 5.0.0.1 > 3.0.0.1: AH(spi=0x00000320,seq=0x2): ESP(spi=0 ↩
        x00000321,seq=0x2) (DF)
12:45:40.569414 3.0.0.1 > 5.0.0.1: AH(spi=0x000002bc,seq=0x2):
ESP(spi=0x000002bd,seq=0x2)
```

Der Aufbau der manuellen Verbindung im `transport`-Modus ist, wie Sie sehen, recht einfach. Die beiden Systeme kommunizieren bereits über eine verschlüsselte Verbindung.

10.2 Manuelle Verbindung im Tunnelmodus

Im IPsec-Tunnelmodus werden die IP-Pakete komplett in ein IPsec-Paket gepackt. Dies ist der Standardmodus von vielen anderen IPsec-Implementierungen, jedoch nicht im Linux-Kernel 2.6. Dieser Modus kann auch genutzt werden, um zwei Netzwerken die Kommunikation über ein VPN zu erlauben. Dabei werden die kompletten IP-Pakete vom ersten VPN-Gateway in ein IPsec-Paket verpackt, das zum Partner-Gateway transportiert wird. Dort wird das IPsec-Paket wieder ausgepackt und das Original-Paket weitergeleitet. Es ensteht ein echter Tunnel, daher auch der Name.

Die fertige Konfigurationsdatei für einen einfachen Tunnel ist in Listing 10.4 dargestellt:

Listing 10.4: **Manuelle Verbindung im Tunnelmodus (3.0.0.1)**

```
#!/usr/sbin/setkey -f

# Loesche die SAD und SPD
flush;
spdflush;

# manuelle Parameter fuer ESP-Authentifizierung und Verschluesselung
add 5.0.0.1 3.0.0.1  esp 0x200 -m tunnel -E 3des-cbc 0 ↩
        x3f0b868ad03e68acc6e4e4644ac8bb80ecea3426d3d30ada -A hmac-md5 0 ↩
        xbf9a081e7ebdd4fa824c822ed94f5226;
add 3.0.0.1 5.0.0.1  esp 0x200 -m tunnel -E 3des-cbc 0 ↩
        x3f0b868ad03e68acc6e4e4644ac8bb80ecea3426d3d30ada -A hmac-md5 0 ↩
        xbf9a081e7ebdd4fa824c822ed94f5226;

# Richtlinien zur Verwendung der SAs (Tunnel Newyork-Berlin)
spdadd 3.0.0.1 5.0.0.1 any -P out ipsec
        esp/tunnel/3.0.0.1-5.0.0.1/require;
spdadd 5.0.0.1 3.0.0.1 any -P in ipsec
        esp/tunnel/5.0.0.1-3.0.0.1/require;
```

Bei dieser manuellen Verbindung im Tunnelmodus wurde ein anderer Ansatz als bei der manuellen Verbindung im Transportmodus (siehe den vorigen Abschnitt) gewählt. Hier erfolgt die Authentifizierung der Pakete mit dem ESP-Protokoll und nicht mit dem AH-Protokoll. Häufig wird in einem VPN das AH-Protokoll gar nicht eingesetzt, sondern lediglich das ESP-Protokoll.

Aber der Reihe nach: Zunächst werden wieder die SAD und die SPD mit den bekannten Befehlen flush und spdflush gelöscht. Anschließend werden die SAs erzeugt. Hierbei werden zwei SAs für das Protokoll ESP mit identischem SPI erzeugt. Der SPI wird hexadezimal mit 0x200 angegeben. Da es sich um eine SA mit Tunnelmodus handeln soll, ist es erforderlich, sie mit der Option -m tunnel zu spezifizieren. Wird dies nicht angegeben, so handelt es sich immer um eine SA für den Transportmodus. Dann werden der Algorithmus und der Schlüssel für die Verschlüsselung und die Authentifizierung angegeben. Diese Reihenfolge ist zwingend vorgeschrieben. Es ist nicht möglich, zunächst die Authentifizierung und dann die Verschlüsselung zu definieren.

Nun müssen noch die Einträge in die SPD vorgenommen werden. Sie unterscheiden sich von der Definition im Transportmodus nur durch die zusätzliche Angabe der Source- und Destination-IP-Adresse der zu verwendenden SA. Warum diese Angabe erforderlich ist, wird im weiteren Verlauf deutlich werden.

Wenn so die Verbindung auf Rechner 3.0.0.1 erzeugt wurde, ist es nun erforderlich, die entsprechende Datei für den Rechner 5.0.0.1 zu erzeugen. Um die gesamte Konfiguration hier nicht noch einmal anzuzeigen, weise ich nur darauf hin, dass die Richtungen der Security Policys (in,out) wieder ausgetauscht werden müssen.

Wird nun die Konfiguration mit setkey -f /etc/ipsec-tools.conf aktiviert, so wird der nachfolgende Ping verschlüsselt übertragen:

```
13:55:04.084453 3.0.0.1 > 5.0.0.1: ESP(spi=0x00000200,seq=0x1) (DF)
13:55:04.116751 5.0.0.1 > 3.0.0.1: ESP(spi=0x00000200,seq=0x1)
13:55:05.316298 3.0.0.1 > 5.0.0.1: ESP(spi=0x00000200,seq=0x2) (DF)
13:55:05.348958 5.0.0.1 > 3.0.0.1: ESP(spi=0x00000200,seq=0x2)
```

10.3 Erweiterungen und Anmerkungen

Diese manuelle Verbindung sichert nun den Verkehr zwischen 3.0.0.1 (NewYork) und 5.0.0.1 (Berlin). Wenn sich hinter diesen Gateways weitere Netze befinden, die sich ebenfalls verschlüsselt unterhalten sollen, so werden hierfür weitere eigene Tunnel benötigt. Die Anzahl der aufgesetzten Tunnel ist relativ unkritisch. Es ist möglich, mehrere Hundert Tunnel zu definieren. Diese Tunnel müssen mit dem setkey Kommando als Security Policys in die Datenbank eingetragen werden.

Hier soll daher nur ein weiterer Tunnel beschrieben werden, der zwei Subnetze hinter diesen Gateways verbindet. Die verwendeten IP-Adressen und den Aufbau der Testumgebung können Sie Kapitel 44 entnehmen.

Der Tunnel `NewYorkNet-BerlinNet` wird im Beispiel 10.5 beschrieben.

Listing 10.5: **Manuell verschlüsselte Verbindung mit setkey: Subnetz-Subnetz**

```
#!/usr/sbin/setkey -f

# Loesche die SAD und SPD
flush;
spdflush;

# manuelle Parameter fuer ESP-Authentifizierung und Verschluesselung
add 5.0.0.1 3.0.0.1  esp 0x200 -m tunnel -E 3des-cbc 0 ↵
        x3f0b868ad03e68acc6e4e4644ac8bb80ecea3426d3d30ada -A hmac-md5 0 ↵
        xbf9a081e7ebdd4fa824c822ed94f5226;
add 3.0.0.1 5.0.0.1  esp 0x200 -m tunnel -E 3des-cbc 0 ↵
        x3f0b868ad03e68acc6e4e4644ac8bb80ecea3426d3d30ada -A hmac-md5 0 ↵
        xbf9a081e7ebdd4fa824c822ed94f5226;

# Richtlinien zur Verwendung der SAs (Tunnel NewYork-Berlin)
spdadd 3.0.0.1 5.0.0.1 any -P out ipsec
        esp/tunnel/3.0.0.1-5.0.0.1/require;

spdadd 5.0.0.1 3.0.0.1 any -P in ipsec
        esp/tunnel/5.0.0.1-3.0.0.1/require;

# Richtlinien zur Verwendung der SAs (Tunnel NewYorkNet-BerlinNet)
# spdadd src-range dst-range upperspec policy;
spdadd 10.0.1.0/24 10.0.2.0/24 any -P out ipsec
        esp/tunnel/3.0.0.1-5.0.0.1/require;

spdadd 10.0.2.0/24 10.0.1.0/24 any -P in ipsec
        esp/tunnel/5.0.0.1-3.0.0.1/require;
```

Die Datei unterscheidet sich von Listing 10.4 nur durch zwei zusätzliche Einträge in der Security Policy Database. Sie definieren, dass Pakete von 10.0.1.0/24 nach 10.0.2.0/24 ebenfalls zu schützen sind. Nun wird deutlich, warum das Kommando `spdadd` zweimal die Angabe einer Source- und Destination-Adresse bei einem Tunnel verlangt. Die erste Angabe definiert die zu transportierenden Pakete. Die zweite Angabe spezifiziert die Tunnelendpunkte und darüber die zu suchende SA. Bei der Definition der SA werden lediglich die Tunnelendpunkte definiert. Über diese SA können die unterschiedlichen Pakete transportiert werden!

Wenn Sie die Rechner 3.0.0.1 (NewYork) und 5.0.0.1 (Berlin) dementsprechend konfigurieren, also auf Berlin wieder die Richtung der SPD-Einträge anpassen, so kann der Inhalt der SAD (Listing 10.6) und der SPD (Listing 10.7) zunächst angezeigt werden. Anschließend kann dann ein `ping` aus dem NewYorkNet in das BerlinNet durchgeführt werden (Abbildung 10.1).

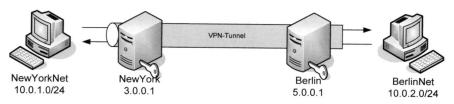

NewYorkNet   NewYork   Berlin   BerlinNet
10.0.1.0/24   3.0.0.1   5.0.0.1   10.0.2.0/24

Abbildung 10.1: **Ping aus dem NewYorkNet ins BerlinNet**

Listing 10.6: **Inhalt der SAD auf 3.0.0.1**

```
# setkey -D
3.0.0.1 5.0.0.1
        esp mode=tunnel spi=512(0x00000200) reqid=0(0x00000000)
        E: 3des-cbc  3f0b868a d03e68ac c6e4e464 4ac8bb80 ecea3426 ↵
                d3d30ada
        A: hmac-md5  bf9a081e 7ebdd4fa 824c822e d94f5226
        seq=0x00000000 replay=0 flags=0x00000000 state=mature
        created: Feb 20 18:34:06 2003   current: Feb 20 18:36:30 2003
        diff: 144(s)      hard: 0(s)       soft: 0(s)
       ·last: Feb 20 18:34:16 2003      hard: 0(s)       soft: 0(s)
        current: 1088(bytes)     hard: 0(bytes)  soft: 0(bytes)
        allocated: 8     hard: 0 soft: 0
        sadb\_seq=1 pid=573 refcnt=0
5.0.0.1 3.0.0.1
        esp mode=tunnel spi=512(0x00000200) reqid=0(0x00000000)
        E: 3des-cbc  3f0b868a d03e68ac c6e4e464 4ac8bb80 ecea3426 ↵
                d3d30ada
        A: hmac-md5  bf9a081e 7ebdd4fa 824c822e d94f5226
        seq=0x00000000 replay=0 flags=0x00000000 state=mature
        created: Feb 20 18:34:06 2003   current: Feb 20 18:36:30 2003
        diff: 144(s)      hard: 0(s)       soft: 0(s)
        last:                     hard: 0(s)       soft: 0(s)
        current: 672(bytes)     hard: 0(bytes)  soft: 0(bytes)
        allocated: 8     hard: 0 soft: 0
        sadb\_seq=0 pid=573 refcnt=0
```

Listing 10.7: **Inhalt der SPD auf 3.0.0.1**

```
# setkey -DP
5.0.0.1[any] 3.0.0.1[any] any
        in ipsec
        esp/tunnel/5.0.0.1-3.0.0.1/require
        created:Feb 20 18:34:06 2003 lastused:Feb 20 18:34:18 2003
        lifetime:0(s) validtime:0(s)
        spid=8 seq=3 pid=574
        refcnt=5
```

```
10.0.2.0/24[any] 10.0.1.0/24[any] any
        in ipsec
        esp/tunnel/5.0.0.1-3.0.0.1/require
        created:Feb 20 18:34:06 2003 lastused:
        lifetime:0(s) validtime:0(s)
        spid=24 seq=2 pid=574
        refcnt=1
3.0.0.1[any] 5.0.0.1[any] any
        out ipsec
        esp/tunnel/3.0.0.1-5.0.0.1/require
        created:Feb 20 18:34:06 2003 lastused:Feb 20 18:34:18 2003
        lifetime:0(s) validtime:0(s)
        spid=1 seq=1 pid=574
        refcnt=3
10.0.1.0/24[any] 10.0.2.0/24[any] any
        out ipsec
        esp/tunnel/3.0.0.1-5.0.0.1/require
        created:Feb 20 18:34:06 2003 lastused:Feb 20 18:34:26 2003
        lifetime:0(s) validtime:0(s)
        spid=17 seq=0 pid=574
        refcnt=3
```

10.4 Fazit

Der Aufbau einer manuell verschlüsselten Verbindung mit dem Kommando `setkey` ist sehr einfach durchzuführen. Bei einer manuell verschlüsselten Lösung ist es jedoch wichtig, dass die Schlüssel besonders sicher aufbewahrt und zwischen den Partnern ausgetauscht werden. Erhält eine dritte Partei Zugang zu den manuellen Schlüsseln, so ist sie in der Lage, sämtliche Pakete mitzulesen und zu entschlüsseln. Sie kann außerdem zusätzliche Pakete einschleusen oder vorhandene modifizieren.

Sie sollten daher automatisch verschlüsselte Verbindungen nach Möglichkeit vorziehen. Sie weisen eine wesentlich höhere Sicherheit auf, da die Sitzungsschlüssel für die Verschlüsselung und Authentifizierung automatisch vom IKE-Protokoll ausgetauscht werden. Hierfür stehen Ihnen beim Linux-Kernel 2.6 Openswan, strongSwan oder der IKE-Daemon Racoon des KAME-Projekts zur Verfügung. Racoon wird in demselben Softwarepaket mitgeliefert, in dem sich auch der Befehl `setkey` befindet.

Im nächsten Kapitel werden wir uns zunächst mit Openswan und strongSwan beschäftigen. Dort ist der Befehl `setkey` nicht erforderlich. Sie können sich aber anschließend die SAD und die SPD mit dem Kommando ansehen.

11. Openswan und strongSwan

Das Projekt FreeS/WAN wurde 1996 von John Gilmore gestartet. Er verfolgte mit diesem Projekt ein hochgestecktes Ziel. IPsec für Linux sollte mindestens fünf Prozent des Internetverkehrs gegen Lauschangriffe schützen. Dieses sehr idealistische Ziel wurde bis zum Jahr 2003 leider nicht erreicht. Daher hat das Projekt FreeS/WAN im Jahr 2003 seine Einstellung bekannt gegeben. Als Nachfolger haben sich zwei neue Projekte gebildet: Openswan und strongSwan. Der Name leitet sich übrigens von S/WAN ab. Dieser Begriff wurde von der Firma RSA zuerst verwendet, um ein sicheres Weitverkehrsnetz (Secure Wide Area Network) zu bezeichnen. Da das Projekt FreeS/WAN freie Software erzeugt, lag der Name nahe.

Da FreeS/WAN nicht mehr aktiv entwickelt wird, betrachten wir in diesem Kapitel Openswan und strongSwan in ihrer Konfiguration. Die Unterschiede sind jedoch marginal. Wenn mir Unterschiede bekannt sind, werde ich auf sie hinweisen.

11.1 Hintergründe

Im Jahr 1999 wurde Version 1.0 von FreeS/WAN veröffentlicht. FreeS/WAN besteht aus einer Kernelerweiterung (IPsec-Stack) und Konfigurationswerkzeugen. Sämtliche Software des Projektes wurde außerhalb der Vereinigten Staaten von Amerika entwickelt, um mögliche Exportbeschränkungen der Programme zu verhindern. Bis zu seiner Einstellung nahm das Projekt aus diesem Grund keine Hilfe von US-amerikanischen Staatsbürgern an. Auch die Lockerung der Exportbestimmungen für starke Kryptografie Ende des Jahres 2000 hatte hier keine Änderung veranlasst. Dies führte zu großen Missstimmungen und schließlich zur Entwicklung einer zweiten IPsec-Implementierung für den Kernel 2.6. Diese Parallelentwicklung wurde von den Entwicklern auch mit der angeblichen mangelnden Qualität des KLIPS-Codes begründet. KLIPS ist der Kernel-Anteil von FreeS/WAN.

Wegen seines Alters war das FreeS/WAN-Projekt zu einer sehr mächtigen Implementierung gereift, die in der Vergangenheit die Interoperabilität mit vielen anderen Betriebssystemen und Netzwerkgeräten unter Beweis stellen konnte. Viele freiwillige Helfer haben das Projekt um unzählige Eigenschaften erweitert. Besonders hervorzuheben ist die hervorragende Unterstützung von X.509-Zertifikaten, die von Andreas Steffen programmiert wurde. Des Weiteren existierten Patches, die zusätzliche Verschlüsselungsalgorithmen, wie zum Beispiel den besonders schnellen AES-Algorithmus, unterstützten oder die Interoperabilität mit speziellen Betriebssystemen erhöhten.

Lange Jahre war FreeS/WAN sicherlich das am häufigsten auf der Basis von Linux eingesetzte Produkt zur Erzeugung eines virtuellen Netzwerks. Dies hat sich mit der Verbreitung des Linux-Kernels 2.6 geändert, da nun eine zweite Implementierung zur Verfügung steht. Die FreeS/WAN-Konfigurationswerkzeuge wurden von Herbert Xu angepasst, sodass sie auch mit der neuen Implementierung des Kernels 2.6 zusammenarbeiten.

Für den Anwender war es damit fast egal, ob er den Linux-Kernel 2.4 mit KLIPS oder den Linux-Kernel 2.6 gemeinsam mit FreeS/WAN einsetzte.

Bereits vor der Beendigung des FreeS/WAN-Projektes fand sich ein Team um Paul Wouters und Ken Bantoft zusammen, die die Firma Xelerance gründeten und die Entwicklung des Openswan-Projektes starteten. Auch Prof. Andreas Steffen beteiligte sich an dem Projekt, indem er weitere X.509-Patches zusteuerte. Meinungsverschiedenheiten führten schließlich zur Trennung, und Prof. Andreas Steffen startete mit strongSwan einen eigenen Fork, der in Bezug auf die Behandlung der X.509-Zertifikate und das IKEv2-Protokolls weiter entwickelt ist.

11.2 Lizenz

FreeS/WAN und auch seine Nachfolger werden unter der GNU General Public License (GPL) vertrieben.

Da die Software unter der GNU GPL veröffentlicht wird, übernehmen die Programmierer des Projektes keinerlei Garantie für die Funktionsfähigkeit und Fehlerfreiheit der Software.

11.3 Installation von Openswan

Die Installation von Openswan ist recht einfach, da die meisten Distributoren entsprechende Pakete bereits mitliefern. Werden entsprechende Pakete nicht bereits von der Distribution zur Verfügung gestellt, so ist es erforderlich, die Installation selbst vorzunehmen. Da hier nur die Konfigurationswerkzeuge installiert werden müssen, ist das recht einfach.

11.3.1 Kompilierung und Installation des Sourcecodes

Wenn die eingesetzte Linux-Distribution keine Unterstützung für Openswan bietet und sie auch nicht von Dritten als RPM-Paket zu erhalten ist, müssen Sie Openswan selbst übersetzen. Das ist auch nötig, wenn zusätzliche Funktionen eingebunden werden sollen oder die RPM-Pakete der Distribution nicht die nötige Aktualität aufweisen.

Im Folgenden wird die Kompilierung und Installation des originalen Sourcecodes beschrieben.

Für die Übersetzung von Openswan benötigen Sie keine besonderen Voraussetzungen. Natürlich müssen die Compiler-Werkzeuge und die entsprechenden Header der verwendeten Bibliotheken installiert sein. Dann können Sie aber direkt den Quelltext von http://www .openswan.org/code/ laden und entpacken. Hier stehen drei verschiedene Versionen zur Auswahl:

» *Openswan 1.x*: Diese Version ist veraltet und basiert noch direkt auf dem alten FreeS/WAN-Code.

» *Openswan 2.x*: Hierbei handelt es sich um die aktuelle stabile Release.

» *Openswan 3.x*: Diese Version ist aktuell noch im Beta-Stadium, und es besteht noch keine Möglichkeit des Zugriffs.

Bevor Sie nun mit dem Laden des Quelltextes beginnen, sollten Sie den GPG-Schlüssel des Openswan-Projekts importieren, um später die Archive auf ihre Integrität prüfen zu können:

```
[spenneb@kermit build]$ wget -q http://www.openswan.org/download/openswan ↵
        .signingkey.asc
[spenneb@kermit build]$ gpg --import openswan.signingkey.asc
gpg: Schlüssel B7E82DF8: Öffentlicher Schlüssel "Openswan Master Signing ↵
        Key <build@openswan.org>" importiert
gpg: Schlüssel B49AEA48: Öffentlicher Schlüssel "Openswan Signing Key ↵
        <openswan@openswan.org>" importiert
gpg: Schlüssel 2DE9FAF7: Öffentlicher Schlüssel "Openswan Release Signing ↵
        Key <openswan@openswan.org>" importiert
gpg: Anzahl insgesamt bearbeiteter Schlüssel: 3
gpg:                                importiert: 3  (RSA: 1)
```

Leider sind einige Pakete auch mit dem Schlüssel von Paul Wouters direkt signiert. Daher müssen Sie möglicherweise auch diesen Schlüssel importieren:

```
[spenneb@kermit build]$ gpg --recv-keys B5CC27E1
gpg: fordere Schlüssel B5CC27E1 von hkp-Server wwwkeys.eu.pgp.net an
gpg: Schlüssel B5CC27E1: Öffentlicher Schlüssel "Paul Wouters
<paul@cypherpunks.ca>" importiert
```

Ich empfehle Ihnen, die aktuellste Version 2.x zu verwenden. Dies ist aktuell die Version 2.6.24. Laden Sie diese und die dazugehörige Signatur von der Webseite, prüfen Sie die Integrität, und entpacken Sie das Archiv an einer geeigneten Stelle:

```
[spenneb@kermit build]$ wget -q http://www.openswan.org/download/openswan ↵
        -2.6.24.tar.gz
[spenneb@kermit build]$ wget -q http://www.openswan.org/download/openswan ↵
        -2.6.24.tar.gz.asc
[spenneb@kermit build]$ gpg --verify openswan-2.6.24.tar.gz.asc
gpg: Unterschrift vom So 10 Jan 2010 02:34:49 CET mittels RSA-Schlüssel ↵
        ID B7E82DF8
gpg: Korrekte Unterschrift von "Openswan Master Signing Key ↵
        <build@openswan.org>"
[spenneb@kermit build]$ tar xzf openswan-2.6.24.tar.gz
```

Nun müssen Sie entscheiden, wie Sie Openswan installieren möchten. Es stehen grundsätzlich zwei Möglichkeiten zur Verfügung:

» Integration und Installation mit KLIPS als IPsec-Stack

» Installation nur der Konfigurationswerkzeuge

Hier beschreibe ich nur die zweite Variante. Die Übersetzung und Installation ist trivial. Wechseln Sie einfach in das entstandene Verzeichnis, und rufen Sie dort die beiden folgenden Befehle auf:

```
[spenneb@kermit openswan-2.6.24]$ make programs
[spenneb@kermit openswan-2.6.24]$ sudo make install
```

11.4 Installation von strongSwan

Die Installation von strongSwan ist ähnlich einfach, da die meisten Distributoren auch hier entsprechende Pakete bereits mitliefern. Werden entsprechende Pakete nicht bereits von der Distribution zur Verfügung gestellt, so ist es erforderlich, die Installation selbst vorzunehmen.

11.4.1 Kompilierung und Installation des Sourcecodes

Wenn die eingesetzte Linux-Distribution keine Unterstützung für strongSwan bietet und sie auch nicht von Dritten als RPM-Paket zu erhalten ist, müssen Sie strongSwan manuell übersetzen. Das ist auch nötig, wenn zusätzliche Funktionen eingebunden werden sollen oder die RPM-Pakete der Distribution nicht die nötige Aktualität aufweisen.

Im Folgenden wird die Kompilierung und Installation des originalen Sourcecodes beschrieben.

Für die Übersetzung von strongSwan benötigen Sie keine besonderen Voraussetzungen. Natürlich müssen die Compiler-Werkzeuge und die entsprechenden Header der verwendeten Bibliotheken installiert sein. Je nach den gewünschten Funktionalitäten benötigen Sie aber möglicherweise noch einige weitere Bibliotheken (s.u.). Dann können Sie aber direkt den Quelltext von http://www.strongswan.org/download.htm laden und entpacken. Hier stehen zwei verschiedene Versionen zur Auswahl:

» *strongSwan 2.8*: Diese Version kann auf dem Linux-Kernel 2.4 und 2.6 eingesetzt werden und unterstützt IKEv1.

» *strongSwan 4.x*: Hierbei handelt es sich um die aktuelle Variante für den Kernel 2.6, die sowohl IKEv1 als auch IKEv2 unterstützt.

Bevor Sie nun mit dem Laden des Quelltextes beginnen, sollten Sie den GPG-Schlüssel von Prof. Andreas Steffen importieren, um später die Archive auf ihre Integrität prüfen zu können:

```
[spenneb@kermit build]$ gpg --recv-keys 40995359
gpg: fordere Schlüssel 40995359 von hkp-Server wwwkeys.eu.pgp.net an
gpg: Schlüssel 40995359: Öffentlicher Schlüssel "Andreas Steffen <andreas ↵
     .steffen@ieee.org>" importiert
```

Ich empfehle Ihnen, die aktuellste Version 4.3.6 zu verwenden. Laden Sie diese und die dazu-gehörige Signatur von der Webseite, prüfen Sie die Integrität, und entpacken Sie das Archiv an einer geeigneten Stelle. Im folgenden Beispiel verwende ich die Version 4.2.10.

```
[spenneb@kermit build]$ wget -q http://download.strongswan.org/strongswan ↵
        -4.2.10.tar.bz2
[spenneb@kermit build]$ wget -q http://download.strongswan.org/strongswan ↵
        -4.2.10.tar.bz2.sig
[spenneb@kermit build]$ gpg --verify strongswan-4.2.10.tar.bz2.sig gpg: ↵
        Unterschrift vom Fr 26 Dez 2008 08:37:19 CET mittels RSA- ↵
        Schlüssel ID 40995359
gpg: Korrekte Unterschrift von "Andreas Steffen <andreas.steffen@ieee.org ↵
        >"
gpg:             alias "Andreas Steffen <andreas.steffen@zhwin.ch>"
gpg:             alias "Andreas Steffen <andreas.steffen@strongsec.com>"
gpg:             alias "Andreas Steffen <andreas.steffen@strongsec.net>"
gpg:             alias "Andreas Steffen <andreas.steffen@strongswan.org>"
[spenneb@kermit build]$ tar xjf strongswan-4.2.10.tar.bz2
```

Die Übersetzung und Installation ist trivial. Wechseln Sie einfach in das entstandene Verzeich-nis, und rufen Sie dort die beiden folgenden Befehle auf:

```
[spenneb@kermit strongswan-4.2.10]$ ./configure --prefix=/usr -- ↵
        sysconfdir=/etc
[spenneb@kermit strongswan-4.2.10]$ make
[spenneb@kermit strongswan-4.2.10]$ make install
```

Sie können bei dem ./configure-Befehl aber auch zusätzliche Funktionen aktivieren. Für die meisten Funktionen ist dies aber nicht erforderlich. Im Folgenden zeige ich Ihnen aber, welche Optionen existieren und welche Bibliotheken benötigt werden. Im weiteren Verlauf des Buches werde ich bei Bedarf auf die ./configure-Optionen hinweisen.

Für einige Funktionen benötigt strongSwan zusätzliche Bibliotheken:

» *LibCurl*: Um während der Laufzeit automatisch *Certificate Revocation Lists* (CRL) per HTTP laden zu können, wird diese Bibliothek benötigt.

» *OpenLDAP*: Um während der Laufzeit eine CRL per LDAP laden zu können, werden die OpenLDAP-Bibliotheken benötigt.

» *OpenSC* und *OpenCT*: Wenn Sie Ihre privaten Schlüssel und Zertifikate auf einer Smartcard oder einem USB-Token speichern möchten, benötigen Sie diese Bibliotheken.

» *MySQL* und *SQLLite*: strongSwan kann seine Konfiguration aus einem SQL-Backend bezie-hen.

Die zusätzlichen Funktionen werden nicht automatisch aktiviert. Sie müssen den ./confi-gure-Befehl mit entsprechenden Optionen anweisen. Die folgenden Optionen werden unter-stützt:

- » `--enable-curl`: Unterstützt das Laden von CRLs per HTTP.
- » `--enable-ldap`: Unterstützt das Laden von CRLs per LDAP.
- » `--enable-mysql`: Aktiviert die Unterstützung für das SQL-Backend.
- » `--enable-sqllite`: Aktiviert die Unterstützung für das SQL-Backend.
- » `--enable-smp`: Aktiviert die Konfigurationsschnittstelle.
- » `--enable-sql`: Aktiviert die Unterstützung für das SQL-Backend.
- » `--enable-smartcard`: Aktiviert die Unterstützung für Smartcards und USB-Token.
- » `--enable-cisco-quirks`: Berücksichtigt spezielle Anforderungen des Cisco-Clients.
- » `--enable-nat-transport`: NAT-Traversal ist für den Transport-Modus per Default deaktiviert.
- » `--enable-manager`: StrongSwan verfügt über ein grafisches Web-Interface für die Steuerung der Tunnel.
- » `--enable-padlock`: Aktiviert das VIA Padlock-Plug-In.
- » `--enable-openssl`: Aktiviert das OpenSSL-Crypto-Plug-In.
- » `--enable-agent`: Aktiviert das SSH-Agent-Signing-Plug-In.

Einige Optionen beziehen sich speziell auf das Extensible Authentication Protocol (EAP) des IKEv2-Protokolls:

- » `--enable-eap-sim`
- » `--enable-eap-sim-file`
- » `--enable-eap-identity`
- » `--enable-eap-md5`
- » `--enable-eap-gtc`
- » `--enable-eap-aka`

Einige Optionen erlauben das Abschalten von bestimmten Funktionen. Dies ist im Embedded-Bereich interessant, wo es auf das letzte gesparte Byte Code ankommt:

- » `--disable-des`
- » `--disable-md5`
- » `--disable-sha1`
- » `--disable-sha2`
- » `--disable-fips-prf`
- » `--disable-gmp`
- » `--disable-random`
- » `--disable-x509`
- » `--disable-pubkey`
- » `--disable-hmac`
- » `--disable-xcbc`

» `--disable-stroke`

» `--disable-pluto`

» `--disable-threads`

» `--disable-charon`

» `--disable-tools`

» `--disable-updown`

Einige Optionen sind nur für Entwickler interessant:

» `--enable-leak-detective`

» `--enable-lock-profiler`

» `--enable-unit-tests`

» `--enable-load-tests`

» `--disable-integrity-test`

» `--disable-self-test`

Mit folgenden Optionen können Sie die Kommunikationsschnittstelle zum Kernel konfigurieren:

» `--disable-kernel-netlink`

» `--enable-kernel-pfkey`

» `--enable-kernel-klips`

Einige Optionen verändern das Verhalten während der Kommunikation mit dem VPN-Partner. Hiermit können Sie bestimmte Vendor-IDs abschalten, wenn sie für Probleme sorgen:

» `--disable-vendor-id`: strongSwan sendet seine eigene Vendor-ID nicht.

» `--disable-xauth-id`: strongSwan sendet die X-AUTH-Vendor-ID nicht.

StrongSwan bietet auch einen Mediation-Server, der zwei genatteten Clients mit dynamischen IP-Adressen den Aufbau eines direkten IPsec-Tunnels mit einer koordinierten UDP-Loch-Stanze erlaubt. Hierzu werden folgende Optionen benötigt:

» `--enable-medsrv`: Dies aktiviert das *Mediation Server Frontend*.

» `--enable-medcli`: Hiermit aktivieren Sie den *Mediation Server Client*.

» `--enable-mediation`: Dies aktiviert die Funktion allgemein.

11.5 Openswan-Komponenten

Das Produkt Openswan besteht aus mehreren verschiedenen Komponenten, die ineinandergreifen. Hierbei handelt es sich um *Pluto*, den Kommandozeilenbefehl ipsec und die Konfigurationsdateien ipsec.secrets und ipsec.conf. Weitere Informationen werden innerhalb des Verzeichnisses /etc/ipsec.d gespeichert.

Pluto ist der *Internet Key Exchange*-(IKE-)Daemon des Openswan-Pakets. Er führt die Authentifizierung des Partner-Gateways durch und handelt dann die Security Associations (SAs) aus. In der Phase 1 wird hierbei mit dem Main-Mode die ISAKMPSA verhandelt. Basierend auf dieser SA, werden in der Phase 2 mit dem Quick-Mode die IPsec-SAs verhandelt (siehe IKE-Protokoll). Pluto unterrichtet anschließend den Kernel über die zu verwendenden ESP- und AH-Schlüssel und die *Security Parameter Indices* (SPI). Diese Angaben werden von dem Linux-Kernel benötigt, um die Pakete zu erzeugen und zu empfangen. Schließlich passt Pluto optional über Scripts auch die Routingtabellen und die Firewallregeln an die neuen Tunnel an. Die von Pluto benötigten Informationen werden aus den Konfigurationsdateien ipsec.conf und ipsec.secrets gelesen.

Das Kommandozeilenwerkzeug ipsec wird verwendet, um die verschiedenen Funktionen von Openswan, wie zum Beispiel das Starten oder Beenden eines Tunnels, zu steuern. Hierzu bietet das Werkzeug viele unterschiedliche Kommandomodule an, die zu einem Großteil jedoch für interne Aufgaben genutzt werden.

Sämtliche Konfigurationseinstellungen und die zu verwendenen Schlüssel für die Authentifizierung durch das IKE-Protokoll werden in den Dateien ipsec.conf und ipsec.secrets gespeichert. Weitere Angaben befinden sich in dem Verzeichnis /etc/ipsec.d. Hierbei ist die Datei ipsec.secrets für die Schlüssel reserviert. Beide Dateien werden von Pluto und vom Kommandozeilenwerkzeug ipsec gelesen und ausgewertet.

Die Konfiguration der Dateien und die Verwendung des Kommandozeilenwerkzeugs werden in den folgenden Kapiteln genauer betrachtet.

11.6 StrongSwan-Komponenten

Das Produkt strongSwan besteht im Kern aus denselben Komponenten wie Openswan. So hat auch strongSwan den Pluto-Daemon des FreeS/WAN-Projekts übernommen. Einige Punkte wurden jedoch von dem strongSwan-Projekt verbessert und modifiziert:

» ipsec: Das Startkommando wurde überarbeitet und kann sowohl *Pluto* als auch *Charon* starten.

» charon: Charon ist der IKEv2-Daemon des strongSwan-Projekts.

Ansonsten sind die Dateien und Verzeichnisse zunächst dieselben wie bei Openswan. Auf Unterschiede werde ich in den folgenden Abschnitten bei Bedarf hinweisen.

12. Konfiguration von Openswan und strongSwan

Dieses Kapitel beginnt mit einer Einführung in die verschiedenen Parameter und Werkzeuge von Openswan und strongSwan. Im Weiteren spreche ich nur noch von *swan. Wenn Sie direkt ein Test-VPN implementieren wollen, so steht es Ihnen frei, zu Kapitel 13 vorzublättern. Denken Sie jedoch bitte daran, später hierher zurückzukehren und die entsprechenden Grundlagen nachzulesen. In den drei folgenden Abschnitten versuche ich Ihnen mit einfachen Worten die Parameter, Befehle und Optionen zu erklären.

12.1 Allgemeine Konfigurationsparameter

*swan verwendet in der Grundausstattung zwei Konfigurationsdateien. Diese beiden Konfigurationsdateien sind üblicherweise unter /etc abgelegt und tragen die Namen ipsec.conf und ipsec.secrets. Wenn *swan im Rahmen einer Distribution installiert wurde, so besteht die Möglichkeit, dass diese Dateien sich an einer anderen (zum Beispiel /etc/ipsec.d) Stelle befinden.

Die Datei /etc/ipsec.conf ist die zentrale Konfigurationsdatei. Sie enthält alle Startparameter, Tunneldefinitionen und so weiter. Sie wird beim Start automatisch von den entsprechenden Werkzeugen gelesen und umgesetzt. Dazu wird diese Datei von einem automatischen Parser gelesen. Damit keine Fehler auftreten, ist die Syntax dieser Datei sehr wichtig. Die entsprechenden Werkzeuge, die diese Datei lesen, werden im nächsten Abschnitt besprochen.

Die Datei /etc/ipsec.secrets enthält die Schlüssel, die für die Authentifizierung beim Aufbau des Tunnels erforderlich sind. Diese Datei benötigt daher spezielle Rechte, die normalen Benutzern den Einblick verbieten. Üblicherweise besitzt die Datei die in Listing 12.1 gezeigten Eigenschaften.

Listing 12.1: **Eigenschaften der Datei ipsec.secrets**

```
-rw-------    1 root     root        3412 Sep  4 16:47 /etc/ipsec.secrets
```

Im Folgenden wird die Syntax der beiden Dateien genauer besprochen.

12.1.1 ipsec.secrets

Die Datei ist üblicherweise eine sehr kurze Datei. Sie enthält meist nur einen Schlüssel, der für die Authentifizierung des Rechners bei seinem Kommunikationspartner genutzt wird. Eine typische ipsec.secrets-Datei ist in Listing 12.2 zu sehen.

Listing 12.2: **Die Datei ipsec.secrets**

```
10.1.0.1 10.2.0.1: PSK "secret shared by two hosts"
www.xs4all.nl @www.kremvax.ru
    10.6.0.1 10.7.0.1 1.8.0.1: PSK "secret shared by 5"
: RSA
    {
        # RSA 2048 bits   kermit.spenneberg.de   Tue Sep  3 20:39:20 2002
        # for signatures only, UNSAFE FOR ENCRYPTION
        #pubkey=0sAQOSdvSey23TH66....
        #IN KEY 0x4200 4 1 AQOSdv....
        # (0x4200 = auth-only host-level, 4 = IPSec, 1 = RSA)
        Modulus: 0x9276f49ecb6dd3....
        PublicExponent: 0x03
        # everything after this point is secret
        PrivateExponent: 0x186928....
        Prime1: 0xc7480084d957ca0....
        Prime2: 0xbc26a3dac8fb8b0....
        Exponent1: 0x84daab033b8f....
        Exponent2: 0x7d6f17e730a7....
        Coefficient: 0x875387df71....
    }
```

In dieser Datei werden PreShared Keys (PSKs) und die privaten Schlüssel (Private Keys) des Gateways abgespeichert. Auch der öffentliche Schlüssel (Public Key) ist häufig in dieser Datei als Kommentar hinterlegt.

Die allgemeine Syntax dieser Datei ist relativ einfach. Es handelt sich um eine Tabelle mit zwei Spalten, die durch einen Doppelpunkt voneinander getrennt sind. Die erste Spalte enthält die Identitäten der Rechner, für die die entsprechenden Schlüssel in der zweiten Spalte genutzt werden dürfen.

Als Identitäten in der ersten Spalte sind erlaubt:

» IP-Adressen: 10.0.0.1

» DNS-Namen: www.spenneberg.net. Diese DNS-Namen werden beim Einlesen der Schlüssel zu ihren entsprechenden IP-Adressen aufgelöst. Diese Auflösung erfolgt also nicht regelmäßig.

» Platzhalter: %any, %any6, nichts

» E-Mail-Adressen-ähnliche Konstrukte: ralf@spenneberg.net, @www.spenneberg.net. Sie werden lediglich als Text aufgefasst und nicht aufgelöst.

Ein Neueinlesen der Datei /etc/ipsec.secrets, um die erneute Auflösung der DNS-Namen zu erzwingen, kann mit dem Befehl

```
ipsec auto --rereadsecrets # Openswan
ipsec rereadsecrets # strongSwan
```

erfolgen.

Die Zuordnung der entsprechenden Identitäten zu den verschiedenen Tunneln erfolgt in der Datei /etc/ipsec.conf (siehe unten) mit den Parametern leftid und rightid:

```
leftid=ralf@spenneberg.net
rightid=@www.spenneberg.net
```

In der rechten Spalte befinden sich die geheimen Schlüssel für die Authentifizierung der Verbindung. Hierbei kann es sich um PreShared Keys (PSK) oder um RSA-Schlüssel handeln.

Ein PSK wird üblicherweise zwischen doppelten Anführungszeichen angegeben. Vor dieser Zeichenkette muss sich die Buchstabenkombination psk befinden, um den PreShared Key anzuzeigen. Diese PSK darf jedes Zeichen enthalten außer dem doppelten Anführungszeichen und einem Zeilenumbruch. Alternativ kann die PSK auch als hexadezimale Zahl (mit dem Präfix 0x) und als Base64-kodierte Zeichensequenz (mit dem Präfix 0s) angegeben werden. Die Angabe als ASCII in Anführungszeichen hat sich jedoch etabliert, da die meisten anderen Betriebssysteme die gleiche Darstellung wählen.

Werden bei einem PSK-Schlüssel mehrere Identitäten angegeben, so wird nach dem Schlüssel gesucht, der mindestens für die Identität des lokalen Rechners und möglicherweise zusätzlich für die Identität des Partners konfiguriert ist. Das wird am einfachsten an einem Beispiel deutlich:

Listing 12.3: **Zuordnung von PSK-Schlüsseln**

```
www.xs4all.nl @www.kremvax.ru
    10.6.0.1 10.7.0.1 1.8.0.1: PSK "secret shared by 5"
www.xs4all.nl: PSK "default shared"
```

Hierbei handelt es sich um die Konfigurationsdatei von www.xs4all.nl. Soll in diesem Beispiel eine Verbindung zwischen www.xs4all.nl und 10.6.0.1 aufgebaut werden, so wird der erste Schlüssel gewählt. Wenn jedoch der Schlüssel für eine Verbindung von www.xs4all.nl und www.spenneberg.net gesucht wird, so wird der zweite Schlüssel gewählt.

Ein privater RSA-Schlüssel wird in Form acht relativ großer Zahlen in der Datei dargestellt. Sie werden als Liste mit geschweiften Klammern umschlossen. Sinnvoll ist es, den RSA-Schlüssel über mehrere Zeilen anzugeben. Dann müssen aber alle folgenden Zeilen eingerückt werden. Dies trifft selbst dann auf die letzte Zeile zu, wenn sie lediglich die schließende geschweifte Klammer enthält.

Der Schlüssel wird mit der Direktive rsa in der Datei eingetragen. Die Identitäten, die diesem Schlüssel zugewiesen werden, gelten alle als lokale Identitäten.

Bei der Konfiguration der VPN-Tunnel in der Datei /etc/ipsec.conf ist es möglich, für die verschiedenen Tunnel unterschiedliche lokale Identitäten zu definieren. So können für verschiedene Tunnel unterschiedliche RSA-Schlüssel zum Einsatz kommen.

Die Erzeugung der RSA-Schlüssel kann bei Openswan mit dem Befehl ipsec rsasigkey erfolgen. Hierbei ist lediglich die Angabe der Schlüssellänge (zum Beispiel 2048) erforderlich (siehe unten). Um aber gleich die richtige Syntax für diese Datei zu erzeugen, kann der Befehl ipsec newhostkey genutzt werden. StrongSwan verzichtet auf entsprechende Befehle, da heute üblicherweise nur noch Zertifikate verwendet werden. Deren Konfiguration wird in dem entsprechenden Kapitel 13.5 besprochen.

Wenn aus organisatorischen oder administrativen Gründen die Schlüssel in unterschiedlichen Dateien aufgeführt werden sollen, so besteht die Möglichkeit, diese mit der include-Direktive zu laden. Hierbei ist es möglich, auch ein Globbing mit Wildcards (?*) zu nutzen.

Zusammenfassung

Syntax:

1. Jede Einheit aus Identität und Schlüssel beginnt in der ersten Spalte.
2. Müssen mehrere Zeilen verwendet werden, so werden Folgezeilen eingerückt. Dies gilt auch für die letzte schließende Klammer bei RSA-Schlüsseln!
3. Alle Angaben auf einer Zeile werden durch Leerzeichen voneinander getrennt. Ein Zeilenumbruch gilt als Leerzeichen.
4. Als Schlüssel können RSA-Schlüssel oder PSK-(PreShared Key-) Schlüssel mit den entsprechenden Direktiven rsa und psk angegeben werden. Die Groß-/Kleinschreibung ist hierbei unerheblich.
5. Die Funktion der Identitäten hängt von den verwendeten Schlüsseln ab. Allgemein lässt sich sagen, dass sowohl IP-Adressen als auch DNS-Namen und E-Mail-Adressen als Identitäten möglich sind. Die Platzhalter %any oder 0.0.0.0 treffen auf jede IPv4-Adresse zu, und %any6 trifft auf jede IPv6-Adresse zu. Wenn die Identität fehlt, handelt es sich um einen Defaulteintrag, der auf jede Verbindung zutrifft.

   » *PSK*: Hierbei besteht die Möglichkeit, nur die Identität des lokalen Rechners oder auch zusätzlich die Identität des Partners anzugeben.

   » *RSA*: Die aufgeführten Identitäten gelten lediglich als unterschiedliche Identitäten des lokalen Rechners. Der Partner kann bei RSA-Schlüsseln nicht angegeben werden.

12.2 ipsec.conf

Die Datei `ipsec.conf` enthält die meisten Konfigurationseinstellungen. In der Datei `ipsec.secrets` sind lediglich die Schlüssel für die Authentifizierung beim Aufbau der Tunnel enthalten. Alle Einstellungen in der Datei `ipsec.conf` dürfen öffentlich bekannt sein und sind nicht kritisch.

Die Datei `ipsec.conf` besteht üblicherweise aus drei oder mehr Abschnitten:

» `config setup` Hier werden allgemeine Parameter für den Start definiert.

» `conn %default` Diese Defaultverbindung erlaubt die Definition von Standardwerten für alle Verbindungen.

» `conn client-airport` Dies ist die Definition der VPN-Verbindung Client-Airport. Hier können nun mehrere VPN-Verbindungen nacheinander definiert werden. Dabei ist der Name nur symbolischer Natur.

Die drei Abschnitte werden durch die oben angegebenen Direktiven getrennt. Alle Parameter, die innerhalb eines Abschnittes nun definiert werden sollen, müssen eingerückt werden. Beispiel 12.4 zeigt eine typische Datei.

Listing 12.4: **Die Datei ipsec.conf**

```
config setup
        plutodebug=none

conn %default
        authby=psk

conn newyork-berlin
        left=3.0.0.1
        leftid=@newyork
        right=5.0.0.1
        rightid=@berlin
        rightnexthop=5.255.255.254
        auto=start
```

Diese Datei – in Kombination mit einer entsprechenden `ipsec.secrets` – genügt bereits, um eine VPN-Verbindung aufzubauen. Die Konfiguration ist also gar nicht kompliziert. Bevor nun jedoch eine VPN-Verbindung tatsächlich aufgebaut wird, sollen kurz alle wichtigen Direktiven der Datei besprochen werden. Die folgende Erläuterung kann später als Nachschlagewerk dienen. Ein Parameter, der an jeder Stelle genutzt werden kann, ist der `include`-Parameter. Er erlaubt, weitere Dateien an der entsprechenden Stelle in die Datei `/etc/ipsec.conf` einzulesen und auszuwerten.

12.3 Setup-Parameter

Im `config setup`-Bereich wird definiert, wie *swan gestartet werden soll. Hier können Sie eine ganze Reihe von Angaben machen, die anschließend das Verhalten von *swan steuern.

Beginnen wir mit den häufigen Parametern:

» `plutodebug`: Dieser Parameter erlaubt die Einstellung der entsprechenden Debug-Informationen für Pluto beim Start. Dieser Wert kann zu einem späteren Zeitpunkt mit dem Befehl `ipsec pluto --debug-<option>` geändert werden. Er unterstützt ebenso die Einstellungen `none` und `all`. Zusätzlich können die folgenden Debug- Informationen einzeln aktiviert werden:

  • `control` protokolliert die von Pluto getroffenen Entscheidungen (sinnvoll bei der Fehlersuche).

  • `crypt` protokolliert die Ver- und Entschlüsselung der Nachrichten.

  • `dns` zeigt die DNS-Anfragen für KEY- und TXT-Einträge (bei `rsasigkey=%dns` und opportunistischer Verschlüsselung, sinnvoll bei der Fehlersuche).

  • `emitting` zeigt die Struktur der ausgehenden Nachrichten.

  • `klips` protokolliert die Kommunikation mit KLIPS. KLIPS wird jedoch auf dem Kernel 2.6 nicht mehr verwendet.

  • `lifecycle` temporäre Option, protokolliert die Lebensdauer der Security Associations (SA).

  • `parsing` zeigt die Struktur der eingehenden Nachrichten (sinnvoll bei der Fehlersuche).

  • `private` protokolliert auch die privaten Schlüssel im Protokoll.

  • `raw` zeigt sämtliche übertragenen Bytes an (raw bytes).

» `crlcheckinterval` Hiermit kann das Intervall, nach dem eine CRL neu eingelesen werden muss, angegeben werden.

» `uniqueids` Diese Einstellung definiert, ob mit einer ID gleichzeitig Verbindungen von unterschiedlichen IP-Adressen aufgebaut werden dürfen. Wenn dieser Wert auf `yes` gesetzt wird, so werden bei einer neuen Verbindung alle anderen Tunnel mit derselben ID und unterschiedlicher IP-Adresse gelöscht. Defaultwert ist `yes`.

» `dumpdir` Zu Debug-Zwecken können Linux-Programme bei einem Absturz ihr Speicherabbild (`dump`) in eine Datei (`core`) schreiben. So können die Programmierer diese Datei untersuchen und feststellen, warum es zum Absturz gekommen ist. Im Fall von Pluto ist dies jedoch sicherheitstechnisch bedenklich, da alle Informationen einschließlich des privaten Schlüssels in dieser Datei vorhanden sind. Pluto schreibt sein Abbild nur, wenn in der Variable `dumpdir` ein Verzeichnis angegeben wurde.

» `prepluto` Hier können Sie ein Shell-Kommando angeben, das vor dem Start von Pluto ausgeführt wird. Dies kann zum Beispiel verwendet werden, um vor dem Start die Datei `ipsec.secrets` aus einer verschlüsselten Datei zu erstellen.

» `postpluto` Hier können Sie ein Shell-Kommando angeben, das nach dem erfolgreichen Start von Pluto ausgeführt wird. Dies kann zum Beispiel eine mit `prepluto` erzeugte Datei wieder löschen.

12.4 Verbindungsparameter

Die Parameter, die bei den Verbindungen angegeben werden können, lassen sich in zwei Gruppen einteilen. Einige Parameter sind sowohl bei Openswan als auch strongSwan gültig, während andere Parameter nur bei strongSwan mit dem IKEv2-Daemon *Charon* gültig sind.

Alle Parameter können auch als Defaultwerte gesetzt werden. Dies erfolgt durch die Angabe der Parameter in einem eigenen Block. Dieser Block trägt dann den Namen `conn %default`. Im Folgenden ist ein Beispiel dargestellt:

```
conn %default
        keyingtries=0
        authby=psk
```

Die Werte der hier gesetzten Parameter gelten dann für alle Verbindungen, außer sie werden bei den Verbindungen erneut auf einen anderen Wert gesetzt.

12.5 Allgemeine Parameter

Die Angabe der folgenden Parameter ist bei jeder Verbindung erlaubt beziehungsweise erforderlich:

» `type` Dieser Parameter legt die Art der Verbindung fest. Mögliche Werte sind `type=tunnel`, `transport`, `drop`, `reject` und `pass-through`. Im ersten Fall wird IPsec im Tunnelmodus und im zweiten Fall im Transportmodus betrieben. Die Defaulteinstellung ist `tunnel`. Dies ist in den meisten Fällen auch die richtige Einstellung.

» `left` Dies ist eine erforderliche Angabe. Hiermit wird die IP-Adresse eines der beiden VPN-Endpunkte definiert. Wenn an dieser Stelle `left=%defaultroute` angegeben wird, so wird die aktuelle IP-Adresse des Interfaces genutzt, über die das Standard-Gateway erreichbar ist. Das ist eine sinnvolle Einstellung für Dialup-Verbindungen oder andere Umgebungen, in denen die IP-Adresse zum Zeitpunkt der Konfiguration unbekannt ist. Dieser Parameter überschreibt dann auch den Parameter `leftnexthop` (s.u.).

» `right` Siehe `left`. Nur einer der beiden Parameter `left` oder `right` darf den Wert `%defaultroute` enthalten[1].

» `leftsubnet` Hiermit kann ein privates Netzwerk `leftsubnet` definiert werden, das sich hinter dem VPN-Gateway `left` befindet. Die Angabe erfolgt in der Form IP-Adresse/Netz-

---

1 Ob es sich bei dem lokalen System um Left oder Right handelt, erkennt *swan automatisch beim Start.

maske. Wenn dieser Parameter fehlt, so wird `left/32` angenommen. Die Angabe eines Netzwerks ist nur im Tunnelmodus sinnvoll.

» `rightsubnet` Siehe `leftsubnet`.

» `leftnexthop` Dieser Eintrag enthält das Gateway, über das das andere Ende des VPN-Tunnels erreicht werden kann. Wenn der Wert `left=%defaultroute` gesetzt ist (s.o.), so wird dieser Eintrag durch das Standard-Gateway überschrieben. Wenn der Parameter nicht angegeben wird, so wird angenommen, dass das andere Ende direkt erreicht werden kann.

» `rightnexthop` Siehe `leftnexthop`.

» `leftupdown` Ein Script, das automatisch gestartet wird, wenn der Zustand der Verbindung sich ändert (up/down). Hier werden die Routen und Firewallregeln angepasst. Standardeinstellung ist das Script `/usr/lib/ipsec/_updown`.

» `rightupdown` Siehe `leftupdown`.

» `leftfirewall` Dieser Parameter kann genutzt werden, um zusätzliche Firewallregeln anpassen zu lassen. Dies trifft insbesondere zu, wenn bereits Firewallregeln vorhanden sind, die den Verkehr unterdrücken oder IP-Adressen mit NAT modifizieren würden. Die erlaubten Werte für diesen Parameter sind `yes` und `no` (Default). Der Parameter `leftfirewall` darf nicht mit `leftupdown` gemeinsam genutzt werden. Wenn er gesetzt wird, modifiziert er die Firewallregeln mit dem Default-_updown-Script.

FreeS/WAN unterstützte nur Linux-Paketfilter mit dem Befehl `ipfwadm`. Erst Openswan und strongSwan unterstützen auch `iptables`.

» `rightfirewall` Siehe `leftfirewall`.

» `also` Hiermit können Parameter eines anderen Abschnitts an dieser Stelle angehängt werden, als wären sie hier eingegeben worden. Dazu wird mit `also` der Name des entsprechenden Abschnitts angegeben. Die Definition des einzulesenden Abschnitts muss später in der Datei erfolgen. So können, ähnlich wie mit einem Unterprogramm, häufig benötigte Definitionen ausgelagert werden.

» `esp` Dieser Parameter definiert, dass das *Encapsulated Security Payload*-(ESP-)Protokoll und ein bestimmter Verschlüsselungs- und Authentifizierungsmechanismus für die Verbindung zu verwenden sind. Mögliche Werte sind zum Beispiel `3des`, `3des-sha1-96` und `3des-md5-96`. Wird dieser Parameter nicht angegeben, handeln die IKE-Daemons selbstständig den Algorithmus aus.

» `espreplaywindow` Das Protokoll *Encapsulated Security Payload* (ESP) bietet einen Anti-Replay-Service. Hierzu wird ein Schiebefenster genutzt (siehe Kapitel 8.5). Die Größe kann zwischen 0 (abgeschaltet, Default) und 64 angegeben werden. Wird kein Wert angegeben, handeln die IKE-Daemons den Wert selbst aus.

» `ah` Dieser Parameter definiert, dass das *Authentication Header* -(AH-)Protokoll und ein bestimmter Authentifizierungsmechanismus für die Verbindung zu verwenden sind. Mögliche Werte sind `hmac-md5-96` und `hmac-sha1-96`. Wird kein Wert angegeben, handeln die IKE-Daemons selbst das Protokoll und den Algorithmus aus.

» `ahreplaywindow` Siehe `espreplaywindow`.

» `keyexchange` Hiermit kann die Methode zum Schlüsselaustausch definiert werden. Der momentan einzige gültige Wert bei Openswan ist `ike` (Default). StrongSwan erlaubt auch die Angabe von `ikev1` und `ikev2`.

» `auto` Dieser Parameter definiert, wie die Verbindung bei dem Start des IKE-Daemons gehandhabt werden soll. Erlaubte Werte sind `ignore`, `add`, `route` und `start`. Die Werte `add` und `start` führen dazu, dass die Verbindung geladen beziehungsweise auch sofort gestartet wird. Der Wert `route` lädt die Verbindung und setzt bereits die Route für diese Verbindung, ohne jedoch den Tunnel zu starten. Der Tunnel wird dann automatisch bei Bedarf gestartet.

» `auth` Dieser Wert definiert, ob die Authentifizierung der Pakete im Rahmen des ESP-Protokolls (`esp`, Default) oder separat mit dem zusätzlichen Protokoll AH (`ah`) erfolgen soll. Verbindungen, bei denen eine Network Address Translation unterwegs durchgeführt wird, können kein AH- Protokoll nutzen (siehe Kapitel 8.7). Charon kann aktuell nur ESP nutzen.

» `authby` Dieser Parameter erlaubt die Wahl von entweder PreShared Keys (`secret`, `psk`) oder RSA-Schlüsseln (`rsasig`, Default) für die Authentifizierung der Gegenseite. Zusätzlich werden `xauthpsk` und `xauthrsasig` (IKEv1) und `eap` (IKEv2) unterstützt. Der Wert `never` erlaubt keine Authentifizierung.

» `leftid` Identifikation (ID) des linken Tunnelendpunktes. Dies kann eine IP-Adresse oder eine beliebige Zeichenkette mit vorangestelltem @ sein. Wenn `leftid` nicht angegeben wird, ist der Defaultwert die bei `left` angegebene IP-Adresse.

» `rightid` Siehe `leftid`.

» `leftrsasigkey` Dies ist der öffentliche RSA-Schlüssel (Public Key) des linken Tunnelendpunktes. Er kann als hexadezimaler Schlüssel (mit dem Präfix 0x) oder als Base64 kodierter Schlüssel (mit dem Präfix 0x) angegeben werden. Alternativ sind hier die Werte `%none`, `%dnsondemand` und `%dnsonload` möglich. Mit dem Wert `%dnsonload` lädt Pluto den Schlüssel aus dem KEY-Eintrag des als `leftid` angegebenen DNS-Namens. Bei `%dnson-demand` wird der Schlüssel erst geladen, wenn er von Pluto benötigt wird. Gebräuchlich ist die Angabe `%cert`. Hiermit wird der RSA-Schlüssel aus einem Zertifikat extrahiert.

» `rightrsasigkey` Siehe `leftrsasigkey`.

» `leftrsasigkey2` Dies ermöglicht die Angabe eines alternativen Schlüssels, der ebenfalls anerkannt wird. Hiermit besteht die Möglichkeit einer einfachen Schlüsselmigration.

» `rightrsasigkey2` Siehe `leftrsasigkey2`.

» `pfs` Hiermit kann die *Perfect Forward Secrecy* (PFS) der Sitzungsschlüssel deaktiviert werden. PFS verhindert, das ein Angreifer bei Kenntnis eines Sitzungsschlüssels auf die vorher verwendeten Sitzungsschlüssel zurückschließen kann. Der Defaultwert ist `yes`.

» `keylife` Hiermit kann die Lebensdauer der Sitzungsschlüssel angegeben werden. Vor Ablauf dieser Zeit werden die Schlüssel im Regelfall neu ausgehandelt, um die dauerhafte Verschlüsselung zu garantieren. Die Angabe kann in ganzen Sekunden (s) oder in Minuten (m), Stunden (h) oder Tagen (d) erfolgen. Der Defaultwert sind `8.0h`. Erlaubt sind Werte von `1s` bis `24.0h`. Die Werte müssen bei den Kommunikationspartnern nicht zwingend übereinstimmen. Allerdings kann es in diesen Fällen auch zu Problemen kommen. Daher sind häufig Anpassungen in heterogenen Umgebungen erforderlich.

» `rekey` Dieser Parameter definiert, ob Pluto vor Ablauf der `keylife` die Neuverhandlung der Schlüssel initiieren soll (`yes`, Default) oder nicht (`no`).

» `rekeymargin` Dieser Wert gibt an, wie früh vor Ablauf der `keylife` Pluto mit der Neuverhandlung der Sitzungsschlüssel beginnen soll. Er akzeptiert die gleichen Werte wie `keylife`. Der Defaultwert ist `9m`.

» `rekeyfuzz` Dieser Prozentsatz definiert, wie stark der gewählte `rekeymargin`-Wert vom eingestellten abweichen darf. Damit werden die Rekey-Intervalle zufälliger gewählt. Erlaubte Werte gehen von 0% bis 100% (Default).

» `keyingtries` Dieser Wert definiert, wie viele Versuche für den Aufbau oder den Wiederaufbau einer Verbindung unternommen werden sollen. Der Wert `%forever` steht für unendlich viele Versuche (Default).

» `ikelifetime` Hiermit kann die Lebensdauer der ISAKMP-Security-Association definiert werden. Der Defaultwert beträgt `1h`.

» `compress` Das IPsec-Protokoll fügt zusätzlichen Overhead zu den übertragenen Informationen hinzu. Dies reduziert die effektiv zur Verfügung stehende Bandbreite. Aus diesem Grund bietet das IPsec-Protokoll die IPcomp-Kompression. Dieser Parameter erlaubt die Einstellung, ob das Gateway diese Kompression optional in der Aushandlung anbieten soll. Nur wenn beide Seiten die Kompression unterstützen, wird sie auch genutzt. Der Defaultwert ist `no`.

Üblicherweise werden ein Großteil der aufgeführten Parameter nicht gesetzt, sondern die vordefinierten Standardwerte genutzt. In den wenigen Fällen, in denen ein Tunnel zu anderen IPsec-Implementierungen aufgebaut werden soll, ist es aber erforderlich, die Standardwerte zu modifizieren.

Im folgenden Listing sehen Sie eine typische automatisch verschlüsselte Verbindung:

Listing 12.5: **Automatisch verschlüsselte Verbindung**

```
conn newyork-berlin
        authby=secret
        left=3.0.0.1
        leftnetwork=192.168.100.0/24
        right=5.0.0.1
        rightnetwork=192.168.210.0/24
        auto=start
```

12.6 Der Kommandozeilenbefehl ipsec

Openswan und strongSwan verwenden nur ein einziges Kommandozeilenwerkzeug, `ipsec`, das als gemeinsames Frontend dient. Dabei hat strongSwan eine eigene Variante dieses Befehls entwickelt, der insbesondere bei vielen Tunneln große Vorteile bietet. StrongSwan spricht hier von dem *IPsec-Starter*. Da dieser andere Argumente fordert, werden im Folgenden die beiden Befehle in getrennten Abschnitten behandelt. Zunächst stelle ich den klassichen Befehl, wie Openswan ihn noch verwendet, vor. Anschließend beschreibe ich den Befehl von strongSwan.

12.6.1 Openswan ipsec

Bei Openswan ist der Befehl auf mehrere Module aufgeteilt. Die Manpage des Werkzeugs ist daher auch auf viele verschiedene Manpages aufgeteilt worden: `ipsec`, `ipsec_setup`, `ipsec_auto`, `ipsec_barf` und so weiter. Die Manpage eines Kommandomoduls erhalten Sie, indem Sie den Namen des Kommandomoduls an den Befehl `ipsec` mit einem Unterstrich anhängen. Im Folgenden stelle ich alle Kommandomodule vor. Hierbei werden die wichtigen, häufig verwendeten Module intensiver besprochen.

Openswan-Kommandomodul: auto

Dieses Modul steuert die automatisch verschlüsselten Verbindungen. Mit ihm können die Verbindungen gestartet, gestoppt und betrachtet werden. Normalerweise können sämtliche benötigten Funktionen über dieses Modul gesteuert werden. Alle weiteren Module sind nur in besonderen Fällen und zur Fehlersuche erforderlich. Das Kommandomodul `auto` kennt die folgenden Befehle:

» `--add` Hiermit wird eine neue Verbindung aus der Konfigurationsdatei in die Pluto-Datenbank eingelesen. Dies ist nur erfolgreich, wenn zuvor noch keine Verbindung mit dem entsprechenden Namen existierte. Anschließend steht diese Verbindungdefinition für einen Aufbau zur Verfügung. Dieser Aufbau kann auf demselben Rechner oder vom anderen Tunnelendpunkt initiiert werden.

```
# ipsec auto --add --verbose left-right
002 added connection description "left-right"
# ipsec auto --add --verbose left-right
020 attempt to redefine connection "left-right"
```

» `--delete` Diese Option erlaubt das Entfernen einer Verbindungsdefinition aus der Pluto-Verbindungsdatenbank. Wenn entsprechende Verbindungen momentan aktiv sind, werden sie ebenfalls beendet. Existierte keine Verbindung mit dem entsprechenden Namen, wird eine Fehlermeldung ausgegeben.

```
# ipsec auto --delete --verbose left-right
002 "left-right": deleting connection
# ipsec auto --delete --verbose left-right
021 no connection named "left-right"
```

» `--replace` Wenn sich die Konfiguration einer Verbindung geändert hat, ist es erforderlich, deren Definition zuerst zu entfernen (`--delete`) und anschließend wieder hinzuzufügen (`--add`). Dies wird von `--replace` in einem Arbeitsschritt durchgeführt.

```
# ipsec auto --replace --verbose left-right
```

```
002 "left-right": deleting connection
002 added connection description "left-right"
```

» --up Mit diesem Kommando wird eine Verbindung gestartet. Pluto versucht nun, basierend auf der geladenen Konfiguration, in der internen Datenbank die entsprechende Verbindung aufzubauen.

```
# ipsec auto --up --verbose left-right
002 "left-right" #1: initiating Main Mode
104 "left-right" #1: STATE\_MAIN\_I1: initiate
106 "left-right" #1: STATE\_MAIN\_I2: sent MI2, expecting MR2
108 "left-right" #1: STATE\_MAIN\_I3: sent MI3, expecting MR3
002 "left-right" #1: Peer ID is ID\_FQDN: '@right'
002 "left-right" #1: ISAKMP SA established
004 "left-right" #1: STATE\_MAIN\_I4: ISAKMP SA established
002 "left-right" #2: initiating Quick Mode RSASIG+ENCRYPT+TUNNEL+PFS+ ↵
        DISABLEARRIVALCHECK
112 "left-right" #2: STATE\_QUICK\_I1: initiate
002 "left-right" #2: sent QI2, IPsec SA established
004 "left-right" #2: STATE\_QUICK\_I2: sent QI2, IPsec SA established
```

» --down Hiermit kann eine vorher aufgebaute Verbindung beendet werden. Dabei sendet Pluto auch eine Delete-SA-Meldung an den Tunnelpartner.

```
# ipsec auto --down --verbose left-right
002 "left-right": terminating SAs using this connection
002 "left-right": #2: deleting state (STATE\_QUICK\_I2)
002 "left-right": #1: deleting state (STATE\_MAIN\_I4)
```

» --route Die Route für den Tunnel wird normalerweise automatisch beim Start des Tunnels mit --up eingerichtet. Wenn jedoch nur die Route ohne einen Start der Verbindung eingerichtet werden soll, so kann das mit diesem Kommando geschehen. Das führt dazu, dass Pakete, die an den anderen Tunnelendpunkt gerichtet sind, den automatischen Start des Tunnels auslösen.

```
# ipsec auto --route --verbose left-right
```

» --unroute Dieser Befehl entfernt die Route wieder. Normalerweise bleibt die Route eingerichtet, wenn der Befehl --down ausgeführt wird oder eine automatische Neuverhandlung der Verbindung fehlschlägt. So ist sichergestellt, dass keine Pakete im Klartext übertragen werden.

» --rereadsecrets, --ready Diese Befehle lesen die Datei /etc/ipsec.secrets erneut ein. Damit ist es möglich, ohne eine Unterbrechung der Tunnel die Schlüssel auszutauschen.

```
# ipsec auto --rereadsecrets --verbose
002 forgetting secrets
002 loading secrets from "/etc/ipsec.secrets"
```

» `--status` Dieser Befehl gibt den aktuellen Status aller Verbindungen aus.

```
# ipsec auto --status --verbose
000 interface ipsec0/eth0 192.168.1.2
000
000 "left-right": 192.168.1.2[@left ↵
        ]---192.168.1.1...192.168.2.1---192.168.2.2[@right]
000 "left-right":   ike-life: 3600s; ipsec-life: 28800s; rekey-margin: ↵
        540s; rekey-fuzz: 100\%; keyingtries: 0
000 "left-right":   policy: RSASIG+ENCRYPT+TUNNEL+PFS+ ↵
        DISABLEARRIVALCHECK; interface: eth0; erouted
000 "left-right":   newest ISAKMP SA: #1; newest IPsec SA: #2; eroute ↵
        owner: #2
000
000 #2: "left-right" STATE\_QUICK\_I2 (sent QI2, IPsec SA established) ↵
        ; EVENT\_SA\_REPLACE in 27991s; newest IPSEC; eroute owner
000 #2: "left-right" esp.3db65bff@192.168.2.2 esp.a3c1aeec@192.168.1.2 ↵
        tun.1002@192.168.2.2 tun.1001@192.168.1.2
000 #1: "left-right" STATE\_MAIN\_I4 (ISAKMP SA established); EVENT\ ↵
        _SA\_REPLACE in
2535s; newest ISAKMP
000
```

» `--show` Das Kommandomodul `auto` ist lediglich ein Frontend für die einfache Ausführung komplizierterer `ipsec`-Kommandos. Um die Ausführung dieser Kommandos angezeigt zu bekommen, kann diese Option genutzt werden.

```
# ipsec auto --down --show left-right
+ ipsec whack --name left-right --terminate
+ echo = 0
```

» `--showonly` Diese Funktion führt dazu, dass die auszuführenden Kommandos lediglich angezeigt, aber nicht ausgeführt werden.

```
# ipsec auto --up --showonly left-right
ipsec whack --name left-right --initiate
```

» `--config` Nicht implementiert. Hiermit soll es möglich sein, eine andere Konfigurations- datei als `/etc/ipsec.conf` anzugeben.

» `--verbose` Diese Funktion gibt wesentlich mehr Informationen aus. Beispiele wurden bei den anderen Parametern gezeigt.

» `--asynchronous` Diese Option ist nur bei gleichzeitiger Verwendung mit `--up` erlaubt. Wenn sie gesetzt ist, wird die Verbindung gestartet, aber die Abarbeitung weiterer Befehle nicht verzögert, bis die Verbindung aufgebaut wurde.

```
# ipsec auto --up --asynchronous left-right
```

Openswan-Kommandomodul: setup

Dieses Kommandomodul kümmert sich um den Start und den Stopp des Systems. Es startet den Pluto-IKE-Daemon und lädt und startet alle Tunnel mit gesetztem Parameter auto. In vielen Distributionen wird dieses Script auch verwendet, um beim Systemstart über den System-V-Init-Daemon das VPN zu starten. Um diese Funktion zu unterstützen, bietet dieses Modul die folgenden Optionen:

» start startet Pluto. Durch den Start von Pluto werden automatisch die Verbindungen gestartet, deren Parameter auto entsprechend gesetzt ist.

» stop Hiermit wird Pluto beendet. Das führt auch zum Ende aller aufgebauten Verbindungen.

» restart Diese Funktion führt stop und start nacheinander aus.

» status Hiermit kann die Funktion von Pluto überprüft werden.

Openswan-Kommandomodul: look

Dieses Kommando gibt einen knappen Überblick über die aufgebauten Verbindungen und ihre Routen. Die Ausgabe dieses Befehls ist nicht sicherheitsrelevant.

```
# ipsec look
left.spenneberg.de Tue Feb  4 03:57:55 CET 2003
192.168.1.2/32     -> 192.168.2.2/32     => tun0x1002@192.168.2.2  ↵
        esp0x3db65c02@192.168.2.2  (0)
ipsec0->eth0 mtu=16260(1500)->1500
esp0x3db65c02@192.168.2.2 ESP\_3DES\_HMAC\_MD5: dir=out src=192.168.1.2  ↵
        iv\_bits=64bits iv=0xe1c3ad3ef7b58bdc ooowin=64 alen=128 aklen ↵
        =128 eklen=192 life(c,s,h)=addtime(55,0,0)
esp0xce65753a@192.168.1.2 ESP\_3DES\_HMAC\_MD5: dir=in  src=192.168.2.2  ↵
        iv\_bits=64bits iv=0x6502032e6c426f28 ooowin=64 alen=128 aklen ↵
        =128 eklen=192 life(c,s,h)=addtime(55,0,0)
tun0x1001@192.168.1.2 IPIP: dir=in  src=192.168.2.2 life(c,s,h)=addtime ↵
        (55,0,0)
tun0x1002@192.168.2.2 IPIP: dir=out src=192.168.1.2 life(c,s,h)=addtime ↵
        (55,0,0)
Destination      Gateway        Genmask          Flags  MSS Window  irtt ↵
        Iface
0.0.0.0          192.168.1.1    0.0.0.0          UG     40  0        0 ↵
        eth0
192.168.1.0      0.0.0.0        255.255.255.0    U      40  0        0 ↵
        eth0
192.168.1.0      0.0.0.0        255.255.255.0    U      40  0        0 ↵
        ipsec0
192.168.2.2      192.168.1.1    255.255.255.255 UGH    40  0        0 ↵
        ipsec0
```

Openswan-Kommandomodul: barf

Für das Debugging und in erster Linie zur Ferndiagnose besser geeignet ist die Ausgabe des Kommandomoduls barf. Es bereitet sämtliche Dateien und Protokolleinträge auf und gibt sie auf der Standardausgabe aus. Diese Informationen können dann in eine Datei umgelenkt werden und zur Ferndiagnose zum Beispiel per E-Mail versandt werden. Die erzeugte Datei enthält alle Informationen, die für die Fehleranalyse erforderlich sind. Alle sicherheitskritischen Informationen werden durch Prüfsummen ersetzt, sodass eine Zuordnung möglich, aber ein Einblick verwehrt bleibt.

Openswan-Kommandomodul: eroute

Dieses Modul erlaubt es, die IPsec-Routingtabellen des KLIPS-Kernels zu verwalten. Diese Funktionen werden hier nicht mehr betrachtet, da der Kernel 2.6 ein eigenes IPsec-Modul besitzt, das diese Routen nicht unterstützt.

Openswan-Kommandomodul: ranbits

Dieses Modul erzeugt Zufallszahlen im ASCII-Format. Diese Zufallszahlen sind sehr gut als PreShared Key oder als Authentifizierungs- und Verschlüsselungsschlüssel für manuelle Verbindungen geeignet. Das Modul ist in der Lage, zwei verschiedene Quellen für die Erzeugung der Zufallszahl zu verwenden. Üblicherweise wird das Gerät /dev/random genutzt. Dies erzeugt sehr hochwertige Zufallszahlen. Zur Beschleunigung der Erzeugung kann jedoch mit der Option --quick der Pseudozufallszahlengenerator /dev/urandom genutzt werden. Bei jedem Aufruf muss die Anzahl der zu ermittelnden zufälligen Bits angegeben werden.

```
# ipsec ranbits 128
0xd46774ea_5cd0b3d2_0594af64_8ba52fa9
```

Die zusätzliche Angabe von --continuous unterdrückt die Ausgabe des Unterstrichs alle 32 Bit.

Openswan-Kommandomodul: rsasigkey

Mit diesem Modul können RSA-Schlüsselpaare erzeugt werden. Hierzu ist es in erster Linie erforderlich, die Schlüssellänge in Bits anzugeben:

```
$ /usr/sbin/ipsec rsasigkey 2192
# RSA 2192 bits   kermit.spenneberg.de   Tue Feb  4 14:26:49 2003
# for signatures only, UNSAFE FOR ENCRYPTION
#pubkey=0sAQNOL...
#IN KEY 0x4200 4 1 AQNOLC...
# (0x4200 = auth-only host-level, 4 = IPSec, 1 = RSA)
Modulus: 0x742c...
PublicExponent: 0x03
# everything after this point is secret
PrivateExponent: 0x135c...
```

```
Prime1: 0xe7fcc41K...
Prime2: 0x80328b09...
Exponent1: 0x9aa882b84...
Exponent2: 0x5577075b7...
Coefficient: 0x15fcba42e...
```

Zusätzliche Optionen erlauben die Modifikation des Hostnamens in der ersten Zeile (fett, `--hostname`), die Angabe der Zufallszahlenquelle (`--random`) und die Angabe der zu verwendenden Runden (`--rounds`, Default 30). Die erzeugten Schlüssel weisen immer einen öffentlichen Exponenten von 3 auf. Diese Schlüssel sind lediglich zur Signatur gedacht und bieten keine sichere Verschlüsselung!

Heute werden jedoch kaum noch diese RSA-Schlüssel eingesetzt und Zertifikate vorgezogen. Die meisten anderen Implementierungen können nicht diese reinen RSA-Schlüssel verwenden.

Openswan-Kommandomodul: verify

Dies ist ein sehr wichtiges Modul für die Fehlersuche. Es testet eine Vielzahl von Bedingungen und meldet, ob diese erfüllt sind. Dieses Modul sollten Sie als Erstes aufrufen, wenn eine Installation nicht funktioniert.

```
# ipsec verify
Checking your system to see if IPsec got installed and started correctly
Version check and ipsec on-path                        [OK]
Checking for RSA private key (/etc/ipsec.secrets)      [OK]
Checking that pluto is running                         [OK]
< gekürzt >
```

Openswan-Kommandomodul: showhostkey

Um eine Authentifizierung mit RSA-Schlüsseln durchzuführen, benötigen die beiden Tunnelendpunkte jeweils den öffentlichen Schlüssel des Partners. Dies kann durch einen entsprechenden Eintrag in der Datei `ipsec.conf` geschehen (`leftrsasigkey`) oder durch einen KEY-Record eines DNS-Servers. Diese Einträge benötigen eine spezielle Syntax. Ein Schlüssel in dieser Syntax kann sehr einfach mit dem `showhostkey`-Befehl extrahiert werden.

```
# ipsec showhostkey
; RSA 2048 bits   left.spenneberg.de   Tue Feb  4 00:25:22 2003
left.spenneberg.de.    IN    KEY     0x4200 4 1
AQN2mRSuMk/ts8wP3c5b2xJS1uefK7OX11z1SsT4xTC/jPjVv5Q+knO+wqxGcWS5dcns2s
SnVbhza15cgQ2N8WbRxhvgGwscDYoqwvReLUumxmL26LLr47Wg3/5gsM1jnUS9FJ1Wn7NO
WJOnHS1U7Z4VreRX28Gid6FzgpSRntDI11HhiAIA33eDaLjD2+IQhGcv/O5EE6ys2nCLBm
W1Yo+5F7Hx5MKagOGz1Vsh+7d81MUjTrOQOJMywgTg3YQ7sezOl5qolE9AmLbDsYo2AWOa
m1KX4TK5DdRTCTK1jcsFPOndgBbTw3oaIkxruw9e8t/CzsS42M+4w7cBAOWxOEJp
```

Normalerweise erzeugt der Befehl den Schlüssel in einem Format, das es erlaubt, ihn direkt in einer DNS-Zonendatei zu verwenden. Mit den Optionen `--left` und `--right` besteht die Möglichkeit, den Schlüssel als `leftrsasigkey` für die Datei `ipsec.conf` zu formatieren. Mit `--id` kann hierbei der Schlüssel einer anderen Identität ausgewählt werden. Ansonsten wird der Defaultschlüssel genutzt.

Mit der Option `--txt` kann ein Format generiert werden, das für die opportunistische Verschlüsselung benötigt wird.

Openswan-Kommandomodul: spi

Dieses Modul ermöglicht es, bei Verwendung des KLIPS-IPsec-Kernels die IPsec-Security-Associations zu verwalten. So besteht die Möglichkeit, IPsec-SAs zu erzeugen und zu entfernen. Es wird hier nicht weiter betrachtet.

Openswan-Kommandomodul: spigrp

Dieses Modul ermöglicht es, bei Verwendung des KLIPS-IPsec-Kernels die IPsec-Security-Associations in Gruppen zu verwalten. So besteht die Möglichkeit, IPsec-SAs zu erzeugen und zu entfernen. Es wird hier nicht weiter betrachtet.

Openswan-Kommandomodul: tncfg

Der Befehl `ipsec tncfg` bindet eine virtuelle `ipsec0`-Netzwerkkarte an die physikalische Netzwerkkarte. Dies ist nur bei dem Einsatz des KLIPS-IPsec-Kernels möglich. Daher wird dies hier nicht weiter betrachtet.

Openswan-Kommandomodul: pluto

Pluto ist der IKE-Daemon. Er ist für den *Internet Key Exchange* in der Version 1 zuständig. Dieses Kommando startet Pluto. Anfragen können dann mit dem `ipsec whack`-Befehl gestellt werden. Dieser Befehl wird weiter unten behandelt.

Pluto verhandelt sowohl die ISAKMP-SA der Phase 1 als auch die IPsec-SAs der Phase 2. Pluto implementiert in der Phase 1 den sogenannten Main-Modus und den Aggressive-Modus.

Die Richtlinien für die Annahme oder Ablehnung von Security Associations sind momentan nicht modifizierbar. Diese Richtlinien befinden sich nicht in einer Datenbank, sondern sind in Pluto hardkodiert.

Der Aufruf von Pluto erfolgt normalerweise vollkommen automatisch durch `ipsec setup`. Das Kommando `ipsec pluto` ist daher nur zu verwenden, wenn das Kommando zum Start umgangen werden soll.

Openswan-Kommandomodul: whack

Der Befehl `ipsec whack` dient zur internen Steuerung und zur Kommunikation mit Pluto. Dieser Befehl wird verwendet, um Verbindungen zu laden, zu starten und zu beenden. Dabei können sämtliche Parameter, die normalerweise in der Datei `ipsec.conf` definiert werden, auf der Kommandozeile angegeben werden. Normalerweise wird dieser Befehl durch den Befehl `ipsec auto` mit den entsprechenden Parametern aufgerufen. Der interne Befehl bietet unter anderem Optionen zur Verwaltung von Verbindungen und Routen. Diese Verwaltung erfolgt jedoch komfortabler mit den entsprechenden Frontends. Eine weitere Erläuterung der Optionen bietet die sehr ausführliche Manpage (`ipsec_whack(8)`). Jedoch existiert eine sehr sinnvolle Option, mit der im laufenden Betrieb einer Verbindung deren Debugstatus verändert werden kann. So stellt `ipsec whack --name <verbindung> --debug-<all|none|raw| crypt|parsing|emitting|control|klips|dns|private>` für jede Verbindung den Status ein, ohne dass Sie den Tunnel erneut starten müssen. Genauso besteht die Möglichkeit, ohne Neustart die verwendeten Schlüssel anzuzeigen, beziehungweise sie neu einzulesen.

```
# ipsec whack --listpubkeys
# ipsec whack --rereadsecrets
```

Zusätzlich existieren auch die folgenden Funktionen: `--listcerts`, `--listcacerts`, `--listcrls`, `--listall`, `--rereadmycert`, `--rereadcacerts`, `--rereadcrls` und `--rereadall` für die Behandlung von Zertifikaten.

Openswan-Kommandomodul: pf_key

Dieses interne Kommando wird genutzt, um die Schlüsselanfragen des Kernels abzufangen und zu beantworten. Hierzu öffnet das Kommando einen `PF_KEY`-Socket und leitet alle hierüber empfangenen Anfragen weiter. Der Socket unterstützt Schlüsselanfragen für AH-, ESP- und IPcomp-Kompressions-SAs.

Ein Aufruf dieses Befehls durch den Benutzer ist nie erforderlich.

Openswan-Kommandomodul: ikeping

Das IKE-Protokoll unterstützt Ping-ähnliche Echo-Pakete. Sie dienen zur Diagnose von Netzwerkproblemen. Die Implementierung dieser Echo-Pakete wird im Internet Draft von M. Richardson (http://www.sandelman.ottawa.on.ca/SSW/ietf/ipsec/ikeping/ipsec-ikeping.txt) beschrieben. Dieser Draft wurde am 22. Feburar 2002 veröffentlicht und ist am 23. August 2002 nach sechs Monaten gelöscht worden. Das ISAKMP/IKE-Echo-Protokoll ist nicht zum Standard erhoben worden. Daher wird die Unterstützung in vielen anderen IPsec-Implementationen fehlen.

Dennoch kann das Kommando `ipsec ikeping` in reinen Openswan-Umgebungen bei der Fehlersuche sehr hilfreich sein.

Dazu übermittelt `ipsec ikeping` an alle angegebenen Adressen eine ISAKMP-Nachricht vom Typ 244. Als Antwort erwartet es eine ISAKMP-Nachricht vom Typ 245. So kann dieser Befehl die Verfügbarkeit und Funktion des IKE-Daemons des anderen Tunnelendpunktes testen.

Openswan-Kommandomodul: calcgoo

Dies ist ein rein internes Kommando, mit dem das für den aktuellen Kernel passende KLIPS-Modul ermittelt wird. So wird sichergestellt, dass die Module nur dann geladen werden, wenn sie zum Kernel passen.

Openswan-Kommandomodul: showdefaults

Dieser Befehl zeigt die Werte an, die bei der Angabe von %defaultroute in der Datei ipsec.conf verwendet werden. Dies kann ebenfalls recht gut zur Fehlersuche genutzt werden. So besteht die Möglichkeit, die dort angezeigten Informationen mit den gewünschten Werten zu vergleichen. StrongSwan kennt diesen Befehl nicht!

```
# ipsec showdefaults
routeaddr=192.168.2.2
routeaddr=192.168.2.2
routenexthop=192.168.2.1
routenexthop=192.168.2.1
defaultroutephys=eth0
defaultroutevirt=ipsec0
defaultrouteadd=192.168.2.2
defaultroutenexthop=192.168.2.1
```

Openswan-Kommandomodul: newhostkey

Mit diesem Kommando kann sehr einfach ein neues RSA-Schlüsselpaar erzeugt werden. Hierbei erzeugt dieser Befehl, im Gegensatz zum Befehl rsasigkey, die Schlüssel direkt in einem Format, das in der Datei ipsec.secrets erwartet wird. Um die Schlüssel zu erzeugen, verwendet der Befehl eine Schlüssellänge von 2192 Bits. Da heute in erster Linie Zertifikate eingesetzt werden, wird dieser Befehl hier nicht weiter betrachtet. Seine Funktion wird in der Manpage ipsec_newhostkey erläutert.

12.6.2 strongSwan-IPsec-Starter: ipsec

Das Programm ipsec von strongSwan weist weniger Funktionen auf. Die meisten dieser Funktionen sind direkt in das Script eingebaut und nicht über externe Module realisiert. Das originale setup-Modul wurde durch starter abgelöst. Dieses ist in seiner Ausführung stark beschleunigt worden.

Im Folgenden werde ich Ihnen die wichtigsten Kommandos kurz erläutern. In den weiteren Kapiteln werde ich dann immer auf die entsprechenden Kommandos hinweisen. In den meisten Fällen werden die Ausgaben aber von strongSwan gezeigt werden. Ich halte strongSwan für die weiter fortgeschrittene Implementierung und nutze sie daher vorzugsweise.

Start und Stopp des IPsec-Systems

Um das IPsec-System zu starten und zu stoppen, unterstützt der Befehl die folgenden Argumente:

» `start` Hiermit starten Sie Pluto und bei Bedarf bei strongSwan 4.x auch den IKEv2-Daemon Charon.

» `update` Dieser Befehl sendet ein HUP-Signal. Änderungen in der Datei `ipsec.conf` werden eingelesen.

» `reload` Dies sendet ein USR1-Signal. Dadurch wird die gesamte Konfiguration komplett neu eingelesen.

» `restart` Dies führt ein `stop` und anschließend ein `start` aus.

» `stop` Hiermit werden Pluto und Charon mit dem TERM-Signal gestoppt.

Diese Argumente werden direkt angegeben:

```
# ipsec start
```

Verwaltung der einzelnen Tunnel

Der Befehl `ipsec` verfügt auch über Argumente zur Steuerung einzelner Tunnel:

» `up` Hiermit startet Pluto den Tunnel mit dem angegebenen Namen.

» `down` Dies beendet den entsprechenden Tunnel.

» `route` Hiermit installiert Pluto eine entsprechende Route für den Tunnel.

» `unroute` Dies entfernt die Route für den Tunnel.

» `status` Dieser Befehl gibt einen kurzen Statusbericht über einen Tunnel oder das gesamte System.

» `statusall` Hiermit erhalten Sie ausführliche Informationen über einen Tunnel oder das gesamte System.

Anzeige der Schlüssel und Zertifikate

Auch für die Anzeige der aktuell verwendeten Schlüssel und Zertifikate verfügt strongSwan über viele Befehle. Gerade hier liegt die Stärke von strongSwan. Es punktet in der Unterstützung von X.509-Zertifikaten und deren Besonderheiten.

» `listalgs` Dieser Befehl zeigt alle von Pluto, Charon und dem Linux-Kernel unterstützten Verschlüsselungs- und Hash-Algorithmen an.

» `listpubkeys` Dieser Befehl erzeugt eine Liste alle öffentlichen RSA-Schlüssel.

» `listcerts` Dieser Befehl zeigt die lokal geladenen Zertifikate.

» `listcacerts` Hiermit werden die Zertifikate der Autoritäten (Certificate Authority) angezeigt (`/etc/ipsec.d/cacerts/`). Zusätzlich können diese Zertifikate auch über das IKE-Protokoll in das PKCS#7-Format übertragen werden.

» `listaacerts` Dieser Befehl zeigt die *Authorization Authority*-Zertifikate an (`/etc/ipsec.d/aacerts/`).

» `listocspcerts` Dies sind die Zertifikate der OCSP-Unterzeichner (Online-Certificate-Status-Protocol). Diese werden aus dem Verzeichnis `/etc/ipsec.d/ocspcerts/` geladen.

» `listacerts` Hiermit geben Sie eine Liste der Attribute Certificates aus.

» `listgroups` Mit Gruppen können Sie User-Authorization-Profile definieren.

» `listcainfos` Dieser Befehl extrahiert die Certificate-Authority-Informationen aus der `ipsec.conf`-Datei (CRL Distribution Point, OCSP URIs etc.).

» `listcrls` Dieser Befehl zeigt alle CRLs an.

» `listocsp` Hiermit zeigen Sie alle Nachrichten von OCSP-Servern an.

» `listcards` Dieser Befehl zeigt eine Liste der Zertifikate auf einer Smartcard.

» `listall` Dieser Befehl zeigt alle Informationen der oben angegebenen Befehle an.

Einige Ausgaben enthalten Zeitstempel. So werden bei Zertifikaten Gültigkeitsinformationen ausgegeben. Diese Ausgabe erfolgt üblicherweise in der lokalen Zeitzone. Durch die Angabe von `--utc` werden die Zeitstempel in UTC ausgegeben.

Verwaltung der Schlüssel und Zertifikate

StrongSwan verfügt auch über eine ganze Reihe von Befehlen, mit denen die Schlüssel im laufenden Betrieb ohne eine Unterbrechung der laufenden Tunnel neu eingelesen werden können. Dies ist zum Beispiel erforderlich, wenn Sie eine neue Zertifikatsautorität hinzufügen möchten oder für einen weiteren Tunnel einen privaten Schlüssel konfigurieren. Auch die folgenden Befehle werden direkt als Argument des Befehls `ipsec` angegeben:

» `rereadsecrets` Liest die Datei `ipsec.secrets` neu ein.

» `rereadgroups` Liest die Gruppeninformationen neu ein.

» `rereadcacerts` Liest alle Zertifikate aus `/etc/ipsec.d/cacerts/` neu ein.

» `rereadaacerts` Liest alle Zertifikate aus `/etc/ipsec.d/aacerts/` neu ein.

» `rereadocspcerts` Liest alle Zertifikate aus `/etc/ipsec.d/ocspcerts/` neu ein.

» `rereadacerts` Liest alle Zertifikate aus `/etc/ipsec.d/acerts/` neu ein.

» `rereadcrls` Liest alle Zertifikate aus `/etc/ipsec.d/crls/` neu ein.

» `rereadall` Hiermit werden alle obigen Befehle ausgeführt.

» `purgeocsp` Hiermit vergisst strongSwan alle OCSP-Informationen in seinem Cache. Diese Informationen müssen bei Bedarf neu angefordert werden.

13. Automatische Verbindung mit dem Pluto-IKE-Daemon

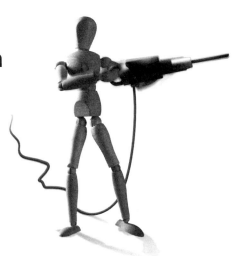

Dieses Kapitel zeigt Ihnen den Aufbau einer automatischen Verbindung. Sie wird im Rahmen einer Schritt-für-Schritt-Anleitung aufgebaut, sodass Sie die entsprechenden Vorgänge direkt nachvollziehen können. Dabei ist es zunächst uninteressant, ob Sie Openswan oder strongSwan verwenden. Sollten Unterschiede wichtig sein, werde ich Sie entsprechend darauf hinweisen.

Bei einer automatisch verschlüsselten Verbindung gibt der Administrator lediglich die zu verwendende Authentifizierung für den Aufbau der Verbindung fest vor. Die tatsächlich verwendeten Sitzungsschlüssel für die Verschlüsselung und Authentifizierung der Pakete werden mit dem *Internet Key Exchange*-(IKE-)Protokoll automatisch ausgehandelt, nachdem die Authentifizierung erfolgreich durchgeführt wurde. Das IKE-Protokoll tauscht diese Schlüssel auch in regelmäßigen Abständen aus und kann dabei *Perfect Forward Secrecy* (PFS) garantieren. Das bedeutet, dass durch das Knacken eines Schlüssels nicht die vorher verwendeten Schlüssel ermittelt werden können. Eine manuell verschlüsselte Verbindung kann keine PFS bieten, da die Schlüssel während der gesamten Verbindung nicht verändert werden. Dies ist dort die Aufgabe des Administrators. Er muss die Sicherheit der Schlüssel gewährleisten und auch für ihren regelmäßigen Austausch sorgen. Je länger für einen Tunnel identische Schlüssel verwendet werden, desto größer ist die Gefahr, dass ein Angreifer in der Lage ist, durch Kryptoanalysen, durch einen Einbruch auf einem der Gateways oder durch Social Engineering die Schlüssel zu ermitteln. Er ist dann in der Lage, bei einer manuell verschlüsselten Verbindung sämtliche Nachrichten (auch vorher verschlüsselt mitgeschnittene Informationen) zu entschlüsseln und zu lesen. Bei einer automatisch verschlüsselten Verbindung mit PFS kann er die Nachrichten lediglich in dem Zeitrahmen entschlüsseln, in dem dieser geknackte Schlüssel gültig ist.

Es soll hier noch einmal darauf hingewiesen werden, dass automatisch verschlüsselte Verbindungen erstens wesentlich sicherer sind und zweitens wesentlich weniger administrativen Aufwand verursachen, da die Schlüssel automatisch in regelmäßigen Abständen neu erzeugt werden. Sie sollten es daher möglichst vermeiden, manuell verschlüsselte Verbindungen zu verwenden.

Der hier verwendete Testaufbau ist in Kapitel 44, „Testumgebungen", ausführlich beschrieben. Dort befinden sich auch Hinweise, wie mit VMware, KVM oder User Mode Linux diese Umgebungen virtuell aufgebaut werden können.

13.1 Konfiguration

Zunächst soll für die automatisch verschlüsselte Verbindung die Konfigurationsdatei ipsec.conf erstellt werden. Sie enthält die gesamte Konfiguration des Tunnels. Die für die Authentifizierung der Kommunikationspartner verwendeten Schlüssel werden in der Datei ipsec.secrets abgespeichert. Diese sehr wichtige Datei wird weiter unten behandelt. Da in der Datei ipsec.conf keine sensitiven Informationen gespeichert werden, ist lediglich sicherzustellen, dass niemand außer dem Administrator die Datei /etc/ipsec.conf modifizieren darf. Das Lesen dieser Datei ist sicherheitstechnisch unkritisch.

Die Konfigurationsdatei wird zunächst aus zwei Abschnitten bestehen. Der erste Abschnitt definiert die Parameter für den Start von Pluto. Der zweite Abschnitt definiert dann die automatisch verschlüsselte Verbindung.

Der config setup-Abschnitt sollte bei einer automatisch verschlüsselten Verbindung die in Listing 13.1 aufgeführten Einträge enthalten.

Listing 13.1: **Automatisch verschlüsselte Verbindung: config setup**

```
config setup
        plutodebug=none
        charonstart=no
```

Diese Werte definieren das Startverhalten von Pluto. Der Parameter charonstart sollte nur bei strongSwan 4.x verwendet werden. Er verhindert hier zunächst den Start des Charon-IKEv2-Daemons. Bei Openswan verzichten Sie auf diesen Parameter.

Das Debugging sollte zunächst deaktiviert werden. Im Falle eines Fehlers kann es dann immer noch aktiviert werden.

Die Konfiguration der eigentlichen Verbindung unterscheidet sich nun je nach der gewählten Authentifizierungsmethode. Im Folgenden wird die Authentifizierung mit einem PreShared Key (PSK) und X.509-Zertifikaten besprochen.

Die einzelnen Methoden und die daraus resultierenden Konfigurationsdateien werden wir in den folgenden Kapiteln besprechen.

13.1.1 Authentifizierung mit PreShared Keys (PSK)

Das IKE-Protokoll erlaubt die Authentifizierung der Kommunikationspartner mit einem Kennwort. Dieses Kennwort muss vorher zwischen den beiden Partnern ausgetauscht werden. Daher spricht man von einem PreShared Key (PSK). Die Geheimhaltung dieses Schlüssels ist von immenser Wichtigkeit, da ein Dritter, der Zugang zu diesem Schlüssel erhält, dann in der Lage ist, eine verschlüsselte Verbindung aufzubauen und einen Man-in-the-Middle-Angriff zu starten.

Aus diesem Grund sind öffentliche RSA-Schlüssel in Form von X.509-Zertifikaten einem PSK vorzuziehen. Die meisten kommerziellen Implementierungen unterstützen heute auch diese Authentifizierung. Allerdings erfordert sie den Aufbau einer PKI.

Die Definition einer Verbindung in der Datei `ipsec.conf` für die Authentifizierung mit einem PSK ist in Beispiel 13.2 dargestellt.

Listing 13.2: **Automatisch verschlüsselte Verbindung mit PSK**

```
conn psk-newyork-berlin
        left=3.0.0.1
        leftnexthop=3.255.255.254
        right=5.0.0.1
        rightnexthop=5.255.255.254
        authby=secret
        auto=add
```

Die Parameter `left` und `right` definieren die IP-Adressen der VPN-Gateways. Die Parameter `leftnexthop` und `rightnexthop` geben die jeweiligen Standard-Gateways an (siehe Kapitel 44).

Der Parameter `authby` *muss angegeben werden, da per Default ansonsten die Authentifizierung per RSA-Signatur (Zertifikat) verwendet wird. Alternativ hätte hier aber auch ein* `authby=psk` *stehen können. Der Wert* `add` *für* `auto` *wurde hier bewusst gewählt. Dies erleichtert im nächsten Abschnitt den Test des Tunnels. Später werden Sie für den produktiven Einsatz hier* `auto=start` *wählen.*

Wichtig ist in der Datei bei Openswan auch der folgende Eintrag:

`include /etc/ipsec.d/examples/no_oe.conf`

Tragen Sie diese Zeile am besten am Ende der Datei ein. Hiermit schalten Sie die opportunistische Verschlüsselung aus. Diese ist bei strongSwan abgeschaltet, daher wird diese Zeile in den weiteren Beispielen nicht aufgeführt. Die Datei `no_oe.conf` *enthält die richtigen Parameter, um die opportunistische Verschlüsselung zu deaktivieren. Bei strongSwan stört der Eintrag nicht und wird ignoriert. Weitere Informationen zur opportunistischen Verschlüsselung finden Sie in Kapitel 36.*

Nun muss noch das Kennwort in der Datei `ipsec.secrets` angegeben werden. Diese Datei enthält bei allen automatisch verschlüsselten Verbindung mit Openswan oder strongSwan immer die sensitiven Informationen für die Authentifizierung.

Das gewählte Kennwort sollte möglichst nicht nur aus Buchstaben bestehen, sondern eine zufällige Abfolge von Zeichen darstellen. Da diese PSKs jedoch nur schwer einzuprägen sind, werden häufig Wörter oder Sätze aus dem normalen Sprachgebrauch verwendet. Dies reduziert jedoch die Stärke des PSKs ähnlich wie bei dem Problem bei Anmeldekennwörtern. Ein Wörterbuchangriff wird recht schnell derartige PSKs ermitteln.

Um nun einen starken PSK zu erzeugen, kann der Befehl `ipsec ranbits` von Openswan verwendet werden. Bei strongSwan können Sie sich mit einer Kombination aus `/dev/random` und `md5sum` behelfen. Dieser Befehl gibt aber immer nur 128 Bits aus.

```
# ipsec ranbits --continuous 128
0xe10bd52b0529b54aac97db63462850f3

# dd if=/dev/random bs=1 count=256 | md5sum
256+0 Datensätze ein
256+0 Datensätze aus
a09e706c547e13a9799710f264a742c3  -
256 Bytes (256 B) kopiert, 0,00481867 s, 53,1 kB/s
```

Dieser PSK kann nun in der Datei /etc/ipsec.secrets eingetragen werden. Dies ist in Listing 13.3 dargestellt.

Listing 13.3: **Die Datei ipsec.secrets mit PSK**

```
3.0.0.1 5.0.0.1 : PSK 0xe10bd52b0529b54aac97db63462850f3 # ranbits
3.0.0.1 6.0.0.1 : PSK 0xa09e706c547e13a9799710f264a742c3 # md5sum
: PSK "kennwort" # schlechter PSK
```

Die abgebildete Datei enthält drei Schlüssel. Der erste Schlüssel wurde mit ipsec ranbits generiert und wird nur verwendet, wenn eine Verbindung zwischen den Gateways 3.0.0.1 und 5.0.0.1 aufgebaut werden soll. Der zweite Schlüssel wurde mit der Kombination aus /dev/random und md5sum generiert und wird entsprechend nur zwischen 3.0.0.1 und 6.0.0.1 (hier nicht vorhanden) verwendet. Der dritte Schlüssel ist ein universeller Default-Schlüssel, der in allen anderen Fällen genutzt wird. Das Schlüsselwort PSK definiert, dass in allen Fällen ein PreShared Key folgt.

Wichtig sind nun die Rechte dieser Datei. Es sollte sichergestellt werden, dass nur *root* in der Lage ist, die Datei zu lesen und natürlich zu schreiben. Hiermit ist die Konfiguration abgeschlossen. Nun kann der Tunnel aufgebaut werden.

13.2 Aufbau des Tunnels

Um diesen Tunnel aufzubauen, ist es erforderlich, dass beide Gateways über identische Tunneldefinitionen und Schlüssel verfügen. Im einfachsten Fall werden die entsprechenden Dateien /etc/ipsec.conf und /etc/ipsec.secrets auf die zweite Maschine kopiert.

Ist der Austausch der Konfigurationen erfolgt, so können Sie zunächst Pluto starten. Anschließend kann der Tunnel geladen und gestartet werden. Hierbei ist es wichtig, dass der Tunnel noch von Hand gestartet wird, da der Parameter auto=add gesetzt ist.

Der Start erfolgt bei Openswan mit ipsec setup start. Bei strongSwan verwenden Sie ipsec start.

Listing 13.4: **Start des Tunnels mit strongSwan**

```
strongswan-Berlin:~# ipsec start
Starting strongSwan 4.2.4 IPsec [starter]...
strongswan-Berlin:~# ipsec status
```

```
000 "psk-newyork-berlin":  ↩
        5.0.0.1---5.255.255.254...3.255.255.254---3.0.0.1; unrouted;  ↩
        eroute owner: #0
000 "psk-newyork-berlin":   newest ISAKMP SA: #0; newest IPsec SA: #0;
000
Security Associations:
  none
strongswan-Berlin:~# ipsec up psk-newyork-berlin
002 "psk-newyork-berlin" #1: initiating Main Mode
104 "psk-newyork-berlin" #1: STATE_MAIN_I1: initiate
003 "psk-newyork-berlin" #1: ignoring Vendor ID payload [strongSwan  ↩
        4.2.4]
003 "psk-newyork-berlin" #1: ignoring Vendor ID payload [Cisco-Unity]
003 "psk-newyork-berlin" #1: received Vendor ID payload [XAUTH]
003 "psk-newyork-berlin" #1: received Vendor ID payload [Dead Peer  ↩
        Detection]
106 "psk-newyork-berlin" #1: STATE_MAIN_I2: sent MI2, expecting MR2
108 "psk-newyork-berlin" #1: STATE_MAIN_I3: sent MI3, expecting MR3
002 "psk-newyork-berlin" #1: Peer ID is ID_IPV4_ADDR: '3.0.0.1'
002 "psk-newyork-berlin" #1: ISAKMP SA established
004 "psk-newyork-berlin" #1: STATE_MAIN_I4: ISAKMP SA established
002 "psk-newyork-berlin" #2: initiating Quick Mode PSK+ENCRYPT+TUNNEL+PFS  ↩
        +UP {using isakmp#1}
112 "psk-newyork-berlin" #2: STATE_QUICK_I1: initiate
002 "psk-newyork-berlin" #2: sent QI2, IPsec SA established {ESP=>  ↩
        0xb73c35d6 <0xe1d93baf}
004 "psk-newyork-berlin" #2: STATE_QUICK_I2: sent QI2, IPsec SA  ↩
        established {ESP=>0xb73c35d6 <0xe1d93baf}
strongswan-Berlin:~# ipsec status
000 "psk-newyork-berlin":  ↩
        5.0.0.1---5.255.255.254...3.255.255.254---3.0.0.1; erouted;  ↩
        eroute owner: #2
000 "psk-newyork-berlin":   newest ISAKMP SA: #1; newest IPsec SA: #2;
000
000 #2: "psk-newyork-berlin" STATE_QUICK_I2 (sent QI2, IPsec SA  ↩
        established); EVENT_SA_REPLACE in 2734s; newest IPSEC; eroute  ↩
        owner
000 #2: "psk-newyork-berlin" esp.b73c35d6@3.0.0.1 (0 bytes) esp.e1d93baf@  ↩
        5.0.0.1 (0 bytes); tunnel
000 #1: "psk-newyork-berlin" STATE_MAIN_I4 (ISAKMP SA established);  ↩
        EVENT_SA_REPLACE in 10226s; newest ISAKMP
000
Security Associations:
```

```
none
```

Die in der Ausgabe definierten Zustände beziehen sich übrigens direkt auf die gesendeten Pakete beim Aufbau der ISAKMP-SA und der IPsec-SA. Ein I im State beschreibt den Initiator und ein R den Responder.

Wird nun wieder ein Ping von Berlin nach NewYork gestartet, so werden diese Pakete verschlüsselt übertragen (siehe Listing 13.6). Zum Vergleich können Sie sich den unverschlüsselten Ping-Verkehr in Listing 13.5 ansehen.

Listing 13.5: **Unverschlüsselter Ping-Verkehr**

```
15:10:58.018732  5.0.0.1 > 3.0.0.1: icmp: echo request (DF)
15:10:58.026198  3.0.0.1 > 5.0.0.1: icmp: echo reply
15:10:59.053507  5.0.0.1 > 3.0.0.1: icmp: echo request (DF)
15:10:59.060959  3.0.0.1 > 5.0.0.1: icmp: echo reply
```

Listing 13.6: **Verschlüsselter Ping-Verkehr**

```
12:39:15.232200  3.0.0.1 > 5.0.0.1: ESP(spi=0x11363a61,seq=0x1)
12:39:15.239036  5.0.0.1 > 3.0.0.1: ESP(spi=0xe214defa,seq=0x1)
12:39:16.283861  3.0.0.1 > 5.0.0.1: ESP(spi=0x11363a61,seq=0x2)
12:39:16.286828  5.0.0.1 > 3.0.0.1: ESP(spi=0xe214defa,seq=0x2)
```

Beim verschlüsselten Verkehr fallen im Gegensatz zur manuell verschlüsselten Verbindung (siehe Listing 10.3) die hohen *Security Parameter Indices* (SPI) auf. Pluto verwendet für die automatisch verschlüsselten Verbindungen Werte ab 0x1000. Dabei werden natürlich auch für jede Richtung unterschiedliche SPI verwendet.

13.3 Verbesserungen und Erweiterungen

Wenn nun zusätzlich zwei Netzwerke, die sich hinter den Gateways befinden, über das VPN kommunizieren sollen, so ist ein weiterer Tunnel erforderlich. Die Parameter, die bei beiden Verbindungen benötigt werden, können in eine conn %default ausgelagert werden. Hier wurde das für den Parameter authby=secret genutzt. Die fertige Konfigurationsdatei /etc/ipsec.conf, die dies einschließt, ist in Listing 13.7 abgebildet.

Listing 13.7: **Komplette Datei: /etc/ipsec.conf**

```
config setup
        plutodebug=none
        charonstart=no


conn %default
        authby=secret
        keyingtries=%forever


conn psk-newyork-berlin
```

```
        left=3.0.0.1
        leftid=@newyork
        leftnexthop=3.255.255.254
        right=5.0.0.1
        rightid=@berlin
        rightnexthop=5.255.255.254
        auto=start

conn psk-newyorknet-berlinnet
        left=3.0.0.1
        leftid=@newyork
        leftnexthop=3.255.255.254
        leftsubnet=10.0.1.0/24
        right=5.0.0.1
        rightid=@berlin
        rightnexthop=5.255.255.254
        rightsubnet=10.0.2.0/24
        auto=add
```

Zusätzlich wurde in dieser Datei der Wert des Parameters auto modifiziert. So wird die Verbindung *psk-newyork-berlin* direkt beim Start von Pluto aufgebaut. Die zweite Verbindung, *psk-leftnet-rightnet* wird lediglich geladen. So besteht die Möglichkeit, dass diese Verbindung von der anderen Seite aufgebaut werden kann.

Außerdem wurde der Parameter keyingtries aufgenommen. Er stellt sicher, dass Pluto unendlich lange versuchen wird, die Verbindung *psk-newyork-berlin* aufzubauen. Bei älteren Versionen war dies nicht der Default. Bei aufgebauten Verbindungen führt dieser Parameter dazu, dass Pluto auch hier unendlich lange versuchen wird, einen neuen Schlüsselaustausch durchzuführen beziehungsweise ausgefallene Verbindungen wiederherzustellen. Dies kann sich auch negativ auf die Performance auswirken. Diese Einstellung ist nur dann sinnvoll, wenn die IP-Adressen der Gegenstelle bekannt sind und diese dauerhaft verfügbar ist. Wenn es sich bei der Gegenstelle um sogenannte Roadwarrior mit wechselnden IP-Adressen handelt, sollte keyingtries auf den Wert 1 gesetzt werden. Um eine einfache Lesbarkeit der Tunnel und der Protokolldateien zu erreichen, wurden den Gateways symbolische Namen mit den Parametern leftid und rightid zugewiesen. Werden diese Parameter nicht genutzt, so wird die IP-Adresse an ihrer Stelle genutzt.

Die Protokollierung erfolgt übrigens über den Syslog-Daemon meistens in unterschiedlichen Dateien. Auf einem Debian-System finden Sie die meisten Meldungen in /var/log/auth.log. Auf anderen Systemen müssen Sie die Konfiguration Ihres Syslog-Daemons kontrollieren. Diese kann in einer der drei folgenden Dateien enthalten sein:

» /etc/rsyslog.conf

» /etc/syslog.conf

» /etc/syslog-ng.conf

13.4 Fazit

Die Konfiguration einer automatisch verschlüsselten Verbindung mit PSKs ist recht einfach. Hierbei werden die Schlüssel zur Authentifizierung in einer eigenen getrennten Datei (`ipsec.secrets`) gespeichert. Die Datei `ipsec.conf` kann sehr einfach identisch auf beiden Tunnelendpunkten angelegt werden. Die tatsächlichen Sitzungsschlüssel für die Authentifizierung und Verschlüsselung der Pakete werden von Pluto mit dem IKE-Protokoll automatisch ausgehandelt und bei Ablauf ihrer Lebensdauer regelmäßig ausgetauscht.

Leider muss jedoch der PreShared Key (PSK) zwischen den beiden Gateways ausgetauscht werden. Dieser Schlüssel wird für die Authentifizierung im IKE-Protokoll zwischen den beiden Gateways genutzt. Er dient als Grundlage des anschließenden Diffie-Hellman-Schlüsselaustausches. Wenn dieser Schlüssel in die Hände Dritter gerät, so können diese einen Man-in-the-middle-Angriff ausführen. Die Geheimhaltung des PSKs hat also höchsten Vorrang. Dies ist jedoch nur sehr schwer zu gewährleisten, da dieser Schlüssel auf beiden Systemen identisch sein muss. Das bedeutet, er muss vor dem Aufbau des VPNs auf einem alternativen sicheren Weg ausgetauscht werden.

Automatisch verschlüsselte Verbindungen, die öffentliche RSA-Schlüssel oder X.509-Zertifikate verwenden, weisen dieses Problem nicht auf.

13.5 Automatisch verschlüsselte Verbindung mit X.509-Zertifikaten

FreeS/WAN unterstützte von Haus aus lediglich den Aufbau von automatisch verschlüsselten Verbindungen mit PSKs und RSA-Schlüsseln. Die Unterstützung von X.509-Zertifikaten war nur mit einem zusätzlichen Patch möglich, der ein fester Bestandteil von Openswan und strongSwan ist.

Der wesentliche Unterschied bei der Verwendung von X.509-Zertifikaten besteht darin, dass nicht sämtliche öffentlichen Schlüssel aller beteiligten VPN-Gateways untereinander vor dem Aufbau der Tunnel ausgetauscht werden müssen. Dies ist bei der Verwendung von reinen RSA-Schlüsseln notwendig und erzeugt einen hohen zusätzlichen Administrationsaufwand. Die Zertifikate werden von den Gateways während der Authentifizierung selbst automatisch ausgetauscht. Damit nicht jedes Zertifikat für den Aufbau eines Tunnels genutzt werden kann, prüft das empfangene Gateway, ob das Zertifikat gültig ist und ob es dem Zertifikat vertraut. Im einfachsten Fall vertrauen alle Gateways der Autorität, die die Zertifikate ausgestellt hat (Certificate Authority, CA). Dies wird umgesetzt, indem alle Gateways über das Zertifikat der CA im Verzeichnis `/etc/ipsec.d/cacerts` verfügen.

Baut nun ein VPN-Gateway eine Verbindung zu einem weiteren auf, so überträgt es während der Authentifizierung auch sein X.509-Zertifikat. Der Empfänger prüft, ob dies von der richtigen CA unterzeichnet wurde und gültig ist. Ist dies der Fall, wird dieses Zertifikat genutzt, um anschließend den Partner zu authentifizieren.

Dieses Verfahren wird von den meisten IPsec-Implementierungen unterstützt. So können mit Openswan und strongSwan bei der Verwendung von X.509-Zertifikaten heterogene Netzwerke mit einer Großzahl weiterer freier und kommerzieller Implementierungen aufgebaut werden.

13.5.1 Erzeugung von X.509-Zertifikaten mit OpenSSL

Es existieren viele verschiedene Möglichkeiten, um X.509-Zertifikate zu erzeugen. In Kapitel 28 stelle ich weitere Methoden vor, die bei häufiger Verwendung den Umgang mit Zertifikaten stark vereinfachen können.

Linux bietet jedoch mit dem OpenSSL-Paket alle für die Erzeugung einer Zertifikatsautorität und das Signieren von Zertifikaten notwendigen Funktionen. Daher soll hier kurz vorgestellt werden, wie mit dem Kommando `openssl` und `CA.pl` diese Funktionen umgesetzt werden können.

Dieser Exkurs kann kein OpenSSL-Handbuch sein und jeden Befehl bis in seine letzte Funktion erläutern. Bei weitergehenden Fragen empfehle ich Ihnen das OpenSSL-Handbuch des DFN-CERT (`http://www.dfn-pca.de/certify/ssl/handbuch/`).

Das Kommando `CA.pl`[1]. erlaubt einen einfacheren Umgang mit der Zertifikatsautorität als das eigentliche `openssl`-Kommando. Das Kommando `CA.pl` ist bei den Distributionen in unterschiedlichen Paketen zu finden. Bei Fedora befindet es sich im Paket *openssl-perl*. Bei Debian ist es Bestandteil des Paketes *openssl*. Stellen Sie sicher, dass Sie das richtige Paket installiert haben. Auch der Ort des Befehls ist unterschiedlich:

» Debian: `/usr/lib/ssl/misc/CA.pl`

» Fedora: `/etc/pki/tls/misc/CA.pl`

Die Zertifikatsautorität (Certificate Authority, CA) sollte in einem eigenen Verzeichnis untergebracht werden. Aus Sicherheitsgründen sollte der Rechner, auf dem die CA erzeugt wird, keine Verbindung zum Netzwerk aufweisen. Wenn dies nicht möglich ist, sollten Sie überlegen, die CA auf einer Diskette oder einem USB-Memory-Stick anzulegen. Dieses Medium kann dann bei Nichtgebrauch entfernt und so sicher gelagert werden.

Zunächst sollten Sie das Verzeichnis erzeugen und die OpenSSL-Konfigurationsdatei (`openssl.cnf`) und das Perl-Script `CA.pl` hineinkopieren.

Listing 13.8: **Vorbereitung des CA-Verzeichnisses unter Debian**

```
# mkdir /ca
# cp /usr/lib/ssl/openssl.cnf /ca
# cp /usr/lib/ssl/misc/CA.pl /ca
```

Anschließend ist es sinnvoll, die Konfigurationsdatei zu editieren. Modifizieren Sie die folgenden Einträge entsprechend Ihren Wünschen.

---

1 Alternativ kann auch das Werkzeug `CA` oer `CA.sh` verwendet werden. Diese Scripts machen aber häufig einen Fehler bei der Erzeugung der Zertifikatsautorität. Das Zertifikat der CA verfügt nicht über die Erweiterung `CA:true`

Listing 13.9: **Modifikation der Konfigurationsdatei**

```
default_days                     = 365    # how long to certify for
default_crl_days                 = 30     # how long before next CRL
countryName_default              = DE
stateOrProvinceName_default      = NRW
localityName_default             = Steinfurt
0.organizationName_default       = OpenSource-Training Ralf Spenneberg
organizationalUnitName_default   = VPN
```

Nun kann die CA erzeugt werden. Dies ist sehr einfach mit dem Kommando CA.pl möglich. Hierbei wird automatisch auch die richtige Verzeichnisstruktur angelegt. Dazu ist der Aufruf ./CA.pl -newca erforderlich. Hierbei muss jedoch mit der Variablen OPENSSL_CONF der Ort der angepassten Konfigurationsdatei mitgeteilt werden.

Listing 13.10: **Erzeugung der CA**

```
# export OPENSSL\_CONF=./openssl.cnf
# ./CA.pl -newca
CA certificate filename (or enter to create)

Making CA certificate ...
Generating a 1024 bit RSA private key
.........++++++
...................................++++++
writing new private key to './demoCA/private/cakey.pem'
Enter PEM pass phrase:
Verifying - Enter PEM pass phrase:
-----
You are about to be asked to enter information that will be incorporated
into your certificate request.
What you are about to enter is what is called a Distinguished Name or a DN.
There are quite a few fields but you can leave some blank
For some fields there will be a default value,
If you enter '.', the field will be left blank.
-----
Country Name (2 letter code) [DE]:
State or Province Name (full name) [NRW]:
Locality Name (eg, city) [Steinfurt]:
Organization Name (eg, company) [OpenSource-Training Ralf Spenneberg]:
Organizational Unit Name (eg, section) [VPN]:
Common Name (eg, YOUR name) []:Root CA
Email Address []:

Please enter the following 'extra' attributes
to be sent with your certificate request
```

```
A challenge password []:
An optional company name []:
Using configuration from ./openssl.cnf
Enter pass phrase for ./demoCA/private/cakey.pem:
Check that the request matches the signature
Signature ok
Certificate Details:
        Serial Number:

...
(gekürzt)
```

Nun wurde ein Verzeichnis demoCA angelegt, in dem die Schlüssel der CA und die Datenbank für die Zertifikate gespeichert werden. Das Unterverzeichnis demoCA/newcerts enthält später die signierten Zeritifikate. democA/crl enthält die Rückruflisten (Certificate Revocation Lists) und demoCA/private/cakey.pem den privaten Schlüssel der CA. Die Datei demoCA/cacert.pem enthält das selbst signierte Zertifikat der CA. Die Dateien demoCA/index.txt und demoCA/serial dienen zur Verwaltung der Zertifikatsdatenbank. Für sämtliche Beispiele auf der CD wurde als Kennwort für die privaten Schlüssel *kennwort* verwendet.

Nun sollte zunächst die Lebensdauer des RootCA-Zertifikats verlängert werden. Dieses Zertifikat wurde möglicherweise lediglich für 365 Tage ausgestellt. Um es auf 3650 Tage, also zehn Jahre, zu verlängern, ist ein Aufruf von openssl erforderlich.

Listing 13.11: **Verlängerung des RootCA-Zertifikats**

```
# cd demoCA
# openssl x509 -in cacert.pem -days 3650 -out cacert2.pem -signkey ↵
        ./private/cakey.pem
Getting Private key
Enter PEM pass phrase:
# mv cacert2.pem cacert.pem
# cd ..
```

Jetzt ist die Zertifikatsautorität vorbereitet und kann endlich genutzt werden, um Zertifikatsanfragen zu erzeugen und diese zu signieren.

Die Zertifikatsanfrage kann mit dem Werkzeug CA.pl erzeugt werden. Hierzu ist es erforderlich, das Kommando mit der Option -newreq für „New Request" aufzurufen.

Listing 13.12: **Erzeugung einer Zertifikatsanfrage**

```
# ./CA.pl -newreq
Generating a 1024 bit RSA private key
......................++++++
..................................++++++
writing new private key to 'newkey.pem'
Enter PEM pass phrase:
Verifying - Enter PEM pass phrase:
```

```
-----
You are about to be asked to enter information that will be incorporated
into your certificate request.
What you are about to enter is what is called a Distinguished Name or a DN.
There are quite a few fields but you can leave some blank
For some fields there will be a default value,
If you enter '.', the field will be left blank.
-----
Country Name (2 letter code) [DE]:
State or Province Name (full name) [NRW]:
Locality Name (eg, city) [Steinfurt]:
Organization Name (eg, company) [OpenSource-Training Ralf Spenneberg]:
Organizational Unit Name (eg, section) [VPN]:
Common Name (eg, YOUR name) []:NewYork
Email Address []:

Please enter the following 'extra' attributes
to be sent with your certificate request
A challenge password []:
An optional company name []:
Request is in newreq.pem, private key is in newkey.pem
```

Diese Signaturanfrage wurde in der Datei `newreq.pem` gespeichert und kann nun signiert werden. Der zu dieser Anfrage passende private Schlüssel wurde in einer eigenen Datei namens `newkey.pem` gespeichert. Bei älteren Versioen kann der private Schlüssel ebenfalls in der Datei `newreq.pem` gespeichert werden. In jedem Fall wird er jedoch vorher mit dem eingegebenen Kennwort verschlüsselt.

Um die Signaturanfrage zu signieren, verwenden Sie `./CA.pl -sign`.

Listing 13.13: **Signatur der Anfrage**

```
# ./CA.pl -sign
Using configuration from ./openssl.cnf
Enter pass phrase for ./demoCA/private/cakey.pem:
Check that the request matches the signature
Signature ok
Certificate Details:
        Serial Number:
            e8:20:07:67:df:60:c4:57
        Validity
            Not Before: Jan 27 12:55:42 2009 GMT
            Not After : Jan 27 12:55:42 2010 GMT

        Subject:
            countryName               = DE
```

```
        stateOrProvinceName       = NRW
        localityName              = Steinfurt
        organizationName          = OpenSource-Training Ralf  ↵
                Spenneberg
        organizationalUnitName    = VPN
        commonName                = NewYork
    X509v3 extensions:
        X509v3 Basic Constraints:
            CA:FALSE
        Netscape Comment:
            OpenSSL Generated Certificate
        X509v3 Subject Key Identifier:
            7B:48:66:5F:5E:57:54:F6:BB:51:C1:B0:12:6C:4F:35:E4:2A:F6:  ↵
                C3
        X509v3 Authority Key Identifier:
            keyid:A0:37:75:B9:25:9E:B0:FF:5F:97:93:4F:5D:D2:97:71:BE  ↵
                :78:46:89

Certificate is to be certified until Jan 27 12:55:42 2010 GMT (365 days)
Sign the certificate? [y/n]:y

1 out of 1 certificate requests certified, commit? [y/n]y
Write out database with 1 new entries
Data Base Updated
Signed certificate is in newcert.pem
```

Anschließend sollten Sie die Dateien newkey.pem (oder newreq.pem) und newcert.pem sinn-voll (newyork_key.pem, newyork_cert.pem) umbenennen:

```
# mv newkey.pem newyork_key.pem
# mv newcert.pem newyork_cert.pem
```

Dieser Vorgang kann nun für jeden Rechner wiederholt werden, für den Zertifikate benötigt werden.

Zusätzlich sollte nun jedoch noch die Widerrufliste (*Certificate Revocation List*, CRL) erzeugt werden. Widerruflisten enthalten Zertifikate, die bereits während ihrer Gültigkeitsdauer nicht mehr verwendet werden dürfen, weil sie zum Beispiel verloren gingen oder in falsche Hände gerieten. Diese Rückrufliste hat per Default eine Lebensdauer von 30 Tagen. Der Wert wird in der OpenSSL-Konfigurationsdatei vorgegeben. Sie muss daher alle 30 Tage neu erzeugt und auf die Gateways kopiert werden. StrongSwan kann auch die CRL selbstständig laden. Dies wird später (siehe Kapitel 38) erläutert.

Listing 13.14: **Erzeugung der CRL**

```
# openssl ca -gencrl -out demoCA/crl/crl.pem
Using configuration from /usr/share/ssl/openssl.cnf
Enter PEM pass phrase:
```

Die so erzeugte RootCA, die Zertifikate und die CRL können nun für die Authentifizierung im VPN genutzt werden.

13.5.2 Anpassungen in der Konfiguration

Im Folgenden beschreibe ich zunächst die Erzeugung der Konfigurationsdatei ipsec.conf. Sie ähnelt der entsprechenden Datei für PSKs. Die Definition einer Verbindung in dieser Datei ist in Listing 13.15 dargestellt. Übernehmen Sie bitte den Kopf der Datei aus Listing 13.7.

Listing 13.15: **Automatisch verschlüsselte Verbindung mit X.509-Zertifikaten**

```
conn x509-newyork-berlin
        left=3.0.0.1
        leftnexthop=3.255.255.254
        leftrsasigkey=%cert
        leftid="/C=DE/ST=NRW/L=Steinfurt/O=OpenSource-Training Ralf  ↵
                Spenneberg/OU=VPN/CN=NewYork"
        #leftcert=newyork_cert.pem
        right=5.0.0.1
        rightnexthop=5.255.255.254
        rightrsasigkey=%cert
        rightid="/C=DE/ST=NRW/L=Steinfurt/O=OpenSource-Training Ralf  ↵
                Spenneberg/OU=VPN/CN=Berlin"
        #rightcert=berlin_cert.pem
        authby=rsasig
        auto=add
```

Die angegebene Identifikation (ID) können Sie aus den Zertifikaten extrahieren. Hierzu können Sie den OpenSSL-Befehl nutzen:

```
# openssl x509 -in newyork_cert.pem -noout -subject
subject= /C=DE/ST=NRW/L=Steinfurt/O=OpenSource-Training Ralf Spenneberg/  ↵
         OU=a VPN/CN=NewYork
```

Die Distinguished Names (DN) der Zertifikate, die Sie auf diese Weise erhalten, können Sie in der Datei als leftid und rightid eingeben. Sie müssen ja auch für das Gateway Berlin ein entsprechendes Zertifikat erzeugen. Wenn Sie bei der Erzeugung des Zertifikats ein subjectAltName definiert haben, kann dieser auch hier angegeben werden, zum Beispiel als leftid=ralf@spenneberg.net. Die Erzeugung des subjectAltName wird in Kapitel 28 besprochen.

Nun benötigt Pluto die entsprechenden Zertifikate und Schlüssel an den richtigen Stellen. Hierzu benötigen Sie ein Verzeichnis /etc/ipsec.d mit den Unterverzeichnissen private, certs, cacerts und crls. Diese Verzeichnisstruktur wird bei der Installation von Openswan und strongSwan automatisch erzeugt. Die folgenden Dateien müssen nun hier hinterlegt werden:

» cacert.pem Das Zertifikat der Root-CA muss in das Verzeichnis /etc/ipsec.d/cacerts/ kopiert werden.

» crl.pem Die Widerrufliste (CRL) der RootCA muss in das Verzeichnis /etc/ipsec.d/ crls/ kopiert werden.

» newyork_cert.pem Das Zertifikat des Gateways New York muss auf diesem Gateway in das Verzeichnis /etc/ipsec.d/certs/ kopiert werden. Entsprechend müssen Sie auf das Gateway Berlin die Datei berlin_cert.pem kopieren. Zusätzlich ist es erforderlich, mit der Direktive leftcert=newyork_cert.pem den Ort bekannt zu geben. Die endgültige Datei ipsec.conf kann daher nicht einfach kopiert werden. Auf dem Rechner Berlin wird entsprechend der Parameter rightcert verwendet.

» newyork_key.pem Der Schlüssel des Gateways New York muss auf diesem Gateway in das Verzeichnis /etc/ipsec.d/private/ kopiert werden. Entsprechend ist auf Berlin die Datei berlin_key.pem zu kopieren.

Die Tunneldefinition aus Listing 13.15 enthält sowohl den Parameter leftcert als auch den Parameter rightcert. Beide sind in diesem Beispiel auskommentiert. Bitte aktivieren Sie nur den Parameter leftcert auf dem linken Gateway (New York) und rightcert auf dem rechten Gateway (Berlin). Ansonsten werden die Zertifikate nicht über das Netzwerk übertragen, sondern die lokalen Dateien verwendet.

Wichtig bei dieser Tunneldefinition ist auch die Definition des Parameters authby. Dieser muss den Wert rsasig haben. Es handelt sich bei X.509-Zertifikaten um öffentliche RSA-Schlüssel. Dies ist bei Openswan und strongSwan der Default.

Nun sind auf beiden Rechnern noch die Dateien ipsec.secrets zu erzeugen. In älteren Versionen von FreeS/WAN war es erforderlich, den privaten RSA-Schlüssel aus der Datei gateway_key.pem zu extrahieren und in dieser Datei einzutragen. Hierfür wurde das Werkzeug fswcert zur Verfügung gestellt.

Dies ist bei Openswan und strongSwan nicht mehr erforderlich. Hier kann Pluto die PEM-Datei direkt lesen. Dafür müssen Sie den Namen der PEM-Datei mit dem privaten Schlüssel in ipsec.secrets angeben.

Wenn die PEM-Datei bei der Erzeugung mit einer weiteren Passphrase geschützt wurde, benötigt Pluto diese Passphrase in der Datei ipsec.secrets. Listing 13.16 zeigt die fertige Datei.

Listing 13.16: **Die Datei ipsec.secrets bei X.509-Zertifikaten**

```
: RSA newyork_key.pem "passphrase"
```

Wenn Sie keine Passphrase verwendet haben oder diesen Schutz bereits von der PEM-Datei entfernt haben, unterbleibt auch die Angabe des Kennwortes in der Zeile RSA.

Es besteht auch die Möglichkeit, die Passphrase bei Bedarf vom Benutzer anzufordern. Hierzu wird die folgende Syntax verwendet:

```
: RSA newyork_key.pem %prompt
```

Soll die Passphrase sofort angefordert werden, können Sie bei Openswan den Befehl `ipsec auto --rereadsecrets` verwenden. Bei strongSwan nutzen Sie `ipsec rereadsecrets`.

Nun kann der Tunnel aufgebaut werden.

13.5.3 Aufbau des Tunnels

Um nun den X.509-authentifizierten Tunnel aufzubauen, ist es notwendig, dass beide Gateways über identische Tunnelkonfigurationen verfügen (bis auf die Angabe `leftcert`/ `rightcert`). Zusätzlich müssen beide Gateways der gleichen CA vertrauen. Dies erfolgt durch die Kopie des Zertifikats der RootCA in das Verzeichnis `/etc/ipsec.d/cacerts/`. Pluto vertraut allen CAs, deren Zertifikate in diesem Verzeichnis abgespeichert werden. Die Zertifikate der Rechner (`newyork_cert.pem` und `berlin_cert.pem`) müssen nicht manuell ausgetauscht werden. Sie werden von Pluto während der Authentifizierung automatisch übertragen.

Wurden so die Vorbereitungen getroffen, kann das IPsec-System gestartet werden. Anschließend sollten Sie in der Protokolldatei `/var/log/secure` bzw. `/var/log/auth.log` den erfolgreichen Start überprüfen.

Listing 13.17: **Start von Pluto und Kontrolle in der Datei /var/log/secure**

```
# ipsec start
# tail -20 /var/log/auth.log
Jan 27 15:19:33 strongswan-Berlin pluto[4090]: All crypto self-tests ⏎
        passed
Jan 27 15:19:33 strongswan-Berlin pluto[4090]: Using Linux 2.6 IPsec ⏎
        interface code
Jan 27 15:19:35 strongswan-Berlin pluto[4090]: Changing to directory '/ ⏎
        etc/ipsec.d/cacerts'
Jan 27 15:19:35 strongswan-Berlin pluto[4090]:  loaded CA cert file ⏎
        'cacert.pem' (1151 bytes)
Jan 27 15:19:35 strongswan-Berlin pluto[4090]: Changing to directory '/ ⏎
        etc/ipsec.d/aacerts'
Jan 27 15:19:35 strongswan-Berlin pluto[4090]: Changing to directory '/ ⏎
        etc/ipsec.d/ocspcerts'
Jan 27 15:19:35 strongswan-Berlin pluto[4090]: Changing to directory '/ ⏎
        etc/ipsec.d/crls'
Jan 27 15:19:35 strongswan-Berlin pluto[4090]: Changing to directory '/ ⏎
        etc/ipsec.d/acerts'
Jan 27 15:19:35 strongswan-Berlin pluto[4090]: listening for IKE messages
Jan 27 15:19:35 strongswan-Berlin pluto[4090]: adding interface eth1/eth1 ⏎
        10.0.2.1:500
```

```
Jan 27 15:19:35 strongswan-Berlin pluto[4090]: adding interface eth0/eth0 ↵
        5.0.0.1:500
Jan 27 15:19:35 strongswan-Berlin pluto[4090]: adding interface lo/lo  ↵
        127.0.0.1:500
Jan 27 15:19:35 strongswan-Berlin pluto[4090]: adding interface lo/lo  ↵
        ::1:500
Jan 27 15:19:35 strongswan-Berlin pluto[4090]: loading secrets from "/etc ↵
        /ipsec.secrets"
Jan 27 15:19:35 strongswan-Berlin pluto[4090]:  loaded private key file  ↵
        '/etc/ipsec.d/private/berlin_key.pem' (963 bytes)
Jan 27 15:19:35 strongswan-Berlin pluto[4090]: added connection  ↵
        description "x509-newyork-berlin"
```

Das Protokoll zeigt die Meldungen bei dem Start von Pluto. Zunächst wurden erfolgreich das RootCA-Zertifikat /etc/ipsec.d/cacerts/cacert.pem und die CRL /etc/ipsec.d/crls/ crl.pem geladen. Die vorletzte Zeile der Protokolldatei bestätigt das erfolgreiche Laden des privaten Schlüssels aus der Datei /etc/ipsec.d/private/newyork_req.pem.

Das erfolgreiche Laden der Zertifikate kann auch mit dem Befehl ipsec listall (strongSwan) oder ipsec auto --listall überprüft werden.

Listing 13.18: **Anzeige der Schlüssel und Zertifikate**

```
# ipsec listall
000 List of Public Keys:
000
000 Jan 27 16:12:28 2009, 1024 RSA Key AwEAAadPp, until Jan 27 13:55:42 ↵
        2010 ok
000        ID_DER_ASN1_DN 'C=DE, ST=NRW, L=Steinfurt, O=OpenSource- ↵
            Training Ralf Spenneberg, OU=a VPN, CN=NewYork'
000        issuer: 'C=DE, ST=NRW, O=OpenSource-Training Ralf Spenneberg, ↵
            OU=VPN, CN=Root CA'
000        serial:  00:e8:20:07:67:df:60:c4:57
000
000 List of X.509 End Certificates:
000
000 Jan 27 16:12:28 2009, count: 1
000        subject:  'C=DE, ST=NRW, L=Steinfurt, O=OpenSource-Training ↵
            Ralf Spenneberg, OU=a VPN, CN=NewYork'
000        issuer:  'C=DE, ST=NRW, O=OpenSource-Training Ralf Spenneberg, ↵
            OU=VPN, CN=Root CA'
000        serial:   00:e8:20:07:67:df:60:c4:57
000        pubkey:   1024 RSA Key AwEAAadPp, has private key
000        validity: not before Jan 27 13:55:42 2009 ok
000                  not after  Jan 27 13:55:42 2010 ok
```

```
000        subjkey:   7b:48:66:5f:5e:57:54:f6:bb:51:c1:b0:12:6c:4f:35:e4: ↵
                2a:f6:c3
000        authkey:   a0:37:75:b9:25:9e:b0:ff:5f:97:93:4f:5d:d2:97:71:be: ↵
                78:46:89
000

000 List of X.509 CA Certificates:
000
000 Jan 27 15:59:04 2009, count: 1
000        subject:   'C=DE, ST=NRW, O=OpenSource-Training Ralf Spenneberg, ↵
                OU=VPN, CN=Root CA'
000        issuer:    'C=DE, ST=NRW, O=OpenSource-Training Ralf Spenneberg, ↵
                OU=VPN, CN=Root CA'
000        serial:    00:e8:20:07:67:df:60:c4:56
000        pubkey:    1024 RSA Key AwEAAb5wx
000        validity:  not before Jan 27 12:55:56 2009 ok
000                   not after  Jan 25 12:55:56 2019 ok
000        subjkey:   a0:37:75:b9:25:9e:b0:ff:5f:97:93:4f:5d:d2:97:71:be: ↵
                78:46:89
000        authkey:   a0:37:75:b9:25:9e:b0:ff:5f:97:93:4f:5d:d2:97:71:be: ↵
                78:46:89
000        aserial:   00:e8:20:07:67:df:60:c4:56
000
000 List of X.509 CRLs:
000
000 Jan 27 15:59:04 2009, revoked certs: 0
000        issuer:    'C=DE, ST=NRW, O=OpenSource-Training Ralf Spenneberg, ↵
                OU=VPN, CN=Root CA'
000        crlnumber: 01
000        distPts:   'file:///etc/ipsec.d/crls/crl.pem'
000        updates:   this Jan 27 14:18:45 2009
000                   next Feb 26 14:18:45 2009 ok
```

Sobald die Verbindung x509-newyork-berlin geladen und gestartet wurde, können die entsprechenden Schlüssel und Zertifikate des Partners ebenfalls angezeigt werden. Dies sollten Sie auch dann dementsprechend überprüfen.

```
# ipsec up x509-newyork-berlin
002 "x509-newyork-berlin" #1: initiating Main Mode
104 "x509-newyork-berlin" #1: STATE_MAIN_I1: initiate
003 "x509-newyork-berlin" #1: ignoring Vendor ID payload [strongSwan ↵
        4.2.4]
003 "x509-newyork-berlin" #1: ignoring Vendor ID payload [Cisco-Unity]
003 "x509-newyork-berlin" #1: received Vendor ID payload [XAUTH]
```

```
003 "x509-newyork-berlin" #1: received Vendor ID payload [Dead Peer  ↵
       Detection]
106 "x509-newyork-berlin" #1: STATE_MAIN_I2: sent MI2, expecting MR2
002 "x509-newyork-berlin" #1: we have a cert and are sending it upon  ↵
       request
108 "x509-newyork-berlin" #1: STATE_MAIN_I3: sent MI3, expecting MR3
002 "x509-newyork-berlin" #1: Peer ID is ID_DER_ASN1_DN: 'C=DE, ST=NRW,  ↵
       L=Steinfurt, O=OpenSource-Training Ralf Spenneberg, OU=a VPN,  ↵
       CN=Berlin'
002 "x509-newyork-berlin" #1: ISAKMP SA established
004 "x509-newyork-berlin" #1: STATE_MAIN_I4: ISAKMP SA established
002 "x509-newyork-berlin" #2: initiating Quick Mode RSASIG+ENCRYPT+TUNNEL  ↵
       +PFS+UP {using isakmp#1}
112 "x509-newyork-berlin" #2: STATE_QUICK_I1: initiate
002 "x509-newyork-berlin" #2: sent QI2, IPsec SA established {ESP=>  ↵
       0xd1f75fc3 <0xb340f7fb}
004 "x509-newyork-berlin" #2: STATE_QUICK_I2: sent QI2, IPsec SA  ↵
       established {ESP=>0xd1f75fc3 <0xb340f7fb}
# ipsec listpubkeys
000
000 List of Public Keys:
000
000 Jan 27 16:14:33 2009, 1024 RSA Key AwEAAdIp7, until Jan 27 15:21:28  ↵
          2010 ok
000       ID_DER_ASN1_DN 'C=DE, ST=NRW, L=Steinfurt, O=OpenSource-  ↵
          Training Ralf Spenneberg, OU=VPN, CN=Berlin'
000       issuer: 'C=DE, ST=NRW, O=OpenSource-Training Ralf Spenneberg,  ↵
          OU=VPN, CN=Root CA'
000       serial:  00:e8:20:07:67:df:60:c4:58
000 Jan 27 16:12:28 2009, 1024 RSA Key AwEAAadPp, until Jan 27 13:55:42  ↵
          2010 ok
000       ID_DER_ASN1_DN 'C=DE, ST=NRW, L=Steinfurt, O=OpenSource-  ↵
          Training Ralf Spenneberg, OU=VPN, CN=NewYork'
000       issuer: 'C=DE, ST=NRW, O=OpenSource-Training Ralf Spenneberg,  ↵
          OU=VPN, CN=Root CA'
000       serial:  00:e8:20:07:67:df:60:c4:57
```

Die Verbindung wurde erfolgreich aufgebaut. Anschließend zeigt ipsec listcerts (strong-Swan) oder ipsec auto -listcerts (Openswan) die eigenen geladenen Zertifikate, und der Befehl ipsec listpubkeys (strongSwan) bzw. ipsec auto -listpubkeys (Openswan) zeigt die über das Netz geladenen und durch die RootCA zertifizierten öffentlichen Schlüssel an.

Der erfolgreiche Aufbau und die Verschlüsselung der Verbindung kann mit einem Ping getestet werden. Der unverschlüsselte Ping-Verkehr wurde bereits mehrfach gezeigt. Hier sollen daher nur zwei Pakete als Ausgabe des Kommandos `tcpdump` dargestellt werden:

```
# tcpdump -ni eth0
tcpdump: listening on eth0
22:29:19.731295 arp who-has 3.0.0.1 tell 3.255.255.254
22:29:19.731740 arp reply 3.0.0.1 is-at fe:fd:0:0:0:0
22:29:19.731749 5.0.0.1 > 3.0.0.1: ESP(spi=0x6dd02e94,seq=0x1)
22:29:19.732494 3.0.0.1 > 5.0.0.1: ESP(spi=0xce9b108a,seq=0x1)
```

13.6 Verbesserungen und Erweiterungen

Befindet sich nun hinter jedem Gateway ein weiteres Netzwerk und sollen diese über das VPN miteinander kommunizieren, so ist eine weitere Tunneldefinition erforderlich. Außerdem können einige, in beiden Tunneldefinitionen benutzte Parameter in einer `conn %default`-Verbindung zusammengefasst werden. Die fertige `ipsec.conf` ist in Listing 13.19 dargestellt.

Listing 13.19: **Komplette Datei /etc/ipsec.conf**

```
config setup
        plutodebug=none

conn %default
        authby=rsasig
        leftrsasigkey=%cert
        rightrsasigkey=%cert
        left=3.0.0.1
        leftnexthop=3.255.255.254
        leftcert=newyork_cert.pem
        leftid="/C=DE/ST=NRW/L=Steinfurt/O=OpenSource-Training Ralf ↵
                Spenneberg/OU=VPN/CN=NewYork"
        right=5.0.0.1
        rightnexthop=5.255.255.254
        rightid="/C=DE/ST=NRW/L=Steinfurt/O=OpenSource-Training Ralf ↵
                Spenneberg/OU=VPN/CN=Berlin"
        keyingtries=0

conn x509-newyork-berlin
        auto=start

conn x509-newyorknet-berlinnet
        leftsubnet=10.0.1.0/24
        rightsubnet=10.0.2.0/24
        auto=start
```

Diese Datei wurde nun sehr stark umgestellt. Es wurde eine zweite Verbindung definiert, die die Parameter `leftsubnet` und `rightsubnet` nutzt. Hiermit wird ein Tunnel erzeugt, der diesen beiden Netzwerken den Austausch von Informationen erlaubt. Für jede Form eines Tunnels (Gateway-Gateway, Subnetz-Subnetz, Gateway-Subnetz, Subnetz-Gateway) ist ein eigener Tunnel erforderlich. Das stellt jedoch kein Problem dar, da ein Großteil der für die Definition des Tunnels benötigten Informationen als Standardwerte definiert werden können. Hierzu werden die Daten in der `conn %default` eingetragen. Es wäre aber auch genauso gut möglich, die Daten in einer eigenen benannten Verbindung zu definieren und diese dann mit `also` einzulesen. Diese Methode würde es relativ einfach erlauben, mehrere unterschiedliche Defaultwerte zu definieren und so recht einfach auch weitere Tunnel mit anderen Gateways aufzubauen. Listing 13.20 zeigt eine derartige Struktur.

Listing 13.20: **Verwendung der also-Direktive**

```
config setup
        plutodebug=none

conn %default
        authby=rsasig
        leftrsasigkey=%cert
        rightrsasigkey=%cert
        keyingtries=0

conn x509-newyorknet-berlinnet
        also=x509-newyork-berlin
        leftsubnet=10.0.1.0/24
        rightsubnet=10.0.2.0/24

conn x509-newyork-berlin
        left=3.0.0.1
        leftnexthop=3.255.255.254
        leftrsasigkey=%cert
        leftid="/C=DE/ST=NRW/L=Steinfurt/O=OpenSource-Training Ralf ↵
                Spenneberg/OU=VPN/CN=NewYork"
        #leftcert=newyork_cert.pem
        right=5.0.0.1
        rightnexthop=5.255.255.254
        rightrsasigkey=%cert
        rightid="/C=DE/ST=NRW/L=Steinfurt/O=OpenSource-Training Ralf ↵
                Spenneberg/OU=VPN/CN=Berlin"
        #rightcert=berlin_cert.pem
        authby=rsasig
        auto=start
```

Wichtig bei der Verwendung des Parameters `also` ist die Tatsache, dass die Verbindung, die mit `also` geladen wird, erst anschließend in der Konfigurationsdatei definiert wird.

13.7 Erweiterte Nutzung der Zertifikate bei strongSwan

StrongSwan unterstützt bei der Verwendung von Zertifikaten auch Wildcards, die Angabe von CA-Zertifikaten und die Nutzung von X509-Attributen. Damit können Sie unterschiedliche Tunnel für unterschiedliche Zertifikatsgruppen erzeugen. Die Zertifikate dienen damit nicht nur der Authentifizierung, sondern auch der Autorisierung und bestimmen, welche Tunnel aufgebaut werden dürfen!

Normalerweise sind die Parameter in der Konfigurationsdatei `ipsec.conf` *nicht richtungsbezogen. Das bedeutet, dass der lokale Rechner sowohl als left als auch als right bezeichnet werden kann. Bei dem Start ermittelt der Rechner selbstständig, ob er left oder right ist. Bei strongSwan ist dies aber nicht immer der Fall. In der fortgeschrittenen Konfiguration geht strongSwan davon aus, lokal immer left zu sein. Right ist immer der Partner. Daher macht der Parameter* `leftca` *keinen Sinn! Entweder verwenden Sie zwei unterschiedliche Zertifikatsautoritäten und konfigurieren strongSwan so, dass für je einen Tunnel nur eine der beiden Zertifikatsautoritäten erlaubt ist, oder die Zertifikate der beiden Gruppen unterscheiden sich zum Beispiel in der organizationalUnit (ou), und Sie nutzen Wildcards für die Aufteilung der Anfragen auf die Tunnel. Am mächtigsten ist theoretisch die Nutzung von Attributen in den Zertifikaten. Praktisch wird dies aber kaum genutzt.*

Dieses Vorgehen werden wir in den beiden folgenden Abschnitten genauer betrachten.

13.7.1 Zertifikate mit Wildcards

StrongSwan kann bei der Authentifizierung des Clients mit Zertifikaten Wildcards (*) nutzen. Wie und wozu diese genutzt werden können ist am einfachsten an einem kleinen Beispiel zu erklären.

Die Firma *OpenSource Training* hat mehrere Abteilungen: *Einkauf, Entwicklung* und *Schulung*. Die einzelnen Mitarbeiter in diesen Abteilungen besitzen persönliche Zertifikate, die sie als Angehörige der einzelnen Abteilungen ausweisen. Hierzu enthält das Zertifikat immer in der organizationalUnit den entsprechenden Abteilungsnamen.

Wenn die einzelnen Mitarbeiter eine VPN-Verbindung aufbauen, sollen sie unterschiedliche Zugriffsmöglichkeiten besitzen. Der Einkauf benötigt Zugriff auf das Netz 192.168.252.0/24, während die Schulungsabteilung nur Zugriff auf die Schulungsräume mit den IP-Adressen 192.168.0.0/23 benötigt. Beide Gruppen sollen aber auch die Groupware 192.168.255.5 erreichen können. Jeder Mitarbeiter erhält ein Zertifikat mit diesem DN:

```
C=DE, O=OS-T, OU=<Abteilung>, CN=<Mitarbeiter>
```

Zum Beispiel:

```
C=DE, O=OS-T, OU=Schulung, CN=Thorsten Robers
```

Das VPN-Gateway wird dann mit folgenden Verbindungen konfiguriert:

```
conn schulung
      right=%any
```

```
        rightid="C=DE, O=OS-T, OU=Schulung, CN=*"
        leftsubnet=192.168.0.0/23
conn einkauf
        right=%any
        rightid="C=DE, O=OS-T, OU=Einkauf, CN=*"
        leftsubnet=192.168.252.0/24

conn web
        right=%any
        rightid="C=DE, O=OS-T, OU=*, CN=*"
        leftsubnet=192.168.255.5
        rightprotoport=tcp
        leftprotoport=tcp/http
```

Die letzte Verbindung erlaubt über den Protokollselektor `rightprotoport` bzw. `leftproto-port` nur die Verbindung per TCP mit Port 80 (Webserver, Groupware).

Das Zeichen „*" wird nun als Wildcard genutzt. Dennoch muss der DN die exakt gleiche Anzahl an RDNs (Relative Distinguished Names) aufweisen. Ein Zertifikat, in dem die OU fehlt oder in dem zwei OUs eingetragen sind, würde nicht einer der obigen Verbindungen zugeordnet werden!

Natürlich braucht der Client eine entsprechende Konfiguration, damit er auch die Tunnel aufbaut!

13.7.2 Nutzung der CA-Zertifikate für Tunnel

Alternativ können die Verbindungen auch in Abhängigkeit von der CA, die die Zertifikate ausgestellt hat, den einzelnen Clients zugewiesen werden.

Hierzu unterstützt strongSwan den Parameter `rightca`:

```
 conn schulung
        right=%any
        rightca="C=DE, O=OS-T, OU=Schulung, CN=CA Schulung"
        leftsubnet=192.168.0.0/23

 conn einkauf
        right=%any
        rightca="C=DE, O=OS-T, OU=Einkauf, CN=CA Einkauf"
        leftsubnet=192.168.252.0/24

 conn web
        right=%any
        rightca="C=DE, O=OS-T, CN=OS-T Root CA"
        leftsubnet=192.168.255.5
```

```
rightprotoport=tcp
leftprotoport=tcp/http
```

Hier würden nun alle Clients, die ein Zertifikat der CA *Schulung* präsentieren, die Verbindungen *schulung* und *web* aufbauen dürfen. Genauso dürften Clients, die ein Zertifikat der CA *Einkauf* präsentieren, entsprechend die Verbindungen *einkauf* und *web* aufbauen. Wenn der Parameter rightca fehlt, wird jedes Zertifikat akzeptiert, das von einer CA ausgestellt wurde, deren Zertifikat in dem Verzeichnis /etc/ipsec.d/cacerts gespeichert ist.

Der Parameter leftca ist nicht erforderlich, da *left* der lokale Rechner ist und die CA automatisch entsprechend dem eigenen Zertifikat gesetzt wird.

Mit

```
rightca=%same
```

ist es möglich, dass als Zertifikat des Clients dieselbe CA angefordert wird, die das eigene Zertifikat ausgestellt hat:

```
conn einkauf
right=%any
rightca=%same
leftcert=einkauf_gw.pem
```

13.7.3 X.509-Attribute

Das RFC 3281 beschreibt X.509-Attributszertifikate. Hiermit können Zertifikate nicht nur für die Authentifizierung, sondern auch für die Autorisierung genutzt werden. Hierzu bietet strongSwan den rightgroups-Parameter. Die Verbindung darf dann nur von Mitgliedern der entsprechenden Gruppe aufgebaut werden. Der Client benötigt dann ein gültiges Zertifikat einer Autorisierungsautorität mit den erforderlichen Gruppenattributen, um Zugang zu den gewünschten Tunneln zu erhalten.

```
conn schulung
      right=%any
      rightgroups="Schulung"
      leftsubnet=192.168.0.0/23

conn einkauf
      right=%any
      rightgroups="Einkauf"
      leftsubnet=192.168.252.0/24

conn web
      right=%any
      rightgroups="Einkauf, Schulung"
```

```
leftsubnet=192.168.255.5
rightprotoport=tcp
leftprotoport=tcp/http
```

Allerdings müssen aktuell die Autorisierungszertifikate noch manuell in dem Verzeichnis `/etc/ipsec.d/acerts/` abgelegt werden. Ein automatischer Zugriff auf einen LDAP-Server zum Download der Zertifikate ist nicht implementiert.

13.8 Fazit

Der Aufbau eines einzelnen Tunnels mit einer X.509-Zertifikat-gestützten Authentifizierung scheint zunächst einmal komplizierter zu sein als bei einfachen PSK-Schlüsseln. Der Vorteil wird erst dann deutlich, wenn viele VPN-Gateways miteinander kommunizieren wollen oder Schlüssel ausgetauscht werden müssen. Bei der Verwendung von PSK-Schlüsseln ist es erforderlich, dass die PSKs auf allen beteiligten Systemen hinterlegt werden. Das ist bei der Verwendung von X.509-Zertifikaten nicht der Fall. Die öffentlichen X.509-Zertifikate werden von den Clients selbstständig und automatisch über das Netzwerk übertragen. Alle beteiligten VPN-Gateways benötigen lediglich ihren eigenen privaten Schlüssel, ihr eigenes Zertifikat und das Zertifikat der CA, die alle weiteren Zertifikate signiert hat. Dann können automatisch alle Gateways sich gegenseitig authentifizieren. Muss der Schlüssel eines Gateways ausgetauscht werden, so muss dieser lediglich neu durch die CA signiert werden. Der neue Schlüssel muss nicht von Hand auf alle Kommunikationspartner übertragen werden. Geht ein Schlüssel verloren oder gerät ein System (Laptop) in falsche Hände, so kann mit der CRL sehr einfach dieser Schlüssel bereits während seiner Gültigkeitsdauer gesperrt werden. Wenn die CRL-Listen von den Gateways automatisch (zum Beispiel per Cronjob) geladen werden, ist keine weitere Konfiguration erforderlich.

Das nächste Kapitel beschäftigt sich mit der Verwaltung von Roadwarriors. Dabei handelt es sich um Benutzer, die mit einer dynamischen IP-Adresse auf ein VPN zugreifen möchten. Wenn hier eine Vielzahl von Benutzern zu verwalten sind, die gleichzeitig zugreifen möchten, wird der Vorteil der X.509-Zertifikate noch deutlicher.

14. Roadwarrior

Der Begriff *Roadwarrior* bezeichnet Personen beziehungsweise Rechner, die mit unbestimmter IP-Adresse auf ein VPN-Gateway zugreifen wollen. Typischerweise handelt es sich hierbei zum Beispiel um Außendienstmitarbeiter, die von unterwegs Zugriff auf die Datenbanken ihres Mutterunternehmens benötigen. Aber auch alle anderen Konstellationen, bei denen Rechner mit dynamischen IP-Adressen eine VPN-Verbindung mit einem VPN-Gateway aufbauen möchten, sind denkbar. Hierbei ist die Anzahl der Roadwarrior nicht beschränkt. Theoretisch und auch praktisch sind mehrere Hundert gleichzeitiger Tunnel möglich.

Mögliche Roadwarrior-Szenarien sind:

» Außendienstmitarbeiter, die abends aus dem Hotelzimmer die am Tag gesammelten Aufträge mit der zentralen Datenbank des Unternehmens abgleichen müssen.

» Heimarbeiter mit einem Telearbeitsplatz, die von zu Hause aus ihre Arbeit verrichten. Dazu benötigen sie Zugriff auf die Daten und Dateien der Firma, Zugang zu ihrem E-Mail-Konto und Kommunikationsmöglichkeiten mit ihren Mitarbeitern.

» Abteilungsleiter, die im Urlaub oder am Wochenende ihre E-Mail und den Projektfortschritt überwachen müssen.

» Filialen, die an das zentrale Unternehmensnetz angeschlossen werden sollen, jedoch nicht über eine dauerhafte Standleitung mit fester IP-Adresse verfügen. Möglicherweise erfolgt der Verbindungsaufbau nur zu bestimmten Zeiten mit einem einfachen Internet-Provider wie zum Beispiel T-Online oder Freenet.

» Selbstständige Autoren und Berater, die neben dem Schreiben von Fachbüchern mit Beratung und Schulungen ihr Geld verdienen und nicht überall über eine feste IP-Adresse verfügen.

Bei allen vorgestellten Szenarien wird davon ausgegangen, dass ein Endpunkt des Tunnels über eine feste IP-Adresse verfügt und ständig erreichbar ist. Der Tunnel wird dann in den vorgestellten Fällen vom Roadwarrior aufgebaut. Es entsteht eine Art Client/Server-Struktur, bei der das Unternehmens-VPN-Gateway ständig diesen Dienst anbietet und der Roadwarrior bei Bedarf sich als Client verbindet.

Wenn beide Endpunkte über eine dynamische IP-Adresse verfügen, ist der Aufbau eines Tunnels wesentlich problematischer. Dies ist zum Beispiel der Fall, wenn zwei Netzwerke, die jeweils über ISDN oder ADSL mit dem Internet verbunden sind, einen VPN-Tunnel aufbauen sollen. Hierbei muss nun sichergestellt werden, dass ein Endpunkt die IP-Adresse des anderen Endpunktes erhält. Eine Lösung wird in Kapitel 30 vorgestellt.

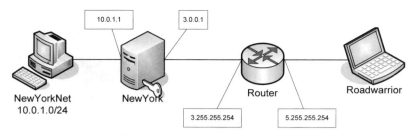

Abbildung 14.1: **Ein Roadwarrior-Szenario**

Eine mögliche Testumgebung, in der die Verbindung von Roadwarriors getestet werden kann, ist in Kapitel 44 beschrieben. Hier soll eine zusätzliche Abbildung Klarheit schaffen (Abbildung 14.1). Diese Abbildung wurde gegenüber der Testumgebung II leicht verändert, da zunächst in diesem Kapitel nicht über NAT-Traversal gesprochen werden soll. Dies ist Thema von Kapitel 33. Im Folgenden stelle ich Ihnen die Konfigurationen für dieses Szenario vor. Dabei zeige ich separat die Konfiguration für die Authentifizierung mit PSKs und X.509-Zertifikaten. Die Diskussion der PSKs erfolgt in diesem Zusammenhang nur der Vollständigkeit halber. Möglicherweise möchten Sie ein VPN aufbauen, bei dem die Clients nur in der Lage sind, diese PSKs für die Authentifizierung zu verwenden. Aus Sicherheitsgründen sollte jedoch immer auf X.509-Zertifikate ausgewichen werden. X.509-Zertifikate bieten im Zusammenhang mit Roadwarriors die höchste Sicherheit und den höchsten Komfort bei ihrer Administration. Wenn es sich um eine größere Zahl von Roadwarriors handelt, die Sie administrieren müssen, ist der Einsatz einer komfortablen Zertifikatsautorität (zumindest komfortabler als das openssl-Kommando) anzuraten. Ich stelle in Kapitel 28 die *TinyCA*, die *XCA* und die *OpenCA* vor. TinyCA und XCA sind einfache grafische Anwendungen, die einer Person die Erzeugung und Signatur von Zertifikaten erlauben. Bei der OpenCA handelt es sich um eine komplexe PKI mit Unterstützung eines Web- und LDAP-Servers, mit denen die Zertifikate erzeugt werden und auf denen sie gespeichert werden. Für die meisten VPNs ist sie der Overkill.

14.1 Roadwarrior mit PreShared Key (PSK)

Die Implementierung von Roadwarriors mit PreShared Keys ist eine sehr undankbare Aufgabe mit strongSwan. StrongSwan unterstützt von Haus aus nur den Main Mode in der Phase 1 des IKE-Protokolls Version 1. In dieser Phase wird die Authentifizierung der Rechner durchgeführt und eine ISAKMP-SA erzeugt. Der Main Mode unterstützt jedoch nur eine einzige PSK-Roadwarrior-Verbindung, denn bei der Verwendung von Shared Secrets können lediglich die IP-Adressen für die Auswahl des richtigen Schlüssels genutzt werden. Da die IP-Adresse des Roadwarriors unbekannt ist, kann nicht je Roadwarrior ein PSK definiert werden. Alle Roadwarrior müssen daher denselben PSK verwenden. Die genauen Hintergründe sind in Abschnitt 8.11.2 erläutert.

Dies stellt ein großes Sicherheitsproblem dar. Sobald der PSK in falsche Hände gerät, müssen auf allen Systemen die Schlüssel ausgetauscht werden! Abhilfe schafft der Aggressive-Modus in der Phase 1. Hierbei werden vor Beginn der Verschlüsselung bereits die Identitätsinformationen übertragen. So kann das Gateway, den zur Identifikation passenden Schlüssel aus-wählen. Openswan unterstützt diesen Modus. Allerdings ist dies mit Sicherheitsproblemen verbunden. StrongSwan kann mit dem IKEv2-Protokoll auch Abhilfe schaffen.

Kommerzielle VPN-Lösungen verlangen für einen Roadwarrior mit PSKs meist den Aggres-sive-Modus. Auch wenn Linux lediglich als Roadwarrior-Client auf diese kommerziellen Sys-teme mit einem PSK authentifiziert zugreifen soll, wird der Aggressive-Modus verlangt.

Dieser Abschnitt stellt zunächst die Main-Modus-Variante vor. Anschließend wird die Konfigu-ration von Openswan mit dem Aggressive-Modus beschrieben. Der wesentliche Unterschied bei einer Roadwarrior-Verbindung besteht in der Tatsache, dass das VPN-Gateway nicht die IP-Adresse des Clients kennt. Daher ist es nicht möglich, die IP-Adresse für die Authentifi-zierung zu verwenden. Das VPN-Gateway kann daher die Verbindung auch nicht aufbauen. Auch ein Wiederaufbau der Verbindung nach einem Abbruch schlägt meistens fehl, da der Client sich häufig neu über seinen Internet-Provider einwählt und dabei eine andere IP-Adresse erhält.

14.1.1 VPN-Gateway

Um diesem Umstand Rechnung zu tragen, sollte die im letzten Kapitel vorgestellte Konfigu-ration für PSKs abgeändert werden. Eine entsprechende Konfiguration für das VPN-Gateway ist in Listing 14.1 abgebildet. Die Konfiguration für den Roadwarrior folgt weiter unten. Wenn Sie noch keine Erfahrung mit dem Aufbau von automatisch verschlüsselten Verbindungen mit PSKs besitzen, sollten Sie zunächst den entsprechenden Abschnitt im letzten Kapitel lesen.

Listing 14.1: **Roadwarrior-Konfiguration mit PSKs (VPN-Gateway)**

```
config setup
        plutodebug=none
        charonstart=no

conn %default
        authby=secret
        keyingtries=1

conn psk-newyork-roadwarrior
        left=3.0.0.1
        leftnexthop=3.255.255.254
        right=%any
        auto=add

conn psk-newyorknet-roadwarrior
        left=3.0.0.1
        leftnexthop=3.255.255.254
        leftsubnet=10.0.1.0/24
        right=%any
        auto=add
```

Ich will die neu hinzugekommenen Parameter kurz erklären. Zunächst ist der Wert `keying-tries` auf 1 gesetzt worden. Dies ist erforderlich, damit das VPN-Gateway bei Abbruch der Verbindung nicht selbst versucht, die Verbindung wiederherzustellen. Da der Partner möglicherweise eine neue IP-Adresse verwendet, sollte dieser die Verbindung auch bei Abbruch neu aufbauen. Aus diesem Grund werden die Verbindungen auf das VPN-Gateway auch nur mit `auto=add` geladen und nicht sofort gestartet. Da das VPN-Gateway die IP-Adresse des Partners nicht kennt, kann diese Verbindung nicht gestartet werden. Schließlich bleibt noch die Angabe `right=%any`. Hiermit wird sichergestellt, dass das VPN-Gateway von jeder Quell-IP-Adresse Anfragen entgegennimmt. So ist es möglich, mit jeder beliebigen Absenderadresse bei Kenntnis des Kennwortes eine Verbindung aufzubauen.

Das Kennwort wird in der Datei `ipsec.secrets` gespeichert. Sie muss für den Roadwarrior leicht angepasst werden.

Listing 14.2: **VPN-Gateway mit PSKs: ipsec.secrets**

```
3.0.0.1 %any : PSK 0xe10bd52b0529b54aac97db63462850f354abdd885c19  ↵
        ea6d65d6f4efaeab0222
```

Auch hier muss berücksichtigt werden, dass die IP-Adresse des Roadwarriors zum Zeitpunkt der Konfiguration noch nicht bekannt ist. Daher wird hier als Platzhalter `%any` eingetragen.

Nun kann das IPsec auf dem VPN-Gateway gestartet werden, und anschließend prüfen Sie, ob die entsprechenden Tunneldefinitionen geladen wurden.

Listing 14.3: **Start von strongSwan auf dem VPN-Gateway**

```
# ipsec start
Starting strongSwan 4.2.4 IPsec [starter]...
# ipsec status
000 "psk-newyork-roadwarrior": 3.0.0.1      ---3.255.255.254...%any;  ↵
        unrouted; eroute owner: #0
000 "psk-newyork-roadwarrior":   newest ISAKMP SA: #0; newest IPsec SA:  ↵
        #0;
000 "psk-newyorknet-roadwarrior":  ↵
        10.0.1.0/24===3.0.0.1---3.255.255.254...%any; unrouted; eroute  ↵
        owner: #0
000 "psk-newyorknet-roadwarrior":   newest ISAKMP  ↵
        SA: #0; newest IPsec SA: #0;
000
```

Die Ausgabe von `ipsec status` zeigt an, dass das VPN-Gateway NewYork zwei Tunnel anbietet. Der Tunnel `psk-newyork-roadwarrior` ist konfiguriert für die IP-Adressen `3.0.0.1--3.255.255.254...%any`. Bisher wurden für diesen Tunnel keine ISAKMP-SA und keine IPsec-SA ausgehandelt. Ebenso wird ein Tunnel `psk-newyorknet-roadwarrior` angeboten, der für die IP-Adressen `10.0.1.0/24===3.0.0.1--3.255.255.254...%any` konfiguriert wurde. Diese Angaben lassen sich lesen als „ein Tunnel von 10.0.1.0/24 über das VPN-Gateway 3.0.0.1 und den Router 3.255.255.254 zu einer beliebigen (%any) IP-Adresse".

14.1.2 Roadwarrior-Konfiguration

Der Roadwarrior benötigt ebenfalls eine besondere Konfiguration (siehe Listing 14.4):

Listing 14.4: **Roadwarrior mit PSKs (Roadwarrior)**

```
config setup
        plutodebug=none

conn %default
        authby=secret
        keyingtries=0

conn psk-newyork-roadwarrior
        left=3.0.0.1
        leftnexthop=3.255.255.254
        right=%defaultroute
        auto=start

conn psk-newyorknet-roadwarrior
        left=3.0.0.1
        leftnexthop=3.255.255.254
        leftsubnet=10.0.1.0/24
        right=%defaultroute
        auto=start
```

Die wesentliche Änderung beim Roadwarrior betrifft den Parameter right. Hier wird der Wert %defaultroute angegeben. Dadurch wird Pluto bei seinem Start aufgefordert, die eigene IP-Adresse und das Standard-Gateway selbst zu erkennen und entsprechend einzutragen. Dies ist erforderlich, da ein Roadwarrior möglicherweise über ein Modem, eine ISDN-Verbindung oder über ein lokales LAN die Verbindung aufbaut. Hierbei werden dem Roadwarrior unterschiedliche, vorher unbekannte IP-Adressen und Standard-Gateways zugewiesen. Durch Angabe des Parameters %defaultroute ist es nicht erforderlich, die Konfigurationsdatei von Hand anzupassen.

Die Datei ipsec.secrets muss auch den veränderten Verhältnissen angepasst werden. Da nun die IP-Adresse des Roadwarriors nicht mehr bekannt ist, kann sie auch in dieser Datei nicht angegeben werden. Daher wird hier folgende Konfiguration verwendet:

```
: PSK 0xe10bd52b0529b54aac97db63462850f354abdd885c19ea6d65d6f4e faeab0222
```

Die Konfiguration in der Datei ipsec.secrets stellt sicher, dass der PSK für alle Verbindungen vom Roadwarrior genutzt wird.

Da lediglich der Roadwarrior in der Lage ist, die Verbindung aufzubauen (nur er kennt den anderen Tunnelendpunkt), wurden beide Verbindungen mit dem Parameter auto=start ausgestattet. So wird Pluto direkt bei seinem Start die Verbindung aufbauen. Hierzu passt dann

auch die Angabe `keyingtries=0`. Pluto soll unaufhörlich versuchen, die Verbindung aufzubauen, und bei einem Abbruch derselben sie sofort wieder herstellen.

Wird nun strongSwan auf dem Roadwarrior gestartet, wird dieser direkt beide Verbindungen
aufbauen.

Listing 14.5: **Start der Verbindungen auf dem Roadwarrior**

```
# ipsec start
Starting strongSwan 4.2.4 IPsec [starter]...
roadwarrior:~# ipsec status
000 "psk-newyork-roadwarrior": ⏎
        7.3.5.3---7.255.255.254...3.255.255.254---3.0.0.1; erouted; ⏎
        eroute owner: #3
000 "psk-newyork-roadwarrior":   newest ISAKMP SA: #1; newest IPsec SA: ⏎
        #3;
000 "psk-newyorknet-roadwarrior": ⏎
        7.3.5.3---7.255.255.254...3.255.255.254---3.0.0.1=== ⏎
        10.0.1.0/24; erouted; eroute owner: #2
000 "psk-newyorknet-roadwarrior":   newest ISAKMP SA: #0; newest IPsec SA ⏎
        : #2;
000
000 #3: "psk-newyork-roadwarrior" STATE_QUICK_I2 (sent QI2, IPsec SA ⏎
        established); EVENT_SA_REPLACE in 2983s; newest IPSEC; eroute ⏎
        owner
000 #3: "psk-newyork-roadwarrior" esp.66e3665@3.0.0.1 (0 bytes) esp.7 ⏎
        aaa9a01@7.3.5.3 (0 bytes); tunnel
000 #1: "psk-newyork-roadwarrior" STATE_MAIN_I4 (ISAKMP SA established); ⏎
        EVENT_SA_REPLACE in 9821s; newest ISAKMP
000 #2: "psk-newyorknet-roadwarrior" STATE_QUICK_I2 (sent QI2, IPsec SA ⏎
        established); EVENT_SA_REPLACE in 2532s; newest IPSEC; eroute ⏎
        owner
000 #2: "psk-newyorknet-roadwarrior" esp.6094539c@3.0.0.1 (0 bytes) esp.9 ⏎
        a5fea4f@7.3.5.3 (0 bytes); tunnel
000
Security Associations:
  none
```

Die Ausgabe von `ipsec status` zeigt an, dass zwei Tunnel von dem Roadwarrior sowohl zu
3.0.0.1 (VPN-Gateway `NewYork`) und 10.0.1.0/24 (Subnetz hinter `NewYork`) aufgebaut wurden.

14.1.3 Roadwarrior in Aggressive-Modus

Wie ich bereits mehrfach erwähnt habe, bietet der Main-Modus in Phase 1 des IKE-Protokolls
Version 1 nicht die Möglichkeit, bei einem Roadwarrior mit PSK die Identifikation mit zu übertragen. Daher müssen alle Roadwarriors bei der Verwendung von PSKs dieselbe PSK verwen-

den. Es besteht nicht die Möglichkeit, bei der Authentifizierung bereits die Roadwarriors zu unterscheiden.

Der Aggressive-Modus der Phase 1 bietet diese Möglichkeit. Dazu überträgt er die Identifikation des Roadwarriors vor der Authentifizierung und Verschlüsselung der Verbindung im Klartext an das VPN-Gateway. (Achtung, die Information wird im Klartext gesendet!)

Openswan, der isakmpd und der racoon bieten den Aggressive-Modus an. StrongSwan unterstützt ihn nicht!

Listing 14.6: **Openswan mit Aggressive-Modus**

```
conn aggrmode-roadwarrior
        left=3.0.0.1
        leftnexthop=3.255.255.254
        leftsubnet=10.0.1.0/24
        authby=secret
        right=%defaultroute
        rightid=meine@id
        aggrmode=yes
        auto=start
```

Wichtig bei der Definition des Tunnels ist die Angabe aggrmode. Zusätzlich muss nun die Identifikation als rightid angegeben werden.

In dieser Konfiguration ist left das VPN-Gateway. Die Wahl left oder right ist jedoch frei.

Damit nun Openswan auch den richtigen PSK für die Verbindung findet, muss dieser in der Datei ipsec.secrets eingetragen werden. Listing 14.1.3 zeigt einen derartigen Eintrag.

```
meine@id 3.0.0.1: "Die von meine@id gewählte PSK bei dem VPN-Gateway"
```

Einige Versionen von Openswan weisen einen Fehler auf, sodass nicht mehrere Verbindungen mit unterschiedlichen PSKs aufgebaut werden können. Ein Patch ist hier erhältlich: http://lists. openswan.org/pipermail/dev/2009-April/002069.html.

Mit dieser Konfiguration ist es nun möglich, mit Openswan den Aggressive-Modus als Client oder Server zu unterstützen.

14.1.4 Fazit

Der Aufbau von Roadwarrior-Verbindungen mit PreShared Keys ist grundsätzlich möglich. Hierbei ist es unerheblich, wie viele Roadwarrior sich mit dem VPN-Gateway verbinden sollen, denn durch eine Einschränkung des Main-Modus müssen alle Roadwarriors, die die Authentifizierung mit einem PSK durchführen, denselben PSK nutzen. Dies ist vom Standpunkt der Sicherheit her kritisch. Die Verwendung des Aggressive-Modus schafft hier zwar Abhilfe, jedoch wird dann die ID im Klartext übertragen. Besser ist direkt die Verwendung des Protokolls IKE Version 2. Dieses erlaubt die Verwendung von PSKs auch bei verschlüsselter Übertragung der Identitäten.

Daher sollten Roadwarrior-Szenarien immer mit X.509-Zertifikaten oder dem IKEv2-Protokoll aufgebaut werden.

14.2 Roadwarrior mit X.509-Zertifikaten

Beim Aufbau eines VPNs mit vielen Teilnehmern wie zum Beispiel Roadwarriors kann die Verwendung von X.509-Zertifikaten große Erleichterung bringen. Es ist nicht nur möglich, damit andere IPsec-Implementierungen mit strongSwan oder Openswan kommunizieren zu lassen, sondern es besteht auch die Möglichkeit, diese Roadwarriors einfach zu verwalten. Es ist nicht erforderlich, sämtliche öffentlichen Schlüssel der Roadwarriors auf dem VPN-Gateway zu speichern. Nicht mehr benötigte Zertifikate können sehr einfach mit einer Widerrufliste (CRL) aufgehoben werden.

In diesem Abschnitt finden Sie nun die entsprechenden Hinweise für den Aufbau einer derartigen Lösung. Dabei wird zunächst die Konfiguration des VPN-Gateways besprochen. Anschließend wird die Konfiguration des Roadwarriors vorgestellt und erklärt. Die Konfiguration von heterogenen Clients, zum Beispiel Windows XP und Vista, wird in Kapitel 18 besprochen. Die Konfiguration des VPN-Gateways unterscheidet sich jedoch beim Einsatz von Windows als Roadwarrior nicht. Die Verbindung mit Windows 7 mithilfe des IKEv2-Protokolls wird in Kapitel 25 vorgestellt.

Dieses Kapitel geht davon aus, dass Sie bereits in der Lage sind, X.509-Zertifikate zu erzeugen. Dies kann mit dem Kommando `CA.pl` erfolgen (siehe den Exkurs in Kapitel 13.5.1 oder mit einer CA (siehe Kapitel 28)).

Außerdem wird davon ausgegangen, dass Sie die entsprechenden Zertifikate bereits erzeugt haben und die Dateien an den vorgeschriebenen Stellen hinterlegt haben. Aus Platzgründen soll diese Wiederholung hier unterbleiben. Bitte lesen Sie die entsprechenden Abschnitte ansonsten nach, und versuchen Sie, zunächst eine normale VPN-Verbindung mit X.509-Zertifikaten aufzubauen.

14.2.1 VPN-Gateway

Die Konfiguration des VPN-Gateways ähnelt sehr stark der in Listing 13.19 abgebildeten Konfiguration. Angepasst an den Roadwarrior ist die Konfiguration in Listing 14.7 dargestellt.

Listing 14.7: **Roadwarrior mit X.509-Zertifikaten (VPN-Gateway)**

```
config setup
        plutodebug=none
conn %default
        authby=rsasig
        left=3.0.0.1
        leftnexthop=3.255.255.254
        leftrsasigkey=%cert
        rightrsasigkey=%cert
        leftcert=rwnewyork_cert.pem
```

```
        leftid="/C=DE/ST=NRW/L=Steinfurt/O=OpenSource-Training Ralf  ↵
                Spenneberg/OU=Wireless-VPN/CN=NewYork"
        right=%any
        keyingtries=1

conn x509-newyork-roadwarrior
        auto=add

conn x509-newyorknet-roadwarrior
        leftsubnet=10.0.1.0/24
        auto=add
```

Hier wird, wie in den letzten Abschnitten zur Roadwarrior-Konfiguration mit PSKs und RSA-Schlüsseln, in der Konfigurationsdatei darauf geachtet, dass die Tunnel nicht automatisch gestartet (auto=add) und vom VPN-Gateway bei einem Fehler nicht wieder aufgebaut werden (keyingtries=1). Die Tunnel müssen jedoch geladen werden (auto=add), da ansonsten der Tunnelaufbau des Roadwarriors abgelehnt wird.

Außerdem wird die Identität des Roadwarriors nicht mehr in dieser Datei erwähnt. Der Road-warrior wird diese Identität bei der Anmeldung am VPN-Gateway selbst übermitteln.

Die Datei /etc/ipsec.secrets kann ebenfalls unverändert aus dem letzten Abschnitt über-nommen werden. Diese Datei enthält den Hinweis, in welcher Datei sich der private Schlüssel befindet, und mit welcher Passphrase er geschützt ist (Listing 14.8).

Listing 14.8: **Die Datei ipsec.secrets auf dem X.509-VPN-Gateway**

```
: RSA newyork_key.pem "certkenn"
```

Mit der Erzeugung beziehungsweise Anpassung dieser Dateien ist die Konfiguration des X.509-VPN-Gateways abgeschlossen. Zur Wiederholung und zur Kontrolle hier noch einmal die Liste der erforderlichen Dateien:

» /etc/ipsec.secrets siehe oben

» /etc/ipsec.conf siehe oben

» /etc/ipsec.d/cacerts/cacert.pem selbst signiertes Zertifikat der CA

» /etc/ipsec.d/crls/crl.pem signierte Rückrufliste der CA

» /etc/ipsec.d/certs/rwnewyork_cert.pem durch die CA ausgestelltes Zertifikat des VPN-Gateways

» /etc/ipsec.d/private/rwnewyork_req.pem privater Schlüssel des VPN-Gateways

Wenn Sie diesen Dateien teilweise andere Namen gegeben haben, so achten Sie darauf, dass Sie die entsprechenden Konfigurationsdateien anpassen. Im Falle des CA-Zertifikats und der Rückrufliste ist dies jedoch unkritisch. Sämtliche in diesem Verzeichnis sich befindenden Dateien werden von FreeS/WAN gelesen.

Ist so weit alles vorbereitet, kann strongSwan gestartet werden und der erfolgreiche Start in der Protokolldatei /var/log/secure[1] nachvollzogen werden.

14.2.2 Roadwarrior

Die Konfiguration des Roadwarriors ähnelt sehr stark der in Listing 14.7 abgebildeten Konfiguration des VPN-Gateways. Angepasst an den Roadwarrior, ist die Konfiguration in Listing 14.9 dargestellt.

Listing 14.9: **Roadwarrior Berlin mit X.509-Zertifikaten (Roadwarrior)**

```
config setup
        charonstart=no
        plutodebug=none

conn %default
        authby=rsasig
        leftrsasigkey=%cert
        rightrsasigkey=%cert
        left=3.0.0.1
        leftnexthop=3.255.255.254
        leftid="/C=DE/ST=NRW/L=Steinfurt/O=OpenSource-Training Ralf ↩
                Spenneberg/OU=Wireless-VPN/CN=NewYork"
        right=%defaultroute
        rightid="/C=DE/ST=NRW/L=Steinfurt/O=OpenSource-Training Ralf ↩
                Spenneberg/OU=Wireless-VPN/CN=Berlin"
        rightcert=rwberlin_cert.pem
        keyingtries=0

conn x509-newyork-roadwarrior
        auto=start

conn x509-newyorknet-rwberlin
        leftsubnet=10.0.1.0/24
        auto=start
```

Hier werden, wie in den letzten Abschnitten zur Roadwarrior-Konfiguration mit PSKs und RSA-Schlüsseln, in der Konfigurationsdatei die Tunnel automatisch gestartet (auto=start) und vom Roadwarrior wieder aufgebaut, wenn diese durch einen Fehler (keyingtries=0) zusammenbrechen. Da der Roadwarrior seine eigene IP-Adresse zum Zeitpunkt der Konfiguration nicht kennt, wird hier %defaultroute verwendet.

---

1   Auf Debian: /var/log/authlog

Die Datei /etc/ipsec.secrets kann ebenfalls unverändert aus dem letzten Kapitel über-nommen werden. Diese Datei enthält den Hinweis, in welcher Datei sich der private Schlüssel befindet und mit welcher Passphrase er geschützt ist (Listing 14.10).

Listing 14.10: **Die Datei ipsec.secrets auf dem Roadwarrior**

```
: RSA rwberlin_key.pem "kennwort"
```

Mit der Erzeugung beziehungsweise Anpassung dieser Dateien ist die Konfiguration des X.509-Roadwarriors abgeschlossen. Dennoch sollte auch hier noch einmal überprüft werden, ob sämtliche Dateien sich an den vorgesehenen Orten befinden (siehe letzter Abschnitt).

Wenn Sie diesen Dateien teilweise andere Namen gegeben haben, so achten Sie darauf, dass Sie die entsprechenden Konfigurationsdateien anpassen. Im Falle des CA-Zertifikats und der Rückrufliste ist dies jedoch unkritisch. Sämtliche Dateien, die sich in diesem Verzeichnis befinden, werden von FreeS/WAN gelesen.

Ist so weit alles vorbereitet, können Sie strongSwan starten und den Tunnelaufbau beobach-ten.

```
# /etc/init.d/ipsec start
Starting strongSwan 4.2.4 IPsec [starter]...
```

Listing 14.11: **Protokoll des VPN-Gateways während des Tunnelaufbaus**

```
Oct 14 10:07:00 newyork ipsec_starter[2890]: Starting strongSwan 4.2.4 ↵
        IPsec [starter]...
Oct 14 10:07:01 newyork pluto[2898]: Starting Pluto (strongSwan Version ↵
        4.2.4 THREADS LIBLDAP SMARTCARD VENDORID CISCO_QUIRKS)
Oct 14 10:07:01 newyork pluto[2898]:   including NAT-Traversal patch ↵
        (Version 0.6c) [disabled]
Oct 14 10:07:01 newyork pluto[2898]: failed to load pkcs11 module '/usr/ ↵
        lib/opensc-pkcs11.so'
Oct 14 10:07:01 newyork pluto[2898]: ike_alg: Activating OAKLEY_AES_CBC ↵
        encryption: Ok
...
Oct 14 10:07:01 newyork pluto[2898]: All crypto self-tests passed
Oct 14 10:07:01 newyork pluto[2898]: Using Linux 2.6 IPsec interface code
Oct 14 10:07:02 newyork pluto[2898]: Changing to directory '/etc/ipsec.d/ ↵
        cacerts'
Oct 14 10:07:02 newyork pluto[2898]:   loaded CA cert file 'cacert.pem' ↵
        (3347 bytes)
Oct 14 10:07:02 newyork pluto[2898]: Changing to directory '/etc/ipsec.d/ ↵
        aacerts'
Oct 14 10:07:02 newyork pluto[2898]: Changing to directory '/etc/ipsec.d/ ↵
        ocspcerts'
Oct 14 10:07:02 newyork pluto[2898]: Changing to directory '/etc/ipsec.d/ ↵
        crls'
```

```
Oct 14 10:07:02 newyork pluto[2898]:   loaded crl file 'crl.pem' (491
         bytes)
Oct 14 10:07:02 newyork pluto[2898]: Changing to directory '/etc/ipsec.d/
         acerts'
Oct 14 10:07:02 newyork pluto[2898]: listening for IKE messages
Oct 14 10:07:02 newyork pluto[2898]: adding interface eth1/eth1
         3.0.0.1:500
Oct 14 10:07:02 newyork pluto[2898]: loading secrets from "/etc/ipsec.
         secrets"
Oct 14 10:07:02 newyork pluto[2898]:   loaded private key file '/etc/
         ipsec.d/private/rwnewyork_key.pem' (963 bytes)
Oct 14 10:07:02 newyork pluto[2898]:   loaded host cert file '/etc/ipsec.
         d/certs/rwnewyork_cert.pem' (3234 bytes)
Oct 14 10:07:02 newyork pluto[2898]: added connection description "x509-
         newyork-roadwarrior"
Oct 14 10:08:49 newyork pluto[2898]: packet from 5.0.0.1:500: ignoring
         Vendor ID payload [strongSwan 4.2.4]
Oct 14 10:08:49 newyork pluto[2898]: packet from 5.0.0.1:500: ignoring
         Vendor ID payload [Cisco-Unity]
Oct 14 10:08:49 newyork pluto[2898]: packet from 5.0.0.1:500: received
         Vendor ID payload [XAUTH]
Oct 14 10:08:49 newyork pluto[2898]: packet from 5.0.0.1:500: received
         Vendor ID payload [Dead Peer Detection]
Oct 14 10:08:49 newyork pluto[2898]: "x509-newyork-roadwarrior"[1]
         5.0.0.1 #1: responding to Main Mode from unknown peer 5.0.0.1
Oct 14 10:08:49 newyork pluto[2898]: "x509-newyork-roadwarrior"[1]
         5.0.0.1 #1: Peer ID is ID_DER_ASN1_DN: 'C=DE, ST=NRW, L=
         Steinfurt,
         O=OpenSource-Training Ralf Spenneberg, OU=Wireless-VPN,
         CN=Berlin'
Oct 14 10:08:49 newyork pluto[2898]: "x509-newyork-roadwarrior"[2]
         5.0.0.1 #1: deleting connection "x509-newyork-roadwarrior"
         instance with peer 5.0.0.1 {isakmp=#0/ipsec=#0}
Oct 14 10:08:49 newyork pluto[2898]: "x509-newyork-roadwarrior"[2]
         5.0.0.1 #1: we have a cert and are sending it upon request
Oct 14 10:08:49 newyork pluto[2898]: "x509-newyork-roadwarrior"[2]
         5.0.0.1 #1: sent MR3, ISAKMP SA established
Oct 14 10:08:49 newyork pluto[2898]: "x509-newyork-roadwarrior"[2]
         5.0.0.1 #2: responding to Quick Mode
Oct 14 10:08:49 newyork pluto[2898]: "x509-newyork-roadwarrior"[2]
         5.0.0.1 #2: IPsec SA established {ESP=>0xdaa5c672 <0xf59610af}
```

Mithilfe der Protokolldatei kann nachvollzogen werden, dass der Aufbau des Tunnels erfolgreich und unproblematisch erfolgt. Die Anzahl der Roadwarriors ist hier kein Problem.

14.2.3 Fazit

Die Verwaltung der Roadwarriors mit X.509-Zertifikaten ist die einfachste und mächtigste Variante. Hierbei ist es nicht erforderlich, dass die öffentlichen Schlüssel oder PSKs zwischen den Roadwarriors und dem VPN-Gateway ausgetauscht werden. Der einzige öffentliche Schlüssel, der auf allen Stationen bekannt sein muss, ist der Schlüssel der CA. Anschließend vertrauen die Kommunikationspartner im VPN automatisch allen weiteren Rechnern, die über ein signiertes Zertifikat dieser CA verfügen. Zusätzliche Sicherheit bietet eine Zertifikatsrückrufliste (CRL), die angelegt werden kann und Zertifikate enthält, die bereits vor Ablauf ihrer Gültigkeit nicht mehr verwendet werden dürfen. Hierzu ist es sinnvoll, diese Liste auf einem Webserver oder einem LDAP-Server zur Verfügung zu stellen. Die Kommunikationspartner können dann diese Liste in regelmäßigen Abständen (zum Beispiel täglich) herunterladen. Nach einer Aktualisierung der Liste kann Pluto mit dem Befehl `ipsec -rereadcrls` angewiesen werden, diese CRL neu einzulesen.

15. Konfiguration der Firewall

Befindet sich auf oder vor dem VPN-Gateway eine Firewall, so erfordert der erfolgreiche Aufbau eines VPN-Tunnels eine Anpassung der Konfiguration. Werden die Firewall und strongSwan bzw. Openswan auf demselben Gerät betrieben, so können bei dem Aufbau eines Tunnels die Firewallregeln automatisch angepasst werden.

Zunächst werde ich die grundsätzlichen Dinge besprechen. Im Anschluss erkläre ich dann, wie Openswan und strongSwan die Regeln bei dem Aufbau eines Tunnels anpassen können.

Für den Aufbau eines VPN-Tunnels ist es erforderlich, dass die IPsec-Protokolle ESP und bei Bedarf auch AH die Firewall passieren können. Zusätzlich ist es bei automatisch verschlüsselten Verbindungen (PSK, RSA, X.509-Authentifizierung) erforderlich, das IKE-Protokoll durch die Firewall zu lassen.

Handelt es sich bei der Firewall um einen Linux-Rechner mit einen Linux-Kernel 2.4.x oder 2.6.x, so können die Regeln mit dem `iptables`-Kommando erzeugt werden. Hier kann ich leider nicht die Syntax und den Hintergrund des Kommandos erläutern. Dies füllt ein eigenes Buch[1].

Im Folgenden stelle ich die Regeln für den Fall vor, dass das VPN-Gateway sich auf der Firewall oder dahinter befindet.

Befinden sich der `iptables`-Paketfilter und das VPN-Gateway auf demselben System, so ist es erforderlich, dass der Paketfilter den Versand und Empfang von IKE-, ESP- und AH-Paketen zulässt. Das Protokoll AH wird jedoch nur benötigt, wenn es auch im VPN genutzt wird (`auth=ah`). Zusätzlich muss der Paketfilter Netzwerkpakete, die den Tunnel nutzen möchten, passieren lassen. Dies kann, wie im nächsten Abschnitt erläutert wird, automatisch konfiguriert werden. Listing 15.1 demonstriert die benötigten Regeln.

Listing 15.1: **Paketfilterregeln beim Einsatz von *swan auf der Firewall**

```
# Auszug eines Firewallscripts
#
# Externe Netzwerkkarte
EXTCARD=eth0
#
# Eigenes Netzwerk
```

---

1   Ralf Spenneberg: *Linux Firewalls mit iptables & Co.* Addison-Wesley, 2006

```
LOCALNET=10.0.1.0/24
# Partner-Netzwerk
REMOTENET=10.0.2.0/24
#
# Erlaube IKE (500/udp, 4500/udp)
iptables -A INPUT  -p udp -m multiport --dport 500,4500 -i \$EXTCARD -j ↵
        ACCEPT
iptables -A OUTPUT -p udp -m multiport --dport 500,4500 -o \$EXTCARD -j ↵
        ACCEPT
#
# Erlaube ESP und AH
for protocol in "50,51"
do
  iptables -A INPUT  -p $protocol -i $EXTCARD -j ACCEPT
  iptables -A OUTPUT -p $protocol -o $EXTCARD -j ACCEPT
done
#
#
# Erlaube die Tunnelverwendung
# Diese Regeln können automatisch von Pluto erzeugt werden
# iptables -A FORWARD -s $LOCALNET -d $REMOTENET -m policy --dir out  -j ↵
        ACCEPT
# iptables -A FORWARD -d $LOCALNET -s $REMOTENET -m policy --dir in  -j ↵
        ACCEPT
```

Diese Regeln lassen ungehindert sämtlichen Verkehr im VPN zu. Dies ist nicht die ideale Lösung, aber häufig so gewünscht. Sie sollten dennoch versuchen, diesen Verkehr auf ein absolutes Mindestmaß zu reduzieren, und entsprechende Regeln erzeugen. Es entsteht ansonsten die Möglichkeit, an der Firewall vorbei über das VPN auf das geschützte Netz zuzugreifen. Dies ist sicherlich nicht immer erwünscht. Auch wenn der Zugriff aus einem anderen geschützten Netzwerk erfolgt, birgt dieser Zugriff immer noch Gefahren. Die Sicherheit des gesamten Netzwerks (bestehend aus den beiden über das VPN verbundenen Netzen) ist nur so hoch wie ihr schwächstes Glied.

Befindet sich die Firewall zwischen dem VPN-Gateway und dem Internet, so ist folgender Regelsatz (siehe Listing 15.2) erforderlich. Er erlaubt die Passage von IKE-, ESP- und AH-Paketen durch die Firewall zu dem VPN-Gateway.

Listing 15.2: **Paketfilterregeln bei dem Einsatz von *swan hinter der Firewall**

```
# Auszug eines Firewallscripts
#
# Externe Netzwerkkarte
EXTCARD=eth0
# Interne Netzwerkkarte
INTCARD=eth1
```

```
#
# lokales VPN-Gateway
LOCALVPN=3.0.0.1
# Entferntes VPN-Gateway
REMOTEVPN=7.0.0.1
#
# Erlaube IKE (500/udp)
iptables -A FORWARD  -p udp -m multiport --dport 500,4500 -i $EXTCARD -o ⮐
        $INTCARD -s $REMOTEVPN -d $LOCALVPN -j ACCEPT
iptables -A FORWARD  -p udp -m multiport --dport 500,4500 -o $EXTCARD -i ⮐
        $INTCARD -d $REMOTEVPN -s $LOCALVPN -j ACCEPT
#
# Erlaube ESP und AH
for protocol in "50,51"
do
  iptables -A FORWARD  -p $protocol -i $EXTCARD -o $INTCARD -s $REMOTEVPN ⮐
          -d $LOCALVPN -j ACCEPT
  iptables -A FORWARD  -p $protocol -o $EXTCARD -i $INTCARD -d $REMOTEVPN ⮐
          -s $LOCALVPN -j ACCEPT
done
```

15.1 Nutzung von leftfirewall und rightfirewall

Die aktuellen Versionen von Openswan und strongSwan können automatisch die Firewall-regeln anpassen, sodass die aufgebauten VPN-Verbindungen ungehindert eine lokale Firewall passieren können. Hierzu müssen Sie nur auf der entsprechenden Seite, auf der die Firewall-regeln angepasst werden sollen, den Parameter leftfirewall bzw. rightfirewall nutzen. Die Regeln aus dem letzten Abschnitt sind dennoch erforderlich, da diese die Kommunikation erlauben, die für den Aufbau erforderlich ist.

Die von diesen Parametern gesetzten Regeln reichen in den meisten Fällen aus. Im nächsten Abschnitt werden Anpassungen besprochen.

Wenn Ihr VPN einen Tunnel für zwei Netze implementiert, ist mit entsprechenden Routing-Regeln hierüber auch immer das Gateway selbst erreichbar (siehe Kapitel 31). Wenn Sie gleichzeitig auf dem Gateway eine iptables-Firewall betreiben, unterbindet diese wahrschein-lich den Zugriff. Die Parameter leftfirewall und rightfirewall beeinflussen dieses Ver-halten nicht. Wenn Sie wünschen, dass auch gleichzeitig entsprechende Regeln hinzugefügt werden, die den Zugriff auf die internen Schnittstellen der VPN-Gateways erlauben, dann fügen Sie auch noch die Parameter lefthostaccess und righthostaccess hinzu.

Weitere Erklärungen und auch Hinweise für Anpassungen gibt der nächste Abschnitt.

15.2 Anpassung des _updown-Scripts

Mit den bisher gezeigten Paketfilterregeln ist es möglich, ein VPN aufzubauen und zu nutzen. Jedoch ist es häufig sinnvoll, zusätzliche Regeln beim Aufbau eines Tunnels zu erzeugen, um so gezielt den Durchgang durch eine Firewall zu erlauben.

Hierfür kann das _updown-Script genutzt werden. Es wird von Pluto für fünf verschiedene Vorgänge aufgerufen. Hierbei übergibt Pluto an das Script einen der folgenden Befehle:

» `prepare-host|prepare-client`: Diese Routine kann für vorbereitende Maßnahmen vor dem Aufbau des Tunnels genutzt werden. Hier werden zum Beispiel alte Routen gelöscht.

» `route-host|route-client`: Diese Routine wird genutzt, um eine Route einzutragen (`ipsec route`).

» `unroute-host|unroute-client`: Hiermit wird eine Route wieder entfernt, wenn ein Tunnel gelöscht wird (`ipsec unroute`).

» `up-host|up-client`: Diese Aktion wird ausgeführt, wenn der Tunnel aufgebaut wird. Hierzu ist mindestens die Kommunikation mit IKE-Paketen erforderlich. Hier können Sie eigene Regeln hinzufügen.

» `down-host|down-client`: Diese Aktion wird bei der Beendigung des Tunnels ausgeführt. Hier können die Regeln wieder gelöscht werden.

Hierbei wird bei einem `*-host`-Aufruf davon ausgegangen, dass der Tunnel nur von dem Gateway selbst genutzt wird. Der `*-client`-Aufruf geht davon aus, dass der Tunnel von einem Clientrechner oder -netzwerk hinter dem Gateway genutzt wird.

Moderne Versionen des Scripts können auch mit `*-host:iptables` und `*-client:iptables` aufgerufen werden. Dann werden vordefinierte `iptables`-Regeln von dem Script eingetragen.

Wenn Sie das Script anpassen wollen, sollten Sie zunächst eine Kopie erzeugen und diese modifizieren. Bei einem möglichen Update der Software werden ansonsten Ihre Modifikationen wieder überschrieben. Sie können dann Ihr Script mit dem folgenden Parameter in der Datei `ipsec.conf` *aktivieren:*

`leftupdown = /usr/lib/ipsec/myupdown`

Dieses Script erhält zusätzlich die folgenden Variablen übergeben. Diese können zum Beispiel in Firewallregeln genutzt werden:

» `PLUTO_VERSION` Die Version der Schnittstelle (aktuell: 1.1)

» `PLUTO_VERB` Einer der oben aufgeführten Vorgänge

» `PLUTO_CONNECTION` Der Name der zu behandelnden Verbindung

» `PLUTO_NEXT_HOP` Der erste Router, zu dem die Tunnelpakete gesendet werden

» `PLUTO_INTERFACE` Der Name der virtuellen `ipsecX`-Netzwerkkarte, wenn `ipsecX`-Netzwerkkarten genutzt werden

» `PLUTO_REQID` Die ID-Nummer der ESP-Policy in der Security Policy Database (SPD)

» `PLUTO_ME` Die eigene IP-Adresse

» `PLUTO_ME_ID` Die eigene Identität

» `PLUTO_MY_CLIENT` Die IP-Adresse des Clients hinter diesem VPN-Gateway (analog: `PLUTO_MY_CLIENT_NET`, `PLUTO_MY_CLIENT_MASK`)

» `PLUTO_MY_SOURCEIP` Wenn eine besondere IP-Adresse als Source-Adresse genutzt werden soll (`leftsourceip` oder `rightsourceip`), wird diese hier übergeben.

» `PLUTO_MY_PORT` Der Tunnel kann auf bestimmte Ports beschränkt sein. Diese werden hier übergeben.

» `PLUTO_MY_PROTOCOL`: Der Tunnel kann mit Protokoll-Selektoren auf ein bestimmtes Protokoll (TCP, UDP etc.) eingeschränkt werden.

» `PLUTO_PEER`, `PLUTO_PEER_CLIENT`, `PLUTO_PEER_CLIENT_NET`, `PLUTO_PEER_CLIENT_MASK`, `PLUTO_PEER_PORT`, `PLUTO_PEER_PROTOCOL`: Analog zu `PLUTO_MY_*`.

» `PLUTO_PEER_ID`: Die Identifikation des Peers. Sie kann sehr gut für Protokollzwecke genutzt werden.

» `PLUTO_PEER_CA`: Die CA, die das Zertifikat des Peers ausgestellt hat.

Um Ihnen eine Vorstellung von den automatisch erzeugten Regeln zu vermitteln, ist in Listing 15.3 ein Auszug aus der Datei _updown enthalten.

Listing 15.3: **Beispiel für _updown-Firewallregeln (aus _updown)**

```
up-host:iptables)
     # connection to me, with (left/right)firewall=yes, coming up
     # This is used only by the default updown script, not by your custom
     # ones, so do not mess with it; see CAUTION comment up at top.
     iptables -I INPUT 1 -i $PLUTO_INTERFACE -p $PLUTO_MY_PROTOCOL \
         -s $PLUTO_PEER_CLIENT $S_PEER_PORT \
         -d $PLUTO_ME $D_MY_PORT $IPSEC_POLICY_IN -j ACCEPT
     iptables -I OUTPUT 1 -o $PLUTO_INTERFACE -p $PLUTO_PEER_PROTOCOL \
         -s $PLUTO_ME $S_MY_PORT $IPSEC_POLICY_OUT \
         -d $PLUTO_PEER_CLIENT $D_PEER_PORT -j ACCEPT
     #
     # log IPsec host connection setup
     if [ $VPN_LOGGING ]
     then
       if [ "$PLUTO_PEER_CLIENT" == "$PLUTO_PEER/32" ]
       then
         logger -t $TAG -p $FAC_PRIO \
           "+ `echo -e $PLUTO_PEER_ID` $PLUTO_PEER -- $PLUTO_ME"

       else
         logger -t $TAG -p $FAC_PRIO \
           "+ `echo -e $PLUTO_PEER_ID` $PLUTO_PEER_CLIENT == $PLUTO_PEER ↵
                    -- $PLUTO_ME"
```

```
        fi
    fi
    ;;
```

Die Befehle aus Listing 15.3 erzeugen `iptables`-Regeln, die lediglich den Austausch von Paketen zwischen den Kommunikationspartnern des Tunnels erlauben. Zusätzlich wird mit dem Befehl `logger` die Anpassung der Firewallregeln protokolliert. Die Variablen `$TAG` und `$FAC_PRIO` können am Anfang dieses Scripts angepasst werden. Hiermit können Sie den Ort, wo die Einträge protokolliert werden, anpassen:

Listing 15.4: **Protokollierung der Firewallmodifikation**

```
Oct 14 14:18:20 newyork vpn: + C=DE, ST=NRW, L=Steinfurt, O=OpenSource- ↵
        Training Ralf Spenneberg, OU=Wireless-VPN, CN=Berlin 5.0.0.1 -- ↵
        3.0.0.1
```

In früheren Versionen führten die Parameter `leftfirewall` und `rightfirewall` lediglich zur Aktivierung von `ipfwadm`-Regeln. Heute werden `iptables`-Regeln erzeugt.

Bei der Anpassung dieser Datei sollten Sie auf jeden Fall darauf achten, dass nicht die Original-Datei modifiziert wird. Sie wird möglicherweise bei einem Update der Software überschrieben, und die Modifikation geht verloren. Daher sollte immer das Script umbenannt und mit der Direktive `leftupdown` und `rightupdown` geladen werden.

15.3 Fazit

Openswan und strongSwan können bereits automatisch die erforderlichen grundlegenden Regeln für eine lokale `iptables`-Firewall erzeugen. Dennoch ist es erforderlich, zunächst manuell die Firewallregeln für den Empfang und Versand von IKE-, ESP- und AH-Paketen zu definieren.

Die Regeln für die in den ausgehandelten Verbindungen (Tunneln) übertragenen Daten können automatisch generiert werden. Hier erzeugt Pluto bei Verwendung der entsprechenden Parameter automatisch dem Tunnel entsprechende Regeln. Möglicherweise sollen in Abhängigkeit von der Identität des Partners unterschiedliche Regeln erzeugt werden. In solchen Fällen kann ein angepasstes _updown-Script die Lösung bieten. Die Unterscheidung des Peers erfolgt über die Variable `$PLUTO_PEER_ID`. Die entsprechende IP-Adresse befindet sich dann in der Variablen `$PLUTO_PEER_IP`. Damit lassen sich entsprechende Regeln im Shellscript erzeugen.

16. Automatische Verbindung mit racoon

Racoon ist der IKE-Daemon des KAME-Projekts, der von Dave Miller und Alexey Kuznetsov auf Linux portiert wurde. Er nimmt hier dieselbe Aufgabe wahr, die auch Pluto bei Openswan und strongSwan hat. Hierzu verwendet er das IKE-Protokoll, um eine ISAKMP-SA auszuhandeln und anschließend die IPsec-SAs zu erzeugen. Dabei wird racoon normalerweise nicht von selbst tätig, sondern bei Bedarf durch den Kernel angestoßen. Der Kernel kommuniziert hierzu mit racoon über einen Socket. Jedes Mal, wenn der Kernel ein Paket entsprechend der Security Policy Database mit IPsec verschlüsseln oder authentifizieren muss, aber nicht über die entsprechende SA verfügt, fordert er racoon auf, diese SAs auszuhandeln und bereitzustellen.

Erforderlich für einen erfolgreichen Einsatz von racoon ist daher dessen Konfiguration in der Datei racoon.conf und zusätzlich die Konfiguration der SPD mit dem Befehl setkey.

In diesem Kapitel betrachten wir zunächst racoon und dessen Konfiguration ganz allgemein. Anschließend wird die Konfiguration von racoon bei einer Authentifizierung mit einem Pre-Shared Key (PSK) und X.509-Zertifikaten besprochen und durchgespielt.

16.1 Konfiguration von racoon

Der Kernel greift über einen Socket auf racoon zu und fordert ihn auf, mit dem IKE-Protokoll die ISAKMP-SA und die IPsec-SA auszuhandeln, wenn die Security Policys, die mit dem setkey-Kommando erzeugt wurden, es verlangen. Hierzu muss racoon als Dienst zur Verfügung stehen. Beim Start von racoon stehen eine ganze Reihe von Optionen zur Verfügung, mit denen dieser Start modifiziert werden kann. Sobald racoon gestartet wurde, kann er mit dem Werkzeug racoonctl administriert werden.

16.1.1 Start von Racoon

Für eine Einbindung in den Linux-Startprozess bietet es sich an, für racoon ein SysV-Startscript zu verwenden. Inzwischen enthalten die meisten modernen Distributionen ein derartiges Script. Für alle weiteren Distributionen ist eine mögliche Variante eines derartigen Scripts in Listing 16.1 abbgebildet.

Listing 16.1: **SysV-Startscript für racoon**

```bash
#! /bin/bash
#
# racoon          Start/Stop the racoon IKE daemon.
#
# chkconfig: 2345 90 60
# description: racoon is the IKE daemon of the KAME tools. Use it with :
#              the native Linux 2.6 IPsec stack

# processname: racoon
# config: /etc/racoon.conf
# pidfile: /var/run/racoon.pid

OPTS=""

. /etc/sysconfig/racoon

RETVAL=0


prog="racoon"

start() {
        echo -n "Starting $prog: ""
        racoon $OPTS &
        RETVAL=$?
        echo
        [ $RETVAL -eq 0 ] && echo "OK" || echo "Failed"
        return $RETVAL
}

stop() {
        echo -n "Stopping $prog: "
        pkill racoon
        RETVAL=$?
        echo
        [ $RETVAL -eq 0 ] && echo "OK" || echo "Failed"
        return $RETVAL
}

rhstatus() {
        pgrep racoon
}
```

```
restart() {
        stop
        start
}

reload() {
        echo -n "Reloading racoon daemon configuration: "
        pkill racoon -HUP
        retval=$?
        [ $RETVAL -eq 0 ] && echo "OK" || echo "Failed"
        return $RETVAL

}

case "$1" in
  start)
        start
        ;;
  stop)
        stop
        ;;
  restart)
        restart
        ;;
  reload)
        reload
        ;;
  status)
        rhstatus
        ;;
  *)
        echo "Usage: $0 {start|stop|status|reload|restart}"
        exit 1
esac

exit $?
```

Dieses Script liest die racoon-Startoptionen aus der Datei /etc/sysconfig/racoon, die zu diesem Zweck erzeugt werden sollte.

racoon unterstützt die folgenden Optionen beim Start:

» -B Hiermit wird racoon aufgefordert, die SAs aus einer in der Konfigurationsdatei racoon.conf definierten Datei einzulesen und statisch in der SAD einzutragen (für Back-up-Zwecke). Diese Option ist jedoch sinnlos, da diese SAs sowieso in regelmäßigen Abstän-

den neu ausgehandelt werden müssen. Daher können sie auch beim Start direkt neu ausgehandelt werden.

» `-d` Erhöht den Detailgrad der Debugmeldungen. Je mehr `-d` angegeben werden, um so
detaillierter werden die Meldungen.

» `-F` racoon läuft im Vordergrund und gibt sämtliche Meldungen auf der Konsole aus. Dies
ist für die Fehlersuche sehr hilfreich.

» `-f configfile` Hiermit können Sie den Ort der Konfigurationsdatei `racoon.conf` angeben.

» `-l logfile` racoon protokolliert üblicherweise an den Syslog mit der Facility `LOG_DAEMON`
und der Priority `LOG_INFO`. Bei Angabe dieser Option protokolliert racoon in der angegebenen Datei.

» `-p IKE-Port` Der Default-IKE-Port ist 500/udp. Hiermit kann ein anderer UDP-Port angegeben werden.

» `-P IKE-NATT-Port` Der Default-IKE-NATT-Port ist 4500/udp. Hiermit kann ein anderer
UDP-Port angegeben werden.

» `-v` Dies aktiviert eine ausführlichere Ausgabe (verbose).

» `-4` Hiermit verwendet Racoon nur IPv4.

» `-6` Hiermit nutzt Racoon nur IPv6. Wird keine Angabe gemacht, nutzt Racoon sowohl IPv4
als auch IPv6.

In den meisten Fällen kann Racoon ohne weitere Startoptionen gestartet werden. Lediglich zu
Debugging-Zwecken bietet es sich an, den Detailgrad der Meldungen zu erhöhen und Racoon
im Vordergrund laufen zu lassen.

16.1.2 Racoon-Konfigurationsdatei

Die eigentliche Konfiguration von Racoon erfolgt in der Konfigurationsdatei `racoon.conf`.
Diese befindet sich meist in dem Verzeichnis `/etc` oder einem Unterverzeichnis `/etc/ra-
coon`. Eine alternative Konfigurationsdatei kann beim Start mit der Option `-f configfile`
angegeben werden.

Diese Konfigurationsdatei soll im Folgenden komplett vorgestellt werden, um einen Eindruck
von der Mächtigkeit von Racoon zu erhalten. Im Anschluss wird dann die Konfiguration in
Beispielen mit PSKs und X.509-Zertifikaten vorgestellt.

Wenn Ihnen diese Aufstellung zu langatmig und trocken erscheint, so können Sie ohne Weiteres zunächst zu Abschnitt 16.2 weiterblättern und später diese Darstellung in Kombination
mit dem Stichwortverzeichnis als Konfigurationsreferenz nutzen.

Bei vielen im Folgenden beschriebenen Optionen müssen Zeiträume angegeben werden. Hierbei unterstützt Racoon die folgenden Zeiteinheiten: `sec`, `secs`, `second`, `seconds`, `min`,
`mins`, `minute`, `minutes`, `hour`, `hours`.

Alle Zeilen in der Konfigurationsdatei müssen mit einem Semikolon abgeschlossen werden.
Die Konfigurationsdatei unterstützt die folgenden Einträge:

» `path include` *pfad;* Hiermit geben Sie das Verzeichnis an, in dem Racoon nach weiteren Dateien sucht (siehe `include`).

» `path pre_shared_key` *datei* In dieser Datei legen Sie die PSKs ab. Die Syntax dieser Datei wird weiter unten erläutert. Die Rechte der Datei dürfen lediglich *root* das Lesen erlauben.

» `path certificate` *pfad;* Dieses Verzeichnis enthält sämtliche Zertifikate.

» `path backupsa` *datei;* Racoon wird jede erzeugte SA an diese Datei anhängen. So kann bei einem Neustart von Racoon diese Datei mit der Option `-B` wieder eingelesen werden.

» `include` *datei;* Diese Datei wird zusätzlich aus dem mit `path include` angegebenen Verzeichnis als Konfigurationsdatei eingelesen.

» `timer { ... }` Mit dieser Direktive können mehrere Zeitgeber in geschweiften Klammern gesetzt werden. Es existieren die folgenden Zeitgeber mit ihren Standardwerten (in Klammern):

  - `counter` *zahl;* Maximale Anzahl von Retrys (5).
  - `interval` *zahl zeiteinheit;* Das Zeitintervall, nach dem ein Retry durchgeführt werden soll (10 sec).
  - `persend` *zahl;* Gibt an, wie viele Pakete gesendet werden sollen (1).
  - `phase1` *zahl zeiteinheit;* Maximale Zeit für den Aufbau der Phase 1 (15 sec). Bei sehr langsamen Verbindungen oder schwachbrüstigen Prozessoren kann es sinnvoll sein, diesen und den nächsten Wert zu erhöhen.
  - `phase2` *zahl zeiteinheit;* Maximale Dauer für den Aufbau der Phase 2 (10 sec).
  - `natt_keepalive` *zahl zeiteinheit;* Abstand der Keepalive-Pakete für das NAT-Traversal (20 sec, siehe Abschnitt 8.11.4). Der Wert 0 deaktiviert diese Pakete.

» `listen { ... }` Mit dieser Direktive können die IP-Adresse und der Port für Racoon definiert werden. Wird sie nicht verwendet, so bindet sich `racoon` an alle verfügbaren Netzwerkschnittstellen. Hierzu können in den geschweiften Klammern die folgenden Optionen angegeben werden:

  - `isakmp` *adresse[port];* Nun horcht Racoon nur noch auf die angegebene Adresse und den optional anzugebenden Port.
  - `isakmp_natt` *adresse[port];* Nun horcht Racoon auch noch auf der angegebenen Adresse und dem optional anzugebenden Port. Diese Angabe ist erforderlich für NAT-T.
  - `strict_address;` Verlangt, dass sämtliche angegebenen Adressen gebunden sein müssen.
  - `adminsock` *path [owner group mode];* Hiermit definieren Sie den Ort des Administrationssockets für den Befehl `racoonctl`. Wenn Sie den Socket deaktivieren wollen, verwenden Sie den Wert `disabled`.

» `remote (address|anonymous) [port] [inherit parent] ...` Hiermit wird nun die wesentliche Konfiguration von Racoon vorgenommen. Diese Direktive definiert den Kommunikationspartner und die Details für die Phase 1. Hierbei ist die Angabe der IP-Adresse des Partners erforderlich. Wird hier `anonymous` gewählt, so trifft diese Definition auf alle

Partner zu, für deren IP-Adresse keine andere remote-Direktive existiert. Der Port kann optional angegeben werden, wenn es sich nicht um den IKE-Port 500/udp handelt. Mit dem Parameter inherit können Sie die Einstellungen einer anderen Verbindung übernehmen und müssen dann nur die abweichenden Parameter definieren. So können Sie ähnlich wie mit Pluto eine Default-Verbindung definieren, die Sie anschließend bei der Beschreibung der einzelnen Tunnel nutzen.

In den geschweiften Klammern können Sie die genauen Angaben zu Phase 1 machen:

- exchange_mode *(main|aggressive|base)*; Racoon unterstützt in Phase 1 sowohl den Main- als auch den Aggressive- und den Base-Modus. Der Base-Modus wird von keiner weiteren mir bekannten IPsec-Implmentierung unterstützt und wurde im Draft *draft-ietf-ipsec-ike-base-mode* definiert. Dieser Draft wurde jedoch nie zum Standard erhoben.

  Racoon nutzt als Initiator den ersten angegebenen Modus und antwortet auf alle aufgeführten Modi. Mehrere Modi können mit Komma getrennt angegeben werden.

- doi ipsec-doi; Hiermit wird entsprechend dem RFC 2407 die IPSEC-*Domain of Interpretation* (DOI) genutzt. Dabei können Gruppierungen von verwandten Protokollen für die Verhandlung von ISAKMP-SAs erzeugt werden. Andere Implementierungen nutzen ebenfalls ipsec-doi. Die Angabe ist optional.

- situation identity_only; Racoon verwendet SIT_IDENTITY_ONLY entsprechend RFC 2407. Diese Angabe ist, wie die letzte, optional.

- my_identifier *[qualifier] idtype wert*; Dieser Parameter definiert die Identität, die Racoon dem Partner übermittelt. Dies entspricht bei Openswan und strongSwan dem Parameter leftid bzw. rightid. Ältere Implementierungen nutzen hier möglicherweise noch identifier.

  Bei dem idtype sind folgende Werte möglich:

  - address *[address]* Dies ist die Defaulteinstellung, wenn kein Identifier angegeben wurde.
  - user_fqdn *user@domain* Dies erlaubt die Angabe einer E-Mail-Adresse.
  - fqdn *domain* Hier kann eine vollqualifizierte Domäne (FQDN) angegeben werden. Sie wird nicht DNS aufgelöst.
  - keyid *[file] datei* Die Identität wird aus der angegebenen Schlüsseldatei gelesen.
  - keyid*tag string* Die Identität wird aus dem angegebenen Schlüssel gelesen.
  - asn1dn *[string]* Es wird der angegebene ASN.1-DN verwendet. Wenn kein String angegeben wird, so liest Racoon die Information selbst aus dem Subject-Feld des Zertifikats.

- peers_identifier ...; Hier kann die Identität des Partners definiert werden, wenn Racoon sie prüfen soll. Fehlt der Parameter, so prüft Racoon nicht die Identität. Die Möglichkeiten entsprechen denen bei my_identifier. Eine Ausnahme besteht nur bei dem ASN.1-DN. Hier können beliebige Bestandteile durch ein Wildcard ersetzt werden: *C=XX, O=MyOrg, OU=*, CN=Mine*. Wird dieser Wert angeben, hängt die Prüfung jedoch zusätzlich von verify_identifier ab.

- `verify_identifier` *(on|off);* Nur wenn hier der Wert on gesetzt wird, verifiziert Racoon den Peer. Verwendet er eine andere Identität, so schlägt der Verbindungsaufbau fehl. Per Default ist dies jedoch abgeschaltet (off).

- `certificate_type` *(x509|plain_rsa] zertifikat privschlüssel;* Dieser Parameter spezifiziert den zu verwendenden RSA-Schlüssel. Ältere Implementierungen unterstützen nur X.509-Zertifikate. Da auch Openswan und strongSwan jedoch mit reinen RSA-Schlüsseln umgehen können, wurde plain_rsa hinzugefügt. Dies wird im Rahmen dieses Buches jedoch nicht betrachtet, da es heute nur noch selten eingesetzt wird. Üblich ist der Typ x509. Dann enthält die Angabe zertifikat den Namen der Datei, in der das Zertifikat gespeichert wurde. Die Angabe privschlüssel gibt den entsprechenden privaten Schlüssel an. Diese Dateien werden in dem path certificate gesucht.

- `peers_certfile` *(dnssec|datei|plain_rsa [datei]);* Normalerweise überträgt der Partner sein Zertifikat in Phase 1. Racoon nutzt dann das übertragene Zertifikat. Wenn Sie ein abweichendes Zertifikat für den Peer verwenden möchten, können Sie diesen Parameter nutzen. Bei Angabe dieses Parameters ignoriert racoon das übertragene Zertifikat und ermittelt es entweder mithilfe von DNSSEC, liest es aus der angegebenen X.509-Zertifikatsdatei oder als reinen RSA-Schlüssel aus einer Datei.

- `send_cert` *(on|off);* Racoon sendet sein Zertifikat automatisch an den Partner. Dieser Parameter erlaubt es, das abzustellen.

- `send_cr` *(on|off);* Damit Racoon das Zertifikat des Partners erhält, sendet er eine Anforderung. Hiermit kann diese Anforderung deaktiviert werden.

- `verify_cert` *(on|off);* Racoon überprüft automatisch, ob das vom Partner erhaltene Zertifikat auch zu dem angegebenen Identifier passt. Diese Verifizierung kann abgeschaltet werden. Achtung: Das erzeugt eine Sicherheitslücke! Der Peer muss auch nicht über den passenden privaten Schlüssel verfügen! Jeder kann dann die Verbindung aufbauen!

- `lifetime` *time zahl einheit;* Hiermit verwalten Sie die vorzuschlagende Lebensdauer für die ISAKMP-SA der Phase 1.

- `initial_contact` *(on|off);* Wenn der Linux-Rechner mit Racoon neu gestartet wird und versucht, eine SA neu aufzubauen, so wird der Partner möglicherweise mit einer alten SA antworten, die der Linux-Rechner nicht mehr kennt. Ist initial_contact gesetzt, so sendet Racoon eine Meldung, die die Gegenseite auffordert, die neue SA zu verwenden (Default: on).

- `passive` *(on|off);* racoon versucht, jede Verbindung selbst aktiv aufzubauen. Hiermit lädt Racoon lediglich die Verbindung, sodass ein Client sie aufbauen kann. Dies ist sinnvoll für einen VPN-Server, der Verbindungen von Roadwarriors entgegennimmt (vergleichbar mit auto=add bei Pluto).

- `proposal_check` *level;* Es gibt vier verschiedene Varianten, wie Racoon als Responder auf die Vorschläge des Partners in Phase 1 und 2 reagieren kann: obey, strict, claim und exact. Default ist strict.

- obey: Racoon nimmt als Responder immer den Vorschlag des Partners an.
- strict: Racoon nimmt bei unterschiedlichen Werten nur dann den Vorschlag des Partners an, wenn die vorgeschlagene Lebensdauer kürzer oder die Schlüssel länger sind. Wenn von beiden Seiten PFS gefordert wird, so müssen die verwendeten Diffie-Hellman-Gruppen übereinstimmen. So akzeptiert Racoon nur dann den Vorschlag, wenn die Konsequenz eine höhere Sicherheit ist.
- claim: Racoon verhält sich wie bei strict außer, dass racoon eine RESPONDER-LIFETIME-Meldung sendet, wenn die eigene Lebensdauer kürzer ist als die des Partners. Hier erfolgt also kein Abbruch, sondern Racoon versucht, den Partner von der sinnvolleren kürzeren Lebensdauer zu überzeugen.
- exact: Die Lebensdauer und die Parameter der PFS müssen exakt übereinstimmen.

- generate_policy (on|off|require|unique); Wenn Racoon passiv den Aufbau einer Verbindung erwartet, kann der Daemon bei dem Aufbau des Tunnels die Einträge in der SPD entsprechend dem Wunsch des Clients vornehmen. Normalerweise erwartet Racoon, dass die Einträge in der SPD bereits vorhanden sind, und verwaltet nur die SAD. Dies ist erforderlich, damit der Kernel Racoon auffordern kann, einen Tunnel aufzubauen. Wenn Racoon lediglich als Responder agiert, wird er nicht von dem lokalen Kernel, sondern von dem Peer zum Aufbau des Tunnels aufgefordert. Mit dieser Option setzt er dann auch die erforderlichen Security Policys. Hierbei haben die Werte on und require eine identische Bedeutung. Mit unique stellt Racoon sicher, dass jeder Tunnel einzigartige Security Policys und Security Associations besitzt. Diese werden dann mit einer ID durchnummeriert. Dies ist zum Beispiel für die Interoperabilität mit Pluto erforderlich. Default ist off.

- nat_traversal (on|off|force); Hiermit schalten Sie die Unterstützung für NAT-Traversal (siehe Abschnitt 8.11.4) ein oder aus. Der Default ist off. Mit on handelt Racoon bei Bedarf NAT-T aus. Mit force erzwingen Sie die Verwendung von NAT-T, obwohl es nicht erforderlich ist.

- nonce_size Zahl; Größe des Nonces im Diffie-Hellman-Schlüsselaustausch (8-256, Default: 16).

- phlid Zahl; Hiermit können Sie der Phase 1 eine bestimmte Nummer zuweisen. Diese kann dann bei der Definition der sainfo mit dem Parameter remoteid referenziert werden. Dann darf nur diese bestimmte Phase 1 mit der entsprechenden Phase 2 gemeinsam verwendet werden. Der Defaultwert ist 0.

- proposal ... Hier geben Sie schließlich die Parameter für die Phase 1 an. Racoon erzeugt aus allen möglichen Permutationen dann das Proposal.

In geschweiften Klammern können die folgenden Angaben gemacht werden:

- encryption_algorithm algo; Als Algorithmus für die Verschlüsselung der Phase 1 können Sie zwischen des, 3des, blowfish, cast128, aes und camellia wählen. Die Angabe ist zwingend erforderlich. Dies ist lediglich die Verschlüsselung der Phase 1 und hat daher kaum Auswirkung auf die Performance des Tunnels.

- hash_algorithm *algo;* Mögliche Werte sind md5, sha1, sha256, sha384 und sha512. Die Angabe ist zwingend erforderlich. Da auch dieser Parameter wenig Auswirkungen auf die Performance hat und in den letzten Jahren erste Angriffe[1] gegen die Hash-Algorithmen bekannt geworden sind, sollten hier möglichst lange Hash-Funktionen gewählt werden.
- authentication_method *methode;* Als Methode muss entweder pre_shared_key, rsasig, gssapi_krb, hybrid_rsa_server, hybrid_rsa_client, xauth_rsa_server, xauth_rsa_client, xauth_psk_server oder xauth_psk_client gewählt werden. Die Authentifizierung mit Kerberos und die Hybrid- und XAuth-Authentifizierungen werden in eigenen Kapiteln (siehe Kapitel 35 und 34.2) besprochen.
- dh_group *gruppe;* Hier kann die Diffie-Hellman-Gruppe (MODP-Gruppe) angegeben werden. Gültig sind modp768, modp1024, modp1536, modp2048, modp3072, modp4096, modp6144 und modp8192. Alternativ können Sie auch die Nummer der Gruppe verwenden (1, 2, 5, 14, 15, 16, 17 oder 18). Die elliptischen Kurven wurden wieder entfernt.
- lifetime *time zahl einheit;* Lebensdauer der Phase 1.
- gss_id *identität;:* Hier kann der zu verwendende GSS-API-Name angegeben werden. Wird diese Angabe unterlassen, so wird der FQDN-Rechnername verwendet. Dies ist bei der Verwendung von Kerberos unter Umständen erforderlich.

- sainfo *(source destination|source anonymous|anonymous destination| anonymous) [from idtype [string]] [group string] ...* Hiermit können die Parameter der Phase 2 konfiguriert werden. Source und Destination können sowohl Adressen, Subnetze als auch Identitäten sein.

  Adressen werden als address address[/prefix][port] proto angegeben. Das Feld proto enthält hierbei das Protokoll, das mit IPsec verschlüsselt bzw. authentifiziert werden soll. Mit any wird jedes Protokoll verschlüsselt.

  Anstelle der Adresse kann jedoch auch eine Identität angegeben werden. Diese Identitäten folgen derselben Syntax wie bei der Direktive my_identifier.

  Im Detail kann die SA in den geschweiften Klammern konfiguriert werden. Hier werden folgende Parameter unterstützt:

  - pfs-group *group;* Hier geben Sie die Diffie-Hellman-Gruppe an, wenn Sie PFS wünschen (mögliche Werte siehe oben). Geben Sie diesen Parameter nicht an, akzeptiert Racoon jeden Wert des Peers.
  - lifetime *time zahl einheit;* Lebensdauer der IPsec-SA. Geben Sie diesen Wert nicht an, akzeptiert Racoon jeden Wert des Peers.
  - remoteid *zahl;* Hiermit können Sie die Phase 2 mit einer bestimmten Phase 1 verknüpfen. Siehe ph1id.

---

[1] Diese Angriffe haben heute noch keine Relevanz für den Einsatz der Hash-Algorithmen im IKE-Protokoll!

- encryption_algorithm *algo;* Hier müssen Sie eine komma-separierte Liste der folgenden Algorithmen angeben: des, 3des, des_iv64, des_iv32, rc5, rc4, idea, 3idea, cast128, blowfish, null_enc, towfish, rijndael, aes und camellia. Bei Algorithmen mit variabler Schlüssellänge kann diese zusätzlich angegeben werden: blowfish 448. Achtung: Möglicherweise unterstützt der Kernel nicht alle Algorithmen!

- authentication_algorithm *algo;* Hier geben Sie die möglichen Authentifizierungsalgorithmen an: des, 3des, des_iv64, des_iv32, hmac_md5, hmac_sha1, hmac_sha256, hmac_sha384, hmac_sha512 und non-auth.

- compression_algorithm *algo;* Hier steht momentan nur deflate zur Verfügung. Auch diese Option müssen Sie angeben. Ob die Kompression tatsächlich genutzt wird, hängt von den Policies in der SPD ab.

- log *level;log* Es kann zwischen mehreren verschiedenen Stufen gewählt werden: error, warning, notify, info, debug und debug2[2]. Default ist info.

- padding ... ; Eine Blockcipher kann Daten nur in ganzen Blöcken verschlüsseln. Daher müssen diese Blöcke häufig aufgefüllt werden. Dieser Parameter spezifiziert, wie das Auffüllen erfolgen soll. Eine Anpassung ist hier aber eigentlich nicht erforderlich. Mir sind keine Interoperabilitätsprobleme bekannt.

  - randomize *(on|off)*: Es wird ein zufälliger Wert für das Padding verwendet (Default: on).
  - randomize_length *(on|off)*: Die Länge des Pads wird zufällig ermittelt (Default: off).
  - maximum_length *zahl*: Maximale Länge des Pads in Bytes (Default: 20).
  - exclusive_tail *(on|off)*: Fügt die Länge des Pads am Ende des Pads ein (Default: on).

Dead Peer Detection

Einige Parameter sind in den letzten Jahren bei Racoon hinzugekommen. Anstatt diese einfach verteilt mittendrin anzugeben, fasse ich sie hier in einzelnen Abschnitten zusammen. Den Anfang macht die Dead Peer Detection.

Racoon bietet drei Parameter, die Sie in dem remote-Abschnitt verwenden können, um die Dead Peer Detection zu administrieren:

» dpd_delay *zeit;* Diese Option aktiviert die Dead Peer Detection. Gleichzeitig stellen Sie hiermit den Abstand in Sekunden zwischen zwei „Are-You-There"-Nachrichten ein. Wird hier 0 verwendet, so antwortet Racoon zwar auf DPD-Anfragen, aber versendet selbst diese nicht. Default: 0.

» dpd_retry *zeit;* Wenn der Parameter dpd_delay gesetzt ist, definiert dieser Parameter, wie lange (in Sekunden) Racoon auf eine Antwort von dem Partner wartet, bevor er die DPD-Anfrage als fehlgeschlagen ansieht. Default: 5 Sekunden.

---

2 Ein zu hoher Wert kann auf langsamen Maschinen durch die lange dauernde Protokollierung den Aufbau der Tunnel verhindern, da es zu Timeouts kommen kann.

» `dpd_maxfail` *zeit*; Eine DPD-Anfrage kann durchaus verloren gehen. Damit Racoon nicht sofort Gegenmaßnahmen einleitet, definiert dieser Parameter, wenn `dpd_delay` gesetzt ist, nach wie vielen fehlgeschlagenen Anfragen der Peer für tot erklärt wird. Default: 5 Sekunden.

Ist der Peer für tot erklärt, entfernt Racoon die SAs aus der SAD. Das nächste Paket, das den Tunnel verwenden möchte, stößt durch den Kernel erneut Racoon an, den Tunnel neu aufzubauen.

Fragmentierung

Unterschiedliche Netzwerkmedien weisen unterschiedliche *Maximum Transmission Units* (MTU) auf. Normalerweise nutzen moderne Betriebssysteme[3] die *Path MTU Discovery* (PMTUD), um selbstständig und automatisch die maximale MTU zu ermitteln, mit der sie die Gegenseite erreichen können. Dies wird häufig durch fehlerhaft konfigurierte Router und Firewalls unterbunden. Diese verhindern den Transport der für die PMTUD erforderlichen ICMP-Fehlermeldungen. In diesem Fall schlägt häufig sowohl der Datentransport durch den Tunnel als auch teilweise der Aufbau des Tunnels (bei Verwendung großer X.509-Zertifikate) fehl.

Racoon kann diese Probleme mit den beiden folgenden Parameter lindern:

» `ike_frag` *on|off|force* Die IKE-Fragmentierung ist eine Funktion, die bei dem Aufbau der Phase 1 ausgehandelt wird. Racoon beherrscht diese Funktion. Setzen Sie diese Option auf `on`, teilt Racoon als Responder mit, dass er IKE-Fragmentierung unterstützt. Als Initiator nutzt Racoon dies nur, wenn der Responder es mitgeteilt hat. Sie können Racoon als Initiator mit `force` aber auch hierzu zwingen.

» `esp_frag` *länge* Hiermit geben Sie die maximale Länge an. Dies ist nur erforderlich, wenn NAT-Traversal genutzt wird, da einige Router fragmentierte UDP-Pakete verwerfen. Nutzen Sie diese Option, so werden die in dem Tunnel transportierten Pakete vor ihrer Verschlüsselung fragmentiert. Dadurch bleiben die verschlüsselten Pakete klein genug und werden nicht erneut fragmentiert.

XAuth und IKE-Mode-Config

Racoon wurde in den letzten Jahren gerade in der Interoperabilität mit Cisco-Systemen und den Routern weiterer Hersteller stark weiterentwickelt. Zu Beginn stand der Wunsch, den Cisco-VPN-Client nutzen zu können, um Verbindungen zu Racoon aufzubauen. Inzwischen kann Racoon sowohl die Client- als auch die Server-Funktionen fast komplett nachbilden. Dies wird später noch genauer beschrieben.

Hier stelle ich zunächst die Parameter vor und erläutere ihre Bedeutung.

» `xauth_login` *string*; Dieser Parameter definiert bei dem Einsatz von Racoon als Client den XAuth-Benutzernamen. Das Kennwort sucht Racoon in der PreShared-Key-Datei. Dieser Parameter wird in dem `remote`-Abschnitt verwendet.

---

3   Dies ist Pflicht ab IPv6!

» `ca_type` *x509 datei;* Hiermit definieren Sie eine CA, die für die Überprüfung des Peers-Zertifikats verwendet wird. Default: `/etc/openssl/cert.pem`. Dieses Zertifikat wird von dem Client im Hybrid-Modus verwendet, um das Zertifikat des Servers zu prüfen.

» `mode_cfg` *(on|off);* Hiermit aktivieren Sie auf dem Client die Anforderung von Konfigurationsinformationen.

» `script` `script` *(phase1_up|phase1_down);* Dieses Script wird aufgerufen, wenn die Phase 1 aufgebaut oder abgebaut wird. Hiermit kann der Client die im Mode-Config erhaltenen Informationen nutzen und virtuelle IP-Adressen für die Phase 2 definieren.

» `mode_cfg` *{ ... }* Hiermit definieren Sie auf dem Server den Mode-Config. In den geschweiften Klammern geben Sie die erforderlichen Parameter an:

- `auth_source` *(system|radius|pam|ldap);* Für die Authentifizierung des Benutzers mit Benutzernamen und Kennwort ist eine Benutzerdatenbank erforderlich, in der die notwendigen Daten geprüft werden können. Racoon unterstützt hierbei mit `system` die lokalen UNIX-Dateien. Mit `radius`, `pam` oder `ldap` können auch externe Datenbanken genutzt werden. Wird Radius genutzt, so müssen Sie in der Datei `radius.conf` die weiteren Angaben des Radius-Clients konfigurieren. Die LDAP-Konfiguration erfolgt in einem eigenen Abschnitt (siehe unten).

- `auth_groups` *group1, ...;* Hiermit können Sie mehrere Gruppen definieren. Damit die Authentifizierung mit XAuth erfolgreich ist, muss der Benutzer Mitglied in mindestens einer dieser Gruppen sein.

- `group_source` *(system|ldap);* Hier können Sie definieren, wo die Gruppenmitgliedschaft geprüft wird. Entweder werden die lokalen UNIX-Gruppendateien oder ein LDAP-Baum genutzt.

- `conf_source` *(local|radius|ldap);* Nach der Authentifizierung kann Racoon dem Client eine IP-Adresse, eine Maske und einen DNS-Server zuweisen. Hier definieren Sie, wo Racoon diese Informationen ermitteln soll.

- `accounting` *(none|system|radius|pam);* Racoon kann die Anmeldung des Benutzers protokollieren. Hier stehen unterschiedliche Möglichkeiten zur Verfügung. Default ist `none`.

- `pool_size` *zahl;* Hiermit definieren Sie die Größe des IP-Adresspools. Die maximale Zahl ist 255. Mehr Clients können sich nicht gleichzeitig verbinden.

- `network4` *adresse;* Mit dieser und der nächsten Option definieren Sie die erste Adresse des Pools und die Netzmaske, die für die Verteilung genutzt wird.

- `netmask4` *maske;* siehe oben.

- `dns4` *dns1, ...;* Hiermit können Sie mehrere DNS-Server angeben, die an den Client ausgeliefert werden.

- `wins4` *wins1, ...;* Hiermit definieren Sie mehrere WINS-Server für den Client.

- `split_network` *(include|local_lan) netzwerk/maske;* Hiermit geben Sie an, welche Netzwerkkonfiguration an den Client gesendet wird. Mit `include` wird der Tunnel nur für die angegebenen Ziele verwendet. Mit `local_lan` gilt der Tunnel für alle mit Ausnahme der angegebenen Ziele.

- default_domain *domäne*; Die DNS-Domäne für den Client.

- split_dns *domäne*, ...; Nur der Cisco-VPN-Client unterstützt Split-DNS. Hierbei löst der Cisco-VPN-Client die angegebenen Domänen über die VPN-DNS-Server auf. Alle weiteren Domänen werden über die lokalen DNS-Server aufgelöst.

- banner *pfad*; Diese Datei wird dem Client bei der Verbindung präsentiert. Default: /etc/motd.

- auth_throttle *zeit*; Um Angriffe mit Wörterbüchern zu unterbinden, verzögert der Server nach einer fehlerhaften Anmeldung die erneute Anmeldung um die angegebenen Sekunden. Default: 1.

- pfs_group *zahl*; Hiermit kann für einen Cisco-VPN-Client die PFS-Gruppe definiert werden. Default: 0.

- save_passwd *(on|off)*; Der Cisco-VPN-Client kann das Kennwort cachen. Hiermit können Sie das erlauben. Default: off.

LDAP-Konfiguration

Für die Authentifizierung mit XAuth kann Racoon auch auf einen LDAP-Server zurückgreifen. Hierzu können Sie mit verschiedenen Parametern definieren, wo sich der LDAP-Server befindet, welcher Baum verwendet werden soll und welche Attribute für die Authentifizierung zu nutzen sind.

Hierbei nutzt Racoon für die Authentifizierung die Search&Bind-Methode. Hierbei sucht er zunächst im Baum nach dem Benutzer. Wurde der Benutzer gefunden, versucht Racoon, sich als dieser Benutzer mit dem von XAuth gelieferten Kennwort anzumelden.

Ist der Benutzer erfolgreich authentifiziert worden, kann Racoon aus dem LDAP auch weitere Informationen auslesen, die für die Konfiguration des Clients im IKE-Config-Mode genutzt werden können: IP-Adresse und Netzmaske.

» ldapcfg *{...}* Hiermit schließen Sie die folgenden Parameter ein:

- version *(2|3)*; Hiermit geben Sie die Version des LDAP-Protokolls an. Die meisten modernen LDAP-Server sprechen nur noch das Protokoll 3.

- host *(name|adresse)*; Hiermit definieren Sie den Ort des LDAP-Servers. Der Default ist localhost.

- port *port*; Hiermit können Sie einen von 389 abweichenden Port einstellen.

- base *dn*; Dies ist die Such-Basis. Diese Option muss angegeben werden. Sie entspricht meist dem Namen des Baumes oder eines Astes.

- subtree *(on|off)*; Racoon verwendet per Default den Such-Scope One. Damit werden keine rekursiven Suchen im LDAP-Baum durchgeführt. Wenn Sie rekursiv (Scope: Sub) suchen möchten, müssen Sie diesen Parameter aktivieren.

- bind_dn *dn*; Einige LDAP-Server erlauben nicht die anonyme Suche. Hier geben Sie den DN an, mit dem die Authentifizierung für die Suche erfolgen soll.

- bind_pw *string*; Dies ist das Kennwort für den bind_dn.

- `attr_user` *attribute*; Hier definieren Sie das Attribut, mit dem in dem Baum nach dem Benutzer gesucht wird. Default: `cn`.

- `attr_addr` *attribute*; Dieses Attribut wird gesucht, um die Adresse des Benutzers zu bestimmen. Default: `racoon-address`.

- `attr_mask` *attribute*; Dieses Attribut wird gesucht, um die Netzmaske des Benutzers zu bestimmen. Default: `racoon-netmask`.

- `attr_group` *attribute*; Dieses Attribut wird genutzt, um Gruppen im LDAP-Baum zu suchen. Default: `cn`.

- `attr_member` *attribute*; Dieses Attribut wird genutzt, um die Mitgliedschaft in einer Gruppe zu prüfen. Default: `member`.

Privilege-Separation

Racoon muss mit *root*-Rechten gestartet werden. Dies stellt ein Problem dar, da Racoon häufig die Kommunikationsaufnahme durch beliebige Clients erlaubt. Erst während der Kommunikation prüft Racoon, ob der Client vertrauenswürdig ist. Weist der Racoon-Daemon einen Programmierfehler, wie zum Beispiel einen Buffer-Overflow oder eine Formatstring-Schwäche, auf, besteht die Möglichkeit, dass ein Angreifer den Prozess übernehmen und dann mit *root*-Rechten Schaden auf dem System anrichtet.

Um dies zu verhindern, haben viele Prozesse[4], die nicht auf *root*-Privilegien verzichten können, die *Privilege-Separation* eingeführt. Hierbei forkt der Daemon mehrere Prozesse, die anschließend mit reduzierten Rechten mit dem Client kommunizieren. Der Daemon mit *root*-Rechten überwacht im Hintergrund die Kommunikation und führt die erforderlichen Aktionen aus.

Racoon erlaubt die Administration der Privilege-Separation mit den folgenden Parametern:

» `privsep {...}` Hiermit aktivieren Sie die Privilege-Separation. Die meisten Funktionen werden von dem unprivilegierten Prozess ausgeführt. Der privilegierte Prozess liest die sensitiven Informationen (PSK, private Schlüssel) und startet die Scripts. Innerhalb der geschweiften Klammer können Sie die folgenden Parameter verwenden:

- `user` *user*; Hiermit geben Sie die Identität an, die der unprivilegierte Prozess nutzen soll. Sie können hier entweder die numerische UID oder den Namen in Anführungszeichen verwenden.

- `group` *group*; Dies definiert die Gruppe des unprivilegierten Prozesses.

- `chroot` *pfad*; Der unprivilegierte Prozess wechselt in dieses Chroot-Verzeichnis. Innerhalb dieses Verzeichnisses sucht der Prozess die folgenden Dateien:
  - `/dev/random`
  - `/dev/urandom`
  - alle Zertifikate (nicht die privaten Schlüssel)
  - XAuth-Banner

Die sensitiven Informationen dürfen nicht in diesem Verzeichnis abgelegt werden.

---

4   Z.B. OpenSSH

» `path script path`: Wenn Sie die Privilege-Separation nutzen, weigert sich der privilegierte Prozess, Scripts außerhalb des hier angegebenen Verzeichnisses aufzurufen. Wenn Sie Scripts nutzen wollen, müssen Sie diese daher in diesem Verzeichnis ablegen.

16.1.3 Steuerung mit racoonctl

Nach seinem Start kann Racoon mit dem Werkzeug `racoonctl` administriert werden. Dies ist jedoch nur möglich, wenn Racoon mit dem Parameter `ENABLE_ADMINPORT=1` übersetzt wurde. So ist es nicht notwendig, nach Änderungen der Konfiguration Racoon neu zu starten, da auch ein Reload möglich ist. Leider funktioniert das nicht in allen Fällen fehlerfrei. Das Werkzeug erlaubt auch die Anzeige, das Löschen und das Aufbauen von SAs. Der Zugriff erfolgt über einen Socket. Dieser muss in der Konfiguration mit `adminsock` aktiviert werden.

Der Befehl `racoonctl` bietet folgende Optionen bei seinem Aufruf:

» `reload-config` Racoon liest seine Konfiguration neu ein.

» `show-sa [esp|ah|isakmp]` Dies zeigt alle oder nur die SAs des angegebenen Protokolls an. Mit `-l` kann die Ausgabe ausführlicher gestaltet werden.

» `flush-sa [esp|ah|isakmp] flush-sa`: Dies löscht alle oder nur die SAs des angebenen Protokolls.

» `delete-sa sa-opts` Löscht eine vorhandene SA.

» `establish-sa sa-opts` Hiermit bauen Sie eine ISAKMP-SA oder IPsec-SA auf.

» `vpn-connect [-u user] vpngateway` Hiermit bauen Sie eine XAuth-Client-Verbindung zu einem Gateway auf.

» `vpn-disconnect vpngateway` Hiermit bauen Sie die Verbindung wieder ab.

» `show-event [-l]` Dieser Befehl gibt alle Racoon-Ereignisse aus. Mit der Option `-l` beendet sich der Befehl nicht, sondern wartet auf weitere Ereignisse.

» `logout-user user` Beendet alle Verbindungen für diesen Benutzer.

Die Angabe `<sa-opts>` müssen Sie für ISAKMP-SAs durch `isakmp (inet|inet6) src dst` ersetzen. Bei IPsec-SAs ist hier `(esp|ah) (inet|inet6) src/netmask/port dst/netmask/port (icmp|tcp|udp|any)` anzugeben.

Für jeden Befehl besteht auch die Möglichkeit, diesen abzukürzen. Die Abkürzung wird aus den Anfangsbuchstaben gebildet: `reload-config: rc`.

16.2 Verbindungen mit PreShared Keys

In diesem Kapitel wird die Konfiguration von `racoon` besprochen. Das Ziel der vorgestellten Konfiguration ist der Aufbau eines verschlüsselten Tunnels, bei dem die Authentifizierung über einen PreShared Key (PSK) erfolgt.

Hierbei soll wieder, wie in allen bisherigen Beispielen, ein Tunnel vom Netzwerk `NewYorkNet` (10.0.1.0/24) über den Rechner `NewYork` (3.0.0.1) und den Rechner `Berlin` (5.0.0.1) zum Netzwerk `BerlinNet` (10.0.2.0/24) aufgebaut werden. Diese Testumgebung ist in Kapitel 44 genau erläutert.

Die Konfiguration beginnt mit der Erzeugung der Datei `racoon.conf`. Diese Datei befindet sich bei Debian Lenny in dem Verzeichnis `/etc/racoon`. Die fertige Datei ist in Listing 16.2 dargestellt. Die Verwendung und die Bedeutung der gesetzten Parameter wird noch erklärt.

Listing 16.2: **Konfiguration von Racoon für PSKs auf dem Rechner NewYork**

```
path pre_shared_key "/etc/racoon/psk.txt";

remote 5.0.0.1 {
        exchange_mode main;
        proposal {
                encryption_algorithm aes;
                hash_algorithm sha256;
                authentication_method pre_shared_key;
                dh_group modp1024;
        }
}

sainfo address 10.0.1.0/24 any address 10.0.2.0/24 any {
        pfs_group modp1536;
        encryption_algorithm aes 256;
        authentication_algorithm hmac_sha256;
        compression_algorithm deflate;
}
```

Zunächst geben Sie mit dem Parameter `path pre_shared_key` die Datei an, in der sich der gemeinsame Schlüssel für die Authentifizierung der Gegenstelle befindet. In dieser Datei kann pro Zeile ein PSK abgespeichert werden. Hierbei geben Sie in einer Zeile die Identität der Gegenseite und den dazugehörigen Schlüssel an. Beginnt der Schlüssel mit `0x`, so wird der Schlüssel als hexadezimale Zahl angesehen. Ansonsten wird die Zeichenkette als String eingelesen. Der Schlüssel darf Leerzeichen enthalten. Alle Zeichen ab dem zweiten Wort jeder Zeile werden als Schlüssel angesehen. Listing 16.3 zeigt eine Beispieldatei. Die Rechte dieser Datei müssen Sie auf 600 setzen, und der Eigentümer der Datei muss *root* sein.

Listing 16.3: **Format der Datei psk.txt**

```
# IPv4 Adressen
10.0.5.1                schlechte psk
5.0.0.1                 0xe10bd52b0529b54aac97db63462850f3
# USER_FQDN
ralf@spenneberg.net     kfaizeafasdf
# FQDN
www.spenneberg.net      Dies ist ein PSK
```

Nach der Definition der PSK-Datei erfolgt in Listing 16.2 die Spezifikation der Parameter für den Aufbau der Phase 1 mit dem Rechner 5.0.0.1. Hier wird der IKE-Main-Modus mit dem Parameter exchange_mode definiert. Anschließend wird das Proposal für Phase 1 definiert. Racoon wird diese Angabe zusammen mit den Einträgen der SPD (siehe unten) verwenden, um die Proposals zu erzeugen, die an den Partner gesendet werden. Hier werden der Verschlüsselungsalgorithmus aes und der Hash-Algorithmus sha256 angegeben. Die Authentifizierung erfolgt mit einem PSK, und als Diffie-Hellman-Gruppe soll die Gruppe 2 mit 1024 Bit verwendet werden. Diese Angaben sind erforderlich und definieren Phase 1.

Nun müssen noch einige Parameter für die IPsec-SAs der zweiten Phase definiert werden. Dies erfolgt mit der Direktive sainfo. Die Angabe kann allgemein mit anonymous oder spezifisch, wie oben zu sehen, erfolgen. Hier wählen Sie die Diffie-Hellman-Gruppe für die *Perfect Forward Secrecy* (PFS), den Verschlüsselungsalgorithmus und jeweils den Algorithmus für die Authentifizierung und Kompression der Pakete. Alle Parameter sind verpflichtend. Ob eine Kompression tatsächlich durchgeführt wird, hängt von den Security Policys in der SPD ab.

Die entsprechende Datei für Berlin ist spiegelverkehrt zu konfigurieren. Um Missverständnissen vorzubeugen, soll sie hier aufgeführt werden.

Listing 16.4: **Konfiguration von Racoon für PSKs (Berlin)**

```
path pre_shared_key "/etc/racoon/psk.txt";

remote 3.0.0.1 {
        exchange_mode main;
        proposal {
                encryption_algorithm aes;
                hash_algorithm sha256;
                authentication_method pre_shared_key;
                dh_group modp1024;
        }
}

sainfo address 10.0.2.0/24 any address 10.0.1.0/24 any {
        pfs_group modp1536;
        encryption_algorithm aes 256;
        authentication_algorithm hmac_sha256;
        compression_algorithm deflate;
}
```

Bei der Erzeugung der Dateien ist es wichtig, dass die verwendeten Algorithmen und DH-Gruppen übereinstimmen.

Haben Sie so weit die Konfigurationsdateien erzeugt, ist Racoon einsatzbereit. Jedoch führt Racoon nicht automatisch die IKE-Verhandlungen durch. Hierzu muss er vom Kernel aufgefordert werden. Damit der Kernel Racoon auffordern kann, benötigt dieser entsprechende Informationen, wann dies geschehen muss. Dies wird durch Security Policys in der SPD gesteuert. Sie müssen mit dem Kommando `setkey` erzeugt werden. Sobald der Kernel feststellt, dass ein Paket entsprechend einer Security Policy mit dem IPsec-Protokoll behandelt werden muss und er nicht über eine entsprechende SA in der IPsec-Datenbank verfügt, wird er Racoon auffordern, diese zu erzeugen. Racoon wird mit der Gegenseite in IKE-Verhandlungen treten, und nach Abschluss die SAs in der SAD eintragen, sodass die Pakete vom Kernel verschlüsselt und authentifiziert werden können.

In diesem Fall sind die folgenden Security Policies erforderlich. Diese werden unter Debian Lenny in der Datei `ipsec-tools.conf` gespeichert.

Listing 16.5: **Security Policys für racoon (NewYork)**

```
#!/usr/sbin/setkey -f
# Dies ist die Datei /etc/ipsec-tools.conf
#
# Loesche die SAD und SPD
flush;
spdflush;

# Richtlinien zur Verwendung der SAs (Tunnel NewYorkNet-BerlinNet)
spdadd 10.0.1.0/24 10.0.2.0/24 any -P out ipsec
          esp/tunnel/3.0.0.1-5.0.0.1/require;

spdadd 10.0.2.0/24 10.0.1.0/24 any -P in ipsec
          esp/tunnel/5.0.0.1-3.0.0.1/require;
```

Wenn Ihnen die Syntax dieser Richtlinien nicht geläufig ist, so lesen Sie bitte das Kapitel 10 zum Aufbau manuell verschlüsselter Verbindungen mit `setkey`. Hier wird jeweils ein Tunnel von 10.0.1.0/24 nach 10.0.2.0/24 über 3.0.0.1 und 5.0.0.1 und umgekehrt definiert und die Verschlüsselung mit ESP verlangt.

Wurde auch diese Datei spiegelverkehrt auf dem Rechner `Berlin` erzeugt +– hierzu ist der Austausch der Richtungen `in` und `out` erforderlich –, so kann der Tunnel getestet werden. Zu Testzwecken und weil sich wahrscheinlich in der einen oder anderen Datei noch ein Tippfehler versteckt hat, sollte zunächst auf beiden Systemen manuell der Befehl `setkey -f /etc/ipsec-tools.conf` ausgeführt werden. Prüfen Sie die Ausgabe auf mögliche Fehler:

```
# setkey -f /etc/ipsec-tools.conf
line 9: syntax error at [sdadd]
parse failed, line 9.
```

Wenn Ihnen keine Fehler angezeigt werden, wurde die Datei fehlerfrei ausgeführt.

Anschließend können Sie auf beiden Systemen den Befehl `racoon -F` aufrufen. Findet Racoon seine Konfigurationsdatei nicht, können Sie diese mit der Option `-f /etc/racoon/racoon.conf` angeben. Listing 16.6 zeigt den fehlerfreien Start von Racoon.

Listing 16.6: **Start von Racoon**

```
# racoon -F
Foreground mode.
2009-10-16 11:12:59: INFO: @(#)ipsec-tools 0.7.1 (http://ipsec-tools. 
       sourceforge.net)
2009-10-16 11:12:59: INFO: @(#)This product linked OpenSSL 0.9.8g 19 Oct 
       2007 (http://www.openssl.org/)
2009-10-16 11:12:59: INFO: Reading configuration from "/etc/racoon/racoon 
       .conf"
2009-10-16 11:13:00: INFO: Resize address pool from 0 to 255
2009-10-16 11:13:00: INFO: 127.0.0.1[500] used as isakmp port (fd=6)
2009-10-16 11:13:00: INFO: 127.0.0.1[500] used for NAT-T
2009-10-16 11:13:00: INFO: 10.0.1.1[500] used as isakmp port (fd=7)
2009-10-16 11:13:00: INFO: 10.0.1.1[500] used for NAT-T
2009-10-16 11:13:00: INFO: 3.0.0.1[500] used as isakmp port (fd=8)
2009-10-16 11:13:00: INFO: 3.0.0.1[500] used for NAT-T
2009-10-16 11:13:00: INFO: ::1[500] used as isakmp port (fd=9)
2009-10-16 11:13:00: INFO: fe80::2e0:81ff:fe80:c56d%eth0[500] used as 
       isakmp port (fd=10)
2009-10-16 11:13:00: INFO: fe80::2e0:81ff:fe80:c56e%eth1[500] used as 
       isakmp port (fd=11)
```

Racoon bindet sich bei dem Start auf alle verfügbaren Ports. Wenn Sie dies einschränken wollen, können Sie in der Konfigurationsdatei mit dem Parameter listen die gewünschten IP-Adressen und Ports angeben. Wenn Sie eine Meldung erhalten wie *ERROR: failed to bind to address 127.0.0.1[500] (Address already in use).*, dann ist wahrscheinlich noch ein IKE-Daemon gestartet, der den Port belegt. Prüfen Sie, ob Racoon bereits läuft oder ob Sie noch Openswan oder strongSwan gestartet haben.

Um nun den Tunnelaufbau zu triggern, müssen Sie von einem Rechner im NewYorkNet eine Verbindung (oder auch einen Ping) zu einem Rechner im BerlinNet senden.

Dann protokolliert Racoon den Aufbau des Tunnels:

```
2009-10-16 11:44:11: INFO: IPsec-SA request for 5.0.0.1 queued due to no 
       phase1 found.
2009-10-16 11:44:11: INFO: initiate new phase 1 negotiation: 
       3.0.0.1[500]<=>5.0.0.1[500]
2009-10-16 11:44:11: INFO: begin Identity Protection mode.
2009-10-16 11:44:11: INFO: received Vendor ID: DPD
2009-10-16 11:44:11: INFO: ISAKMP-SA established 
       3.0.0.1[500]-5.0.0.1[500] spi:cd8f503266e8a169:02fb0c2817ff6a9b
2009-10-16 11:44:12: INFO: initiate new phase 2 negotiation: 
       3.0.0.1[500]<=>5.0.0.1[500]
```

```
2009-10-16 11:44:12: INFO: IPsec-SA established: ESP/Tunnel ⮌
        5.0.0.1[0]->3.0.0.1[0] spi=87802885(0x53bc405)
2009-10-16 11:44:12: INFO: IPsec-SA established: ESP/Tunnel ⮌
        3.0.0.1[500]->5.0.0.1[500] spi=133820275(0x7f9ef73)
```

Gibt es hierbei Probleme, sollten Sie auf beiden Systemen die Protokolle von Racoon studieren. Zum Beispiel weist die folgende Meldung auf einen Fehler mit der PSK-Datei hin:

```
2009-10-16 11:41:58: ERROR: failed to open pre_share_key file /etc/psk. ⮌
        txt
2009-10-16 11:41:58: ERROR: couldn't find the pskey for 3.0.0.1.
```

Die von Racoon im Kernel eingetragenen IPsec-SAs können Sie sich auch mit dem Befehl setkey anzeigen lassen:

```
# setkey -D
3.0.0.1 5.0.0.1
        esp mode=tunnel spi=259165451(0x0f728d0b) reqid=0(0x00000000)
        E: aes-cbc  4980a76f 55108f3e fd16807a b09b857a c5e9d642 248cd25c ⮌
                29568ff6 1d8d3b48
        A: hmac-sha256  032ab1ff 7448487d 0a278e23 00c9395e a5b58530 71 ⮌
                c1c07a 3c192853 f159bb35
        seq=0x00000000 replay=4 flags=0x00000000 state=mature
        created: Oct 16 13:31:46 2009   current: Oct 16 13:31:50 2009
        diff: 4(s)        hard: 28800(s)  soft: 23040(s)
        last: Oct 16 13:31:46 2009       hard: 0(s)        soft: 0(s)
        current: 420(bytes)       hard: 0(bytes)  soft: 0(bytes)
        allocated: 5      hard: 0 soft: 0
        sadb_seq=1 pid=4149 refcnt=0
 5.0.0.1 3.0.0.1
        esp mode=tunnel spi=75341611(0x047d9f2b) reqid=0(0x00000000)
        E: aes-cbc  4ce61979 b556e651 dcf33593 9fa7bc93 21fee903 e9f454bc ⮌
                107e81b4 0394f0d9
        A: hmac-sha256  374dd1e9 5d84b6e9 4e1eee54 5ecf4a03 fb36fcdf ⮌
                974449d2 8bc2bce2 dcfbb9c5
        seq=0x00000000 replay=4 flags=0x00000000 state=mature
        created: Oct 16 13:31:46 2009   current: Oct 16 13:31:50 2009
        diff: 4(s)        hard: 28800(s)  soft: 23040(s)
        last: Oct 16 13:31:46 2009       hard: 0(s)        soft: 0(s)
        current: 420(bytes)       hard: 0(bytes)  soft: 0(bytes)
        allocated: 5      hard: 0 soft: 0
        sadb_seq=0 pid=4149 refcnt=0
```

16.3 Fazit

Der Aufbau einer Verbindung mit PSKs ist beim Einsatz von Racoon ähnlich unproblematisch wie bei Openswan und strongSwan. Racoon unterstützt jedoch auch den Aggressive-Modus und kann daher insbesondere beim Einsatz von PSKs und Roadwarriors eine Alternative zu strongSwan und Openswan sein. Dies wird später noch genauer betrachtet.

16.4 Racoon und X.509-Zertifikate

Der IKE-Daemon Racoon ist in der Lage, auch mit X.509-Zertifikaten eine Authentifizierung durchzuführen. Zusätzlich bietet er auch die Möglichkeit, die Authentifizierung mit GSS-API und Kerberos oder als XAuth-Server und -Client zu bewältigen. Dieser Abschnitt widmet sich jedoch nur der Möglichkeit, X.509-Zertifikate zu verwenden. Die Vorteile bei der Verwendung von X.509-Zertifikaten wurden bereits mehrfach im Zusammenhang mit Openswan und strongSwan erwähnt. Deshalb sollen hier nur die wesentlichen Aspekte wiederholt werden.

Bei jeder normalen Authentifizierung ist es erforderlich, dass die Informationen zwischen allen Kommunikationspartnern ausgetauscht werden. So müssen die PSKs jedem Kommunikationspartner bekannt sein, damit jeder jeden anderen authentifizieren kann. Hierdurch entsteht ein hoher Administrationsaufwand, und bei vielen Kommunikationspartnern besteht schnell die Gefahr, dass der Überblick verloren geht. Gerät der PSK in falsche Hände, besteht die Gefahr der Kompromittierung des VPNs. Hier bieten X.509-Zertifikate Abhilfe, da alle Kommunikationspartner lediglich ihren eigenen privaten Schlüssel, ihr eigenes Zertifikat und das Zertifikat einer zentralen Zertifikatsautorität (CA) besitzen müssen. Sie können dann ohne zusätzliche Hilfe sämtliche Kommunikationspartner verifizieren, die ebenfalls ein von dieser CA unterzeichnetes Zertifikat und den entsprechenden privaten Schlüssel besitzen.

Hier soll nun der im letzten Abschnitt aufgebaute Tunnel so umkonfiguriert werden, dass die Authentifizierung mit einem X.509-Zertifikat erfolgen kann. Die Erzeugung der Zertifikate wurde bereits in Abschnitt 13.5.1 beschrieben. Es werden hier dieselben Zertifikate eingesetzt. Natürlich erwartet Racoon die Zertifikate an einem anderen Ort. Daher werden Sie diese umkopieren müssen.

Die Konfiguration der SPD mit dem Befehl `setkey` unterscheidet sich nicht vom letzten Abschnitt. Sie ist als Referenz im Listing 16.7 erneut für den Rechner `NewYork` abgedruckt.

Listing 16.7: **Die Befehle zur Erzeugung der SPD-Einträge**

```
#!/usr/sbin/setkey -f
# Dies ist die Datei /etc/ipsec-tools.conf
#
# Loesche die SAD und SPD
flush;
spdflush;
```

```
# Richtlinien zur Verwendung der SAs (Tunnel NewYorkNet-BerlinNet)
spdadd 10.0.1.0/24 10.0.2.0/24 any -P out ipsec
        esp/tunnel/3.0.0.1-5.0.0.1/require;

spdadd 10.0.2.0/24 10.0.1.0/24 any -P in ipsec
        esp/tunnel/5.0.0.1-3.0.0.1/require;
```

Die Konfigurationsdatei racoon.conf weist hingegen Unterschiede auf. Die Datei für die Verwendung von X.509-Zertifikaten ist in Listing 16.8 abgedruckt.

Listing 16.8: **Konfiguration von racoon für X.509-Zertifikate (NewYork)**

```
path certificate "/etc/racoon/certs";

remote 5.0.0.1 {
        exchange_mode main;
        certificate_type x509 "newyork_cert.pem" "newyork_key.pem";
        my_identifier asn1dn;
        peers_identifier asn1dn;
        proposal {
                encryption_algorithm aes;
                hash_algorithm sha256;
                authentication_method rsasig;
                dh_group modp1024;
        }
}
sainfo address 10.0.1.0/24 any address 10.0.2.0/24 any {
        pfs_group modp1536;
        encryption_algorithm aes 256;
        authentication_algorithm hmac_sha256;
        compression_algorithm deflate;
}
```

Der Einfachheit halber verwenden wir dieselben Zertifikate, die in Abschnitt 13.5.1 erzeugt wurden.

Hierzu ist zunächst das Verzeichnis /etc/racoon/certs zu erstellen. Anschließend müssen Sie die Dateien newyork_cert.pem, newyork_key.pem, crl.pem und cacerts.pem in dieses Verzeichnis kopieren. Die Überprüfung der über das Netz übermittelten Zertifikate erfolgt mit OpenSSL. Damit OpenSSL die CRL und das Zertifikat der Zertifikatsautorität findet, müssen die Dateien umbenannt werden oder über symbolische Links erreichbar sein:

Listing 16.9: **OpenSSL-konforme Benennung des CA-Certs**

```
# cd /etc/racoon/certs
# ln -s cacert.pem $(openssl x509 -noout -hash -in cacert.pem).0
# ln -s crl.pem  $(openssl x509 -noout -hash -in cacert.pem).r0
```

```
# ls -F
be1a9a9a.0@   cacert.pem   newyork_cert.pem
be1a9a9a.r0@  crl.pem      newyork_key.pem
```

Da racoon nicht in der Lage ist, einen verschlüsselten privaten Schlüssel zu lesen, müssen diese noch entschlüsselt werden:

Listing 16.10: **Entfernung der Verschlüsselung des privaten Schlüssels**

```
# openssl rsa -in newyork_key.pem -out newyork_key.pem
read RSA key
Enter PEM pass phrase: kennwort
writing RSA key
```

Wurden die Konfigurationsdateien entsprechend für NewYork und Berlin erstellt und die Schlüssel und Zertifikate an die entsprechenden Stellen kopiert, so können die Einträge in der SPD erzeugt und Racoon gestartet werden. Nach dem Start kann dann von NewYorkNet oder BerlinNet der Tunnel gestartet werden.

Hierbei sollten Sie Racoon zunächst wieder im Vordergrund (racoon -F) starten und die Meldungen beobachten.

Wenn Sie die folgende Meldung sehen, haben Sie nicht das Zertifikatsverzeichnis angegeben:

```
2009-10-16 12:36:07: WARNING: 3370:error:02001002:system library:fopen:No ↵
        such file or directory:bss_file.c:122:fopen('/usr/lib/ssl/cert. ↵
        pem','r') 3370:error:2006D080:BIO routines:BIO_new_file:no such ↵
        file:bss_file.c:125: 3370:error:0B084002:x509 certificate ↵
        routines:X509_load_cert_crl_file:system lib:by_file.c:274: 3370: ↵
        error:0B065068:x509 certificate routines:BY_FILE_CTRL:loading ↵
        defaults:by_file.c:114: 3370:error:0B064071:x509 certificate ↵
        routines:ADD_CERT_DIR:invalid directory:by_dir.c:186:
2009-10-16 12:36:07: ERROR: the peer's certificate is not verified.
```

Tritt bei dem Aufbau der Verbindung folgender Fehler auf, so haben Sie die symbolischen Verknüpfungen nicht richtig erzeugt:

```
2009-10-16 12:38:09: ERROR: unable to get local issuer certificate(20) at ↵
        depth:0 SubjectName:/C=DE/ST=NRW/L=Steinfurt/O=OpenSource- ↵
        Training Ralf Spenneberg/OU=VPN/CN=NewYork
2009-10-16 12:38:09: ERROR: the peer's certificate is not verified.
```

Sehen Sie die folgende Warnung, so ist das nicht tragisch. Racoon arbeitet auch ohne CRL. Wahrscheinlich haben Sie keine CRL erzeugt oder den symbolischen Link nicht richtig angelegt:

```
2009-10-16 12:40:51: WARNING: unable to get certificate CRL(3) at depth:0 ↵
        SubjectName:/C=DE/ST=NRW/L=Steinfurt/O=OpenSource-Training Ralf ↵
        Spenneberg/OU=VPN/CN=NewYork
```

Wenn Sie die Aufforderung erhalten, die Passphrase einzugeben, haben Sie den Schlüssel nicht entschüsselt:

```
Enter PEM pass phrase:
```

Mit dieser Konfiguration sollte auch die Möglichkeit bestehen, ein heterogenes VPN mit Openswan oder strongSwan aufzubauen. Eines der beiden VPN-Gateways Berlin oder NewYork kann durch die entsprechende Konfiguration ersetzt werden.

Der Aufbau des Tunnels kann jedoch problematisch sein, wenn unterschiedliche Verfahren verwendet werden.

Listing 16.11: **Fehlerhafter Aufbau des Tunnels (Racoon Log)**

```
2009-10-16 12:58:41: INFO: respond new phase 1 negotiation: ↵
        5.0.0.1[500]<=>3.0.0.1[500]
2009-10-16 12:58:41: INFO: begin Identity Protection mode.
2009-10-16 12:58:41: INFO: received Vendor ID: CISCO-UNITY
2009-10-16 12:58:41: INFO: received Vendor ID: draft-ietf-ipsra-isakmp- ↵
        xauth-06.txt
2009-10-16 12:58:41: INFO: received Vendor ID: DPD
2009-10-16 12:58:41: ERROR: rejected hashtype: DB(prop#1:trns#1):Peer ↵
        (prop#0:trns#0) = SHA256:SHA
2009-10-16 12:58:41: ERROR: rejected dh_group: DB(prop#1:trns#1):Peer ↵
        (prop#0:trns#0) = 1024-bit MODP group:2048-bit MODP group
2009-10-16 12:58:41: ERROR: no suitable proposal found.
2009-10-16 12:58:41: ERROR: failed to get valid proposal.
2009-10-16 12:58:41: ERROR: failed to pre-process packet.
2009-10-16 12:58:41: ERROR: phase1 negotiation failed.
```

Hier können Sie erkennen, dass sich strongSwan und Racoon in zwei Punkten unterscheiden:

» `rejected hashtype: DB(prop#1:trns#1):Peer(prop#0:trns#0) = SHA256:SHA`
  Racoon verwendet SHA256, und strongSwan nutzt SHA.

» `rejected dh_group: DB(prop#1:trns#1):Peer(prop#0:trns#0) = 1024-bit MODP group:2048-bit MODP group` Racoon verwendet MODP1024, und strongSwan nutzt MODP2048.

Sie können die Konfiguration entweder unter strongSwan oder unter Racoon anpassen.

Wenn Sie Racoon entsprechend anpassen, kann der Tunnel erfolgreich aufgebaut werden:

Listing 16.12: **Erfolgreicher Aufbau des Tunnels (Racoon Log)**

```
2009-10-16 13:10:09: INFO: ISAKMP-SA established ↵
        5.0.0.1[500]-3.0.0.1[500] spi:b884ba07b64499d0:49775bbb06b90033
2009-10-16 13:10:09: INFO: respond new phase 2 negotiation: ↵
        5.0.0.1[500]<=>3.0.0.1[500]
2009-10-16 13:10:09: INFO: IPsec-SA established: ESP/Tunnel ↵
        3.0.0.1[0]->5.0.0.1[0] spi=139465997(0x850150d)
```

```
2009-10-16 13:10:09: INFO: IPsec-SA established: ESP/Tunnel  ↩
        5.0.0.1[500]->3.0.0.1[500] spi=408612897(0x185af021)
```

Hierzu sind möglicherweise auch noch Anpassungen der Phase 2 erforderlich! Wenn Sie dies durchspielen, erkennen Sie die Probleme und die Vorteile, mehrere Algorithmen zur Auswahl anzubieten. Die funktionstüchtige Konfigurationsdatei für Racoon hat folgenden Inhalt:

```
2009-10-16 13:13:29: INFO: ISAKMP-SA established  ↩
        5.0.0.1[500]-3.0.0.1[500] spi:c7a6f8473daac7c0:5d82ad96e9d09ed8
2009-10-16 13:13:29: INFO: respond new phase 2 negotiation:  ↩
        5.0.0.1[500]<=>3.0.0.1[500]
2009-10-16 13:13:29: INFO: IPsec-SA established: ESP/Tunnel  ↩
        3.0.0.1[0]->5.0.0.1[0] spi=114599645(0x6d4a6dd)
2009-10-16 13:13:29: INFO: IPsec-SA established: ESP/Tunnel  ↩
        5.0.0.1[500]->3.0.0.1[500] spi=1335755174(0x4f9e01a6)
```

Es gibt noch ein weiteres Interoperabilitätsproblem zwischen Openswan, strongSwan und Racoon. Dies hängt mit den Security Policys zusammen. Wenn Sie mehrere Tunnel zwischen dem Pluto-Daemon und Racoon aufbauen möchten, müssen Sie die Security Policys mit dem Schlüsselwort unique *aufbauen:*

```
# Richtlinien zur Verwendung der SAs (Tunnel NewYork-Berlin)
spdadd 3.0.0.1 5.0.0.1 any -P out ipsec
        esp/tunnel/3.0.0.1-5.0.0.1/unique;

spdadd 5.0.0.1 3.0.0.1 any -P in ipsec
        esp/tunnel/5.0.0.1-3.0.0.1/unique;
```

Ansonsten können nach dem ersten Tunnel keine weiteren aufgebaut werden.

16.5 Racoon und Roadwarriors

In diesem Kapitel soll nun die Konfiguration von Racoon in einem Roadwarrior-Szenario vorgestellt werden. Als Roadwarrior bezeichnet man Rechner, die nicht über eine feste IP-Adresse und eine dauerhafte Internetverbindung verfügen. Das bedeutet, dass die Verbindungen immer nur vom Roadwarrior aufgebaut werden können und dass das VPN-Gateway Verbindungen von jeder IP-Adresse erlauben muss.

Im Falle von Racoon auf dem VPN-Server bedeutet das, dass Racoon nur noch auf Verbindungsanfragen von außen reagieren muss. Der Aufbau der ISAKMP-SA mit dem IKE-Protokoll wird direkt von dem Roadwarrior gestartet. Racoon wird dann wieder die notwendigen IPsec-SAs erzeugen und im Kernel eintragen. Dies genügt jedoch dem Kernel nicht, um anschließend Pakete zu ver- und entschlüsseln. Der Kernel benötigt zusätzlich noch Security Policies, die definieren, wann die IPsec-SAs zu verwenden sind. Diese müssen auch von Racoon erzeugt werden. Hierfür kennt Racoon den Parameter `generate_policy`. Die entsprechende Racoon-Konfigurationsdatei für das VPN-Gateway ist in Listing 16.13 dargestellt.

Listing 16.13: **racoon als VPN-Gateway (NewYork)**

```
path certificate "/etc/racoon/certs";

remote anonymous {
        exchange_mode main;
        generate_policy on;
        passive on;
        certificate_type x509 "newyork_cert.pem" "newyork_key.pem";
        my_identifier asn1dn;
        peers_identifier asn1dn;
        proposal {
                encryption_algorithm aes;
                hash_algorithm sha256;
                authentication_method rsasig;
                dh_group modp1024;
        }
}


sainfo anonymous {
        pfs_group modp1024;
        encryption_algorithm aes 256;
        authentication_algorithm hmac_sha256;
        compression_algorithm deflate;
}
```

Diese Datei wurde an vier Stellen modifiziert. Zunächst wurde der Kommunikationspartner als anonym spezifiziert (`remote anonymous`) und nicht mit einer IP-Adresse identifiziert. Die hier angegebenen Parameter für Phase 1 gelten nun für alle Kommunikationspartner. Ebenso wurde für die Parameter der Phase 2 die genaue Spezifikation der IP-Adressen durch die Angabe `sainfo anonymous` ersetzt.

Um zu verhindern, dass Racoon selbst versucht, die Verbindungen aufzubauen, wurde der Parameter `passive` gesetzt. Nun muss Racoon noch die entsprechenden Security Policys nach Aufbau der Verbindung und Aushandlung der ISAKMP-SA und der IPsec-SAs in der SPD eintragen. Hierzu dient der Parameter `generate_policy`. Damit vorhandene Security Policys keine Probleme bereiten, sollten diese mit einem Aufruf von `setkey -f /etc/ipsec-tools.conf` entfernt werden, bevor Racoon gestartet wird. Die hierfür erforderliche Datei `/etc/ipsec-tools.conf` ist in Listing 16.14 abgebildet.

Listing 16.14: **Löschen der SAD und SPD mit setkey**

```
#!/usr/sbin/setkey -f

# Loesche die SAD und SPD
flush;
spdflush;
```

Nun kann von jedem externen Rechner aus eine beliebige Verbindung zu diesem Gateway aufgebaut werden. Hierbei definiert der Initiator die zu verwendenden IP-Adressen, Algorithmen und DH-Gruppen.

16.6 Racoon als Roadwarrior

Der Einsatz von Racoon auf dem Roadwarrior ist nicht einfach. Da der Racoon normalerweise für seine Funktion die Security Policys im Kernel benötigt, müssen diese zunächst angelegt werden. Da diese Security Policys abhängig von der aktuellen IP-Adresse des Roadwarriors sind, müssen diese immer abhängig von der aktuellen IP-Adresse erzeugt werden:

```
setkey -c <<EOF
spdflush;
spdadd ${RW_EXTERN} ${VPNGW_INTERN} any -P out ipsec esp/tunnel/${ ↵
        RW_EXTERN}-${VPNGW_EXTERN}/require;
spdadd ${VPNGW_INTERN} ${RW_EXTERN} any -P in  ipsec esp/tunnel/${ ↵
        VPNGW_EXTERN}-${RW_EXTERN}/require;
EOF
```

Hierbei haben die Variablen die folgende Bedeutung:

» RW_EXTERN: Aktuelle offizielle IP-Adresse des Roadwarriors.

» VPNGW_EXTERN: Aktuelle offizielle IP-Adresse des VPN-Gateways.

» VPNGW_INTERN: Das Netz, das durch das VPN-GW erreicht werden kann.

Alternativ zu diesen Security Policys kann der Tunnelaufbau von dem Client auch mit dem Befehl racoonctl gestartet werden. Dies wird genauer in Abschnitt 34.2 besprochen.

Zusätzlich benötigen Sie eine entsprechende Konfiguration für Racoon:

```
path certificate "/etc/racoon/certs";

listen {
        adminsock "/var/run/racoon/racoon.sock" "root" "root" 0660;
        isakmp ${VPNGW_EXTERN} [500];
}

remote anonymous {
        exchange_mode main;
```

```
        certificate_type x509 "rwberlin_cert.pem" "rwberlin_key.pem";
        my_identifier asn1dn;
        peers_identifier asn1dn;
        mode_cfg off;
        proposal {
                encryption_algorithm aes;
                hash_algorithm sha1;
                authentication_method rsa_sig;
                dh_group 2;
        }
}

sainfo anonymous {
        pfs_group 2;
        compression_algorithm deflate;
        encryption_algorithm aes;
        authentication_algorithm hmac_sha1;
}
```

17. OpenBSD Isakmpd

Der *Isakmpd* ist seit vielen Jahren der IKE-Daemon des OpenBSD-Projektes und ersetzte damit in
vielen Fällen den photurisd, der noch ein Photuris-
Key-Management-Protokoll (RFC 2522, 2523) verwendet. Der Isakmpd (isakmpd) wird von vielen Personen wegen seines sauberen Codes und der über-
sichtlichen Konfiguration geschätzt. Der Isakmpd
wurde ursprünglich von Thomas Walpuski auf den
Linux-Kernel 2.5/2.6 portiert und kann jetzt hier eingesetzt werden. Die Debian-Distribution enthält ein
entsprechendes Paket. Auf den weiteren Distributionen ist die Übersetzung nicht ganz trivial.

17.1 Installation

Anwender einer Debian-basierten Distribution haben es einfach und können das Paket der
Distribution installieren.

Für alle weiteren Distributionen ist mir kein entsprechendes Paket bekannt. Daher laden Sie
am besten den Quelltext und die Patches der Debian-Distribution von http://packages.
debian.org/lenny/isakmpd:

```
# wget http://ftp.de.debian.org/debian/pool/main/i/isakmpd/ ↵
        isakmpd_20041012.orig.tar.gz
# wget http://ftp.de.debian.org/debian/pool/main/i/isakmpd/ ↵
        isakmpd_20041012-5.diff.gz
```

Anschließend entpacken Sie den Quelltext und wenden den Patch an:

```
# tar xzf isakmpd_20041012.orig.tar.gz
# cd isakmpd_20041012.orig
# zcat ../isakmpd_20041012-5.diff.gz | patch -p1
```

Für die Übersetzung des isakmpd müssen Sie unter Fedora zuvor die folgenden Pakete installieren:

» gmp-static

» openssl-static

Anschließend kann der Isakmpd mit dem Befehl make übersetzt werden. Wer die Übersetzung
scheut, kann ein RPM-Paket von http://www.spenneberg.org/Isakmpd laden.

17.2 Anwendung mit PSKs

Um den Rahmen des Buches nicht zu sprengen, soll hier keine genaue Betrachtung aller möglichen Optionen des Isakmpd erfolgen. Vielmehr beschreibe ich anhand von zwei Anwendungsfällen die Konfiguration und die Funktionsweise des Isakmpd. Der Isakmpd ist unter Linux sicherlich auch eher als Exot anzusehen.

Im ersten Fall werden wir die Konfiguration von Isakmpd bei einer Authentifizierung mit PreShared Keys betrachten. Dabei soll das in Abbildung 17.1 beschriebene Szenario zunächst nachgebildet werden. Die hier verwendeten IP-Adressen und Namen sind bereits mehrfach, auch in den anderen Beispielen, verwendet worden.

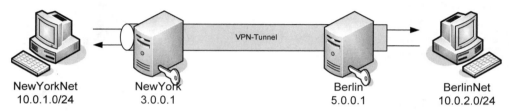

| NewYorkNet | NewYork | Berlin | BerlinNet |
| 10.0.1.0/24 | 3.0.0.1 | 5.0.0.1 | 10.0.2.0/24 |

Abbildung 17.1: **Ein VPN-Tunnel mit isakmpd verbindet die Netzwerke NewYork-Net und BerlinNet.**

17.3 Die Konfigurationsdatei isakmpd.conf

Der Isakmpd verwendet eine Konfigurationsdatei und eine Richtliniendatei. Zuerst soll die Konfigurationsdatei /etc/isakmpd/isakmpd.conf vorgestellt werden.

Listing 17.1: **Die Datei /etc/isakmpd/isakmpd.conf für die Authentifizierung mit PSKs**

```
[General]
Listen-on=              3.0.0.1

[Phase 1]
5.0.0.1=                ISAKMP-peer-east

[Phase 2]
Connections=            IPsec-west-east

[ISAKMP-peer-east]
Phase=                  1
Transport=              udp
Address=                5.0.0.1
Local-address=          3.0.0.1
Configuration=          Default-main-mode
Authentication=         soM59Mer
```

```
[IPsec-west-east]
Phase=                  2
ISAKMP-peer=            ISAKMP-peer-east
Configuration=         Default-quick-mode
Local-ID=              Net-west
Remote-ID=             Net-east

[Net-west]
ID-type=               IPV4_ADDR_SUBNET
Network=               10.0.1.0
Netmask=               255.255.255.0

[Net-east]

ID-type=               IPV4_ADDR_SUBNET
Network=               10.0.2.0
Netmask=               255.255.255.0

[Default-main-mode]
DOI=                   IPSEC
EXCHANGE_TYPE=         ID_PROT
Transforms=            3DES-SHA,BLF-SHA,3DES-MD5,BLF-MD5

[Default-quick-mode]
DOI=                   IPSEC
EXCHANGE_TYPE=         QUICK_MODE
Suites=                QM-ESP-AES-SHA-PFS-SUITE
```

Diese Datei ist nach dem Format einer Windows-Ini-Datei aufgebaut. Sie besteht aus einzelnen Sektionen, deren Namen in eckigen Klammern eingetragen werden. In diesen Abschnitten befinden sich dann Tags, denen Werte zugewiesen werden.

Den Anfang in dieser Datei macht die Sektion [General]. Hier können in erster Linie Defaultwerte definiert werden. Im Einzelnen sind folgende Werte modifizierbar:

» Default-phase-1-ID Dies ist die Default-Identifikation für Phase 1 des IKE-Protokolls.

» Default-phase-1-lifetime Hiermit kann die Lebensdauer der ISAKMP-SA definiert werden. Der Defaultwert ist 3600,60:86400. Das bedeutet, dass der Defaultwert 3600 Sekunden, also eine Stunde beträgt. Die minimale akzeptierte Lebensdauer beträgt 60 Sekunden und die maximale Lebensdauer 86400 Sekunden, also einen Tag.

» Default-phase-2-lifetime Hier wird die Lebensdauer der IPsec-SA definiert. Der Defaultwert beträgt 1200,60:86400. Das bedeutet, dass die IPsec-SA per Default eine Lebensdauer von 1200 Sekunden (20 Minuten) erhält. Maximal beträgt die Lebensdauer jedoch einen Tag und minimal eine Minute.

» `Default-phase-2-suites` Wenn der Isakmpd dynamisch die IPsec-SAs erzeugt, kann hier die Default-Suite angegeben werden. Wird diese Option nicht gesetzt, so ist QM-ESP-3DES-SHA-PFS-SUITE der Defaultwert. Dies bedeutet, Phase 2 verwendet den Quick-Modus mit dem ESP-Protokoll, um die Integrität, Authentizität und Vertraulichkeit zu garantieren. Dazu werden die 3DES-Verschlüsselung und ein SHA-HMAC eingesetzt. Die *Perfect Forward Secrecy* (PFS) ist aktiviert.

» `Check-interval` Dieser Wert definiert, wie häufig der Isakmpd Verbindungen auf ihren Zustand überprüft und sie bei Fehlern neu startet.

» `Exchange-max-time` Maximale Dauer des Austausches, bevor der Isakmpd aufgibt (120 Sekunden per Default).

» `Listen-on` Der Isakmpd bindet sich auf die angegebene Adressen (Default: alle verfügbaren Adressen).

» `Policy-file` Der Name der Richtliniendatei (Default: `/etc/isakmpd/isakmpd.policy`).

» `Pubkey-directory` Hier sucht der Isakmpd die vertrauenswürdigen Zertifikate. Dabei müssen die Zertifikate einen *subjectAltName* enthalten und diesen auch als Dateinamen verwenden. Zertifikate mit einem IPv4-*subjectAltName* werden in `/etc/isakmpd/pubkeys/ipv4/A.B.C.D` gespeichert. IPv6-*subjectAltName*-Zertifikate werden in `/etc/isakmpd/pubkeys/ipv6/abcd:abcd:abcd::ab:cd` gespeichert, FQDN und UFQDN entsprechend in den Unterverzeichnissen `fqdn/` bzw. `ufqdn/`.

» `Renegotiate-on-HUP` Wenn diese Option gesetzt wird, handelt der Isakmpd bei jedem HUP-Signal die IPsec-SAs neu aus.

» `Retransmits` Diese Einstellung definiert, wie häufig der Isakmpd eine Nachricht wiederholt, bevor er aufgibt.

» `Shared-SADB`: Diese Einstellung erlaubt es, dass mehrere Isakmpd-Daemons auf eine SADB (Security Association Database) zugreifen und diese administrieren dürfen.

Üblicherweise ist eine Modifikation der Parameter im Abschnitt `[General]` nicht erforderlich. Die Defaultwerte sind in den meisten Umgebungen sinnvoll. Lediglich eine Einschränkung der IP-Adressen mit dem Parameter `Listen-on` ist beim Einsatz des Isakmpd auf einem VPN-Gateway zu empfehlen.

In der Konfigurationsdatei schließt sich die Sektion `[Phase 1]` an. Hier werden die ISAKMP-Peers definiert und einzelnen IP-Adressen der Name eines ISAKMP-Peers zugeordnet. Ist die IP-Adresse des Peers nicht bekannt, so kann auch ein Default-Eintrag definiert werden:

```
Default=        ISAKMP-peer-unkown
```

Auf die Definition der Phase 1 folgen die Tunnel der `[Phase 2]`. Hier können Verbindungen (Connections) definiert werden, die der Isakmpd automatisch und aktiv zu starten versucht. Wenn ein VPN-Gateway lediglich Anforderungen für den Aufbau eines Tunnels von außen annehmen soll, aber nicht selbst aktiv den Tunnel aufbauen darf, so sieht die Konfigurationsdatei hierfür den Parameter `Passive-connections` vor. Diese Funktion wird heute kaum noch verwendet. Weiter unten zeige ich in einem eigenen Abschnitt ein Beispiel für ein Roadwarrior-Szenario.

Nun werden die in Phase 1 und 2 referenzierten symbolischen Namen genauer definiert – zunächst die Peers der Phase 1. Dabei können die folgenden Optionen angegeben werden:

» `Phase` Dies ist immer der Wert 1. Er definiert, dass diese Beschreibung einen ISAKMP-Peer enthält.

» `Transport` Der Name des Transportprotokolls: UDP. Andere Protokolle werden aktuell nicht unterstützt.

» `Port` Der IKE-Port (Default: 500).

» `Local-address` Die eigene IP-Adresse, die in der IKE-Verhandlung genutzt werden soll. Diese Angabe ist bei Systemen wichtig, die über mehrere IP-Adressen verfügen.

» `Address` Die IP-Adresse des Peers, wenn sie bekannt ist.

» `Configuration` Die Angabe der zu verwendenen ISAKMP-Konfiguration. Sie definiert den ISAKMP-Modus und die Verfahren zur Verschlüsselung (Default: `Default-phase-1-configuration`). Diese Defaulteinstellung wird weiter unten erklärt.

» `Authentication` Hier wird bei der Verwendung von PSKs der PSK für die Authentifizierung beim Peer gespeichert.

» `ID` Hier wird ein Verweis auf einen weiteren Abschnitt eingetragen, der die eigene Phase-1-Identifikation beschreibt. Ist dieser Wert nicht gesetzt, so wird als ID die eigene IP-Adresse verwendet. Wurde im `[General]`-Abschnitt eine `Default-phase-1-ID` gesetzt, so wird diese genutzt. Da in der angegebenen Beispieldatei keine `Phase-1-ID` definiert wird, wird die Erläuterung dieser Einstellung auf den Abschnitt 17.6 verschoben.

» `Remote-ID` Dieser Eintrag beschreibt die ID, die wir vom Peer erwarten. Wenn sie nicht angegeben wird, verwendet der Isakmpd die IP-Adresse des Peers. Da in der angegebenen Beispieldatei keine `Phase-1-ID` definiert wird, verschiebe ich ihre Erläuterung auf den Abschnitt 17.6.

» `Flags` Dies ist eine komma-separierte Liste von weiteren Optionen. Bisher existiert nur das Flag `ikecfg`, das durch die Konfigurationsdatei gesetzt werden kann. Dieses Flag aktiviert den IKECFG-Modus (siehe weiter unten). Der Isakmpd verwendet intern weitere Flags, wie `ready`, `stayalive`, `ondemand`, `replaced` und `fading`. Sie können jedoch nicht von dem Benutzer beeinflusst werden!

Nun folgt üblicherweise eine Auflösung der `Phase-1-ID`-Referenzen. Da in der angegebenen Beispieldatei keine `Phase-1-ID` definiert wird, wird ihre Erläuterung verschoben.

An die Beschreibung des Phase-1-Peers schließt sich die Beschreibung der Phase-2-Verbindungen an. Sie wurden im Abschnitt `[Phase-2]` durch symbolische Namen referenziert und müssen nun mit Leben gefüllt werden.

Die Beschreibung von Phase-2-Verbindungen erfolgt mit den folgenden Parametern:

» `Phase` Dieser Parameter unterscheidet die Beschreibungen der Phase 2 von denen der Phase 1. Der Wert ist daher hier konstant 2.

» `ISAKMP-peer` Der Name des ISAKMP-Peers, mit dem diese Verbindung ausgehandelt wird. Dies ist eine Referenz auf den vorhergehenden Abschnitt.

» `Configuration` Die Konfiguration von Phase 2. Wird hier keine explizite Konfiguration angegeben, so sind die weiter unten definierten Defaultwerte aktiv.

» `Local-ID` Dieser Wert spezifiziert optional eine lokale Client-ID, die den Tunnel benutzen soll. Hierbei handelt es sich wieder um eine Referenz auf einen eigenen Abschnitt.

» `Remote-ID` Dieser Wert spezifiziert optional eine remote Client-ID, die den Tunnel benutzen soll. Beide Werte, dieser und der vorige, werden von Isakmpd auch verwendet, wenn er einen Tunnel einer neuen Anfrage zuordnen muss.

» `Flags` Hier können Sie in einer komma-separierten Liste weitere Flags angeben, die das Verhalten der Verbindung beeinflussen. Bisher existiert hier nur das Flag `active-only`. Dieses Flag beschreibt Verbindungen, die der Isakmpd automatisch aufbaut, auf denen er aber keine Verbindungsanfragen von außen entgegennimmt.

Wenn in der Beschreibung der IPsec-Verbindung eine `Local-ID` oder `Remote-ID` angegeben wurde, müssen diese IPsec-IDs beschrieben werden. Hierzu stehen die folgenden Parameter zur Verfügung:

» `ID-type` Dies definiert die Art des Clients, der den Tunnel nutzen darf. Gültige Werte sind: `IPV4_ADDR`, `IPV6_ADDR`, `IPV4_ADDR_SUBNET` und `IPV6_ADDR_SUBNET`. Wenn der Isakmpd den Tunnel für die Kommunikation zweier IPv4-Netzwerke aufbauen soll, so muss dieser Parameter entsprechend auf `IPV4_ADDR_SUBNET` gesetzt werden.

» `Address` Wenn der ID-Type `*_ADDR` ist, wird mit diesem Parameter die IP-Adresse angegeben.

» `Network` Wenn der ID-Type den Wert `*_SUBNET` hat, so definiert dieser Parameter die Netzwerkadresse.

» `Netmask` Hiermit kann die Netzmaske des `Network` angegeben werden.

» `Protocol` Dieser Protokollselektor erlaubt eine Einschränkung der im Tunnel erlaubten Transport-Protokolle, zum Beispiel `udp`. Wird die Angabe weggelassen, so dürfen alle Protokolle im Tunnel verwendet werden.

» `Port` Hiermit kann der erlaubte Port für diese ID bei zuzätzlich angegebenen Protokollen definiert werden, zum Beispiel: `bootp`. So ist eine Einschränkung des im Tunnel transportieren IP-Verkehrs möglich. Diese Angaben entsprechen dem Protokoll- und Portselektor bei Openswan und strongSwan.

In der Beschreibung des ISAKMP-Peers wurde auf eine `Configuration=Default-main-mode` verwiesen. Sie muss nun definiert werden. Hierfür stehen drei Parameter zur Verfügung:

» `DOI` Dieser Parameter definiert die *Domain of Interpretation*. Hier ist im Moment nur der Defaultwert möglich: `IPSEC`.

» `EXCHANGE_TYPE` Dieser Parameter bestimmt den Modus in Phase 1. Möglich sind die Werte `ID_PROT` (Main-Modus, *Identity Protection*) und `AGGRESSIVE`.

» `Transforms` Hier kann eine Liste von *Transforms* definiert werden, die der Isakmpd in Phase 1 vorschlagen soll. Hierbei handelt es sich wieder nur um symbolische Namen, die anschließend definiert werden müssen. Jedoch erzeugt der Isakmpd automatisch jede mögliche Permutation von `DES,BLF,3DES,CAST-MD5,SHA[-GRP1,2,5][-DSS,RSA_SIG]`.

Auf diese Transforms kann also ohne eine zusätzliche Definition zugegriffen werden. Geben Sie RSA_SIG an, so ist die Authentifizierung mit Public-Keys erforderlich. Wird die Option weggelassen, so unterstützt die Transform die Authentifizierung mit Preshared-Keys (PSK).

Es ist ratsam, hier eine Reihe von sinnvollen Transforms zu definieren. Die Defaultwerte sind in vielen Umgebungen nicht ausreichend oder nicht optimal, da isakmpd per Default nur die 3DES-Verschlüsselung verwendet. isakmpd unterstützt in Phase 1 AES in Versionen ab dem 28.08.2003. Dann werden auch die AES-Transforms automatisch generiert.

Wenn bei der Beschreibung des ISAKMP-Peers keine Configuration definiert wurde, so verwendet der Isakmpd, wie beschrieben, die [Default-phase-1-configuration]. Diese Konfiguration hat folgenden Inhalt:

Listing 17.2: **Die Default-Phase-1-Konfiguration**

```
[Default-phase-1-configuration]
DOI=            IPSEC
EXCHANGE_TYPE=  ID_PROT
Transforms=     3DES-SHA-RSA_SIG
```

Die Angabe der Transform 3DES-SHA-RSA_SIG bedeutet, dass eine Verbindung mit einem PreShared Key hier nicht erfolgreich ist, da der Isakmpd mit RSA-Signaturen authentifizieren möchte. Es ist daher bei der Verwendung von PSKs immer erforderlich, eine eigene ISAKMP-Konfiguration zu definieren, bei der Sie die Transform 3DES-SHA zum Beispiel angeben.

Wenn der Administrator seine eigene ISAKMP-Transform definieren möchte, so kann er das mit folgenden Parametern machen: ENCRYPTION_ALGORITHM, KEY_LENGTH, HASH_ALGORITHM, AUTHENTICATION_METHOD, GROUP_DESCRIPTION, PRF (*Pseudo Random Function*) und Life. Diese Parameter werden in der Manpage isakmpd.conf(5) genauer erläutert.

Außerdem wurde in der Beschreibung der IPsec-Verbindung eine Konfiguration Default-quick-mode referenziert. Sie muss auch definiert werden. Hierzu stehen die folgenden drei Parameter zur Verfügung:

» DOI Dieser Wert ist wie bei der Definition der ISAKMP-Konfiguration immer IPSEC.

» EXCHANGE_TYPE Dieser Wert ist für den Quick-Modus der Phase 2 immer QUICK_MODE.

» Suites Hier stehen eine Vielzahl von vordefinierten Suites zur Verfügung. Der Isakmpd erzeugt nach seinem Start automatisch alle möglichen Permutationen von QM-ESP, AH[-TRP]-DES, 3DES, CAST, BLF, AES[-MD5, SHA, RIPEMD, SHA2-256,384,512][-PFS [-GRP1,2,5]]-SUITE. Die Option -TRP aktiviert den Transportmodus, während die Option -PFS die Perfect Forward Secrecy aktiviert. Der Isakmpd generiert keine Suites, die gleichzeitig ESP und AH verwenden. Sie müssen manuell erzeugt werden.

Wenn Sie eigene IPsec-Suites erzeugen möchten, so ist dies mit den Parametern Protocols, PROTOCOL_ID, Transforms, ReplayWindow, TRANSFORM_ID, ENCAPSULATION_MODE, AUTHENTICATION_ALGORITHM, GROUP_DESCRIPTION und Life möglich. Die Manpage isakmpd.conf (5) erläutert die Verwendung dieser Parameter.

17.4 Die Richtliniendatei isakmpd.policy

Zusätzlich zur Konfigurationsdatei `/etc/isakmpd/isakmpd.conf` benötigt der Isakmpd für seinen Betrieb auch noch eine Richtliniendatei `/etc/isakmpd/isakmpd.policy`, in der `keynote(5)`-Richtlinien gespeichert werden.

Eine typische Richtliniendatei für die Verwendung mit PSKs ist in Listing 17.4 dargestellt.

```
KeyNote-Version: 2
Comment: Diese Richtlinie akzeptiert jeden Peer mit richtigem Kennwort
Authorizer: "POLICY"
Licensees: "passphrase:soM59Mer"
Conditions: app_domain == "IPsec policy" &&
            esp_present == "yes" &&
            esp_enc_alg == "aes" &&
            esp_auth_alg == "hmac-sha" -> "true";
```

Der Isakmpd greift für die Authentifizierung auf das *KeyNote-System* zurück. Das ist ein mächtiges und sehr flexibles System zur Verwaltung von Vertrauensstellungen. Eine genaue Betrachtung des KeyNote-Systems kann hier aus Platzgründen nicht erfolgen. Interessierte Leser sollten sich das RFC 2704 und die Manpages `keynote(4)` und `keynote(5)` ansehen. Hier erläutere ich lediglich die Konfiguration in dieser Datei.

Das Format der Richtliniendatei besteht aus einzelnen Feldern. Jedes Feld besteht aus einem Namen, gefolgt von einem Doppelpunkt und dem Inhalt des Feldes. Felder können über mehrere Zeilen aufgeteilt werden, wenn die Folgezeilen mit einem Leerzeichen oder Tabulator beginnen. Insgesamt sind sieben verschiedene Felder möglich: `KeyNote-Version`, `Comment`, `Local-Constants`, `Authorizer`, `Licensees`, `Conditions` und `Signature` (hier nicht erforderlich). Bis auf die Angabe des `Authorizer` sind alle weiteren Felder optional. Die Groß- und Kleinschreibung der Feldnamen ist einzuhalten.

Jede Richtliniendatei sollte zunächst in der ersten Zeile die verwendete KeyNote-Version definieren. Die aktuell eingesetzte Version ist Version 2(.3). Anschließend kann ein Kommentar definiert werden, der die folgende KeyNote-Assertion beschreibt.

Nun folgt das Feld `Authorizer`. Dieses Feld hat üblicherweise den Wert `POLICY`. Jedoch ist es möglich, Subpolicys zu definieren. Die Manpage `isakmpd.policy(5)` enthält einige Beispiele.

Auf den `Authorizer` folgt das Feld `Licensees`. Dieses Feld definiert die Authentifizierungsinformationen. Dabei kann es sich um eine oder mehrere Passphrasen, öffentliche Schlüssel oder X.509-Zertifikatsnamen handeln. Hier wird eine Passphrase eingesetzt. Es besteht auch die Möglichkeit, die Passphrase mit MD5 oder SHA-1 zu verschlüsseln und folgendermaßen anzugeben:

```
Licensees: "passphrase-md5-hex:3858f62230ac3fc915f300c664312c663f"
```

Abschließend werden die Bedingungen definiert, die erfüllt werden müssen, damit die Anmeldung erfolgreich ist. Dazu wird das Feld `Conditions` verwendet. Hier können nun eine Vielzahl von Attributen abgefragt werden. Unter anderem sind dies die Attribute `app_domain`, `initiator`, `pfs`, `esp_present`, `esp_enc_alg`, `comp_alg`, `esp_auth_alg` und so weiter. Eine vollständige Liste enthält die Manpage `isakmpd.policy(5)`.

Die in Listing 17.4 dargestellte Datei prüft, ob das ESP-Protokoll verwendet wird und zur Authentifizierung der SHA-1-HMAC und zur Verschlüsselung das AES-Verfahren genutzt wird. Wichtig ist, dass bei Erfüllung der Bedingungen der Wert `true` zurückgeliefert wird. Die Syntax hierfür ist dem Listing zu entnehmen.

Die beschriebene Richtlinie schränkt den ESP-Tunnel auf `aes-hmac-sha1` ein. Wenn dies nicht erfolgen soll, kann die Richtlinie weiter gefasst werden:

```
Conditions: app_domain == "IPsec policy" &&
            esp_present == "yes" &&
            esp_enc_alg != "null" &&
            esp_auth_alg != "null" -> "true";
```

Dies erlaubt aber auch eine Verwendung von DES mit nur 56 Bit! Um dies zu verhindern, kann folgende Modifikation durchgeführt werden:

```
Conditions: app_domain == "IPsec policy" &&
            esp_present == "yes" &&
            esp_enc_alg != "null" &&
            esp_enc_alg != "des" &&
            esp_auth_alg != "null" -> "true";
```

17.5 Start und Test der Verbindung

Um `isakmpd` zu starten, genügt im Normalfall das folgende Kommando:

```
# isakmpd
```

Dennoch verfügt `isakmpd` über eine Vielzahl von Optionen, die beim Start angegeben werden können. Die wichtigsten Optionen sind:

» `-4|-6` Diese Optionen definieren die Adressfamilie, die der Isakmpd unterstützt. Standard sind sowohl IPv4 als auch IPv6.

» `-c datei` Hiermit können Sie eine alternative Konfigurationsdatei angeben. Normalerweise verwendet der Isakmpd die Datei `/etc/isakmpd/isakmpd.conf`.

» `-d` Diese Option veranlasst den Isakmpd, im Vordergrund zu laufen und alle Meldungen auf `stderr` auszugeben.

» `-D class=level` Die Option `-D` kann einen Debuglevel aktivieren. Hierbei wird eine der Klassen `Misc(0)`, `Transport(1)`, `Message(2)`, `Crypto(3)`, `Timer(4)`, `Sysdep(5)`, `SA(6)`, `Exchange(7)`, `Negotiation(8)`, `Policy(9)` oder `All(A)` und ein Level von 0–99 angegeben, zum Beispiel: `-D A=90`.

» `-f fifo` Diese Option spezifiziert einen alternativen Fifo, den der Isakmpd öffnet. Über diese Named Pipe kann der Isakmpd gesteuert werden (zu Fifo siehe weiter unten). Die Angabe `-` bindet den Fifo an `stdin` (Default: `/var/run/isakmpd.fifo`).

» `-L`: Wird diese Option gesetzt, so speichert der Isakmpd alle IKE-Pakete zusätzlich unverschlüsselt in einer lokalen Datei ab. Diese Datei kann mit der Option `-l` spezifiziert werden und später mit `tcpdump` oder `wireshark` betrachtet werden (Default: `/var/run/isakmpd.pcap`).

Für einen Test der Verbindungen empfiehlt es sich nicht, das oben erwähnte Kommando zu verwenden, sondern zum Beispiel: `isakmpd -4 -d -DA=50`. Wenn Sie die Warnung *Default check_file_secrecy_fd: not loading /etc/isakmpd/isakmpd.conf - too open permissions* erhalten, dann müssen Sie die Rechte dieser Datei so anpassen, dass lediglich *root* diese Datei lesen darf:

```
# chmod 600 /etc/isakmpd/isakmpd.conf
```

Der Tunnel wird erfolgreich aufgebaut, wenn Sie folgende Meldungen sehen:

```
080514.750407 Sdep 50 pf_key_v2_flow: src 10.0.1.0 255.255.255.0 dst ↩
        10.0.2.0 255.255.255.0
080514.750833 Sdep 50 pf_key_v2_flow: SPDADD: done
080514.751162 Sdep 50 pf_key_v2_flow: src 10.0.2.0 255.255.255.0 dst ↩
        10.0.1.0 255.255.255.0
080514.751468 Sdep 50 pf_key_v2_flow: SPDADD: done
```

Diese Meldungen zeigen an, dass der Isakmpd die Security Policys in dem Kernel eingetragen hat. Dies können Sie auch mit dem Befehl `setkey` prüfen:

```
# setkey -DP
10.0.1.0/24[any] 10.0.2.0/24[any] any
        out ipsec
        esp/tunnel/3.0.0.1-5.0.0.1/require
        created: Oct 21 08:07:49 2009  lastused:
        lifetime: 0(s) validtime: 0(s)
        spid=417 seq=1 pid=2564
        refcnt=1
10.0.2.0/24[any] 10.0.1.0/24[any] any
        in ipsec
        esp/tunnel/5.0.0.1-3.0.0.1/use
        created: Oct 21 08:07:49 2009  lastused:
        lifetime: 0(s) validtime: 0(s)
        spid=424 seq=0 pid=2564
        refcnt=1
```

Wenn der Isakmpd im Vordergrund mit der Option -d gestartet wurde und anschließend mit ⌈Strg⌉-⌈C⌉ abgebrochen wird, räumt er möglicherweise nicht auf. Das bedeutet, dass die Security Policys und Security Associations im Speicher erhalten bleiben. Auch bei einem Neustart löscht er sie nicht. Hierfür muss manuell der Befehl setkey aus den KAME-Tools verwendet werden: setkey -F; setkey -FP. Wird der Isakmpd mit dem Signal SIGTERM beendet, so räumt er auf und löscht alle SAD- und SPD-Einträge. Die zum Zeitpunkt der Drucklegung dieses Buches aktuelle Version, die mit Debian Lenny ausgeliefert wird, führt jedoch die Aufräumarbeiten korrekt durch!

Wenn Sie den Isakmpd starten, gibt es eine Reihe von Möglichkeiten, ihn anschließend von außen zu steuern. Zunächst unterstützt der Isakmpd die Signale SIGHUP und SIGUSR1. Wenn er das Signal SIGHUP empfängt, lädt der Isakmpd seine Konfigurationsdatei neu. Wurde in der Konfigurationsdatei Renegotiate-on-HUP definiert, so verhandelt er auch alle IPsec-SAs neu. Wenn er das SIGUSR1-Signal empfängt, speichert er einen Bericht seines Zustandes in der Datei /var/run/isakmpd.report. Der Name dieser Berichtsdatei kann mit der Option -R beim Start verändert werden.

Hat der Benutzer beim Start die Option -f verwendet, um die Isakmpd-Fifo-Steuerung zu aktivieren, so kann der Isakmpd anschließend mit den folgenden Befehlen gesteuert werden. Diese Befehle bestehen immer nur aus einem Buchstaben:

» c name Hiermit kann eine Verbindung gestartet werden.

» C (set|rm) [section]:tag=value Hiermit kann eine einzelne Zeile der Konfiguration geändert werden.

» d cookies msgid Löscht eine bestimmte SA.

» D class level Setzt den Debug-Level.

» p (on|off) Aktiviert und deaktiviert die Protokollierung der IKE-Pakete.

» Q Beendet den Isakmpd (wie SIGTERM).

» r Erzeugt den Bericht (wie SIGUSR1).

» R Initialisiert den Isakmpd neu (wie SIGHUP).

» S Erzeugt einen Bericht mit allen SAs in der Datei /var/run/iskampd_sa.

» t name Beendet die Verbindung.

» T Beendet alle Verbindungen.

17.6 Anwendung mit einem X.509-Zertifikat

Der Isakmpd unterstützt auch die Authentifizierung mit RSA-Signaturen in Form von X.509-Zertifikaten. Im Folgenden werden die Konfigurations- und die Richtliniendatei hierfür besprochen. Dabei gehe ich allerdings nur noch auf die Unterschiede zur Anwendung mit PreShared Keys ein. Sie sollten daher den entsprechenden Abschnitt zuvor gelesen haben.

17.7 Die Konfigurationsdatei isakmpd.conf

Die Konfigurationsdatei `/etc/isakmpd/isakmpd.conf` ist in Listing 17.3 dargestellt.

Listing 17.3: **Die Datei isakmpd.conf für die Anwendung mit X.509-Zertifikaten**

```
[General]
Listen-on=                3.0.0.1


[Phase 1]
5.0.0.1=                      ISAKMP-peer-east

[Phase 2]
Connections=                  IPsec-west-east


[ISAKMP-peer-east]
Phase=                    1
Transport=                udp
Address=                  5.0.0.1
Local-address=            3.0.0.1
Configuration=            Default-main-mode
ID=                       West


[West]
ID-type=                      IPV4\_ADDR
Address=                      3.0.0.1



[IPsec-west-east]
Phase=                        2
ISAKMP-peer=                  ISAKMP-peer-east
Configuration=                Default-quick-mode
Local-ID=                     Net-west
Remote-ID=                    Net-east

[Net-west]
ID-type=                      IPV4_ADDR_SUBNET
Network=                      10.0.1.0
Netmask=                      255.255.255.0

[Net-east]
ID-type=                      IPV4_ADDR_SUBNET
Network=                      10.0.2.0
Netmask=                      255.255.255.0
```

```
[Default-main-mode]
DOI=                     IPSEC
EXCHANGE_TYPE=           ID_PROT
Transforms=              3DES-SHA-RSA_SIG,3DES-MD5-RSA_SIG,BLF-MD5-RSA_SIG ↵
        ,BLF-SHA-RSA_SIG

[Default-quick-mode]
DOI=                     IPSEC
EXCHANGE_TYPE=           QUICK_MODE
Suites=                  QM-ESP-AES-SHA-PFS-SUITE

[X509-certificates]
CA-directory=            /etc/isakmpd/ca/
Cert-directory=          /etc/isakmpd/certs/
CRL-directory=           /etc/isakmpd/crls
Private-key=             /etc/isakmpd/private/local.key
```

Zunächst entspricht der Aufbau der Konfigurationsdatei der bereits in Listing 17.1 gezeigten Datei. Lediglich kleinere Änderungen haben stattgefunden. Die Abschnitte [General], [Phase 1] und [Phase 2] wurden unverändert übernommen. Auch der Abschnitt [ISAKMP-peer-east], der den IKE-Peer beschreibt, ist größtenteils unmodifiziert. Hier wurde lediglich die Zeile Authentication=soM59Mer entfernt und die Zeile ID=West hinzugefügt. Der Parameter Authentication diente zur Angabe des Kennwortes für die Authentifizierung beim IKE-Peer. Da nun die Authentifizierung mit X.509-Zertifikaten erfolgt, ist diese Angabe überflüssig.

Jedoch benötigt der Isakmpd für die Identifizierung des richtigen Zertifikats, das der Isakmpd im Verlauf der IKE-Verhandlung an den IKE-Peer sendet, eine Referenz seiner eigenen Identifikation (ID). Wird sie nicht angegeben, so ist das per Default die eigene IP-Adresse. Hier wurde der Parameter ID auf den Wert West gesetzt. Dieser Wert West muss spezifiziert werden. Zunächst wird der Typ der ID mit ID-type angegeben. Folgende Typen sind möglich:

» IPV4_ADDR Eine IPv4-Adresse

» IPV4_ADDR_SUBNET Ein IPv4-Netzwerk

» IPV6_ADDR Eine IPv6-Adresse

» IPV6_ADDR_SUBNET Ein IPv6-Netzwerk

» FQDN Ein vollqualifizierter DNS-Name

» USER_FQDN Eine E-Mail-Adresse

» KEY_ID Eine beliebige Bytefolge, die jedoch durch druckbare Zeichen dargestellt werden muss. Diese Funktion hat jedoch keine reale Relevanz.

Wurde der Typ definiert, so existieren in Abhängigkeit des Typs weitere Parameter, mit denen dann der Wert definiert werden kann: Address, Network und Netmask für die Spezifizierung der IDs vom Typ *_ADDR und *_SUBNET. Für die Angabe der Typen FQDN, USER_FQDN und KEY_ID wird der Parameter Name verwendet.

```
[RalfSpenneberg]
ID-type=         USER_FQDN
Name=            ralf@spenneberg.net
```

Die nächste Modifikation in der Datei isakmpd.conf für die Verwendung von X.509-Zertifikaten erfolgt im Abschnitt [Default-main-mode]. Hier wird der Tatsache Rechnung getragen, dass nun die Authentifizierung mit X.509-Zertifikaten erfolgt. Der RFC-konforme Begriff ist hier die Authentifizierung mit RSA-Signaturen. Daher wurden alle angegebenen Transforms in ihre entsprechenden Pendants mit dem Suffix RSA_SIG umgewandelt. Die Reihenfolge der angegebenen Transforms definiert die Priorität der Transforms. Der erste Transform besitzt die höchste Priorität.

Schließlich benötigt der Isakmpd noch die Angabe der Zertifikatsverzeichnisse. Hierzu dient der Abschnitt [X509-Certificates]. Die angegebenen Verzeichnisse sind die Default-Verzeichnisse und wurden hier nur zur Demonstration und der Vollständigkeit halber angegeben.

Das CA-directory enthält die Zertifikate der vertrauten Zertifikatsautoritäten. Damit der Isakmpd tatsächlich diesen CAs vertraut und von ihnen unterzeichnete Zertifikate akzeptiert, müssen diese CAs in der Datei isakmpd.policy referenziert werden (siehe unten).

Das Cert-directory enthält das eigene Zertifikat und kann weitere Peer-Zertifikate enthalten, die Vorrang vor den während der IKE-Verhandlung übertragenen Zertifikaten haben.

Das CRL-directory enthält mögliche Rückruflisten der CAs im PEM-Format.

Der letze Eintrag, Private-key weist schließlich auf den privaten Schlüssel des VPN-Gateways hin. Dieser RSA-Schlüssel wird für die Authentifizierung in Phase 1 verwendet.

17.8 Die Richtliniendatei isakmpd.policy

Auch in der Richtliniendatei /etc/isakmpd/isakmpd.policy sind geringe Änderungen erforderlich. Die Richtliniendatei für die Verwendung mit X.509-Zertifikaten ist in Listing 17.4 dargestellt.

Listing 17.4: **Die Richtliniendatei isakmpd.policy für X.509-Zertifikate**

```
KeyNote-Version: 2
Authorizer: "POLICY"
Licensee: "DN:/C=DE/ST=NRW/L=Steinfurt/O=Spenneberg.Com/OU=VPN/CN=RootCA"
Conditions: app_domain == "IPsec policy" &&
            esp_present == "yes" &&
            esp_enc_alg == "aes" &&
            esp_auth_alg == "hmac-sha" -> "true";
```

Die wesentliche Änderung in dieser Datei ist die Angabe des Licensees. Hier wurde bei der Verwendung des PreShared Key die Passphrase angegeben. Bei der Verwendung von RSA-

Schlüsseln in Form von X.509-Zertifikaten stehen zwei verschiedene Möglichkeiten zur Wahl. Entweder wird der öffentliche Schlüssel direkt angegeben oder über den Distinguished Name (DN) das Zertifikat referenziert. Handelt es sich hierbei um ein Zertifikat einer CA, so vertraut isakmpd allen gültigen, von der CA unterzeichneten und nicht widerrufenen Zertifikaten. Die Verwendung des DN ist die einfachere und empfohlene Variante.

Um den öffentlichen Schlüssel direkt anzugeben, wird die folgende Syntax verwendet:

Listing 17.5: **Beispiel eines X.509-Schlüssels aus der Manpage**

```
licensees:  "x509-base64:MIICGDCCAYGgAwIBAgIBADANBgkqhkiG9w0BAQQ:
            FADBSMQswCQYDVQQGEwJHQjEOMAwGA1UEChMFQmVuQ28xETAPBg:
            NVBAMTCEJlbkNvIENBMSAwHgYJKoZIhvcNAQkBFhFiZW5AYWxnc:
            m91cC5jby51azAeFw05OTEwMTEyMjQ5MzhaFw05OTExMTAyMjQ5:
            MzhaMFIxCzAJBgNVBAYTAkdCMQ4wDAYDVQQKEwVCZW5DbzERMA8:
            GA1UEAxMIQmVuQ28gQ0ExIDAeBgkqhkiG9w0BCQEWEWJlbkBhbG:
            dyb3VwLmNvLnVrMIGfMA0GCSqGSIb3DQEBAQUAA4GNADCBiQKBg:
            QCxyAte2HEVouXg1Yu+vDihbnjDRn+6k0ORv6cZqbwA3BQ30mC/:
            3TFJO9VGXCaMOUKfpnxIpkBYLmOA3FWkKIORvPU7E1AhKkhC1Ds:
            PSBFjYHrB15T51YzgfwKJCIxTDzZDx2iobUgPaOFRNGVUjpQ4/k:
            MJ2BF4Wh7zY3XO8rMzsQIDAQABMA0GCSqGSIb3DQEBBAUAA4GBA:
            DWJ5pbTcE7iKHWLQTMYiz8i9jGi5+Eo1yr1Bab90tgaGQVOzrRH:
            jDHgAAy1h8WSXuyQrXfgbx2rnWFPhx9CfmuAXn7sZmQE3mnUqeP:
            ZL2dW87jdBGqtoUdNcoz5zKBkC943yasNui/OO1MiqgadTThTJH:
            d1Pn17LbJC1ZVRNjR5"
```

Listing 17.6: **Beispiel für die Verwendung des Distinguished Name**

```
licensees:  "DN:/CN=ralfspenneberg/Email=ralf@spenneberg.net"
```

Um den Distinguished Name des Zertifikats zu erhalten, kann der folgende Befehl verwendet werden:

```
# openssl x509 -in /etc/isakmpd/ca/ca.crt -noout -subject
subject= /C=DE/ST=NRW/L=Steinfurt/O=Spenneberg.Com/OU=VPN/CN=RootCA
```

Wurde die Datei isakmpd.policy entsprechend erzeugt, so müssen nun noch die RSA-Schlüssel in Form des privaten Schlüssels, des X.509-Zertifikats, des CA-Zertifikats und der CRL an den entsprechenden Stellen abgespeichert werden.

17.9 Die Erzeugung und Speicherung der X.509-Zertifikate

Bei der Erzeugung und der Speicherung der RSA-Schlüssel für den Isakmpd sind einige Besonderheiten zu beachten.

Der private RSA-Schlüssel wird in der Datei /etc/isakmpd/private/local.key gespeichert. Dieser Schlüssel darf nicht mit einer Passphrase geschützt sein und muss die Rechte 600 aufweisen:

```
# chmod 600 /etc/isakmpd/private/local.key
```

Um einen geschützten Schlüssel freizuschalten, kann der folgende Befehl verwendet werden:

```
# openssl rsa -in key-passphrase.pem -out key-nopassphrase.pem
```

Das X.509-Zertifikat des Systems wird im Verzeichnis /etc/isakmpd/certs gespeichert. Hierbei ist es wichtig, dass das Zertifikat über einen subjectAltName verfügt. Dieser subjectAltName muss mit der ID in der Datei /etc/isakmpd/isakmpd.conf übereinstimmen. Wurde dort als ID ein FQDN verwendet, so muss auch der subjectAltName derselbe FQDN sein. Das Zertifikat wird dann unter dem Namen <FQDN>.crt abgespeichert. Um dem Zertifikat den subjectAltName hinzuzufügen, kann entweder bei der Erzeugung bereits diese X.509.v3-Extension angegeben werden oder nachträglich der Befehl certpatch verwendet werden, der im Isakmpd-Paket enthalten ist. Hierfür ist aber der private Schlüssel der CA erforderlich.

Dies soll hier durch ein Beispiel verdeutlicht werden. Als ID wird der FQDN vpn.spenneberg. net verwendet. In der Konfigurationsdatei /etc/isakmpd/isakmpd.conf ist daher folgender Abschnitt erforderlich:

```
[West-ID]
ID-type=      FQDN
Name=         vpn.spenneberg.net
```

Das Zertifikat benötigt den subjectAltName vpn.spenneberg.net. Dieser wird mit dem Befehl certpatch eingetragen:

```
# certpatch -t fqdn -i vpn.spenneberg.net -k /etc/ssl/ca/ca.key > cert. ↵
       pem /etc/isakmpd/certs/vpn.spenneberg.net.crt
```

Das Zertifikat der CA wird im PEM-Format im Verzeichnis /etc/isakmpd/ca abgespeichert. Der gewählte Name ist hierbei unerheblich.

17.10 Roadwarriors und der Isakmpd

Wie bereits weiter oben ausgeführt wurde, wird die Direktive Passive-connections kaum verwendet. Wenn der Isakmpd als VPN-Gateway lediglich VPN-Verbindungen entgegennehmen darf, aber diese nicht selbst aufbauen soll, so wird dort in der Konfigurationsdatei keine Verbindung definiert. Eine mögliche isakmpd.conf ist in Listing 17.7 gezeigt.

Listing 17.7: **Die Datei isakmpd.conf auf einem Roadwarrior-Gateway**

```
[General]
Listen-on=              3.0.0.1
[Phase 1]
Default=                ISAKMP-VPN


[ISAKMP-VPN]
Phase=                  1
Configuration=          Default-main-mode
ID=                     VPN-GW


[VPN-GW]
ID-type=                IPV4_ADDR
Address=                3.0.0.1

[Default-main-mode]
DOI=                    IPSEC
EXCHANGE_TYPE=          ID_PROT
Transforms=             BLF-SHA-RSA_SIG,BLF-MD5-RSA_SIG,3DES-SHA-RSA_SIG

[X509-certificates]
CA-directory=           /etc/isakmpd/ca/
Cert-directory=         /etc/isakmpd/certs/
Private-key=            /etc/isakmpd/private/local.key
```

Die Authentifizierung wird lediglich über die Richtliniendatei /etc/isakmpd/isakmpd.policy geregelt. Hier kann die Datei aus Listing 17.4 unverändert übernommen werden. Sie ist zur Referenz hier noch einmal abgedruckt:

```
KeyNote-Version: 2
Authorizer: "POLICY"
Licensee: "DN:/C=DE/ST=NRW/L=Steinfurt/O=Spenneberg.Com/OU=VPN/CN=RootCA"
Conditions: app\_domain == "IPsec policy" &&
            esp\_present == "yes" &&
            esp\_enc\_alg == "aes" &&
            esp\_auth\_alg == "hmac-sha" -> "true";
```

Diese Datei stellt nun sicher, dass sich nur authentifizierte Clients verbinden dürfen. Einen Nachteil hat diese Methode jedoch: Der Client spezifiziert die im Tunnel erlaubten IP-Adressen. Dies kann, je nach verwendeter Netzwerkstruktur, eine Sicherheitslücke sein. Bei Verwendung des Parameters Passive-connections kann der Server die erlaubten IP-Adressbereiche spezifizieren.

17.11 Aggressive-Modus und PSKs

Bei der Verwendung eines PreShared Key sucht der Isakmpd nach der Authentication-Information im Abschnitt, der den ISAKMP-Peer beschreibt. Wenn verschiedene Clients mit unbekannten IP-Adressen eine Verbindung auf der Basis von PreShared Keys aufbauen möchten, so müssen alle diese Clients denselben PreShared Key verwenden. Um dies zu vermeiden, kann der Aggressive-Modus verwendet werden. Dieser überträgt die Identität unverschlüsselt und erlaubt so in Abhängigkeit von der Identität die Verwendung unterschiedlicher PreShared Keys. Hierzu müssen Sie die Konfigurationsdatei folgendermaßen anpassen:

```
[ISAKMP-peer]
Phase=          1
Configuration=  aggrmode


# Dial-in VPN Accounts

[user@domain]
Phase=          1
Configuration=  aggrmode
Authentication= somepassphrase

[user2@domain]
Phase=          1
Configuration=  aggrmode
Authentication= some2passphrase


[aggrmode]
DOI=            IPSEC
EXCHANGE_TYPE=  AGGRESSIVE
Transforms=     3DES-MD5,3DES-SHA
```

Damit dies nun funktioniert, muss der Client bei der Einwahl die angegebene ID (entweder user@domain oder user2@domain) und das entsprechende Kennwort verwenden.

Der Aggressive-Modus weist einige Sicherheitsprobleme auf. Da die Identifikation nun im Klartext übertragen wird, muss ein Angreifer lediglich das verwendete Kennwort knacken. Hierfür stehen einige Werkzeuge (wie ikecrack[1]) zur Verfügung (siehe Abschnitt 8.11.2). Damit die Authentifizierung sicher erfolgen kann, müssen gute PSKs gewählt werden! Außerdem besteht beim Aggressive-Modus die Gefahr eines Denial-of-Service-Angriffes.

---

1 http://ikecrack.sf.net

17.12 IKE-Config-Mode

Der Isakmpd kann als Responder in einer VPN-Verbindung dem Initiator mit der IKE-Config-Methode die zu verwendende IP-Adresse und die DNS-Server und WINS-Server mitteilen. So kann der Isakmpd als VPN-Gateway eine virtuelle IP-Adresse, DNS-Server etc. verteilen. Clients, die dies nutzen können, sind Racoon, VPNC und einige kommerzielle Applikationen.

Um diese Funktion zu nutzen, muss der Isakmpd mit der Option isakmp_cfg übersetzt werden. Diese Option ist normalerweise im Makefile bereits aktiviert.

Anschließend kann in der Konfigurationsdatei /etc/isakmpd/isakmpd.conf für jeden Client ein Abschnitt eingetragen werden, der die entsprechenden Informationen trägt. Die Verwendung eines Adressen-Pools, wie bei DHCP, ist hier nicht möglich. Der Name des Abschnitts besteht aus dem ID-type und dem Namen, den der Client bei seiner Anmeldung verwendet, zum Beispiel: [ipv4/5.0.0.1] oder [ufqdn/ralf@spenneberg.net]. Dabei unterstützt der Isakmpd hier noch einen zusätzlichen Typ: ASN1_DN. Hier ein Beispiel: [asn1_dn//C=DE/O=../..].

Ein kompletter IKE-Config-Abschnitt ist in dem folgenden Listing zu sehen:

Listing 17.8: **IKE-Config mit dem Isakmpd**

```
[ufqdn/ralf@spenneberg.net]
Address=       10.0.2.200
Netmask=       255.255.255.0
Nameserver=    10.0.2.1
WINS-server=   10.0.2.1
```

Damit der Isakmpd auch den IKE-Config-Modus aktiviert, ist in der Beschreibung der Phase 1 die Angabe des Flags ikecfg erforderlich:

```
[ISAKMP-peer]
Phase=          1
Configuration=  aggrmode
Flags=          ikecfg
```

17.13 Fazit

Der Isakmpd des OpenBSD-Projekts ist ein sehr mächtiger IKE-Daemon. Er stellt eine ernst zu nehmende Alternative zu dem Racoon aus dem KAME-Projekt dar. Beide IKE-Daemonen sind in der Lage, im Main-Modus und Aggressive-Modus mit PreShared Keys und X.509-Zertifikaten den Aufbau von VPN-Verbindungen zu ermöglichen. Beide bieten mit der zusätzlichen Unterstützung des IKE-Config-Modus die Möglichkeit, virtuelle IP-Adressen an die Clients zu verteilen.

18. Aufbau heterogener virtueller privater Netze

Der Aufbau eines virtuellen privaten Netzes mit Linux ist recht einfach. Es kann zwar auch hier zu Problemen kommen, jedoch sind sie meist relativ einfach und schnell zu lösen, da sich an beiden Enden des Tunnels häufig identische Implementierungen befinden.

Schwieriger wird der Aufbau von IPsec-VPNs, wenn es sich um unterschiedliche IPsec-Implementierungen handelt, die eingesetzt werden. Trotz der Verfügbarkeit von Standards kommt es, besonders bei dem IKEv1-Protokoll, immer wieder zu Problemen mit der Interoperabilität. In diesem Kapitel stelle ich einige Lösungen für die Anbindung von weiteren Systemen an ein Linux-VPN vor.

18.1 Einleitung

Häufig werden virtuelle private Netzwerke mit unterschiedlichen Produkten realisiert. Dies kann verschiedene Gründe haben. Möglicherweise handelt es sich um eine VPN-Lösung zwischen zwei verschiedenen Firmen, die unterschiedliche Produkte einsetzen. Hier wird jede Firma das Produkt wählen, das für sie am günstigsten in der Anschaffung und im Unterhalt ist.

In vielen Fällen soll über das VPN aber auch ein Anschluss für Telearbeiter angeboten werden. Hierbei sind wieder viele verschiedene Möglichkeiten gegeben. Sie können über eigenständige Router, die eine IPsec-Unterstützung bieten, angeschlossen werden, oder das eingesetzte Betriebssystem kann selbst die IPsec-Verbindung aufbauen. Da viele moderne Betriebssysteme inzwischen über einen eigenen IPsec-Stack verfügen, ist dies die einfachste und preisgünstigste Variante.

In diesem Kapitel wird die Interoperabilität mit den verschiedenen Windows-Betriebssystemen, Cisco- und Checkpoint-Produkten dargestellt. Insbesondere die hier beschriebenen einzelnen Einstellungen können immer wieder durch die Hersteller geändert werden. In den Fällen, in denen Sie nicht mit den hier beschriebenen Werten erfolgreich sind oder bessere alternative Wege ermittelt haben, würde ich mich über eine E-Mail an ralf@spenneberg.de freuen.

18.2 Interoperabilitätsprobleme

Auch wenn IPsec ein Internet-Standard ist, so zeigt bereits die tägliche Erfahrung, dass es für jede Regel auch Ausnahmen gibt. Dies gilt insbesondere für die IPsec-Protokolle. Die IPsec-Protokolle ESP und AH selbst sorgen in den wenigsten Fällen für Probleme. Die verwendeten Verschlüsselungs- und Authentifizierungsverfahren sind aber bereits häufig Anlass für Interoperabilitätsprobleme. Die meisten Probleme treten jedoch beim IKE-Protokoll in der Version 1 auf. Hier existieren sehr viele verschiedene Parameter, die von den verschiedenen Implementierungen unterschiedlich gesetzt werden. Auch wurden die Standards von den verschiedenen Herstellern unterschiedlich interpretiert.

Da gerade das IKE-Protokoll diese Probleme erzeugt, konzentrieren sich die meisten Interoperabilitätstests auf dieses Protokoll. So wird bei den meist jährlichen IPsec-Interoperabilitätstests nur das IKE-Protokoll getestet. In den letzten Jahren haben sich diese Prüfungen auf das Protokoll IKE Version 2 beschränkt.

Schließlich implementieren einige Hersteller gerade im IKE-Protokoll eigene proprietäre Erweiterungen, um ihren Kunden zusätzliche Funktionen zu bieten und die Verwendung der häufig kostenlosen Client-Software mit freien IPsec-Implementierungen zu verhindern.

Die folgenden Abschnitte zeigen den Aufbau von VPN-Verbindungen der entsprechenden Produkte mit Linux und geben zusätzliche Hinweise.

18.3 Microsoft Windows XP, Windows Vista und Windows 7

Microsoft hat mit der Version Windows 2000 begonnen, seine Betriebssysteme mit einem IPsec-Stack auszustatten. Dieser IPsec-Stack ist in der Lage, die Protokolle AH und ESP für die Authentifizierung und Verschlüsselung von IP-Paketen zu verwenden. Zusätzlich wurde das IKE-Protokoll implementiert, das mit PreShared Keys oder X.509-Zertifikaten eine Authentifizierung des VPN-Peers durchführen kann. Für die Speicherung der X.509-Zertifikate verfügen diese Betriebssysteme nun über einen zentralen Zertifikatsspeicher, der auch von anderen Programmen, wie dem Internet Explorer, genutzt werden kann.

Natürlich existieren eine Vielzahl von alternativen IPsec-Clients für Windows, die eine einfachere Konfiguration erlauben. Zwei werden im Weiteren vorgestellt. Hierbei handelt es sich zum einen um das Werkzeug von Markus Müller *(siehe Abschnitt 18.3.1) und den* Shrew Soft-Client *(siehe Abschnitt 18.4). Beide sind kostenlos. Insbesondere der Shrew Soft-Client ist einen Blick wert. Ein weiterer kommerzieller Client ist zum Beispiel der* GreenBow IPsec Client *(siehe Abbildung 18.1). Diesen können Sie unter* http://www.thegreenbow.de/ *käuflich erwerben. Er wird auch häufig als Client von anderen Herstellern genutzt und unter ihrem Namen verkauft (z.B. Zyxel).*

STOP

Die Verwaltung des in Windows eingebauten IPsec-Stacks und des IKE-Protokolls erfolgt über den *IP Security Policy Wizard* (Abbildung 18.2). Dieser Wizard wird über die *Microsoft Management Console* gestartet (Abbildung 18.3).

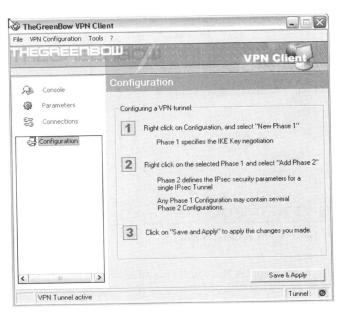

Abbildung 18.1: **Der kommerzielle GreenBow VPN-Client arbeitet auch gut mit den Linux-IPsec-Implementierungen** zusammen.

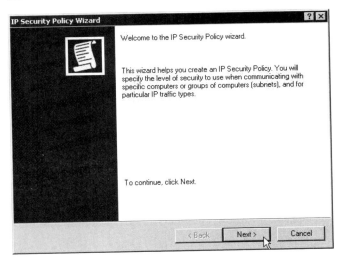

Abbildung 18.2: **Der Windows 2000 IP Security Policy Wizard**

Obwohl es sich bei dieser Anwendung um einen „Zauberer" handelt, ist die Konfiguration eines IPsec-Tunnels mit diesem Werkzeug sehr umständlich und fehlerträchtig. Der geneigte

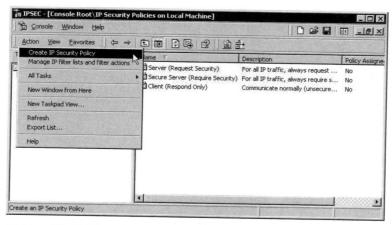

Abbildung 18.3: **Die Microsoft Management Console startet den IPsec-Wizard.**

Leser findet auf der Homepage von Jean-Francois Nadeau [1]) eine ausführliche Anleitung mit 900 kByte Screenshots.

Wird dieser Wizard eingesetzt, so verlangt er die fixe Angabe der eigenen IP-Adresse für die Konfiguration des IPsec-Tunnels. Handelt es sich bei dem Microsoft Windows-System um einen Roadwarrior, der über eine unbekannte und sich ständig ändernde IP-Adresse verfügt, so muss der Administrator (ein Benutzer verfügt nicht über ausreichende Rechte) jedes Mal, nachdem eine neue IP-Adresse vergeben wurde, die IPsec-Policys neu konfigurieren. Dadurch ist der Wizard in einer derartigen Umgebung unbrauchbar.

Um in einer Roadwarrior-Umgebung eingesetzt zu werden, bestehen auf Windows XP/ Vista/2003/7 nun grundsätzlich zwei verschiedene Möglichkeiten:

» die Installation eines alternativen IPsec-Stacks mit grafischem Administrationswerkzeug, das ein Roadwarrior-Szenario unterstützt. Hier sind verschiedenste Programme verfügbar.

» die Verwendung des nativen IPsec-Stacks mit einem alternativen Konfigurationswerkzeug. Markus Müller hat entdeckt, dass Microsoft für die Konfiguration des IPsec-Stacks auch ein Kommandozeilenwerkzeug zur Verfügung stellt. Hierfür hat er einen kleinen Wrapper geschrieben, der mit diesem Werkzeug automatisch den nativen IPsec-Stack konfiguriert.

18.3.1 Markus Müllers ipsec.exe

Markus Müller hat mit dem Kommando `ipsec.exe`[2] ein Open-Source-Werkzeug geschaffen, das in der Lage ist, mit nativen Windows XP-Mitteln die komfortable Konfiguration eines IPsec-Tunnels zu erlauben. Dabei unterstützt dieses Werkzeug auch die Konfiguration des

---

1 http://jixen.tripod.com/
2 http://vpn.ebootis.de

Windows-Clients als Roadwarrior, da es selbstständig in der Lage ist, die aktuelle IP-Adresse zu ermitteln und automatisch zu verwenden. Ist im Vorfeld die Einwahl ins Internet erforderlich, so kann das Werkzeug dies veranlassen.

Die beste Eigenschaft dieses Werkzeugs stellt aber die Konfiguration dar. Markus Müller verwendet eine Konfigurationssyntax, die der Openswan- und strongSwan-Syntax fast auf den I-Punkt gleicht.

Listing 18.1: **Konfigurationsdatei ipsec.conf für ipsec.exe**

```
conn %default
        dial=<providername>


conn VPN
        left=%any
        right=3.0.0.1
        rightsubnet=10.0.1.0/24
        rightca="C=DE, ST=NRW, L=Steinfurt, O=OpenSource-Training Ralf ⤶
                Spenneberg, OU=Wireless-VPN, CN=RootCA"
        network=auto
        auto=start
        rekey=1800S/30000K
        authmode=MD5
        pfs=yes
```

Im Folgenden stelle ich die notwendigen Schritte für den erfolgreichen Aufbau eines VPNs vor.

Installation der notwendigen Programme

Voraussetzung für den Einsatz des Programms von Markus Müller ist die Installation von Windows XP[3].

Weiterhin ist die Installation des Kommandozeilenclients (Command Line Interface, CLI) für die Konfiguration der IPsec-Richtlinien erforderlich.[4] Der IPsec-Richtlinien-CLI ipseccmd.exe für Windows XP wird von Microsoft unter http://www.microsoft.com/downloads/details.aspx?displaylang=de&FamilyID=49ae8576-9bb9-4126-9761-ba8011fabf38 zum Download bereitgestellt.

Das Paket von Markus Müller kann von http://vpn.ebootis.de/package.zip geladen werden. Alternativ bietet Markus Müller auch den Quelltext an. In binärer Form ist es sofort lauf-

---

3   Das Programm kann auch unter Windows 2000 genutzt werden. Wenn als Plattform Windows 2000 eingesetzt wird, so ist zusätzlich die Installation des Service Packs mindestens der Version 2 erforderlich.

4   Im Fall von Windows 2000 ist dieses Werkzeug nicht auf ausgelieferten CDs enthalten, sondern Bestandteil des Windows 2000 Ressource-Kits. Speziell das Werkzeug ipsecpol.exe wird jedoch von Microsoft zum Download unter http://agent.microsoft.com/windows2000/techinfo/reskit/tools/existing/ipsecpol-o.asp zur Verfügung gestellt.

fähig und muss lediglich im Verzeichnis `c:\Programme\VPN` ausgepackt werden. Wurde der Quelltext geladen, so muss das Programm zunächst mit einem geeigneten Compiler übersetzt werden.

Auf der Linux-Seite ist die Installation einer IPsec-Lösung erforderlich. Hierbei existieren die meisten Erfahrungen mit Openswan und strongSwan. Jedoch ist es auch möglich, eine Verbindung zu Racoon oder dem Isakmpd aufzubauen.

Konfiguration mit PSKs

Die Konfiguration der Linux-Seite mit einem PreShared Key wird in den entsprechenden Kapiteln ausführlich besprochen. Wichtig ist in Abhängigkeit von der verwendeten Linux-Lösung lediglich die Tatsache, dass einige Windows-Versionen lediglich DES und 3DES zur Verschlüsselung und MD5 und SHA1 als HMAC unterstützen. Die Unterstützung von PFS ist optional. Diese Einschränkung muss bei der Konfiguration der Linux-Seite berücksichtigt werden. Zur Authentifizierung wird ein PreShared Key genutzt.

Die Konfiguration des Windows-Clients ist recht einfach. Zunächst wird die Konfigurationsdatei `C:\Programme\VPN\ipsec.conf` aus Listing 18.2 erzeugt.

Listing 18.2: **Die Windows-Konfigurationsdatei ipsec.conf für die Verwendung von PreShared Keys**

```
conn %default
      dial=<providername>


conn VPN
      left=%any
      right=3.0.0.1
      rightsubnet=10.0.1.0/24
      presharedkey=Passphrase
      network=auto
      auto=start
      rekey=1800S/30000K
      authmode=MD5
      pfs=yes
```

Die Implementierung eines IPsec-Tunnels mit PreShared Keys ist unter Windows sehr einfach. Daher kann dies auch als erster Schritt nur empfohlen werden. Sobald dieser Tunnel funktioniert, können Sie die Authentifizierung auf X.509-Zertifikate umstellen. Sobald die Konfigurationsdatei erzeugt wurde, kann sie mit dem Werkzeug `ipsec.exe` in Windows umgesetzt werden. Hierzu wird der Befehl `ipsec.exe` aufgerufen.

```
IPSec Version 2.1.4 (c) 2001,2002 Marcus Mueller
Getting running Config ...
Microsoft's Windows XP identified
Host name is: <Rechner>
No RAS connections found.
```

```
LAN IP address: <IP-Adresse>
Setting up IPSec ...

Deactivating old policy...
Removing old policy...

Connection VPN:
MyTunnel : <IP-Adresse>
MyNet : <IP-Adresse>/255.255.255.255
PartnerTunnel: 3.0.0.1
PartnerNet : 10.0.1.0/255.255.255.0
PFS : y

Auto : start
Auth.Mode : MD5
Rekeying : 3600S/50000K
Activating policy...
```

Nun ist die Richtlinie geladen. Damit ist aber noch kein Tunnel gestartet worden. Windows startet den Tunnel erst bei Bedarf. Hierzu genügt ein Ping. Dabei kann es sein, dass zu Beginn der Ping noch nicht erfolgreich ist, da der Tunnel noch nicht steht. Dann erscheint auf dem Bildschirm die Meldung „Negotiating IP Security". Wenn diese Meldung nicht durch einen erfolgreichen Ping nach einigen Sekunden abgelöst wird, haben Sie einen Fehler in der Konfiguration gemacht. Hier hilft dann nur das Kontrollieren der Konfigurationsdateien und ein Blick in die Protokolle. Microsoft beschreibt im Knowledge-Base-Artikel 257225 (http:// support.microsoft.com:80/support/kb/articles/Q257/2/25.ASP), wie die Protokollierung unter Windows aktiviert wird (oakley.log). Hierzu ist der folgende Eintrag in der Registrierung erforderlich:

Listing 18.3: **Aktivierung der Protokollierung unter Windows**

```
HKEY_LOCAL_MACHINE\SYSTEM\CurrentControlSet\Services\PolicyAgent\Oakley\ ↵
        EnableLogging=1
```

Das Windows-Betriebssystem baut den Tunnel auch automatisch nach einiger Zeit wieder ab. Dabei sendet es eine Delete-SA-Notification. So erhält die Gegenstelle auch die Information.

Wenn der Aufbau des Tunnels mit PreShared Keys erfolgreich ist, kann die Authentifizierung auf X.509-Zertifikate umgestellt werden.

Konfiguration mit einem X.509-Zertifikat

Die Verwendung von X.509-Zertifikaten in Kombination mit Windows XP ist häufig zu Beginn mit Fehlern verbunden. Daher ist es sinnvoll, zunächst die Konfiguration des Tunnels mit PreShared Keys zu testen. Sobald dies funktioniert, kann die Authentifizierung auf X.509-Zertifikate umgestellt werden.

Die Konfiguration der Linux-VPN-Lösungen mit X.509-Zertifikaten wird an anderen Stellen in diesem Buch ausführlich besprochen. Hier ist es nur erforderlich, die bereits im letzten Abschnitt angesprochenen Einschränkungen zu berücksichtigen.

Damit der Windows-Client nun X.509-Zertifikate nutzen kann, benötigt er einen privaten Schlüssel, das entsprechende X.509-Zertifikat und das Zertifikat der CA, die die Zertifikate ausgestellt hat. Windows unterstützt für den einfachen Import dieser Informationen das PKCS12-Format. Diese Dateien werden üblicherweise mit der Endung `.p12` versehen. Die meisten grafischen CAs unterstützen direkt den Export der Informationen in diesem Format.

Der Kommandozeilenbefehl `ipsec.exe` kann nicht mit Umlauten und einigen anderen Sonderzeichen im DN der CA umgehen. Daher sollten Sie derartige Zeichen bei der Erzeugung der CA nicht im DN verwenden!

Liegen die Zertifikate in einzelnen Dateien vor, können sie aber auch mit dem Kommando `openssl` in dieses Format exportiert werden:

```
# openssl pkcs12 -export -in WinClient\_cert.pem -inkey WinClient\_req. ↵
        pem -certfile cacert.pem -out WinClient.p12
```

Beim Aufruf dieses Befehls müssen Sie bis zu zwei Kennwörter eingeben. Das erste Kennwort wird verwendet, um den mit einer Passphrase geschützten privaten Schlüssel lesen zu können. Das zweite Kennwort wird als Exportkennwort verwendet, um den privaten Schlüssel erneut zu verschlüsseln. Dieses Kennwort ist beim Import in den Windows-Zertifikatsspeicher erforderlich.

Diese Datei müssen Sie nun auf den Windows-Rechner übertragen und dort durch einen Doppelklick importieren. Dabei ist die Angabe des Export-Kennwortes erforderlich. Beim Import ist es wichtig, dass die Zertifikate in den richtigen Speichern abgelegt werden. Der Windows-Zertifikatsspeicher sollte normalerweise in der Lage sein, die Rolle der Zertifikate automatisch zu erkennen. Daher kann der automatische Import ausgewählt werden (Abbildung 18.4).

Anschließend sollten Sie jedoch kontrollieren, ob tatsächlich die Zertifikate in die entsprechenden Speicher kopiert wurden. Hierzu hat Markus Müller in seinem Software-Paket eine MMC-Konfiguration unter dem Namen `ipsec.msc` abgespeichert. Ein Doppelklick auf diese Datei öffnet die MMC mit dem Zugriff auf den Zertifikatsspeicher (Abbildung 18.5). Wenn Sie anschließend die Zertifikate nicht finden können, ist der Import zu wiederholen und dabei der Zertifikatsspeicher von Hand auszuwählen. Anschließend können Sie die Zertifikate per Drag&Drop in die richtigen Speicher verschieben. Das Rechnerzertifikat muss sich im Speicher „Eigene Zertifikate" befinden, das Zertifikat der CA im Speicher „Vertrauenswürdige Stammzertifikate".

Ein Doppelklick auf die entsprechenden Zertifikate sollte zusätzlich deren Gültigkeit bestätigen. Teilweise treten Zeit-Probleme auf, wenn die Zertifikate auf einem Linux-Rechner erzeugt werden und dieser eine andere Zeitzone verwendet als der Windows-Rechner. Die Zertifikate sind dann möglicherweise unter Windows noch nicht gültig!

Schließlich müssen Sie noch die Konfigurationsdatei `ipsec.conf` anpassen. Hier ist die Zeile `presharedkey` durch die Zeile `rightca` zu ersetzen:

```
rightca="C=DE, ST=NRW, L=Steinfurt, O=OpenSource Training Ralf Spenneberg ↩
        , OU=Wireless-VPN, CN=RootCA"
```

Achten Sie darauf, dass das Subjekt der CA und nicht des Zertifikats angegeben wird! Das Subjekt der CA können Sie mit dem folgenden Befehl auslesen:

```
# openssl x509 -in cacert.pem -noout -subject
```

Enthält das Subject der CA eine E-Mail-Adresse, so ist, je nach verwendetem Betriebssystem, in dem Subject das vorangestellte `Email=` durch `E=` zu ersetzen. Diese Ersetzung ist aber nicht immer erforderlich. Dies muss je nach verwendetem System getestet werden.

Sobald Sie die Konfiguration unter Linux und Windows angepasst haben, können Sie wieder mit dem Befehl `ipsec.exe` die Richtlinie laden. Anschließend steht der Tunnel wieder bei Bedarf zur Verfügung.

18.4 Shrew Soft VPN Client

Als grafische Alternative bietet sich für die Windows-Betriebssysteme der *Shrew Soft VPN Client* an. Dieser steht sogar auch für Linux-Systeme zur Verfügung – hier sogar unter einer Open-Source-Lizenz. Mich interessiert er aber nur als alternativer kostenloser Client für Windows-Betriebssysteme. Hier kann er als Client auf allen 32- und 64-Bit-Versionen von Windows 2000, XP, Vista und Windows 7 eingesetzt werden.

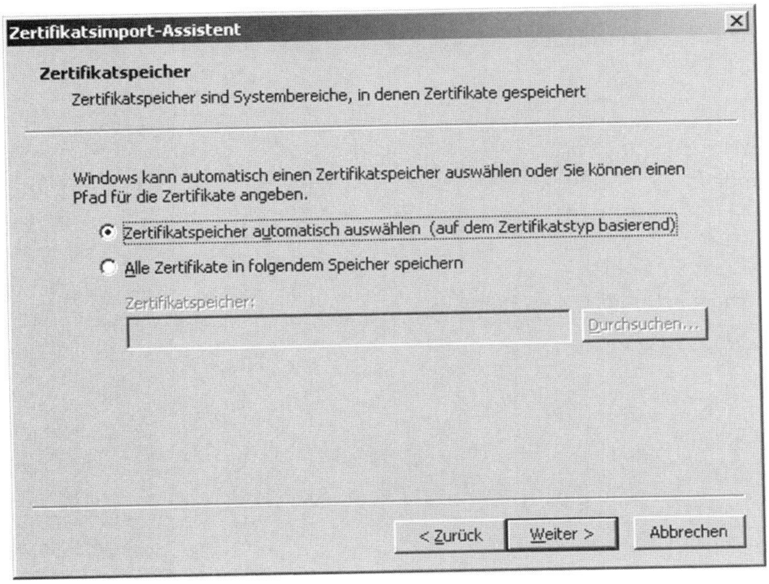

Abbildung 18.4: **Automatischer Import der Zertifikate**

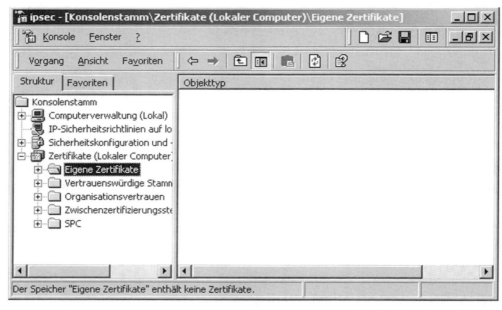

Abbildung 18.5: **Anzeige der Zertifikatsspeicher mit der MMC**

Er besitzt einen eigenen IKEv1- und IPsec-Stack und bietet die folgenden Funktionen:

» Phase 1

- Authentifizierung mit
  - RSA-Signaturen
  - PSK
  - Xauth (auch im Hybrid-Modus)
- Modi
  - Main
  - Aggressive
  - Config Mode

» Phase 2

- PFS
- Tunnel- und Transportmodus

» Algorithmen in der Phase 1 und 2

- AES
- Blowfish
- 3DES
- CAST
- DES
- MD5

- SHA1
- DH 1, 2, 5

» IKE-Config-Mode

- Banner
- IP-Adresse
- Netzmaske
- WINS-Server
- DNS-Server
- DNS-Default-Domäne
- Login-Banner
- Split Network
- Split DNS
- PFS DH-Gruppe

» Firewall Traversal

- NAT Traversal
- NAT Keep Alive
- IKE-Fragmentierung

Da der Client sehr viele Funktionen besitzt, möchte ich kurz in einigen Screenshots die wesentlichen Funktionen vorstellen.

Der Shrew Soft-Windows-Client verfügt über ein grafisches Installationsprogramm, das Sie durch die verschiedenen Punkte bei der Installation begleitet (siehe Abbildung 18.6). Da die hierbei installierten Treiber nicht durch Microsoft signiert wurden, werden Sie mehrfach aufgefordert, die Installation zu bestätigen (siehe Abbildung 18.7). Neben dem reinen IKE- und IPsec-Stack installiert der Shrew Soft-Client auch die Treiber für eine virtuelle Netzwerkkarte ähnlich OpenVPN (siehe Abschnitt 54.1).

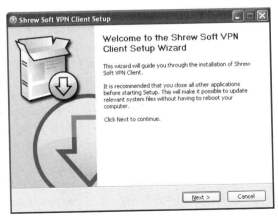

Abbildung 18.6: **Die Installation unter Windows wird mit einem Wizard durchgeführt.**

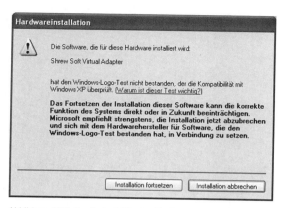

Abbildung 18.7: **Da die installierten Treiber nicht signiert sind, werden bei der Installation Warnungen ausgegeben.**

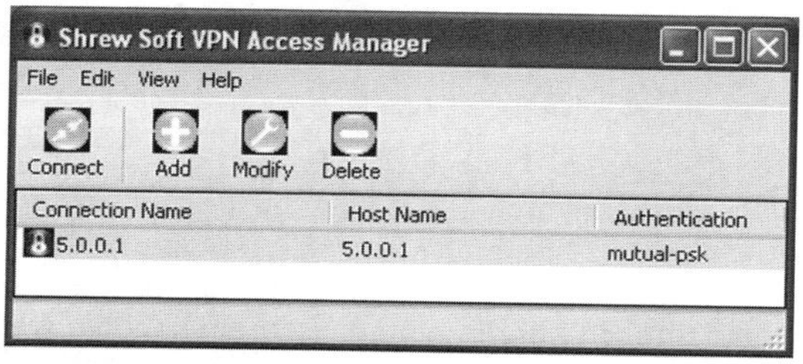

Abbildung 18.8: **Die Shrew Soft-Oberfläche ist sehr übersichtlich.**

Nach dem Start des Shrew Soft-Clients ist die Oberfläche zunächst sehr spartanisch und übersichtlich aufgebaut (siehe Abbildung 18.8). Sie bietet lediglich die Möglichkeit, neue VPN-Definitionen hinzuzufügen, vorhandene VPN-Definitionen zu ändern und zu löschen und eine Verbindung aufzubauen.

Um den Client zu nutzen, müssen Sie zunächst eine neue Verbindung hinzufügen. Hierzu wählen Sie Add und können dann in einem neuen Dialog auf vielen verschiedenen Registerkarten die Einzelheiten der Verbindung spezifizieren (siehe Abbildung 18.9).

Zunächst müssen Sie die IP-Adresse des VPN-Peers angeben. Gleichzeitig können Sie festlegen, ob der Client mit dem IKE-Config-Mode (siehe Kapitel 34) oder mit DHCP-over-IPsec (siehe Kapitel 34.1) eine virtuelle IP-Adresse beziehen soll. Ist das nicht der Fall, können Sie auch manuell eine virtuelle IP-Adresse für den Client vergeben, die er anschließend im Tunnel nutzt. Von besonderer Bedeutung ist die Angabe der MTU mit deren Hilfe Sie in Umgebungen, wo die PMTUD (Path-MTU-Discovery) nicht funktioniert, den Client anweisen, entsprechend kleinere Pakete zu bauen.

Auf der nächsten Registerkarte (siehe Abbildung 18.10) können Sie weitere Einstellungen des Clients vornehmen. Hierbei handelt es sich um die Dead Peer Detection (siehe Kapitel 39) und NAT Traversal (siehe Kapitel 33). Auch die IKE-Fragmentierung können Sie aktivieren. Unter Linux beherrscht dies ansonsten nur der Racoon (siehe Abschnitt 16.1.2. Die hier vorgeschla-

Abbildung 18.9: **Am wichtigsten ist die IP-Adresse des VPN-Peers.**

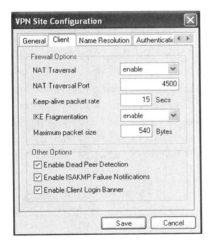

Abbildung 18.10: **Die fortgeschrittenen Funktionen des NAT Traversal können auf einer eigenen Registerkarte verwaltet werden.**

gene Paketgröße von 540 Bytes stellt sicher, dass die fragmentierten UDP-Pakete in allen Netzwerkmedien transportiert werden können. Wenn Sie jedoch wissen, dass größere Pakete transportiert werden können, dürfen Sie diesen Wert auch anpassen. Die Registerkarte NAME RESOLUTION (siehe Abbildung 18.11) erlaubt Ihnen die Definition weiterer Parameter für die virtuelle Netzwerkkarte, die für den VPN-Tunnel genutzt wird. Hier können Sie DNS-Server und WINS-Server angeben, wenn diese nicht automatisch mithilfe von IKE-Config-Mode oder DHCP-over-IPsec ermittelt werden. Insbesondere kann hier auch das Split-DNS genutzt werden, das ansonsten nur von Cisco-Client implementiert wird. Racoon kann diese Funktion als Server auch unterstützen und die Informationen per IKE-Config-Mode übertragen (siehe Abschnitt 16.1.2).

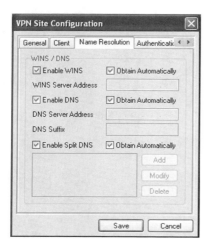

Abbildung 18.11: **Diese Parameter können auch automatisch z.B. mit IKE-Config-Mode ermittelt werden.**

Auf der Registerkarte AUTHENTICATION können Sie schließlich die Authentifizierungsmethode und den Typ des verwendeten Identifiers (IPv4-Adresse, FQDN, also Fully Qualified Domain Name, ASN.1 etc.) auswählen (siehe Abbildung 18.12). Wenn der VPN-Peer X-Auth (siehe Kapitel 34) unterstützt, können Sie auch bei dem Shrew Soft-Client zwischen den verschiedenen Varianten wählen. Hierbei bezeichnet jeweils die HYBRID-Variante die Authentifizierung des Peers mithilfe von RSA (Hybrid-RSA) oder PSK (Hybrid-GRP) und die eigene Authentifizierung mit Benutzername und Kennwort (XAuth). Bei den MUTUAL-Varianten handelt es sich um die Authentifizierung beider Seiten mit RSA oder PSK mit möglicherweise zusätzlicher Authentifizierung mithilfe von XAuth.

Werden Zertifikate genutzt, kann der Shrew Soft-Client auch den Identifier selbst aus dem Zertifikat auslesen, sodass Sie ihn nicht eintragen müssen (USE THE SUBJECT IN THE CLIENT CERTIFICATE).

Auf den Registerkarten PHASE 1 und PHASE 2 (siehe Abbildung 18.13) können Sie die Parameter für die Verschlüsselung in der Phase 1 und Phase 2 spezifizieren. Hier können Sie auch die Rekeying-Parameter angeben. Einige Versionen des Shrew Soft-Clients weisen jedoch bei der Limitierung des Datenvolumens einen Fehler auf. Dieser Parameter kann daher nicht genutzt werden.

Eine Besonderheit ist in der Phase 1 jedoch die Unterstützung der Diffie-Hellman-Gruppen 14 und 15.

Auf der letzten Registerkarte, POLICY werden die Kommunikationspartner im Tunnel eingestellt. Dies entspricht dem Left und Right von Openswan und strongSwan bzw. der SA-Info von Racoon. Hier unterstützt der Client auch eine automatische Erkennung (siehe Abbildung 18.14).

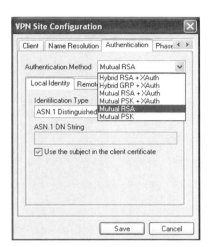

Abbildung 18.12: **Shrew Soft unterstützt sämtliche Authentifizierungsmethoden.**

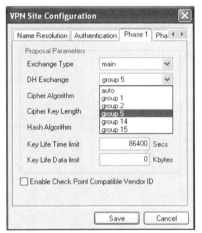

Abbildung 18.13: **Shrew Soft unterstützt auch sehr große Diffie-Hellman-Gruppen.**

Für den Betrieb des Shrew Soft-Clients können Sie noch geringe Einstellungen vornehmen (siehe Abbildung 18.15). So können Sie auswählen, ob der Client sich in dem SYSTEM TRAY oder in der TASK BAR einbetten soll. Auch ein Caching des Benutzernamens für XAuth können Sie hier einstellen.

Damit ist der Shrew Soft-Client einer der fortgeschrittensten grafischen Clients für Windows-Systeme. Die Tatsache, dass die Treiber nicht signiert sind und so zu Nachfragen bei der Installation führen, kann sicherlich in vielen Fällen verschmerzt werden, da er im Gegensatz zu allen anderen grafischen Clients für die Windows-Betriebssysteme, wie zum Beispiel dem GreenBow IPsec-Client[5] kostenlos verteilt wird.

---

5   http://www.thegreenbow.de/

Abbildung 18.14: **Die Topologie des Tunnels wird in einer eigenen Registerkarte definiert.**

Abbildung 18.15: **Der Shrew Soft-Client bietet mit wenigen Einstellungen die Konfiguration seines grafischen Erscheinungsbildes.**

18.5 Checkpoint Firewall-1 NG

Die Firma Checkpoint (http://www.checkpoint.com) bietet mit der Firewall-1 auch eine VPN-Lösung an. Diese kommerzielle Lösung wird trotz ihres hohen Preises in vielen Umgebungen eingesetzt. Dieser Abschnitt beschreibt die wesentlichen Einstellungen und Konfigurationen, damit ein Linux-Client eine VPN-Verbindung zur Checkpoint Firewall-1 NG aufbauen kann.

Die Checkpoint Firewall-1 NG unterstützt die folgenden Algorithmen für die Verschlüsselung der IKE-Verhandlungen: DES, 3DES, CAST-128 und AES mit 128 und 256 Bit. Die Authentizität kann mit MD5 und SHA-1 überprüft werden. Es werden die Diffie-Hellman-Gruppen 1, 2, 5 und 14 unterstützt. Die Datenverschlüsselung kann mit DES, 3DES, CAST-128 und AES-128, 256 erfolgen. Für die Authentifizierung kann die Checkpoint FW-1 sowohl PreShared Keys als auch RSA-Signaturen (X.509-Zertifikate) nutzen. Bei der Konfiguration des IPsec-Tunnels sind einige weitere Hinweise zu beachten. Wenn die Checkpoint Firewall ein X.509-Zertifikat für die Authentifizierung benutzt, dann verwendet sie als eigene ID ihre IP-Adresse, obwohl das Zertifikat ein anderes Subjekt trägt.

Teilweise entstehen Fehler, wenn die Checkpoint FW-1 die IPsec-SAs neu aushandeln möchte. Sinnvollerweise wählt man hier auf der Linux-Seite eine kürzere Lebensdauer. Dann beginnt der Linux-IKE-Daemon das Rekeying.

Am einfachsten ist die Anwendung mit einem PreShared Key. Hier müssen Sie jedoch beachten, dass die Checkpoint FW-1 den Aggressive-Modus beherrscht. Um den PreShared Key auf der Checkpoint FW-1 einzutragen, müssen Sie zunächst die Netzwerke konfigurieren. Anschließend kann in den Eigenschaften des VPN-Moduls das IKE-Protokoll ausgewählt und editiert werden. Dort werden die anzuwendenden Algorithmen und der PreShared Key aktiviert und das Kennwort eingegeben. Die restliche Konfiguration des FW-1 entspricht der üblichen VPN-Konfiguration.

Wenn X.509-Zertifikate verwendet werden sollen, so besteht das erste Problem darin, dass dem Autor keine Methode bekannt ist, wie ein auf FW-1 erzeugtes X.509-Zertifikat für externe Systeme exportiert werden kann. Daher ist es erforderlich, eine zweite CA zu erzeugen, die anschließend in der FW-1 als OPSEC CA importiert wird. Dieser Vorgang wird sehr gut auf den Seiten von AERASEC[6] mit der Unterstützung durch einige Screenshots erläutert.

Das auf der Seite von AERASEC beschriebene Verfahren lässt sich auf Openswan, strongSwan, Racoon und Isakmpd anwenden.

18.6 Cisco

Cisco ist einer der Teilnehmer der IKE-Interoperabilitätstests, die in unregelmäßigen Abständen durchgeführt werden. Dort wurde mehrfach die Interoperabilität unter Beweis gestellt. Lediglich der Isakmpd benötigte für die Verwendung von X.509-Zertifikaten eine lokale Kopie dieser Zertifikate.

Zusätzlich wurden die folgenden Probleme erkannt:

» *Cisco IOS* akzeptiert keine längere Lebensdauer, als zuvor im Cisco IOS konfiguriert wurde. Sinnvollerweise verwenden beide Systeme die identische Lebensdauer.

» Der *Cisco VPN Concentrator 3000* verwendet eine *T61String*-Kodierung für den DN des Zertifikats. Dies führt zu Problemen, die bei Pluto durch eine binäre Kodierung des DN in der Konfigurationsdatei gelöst werden kann. Das Kommando `fswcert`[7] kann verwendet werden, um die binäre Kodierung zu extrahieren.

» Wenn Isakmpd eingesetzt wird, sollte lediglich der 3DES-Algorithmus zur Verschlüsselung angeboten werden. Wenn Isakmpd zwei verschiedene Proposals anbietet, werden unter Umständen von beiden Seiten unterschiedliche Proposals gewählt.

---

6   http://www.fw-1.de/aerasec/ng/vpn-freeswan/CPNG+Linux-FreeSWAN.html
7   http://www.strongsec.com

Wenn diese Einschränkungen beachtet werden, ist es recht einfach, eine VPN-Verbindung aufzubauen. Dabei besteht die Möglichkeit, die Authentifizierung sowohl mit PreShared Keys als auch mit X.509-Zertifikaten durchzuführen.

Ein typische Cisco-IOS-Konfiguration für die Authentifizierung mit einer PSK zeigt das folgende Listing:

```
crypto map VPN 30 ipsec-isakmp
 set peer 3.0.0.1
 set transform-set 3des-md5
 match address 130

crypto ipsec transform-set 3des-md5 esp-3des esp-md5-hmac

crypto isakmp key <passphrase> address 3.0.0.1


crypto isakmp policy 3
 encr 3des
 hash md5
 authentication pre-share
 group 2

access-list 130 permit ip 10.0.2.0 0.0.0.255 10.0.1.0 0.0.0.255
```

Weitere Beispiele finden Sie in Abschnitt zum IKE-Config-Mode und XAuth (siehe Abschnitt 34.2).

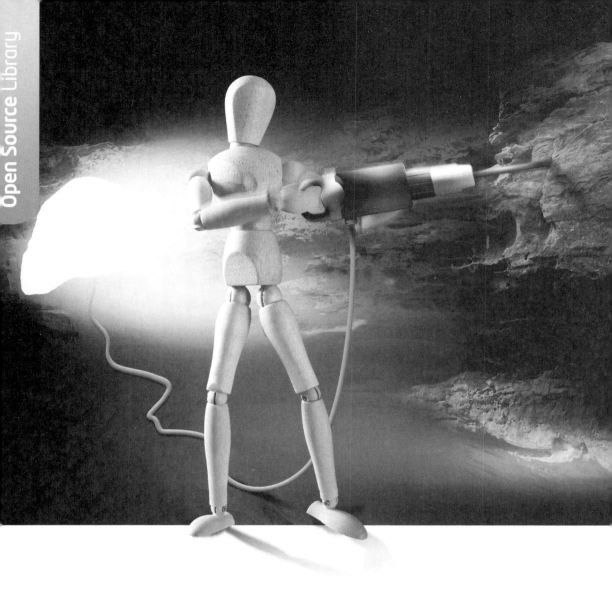

Teil III

IKEv2 mit strongSwan

StrongSwan verfügt im Open-Source-Umfeld über die mächtigste IKEv2-Implementierung. Daher werde ich mich bei der Erläuterung der Konfiguration von IKEv2-VPN-Tunneln auf diese Implementierung beschränken. Sowohl Openswan als auch Racoon sind in meinen Augen in der Praxis noch nicht für IKEv2 einsetzbar.

Hierbei setze ich aus Platzgründen voraus, dass Sie sich bereits mit dem IKEv1-Protokoll beschäftigt haben. Die Konfiguration der IKEv2-Verbindungen unterscheidet sich nur in wenigen Punkten, und die Grundlagen müssen dann von mir nicht wiederholt werden.

19. Verbindungen mit PreShared Keys

In diesem Kapitel betrachten wir die grundsätzlichen Unterschiede bei dem Aufbau von VPN-Tunneln mit IKEv2 gegenüber dem IKEv1-Protokoll.

Eine typische Konfigurationsdatei für die Verbindung zwischen zwei Netzen (hier `BerlinNet` und `NewYorkNet`) hat folgenden Aufbau:

```
config setup
        plutostart=no

conn %default
        authby=secret
        keyexchange=ikev2
        mobike=no

conn psk-newyorknet-berlinnet
        left=3.0.0.1
        leftsubnet=10.0.1.0/24
        leftid=@newyork
        leftfirewall=yes
        right=5.0.0.1
        rightsubnet=10.0.2.0/24
        rightid=@berlin
        auto=add
```

Hierbei kann auf den Rechnern `Berlin` und `NewYork` die identische Konfigurationsdatei genutzt werden.

Auffallend sind nur drei Parameter in der Konfigurationsdatei:

» `plutostart`: Das IKEv2-Protokoll wird von dem IKE-Daemon Charon implementiert. Der Pluto-Daemon kann, muss aber daher nicht gestartet werden.

» `keyexchange`: Hiermit wird das IKEv2-Protokoll explizit ausgewählt.

» `mobike`: Dies deaktiviert die Unterstützung für MobIKE (siehe Kapitel 19.2).

Der Start des VPN-Tunnels erfolgt dann auf einem der beiden Peers mit dem folgenden Befehl:

```
# ipsec up psk-newyorknet-berlinnet
initiating IKE_SA 'psk-newyorknet-berlinnet' to 5.0.0.1
IKE_SA 'psk-newyorknet-berlinnet' state change: CREATED => CONNECTING
generating IKE_SA_INIT request 0 [ SA KE No N(NATD_S_IP) N(NATD_D_IP) ]
sending packet: from 3.0.0.1[500] to 5.0.0.1[500]
received packet: from 5.0.0.1[500] to 3.0.0.1[500]
parsed IKE_SA_INIT response 0 [ SA KE No N(NATD_S_IP) N(NATD_D_IP) ]
authentication of 'newyork' (myself) with pre-shared key
establishing CHILD_SA
generating IKE_AUTH request 1 [ IDi IDr AUTH SA TSi TSr ]
sending packet: from 3.0.0.1[500] to 5.0.0.1[500]
received packet: from 5.0.0.1[500] to 3.0.0.1[500]
parsed IKE_AUTH response 1 [ IDr AUTH SA TSi TSr N(AUTH_LFT) ]
authentication of 'berlin' with pre-shared key successful
IKE_SA 'psk-newyorknet-berlinnet' state change: CONNECTING => ESTABLISHED
scheduling reauthentication in 9768s
maximum IKE_SA lifetime 10308s
IKE_SA 'psk-newyorknet-berlinnet' established between 3.0.0.1[newyork ⮐
        ]...[berlin]5.0.0.1
CHILD_SA 'psk-newyorknet-berlinnet' established successfully
```

Falls bei Ihrem Aufbau die folgenden Meldungen erscheinen, hat strongSwan erkannt, dass
es selbst einer Zertifikatsautorität vertraut. Daher fordert es automatisch von dem Client entsprechende Zertifikate an, damit der Client erkennt, dass diese Authentifizierung alternativ
möglich ist.

```
received cert request for "C=DE, ST=NRW, O=OpenSource-Training Ralf   ⮐
        Spenneberg, OU=VPN, CN=Root CA"
sending cert request for "C=DE, ST=NRW, O=OpenSource-Training Ralf    ⮐
        Spenneberg, OU=VPN, CN=Root CA"
```

Dies erfolgt auch, wenn Sie die Authentifizierung mit PSKs erzwingen (authby).

Wenn Sie die Kommunikation mit tcpdump betrachten, finden Sie die folgenden Pakete:

```
15:36:25.188367 IP 3.0.0.1.isakmp > 5.0.0.1.isakmp: isakmp: parent_sa  ⮐
        ikev2_init[I]
15:36:25.189282 IP 5.0.0.1.isakmp > 3.0.0.1.isakmp: isakmp: phase 1 I inf
15:36:25.367387 IP 5.0.0.1.isakmp > 3.0.0.1.isakmp: isakmp: parent_sa  ⮐
        ikev2_init[]
15:36:25.479146 IP 3.0.0.1.isakmp > 5.0.0.1.isakmp: isakmp: child_sa   ⮐
        ikev2_auth[I]
15:36:25.479929 IP 5.0.0.1.isakmp > 3.0.0.1.isakmp: isakmp: phase 1 I inf
15:36:25.483471 IP 5.0.0.1.isakmp > 3.0.0.1.isakmp: isakmp: child_sa   ⮐
        ikev2_auth[]
```

```
15:36:33.265662 IP 5.0.0.1.isakmp > 3.0.0.1.isakmp: isakmp: phase 1 I ↵
        ident
15:36:40.268852 IP 5.0.0.1.isakmp > 3.0.0.1.isakmp: isakmp: phase 1 I ↵
        ident
```

Bei den ersten sechs Paketen handelt es sich um die Pakete, mit denen strongSwan den Tunnel aufbaut. Hier werden nun nur noch sechs Pakete insgesamt benötigt. Bei IKEv1 benötigen Sie sechs Pakete für den Main-Mode und weitere drei Pakete für jeden Tunnel (Quick-Mode).

In dem Syslog-Protokoll wurden folgende Nachrichten gespeichert:

```
Jan  5 15:36:15 newyork ipsec_starter[2572]: Starting strongSwan 4.2.4 ↵
        IPsec [starter]...
Jan  5 15:36:22 newyork charon: 11[AUD] initiating IKE_SA 'psk-newyorknet ↵
        -berlinnet' to 5.0.0.1
Jan  5 15:36:23 newyork charon: 12[AUD] establishing CHILD_SA
Jan  5 15:36:23 newyork charon: 13[AUD] IKE_SA 'psk-newyorknet-berlinnet' ↵
        established between 3.0.0.1[newyork]...[berlin]5.0.0.1
Jan  5 15:36:23 newyork charon: 13[AUD] CHILD_SA 'psk-newyorknet- ↵
        berlinnet' established successfully
```

Der Aufbau einer Verbindung erfolgt also genauso einfach.

19.1 PSKs und Roadwarriors

Der Einsatz von PreShared Keys mit Roadwarriors, d. h. dynamischen und damit unbekannten IP-Adressen, ist bei dem IKEv1-Protokoll kritisch. Im Main-Modus müssen alle Roadwarrior den identischen PSK verwenden, da die Identität mit dem PSK verschlüsselt übertragen wird. Der Empfänger kann nicht den richtigen PSK wählen, da er die Identität des Roadwarriors nicht unterscheiden kann. Im Aggressive-Modus wird die Identität im Klartext übertragen. Dies erlaubt zwar eine Auswahl des richtigen PSKs durch den Empfänger, erlaubt aber auch weitere Angriffe.

Um dieses Problem zu beseitigen, wurde die Authentifizierung bei dem IKEv2-Protokoll mit PSKs modifiziert. Hierbei wird die Identität zwar immer noch verschlüsselt übertragen[1], aber der Empfänger benötigt für die Entschlüsselung nicht den passenden PSK. Der PSK wird tatsächlich nur für die Authentifizierung genutzt.

Es spricht also nichts mehr gegen PSKs mit Roadwarriors, wenn Sie IKEv2 nutzen!

---

1   Die Unterscheidung in Aggressive- und Main-Modus gibt es bei IKEv2 nicht mehr!

19.2 Mob-IKE

Das *IKEv2 Mobility and Mulithoming Protocol* (MOBIKE) ist im Juni 2006 in dem RFC 4555 spezifiziert worden. Mit MOBIKE ist es möglich, dass sich die IP-Adressen der IKEv2-VPN-Tunnel ändern. Damit kann ein mobiler VPN-Client MOBIKE nutzen, um die Verbindung zu einem Gateway aufrechtzuerhalten, obwohl sich seine IP-Adresse ändert. Ein typischer Fall ist ein Notebook, das zunächst über Ethernet am Internet angebunden ist. Sobald die Verbindung unterbrochen wird, sucht das Notebook nach einem WLAN oder einer WWAN-Verbindung (z.B. UMTS). Mit MOBIKE muss der Tunnel nicht neu aufgebaut werden, sondern in dem aufgebauten Tunnel wird nun lediglich die neue IP-Adresse genutzt.

StrongSwan überwacht hierzu die Netzwerkkarte, Adressen und Routen. Sobald sich die Konfiguration ändert, nutzt strongSwan die Routing-Tabelle, um einen besseren Weg zum Ziel zu suchen, und passt den Pfad mit MOBIKE an (UPDATE_SA_ADDRESS).

StrongSwan aktiviert das MOBIKE-Protokoll automatisch, sobald Sie das IKEv2-Protokoll nutzen (`keyexchange=ikev2`). Sie können jedoch MOBIKE für einzelne Verbindungen abschalten. Hierzu nutzen Sie den Parameter `mobike=no` in der Konfiguration der Verbindung. Wenn strongSwan MOBIKE nutzt, erfolgt immer ein Wechsel auf den Port 4500/udp. Dies ist auch der Fall, wenn kein NAT erkannt wurde. Dies ist erforderlich, da sich möglicherweise bei einem Wechsel der Netzwerkkarte eine der eventuell zukünftig genutzten IP-Adressen hinter einem NAT-Gerät befindet. Um die MOBIKE-Fähigkeit zu demonstrieren, sendet strongSwan auch ein `MOBIKE_SUPPORTED`.

19.3 Narrowing der Traffic-Selektoren

Die in Kapitel 19 gezeigte Verbindung lässt noch keine Vorteile gegenüber dem IKEv1-Protokoll erkennen. Diese sollen in diesem und den folgenden Kapiteln herausgearbeitet werden. Ein häufiges Problem bei der Konfiguration von IKEv1-Tunneln war in der Vergangenheit, dass bei nicht identischen Konfigurationen der Peers die VPN-Verbindung fehlschlug und die Fehlermeldungen meist nicht besonders halfen.

Dabei genügte es, die Netzmaske des `leftsubnet` oder `rightsubnet` auf einem Peer falsch zu schreiben, und der Tunnel konnte nicht aufgebaut werden.

IKEv2 bietet nun ein sogenanntes *Narrowing* an. Hierbei kann der Initiator einen VPN-Tunnel für bestimmten Verkehr anfordern. Der Responder prüft die eigene Konfiguration und erlaubt unter Umständen nur einen Tunnel für einen Teil des angeforderten Verkehrs.

Damit kann ein Initiator zum Beispiel grundsätzlich einen Tunnel anfordern, der ihm Zugriff auf sämtliche Netze hinter dem Server gibt (0.0.0.0/0). Der Server schränkt den Tunnel dann auf die für den Client erlaubten Netze ein.

Um dies zu testen, benötigen Sie zwei unterschiedliche Konfigurationsdateien `ipsec.conf` für den Initiator und den Responder:

Listing 19.1: **Die Konfiguration des Initiators**

```
config setup
        plutostart=no

conn %default
        authby=secret
        keyexchange=ikev2
        mobike=no

conn psk-newyorknet-berlinnet
        left=3.0.0.1
        leftid=@newyork
        leftfirewall=yes
        right=5.0.0.1
        rightsubnet=0.0.0.0/0
        rightid=@berlin
        auto=add
```

Listing 19.2: **Die Konfiguration des Responders**

```
config setup
        plutostart=no

conn %default
        authby=secret
        keyexchange=ikev2
        mobike=no

conn psk-newyorknet-berlinnet
        left=5.0.0.1
        leftsubnet=192.168.0.0/24
        leftid=@berlin
        leftfirewall=yes
        right=%any
        rightid=@newyork
        auto=add
```

20. Datei strongswan.conf

Die Konfigurationsdatei `ipsec.conf` ist für viele Zwecke bei strongSwan nicht mehr ausreichend. Daher enthält strongSwan ab der Version 4.2.1 eine zusätzliche Datei `strong-swan.conf` im Verzeichnis `/etc`. Diese konfiguriert Parameter, die in der Datei `ipsec.conf` nicht unterstützt werden. Eine typische einfache Datei hat den folgenden Inhalt:

```
# /etc/strongswan.conf - strongSwan ↵
        configuration file

charon {
  load = aes des sha1 sha2 md5 pem ↵
         pkcs1 gmp random hmac xcbc ↵
         stroke kernel-netlink updown
  multiple_authentication = no
}
```

Jedoch können Sie viele Parameter angeben. Dabei werden die Parameter in Blöcken angegeben. Um zum Beispiel den Parameter `charon.plugins.load-tester.proposal` anzugeben, verwenden Sie die folgende Syntax:

```
charon {
  plugins {
    load-tester {
      proposal = aes128-sha1-modp1024
    }
  }
}
```

20.1 Charon

Der Charon ist der IKEv2-Daemon des strongSwan-Paketes. Der Charon-Daemon ist multithreaded und kann bei dem Start mehrere Plugins laden, die seine Funktionalität erweitern. Diese Plugins werden auch in der Datei `strongswan.conf` konfiguriert. Hierfür können Sie die folgenden Parameter nutzen:

Parameter	Default	Erläuterung
charon.block_threshold	5	Maximale Anzahl gleichzeitiger halb offener IKE-SA-Verhandlungen je IP-Adresse.
charon.close_ike_on_child_failure	no	Schließe die IKE-SA, wenn die Child-SA fehlschlägt.
charon.cookie_threshold	10	Maximale Anzahl von halb offenen IKE-SA-Verhandlungen, ab der Cookies eingesetzt werden (DoS-Schutz).
charon.dns1		Erster DNS-Server für die Configuration Payload.
charon.dns2		Zweiter DNS-Server für die Configuration Payload.
charon.dos_protection	yes	Aktiviere den DoS-Schutz mit Cookies.
charon.hash_and_url	no	Aktiviere Hash und URL-Unterstützung.
charon.install_routes	yes	Installiere die IPsec-Routen in einer eigenen Routingtabelle.
charon.keep_alive	20s	NAT-Keepalive-Intervall.
charon.load		Charon-Plug-Ins.
charon.multiple_authentication	yes	Aktiviere die mehrfache Authentifizierung (RFC 4739).
charon.process_route	yes	Verarbeite RTM_NEWROUTE- und RTM_DELROUTE-Ereignisse.
charon.reuse_ikesa	yes	Verhandle CHILD-SA innerhalb existierender IKE-SAs.
charon.routing_table		Routing-Tabelle für IPsec-Routen (Zahl).
charon.routing_table_prio		Priorität der Routing-Tabelle.
charon.threads	16	Anzahl gleichzeitiger Charon-Threads.
charon.ikesa_table_size	1	Größe der IKE-SA-Hash-Tabelle.
charon.ikesa_table_segments	1	Anzahl der exklusiv gelockten Segmente in der IKE-SA-Hash-Tabelle.
charon.nbns1		Erster WINS-Server für die Configuration Payload.
charon.nbns2		Zweiter WINS-Server für die Configuration Payload.
charon.plugins.sql.database		URI für das SQL-Plug-In.

Parameter	Default	Erläuterung
charon.plugins.sql.loglevel	-1	Loglevel für die Protokollierung in der SQL-Datenbank.
charon.plugins.load-tester.enable	no	Lasttest-Modul.
charon.plugins.load-tester.initiators	0	Anzahl der gleichzeitigen Initiator-Threads.
charon.plugins.load-tester.iterations	1	Anzahl der aufzubauenden IKE-SAs je Initiator.
charon.plugins.load-tester.delay	0	Abstand zwischen zwei Initiatoren.
charon.plugins.load-tester.proposal	aes128-sha1-modp1024	IKE-Vorschlag für den Lasttest.
charon.plugins.load-tester.initiator_auth	pubkey	Authentifizierungsmethode des Initiators.
charon.plugins.load-tester.responder_auth	pubkey	Authentifizierungsmethode des Responders.
charon.plugins.load-tester.fake_kernel	no	Simuliere das Kernel-Interface.
charon.plugins.load-tester.delete_after_established	no	Lösche die IKE-SA direkt nach ihrer Erzeugung.
charon.plugins.load-tester.request_virtual_ip	no	Fordere eine virtuelle IP-Adresse vom Server.
charon.plugins.load-tester.pool	NULL	Stelle virtuelle IP-Adressen zur Verfügung.
charon.plugins.load-tester.remote	127.0.0.1	Zieladresse für den Lasttest.
charon.plugins.load-tester.ike_rekey	0	Zeitabstand zur Neuaushandlung der IKE-SA (Sekunden).
charon.plugins.load-tester.child_rekey	600	Abstand zur Neuaushandlung der Child-SA (Sekunden).
charon.plugins.eap-radius.secret		Radius-Kennwort
charon.plugins.eap-radius.server		Radius-Server
charon.plugins.eap-radius.port	1812	Radius-Port
charon.plugins.eap-radius.sockets	5	Anzahl der gleichzeitigen Verbindungen.
charon.plugins.eap-radius.nas_identifier	strongSwan	Radius-Identifikation.
charon.plugins.eap-radius.eap_start	no	Sende EAP-Start anstelle von EAP-Identity.
charon.plugins.eap-radius.id_prefix		Präfix zur EAP-Identity. Einige AAA-Server (Authentication, Authorization, Accounting) verwenden einen IMSI-Präfix.

20.2 Protokollierung

Ähnlich kann die Protokollierung ab der Version 4.9.2 flexibel eingestellt werden. Diese Einstellungen haben Vorrang vor den Einstellungen in der Datei `ipsec.conf`. Als Dateiname kann eine vollqualifizierte Datei, z.B. `/var/log/charon.log` oder auch `stderr` genutzt werden. Als Syslogd-Facility können sämtliche von dem Syslog-Daemon unterstützten Facilitys genutzt werden: `auth`, `authpriv`, `cron`, `daemon`, `kern`, `lpr`, `mail`, `mark`, `news`, `security` (identisch mit `auth`), `syslog`, `user`, `uucp` und `local0` bis `local7`. Als Loglevel existieren:

» -1: Absolut still

» 0: Grundlegende Meldungen

» 1: Allgemeine informative Meldungen

» 2: Debugging-Meldungen

» 3: Einschließlich Paketinhalten

» 4: Einschließlich sensitiven Informationen (PSKs, Schlüssel etc.)

Für die folgenden Subsysteme kann die Protokollierung konfiguriert werden:

» `dmn`: Daemon-Start/Stopp und Signalverwaltung

» `mgr`: IKE_SA-Manager

» `ike`: IKE_SA-Aushandlung

» `chd`: CHILD_SA-Aushandlung

» `job`: Job-Queueing/Verwaltung und Thread-Pool-Management

» `cfg`: Konfigurationsverwaltung und Plug-Ins

» `knl`: Kommunikation mit dem Kernel

» `net`: IKE-Netzwerkkommunikation

» `enc`: Kodierung und Verschlüsselung der Pakete

» `lib`: Meldungen der *libstrongswan*-Bibliothek

`charon.filelog.<filename>.append`		
`charon.filelog.<filename>.default`	1	Default-Loglevel für alle Subsysteme
`charon.filelog.<filename>.knl`		Loglevel für Kernel
`charon.filelog.<filename>.ike`		Loglevel für IKE
`charon.syslog.<facility>.default`	1	Default-Loglevel für alle Subsysteme
`charon.syslog.<facility>.<subsystem>`		Loglevel für das Subsystem

20.3 libstrongswan

Auch die *libstrongswan*-Bibliothek wird über diese Konfigurationsdatei mit Einstellungen versorgt.

`libstrongswan.dh_exponent_ansi_x9_42`	yes	Verwende ANSI X9.42-DH-Exponent-Größe
`libstrongswan.crypto_test.on_add`	no	Teste Kryptoalgorithmen bei der Registration.
`libstrongswan.crypto_test.on_create`	no	Teste Kryptoalgorithmen bei jeder Verwendung.
`libstrongswan.crypto_test.required`	no	Verlange den Test vor dem Einsatz eines Algorithmus.
`libstrongswan.crypto_test.rng_true`	no	Umfangreicher Test des Zufallszahlengenerators (RNG – Random Number Generator)
`libstrongswan.ecp_x_coordinate_only`	yes	Compliance mit den Errata des RFC 4753.
`libstrongswan.integrity_test`	no	Prüfe die Binärdateien auf ihre Integrität.
`libstrongswan.plugins.gcrypt.quick_random`	no	Verwende schnellere und schwächere (!) Zufallszahlen.
`libstrongswan.plugins.attr-sql.database`		Datenbank-URI für das `attr-sql`-Plug-In
`libstrongswan.plugins.attr-sql.lease_history`	yes	Protokolliere die SQL IP-Pool Leases.
`libstrongswan.plugins.x509.enforce_critical`	no	Verwerfe Zertifikate mit unbekannten kritischen Erweiterungen.

20.4 Manager

StrongSwan unterstützt einen externen Manager, der die Steuerung und Überwachung der Tunnel ermöglicht.

`manager.database`		Credential-Datenbank für den Manager.
`manager.debug`	no	Aktiviere das Debugging.
`manager.load`		Manager-Plug-Ins.
`manager.socket`		FastCGI-Socket des Managers.
`manager.threads`	10	Manager-Threads
`manager.timeout`	15m	Session-Timeout

Der strongSwan-Manager stellt eine webbasierte Oberfläche für die Überwachung und Administration der VPN-Verbindungen dar. Leider wird dieser im Moment nicht weiterentwickelt. Er nutzt die SMP-Schnittstelle von dem Charon-Dienst, um mit diesem zu kommunzieren. Er erlaubt aktuell die Anzeige der existenten Tunnel und ihre Beendigung. Für die Installation benötigt er einen Webserver mit Fast-CGI-Unterstützung. Weitere Informationen finden Sie im strongSwan-Wiki[1]. Dort hat jedoch seit einiger Zeit keine Änderung mehr stattgefunden.

Von einem produktiven Einsatz rät das strongSwan-Entwicklerteam noch ab.

20.5 Mediator

Außerdem unterstützt strongSwan einen Mediator, der zwei genatteten Clients den Aufbau einer direkten IPsec-Verbindung gestattet. Hierzu muss sowohl der Mediator-Client (medcli) als auch der Mediator-Server (medsrv) konfiguriert werden.

medcli.database		Mediation-Client-Datenbank.
medcli.dpd	5m	DPD-Timeout.
medcli.rekey	20m	Rekeying Time der Mediation-Verbindungen.
medsrv.database		Mediation-Server-Datenbank.
medsrv.debug	no	Aktiviere das Debugging.
medsrv.dpd	5m	DPD-Timeout.
medsrv.load		Plug-Ins.
medsrv.password_length	6	Mindestlänge des Kennworts.
medsrv.rekey	20m	Rekeying Time der Mediation-Verbindungen.
medsrv.socket		Starte Mediation-Webserver.
medsrv.threads	5	Threads.
medsrv.timeout	15m	Session-Timeout.

20.6 OpenAC

OpenAC ist eine Authorization Authority, die X.509-Attributzertifikate ausstellen kann.

openac.load	OpenAC-Plug-Ins.

20.7 Pluto

Auch einzelne Parameter für den strongSwan-Pluto-Daemon können in dieser Datei konfiguriert werden. Hierbei handelt es sich in erster Linie um die Parameter für den IKE-Config-Mode (siehe Abschnitt 34.3.2).

pluto.dns1	Erster DNS-Server für den IKE-Config-Mode.
pluto.dns2	Zweiter DNS-Server für den IKE-Config-Mode.
pluto.load	Plug-Ins.
pluto.nbns1	Erster WINS-Server für den IKE-Config-Mode.
pluto.nbns2	Zweiter WINS-Server für den IKE-Config-Mode.

---

1 http://wiki.strongswan.org/wiki/strongswan/Manager

20.8 IP-Adressen-Pools

Das `pool`-Kommando verwaltet virtuelle Adressen-Pools in einer SQL-Datenbank.

`pool.load` Pool-Plug-Ins.

20.9 SCEPClient

Das Kommando `scepclient` implementiert einen einfachen Simple-Certificate-Enrollment-Protokoll-Client (SCEP).

`scepclient.load` SCEP-Client-Plug-Ins.

21. Verbindungen mit Zertifikaten

Das IKEv2-Protokoll kann natürlich auch VPN-Tunnel mithilfe von Zertifikaten authentifizieren. Auch hier unterscheidet sich die typische Konfigurationsdatei zunächst nicht großartig von der Konfiguration für das IKEv1-Protokoll:

```
# /etc/ipsec.conf - strongSwan IPsec
configuration file

config setup
        crlcheckinterval=180
        strictcrlpolicy=no
        plutostart=no

conn %default
        keyexchange=ikev2
        left=3.0.0.1
        leftid="/C=DE/ST=NRW/L=Steinfurt/O=OpenSource-Training Ralf ↵
                Spenneberg/OU=VPN/CN=NewYork"
        leftcert=newyork_cert.pem
        leftfirewall=yes

conn x509-newyorknet-berlinnet
        leftsubnet=10.0.1.0/24
        right=5.0.0.1
        rightsubnet=10.0.2.0/24
        rightid="/C=DE/ST=NRW/L=Steinfurt/O=OpenSource-Training Ralf ↵
                Spenneberg/OU=VPN/CN=Berlin"
        auto=add
```

21.1 Nutzung von URLs zur Übertragung der Zertifikate

Aber auch bei der Verwendung mit Zertifikaten gibt es mit dem IKEv1-Protokoll in gewissen Umgebungen Probleme. Werden Zertifikate größer als 1024 Bit eingesetzt, müssen häufig die Pakete fragmentiert werden. Ist die PMTU-Discovery (PMTUD) fehlerhaft, kann der Tunnel nicht aufgebaut werden.

Hierzu bietet das IKEv2-Protokoll die Möglichkeit, anstelle des Zertifikats einen Hash-Wert und eine URL zu übertragen. Mit diesen Informationen können die Zertifikate mit einem alternativen Protokoll (z.B. HTTP) geladen werden. Hier können Probleme der PMTUD meist durch Tricks des TCP-Protokolls (TCP-Maximum-Segement-Size, MSS) umgangen werden.

Um dies zu nutzen, müssen Sie lediglich die URL in der Datei `ipsec.conf` konfigurieren:

```
ca os-t
        cacert=os-t-cacert.pem
        certuribase=http://ca.os-t.de/certs/
        auto=add
```

Hierzu verwenden Sie die Parameter `ca`, `cacert` und `certuribase`.

Damit Charon auch die Hash-URL-Methode nutzt, müssen Sie nun noch den Parameter `charon.hash_and_url` in der Datei `strongswan.conf` setzen:

```
charon {
  hash_and_url = yes
  load = curl aes des sha1 sha2 md5 pem pkcs1 gmp random x509 hmac xcbc ↩
        stroke kernel-netlink updown
}
```

STOP

Obwohl ein Peer nun nur noch den Hash und die URL sendet, benötigt er dennoch lokal sein eigenes Zertifikat! Dies wird benötigt, um den passenden privaten Schlüssel zu finden und den Hash zu berechnen. Damit die Zertifikate geladen werden können, müssen Sie nun auf dem Webserver in dem angegebenen Verzeichnis gespeichert werden. Hierzu müssen die Zertifikate zunächst vorbereitet werden:

» Umwandlung in DER-Format

Die Zertifikate werden in dem DER-Format erwartet. PEM-Dateien können mit dem folgenden `openssl`-Kommando umgewandelt werden:

```
openssl x509 -in berlin_cert.pem -inform PEM -out berlin_cert.der - ↩
        outform DER
```

» Anschließend müssen die Zertifikate gehasht werden:

```
ln -s berlin_cert.der $(openssl dgst -sha1 berlin_cert.der)
```

Soll das Zertifikat geladen werden, so sucht der Client nach der folgenden URL: http://ca.os-t.de/certs/46e32411f2b4745b4abe44bc550b4cf21992b0d5

22. Hybrid-Modus

Während für das IKEv1-Protokoll unterschiedliche Hersteller unterschiedliche Erweiterungen gebaut haben, um eine Authentifizierung der Benutzer zu ermöglichen,[1] ist diese Funktion direkt in IKEv2 integriert. Hierbei ist auch ein Hybrid-Modus möglich, bei dem sich das Gateway mit einem X.509-Zertifikat authentifiziert, um einen Mann-in-der-Mitte-Angriff auszuschließen, und der Client die Authentifizierung mithilfe eines Benutzernamens und Kennwortes durchführt.

Dann ist auch keine umfangreiche PKI erforderlich, die für jeden Client eigene Zertifikate erstellt.

Diese Funktion soll in diesem Kapitel vorgestellt und beispielhaft konfiguriert werden.

IKEv2 bietet hierzu das Extensible-Authentication-Protokoll (EAP) an. StrongSwan kann dieses Protokoll nutzen, um den Benutzernamen und das Kennwort im Klartext über die verschlüsselte Verbindung zu übertragen. Damit kann der Benutzer auf dem Gateway mit beliebigen Methoden überprüft werden. In diesem Beispiel werden wir PAM, die *Pluggable Authentication Modules* nutzen.

Damit das Kennwort im Klartext übertragen wird, muss das EAP-GTC-Protokoll genutzt werden. Alternativ könnte das EAP-MD5-Protokoll das Kennwort als MD5-Hash übertragen. Dann ist aber nicht mehr die Überprüfung mit PAM möglich.

Damit strongSwan das EAP-GTC-Protokoll unterstützt, muss bei der Übersetzung die Option `--enable-eap-gtc` genutzt werden:

```
./configure -prefix=/usr --sysconfdir=/etc --enable-eap-gtc
```

Nun benötigt das Gateway ein Zertifikat, das von jedem Client geprüft werden kann. Hierbei kann es sich um ein selbst signiertes Zertifikat handeln, das auf jedem Client hinterlegt wird. Üblicherweise wird jedoch das durch eine CA ausgestellte Zertifikat genutzt, und die Clients müssen dann dieser CA vertrauen.

Das Gateway benötigt nun eine Konfiguration mit einer Verbindung, die beliebigen Clients die Verbindung erlaubt:

```
conn pam
      leftcert=newyork_cert.pem
      leftid="/C=DE/ST=NRW/L=Steinfurt/O=OpenSource-Training Ralf ↵
            Spenneberg/OU=VPN/CN=NewYork"
```

---

1   Siehe Kapitel 34.2 und 32.2

```
          leftsubnet=10.0.1.0/24
          leftauth=pubkey
          rightsourceip=192.168.0.0/16
          rightid=*@os-t.de
          rightauth=eap-gtc
          rightsendcert=never
          keyexchange=ikev2
          auto=add
```

Neu sind hier mehrere Parameter:

» `leftauth,rightauth`: Hiermit wählen Sie die Authentifizierungsmethode für jede Seite aus.

» `rightsendcert`: Damit geben Sie an, dass die rechte Seite nie ein Zertifikat sendet.

» `rightsourceip`: Dieser Parameter weist dem Client eine IP-Adresse aus diesem Pool zu. Dies wird in Kapitel 23 besprochen.

Damit Charon den Benutzer authentifizieren kann, muss der PAM-Service noch konfiguriert werden. Hierzu nutzt Charon den Parameter `charon.plugins.eap_gtc.pam_service`:

```
charon {
  plugins {
    eap_gtc {
      pam_service = strongswan
    }
  }
}
```

PAM erwartet nun eine Datei `/etc/pam.d/strongswan` mit folgendem oder ähnlichem Inhalt:

```
auth sufficient pam_unix.so
auth required pam_deny.so
```

Hiermit spezifizieren Sie, dass für die Authentifizierung des Benutzers das Kennwort über die UNIX-Benutzerdatenbanken (`/etc/passwd` und `/etc/shadow`) überprüft werden soll. Alternativ könnten Sie auch Kerberos (`pam_krb5.so`) oder LDAP (`pam_ldap.so`) nutzen.

Der Client verfügt über eine entsprechende Konfigurationsdatei:

```
conn client
        left=%any
        leftnexthop=%direct
        leftid=ralf@os-t.de
        leftauth=eap-gtc
        leftfirewall=yes
        right=3.0.0.1
```

```
      rightid="/C=DE/ST=NRW/L=Steinfurt/O=OpenSource-Training Ralf  ↵
            Spenneberg/OU=VPN/CN=NewYork"
      rightsubnet=10.0.1.0/24
      rightauth=pubkey
      auto=add
```

Bei dem Aufbau des Tunnels fragt nun der Client nach dem Kennwort. Falls Sie das Kennwort nicht eingeben möchten oder auf dem Server nicht PAM nutzen möchten, können Sie auch die Kennwörter der Benutzer auf beiden Systemen in der Datei `ipsec.secrets` hinterlegen:

```
ralf@os-t.de : EAP "geheim"
```

22.1 Radius

Alternativ unterstützt strongSwan auch Radius mit dem EAP-Radius-Protokoll. Hierzu müssen Sie für Charon das entsprechende Plug-In laden:

```
charon {
  load = curl aes des sha1 sha2 md5 pem pkcs1 gmp random x509 hmac xcbc  ↵
          stroke kernel-netlink fips-prf eap-radius eap-identity updown
  plugins {
    eap-radius {
      secret = g3h31m
      server = radius.os-t.de
    }
  }
}
```

Dann können Sie den Tunnel anpassen. Auf dem Gateway verwenden Sie:

```
conn rw-eap
      left=3.0.0.1
      leftsubnet=10.0.1.0/24
      leftid="/C=DE/ST=NRW/L=Steinfurt/O=OpenSource-Training Ralf  ↵
              Spenneberg/OU=VPN/CN=NewYork"
      leftcert=newyork_cert.pem
      leftauth=pubkey
      leftfirewall=yes
      rightid=*@os-t.de
      rightauth=eap-radius
      eap_identity=%any
      rightsendcert=never
      right=%any
      auto=add
```

Damit der Radius-Server entsprechend funktioniert, müssen Sie diesen noch konfigurieren. Im Folgenden werden die Konfigurationsdateien beispielhaft dargestellt:

Listing 22.1: **Die Datei /etc/raddb/clients.conf**

```
client 192.168.255.1 {
  secret = g3h31m
  shortname = vpn
}
```

Listing 22.2: **Die Datei /etc/raddb/eap.conf**

```
eap {
  default_eap_type = md5
  md5 {
  }
}
```

Listing 22.3: **Die Datei /etc/raddb/proxy.conf**

```
realm LOCAL {
  type = radius
  authhost = LOCAL
  accthost = LOCAL
}
```

Listing 22.4: **Die Benutzerverwaltung in /etc/raddb/users**

```
ralf  Cleartext-Password := "kennwort"
...
```

23. Configuration Payload

Auch für die automatische IP-Konfiguration eines Clients haben unterschiedliche Hersteller für das IKEv1-Protokoll unterschiedliche Ansätze entwickelt. So hat die Firma SSH für ihren Client *Sentinel* die Möglichkeit des DHCP-over-IPsec entwickelt. Der Client wurde leider an *SafeNet* verkauft und dort nicht weiterentwickelt. *Microsoft* nutzt in der IPsec-geschützten Verbindung einen L2TP-Tunnel, um dem Client IP-Adresse, DNS- und WINS-Server zuzuweisen. *Cisco* hat den Config-Mode implementiert. Diese letzte Variante hat es im Wesentlichen auch in das IKEv2-Protokoll geschafft. Das IKEv2-Protokoll unterstützt eine Configuration Payload, mit der ein Server dem Client seine IP-Adresse und einen DNS- und WINS-Server für die Verwendung im IPsec-Tunnel zuweisen kann.

Die Konfiguration ist zunächst wieder sehr simpel und soll anhand eines einfachen Beispiels verdeutlicht werden. Auf dem Server verwenden Sie:

```
config setup
        plutostart=no

conn %default
        keyingtries=1
        keyexchange=ikev2

conn rw
        left=3.0.0.1
        leftsubnet=10.0.1.0/24
        leftid="/C=DE/ST=NRW/L=Steinfurt/O=OpenSource-Training Ralf ↵
                Spenneberg/OU=VPN/CN=NewYork"
        leftcert=newyork_cert.pem
        leftfirewall=yes
        right=%any
        rightsourceip=10.3.0.0/28
        auto=add
```

Damit weist Charon einem Client automatisch in der Configuration Payload eine IP-Adresse aus dem Pool 10.3.0.0/28 zu. Der Client nutzt:

```
config setup
        plutostart=no

conn %default
        keyexchange=ikev2

conn home
        left=%defaultroute
        leftsourceip=%config
        leftcert=berlin_cert.pem
        leftid="/C=DE/ST=NRW/L=Steinfurt/O=OpenSource-Training Ralf ↵
                Spenneberg/OU=VPN/CN=Berlin"
        leftfirewall=yes
        right=3.0.0.1
        rightsubnet=10.0.1.0/24
        rightid="/C=DE/ST=NRW/L=Steinfurt/O=OpenSource-Training Ralf ↵
                Spenneberg/OU=VPN/CN=NewYork"
        auto=start
```

Der Client fragt den Server nach einer Configuration Payload und nutzt die erhaltenen Daten als Client-Konfiguration (`leftsourceip==%config`).

Der Server verwaltet die ausgegebenen IP-Adressen in seinem Arbeitsspeicher. Das bedeutet, dass nach einem Neustart des Servers die Information, welche IP-Adresse welchem Client zugewiesen wurde, verloren gegangen ist. Wenn die Clients sich neu verbinden, erhalten die Clients daher möglicherweise andere IP-Adressen. Die vorhandenen Verbindungen sind damit nicht aufrechtzuerhalten.

Daher wäre es schön, wenn der Server die ausgegebenen Adressen in dem Dateisystem oder einer Datenbank speichern würde. Dies ist möglich. Hierzu nutzt strongSwan eine Sqlite3-Datenbank. Um diese zu nutzen, verwenden Sie auf dem Server:

```
rightsourceip=%bigpool
```

Damit strongSwan diese Datenbank auch findet, tragen Sie die folgenden Zeilen in der Datei `strongswan.conf` ein. Hiermit aktivieren Sie `libstrongswan.plugins.attr-sql.database` und das Laden des Plug-Ins `sqlite` mit `pool.load`.

```
libstrongswan {
  plugins {
    attr-sql {
      database = sqlite:///etc/ipsec.d/ipsec.db
    }
  }
}
```

```
pool {
  load = sqlite
}
```

Jetzt müssen wir noch die Datenbank erzeugen:

```
ipsec pool --add bigpool --start 10.1.0.1 --end 10.1.0.254 --timeout 48
```

Dieser Befehl erzeugt den permanenten IP-Adress-Pool in der SQLite-Datenbank.

Der Status des Pools kann zu jeder Zeit angezeigt werden:

```
#ipsec pool --status
name     start     end          timeout  size online usage
bigpool 10.1.0.1 10.1.0.254 48h        254  1 (0%) 2 (0%)
#ipsec pool --leases --filter pool=bigpool
name     address  status  start               end   identity
bigpool 10.1.0.1 online  Dec 21 12:15:13 2009       ralf@os-t.de
```

Sollen auch DNS-Server und WINS-Server verteilt werden, kann das mit den Parametern charon.dns1 bzw. wins1 erreicht werden. Neue Versionen (ab 4.3.6) unterstützen hier auch den Befehl ipsec pool --add|del dns|nbns, um die DNS- und WINS-Server zu verwalten.

24. Das strongSwan Network-Manager-Plug-In

Für die einfache grafische Konfiguration der strong-Swan-Verbindungen enthält strongSwan nun auch ein Network-Manager-Plug-In. Dieses kann IKEv2-Verbindungen konfigurieren und starten. Die Installation ist recht einfach. Einzelne Distributionen, wie Debian Squeeze oder aktuelle Ubuntu-Distributionen, enthalten auch schon ein passendes Paket.

Ist das nicht der Fall, kann das Plug-In einfach nachinstalliert werden:

```
wget http://download.strongswan.org/NetworkManager/NetworkManager- ↵
        strongswan-1.1.1.tar.bz2
tar xjf NetworkManager-strongswan-1.1.1.tar.bz2
cd NetworkManager-strongswan-1.1.1
./configure --sysconfdir=/etc --prefix=/usr --libexecdir=/usr/lib --with- ↵
        charon=/usr/lib/ipsec/charon
make
make install
```

Dann ist eine grafische Administration der Verbindungen möglich (siehe Abbildung 24.4).

Um diese grafische Administration aufzurufen, rufen Sie über das Network-Manager-Desktop-Widget (Abbildung 24.1) den Network-Manager auf. Hier fügen Sie eine neue VPN-Verbindung hinzu (siehe Abbildung 24.2). In Abhängigkeit von den installierten Plug-Ins können Sie im folgenden Bildschirm (Abbildung 24.3) zwischen einer strongSwan-IKEv2, einer OpenVPN, einer vpnc und weiteren Verbindungen wählen. In dem letzten Dialog geben Sie dann die einzelnen Parameter an (Abbildung 24.4).

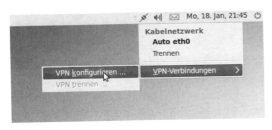

Abbildung 24.1: Über das Network-Manager-Widget können Sie den Network-Manager aufrufen.

Abbildung 24.2: **Nun fügen Sie eine VPN-Verbindung hinzu.**

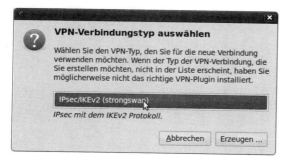

Abbildung 24.3: **Anschließend wählen Sie die VPN-Implementierung.**

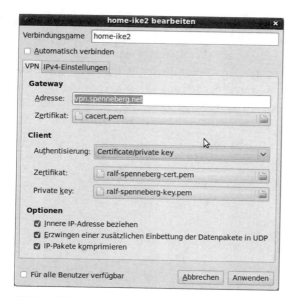

Abbildung 24.4: **Im letzten Dialog spezifizieren Sie die einzelnen Optionen.**

25. Windows 7 und IKEv2

Microsoft Windows 7 unterstützt auch das IKEv2-Protokoll. Windows 7 kann tatsächlich auch mit strongSwan mithilfe des IKEv2-Protokolls kommunizieren. Die Konfiguration ist sehr einfach. Unter strongSwan nutzen Sie die folgende Datei:

```
config setup
    plutostart=no


conn win7
    left=%defaultroute
    leftcert=newyork_cert.pem
    leftsubnet=192.168.0.0/24
    right=%any
    rightsourceip=192.168.1.0/24
    keyexchange=ikev2
    auto=add
```

Mit dieser Konfiguration können mehrere Windows 7-Clients sich mit strongSwan verbinden. Der Parameter rightsourceip ist erforderlich, da Windows 7 immer eine Configuration Payload anfordert.

Das Zertifikat des Linux-Gateways muss neben dem korrekten Rechnernamen (bzw. der korrekten IP-Adresse) auch ein Flag besitzen, das besagt, dass es für die Authentifizierung von Rechnern geeignet ist (serverAuth ExtendedKeyUsage).

Möchten Sie auch DNS- und WINS-Server an den Windows 7-Client verteilen, nutzen Sie auch noch die Datei strongswan.conf:

```
# /etc/strongswan.conf - strongSwan configuration file


charon {
  dns1 = 192.168.0.1
  dns2 = 192.168.0.2
  nbns1 = 192.168.0.1
  nbns2 = 192.168.0.2
}
```

Damit der Windows 7-Client sich nun bei strongSwan authentifizieren kann, benötigt er auch ein Zertifikat. Dieses muss zunächst importiert werden. Hierzu nutzen wir die *Microsoft Management Console* (MMC).

Zunächst starten Sie die MMC und fügen das CERTIFICATE SNAP-IN hinzu (Abbildung 25.1). Anschließend folgen Sie den Abbildungen. Hierbei ist es wichtig, dass Sie nicht einen Doppelklick auf das Zertifikat für den Import nutzen. Hierbei landet das Zertifikat im Ordner des Benutzers und nicht im Ordner des Rechners, wo es benötigt wird.

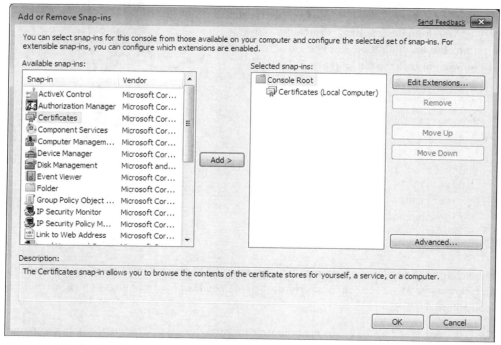

Abbildung 25.1: **Fügen Sie das Certificate Snap-In hinzu.**

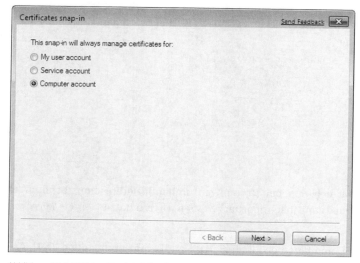

Abbildung 25.2: **Wählen Sie dabei das Computer-Konto!**

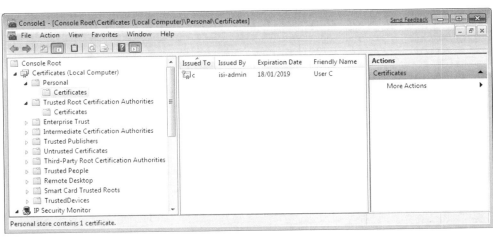

Abbildung 25.3: **Wählen Sie dann Certificates (Local Computer)/Personal/Certificates-Ordner.**

Abbildung 25.4: **Wählen Sie dann im Kontext-Menü mit der rechten Maustaste den Import.**

Um nun die VPN-Verbindung in Windows 7 zu konfigurieren, verwenden Sie den Wizard, um eine neue Netzwerkverbindung zu erzeugen (siehe Abbildung 26.2).

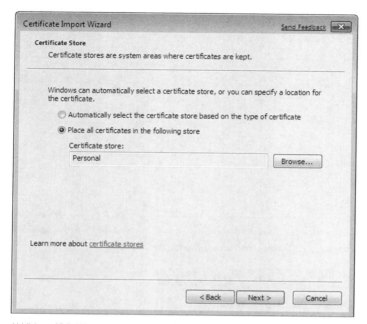

Abbildung 25.5: **Wählen Sie den Speicher Personal.**

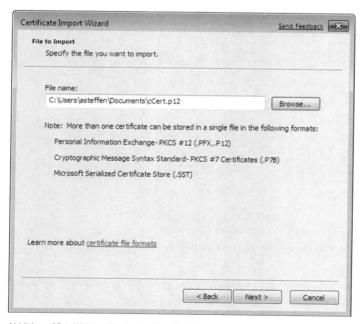

Abbildung 25.6: **Wählen Sie die richtige Datei.**

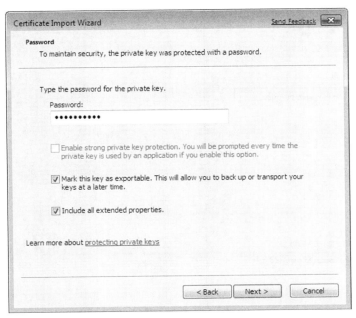

Abbildung 25.7: **Geben Sie die Passphrase für den Import ein.**

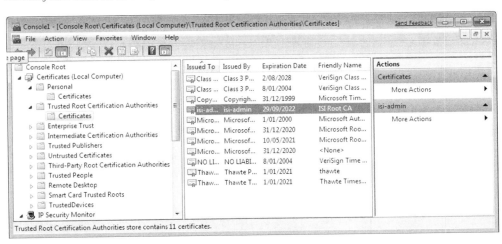

Abbildung 25.8: **Verschieben Sie das Zertifikat aus dem Ordner Personal in den Ordner Trusted Root Certification Authorities.**

Abbildung 25.9: **Mit einem Doppelklick können Sie die Details des Zertifikats anzeigen.**

26. Hochverfügbarkeit mit strongSwan

Mit der Version 4.4.0 wird der IKEv2-Daemon Charon erstmalig experimentell HA-Funktionen (High-Availability-Funktionen) in Form eines Pseudo-Active-Active-Cluster bieten. Gleichzeitig wird eine Lastverteilung möglich sein. Dies wird zunächst in einem Cluster von zwei Knoten möglich sein. Später ist eine Erweiterung auf mehr als zwei Knoten geplant. Diese Funktion erfordert auch weitere Patches des Linux-Kernels. Diese werden auch mit der Version 4.4.0 veröffentlicht.

26.1 Das Problem der Synchronisation

Das IKEv2-Protokoll und das IPsec-Protokoll eignen sich nicht besonders gut für die Synchronisation in einem Active-Active-Cluster. Während es noch recht einfach ist, die IKE-SAs über eine schnelle Verbindung zu synchronisieren, ist besonders die Synchronisation der IPsec-ESP-SAs schwierig. Dies ist insbesondere deswegen der Fall, da die ESP-Pakete für einen Replay-Schutz mit Sequenznummern versehen sind und diese Sequenznummern ebenfalls synchronisiert werden müssen. Die IETF-ipsecme-Arbeitsgruppe diskutiert aktuell mögliche Lösungen. Wahrscheinlich wird eine Erweiterung des IKEv2-Protokolls die Mitarbeit des Clients verlangen. Das bedeutet, dass die Protokollerweiterung von den Clients unterstützt werden muss. Ob aktuelle Implementierungen (z.B. Windows 7) dies in Zukunft unterstützen, bleibt abzuwarten.

26.2 Mögliche Lösungen

Grundsätzlich stehen zwei Möglichkeiten offen: eine reine Synchronisation zwischen den Knoten des Clusters oder die Mitwirkung des Clients.

Node-Node-Synchronisation

Die Synchronisation der IKE-SAs ist durchaus möglich. Die Synchronisation der IPSEC-SA-Zustände ist aber sehr aufwendig.

Nach jedem prozessierten (versandten oder empfangenen) Paket müssen die Sequenznummern synchronisiert werden. Die Synchronisation könnte nur in bestimmten Abständen erfolgen. Dann müsste aber im Failover erraten werden, wie viele Pakete seit der letzten Synchronisation verarbeitet wurden. Eine Lastverteilung auf zwei oder mehr Knoten ist vollkommen unmöglich.

Abbildung 26.1: **Hier prüfen Sie die Vertrauenskette.**

Client-to-Cluster-Synchronisation

Eine zweite Möglichkeit ist die Synchronisation unter Mitwirkung des Clients. Im Failover-Fall fragt der neue aktive Knoten den Client nach den aktuellen Sequenznummern. Hierzu ist aber eine Erweiterung des Protokolls erforderlich. Damit sind die aktuell existierenden Implementierungen inkompatibel.

26.3 strongSwan-Ansatz

Die Entwickler von strongSwan haben einen etwas anderen Ansatz gewählt. Die Ziele sind:

» *Fehlererkennung*: Falls ein Knoten ausfällt, wird er zuverlässig aus dem Cluster entfernt.

» *Synchronisation der Zustände*: Falls ein Knoten ausfällt oder administrativ entfernt wird, besitzt der Cluster bereits eine aktuelle Kopie der Zustände des Knotens.

» *Take over*: Die Fehlererkennung und der Takeover erfolgen in wenigen Sekunden.

» *Transparente Migration*: Die Anwendungen bemerken nicht den kurzzeitigen Ausfall der VPN-Verbindung.

» *Lastverteilung*: Die Last soll auf alle Knoten gleichmäßig verteilt werden.

» *Reintegration*: Weitere Knoten und reparierte Knoten können wieder in den Cluster integriert werden.

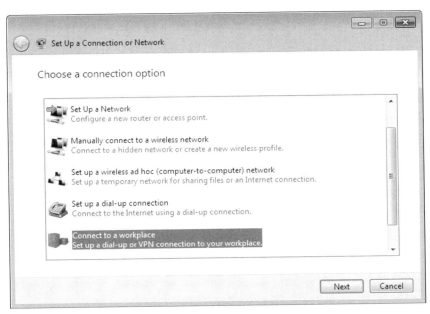

Abbildung 26.2: **Fügen Sie eine neue Netzwerkverbindung hinzu.**

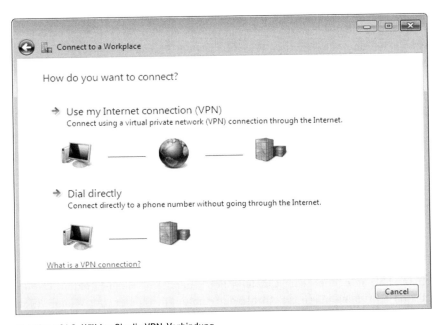

Abbildung 26.3: **Wählen Sie die VPN-Verbindung.**

Abbildung 26.4: **Geben Sie die IP-Adresse des VPN-Gateways und einen frei wählbaren Namen an.**

> *Kompatibilität*: Vorhandene Clients können ohne Erweiterung des Protokolls die Vorteile des Clusters nutzen.

Die Migration eines Clients auf einen anderen Knoten soll keine Auswirkung auf die VPN-Verbindungen haben. Der Client bemerkt noch nicht einmal diesen Wechsel. Das erlaubt es einem Administrator, vorübergehend einen Knoten aus dem Cluster zu entfernen, Updates einzuspielen, Wartungsarbeiten vorzunehmen, einen Reboot durchzuführen und den Knoten wieder in den Cluster aufzunehmen.

26.4 ClusterIP

Die gewählte Lösung basiert auf der IPtables-Erweiterung ClusterIP. Hiermit kann mithilfe von IPtables ein Cluster mit einer einzigen virtuellen IP-Adresse ohne die Hilfe eines Load-Balancers aufgebaut werden.

Hierzu antworten alle Knoten des Clusters auf ARP-Requests für die virtuelle IP-Adresse mit derselben Multicast-MAC-Adresse. Der Switch wird daher alle Pakete, die an diese IP-Adresse gerichtet sind, an alle Knoten weitersenden.

Die Knoten im Cluster müssen wissen, wie viele Knoten es insgesamt im gesamten Cluster gibt. Im einfachsten Fall berechnet jeder Cluster-Knoten dann eine Hash-Funktion von der Source-Adresse und teilt diese durch die Anzahl der Knoten im Cluster. Der Modulo (Rest bei der Division) entscheidet dann, welcher Knoten im Cluster die Anfrage beantwortet. Jede

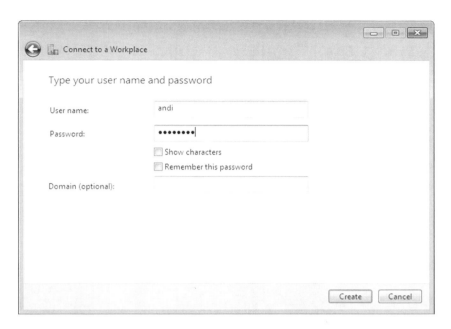

Abbildung 26.5: **Geben Sie einen Benutzernamen und Kennwort an. Diese Informationen werden nicht genutzt, wenn Sie ein Zertifikat für die Anmeldung nutzen.**

Anfrage wird damit immer genau von einem Knoten beantwortet. Alle weiteren Knoten ignorieren das Paket.

Wenn die IKE-Daemons die IKE-SAs und die IPsec-SAs ohne Sequenznummern synchronisieren, sind nur wenige Änderungen an dem ClusterIP-Modul des Kernels erforderlich, um auch eine Synchronisation der Sequenznummern zu erreichen.

Bei zu entschlüsselndem Verkehr kann der SPI-Wert des ESP-Paketes von dem modifizierten ClusterIP-Modul in der Berechnung des Hashwertes hinzugezogen werden. Dadurch wird der Paketfluss über alle Knoten im Cluster verteilt. Da nun bei zwei Knoten jeder Knoten regelmäßig jedes zweite Paket verarbeitet, werden die Sequenznummern automatisch auch inkrementiert. Die Sequenznummern werden allerdings nur aktualisiert, wenn die Pakete erfolgreich verifiziert wurden.

Für zu verschlüsselnden Verkehr wird von dem ClusterIP-Modul zunächst die SA gesucht. Bei der Berechnung des Hashs wird auch die SPI wieder herangezogen. Falls der Modulo auf den aktuellen Knoten verweist, wird das Paket verschlüsselt und versandt. Um doppelte Sequenznummern durch unterschiedliche Knoten zu vermeiden, sind noch zusätzliche Funktionen im Modul verantwortlich.

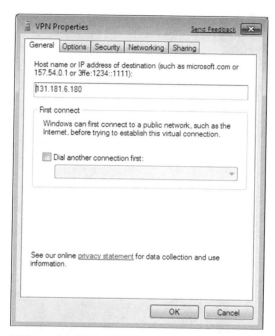

Abbildung 26.6: **Bei den VPN-Eigenschaften können Sie anschließend auch das Gateway ändern.**

26.5 Konfiguration

Die Konfiguration erfolgt in zwei Schritten. Nach dem Patch des Kernels für die Erweiterung des ClusterIP-Moduls müssen die entsprechenden IPtables-Regeln manuell verwaltet werden.

Im einfachsten Fall genügen dazu die folgenden Zeilen:

```
ip address add 192.168.0.200/24 dev eth0
iptables -A INPUT -i eth0 -d 192.168.0.200 -j CLUSTERIP --new --hashmode ↵
        sourceip --clustermac 01:00:5e:00:00:20 --total-nodes 2 --local- ↵
        node 1
```

Mit dem ersten Befehl wird die zusätzliche IP-Adresse an die Netzwerkkarte gebunden. Der zweite Befehl konfiguriert das ClusterIP-Modul. Aktuell unterstützt strongSwan nur zwei Knoten (total-nodes). Jeder Knoten muss eine eindeutige Nummer (local-node) erhalten. Allerdings übernimmt das strongSwan-HA-Plug-In die Konfiguration der Knoten. Jeder Knoten muss ansonsten dieselbe MAC-Adresse und IP-Adresse nutzen.

Die Konfiguration des HA-Plug-Ins wird in der Datei strongswan.conf definiert.

Abbildung 26.7: **Bei den Sicherheitseinstellungen wählen Sie das IKEv2-Protokoll.**

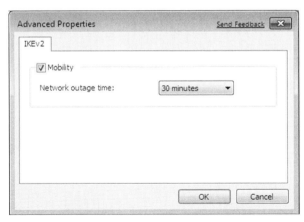

Abbildung 26.8: **Bei den fortgeschrittenen Einstellungen können Sie MOBIKE abschalten.**

```
charon {
    ha {
        local = 10.0.0.2
        remote = 10.0.0.1
        segment_count = 2
        secret = g3h31m
        fifo_interface = yes
        monitor = yes
        resync = yes
    }
}
```

Über die local- und remote-Adressen tauscht der Cluster seine Synchronisationsnachrichten aus. Der segment_count zeigt die Anzahl der Knoten im Cluster an. Mit der Option secret kann ein IPsec-Tunnel mit PSK-Authentifizierung zwischen den beiden Knoten aufgebaut werden, über den die Synchronisationsnachrichten transportiert werden.

Das fifo_interface wird für die Kommunikation mit dem ClusterIP-Modul genutzt. Der monitor-Parameter aktiviert die Heartbeat-Überwachung unter den Knoten. Mit resync wird die automatische Zustandsynchronisation aktiviert, falls ein Knoten dem Cluster beitritt.

Da es gut möglich ist, dass bis zur Veröffentlichung des HA-Plug-Ins noch Änderungen an der Konfiguration erfolgen, dürfen Sie den letzten Abschnitt lediglich als Hinweis nutzen. Bitte prüfen Sie die mitgelieferte Konfiguration, um die Korrektheit meiner Aussagen zu prüfen!

Teil IV

Fortgeschrittene Konfiguration und Fehlersuche

Dieses Kapitel beschäftigt sich mit der fortgeschrittenen Konfiguration von virtuellen privaten Netzwerken mit Linux. Hierbei werden Probleme und Lösungen besprochen, die über das
bisher Gesagte hinaus gehen. Die Abhandlung dieser Probleme erfolgt teilweise ausführli-
cher, bisweilen aber auch recht knapp. In den Fällen, in denen die Darstellung knapp gehalten
werden musste, sollen Verweise auf weiterführende Literatur im Internet Sie über neueste
Entwicklungen informieren. In vielen Fällen ist die Unterstützung für Racoon auch noch nicht
so weit wie in dem Fall von Openswan oder strongSwan. Dann gehe ich lediglich auf Openswan
bzw. strongSwan ein.

27. Keymanagement

Das Keymanagement stellt die sichere Erzeugung, Verteilung, Speicherung und Zerstörung der Schlüssel sicher. Diese Schlüsselverwaltung ist von höchster Wichtigkeit für die dauerhafte Sicherheit kryptografischer Anwendungen. Sobald ein Schlüssel erzeugt wurde, muss verhindert werden, dass dieser Schlüssel, wenn es sich nicht um einen Public-Key handelt, in die Hände von Dritten gerät.

Bei den modernen Public-Key-Verfahren sind Angriffe auf das Keymanagement wahrscheinlich erfolgreicher als Angriffe gegen den kryptografischen Algorithmus!

Das Ziel des Keymanagements muss es sein, einem Benutzer zu erlauben, sein Schlüsselpaar zu erzeugen, die öffentlichen Schlüssel anderer Benutzer zu suchen und seinen eigenen öffentlichen Schlüssel zu veröffentlichen. Dabei ist es erforderlich, dass dieser Austausch der öffentlichen Schlüssel authentifiziert erfolgt, sodass ein Dritter nicht als Man-in-the-Middle die Identität eines Benutzers annehmen kann. Die privaten Schlüssel müssen in geeigneter Weise geschützt gespeichert werden können, um eine Kompromittierung zu verhindern. Wenn dennoch ein privater Schlüssel bekannt wird, muss das Keymanagement die Möglichkeit bieten, diesen Schlüssel für ungültig zu erklären. Diese Information muss allen Beteiligten zur Verfügung stehen.

27.1 Einleitung

Das Keymanagement ist eine zentrale Aufgabe beim Aufbau einer VPN-Lösung, die leider viel zu häufig vernachlässigt wird. Die Schlüssel werden auf beliebigen unsicheren Medien wie Disketten oder Festplatten ungesichert gespeichert. Teilweise werden für die Aufgaben der Authentifizierung einfache Kennwörter ungenügender Länge und Komplexität eingesetzt. Ein Angriff, der bei sinnvoller (zufälliger) Wahl des Kennworts so lange dauern würde, dass er nicht durchführbar wäre, kann durch den Einsatz eines Wörterbuches in wenigen Sekunden zum Erfolg führen.

27.2 Zufallszahlen

Bei der Erzeugung der Schlüssel ist es besonders wichtig, dass diese Schlüssel zufällig erzeugt werden. Dabei ist es unerheblich, ob der Schlüssel später als symmetrischer oder als asymmetrischer Schlüssel eingesetzt werden soll. Wenn der Schlüssel nicht zufällig gewählt wird, sondern nur aus lesbaren Zeichen besteht, kann der Angreifer diese Information für einen Angriff auf den Schlüssel ausnutzen.

Bei einem zufälligen Schlüssel kann ein Angreifer keine Rückschlüsse auf den Schlüssel ziehen und muss in einem Brute-Force-Angriff jeden möglichen Schlüssel ausprobieren. Kann er bestimmte Eigenschaften des Schlüssels vorhersagen, zum Beispiel, dass er nur aus lesbaren Buchstaben besteht, so verringert sich die Menge der Möglichkeiten für den Schlüssel rapide. Der Angreifer kann dies ausnutzen und seinen Angriff dementsprechend anpassen.

Was ist nun eine gute Quelle für Zufallszahlen? Die wichtigste Eigenschaft ist die Unvorhersagbarkeit durch den Angreifer. Da jedoch Computer meist sehr vorhersagbar sind, wenigstens unter Linux, werden für die Generierung der Zufallszahl meist externe Quellen genutzt. Hierbei handelt es sich zum Beispiel um die Mausbewegungen eines Benutzers und den zeitlichen Abstand zwischen dem zweimaligen Drücken einer Taste. Häufig stehen derartige Informationen aber nicht in ausreichender Menge zur Verfügung, sodass die Quelle versiegen kann. Daher werden oft auch Pseudo-Zufallszahlengeneratoren eingesetzt, die aufgrund ihrer Funktion immer periodisch arbeiten. Um diese Generatoren aber auch zur Erzeugung von Zufallszahlen einsetzen zu können, werden sie mit einer Zufallszahl (*random seed*) geimpft. Dadurch kann der Start nicht vorhergesagt werden, und pseudozufällige Zahlen sind das Ergebnis.

Linux verfügt sowohl über einen echten Zufallszahlengenerator /dev/random als auch über einen Pseudozufallszahlengenerator /dev/urandom. Für die Erzeugung von Schlüsseln sollten Sie darauf achten, dass die verwendete Software als Zufallszahlengenerator /dev/random nutzt. Alternativ können auch Webcams zur Erzeugung von Zufallszahlen genutzt werden[1].

27.3 Lebensdauer von Schlüsseln

Schlüssel sollten grundsätzlich eine beschränkte Lebensdauer besitzen. Anschließend sollten die Schlüssel vernichtet werden. Eine Archivierung darf nur unter besonderen Umständen und in einer sicheren Umgebung erfolgen.

Die Kryptoanalyse benötigt möglichst viele durch einen Schlüssel verschlüsselte Ciphertexte, um den Schlüssel berechnen zu können. Je länger ein Schlüssel eingesetzt wird, desto mehr Ciphertexte kann der Angreifer sammeln und umso wahrscheinlicher den Schlüssel ermitteln.

Es muss zusätzlich möglich sein, während der Lebensdauer einen Schlüssel für ungültig zu erklären, um die Verwendung eines kompromittierten Schlüssels zu unterbinden.

Ford beschreibt den Lebenszyklus eines öffentlichen Schlüssels in „Standard Protocols and Techniques" folgendermaßen:

1. Schlüsselerzeugung (und Registratur)
2. Schlüsselverteilung
3. Schlüsselverwendung (Aktivierung/Deaktivierung)

---

1   http://www.vanheusden.com/ved/

4. Schlüsselaustausch/-update

5. Rückruf des Schlüssels

6. Vernichtung/Archivierung des Schlüssels

27.4 Kennwörter und symmetrische Schlüssel

Kennwörter und symmetrische Schlüssel stellen die problematischsten Schlüssel im Keymanagement dar. Diese Schlüssel müssen allen beteiligten Parteien bekannt sein, damit sie für Authentifizierungs- und Verschlüsselungszwecke eingesetzt werden können.

Häufig steht bei symmetrischen Schlüsseln kein (eingebautes) Keymanagement zur Verfügung, das in der Lage ist, die Lebensdauer dieser Schlüssel zu überwachen und einen Austausch der Schlüssel zu erzwingen. Werden die Schlüssel nicht von Maschinen, sondern von lebenden Personen benutzt, so versuchen diese nicht selten, vorhandene Systeme, die die Lebensdauer beschränken, zu unterlaufen. In diesem Fall werden die Personen auch nicht zufällige Schlüssel, wie sie Maschinen benutzen können, wählen, da sie nur sehr schlecht einzuprägen sind. Werden Personen gezwungen, die Schlüssel regelmäßig zu wechseln und dabei starke komplexe Schlüssel zu wählen, so besteht das „Keymanagement" meist aus kleinen gelben Zetteln, die am Monitor oder unter der Tastatur kleben ; -).

Grundsätzlich ist ein Keymanagement sehr schwer zu implementieren, sobald die Aspekte menschlicher Benutzer berücksichtigt werden müssen. Dies ist umso zutreffender, je einfacher der Schlüssel ist. Kennwörter sind hier das ideale Beispiel. Meist ist es wesentlich einfacher, mit einem Wörterbuch, in dem sämtliche Fußballmannschaften und ihre Spieler gespeichert sind, ein Kennwort zu ermitteln, als den eigentlichen Verschlüsselungsalgorithmus zu analysieren.

Für den Einsatz eines PreShared Key zur Authentifizierung in Phase 1 des IKE-Protokolls wird dies eindrucksvoll im Artikel `www.ernw.de/download/pskattack.pdf` demonstriert. Seit fast drei Jahren steht mit IKEcrack auch schon ein Werkzeug zur Verfügung (`http://source-forge.net/projects/ikecrack`), das diesen Angriff durchführt. Dabei können die notwendigen Informationen für den Angriff aus dem Paketfluss extrahiert und mit IKEcrack in Ruhe auf großen Clustern analysiert werden. Wurde der PSK gefunden, kann die gesamte Kommunikation als Man-in-the-Middle abgehört werden.

27.5 Öffentliche Schlüssel

Öffentliche Schlüssel (Public Key) bieten für einige Probleme eine Lösung an. Hauptsächlich müssen die privaten Anteile nicht mehr zwischen allen beteiligten Systemen/Personen ausgetauscht werden, da es sich nicht um symmetrische Verfahren handelt. Es genügt der Austausch der öffentlichen Schlüssel.

Öffentliche Schlüssel sind meist so lang, dass ein normaler Mensch sie sich nicht einprägen kann. Dennoch müssen die privaten Schlüssel sicher aufgehoben werden. Hierzu werden sie meist mit einer Passphrase geschützt.

Dieser Schutz verhindert aber oft eine automatische Verwendung durch einen Dienst oder unabhängig arbeitende Software. Die Software ist nicht in der Lage, den privaten Schlüssel durch Eingabe der Passphrase freizuschalten, wenn die ihr nicht in Klartext übergeben wurde. Ein Reboot eines SSL-Webservers führt unweigerlich zu seinem fehlerhaften Start, da er seinen privaten Schlüssel für die SSL-Verschlüsselung nicht laden kann. Daher werden die privaten Schlüssel meist in Klartext auf dem Rechner abgespeichert oder die Kennwörter zu den Schlüsseln in den Startskripten hinterlegt.

Damit ist ein Angriff gegen den Rechner über das Netzwerk oder physikalisch durch Einbruch und Diebstahl wesentlich erfolgversprechender als ein Angriff des kryptografischen Verfahrens.

Abhilfe schafft hier nur eine Smartcard zur Speicherung des Private Key.

Weitere Probleme bei der Verwendung der öffentlichen Schlüssel ist die Überwachung der Lebensdauer und die automatische Deaktivierung der Schlüssel. Die Verteilung der Schlüssel ist ebenfalls sehr problematisch, da verhindert werden muss, dass eine dritte Person in der Lage ist, den Schlüssel während der Übertragung abzufangen und gegen einen eigenen Schlüssel auszutauschen. Dies würde ansonsten einen Man-in-the-Middle-Angriff ermöglichen.

Zertifikate können hier eine Lösung darstellen. Ihre Verwendung in einer Public-Key-Infrastruktur zur Verteilung und Überwachung der Schlüssel und der Einsatz von Smartcards werden in den nächsten Abschnitten besprochen.

27.6 X.509-Zertifikate

Wie bereits im letzten Abschnitt beschrieben, bieten Public Keys große Vorteile beim Einsatz zur Verschlüsselung und Authentifizierung. Die eingesetzten Verfahren und die gewählten Schlüssellängen sorgen mit einem zufällig erzeugten Schlüssel dafür, dass diese Verfahren mit heutigen Methoden nach menschlichem Ermessen nicht geknackt werden können. Angriffe erfolgen daher üblicherweise nicht direkt auf den Algorithmus, sondern auf die Schlüsselverwaltung.

Ein sicheres System für den Einsatz von öffentlichen Schlüsseln muss in der Lage sein, die folgenden Punkte zu leisten:

» Verteilung und Management der Schlüssel bieten (Lebensdauer)

» Sicherheit des privaten Schlüssels gewährleisten (Passphrase, Smartcard)

» Zuordnung der öffentlichen Schlüssel zu Personen oder Geräten ermöglichen

» Vertrauensbeziehungen zwischen den Schlüsseln ermöglichen

Alle diese Funktionen können mit X.509-Zertifikaten erreicht werden. Die Erfüllung sämtlicher Funktionen bietet eine Public-Key-Infrastruktur, die die X.509-Zertifikate verwaltet. Zunächst sollen jedoch die Zertifikate beschrieben werden.

27.7 Aufbau eines X.509-Zertifikats

Das X.509-Zertifikat wurde von der *International Telecommunication Union* (ITU, http://www .itu.int) 1988 als Teil des X.500-Verzeichnisdienstes entwickelt. Die aktuelle Version 3 des X.509-Standards wurde 1996 veröffentlicht. X.500 ist eine Datenbank, in der verschiedene Objekte (Entitäten) gespeichert werden können. Diese Datenbank ist für den weltweiten Einsatz konzipiert worden und bietet die Möglichkeit, Personen und Ressourcen wie Computer oder Drucker zu verwalten. X.509 bot den Authentifizierungsdienst für das X.500-Verzeichnis. Das X.500-System konnte sich zwar nicht durchsetzen, aber die X.509-Zertifikate sind heute ein allgemeiner Standard für die Verwendung von Zertifikaten.

Das X.509-Zertifikat bindet öffentliche Schlüssel an eine absolute Entität des X.500-Verzeichnisses (*Distinguished Name*, DN). Zusätzlich werden in einem Zertifikat der Version 3 der öffentliche Schlüssel und der verwendete Signaturalgorithmus, der Gültigkeitszeitraum und der Gültigkeitsbereich gespeichert.

Die wesentliche Eigenschaft, die das Zertifikat jedoch auszeichnet, ist die Unterschrift durch eine Zertifikatsautorität (Certificate Authority, CA). Diese Unterschrift bestätigt ähnlich einem Stempel die Echtheit des Zertifikats und seine Gültigkeit. Die wesentliche Funktion ist jedoch die Zuordnung des Schlüssels zum Besitzer, der in dem Zertifikat angegeben wird. Diese Zuordnung wird von der CA bestätigt.

Sobald nun dieses Zertifikat eingesetzt werden soll, überprüft der Anwender, der das Zertifikat erhalten hat, ob die Signatur der CA gültig ist. Ist dies der Fall und vertraut er der CA, so kann er das Zertifikat für die Authentifizierung einsetzen.

In Verbindung mit virtuellen privaten Netzwerken bieten Zertifikate sehr viele Vorteile. Der wesentliche Vorteil ist die einfache Schlüsselverwaltung. Wenn viele verschiedene Kommunikationspartner oder sogar möglicherweise eine unbekannte Menge an Partnern miteinander kommunizieren soll, so müssen entweder von Hand PreShared Keys (PSKs) oder öffentliche Schlüssel ausgetauscht werden. Werden Zertifikate eingesetzt, so müssen lediglich die Kommunikationspartner so konfiguriert werden, dass sie alle der Zertifikatsautorität vertrauen.

Ein digitales Zertifikat X.509 Version 3 enthält die folgenden Informationen:

» Version: X.509-Version
» Serial Number: Jede CA nummeriert die unterzeichneten Zertifikate eindeutig.
» Signature Algorithm: Hier wird der Algorithmus eingetragen, mit dem die CA das Zertifikat unterzeichnet hat.
» Issuer: Name der Zertifikatsautorität
» Validity: Lebensdauer
» Subject: Der X.500-Name des Inhabers
» Subject Public Key Info: Informationen über den öffentlichen Schlüssel
» X509.V3 Extensions: Erweiterungen, die es ermöglichen, das Zertifikat eindeutig zu gestalten oder in seiner Gültigkeit einzuschränken. Hier können auch URLs für den Download von Rückruflisten (CRL) angegeben werden.

Im Folgenden ist ein Beispielzertifikat aufgeführt:

```
Certificate:
    Data:
        Version: 3 (0x2)
        Serial Number: 1 (0x1)
        Signature Algorithm: md5WithRSAEncryption
        Issuer: C=DE, ST=NRW, L=Steinfurt, O=Spenneberg.com, ↵
                CN=RootCA 2003/Email=ralf@spenneberg.net
        Validity
            Not Before: Apr 30 06:08:56 2003 GMT
            Not After : Apr 29 06:08:56 2004 GMT
        Subject: C=DE, ST=NRW, L=Steinfurt, O=Spenneberg.com, ↵
                CN=VPN-Gateway/Email=ralf@spenneberg.net
        Subject Public Key Info:
            Public Key Algorithm: rsaEncryption
            RSA Public Key: (1024 bit)
                Modulus (1024 bit):
                    00:c5:3b:9c:36:3a:19:6c:a9:f2:ba:e9:d2:ed:84:
                    33:36:48:07:b2:a3:2d:59:92:b0:86:4c:81:2c:ea:
                    5c:ed:f3:ba:eb:17:4e:b3:3a:cc:b7:5b:5d:ca:b3:
                    04:ed:fb:59:3c:c5:25:3e:f3:ff:b0:22:10:fb:de:
                    72:0a:ee:42:4b:9a:d3:27:d3:b6:fb:e9:88:10:c8:
                    47:b7:26:4f:71:40:e4:75:c4:c0:ee:6b:87:b8:6f:
                    c9:5e:66:cf:bb:e7:ad:72:68:b8:6d:fd:8f:4c:1f:
                    3a:a2:0d:43:25:06:b9:92:e7:20:6c:86:15:a0:eb:
                    7f:f7:0b:9a:99:5d:14:88:9b
                Exponent: 65537 (0x10001)
        X509v3 extensions:
            X509v3 Basic Constraints:
                CA:FALSE
            Netscape Comment:
                OpenSSL Generated Certificate
            X509v3 Subject Key Identifier:
                CB:5C:19:9B:E6:8A:8A:FE:0E:C4:FD:5E:DF:F7:BF:3D:A8: ↵
                    18:7C:08
            X509v3 Authority Key Identifier:
                keyid:01:BB:C6:33:BE:F5:9A:5E:B0:0C:5D:BD:41:E9:78: ↵
                    6C:54:AD:66:8E
                DirName:/C=DE/ST=NRW/L=Steinfurt/O=Spenneberg.com/
CN=RootCA 2003/Email=ralf@spenneberg.net
                serial:00

    Signature Algorithm: md5WithRSAEncryption
```

```
6f:89:2b:95:af:f1:8d:4d:b7:df:e8:6d:f7:92:fb:48:8c:c4:
1a:43:68:65:97:01:87:a6:84:b5:a1:38:bd:62:74:70:db:9e:
78:19:d9:0c:af:18:ad:13:77:56:7d:3f:19:61:da:ba:74:30:
8e:c5:50:0e:e3:eb:ff:95:cd:8d:d6:7e:c3:0e:ab:5b:34:94:
bc:16:0f:ef:dc:de:40:bb:7d:ba:a2:b8:5d:f9:74:e7:28:58:
75:a0:66:d2:8d:85:ba:38:82:08:10:33:ef:be:29:c9:31:9d:
63:a9:f7:e0:99:ea:a7:ed:b6:b5:33:1b:1c:4a:a4:05:40:6e:
40:7b
```

Die Erzeugung dieser Zertifikate mit Kommandozeilenbefehlen ist im Abschnitt 13.5.1 beschrieben. In weiteren Abschnitten (siehe 28.2 und 28.3) wird die Verwendung grafischer Werkzeuge beschrieben.

X.509-Zertifikate sind in der Lage, die zu Beginn des Kapitels geforderten Punkte umzusetzen. Damit bieten sie ideale Vorraussetzungen für den Einsatz in VPN-Lösungen. Dennoch sollte ihr Einsatz genau geplant werden und möglicherweise über die Implementierung einer PKI nachgedacht werden.

27.8 Public-Key-Infrastruktur – PKI

Eine Public-Key-Infrastruktur bildet das Grundgerüst für den Einsatz von Zertifikaten in größeren Umgebungen. Solange sich die beteiligten Personen, die untereinander authentifiziert und verschlüsselt kommunizieren wollen, persönlich kennen, können sie direkt ihre öffentlichen Schlüssel austauschen. Sie erkennen und vertrauen einander und damit auch den direkt ausgetauschten Schlüsseln. Werden diese Gruppen jedoch größer und unübersichtlich, wie zum Beispiel in einem weltumspannenden Unternehmen, ist diese Form der Vertrauensbeziehung nicht mehr praktikabel. Ob nun E-Mails verschlüsselt oder ein VPN aufgebaut werden soll, es muss ein allgemein zugängliches und nachvollziehbares Gerüst existieren, das die Vertrauensbeziehungen aufbaut.

Dieses Gerüst wird durch die Verwendung von Zertifikaten möglich. Dabei können die Personen, die untereinander die Schlüssel austauschen möchten, Kontakt zu einer zentralen Autorität aufnehmen. Sie weisen ihre Identität dieser Autorität gegenüber nach (Registrationsautorität) und erhalten ein digitales Zertifikat von der Zertifikatsautorität für den gleichzeitig vorgelegten öffentlichen Schlüssel in Kombination mit ihrem Namen. Anschließend wird dieses Zertifikat zentral zur Verteilung gespeichert.

Erhält nun ein Benutzer eine unterzeichnete E-Mail, so wird entweder das Zertifikat, das für die Unterzeichnung verwendet wurde, direkt vom Absender mitgeschickt, oder der Empfänger fordert es von der zentralen Stelle an. Da die Zertifikate lediglich die öffentlichen Schlüssel enthalten, stellt dies keine Sicherheitslücke dar. Vertraut der Benutzer der Zertifikatsautorität, so überprüft er die Signatur des Zertifikats. Sind die Signatur und das Zertifikat gültig, so vertraut er darauf, dass dieses Zertifikat tatsächlich dem angegebenen Benutzer gehört, und kann die Signatur der E-Mail überprüfen.

Die Gesamtheit des Zertifikatsmanagements und der Zertifikatsautorität bezeichnet man als PKI. Diese PKI ist dafür verantwortlich, dass die Zertifikate erzeugt, verteilt und erneuert beziehungsweise gesperrt werden. Sie ist für die Verwaltung der Lebensdauer zuständig. Für die Anforderung von Zertifikaten (Certificate Requests) und die Verteilung von Zertifikaten und Rückruflisten (auch Sperrlisten genannt) stellt sie geeignete Protokolle (HTTP, LDAP) zur Verfügung.

27.9 Smartcard

Selbst beim Einsatz einer PKI existiert noch ein großes Problem in der Schlüsselverwaltung: Wie und wo wird der private Schlüssel so gespeichert, dass eine Kompromittierung unmöglich oder möglichst schwer ist?

Insbesondere von kommerziellen Anbietern wird hier immer häufiger die Smartcard oder ein Security Token eingesetzt. Diese Geräte erlauben die Speicherung des privaten Schlüssels so, dass dieser anschließend nicht wiederhergestellt werden kann. Der Schlüssel kann nicht vom Benutzer und auch nicht von einem Angreifer ausgelesen werden. Damit ist der Schlüssel sicher vor Zugriff geschützt.

Werden nun Operationen benötigt, die einen Zugriff auf den Schlüssel verlangen, so verlagert die anfordernde Software die Berechnung auf die Smartcard. Dort wird die Operation mit dem privaten Schlüssel durchgeführt und das Ergebnis an die anfordernde Software zurückgeliefert.

Um die Karte bei einem Verlust oder bei Diebstahl zu schützen, wird in der Regel die Verwendung des privaten Schlüssels zusätzlich noch mit einer PIN geschützt. Auch dies ist nicht immer sicher. Es existieren unterschiedliche Kartenleser, bei denen die PIN entweder in dem Betriebssystem eingegeben wird oder direkt über eine Tastatur auf dem Kartenleser. Diese Kartenleser werden daher auch in drei Klassen eingeteilt:

» Klasse 1: Leser ohne Tastatur und Display

» Klasse 2: Leser mit Tastatur

» Klasse 3: Leser mit Tastatur und Display

Wird die PIN über das Betriebssystem eingegeben, so kann durch einen Keylogger diese PIN protokolliert werden. Dennoch ist durch einen Einbruch über das Netzwerk der Schlüssel nicht erreichbar. Auch kann der Schlüssel nicht ausgelesen werden. Damit besteht keine Möglichkeit, andere verschlüsselte oder signierte Kommunikationen zu lesen oder zu modifizieren. Es kann lediglich neu signiert oder verschlüsselt werden.

28. Aufbau einer Public-Key-Infrastruktur

Eine Public-Key-Infrastruktur (PKI) ermöglicht den sicheren Austausch von verschlüsselten Dokumenten, die digitale Signatur und die Authentifizierung von Benutzern, Rechnern und Softwarepaketen. Hieran kann auch eine Autorisierung gebunden werden.

VPNs können die mithilfe einer PKI ausgestellten Zertifikate nutzen, um Clients und Benutzer zu authentifizieren und den Zugang zu bestimmten Netzen über ein VPN zu autorisieren. Daher betrachten wir in diesem Kapitel verschiedene PKIs.

Dieses Kapitel stellt einige Werkzeuge vor, mit denen Sie Teile einer PKI oder auch eine ganze PKI erzeugen können. Zu Beginn werden wir zwei einfachere Werkzeuge betrachten, die die grafische Verwaltung der Zertifikate in einer Zertifikatsautorität (Certificate Authority) implementieren. Im letzten Abschnitt wird die Installation der OpenCA beschrieben. Hierbei handelt es sich um eine komplette PKI mit einer Trennung der *Registration Authority* und der *Certificate Authority*. Zusätzlich nutzt die OpenCA zur Speicherung und Veröffentlichung der Zertifikate SQL-Datenbanken und LDAP-Verzeichnisse. Für die Prüfung des Zertifikats kann ein *Online Certificate Status Protocol*-Daemon eingesetzt werden (OCSP).

28.1 Einleitung

Eine Public-Key-Infrastruktur erlaubt die zentrale Erzeugung, Signatur, Speicherung, Verwaltung und Verteilung von X.509-Zertifikaten und von privaten Schlüsseln. Eine PKI besteht meist aus drei Teilen:

» Certificate Authority (CA)

» Registration Authority (RA)

» Directory Service

28.1.1 Certificate Authority

Die Certificate Authority (CA) ist verantwortlich für die Ausgabe und Verwaltung der digitalen Zertifikate. Die CA übernimmt hierfür die folgenden Aufgaben:

» *Zertifizierung der öffentlichen Schlüssel*
Hierbei kann es sich um die Schlüssel von Personen, Rechnern oder Funktionen handeln.

» *Veröffentlichung des Zertifikats* Häufig werden die Schlüssel von der Certificate Authority direkt mit Unterstützung eines Directory Service veröffentlicht. So können Dritte direkt auf die öffentlichen Schlüssel zugreifen.

» *Ausgabe von Zertifikatswiderruflisten (Certification Revocation Lists, CRLs)*
Alternativ bieten einige Certificate Authoritys auch die Online-Prüfung eines Zertifikats mit dem OCSP-Protokoll an.

28.1.2 Registration Authority

Die *Registration Authority* (RA) ist für die Aufzeichnung und Überprüfung aller Informationen verantwortlich, die die CA benötigt, um das Zertifikat ausstellen zu können. Hierbei ist es besonders wichtig, die Identität des Benutzers zu überprüfen, der die Unterzeichnung des Zertifikats beantragt. Wie hoch die Anforderungen bei dieser Überprüfung sind, hängt sicherlich von der anschließenden Verwendung des Zertifikats ab. So können diese Prüfungen online (Test der E-Mail-Adresse) erfolgen oder eine Überprüfung der Person mit Ausweis verlangen.

28.1.3 Directory Service

Der Verzeichnisdienst (*Directory Service*) hat die Aufgabe, die gültigen Zertifikate aller Benutzer in einem zentralen Repositorium zu speichern und zu veröffentlichen, sodass jeder Benutzer auf die Zertifikate der anderen Benutzer zugreifen kann. Dies erfolgt meist mithilfe eines Webservers oder eines LDAP-Verzeichnisses. Zusätzlich veröffentlicht er die Zertifikatswiderruflisten (CRLs).

28.2 TinyCA

Die Perl-Anwendung *TinyCA* (http://tinyca.sm-zone.net/) von Stephan Martin ist eine einfache grafische Benutzeroberfläche für die Verwaltung einer Zertifikatsautorität. Sie verzichtet auf eine getrennte Registration Authority und einen Directory Service. TinyCA ist in Perl/Gtk geschrieben und greift auf die Funktionen des OpenSSL-Pakets zurück. TinyCA unterstützt fast sämtliche Operationen, die bei der Verwaltung einer CA auftreten können:

» Es kann eine unbegrenzte Anzahl von CAs verwaltet werden.

» X.509-Zertifikate können erzeugt und zurückgerufen werden.

» PKCS10-Zertifikatsanfragen können importiert und signiert werden.

» Zertifikate können in den Formaten PEM, DER, TXT und PKCS12 exportiert werden.

» Zertifikatsrückruflisten können in den Formaten PEM, DER und TXT exportiert werden.

» TinyCA bietet Unterstützung für Deutsch und Englisch.

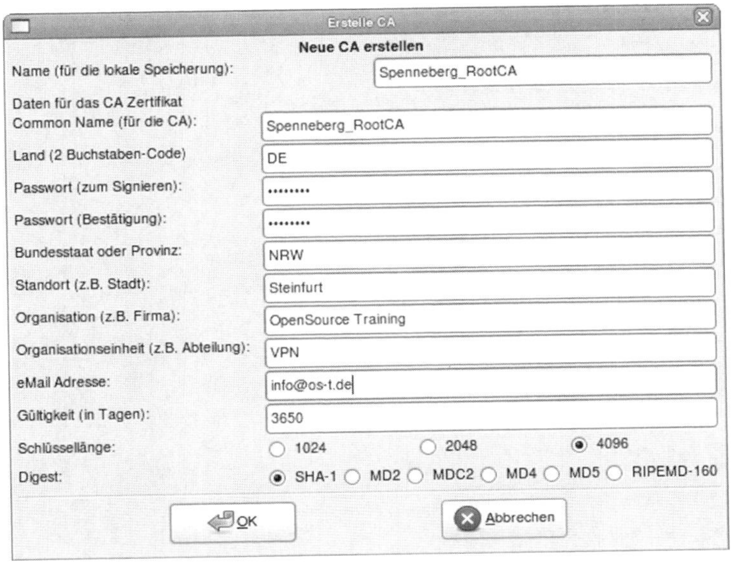

Abbildung 28.1: **Erzeugung einer neuen CA**

28.2.1 Installation

Die Installation von TinyCA ist sehr einfach, da es sich um ein fertiges Perl-Programm handelt. Auf der Homepage von TinyCA sind sowohl RPM- als auch Debian-Pakete neben dem Quelltextarchiv verfügbar. Es ist jedoch heute in den meisten Distributionen enthalten. Das Paket lautet dabei meist `tinyca` oder `tinyca2`.

28.2.2 Aufbau einer CA mit TinyCA

Der Aufbau einer CA ist mit dem Programm TinyCA sehr einfach. Direkt nach dem Start des Programms mit dem Befehl `tinyca2` werden zunächst die Informationen der neu zu erzeugenden CA abgefragt (Abbildung 28.1). Existiert bereits eine CA, wird Ihnen diese angeboten.[1]

Anschließend werden weitere Einstellungen der CA abgefragt (Abbildung 28.2). Hier ist es insbesondere möglich, den `crlDistributionPoint` anzugeben. Openswan und strongSwan unterstützen den automatischen Download der CRLs von den angegebenen Stellen. Hier können mehrere Distributionspunkte durch Semikolon getrennt angegeben werden. In den URLs können Sie die folgenden Protokolle verwenden: `ldap://`, `http://`, `ftp://` und `file://`. Hierbei muss zusätzlich die Angabe `URI:` vorangestellt werden. Nun kann TinyCA für die Erzeugung neuer Zertifikate verwendet werden. Die grafische Oberfläche bietet nun Buttons und Registerkarten, die die Erzeugung und Verwaltung von Zertifikaten ermöglichen (Abbildung 28.3). Um nun einen neuen Schlüssel und ein Zertifikat zu erzeugen, wechseln Sie

---

1 Wird die deutsche Sprache gewünscht, so müssen Sie möglicherweise vorher mit folgendem Befehl die Umgebungsvariable setzen: `export LC_ALL=de_DE`.

Abbildung 28.2: **Weitere Eigenschaften der CA**

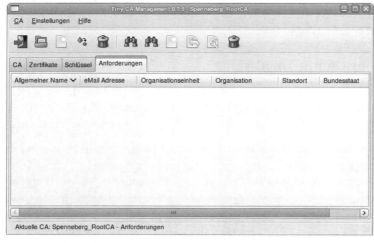

Abbildung 28.3: **TinyCA ist nun einsatzbereit.**

zunächst auf die Registerkarte ANFORDERUNGEN. Dort wählen Sie den Button NEU. Im anschließenden Popup-Fenster können Sie die Angaben für die Zertifikatsanforderung eintragen (Abbildung 28.4). Nach Bestätigung der Anforderung mit *OK* erscheint diese in der Liste der grafischen Oberfläche. Die Buttons Details und Anzeigen geben weitere Informationen über das

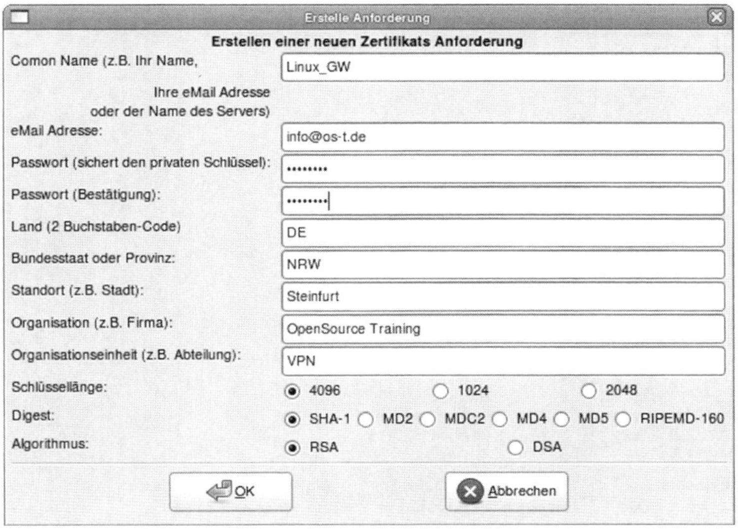

Abbildung 28.4: **Erstellen einer neuen Anforderung**

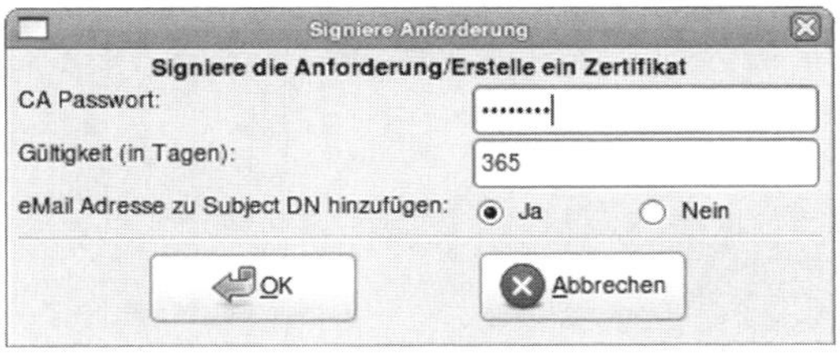

Abbildung 28.5: **Unterzeichnen der Anforderung**

Zertifikat. Nun kann das Zertifikat signiert werden. TinyCA unterstützt hier Server- und Benutzerzertifikate. Durch Auswahl des Buttons SERVER wird die Anfrage signiert. Dabei muss das Kennwort der CA eingegeben und die Gültigkeitsdauer bestimmt werden (Abbildung 28.5).

28.2.3 Export der Zertifikate

Um ein Zertifikat zu widerrufen, klicken Sie auf der Registerkarte ZERTIFIKATE den Button WIDERRUFEN an. Er fordert das Kennwort der CA an und widerruft das Zertifikat. Damit der Schlüssel und die Zertifikate nun für den Aufbau von VPNs genutzt werden können, müssen sie exportiert werden. Zunächst soll der Schlüssel exportiert werden. Dazu wählen Sie auf der Registerkarte SCHLÜSSEL den Button EXPORTIEREN aus. Im anschließenden Popup-Fenster geben Sie die Datei und das Format des Schlüssels an (Abbildung 28.6). Dabei ist es wichtig, dass Pluto mit codierten Schlüsseln umgehen kann. Sowohl racoon als auch isakmpd können dies nicht. Daher darf der Schlüssel hier nicht mit einem Kennwort geschützt werden. Nun können Sie das Zertifikat des Clients und das Zertifikat der CA exportieren. Hierfür wählen Sie auf den Registerkarten ZERTIFIKATE beziehungsweise CA den Button EXPORTIEREN

Abbildung 28.6: **Export des Schlüssels**

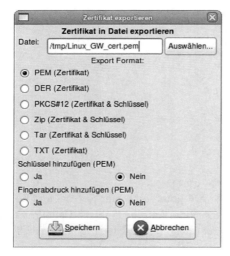

Abbildung 28.7: **Export des Zertifikats**

beziehungsweise CA EXPORTIEREN (Abbildung 28.7). Wenn als Client ein Microsoft Windows-Betriebssystem eingesetzt wird, so empfiehlt es sich, den Schlüssel im PKCS12-Format zu exportieren. Dies wird von TinyCA unterstützt. Dazu wählen Sie auf der Registerkarte ZERTIFIKATE das entsprechende Zertifikat aus. Nach der Auswahl von EXPORTIEREN wird das Format PKCS12 benutzt (Abbildung 28.8).

Da dieses Format sowohl das Zertifikat als auch den privaten Schlüssel enthält, muss das Kennwort des Schlüssels eingegeben werden. Um den Schlüssel anschließend wieder zu schützen, kann ein Export-Kennwort definiert werden. Sinnvoll ist es auch, das Zertifikat der CA zur Datei hinzuzufügen, da der Windows-Client dann sämtliche benötigten Informationen besitzt (Abbildung 28.9). Damit bietet die TinyCA alle Funktionen für die Erzeugung

Abbildung 28.8: **Auswahl des PKCS12-Formats für Windows-Clients**

Abbildung 28.9: **Hinzufügen des CA-Zertifikats zur PKCS12-Datei**

und Verwaltung von Zertifikaten für ein VPN. Leider bietet TinyCA keine direkte Veröffentlichung der Zertifikate oder der Zertifikatswiderruflisten auf einem Webserver oder LDAP-Server. Die automatische Veröffentlichung ist jedoch häufig auch mit Fehlern verbunden und kann daher manuell durchgeführt werden. Die TinyCA speichert alle Informationen im Verzeichnis /.TinyCA. Dieses Verzeichnis sollte sinnvollerweise besonders geschützt werden. Möglicherweise sollte es sich um eine Verknüpfung auf eine Diskette oder einen USB-Stick handeln, die bzw. der nach Bedarf entfernt und physikalisch sicher gelagert werden kann.

28.3 XCA

Die Anwendung *XCA* (http://xca.hohnstaedt.de) von Christian Hohnstädt erlaubt wie TinyCA die grafische Erzeugung einer CA, der Schlüssel und der Zertifikate. Dabei können die Zertifikate in den Formaten PEM und DER abgespeichert werden. Zusätzlich wird der Export von PKCS12 und der Import von PKCS7, PKCS10 und PKCS12 unterstützt. Die X.509.v3-Erweiterungen können genutzt werden. XCA erlaubt auch die Anpassung der Seriennummern in den Zertifikaten. Dies ist wichtig, wenn nach Ablauf eines Zertifikats ein neues erzeugt werden soll. Die Erzeugung von Widerruflisten wird unterstützt, und es können auch externe CRLs betrachtet und importiert werden. Eine Besonderheit bei der XCA ist die Fähigkeit, sie sowohl unter Windows, Mac OS X als auch unter Linux/UNIX verwenden zu können. Das Datenformat ist unter allen Plattformen identisch.

28.3.1 Installation

Die Installation ist recht einfach. Auf der Sourceforge-Projekt-Seite http://sourceforge .net/projects/xca sind das Quelltextarchiv und Windows-Programmpakete verfügbar. Die Übersetzung kann auch recht einfach selbst durchgeführt werden:

```
./configure
make
make install
```

Die meisten Distributionen enthalten heute aber auch entsprechende fertige Pakete.

28.3.2 Anwendung von XCA

Nach der Installation rufen Sie die Anwendung mit dem Befehl xca auf. Beim ersten Aufruf fordert die Anwendung den Benutzer auf, ein Kennwort für den Zugriff auf die Daten zu wählen und zweimal einzugeben (Abbildung 28.10). Nun bietet das Werkzeug eine grafische Oberfläche mit mehreren Registerkarten (RSA SCHLÜSSEL, UNTERSCHRIFTSANFRAGEN, ZERTIFIKATE, VORLAGEN UND RÜCKNAHMELISTEN) und mehreren Buttons (NEUER SCHLÜSSEL, EXPORT, IMPORT, IMPORT PFX (PKCS12), DETAILS ANZEIGEN, LÖSCHEN und PASSWORT ÄNDERN). Abbildung 28.11 zeigt

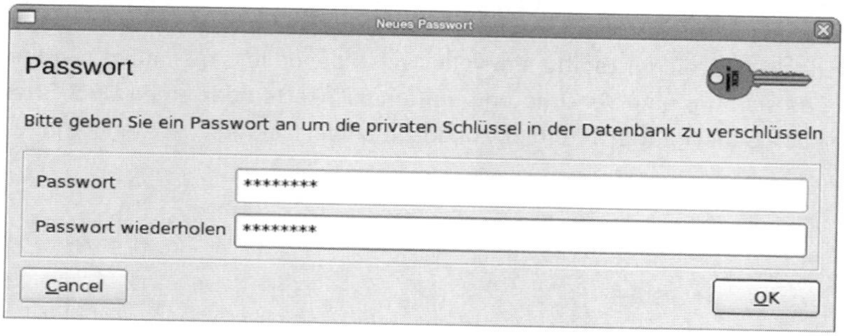

Abbildung 28.10: **XCA fordert das Kennwort für den Zugriff auf die Daten.**

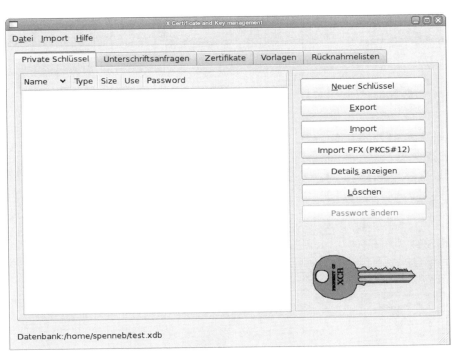

Abbildung 28.11: **Die grafische XCA-Oberfläche**

die grafische Oberfläche. Um nun eine neue CA zu erzeugen, wählen Sie auf der Registerkarte ZERTIFIKATE den Button NEUES ZERTIFIKAT. Anschließend startet ein Wizard. Hier geben Sie die Informationen für das Zertifikat ein (Abbildung 28.12). So wählen Sie als Vorlage die CA-Vorlage aus. XCA verwendet Vorlagen beziehungsweise Templates, die im Vorfeld über die entsprechende Registerkarte angepasst werden können. Nun können Sie die weiteren, für das Zertifikat der CA erforderlichen Informationen eingeben. Hierzu gehören ein INTERNER NAME, LÄNDER CODE, BUNDESLAND, KREIS und ORT und so weiter (Abbildung 28.13). Da Sie noch keinen privaten Schlüssel besitzen, kann dieser über den entsprechenden Button erzeugt werden. Bei der Erzeugung müssen Sie einen Namen für den Schlüssel eingeben und die Schlüssellänge bestimmen (Abbildung 28.14). Nun können Sie weitere Eigenschaften der CA definieren. Hierbei handelt es sich um die Gültigkeitsdauer, den CRL-Distribution-Point und so weiter (Abbildung 28.15). Anschließend schränken Sie die Rolle des Zertifikats ein. Damit kann das CA-Zertifikat nur noch für diese Aufgaben genutzt werden. Eine Einschränkung kann die Sicherheit erhöhen, ist aber für den Einsatz als VPN-CA nicht zwingend erforderlich (Abbildung 28.16). Auf der letzten Registerkarte können Sie Zertifikatsoptionen festlegen, die von Netscape definiert wurden und für den Einsatz im SSL-Protokoll wichtig sein können. Dieser Dialog wird hier nicht gezeigt. Hiermit wurde die CA erzeugt.

Nun können Sie das Zertifikat für einen VPN-Client erzeugen. Hierzu wählen Sie erneut den Button NEUES ZERTIFIKAT. Zunächst müssen Sie die RootCA zur Signatur auswählen (Abbildung 28.17) und die Vorlage bestimmen. Nun geben Sie erneut die weiteren Informationen für das

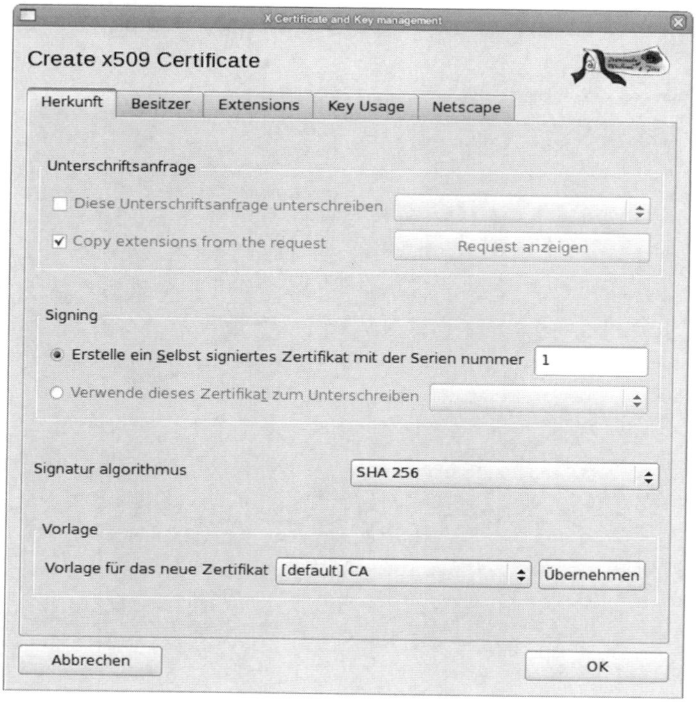

Abbildung 28.12: **Auswahl eines CA-Zertifikats**

Zertifikat an und erzeugen einen neuen Schlüssel (ähnlich Abbildung 28.14). In diesem Beispiel habe ich den Schlüssel Linux_Client genannt und mit einer Länge von 2048 Bit erzeugen lassen. Die Gültigkeitsdauer[2] wählen Sie wieder entsprechend. Sie können dann weitere Informationen angeben. Interessant ist nun die dritte Registerkarte, wo Sie einen SUBJECT ALTERNATIVE NAME (Abbildung 28.15) eingeben können (subjectAltName). Der Isakmpd verlangt einen derartigen Eintrag. Openswan, strongSwan, Racoon und fast alle anderen Implementierungen können ihn nutzen. Möglich sind hier eine IP-Adresse (IP:217.160.128.61), ein DNS-Name (DNS:www.nohup.info) oder eine E-Mail-Adresse (email:ralf@spenneberg.net). Haben Sie alle Angaben gemacht und das Zertifikat erzeugt, zeigt Ihnen die grafische Oberfläche die beiden Zertifikate (Abbildung 28.18). In der Baumansicht ist die Abhängigkeit der Zertifikate voneinander sehr einfach nachvollziehbar. XCA kann auch Zertifikatsautoritäten erzeugen, die nicht selbst RootCA sind. Openswan und strongSwan sind in der Lage, derartige Zertifikatshierarchien über mehrere Ebenen bis zur RootCA zu verfolgen. Um die Schlüssel und die Zertifikate nun zu verwenden, müssen diese exportiert werden. Hierzu wechseln Sie zunächst auf die Registerkarte RSA SCHLÜSSEL. Nach der Wahl von EXPORT können Sie die Datei für den Export angeben (Abbildung 28.19). Hier ist wichtig, dass für die Verwendung durch den racoon- oder den isakmpd-IKE-Daemon der Schlüssel nicht mit einem Kennwort

---

2   Achtung: Es gibt Implementierungen, die sich weigern, ein Zertifikat zu akzeptieren, das länger gültig ist als das zugrunde liegende Zertifikat der CA.

Abbildung 28.13: **Beschreibung des CA-Zertifikats**

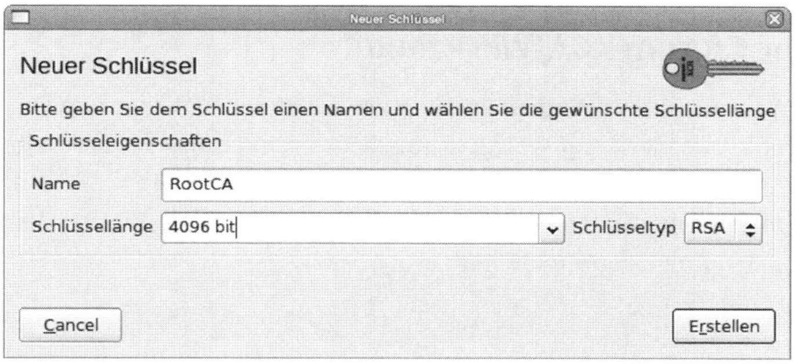

Abbildung 28.14: **Wahl der Schlüssellänge**

geschützt wird. Anschließend können die Zertifikate exportiert werden. Hierfür wählen Sie auf der Registerkarte ZERTIFIKATE das zu exportierende Zertifikat aus und exportieren es. Wenn es sich um ein Zertifikat für einen Windows-Client handelt, empfiehlt es sich, statt des PEM-Formats das Format *PKCS12 with Certificate chain* zu wählen (Abbildung 28.20). Dann werden auch der private RSA-Schlüssel und das Zertifikat der CA mit in die Datei aufgenommen. Für den Schutz des privaten Schlüssels in der .p12-Datei wird im nächsten Fenster bei Wahl des PKCS12-Formats ein Export-Kennwort angefragt. Bei einem Export im PEM-Format ist dies nicht erforderlich.

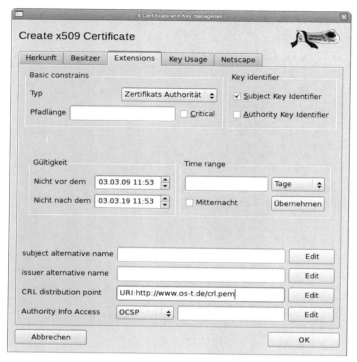

Abbildung 28.15: **Wahl der Gültigkeitsdauer und der CRL-Liste**

28.3.3 Migration einer CA zum XCA-Werkzeug

Eine Besonderheit des XCA-Werkzeugs ist die Möglichkeit, eine vorhandene CA, die zum Beispiel mit dem OpenSSL-Befehl CA.pl erzeugt wurde, in die XCA zu migrieren. Hierzu bietet XCA die Möglichkeit, sowohl RSA-Schlüssel als auch Zertifikate zu importieren. So ist es möglich, von einer kommandozeilen-basierten CA auf eine CA umzusteigen, die Sie mit dem XCA-Werkzeug bequem grafisch administrieren können.

28.4 OpenCA

Die OpenCA ist ein Open-Source-Projekt, das 1999 gestartet wurde, um eine Open-Source-Trust-Center-Software für UNIX zu erschaffen. Hauptsächlich besteht die OpenCA aus drei Komponenten:

» einem Web-Interface, das in Perl geschrieben wurde

» OpenSSL für die kryptografischen Operationen

» einer Datenbank, in der die Schlüssel, Zertifikate und Widerrufslisten gespeichert werden

Zum heutigen Zeitpunkt unterstützt die OpenCA bereits die folgenden Funktionen:

» verschiedene Schnittstellen: LDAP, RA, CA und die Protokolle SCEP und OCSP

Abbildung 28.16: **Einschränkung der Gültigkeit des Zertifikats**

» Anmeldung mit Kennwort und Zertifikat (Zertifikate können auf einer Smartcard hinterlegt werden.)

» flexible Steuerung der Certificate Subjects und der X.509.v3-Erweiterungen

» Rückruf der Zertifikate, gesteuert durch PIN-Nummern oder mit digitalen Signaturen

» Warnung bei Ablauf eines Zertifikats

» viele weitere Optionen

Die Entwicklung der OpenCA ist aber noch nicht abgeschlossen. Aktuell ist die Version 1.0.2. Diese verfügt jedoch noch nicht über eine eigene Dokumentation. Das OpenCA-Projekt scheint über mehrere Jahre eingeschlafen gewesen zu sein. In den Jahren 2006 bis 2009 erfolgten nur wenige Erweiterungen und keine neue Veröffentlichung einer Version.

Die Installation und Konfiguration der OpenCA könnte ein ganzes Buch füllen und würde das vorliegende sprengen. Ich möchte hier auf die entsprechende Literatur im Internet und auf die Mailingliste verweisen. Auf der Homepage der OpenCA (http://www.openca.org) gibt es mehrere Dokumente, die die Installation und Konfiguration beschreiben. Sie sind auf der Seite http://www.openca.org/projects/openca/docs/ zu finden. Ein weiteres Dokument, das die Installation einer älteren Version der OpenCA beschreibt, ist das Open-Source-PKI-Book. Es befindet sich auf http://ospkibook.sourceforge.net/.

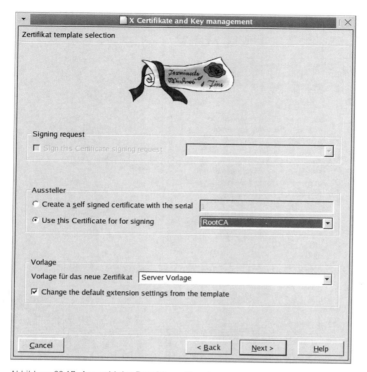

Abbildung 28.17: **Auswahl der RootCA zur Signatur**

Abbildung 28.18: **XCA mit einer CA und einem Zertifikat**

Im Grunde möchte ich sowieso von dem Einsatz der OpenCA als CA für VPN-Lösungen abraten. Ihr Einsatz ist nur dann zu empfehlen, wenn Sie viele (Tausende) Benutzer und deren Zer-

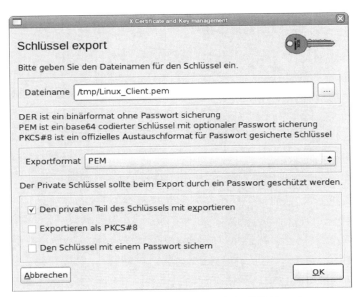

Abbildung 28.19: **Export des privaten RSA-Schlüssels im PEM-Format**

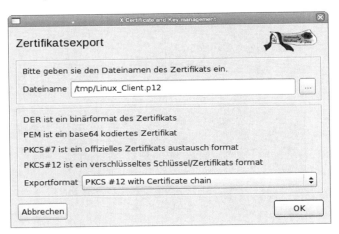

Abbildung 28.20: **Export des Windows-Zertifikats im PKCS12-Format**

tifikate verwalten und pflegen müssen. Selbst dann ist die OpenCA vielleicht nicht die richtige CA, da ihr Ziel auch die Veröffentlichung der Zertifikate über einen LDAP- oder Webserver ist. Dies ist für ein VPN nicht erforderlich. Diese Funktionen werden gebraucht, wenn die Benutzer S/MIME für die Verschlüsselung von E-Mails einsetzen. Dann muss jeder Benutzer ohne Unterstützung des Empfängers der E-Mail dessen Zertifikat suchen und finden können.

29. Firewalling der IPsec-Verbindungen mit IPtables

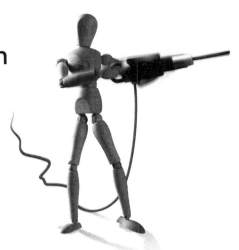

Dieses Kapitel kann keine komplette Einführung in den Befehl `iptables` sein. Hier setze ich voraus, dass Sie grundsätzlich mit dem Befehl vertraut sind und lediglich Informationen benötigen, wie Sie den Befehl zur Filterung der verschlüsselten Pakete nutzen können. Eine Einführung in das Thema Firewalls ist von mir unter dem Titel „Firewalls mit iptables & Co." ebenfalls im Addison-Wesley Verlag erschienen.

Die Filterung von IPsec-Verbindungen ist bei jeder Firewall eine besondere Aufgabe. Unter Linux wird dies zusätzlich durch die fehlenden virtuellen Netzwerkkarten bei der Nutzung von IPsec mit dem Kernel 2.6 erschwert. Erfreulicherweise kann der IPtables-Befehl seit einigen Jahren damit aber erfolgreich umgehen.

Zur Wiederholung möchte ich kurz noch einmal die IPsec-Protokolle vorstellen:

» *Authentication Header*: (AH, IP-Protokoll 51). Dieses Protokoll kann die Authentizität und Integrität von Paketen garantieren. Dabei schließt die Garantie auch die unveränderlichen Bestandteile des äußeren IP-Headers mit ein. Eine nachträgliche Änderung dieser Bestandteile (z.B. NAT) wird von dem AH-Protokoll als Fehler erkannt, und das Paket wird verworfen.

» *Encapsulated Security Payload*: (ESP, IP-Protokoll 50). Dieses Protokoll kann die Authentizität, Integrität und Vertraulichkeit von Paketen garantieren. Es schließt nicht den äußeren IP-Header in seine Überprüfung mit ein. Ein NAT erzeugt also kein ungültiges Paket. Daher wird häufig heute nur noch dieses Protokoll eingesetzt.

» *Internet Key Exchange*: (IKE, 500/udp). Sowohl AH als auch ESP benötigen Schlüsselmaterial für die Realisierung ihrer Aufgaben. Das IKE-Protokoll authentifiziert die Kommunikationspartner und erzeugt dieses Schlüsselmaterial.

Da fast alle Router mit dem NAT von Netzwerkprotokollen, die keine Ports benutzen, Schwierigkeiten bekommen, wurden noch Erweiterungen für diese Protokolle vorgesehen, die heute von fast allen Implementierungen unterstützt werden. Sobald das IKE-Protokoll während der Verhandlung der Verbindung ein NAT erkennt, wechselt es den Port auf den UDP-Port 4500. Sobald die ESP-Verbindung ausgehandelt wurde, werden auch die ESP-Pakete erneut in UDP-Pakete mit dem Port 4500 gekapselt. Damit weisen die Pakete für einen NAT-Router unterwegs wieder einen Port auf, der als Erkennungsmerkmal genutzt werden kann.

Während der Linux-Kernel 2.4 für die Implementierung von IPsec KLIPS mit virtuellen Netzwerkkarten nutzte, besitzt der Kernel 2.6 eine neue Implementierung (häufig *Netkey* oder *26sec* genannt), die auf virtuelle Netzwerkkarten verzichtet.

Bei der Verwendung dieses IPsec-Stacks, der in dem Linux-Kernel 2.6 enthalten ist, ist die Filterung der relevanten Pakete schwierig, da keine virtuellen Netzwerkkarten existieren, die eine einfache Trennung der im Klartext über das Internet ausgetauschen Pakete von den Paketen aus dem Tunnel erlauben.

Die hier besprochenen Funktionen sind teilweise auf älteren Kerneln der Reihe 2.6 unterschiedlich implementiert. Wenn die hier vorgeschlagenen Funktionen nicht so arbeiten, wie Sie es erwarten, empfiehlt es sich, sich einen Überblick über die Einsortierung der Pakete in den Ketten zu verschaffen. Dazu fügen Sie zu allen Ketten in allen Tabellen LOG-Regeln hinzu und erzeugen IPsec-Verkehr. Achten Sie darauf, dass es ein Unterschied ist, ob Sie die Pakete auf dem VPN-Gateway selbst oder von einem Client hinter dem Gateway erzeugen. Außerdem ist es ein Unterschied, ob eine IPsec-Tunnel-Security-Association oder eine IPsec-Transport-Security-Association genutzt wird.

Im Transportmodus ist die Betrachtung besonders einfach. Da die Pakete direkt als IPsec-Pakete erzeugt werden, kann IPtables nur die verschlüsselten Pakete filtern. Diese treten ganz normal in der INPUT- und in der OUTPUT-Kette auf. Der Inhalt dieser Pakete vor ihrer Verschlüsselung kann nicht gefiltert werden.

Anders ist das bei Paketen, die in dem Tunnelmodus übertragen werden. Hier müssen Sie zwischen Paketen unterscheiden, die von dem Tunnel-Gateway selbst erzeugt werden, und solchen, die von anderen Systemen stammen, die den Tunnel nutzen.

Hierzu bietet IPtables den *Policy-Match* an. Hiermit können Sie ohne umständliche Markierung diejenigen Pakete erkennen, die von einer IPsec-Policy geschützt werden. Zusätzlich können Sie sogar den Tunnel prüfen, der von dem Paket genutzt wird. Der Test hat die folgenden Optionen, um auf das Vorhandensein einer Policy zu testen:

» `--dir in|out`: Hiermit definieren Sie, ob Sie eine eingehende oder ausgehende Policy testen möchten. Wenn Sie sich nicht ganz sicher sind, können Sie sich die Policys auch noch einmal mit dem Befehl `setkey -DP` anzeigen lassen. Diese Option müssen Sie angeben.

» `--pol none|ipsec`: Hiermit wählen Sie aus, ob die Policy einen Schutz mit IPsec verlangen soll oder nicht. Dies sollte bei Ihnen üblicherweise immer der Fall sein!

» `--strict`: Wenn Sie diese Option angeben, müssen Sie die Policy genau beschreiben. Das ist häufig fehlerträchtig, und ich empfehle, auf diese Option zu verzichten.

» `--reqid id`: Hiermit können Sie die genaue ID der Policy angeben. Diese ID kann mit dem `setkey`-Kommando unter Angabe von `unique:id` bei der Definition der Policy gesetzt werden. Openswan und strongSwan nutzen möglicherweise auch diese IDs.

» `--spi`: Hiermit können Sie die genaue SPI der Security Association auswählen, die genutzt werden muss. Dies ist nur interessant, wenn die Regeln automatisch bei der Erzeugung der Tunnel gesetzt werden, da sich die SPIs bei jeder Neuaushandlung des Tunnels ändern.

» `--proto ah|esp|ipcomp`: Hiermit verlangen Sie das Protokoll der Policy.

» `--mode tunnel|transport`: Dies wählt zwischen den IPsec-Modi *Tunnel* und *Transport*.

» `--tunnel-src ip[/maske]`: Bei einem Tunnel können Sie die spezifischen Tunnelendpunkte angeben. Dies definiert die Quelladresse.

» `--tunnel-dst ip[/maske]`: Dies definiert die Zieladresse.

» `--next`: Bei der Verwendung von `--strict` müssen Sie hiermit das nächste Element definieren.

Um nun in der FORWARD-Kette nur den Verkehr zuzulassen, der später von dem VPN geschützt wird oder der über das VPN den Rechner erreicht hat, können Sie folgende Regeln verwenden:

```
$IPTABLES -P FORWARD DROP
$IPTABLES -A FORWARD -m policy --dir in --mode tunnel --pol ipsec --proto ↵
          esp -j ACCEPT
$IPTABLES -A FORWARD -m policy --dir out --mode tunnel --pol ipsec -- ↵
          proto esp -j ACCEPT
```

Die erste Zeile setzt die Default-Policy der FORWARD-Kette auf DROP. Alle Pakete, die nicht explizit akzeptiert werden, werden verworfen. Die zweite Zeile prüft, ob das Paket von einer IPsec-Policy in der Richtung in im Tunnelmodus mit dem Protokoll ESP geschützt wird, und akzeptiert diese Pakete. Die letzte Zeile prüft, ob das Paket von einer entsprechenden Policy in der Richtung out geschützt wird. Damit haben Sie beide Richtungen abgedeckt und stellen sicher, dass die in der FORWARD-Kette akzeptierten Pakete im Internet immer von einer IPsec-Policy geschützt sind.

Natürlich benötigen Sie in der INPUT- und OUTPUT-Kette noch Regeln für das IKE-Protokoll und für die verschlüsselten Pakete.

30. Aufbau einer Verbindung mit dynamischen IP-Adressen auf beiden Seiten

Der Aufbau einer VPN-Verbindung, bei der beide Seiten dynamische IP-Adressen verwenden, stellt ein Problem dar, da zunächst keine der beiden Seiten die IP-Adresse des Partners kennt. Als Lösung für dieses Problem kann ein Dienst wie *Dyn-DNS* (http://www.dyndns.org) genutzt werden. Ein Überblick über weitere ähnliche Dienste finden Sie zum Beispiel auf http://netzadmin.org/ddns-provider.php. Dieser Dienst ermöglicht es einem Rechner mit dynamischer IP-Adresse, einen festen DNS-Namen zu erhalten. Der Rechner ist dann immer unter demselben Namen erreichbar, obwohl er immer über eine andere IP-Adresse verfügt. Hierzu meldet sich der Rechner bei jeder Einwahl bei dem Dyn-DNS-Dienst an und übergibt seine aktuelle IP-Adresse. Der Dyn-DNS-Server trägt diese IP-Adresse ein und ermöglicht so die Auflösung des DNS-Namens auf wechselnde IP-Adressen.

Wenn der Tunnel aufgebaut werden soll, muss nur sichergestellt werden, dass die Seite, die den Tunnel aufbaut, zunächst die IP-Adresse der Gegenseite durch eine DNS-Auflösung ermittelt. Die Gegenseite muss im Vorfeld ihre IP-Adresse bei dem Dyn-DNS-Dienst eingetragen haben.

Um die IP-Adresse unter Linux bei Dyn-DNS einzutragen, stehen verschiedene Scripts und Clients zur Verfügung. Die bekanntesten Clients sind ddclient und inadyn. Die Konfiguration ist meist sehr einfach und gut erklärt. Daher soll hier nur exemplarisch die Konfiguration von inadyn vorgestellt werden.

Listing 30.1: **Die Konfigurationsdatei /etc/inadyn.conf**

```
# Basic configuration file for inadyn
#
# /etc/inadyn.conf

update_period_sec 600 # Check for a new IP every 600 seconds

username test
password test

dyndns_system dyndns@dyndns.org
alias test.homeip.net
```

Anschließend müssen Sie sicherstellen, dass `inadyn` bei jeder Einwahl automatisch aufgerufen wird.

Nun muss der Partner nur so konfiguriert werden, dass bei dem Aufbau des Tunnels automatisch der Dyn-DNS-Name zur IP-Adresse aufgelöst wird. Bei Openswan und strongSwan ist diese Auflösung bereits implementiert. Hierzu muss lediglich anstelle der IP-Adresse der DNS-Name für `right` oder `left` angegeben werden:

Listing 30.2: **Auszug aus der *swan-/etc/ipsec.conf-Datei**

```
conn dyndns
        left=%defaultroute
        leftid=@vpnclient
        right=vpngateway.dyndns.org
        rightid=@vpnserver
        rightsubnet=192.168.0.0/24
        ....
```

Bei Racoon und Isakmpd ist die DNS-Namensauflösung leider nicht eingebaut. Diese Daemons verlangen die Angabe von IP-Adressen in ihrer Konfigurationsdatei. Hier soll das Vorgehen am Beispiel von Racoon verdeutlicht werden. Es ist erforderlich, vor dem Start von Racoon die Konfigurationsdatei aus einem Template zu erzeugen. Hierzu muss der DNS-Name aufgelöst werden und an den entsprechenden Stellen die IP-Adresse eingefügt werden.

Ein mögliches Script sieht folgendermaßen aus:

Listing 30.3: **Automatische Erzeugung der Dateien racoon.conf und setkey.conf**

```
#!/bin/bash
REM_IP=$(dig +short vpngateway.dnydns.org | tail -1)
MY_IP=$(/sbin/ifconfig eth0 | grep "inet Adresse" | cut -d: -f2| cut -d' ↵
        ' -f1)

cat << EOF > setkey.conf
#!/etc/setkey -f
spdflush;
spdadd $MY_IP 10.0.2.0/24 any -P out ipsec
        esp/tunnel/$MY_IP-$REM_IP/require;

spdadd 10.0.2.0/24 $MY_IP any -P in ipsec
        esp/tunnel/$REM_IP-$MY_IP/require;
EOF

cat << 2EOF > racoon.conf
...
...
...
2EOF
```

Anschließend können die Befehle `setkey` und `racoon` aufgerufen werden.

31. Advanced Routing

Der Linux-Kernel bietet seit der Version 2.2 das sogenannte *Advanced* oder *Policy Routing*. Hierbei ist es möglich, mindestens 256 verschiedene Routing-Tabellen zu definieren. Die Verwendung dieser Routing-Tabellen wird dann durch Regeln gesteuert. Damit können Sie zum Beispiel in Abhängigkeit eines Quell- oder Zielports unterschiedliche Routen benutzen.

Diese Funktionalität wird mit dem Befehl ip verwaltet. Die Befehle arp, ifconfig und route wurden durch diesen Befehl abgelöst und existieren nur noch aus Kompatibilitätsgründen. Der Befehl ip verwaltet den ARP- bzw. Neighbor-Cache, die Netzwerkkarten und IP-Adressen, Routen und Regeln. Eine sehr gute Dokumentation und Einführung in die Befehle ip und tc (*traffic control*) ist das *Linux Advanced Routing and Traffic Control Howto* (http://lartc.org). Hier gehe ich nur auf eine Anwendung des Befehls ein.

31.1 Gateway-Routing

Das erste Beispiel für den Einsatz von *Advanced Routing* ist ein klassisches Problem. Wenn ein Tunnel zwischen zwei Netzwerken über VPN-Gateways definiert wurde, können sich die Rechner aus den Netzwerken gegenseitig erreichen. Jedoch ist es nicht möglich, ein VPN-Gateway zu erreichen oder eine Kommunikation zwischen den VPN-Gateways zu ermöglichen. Hierfür werden weitere Tunnel benötigt, da die VPN-Gateways bei der Kommunikation nach außen ihre externe, im Tunnel nicht erlaubte IP-Adresse verwenden. Mit dem Advanced Routing kann eine Route definiert werden, die für eine Verbindung mit dem anderen VPN-Netzwerk die interne IP-Adresse verwendet. Hierzu können Sie die Route mit dem folgenden Befehl definieren:

```
ip route add $net dev eth0 src $ip
```

Die Variablen $net und $ip sind durch das andere Netzwerk (zum Beispiel 192.168.1.0/24) und durch die interne IP-Adresse (zum Beispiel 192.168.0.254) zu ersetzen. Möglicherweise muss eine vorhandene Route in das entsprechende Netzwerk vorher gelöscht werden. Openswan und strongSwan unterstützen das automatische Setzen dieser Route mit dem Parameter leftsourceip bzw. rightsourceip. Dies ist wesentlich eleganter, als manuell mit dem Befehl die Route selbst zu setzen. Jedoch nutzen Openswan und strongSwan intern dieselbe Funktion.

Wurde die Route definiert, so können die Gateways sich gegenseitig auf den internen IP-Adressen erreichen und auch Verbindungen in die jeweils gegenüberliegenden Netzwerke aufbauen.

32. Nicht-IP-Tunnel

Aktuelle IPsec-Implementierungen transportieren keine Multicast-Pakete. Daher können auch keine Routing-Protokolle wie das EIGRP (*Enhanced Interior Gateway Routing Protocol*) oder OSPF (*Open Shortest Path First*) im IPsec-Tunnel genutzt werden. Auch Protokolle, die nicht auf IP aufbauen, wie *Appletalk* und Novells *IPX* (*Internetwork Packet Exchange*), können nicht von IPsec transportiert werden. Hierfür muss auf der Basis der IPsec-Verbindung ein weiterer Tunnel aufgebaut werden, der diese Protokolle transportieren kann. Dafür kann entweder ein GRE- (*Generic Routing Encapsulation*) oder ein L2TP-Tunnel verwendet werden. Der L2TP-Tunnel verwendet intern das PPP-Protokoll. Das Aufsetzen eines GRE-Tunnels ist im Vergleich zu einem L2TP-Tunnel unter Linux sehr einfach und wird daher zuerst besprochen. Der GRE-Tunnel ist auch der Standardtunnel auf der Cisco-Plattform.

32.1 GRE

Die Konfiguration eines GRE-Tunnels ist sehr einfach. Hierfür ist lediglich die GRE-Unterstützung im Kernel erforderlich. Ob ein Kernel mit GRE-Unterstützung eingesetzt wird, können Sie sehr einfach mit dem Befehl `modprobe ip_gre` kontrollieren. Wenn dieser Befehl ohne Fehlermeldung das `ip_gre`-Modul lädt, so ist eine modulare Unterstützung vorhanden. Wurde das Modul fest in den Kernel kompiliert, funktioniert diese Methode jedoch leider nicht. Hier hilft nur ein Test oder ein Blick in die Kernelkonfigurationsdatei.

Abbildung 32.1 zeigt eine Beispielkonfiguration, in der zwei Netzwerke (links und rechts) über ein drittes Netzwerk verbunden sind. Zwischen diesen beiden Netzwerken soll nun ein GRE-Tunnel die Kommunikation ermöglichen. Ob die beiden Gateways nun über einen IPsec-Tunnel kommunizieren, ist hierbei unerheblich.

Um nun einen GRE-Tunnel auf dem linken Gateway zu starten, müssen die folgenden Befehle ausgeführt werden:

```
DEV=1gre
LOCAL_IP=3.0.0.1
REMOTE_IP=5.0.0.1
GRE_IP=172.16.255.1 # Beliebige IP-Adresse
REMOTE_NET=172.16.2.0/24
modprobe ip_gre
ip tunnel add $DEV mode gre remote $REMOTE_IP local $LOCAL_IP ttl 255
ip link set $DEV up multicast on
```

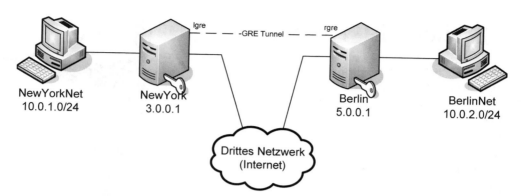

Abbildung 32.1: **Ein GRE-Tunnel zwischen dem linken und dem rechten Netzwerk**

```
ip addr add GRE_IP dev $DEV
ip route add $REMOTE_NET dev $DEV
```

Auf dem rechten Gateway müssen analog die entsprechenden Befehle ausgeführt werden. Soll der Aufbau des Tunnels automatisch erfolgen, so bauen Sie diese Befehle am einfachsten in die entsprechenden Startscripts der VPN-Tunnel mit ein.

32.2 L2TP

Das L2TP-Protokoll kann als eine Weiterentwicklung des PPTP-Protokolls verstanden werden. Es bietet von Haus aus keine Verschlüsselung. Jedoch setzen die modernen Microsoft-Betriebssysteme ab Windows 2000 (Windows XP, Windows Vista, Windows 7, Windows 2003 und Windows 2008) dieses Protokoll ein, um auf der Basis einer IPsec-Verbindung einen sicheren Tunnel aufzubauen. Für ältere Betriebssysteme bietet Microsoft einen MSL2TP/IPsec-Client zum kostenlosen Download an (http://www.microsoft.com/windows2000/server/evaluation/news/bulletins/l2tpclient.asp).

Microsoft nutzt diesen zusätzlichen Tunnel aus mehreren Gründen:

» L2TP bietet mit dem PPP-Protokoll die Möglichkeit, eine weitere Authentifizierung durchzuführen. Der Anwender muss hier seinen Benutzernamen und sein Kennwort eingeben, das mithilfe eines Active Directory zusätzlich zur IPsec-Authentifizierung überprüft werden kann.

» Das PPP-Protokoll kann anschließend auch dem Client eine eigene in dem Tunnel zu nutzende IP-Adresse zuweisen. Zusätzlich können auch ein DNS-Server und WINS-Server zugewiesen werden.

» Der entstandene Tunnel ist ein Layer-2-Tunnel und erlaubt den Transport von beliebigen Protokollen. Selbst NetBEUI könnte über diesen Tunnel gesprochen werden. Mithilfe von ProxyARP handelt es sich um eine Layer-2-Verbindung. Auch Broadcast- und Multicast-IP-Pakete werden natürlich unterstützt.

Im Folgenden beschreibe ich die Konfiguration des L2TP-Daemons auf der Linux-Seite. Bevor Sie jedoch mit der Konfiguration des L2TP-Daemons beginnen, sollten Sie eine funktionsfähige IPsec-Installation besitzen.

Die Linux-IPsec-Konfiguration soll hier am Beispiel der Openswan-Konfiguration vorgestellt werden. Um zunächst die Konfiguration und die Fehlersuche zu vereinfachen, ist es sinnvoll, dass zur Authentifizierung PSKs verwendet werden.

Um die in Abbildung 32.2 dargestellte Konfiguration zu erzeugen, ist zunächst ein Host-Host-IPsec-Tunnel erforderlich. Mithilfe des L2TP-Protokoll können Sie anschließend auf das interne Netz zugreifen.

Die entsprechende Verbindung in der FreeS/WAN-Konfigurationsdatei `ipsec.conf` sieht folgendermaßen aus:

```
conn L2TP-PSK-WIN
      authby=secret
      pfs=no
      #
      left=3.0.0.1
      leftnexthop=3.255.255.254
      #
      leftprotoport=17/1701
      #
      right=%any
      rightprotoport=17/1701
      auto=add
      keyingtries=3
```

Mithilfe der Parameter `leftprotoport` und `rightprotoport` wird der in dem Tunnel erlaubte Verkehr eingeschränkt. Jetzt dürfen nur noch UDP-Pakete (Protokoll 17) mit der Portnummer 1701 den Tunnel nutzen.

Damit der Windows-Client erfolgreich den Tunnel aufbaut, muss dieser auf der linken Seite auf das Protokoll 17 (UDP) und den Port 1701 (L2TP) eingeschränkt werden. Ältere Versionen

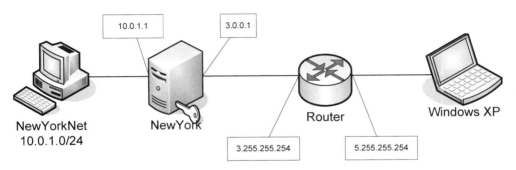

Abbildung 32.2: **L2TP-Verbindung mit einem Windows-Client**

verlangen hier die Erlaubnis, einen beliebigen Port nutzen zu dürfen (17/0). Um die Interoperabilität mit Windows sicherzustellen, ist es nötig, nicht Perfect Forward Secrecy auf der Linux-Seite zu verlangen. Nicht alle Windows-Varianten unterstützen die PFS.

Nachdem nun noch der PreShared Key (PSK) in der Datei ipsec.secrets definiert wurde, kann auf dem Linux-System IPsec gestartet werden.

Nun muss der Windows XP-Client konfiguriert werden. Hier führe ich nur kurz die wesentlichen Schritte auf. Jacco de Leeuw hat auf seiner Homepage eine Einleitung mit Screenshots hinterlegt (http://www.jacco2.dds.nl/networking/win2000xp-freeswan.html).

Hierzu starten Sie unter START->PROGRAMME->ZUBEHÖR->KOMMUNIKATION->NETZWERK- UND DFÜ-VERBINDUNGEN den Wizard. Dort wählen Sie NEUE VERBINDUNG ERSTELLEN und bestätigen die Auswahl mit WEITER. Nach Auswahl der Option VERBINDUNG MIT EINEM PRIVATEN NETZWERK ÜBER DAS INTERNET HERSTELLEN bestätigen Sie diese erneut. Nun können Sie die vorherige Einwahl über eine weitere DFÜ-Verbindung aktivieren, wenn Ihr System nicht über eine dauerhafte Internetverbindung verfügt. Nach einer weiteren Bestätigung mit WEITER müssen Sie die IP-Adresse oder den DNS-Namen des Linux-Servers angeben. Nach der Beschränkung auf die eigene Person oder die Freigabe für alle Benutzer vergeben Sie abschließend noch einen Namen für die Verbindung. Im folgenden Fenster (siehe Abbildung 32.3) können Sie nun die Eigenschaften auswählen. Dazu aktivieren Sie auf der Registerkarte SICHERHEIT die Option ERWEITERT. Wählen Sie die Verwendung des CHAP-Protokolls, und setzen Sie die Datenverschlüsselung auf OPTIONAL. Damit wird die Verschlüsselung im PPP-Protokoll deaktiviert. Sie ist nicht erforderlich, da bereits das IPsec-Protokoll die Verschlüsselung durchführt. Diese Einstellungen können nun mit OK bestätigt werden. Auf der Registerkarte SICHERHEIT können nun auch die IPsec-Einstellungen konfiguriert werden. Dort aktivieren Sie die Verwendung eines PSKs. Auf der Registerkarte NETZWERK wählen Sie das L2TP/IPsec-Protokoll aus. Nach Bestätigung mit OK befinden Sie sich wieder in der Anmelde-Box 32.3.

Abbildung 32.3: **VPN-Anmeldung**

Wird nun die Anmeldung mit einem beliebigen Benutzer und Kennwort gestartet, so sollte die IPsec-Verbindung bereits erfolgreich aufgebaut werden. Dies können Sie auf der Linux-Seite anhand der Protokollmeldungen verfolgen:

```
Pluto[yyy]: "L2TP-PSK-WIN" #1: responding to Main Mode
Pluto[yyy]: "L2TP-PSK-WIN" #1: Peer ID is ID_IPV4_ADDR: 'x.y.z.a'
Pluto[yyy]: "L2TP-PSK-WIN" #1: STATE_MAIN_R3: sent MR3, ISAKMP SA  ↵
        established
Pluto[yyy]: "L2TP-PSK-WIN" #1: responding to Quick Mode
Pluto[yyy]: "L2TP-PSK-WIN" #1: STATE_QUICK_R2: IPsec SA established
```

Noch wird die Verbindung jedoch direkt wieder abgebaut, da der Windows-Client keine erfolgreiche Verbindung zum L2TP-Daemon aufbauen kann.

Ist dieser Test erfolgreich verlaufen, können Sie den L2TP-Daemon installieren. Hier existieren mehrere Implementierungen. Empfehlenswert ist der l2tpd von www.l2tpd.org. Jacco de Leeuw pflegt RPMs (http://www.jacco2.dds.nl/networking/freeswan-l2tp.html) für die verschiedenen Distributionen. Die Debian-Distribution enthält bereits den l2tpd. Nach der Installation kann der l2tpd einfach konfiguriert werden.

Das RPM-Paket von Jacco de Leeuw enthält eine funktionsfähige Konfigurationsdatei, die nur leicht angepasst werden muss. Sie ist im Folgenden dargestellt:

Listing 32.1: **L2TP-Daemon-Konfigurationsdatei**

```
[global]
; listen-addr = 192.168.1.98

[lns default]
ip range = 192.168.1.128-192.168.1.254
local ip = 192.168.1.99
require chap = yes
refuse pap = yes
require authentication = yes
name = LinuxVPNserver
ppp debug = yes
pppoptfile = /etc/ppp/options.l2tpd
length bit = yes
```

Dabei haben die einzelnen Parameter die folgenden Bedeutungen: Mit der Angabe listen-addr kann der l2tpd auf eine bestimmte IP-Adresse gebunden werden. Die Angabe local ip definiert die lokale Endadresse der L2TP-Tunnel. Die Angabe ip range definiert die IP-Adressen, die dynamisch an die Clients verteilt werden. Mit der Angabe require chap wird das CHAP-Protokoll aktiviert. Dann müssen die Benutzer und die Kennwörter in der Datei /etc/ppp/chap-secrets gespeichert werden. Die Angabe require authentication weist den l2tpd an, den pppd so aufzurufen, dass dieser eine erneute Authentifizierung des Benutzers durchführt. Das `pppoptfile` gibt die Möglichkeit, spezifische Optionen für den `pppd` zu setzen.

Nun müssen Sie noch die Benutzer in der Datei `/etc/ppp/chap-secrets` definieren. Diese Datei enthält für jeden Benutzer zwei Zeilen mit jeweils vier Spalten:

```
#client   server   kennwort      IP-Adresse
ralf        *       "g3h3im"      192.168.1.128/25
*          ralf     "g3h3im"      192.168.1.128/25
```

Nun sollten Sie erneut die Verbindung von der Windows-Seite aus aufbauen und testen. Diesmal sollten Sie erfolgreich einen Tunnel erstellen können. Wenn anschließend Probleme bei der Nutzung der Verbindung auftreten, so handelt es sich häufig um MTU-Probleme. Sie erkennen sie daran, dass der Zugriff auf kleine Datenmengen und auch ein Ping unproblematisch sind, die Übertragung größerer Datenmengen aber fehlschlägt. Hier ist es sinnvoll, in der Konfigurationsdatei des pppd (`/etc/ppp/options.l2tpd`) die Zeilen `mtu 1400` und `mru 1400` einzutragen. Damit wird die MTU entsprechend verkleinert. Bleibt das Problem bestehen, so kann mit noch kleineren Werten experimentiert werden.

33. NAT-Traversal

Die Anwendung von NAT-Traversal ist sehr einfach. Die Unterstützung ist vollkommen transparent und kann auch aktiviert werden, wenn die Gegenseite NAT-Traversal nicht unterstützt. Dann kann natürlich das NAT-Traversal nicht genutzt werden. Eine Aktivierung führt jedoch nicht zu Fehlermeldungen.

Um das NAT-Traversal einzuschalten, muss der Parameter nat_traversal in der Konfigurationsdatei gesetzt werden.

Listing 33.1: **Aktivierung des NAT-Traversals**

```
nat_traversal=yes
```

Nun entsteht jedoch das Problem, dass in der Phase I die Verbindung mit der genatteten IP-Adresse aufgebaut wird. Damit der Client anschließend mit seiner echten IP-Adresse den Tunnel nutzen kann, muss er sozusagen als Rechner hinter einem Gateway akzeptiert werden. Das bedeutet, dass er als Subnetz bei Openswan oder strongSwan gilt (siehe Abbildung 33.1).

Die Definition der Client-IP-Adresse erfolgt entweder mit der Direktive rightsubnet oder rightsubnetwithin. Wird die erste Direktive genutzt, so muss die IP-Adresse genau angegeben werden. Mit rightsubnetwithin können Sie einen Bereich angeben, aus dem die IP-Adresse gewählt werden kann.

```
rightsubnetwithin=192.168.0.0/16
```

33.1 Alternative NAT-Konfiguration

Alternativ besteht die Möglichkeit, die IP-Adressen virtuell zu verwalten. Hierzu existieren die Werte vhost und vnet für den Parameter leftsubnet und rightsubnet. Diesen kann einer der folgenden Werte zugewiesen werden:

» %no Akzeptiere auch die öffentliche IP-Adresse im Tunnel.

» %dhcp Akzeptiere die DHCP-SA (nicht implementiert).

» %ike Akzeptiere die IKE-Config-Mode-IP-Adresse (nicht implementiert).

» %priv Akzeptiere jede IP-Adresse aus der systemweiten Liste privater IP-Adressen (siehe unten).

» %v4:x Akzeptiere die IPv4-Adressen aus der Liste x.

» %v6:x Akzeptiere die IPv6-Adressen aus der Liste x.

» %all Akzeptiere jede beliebige IP-Adresse (zu Testzwecken, unsicher).

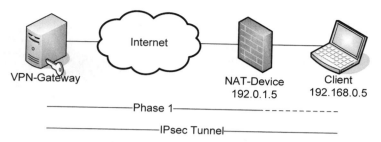

Abbildung 33.1: **Die Phase 1 nutzt die genattete Adresse als Client-Adresse, während der Tunnel tatsächlich die Client-IP-Adresse nutzt.**

Um sowohl Clients zu unterstützen, die kein NAT-Traversal benötigen, als auch Clients aus privaten Netzwerken (RFC 1918) zu unterstützen, wird die folgende Zeile verwendet:

```
rightsubnet=vhost:%no,%priv
```

Die Angabe %priv bezieht sich hierbei auf eine systemweite Liste privater IP-Adressen. Diese Liste sollte in dem config setup-Bereich der Konfigurationsdatei definiert werden. Diese Liste sollte alle RFC-1918-Netzwerke aus dem eigenen Netzwerk enthalten:

```
nat_traversal    = yes
virtual_private = %v4:10.0.0.0/8,%v4:172.16.0.0/12,%v4:192.168.0.0/16,%v4 ↵
        :!192.168.0.0/24
```

34. XAuth und IKE-Config-Mode

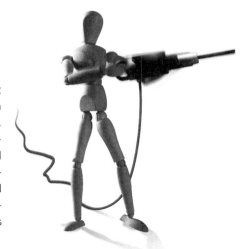

Da das IKEv1-Protokoll in vielen Bereichen nicht den Ansprüchen der Anwender genügte, haben unterschiedliche Hersteller es proprietär erweitert. Zwei Erweiterungen, die sich allgemein durchgesetzt haben (Ausnahme: Microsoft), sind *XAuth* und *IKE-Config-Mode*. XAuth erlaubt die zusätzliche Authentifizierung des Clients mit Benutzernamen und Kennwort, während der IKE-Config-Mode die Zuweisung privater IP-Adressen, DNS-Server und des Default-Gateways ermöglicht.

Diese Erweiterungen sind übrigens bei der Entwicklung von IKEv2 berücksichtigt worden und hier Teil des Protokolls.

34.1 DHCP-over-IPsec

In vielen Fällen, bei denen ein entfernter Rechner über ein VPN mit einem LAN in Verbindung tritt, ist es von Vorteil, wenn anschließend der entfernte Rechner eine IP-Adresse aus dem internen Netzwerk erhält und sich scheinbar in dem LAN befindet. Dies kann erreicht werden, indem der Client eine virtuelle IP-Adresse per DHCP erhält. Heute wird dieses Verfahren nicht mehr genutzt. Deshalb wird es in diesem Buch nicht mehr genau beschrieben. Dieses Verfahren ist in den meisten Implementierungen durch den IKE-Config-Modus oder L2TP-over-IPsec abgelöst worden. Das IKEv2-Protokoll unterstützt eine ähnliche Funktion direkt.

34.2 XAuth

Das XAuth-Protokoll als Ergänzung des IKEv1-Protokolls erlaubt eine erweiterte Überprüfung des Clients mithilfe eines Benutzernamens und Kennwortes zusätzlich zur Authentifizierung des IKE-Main- oder Aggressive-Modus in Phase 1. Dieses Protokoll wurde ursprünglich von Cisco entwickelt und nun von vielen verschiedenen Herstellern unterstützt. XAuth kann sowohl gemeinsam mit Zertifikaten als auch mit PSKs eingesetzt werden. Im letzteren Fall wird auch häufig von einem Group-PSK gesprochen, da ein PSK von einer ganzen Gruppe von Clients genutzt wird.

Da der Benutzername und das Kennwort für die Authentifizierung genutzt werden, treten häufig Probleme bei dem Rekeying der Verbindungen auf. Hier werden erneut der Benutzername und das Kennwort benötigt. Viele Implementierungen cachen hierzu die Daten. Die Linux-Implementierungen verzichten hierauf. Sinnvollerweise wird das Rekeying für diese Verbindungen serverseitig abgeschaltet.

Unter Linux können sowohl Openswan, strongSwan als auch Racoon als XAuth-Client oder -Server eingesetzt werden. Da sich die Konfiguration unterscheidet, werden die Einstellungen in einzelnen Abschnitten besprochen.

34.2.1 strongSwan

StrongSwan unterstützt XAuth sowohl bei dem Einsatz von PreShared Keys als auch bei Zertifikaten. Um das XAuth-Protokoll zu aktivieren, nutzen Sie den Parameter `xauthby` bei gleichzeitiger Verwendung von PSKs:

```
authby=xauthpsk
```

Falls Sie Zertifikate für die Authentifizierung der Systeme in der Phase 1 einsetzen, nutzen Sie:

```
authby=xauthrsasig
```

Den Hybrid-Modus, bei dem sich der Server mit einem Zertifikat und der Client nur mit Benutzernamen und Kennwort authentifiziert, unterstützt strongSwan mit dem IKEv1-Protokoll nicht.[1]

Nun müssen Sie strongSwan noch anweisen, ob er als Client oder als Server agieren soll. Hierzu dient der Parameter `xauth`:

```
xauth=client|server
```

Nun müssen sowohl der Client als auch der Server den Benutzernamen und das dazugehörige Kennwort kennen. Dies wird im einfachsten Fall in der Datei `ipsec.secrets` eingetragen:

```
: XAUTH ralf "sehrGeheim"
```

Hierbei müssen Sie darauf achten, dass auf dem Client nur ein Benutzer eingetragen werden darf. StrongSwan nutzt automatisch den einzigen Eintrag als XAuth-Client. Auf dem Server dürfen Sie dagegen alle Benutzer eintragen, die eine Verbindung aufbauen dürfen.

Grundsätzlich ist es auch möglich, für die Frage nach dem Kennwort auf dem Client den Benutzer interaktiv zu fragen. Auch kann der Server das Kennwort über eine externe Benutzerdatenbank prüfen. Hierzu müssen jedoch dynamische Bibliotheken erzeugt werden, die von strongSwan dann geladen werden. Mir ist aktuell nicht bekannt, dass derartige Bibliotheken frei existieren.

34.2.2 Openswan

Wenn Sie Openswan mit XAuth nutzen möchten, müssen Sie zunächst bei der Übersetzung XAuth aktivieren. Hierzu editieren Sie die Datei `Makefile.inc`. Wenn Sie PAM für die Authentifizierung nutzen möchten, ändern Sie auch den zweiten Parameter.

---

1   Das IKEv2-Protokoll, das alternativ von strongSwan genutzt werden kann, unterstützt genau diesen Fall.

```
USE_XAUTH=true
USE_XAUTHPAM=true
```

Nach der Übersetzung können Sie XAuth nutzen.

Server

Openswan konnte zunächst nur als Server eingesetzt werden. Hierzu müssen Sie zunächst die Konfiguration anpassen und die folgenden Parameter hinzufügen:

» `leftxauthserver,rightxauthserver`: Hiermit geben Sie an, dass Left bzw. Right der XAuth-Server ist.

» `leftxauthclient,rightxauthclient`: Hiermit geben Sie an, dass Left bzw. Right der XAuth-Client ist.

Es kann nur eine Seite Server sein. Die andere Seite muss dann der Client sein. Zusätzlich müssen Sie noch entscheiden, ob Sie für die Authentifizierung PAM oder eine eigene Datei nutzen möchten. Wenn Sie PAM nutzen möchten, hat Openswan eine PAM-Konfigurationsdatei `contrib/pam.d/pluto`, die Sie in das Verzeichnis `/etc/pam.d` kopieren. Außerdem müssen Sie PAM bei der Übersetzung aktivieren.

Wenn Sie bei der Übersetzung PAM nicht aktiviert haben, nutzen Sie eine einfache Textdatei mit folgendem Format:

```
userid:password:conname
```

Die Kennwörter in dieser Datei müssen Crypt- oder MD5-gehasht werden. Dieses Hashing können Sie mit dem Befehl `htpasswd` durchführen:

```
$ htpasswd -n ralf
New password:
Re-type new password:
ralf:cQ/ijI7WoUi4M
```

Diese Zeile hängen Sie nun an die Datei `/etc/ipsec.d/passwd` an oder erzeugen die Datei neu. Mit einem Doppelpunkt trennen Sie noch den Namen der IPsec-Verbindung ab, für die dieser Benutzer genutzt werden darf:

```
ralf:cQ/ijI7WoUi4M:conn-xauth
claudia:tSEQ9vqgl20Qo:*
```

Mit einem Stern schränken Sie die Verwendung nicht auf eine Verbindung ein.

Client

Openswan unterstützt auch die Funktion als Client. Hierzu ist aber die Konfigurationsdatei `ipsec.secrets` bei Verwendung eines Group-PSKs anzupassen. Hier tragen Sie dann den Gruppennamen ein:

```
@groupname    1.2.3.4 : PSK "grouppass"
```

Auch die Konfigurationsdatei `ipsec.conf` müssen Sie bei Verwendung von Group-PSKs anpassen. Hier müssen Sie als eigene ID den Gruppennamen angeben:

```
leftid = @groupname
```

Natürlich müssen Sie auch die Parameter `leftxauthserver` und `leftxauthclient` entsprechend spiegelverkehrt angeben.

Bei dem Start der Verbindung werden Sie dann aufgefordert, den Benutzernamen und das Kennwort einzugeben:

```
041 "conn-xauth" #1: conn-xauth prompt for Username:
Name enter:    ralf
040 "conn-xauth" #1: conn-xauth prompt for Password:
Secret enter:    <kennwort>
```

34.2.3 Racoon

Bei Racoon ist XAuth sehr umfangreich implementiert. So unterstützt Racoon den reinen XAuth-Modus zusätzlich zur Phase 1, aber auch den Hybrid-Modus, bei dem der Server sich mit einem PSK oder Zertifikat und der Client nur mit Benutzername und Kennwort authentifiziert.

Server

Damit Racoon als Server XAuth unterstützt, müssen Sie einen zusätzlichen Block in der Konfigurationsdatei hinzufügen:

```
mode_cfg {
        auth_source system;
}
```

Der `mode_cfg`-Block nimmt später auch die Parameter für den IKE-Config-Mode auf. Mit `auth_source` geben Sie an, wie Racoon das Kennwort des Benutzers überprüfen soll. Racoon unterstützt als Authentifizierungsquelle das System (`/etc/passwd`), PAM, Radius und LDAP. Der Default ist `system`. Zusätzlich kann Racoon auch die Gruppenmitgliedschaft des Benutzers prüfen. Hierzu existieren die Parameter `auth_groups` und `group_source`.

Damit Racoon weiß, wie es die XAuth-Authentifizierung durchführen soll, müssen Sie den Parameter `authentication_method` auf den entsprechenden Wert setzen:

» `hybrid_rsa_server`: Racoon ist Server. Die Authentifizierung des Servers erfolgt mit einem Zertifikat. Der Client weist sich mit Benutzernamen und Kennwort aus.

» `hybrid_rsa_client`: Racoon ist Client. Die Authentifizierung des Servers erfolgt mit einem Zertifikat. Der Client weist sich mit Benutzernamen und Kennwort aus.

» `xauth_rsa_server`: Racoon ist Server. Die Authentifizierung des Servers und des Clients erfolgt mit einem Zertifikat. Der Client weist sich zusätzlich mit Benutzernamen und Kennwort aus.

» `xauth_rsa_client`: Racoon ist Client. Die Authentifizierung des Servers und des Clients erfolgt mit einem Zertifikat. Der Client weist sich zusätzlich mit Benutzernamen und Kennwort aus.

» `xauth_psk_server`: Racoon ist Server. Die Authentifizierung des Servers und des Clients erfolgt mit einem PSK. Der Client weist sich zusätzlich mit Benutzernamen und Kennwort aus.

» `xauth_psk_client`: Racoon ist Client. Die Authentifizierung des Servers und des Clients erfolgt mit einem PSK. Der Client weist sich zusätzlich mit Benutzernamen und Kennwort aus.

Client

Racoon unterstützt auch als Client XAuth. Hier ist ein `mode_cfg`-Block nicht erforderlich. Damit der Client mit beliebigen Systemen arbeiten kann, können sowohl der `remote`- als auch der `sainfo`-Block als `anonymous` definiert werden. Damit die Verbindung mit dem Befehl `racoonctl` aufgebaut werden kann, muss der `adminsock` aktiviert werden. Wenn der Client im Hybrid-RSA-Modus arbeitet, besitzt er selbst kein eigenes Zertifikat. Lediglich der Server authentifiziert sich mit seinem Zertifikat. Daher benötigt der Client nur das Zertifikat der CA, um das Zertifikat des Servers zu prüfen. Dies kann mit `catype` angegeben werden.

Eine typische Client-Konfigurationsdatei sieht folgendermaßen aus:

```
path certificate "/etc/certs";
listen {
  adminsock "/var/run/racoon/racoon.sock" "root" "operator" 0660;
}

remote 192.168.1.1 {
  exchange_mode aggressive;
  ca_type X.509 "cacert.pem";
  peers_identifier asn1dn;
  proposal_check obey;
  nat_traversal on;
  ike_frag on;
  proposal {
    encryption_algorithm aes;
    hash_algorithm md5;
    authentication_method hybrid_rsa_client;
    dh_group 2;
  }
}
```

```
sainfo anonymous {
  pfs_group 2;
  lifetime time 1 hour;
  encryption_algorithm aes;
  authentication_algorithm hmac_md5;
  compression_algorithm deflate;
  }
```

Nun können Sie die Verbindung aufbauen mit:

```
# racoonctl vc -u ralf 192.168.1.1
Password:
Bound to address 10.0.0.5
===========================================================
            OpenSource Training Ralf Spenneberg

  Herzlich Willkommen. Nur autorisierter Zugang erlaubt.
===========================================================
```

34.3 IKE-Config-Mode

Der IKE-Config-Mode wird häufig gemeinsam mit dem XAuth-Protokoll eingesetzt. Dieser Modus erlaubt es, nach dem Ende der Phase 1 dem Client eine neue IP-Adresse, einen DNS-Server und ein Gateway mitzuteilen. Der Client nutzt dann diese Informationen, um die Tunnel der Phase 2 aufzubauen. Da der Client sich zunächst mit dem XAuth-Protokoll mit Benutzernamen und Kennwort angemeldet hat, kann der Server jedem Anwender eine spezifische IP-Adresse zuweisen und dieses auch protokollieren. Üblicherweise werden für diesen Zweck Radius-Server (*Remote Access Dial-In User Service*) genutzt. Diese bieten AAA (*Authentication, Authorization, Accounting*) und damit die einfache Verwaltung der Zugriffe.

Unterstützung für den IKE-Config-Mode unter Linux bieten Openswan, strongSwan, Racoon und der Isakmpd.[2] Die Unterstützung wird wieder in einzelnen Abschnitten behandelt.

34.3.1 Openswan

Openswan unterstützt den IKE-Mode-Config nur als Client. Hierzu verwenden Sie die folgenden Konfigurationsparameter:

» `leftmodecfgclient`: Left ist der IKE-Mode-Config-Client, der die IP-Adresse vom Server bezieht. Openswan kann nur Client sein.

» `leftmodecfgserver`: Left ist der IKE-Mode-Config-Server. Openswan kann diese Rolle nicht einnehmen.

---

2 Der Isakmpd unterstützt den IKE-Config-Mode, aber nicht XAuth.

» `modecfgpull`: Hiermit weisen Sie Openswan an, die Konfigurationsparameter anzufordern.

Zusätzlich muss Openswan mit XAuth konfiguriert werden. Eine typische Verbindung hat folgende Konfiguration:

```
conn modecfg-client
        aggrmode=yes
        authby=secret
        left=%defaultroute
        leftmodecfgclient=yes
        leftxauthclient=yes
        leftid=@GROUPID
        right=192.0.10.5
        rightxauthserver=yes
        rightmodecfgserver=yes
        modecfgpull=yes
        pfs=no
        auto=add
```

Die Verbindung wird dann mit

```
ipsec whack --name modecfg-client --initiate
```

gestartet.

34.3.2 strongSwan

StrongSwan kann sowohl als IKE-Config-Mode-Client als auch als -Server auftreten. Dies ist unabhängig von der Authentifizierung mit XAuth.

StrongSwan unterstützt hier zwei verschiedene Methoden:

» `modeconfig=pull`: Dies ist der Default-Mechanismus. Hier fragt der Client aktiv nach einer Konfiguration.

» `modeconfig=push`: Einige Cisco-Systeme nutzen diesen Mechanismus. Hier wartet der Client passiv auf die Übertragung der Konfiguration durch den Server.

Aktuell kann strongSwan neben der IP-Adresse auch DNS- und WINS-Server zuweisen. Diese können jedoch nicht in der Datei `ipsec.conf` sondern müssen in der Datei `strongswan.conf` angegeben werden. Es handelt sich um die Parameter `pluto.dns1`, `pluto.dns2`, `pluto.nbns1` und `pluto.nbns2`. Das Setzen dieser Optionen wird in Abschnitt 20 erläutert.

Sie müssen den Client so konfigurieren, dass er seine IP-Adresse mit dem IKE-Config-Mode ermittelt. Hierzu setzen Sie den Parameter `leftsourceip` auf den Wert %modeconfig.

```
conn home
    right=192.168.0.1
    rightsubnet=10.1.0.0/16
    rightrsasigkey=%cert
```

```
        rightid="/C=DE/ST=NRW/L=Steinfurt/O=OpenSource-Training Ralf ⮐
               Spenneberg/OU=VPN/CN=Berlin"
    left=%defaultroute
    leftsourceip=%modeconfig
    leftcert=newyork_cert.pem
    leftid="/C=DE/ST=NRW/L=Steinfurt/O=OpenSource-Training Ralf ⮐
           Spenneberg/OU=VPN/CN=NewYork"
    auto=start
```

Auf dem Server müssen Sie in dem Parameter `rightsourceip` die IP-Adresse hinterlegen, die der Server dem Client zuweisen soll.

```
conn roadwarrior
    right=%any
    rightid="/C=DE/ST=NRW/L=Steinfurt/O=OpenSource-Training Ralf ⮐
            Spenneberg/OU=VPN/CN=NewYork"
    rightsourceip=10.3.0.1
    left=%defaultroute
    leftsubnet=10.1.0.0/16
    leftcert=berlin_cert.pem
    leftid="/C=DE/ST=NRW/L=Steinfurt/O=OpenSource-Training Ralf ⮐
           Spenneberg/OU=VPN/CN=Berlin"
    auto=add
```

34.3.3 Racoon

Racoon weist unter den Linux-Implementierungen die umfangreichste IKE-Config-Mode-Implementierung auf. Racoon kann als Server IP-Adressen aus einem Pool verteilen und auch den Aufbau und das Ende des Tunnels zentral protokollieren. Alle Funktionen einschließlich XAuth können mithilfe der lokalen Systemdateien, eines Radius- oder eines LDAP-Servers abgewickelt werden. Racoon kann einem Client neben der IP-Adresse auch DNS-Server, WINS-Server und eine Default-DNS-Domäne senden.

Server

Die Konfiguration des Servers ist am einfachsten an einem Beispiel zu erklären:

```
mode_cfg {
        network4 10.99.99.1;
        pool_size 253;
        auth_source system;
        dns4 10.0.12.1;
        wins4 10.0.12.1;
        banner "/etc/racoon/motd";
        pfs_group 2;
```

```
        auth_throttle 10;
        save_passwd on;
}
```

Hier werden die folgenden Parameter verwendet:

» `network4`: Hiermit geben Sie das Netzwerk an, aus dem Racoon den Clients IP-Adressen zuweisen soll. Dabei handelt es sich hier um die erste IP-Adresse aus dem Pool.

» `pool_size`: Dies gibt die Größe des Pools an. Es können sich gleichzeitig nicht mehr Clients verbinden.

» `auth_source`: Hiermit spezifizieren Sie, wie der Benutzername und das Kennwort für das XAuth-Protokoll geprüft werden sollen.

» `dns4`: Dies sind die DNS-Server (komma-separiert).

» `wins4`: Dies sind die WINS-Server (komma-separiert).

» `banner`: Dieses Banner wird bei der Anmeldung ausgegeben.

» `pfs_group`: Hiermit spezifizieren Sie die DH-Gruppe für die Phase 2 (nur bei einem Cisco-Client).

» `auth_throttle`: Hiermit können Sie bei einer fehlerhaften Authentifizierung die erneute Anmeldung verzögern.

» `save_passwd`: Dies erlaubt einem Cisco-Client, den Benutzernamen und das Kennwort zu cachen.

Anstatt die Konfigurationsdaten statisch zu definieren, können diese von Racoon auch von einem Radius-Server empfangen werden. Hierzu passen Sie die Konfigurationsdatei entsprechend an:

```
mode_cfg {
        pool_size 253;
        auth_source radius;
        conf_source radius;
        accounting radius;
        dns4 10.0.12.1;
        wins4 10.0.12.1;
        banner "/etc/racoon/motd";
        pfs_group 2;
}
```

Zusätzlich müssen Sie dann noch eine Konfigurationsdatei `/etc/radius.conf` erzeugen:

```
auth radius.spenneberg.net geheim
acct radius.spenneberg.net geheim
```

Client

Auf dem Client müssen Sie die Remote-Sektion anpassen. Hier müssen Sie die folgenden Parameter einfügen:

```
mode_cfg on;            # accept config through ISAKMP mode config
script "/etc/racoon/phase1-up.sh" phase1_up;
script "/etc/racoon/phase1-down.sh" phase1_down;
```

Der erste Parameter, `mode_cfg` veranlasst den Client, die Konfiguration von dem Server anzufordern. Die beiden Scripts (`script`) konfigurieren die erhaltene IP-Adresse bei dem Tunnelaufbau bzw. entfernen diese bei dem Abbau des Tunnels.

Eine vollständige Konfigurationsdatei für einen Client im Hybrid-RSA-Modus mit XAuth und IKE-Config-Mode sieht so aus:

```
path certificate "/etc/openssl/certs";
path pre_shared_key "/etc/racoon/psk.txt";

listen {
        adminsock "/var/racoon/racoon.sock" "root" "operator" 0660;
}


# Here is the address of the VPN gateway
remote 192.0.2.50 {
        exchange_mode aggressive;
        ca_type x509 "ca.crt";
        proposal_check obey;
        mode_cfg on;
        dpd_delay 20;
        script "/etc/racoon/phase1-up.sh" phase1_up;
        script "/etc/racoon/phase1-down.sh" phase1_down;
        proposal {
                encryption_algorithm aes;
                hash_algorithm sha1;
                authentication_method hybrid_rsa_client;
                dh_group 2;
        }
}


sainfo anonymous {
        lifetime time 1 hour;
        encryption_algorithm aes;
        authentication_algorithm hmac_sha1;
        compression_algorithm deflate ;
}
```

34.3.4 Isakmpd

Der IKE-Config-Mode des Isakmpd wurde bereits in dem entsprechenden Abschnitt 17.12 behandelt.

35. Kerberos

Racoon unterstützt auch die Authentifizierung mithilfe von Kerberos. Hierbei ist neben der Implementierung der Kerberos-Umgebung kein zusätzlicher Schlüsselaustausch für die Kommunikation der Rechner untereinander mit IPsec erforderlich. Kerberos ersetzt sowohl die Pre-Shared-Keys als auch die Zertifikate. Hiermit müsste auch eine Kommunikation mit Windows-Systemen über einen Windows *Active Directory Service*-(ADS-)Kerberos-Server möglich sein. Dies konnte ich jedoch nicht testen.

Damit Racoon Kerberos nutzt, sind nur wenige Änderungen in der Konfiguration notwendig. Diese Änderungen beziehen sich alle auf den *Remote*-Abschnitt in der Konfigurationsdatei, da Kerberos nur in der Phase 1 des IKE-Protokolls genutzt wird.

```
gss_id_enc utf-16le;
proposal {
            encryption_algorithm 3des;
            hash_algorithm sha1;
            authentication_method gssapi_krb;
            # For compatibility, use the GSS-API ID "host/fqdn",
            # where fqdn is the output of the hostname(1)
            # command. You probably want this to match your system's
            # host principal.  ktutil(8)'s "list" command will list
            # the principals in your system's keytab.  If you need
            # to, you can change the GSS-API ID here.
            # Older implementations used "ike/fqdn"
            gss_id "host/fqdn";


}
```

Natürlich muss das System, auf dem Sie Racoon mit Kerberos einsetzen möchten, über eine Kerberos-Keytab-Datei mit gültigen Schlüsseln verfügen.

Dies können Sie mit dem Befehl klist -k /etc/kr5b.keytab prüfen.

Der Aufbau einer Kerberos-Umgebung würde aber über den Rahmen dieses Buches hinausgehen. Daher möchte ich hier auf die entsprechenden Dokumentationen verweisen.

36. Opportunistische Verschlüsselung

Das Endziel des FreeS/WAN-Projekts war die Sicherung des Internets durch eine Verschlüsselung des Netzwerkverkehrs. Hierzu sollte das IPsec-Protokoll dienen. Die Verwendung eines VPNs erfordert aber immer die vorherige Konfiguration durch den Administrator. Hierzu muss der Administrator auf allen Systemen die entsprechende Software installieren und die Schlüssel der Systeme untereinander austauschen oder zumindest die Zertifikate der CA hinterlegen, sodass die weiteren Zertifikate geprüft werden können. Anschließend können die Systeme die vordefinierten Tunnel nutzen.

Die opportunistische Verschlüsselung (*Opportunistic Encryption*, OE) ermöglicht es den beteiligten Systemen, selbst herauszufinden, ob eine verschlüsselte Übertragung der Daten möglich ist. Die hierfür erforderlichen Schlüssel müssen lediglich in einem DNS-Server öffentlich hinterlegt werden. Die Tunnel werden dann automatisch konfiguriert.

Die Verwendung eines DNS-Servers als zentraler Speicher für die öffentlichen Authentifizierungsschlüssel ist sowohl der größte Vor- als auch Nachteil der opportunistischen Verschlüsselung. Der DNS-Dienst ist eine weltweit verfügbare offene Lösung zur Verteilung von Informationen. Leider sind aber die dort gespeicherten Informationen nur so sicher wie der Dienst und das verwendete Protokoll selbst. Da DNS in erster Linie das UDP-Protokoll verwendet, kann das DNS-Protokoll leicht mit DNS-Spoofing angegriffen werden. Vor der flächendeckenden Einführung von DNSSEC, einer zusätzlichen Sicherheitsebene, ist die Anwendung der opportunistischen Verschlüsselung daher mit Vorsicht zu planen. Ein Angriff auf die Verschlüsselung selbst ist zwar nicht möglich, aber ein Angreifer kann falsche Schlüssel und Tunnelinformationen Ihrem System unterschieben und so als Man-in-the-Middle den Verkehr abhören.

Ein weiteres Problem bei der opportunistischen Verschlüsselung ist die Tatsache, dass alle Rechner, die nun einen Schlüssel im DNS hinterlegen, als vertrauenswürdig eingestuft werden. Zusätzliche Firewallregeln müssen die wirklichen Freunde von den potenziellen Feinden unterscheiden. Jedoch ist die Nutzung der Verschlüsselung auch mit nicht vertrauenswürdigen Partnern besser, als diesen die Daten unverschlüsselt zu senden.

Jedoch existiert auch noch die Gefahr eines Denial-of-Service bei der Verwendung der opportunistischen Verschlüsselung. So kann scheinbar ein Tunnel angeboten werden. Der Tunnel ist dann jedoch nicht funktionstüchtig.

StrongSwan deaktiviert per Default die Unterstützung der opportunistischen Verschlüsselung. Bei Openswan kann die opportunistische Verschlüsselung mit dem Parameter `oe=off` abgeschaltet werden. Die opportunistische Verschlüsselung hat sich nicht durchgesetzt. Daher ist dieser Abschnitt eher informativer Natur.

Openswan nutzt für die Verteilung der Schlüssel im DNS TXT- oder IPSECKEY-Resource-Records (RR). Ältere Implementierungen nutzen auch TXT- und KEY-Ressource-Records (RR) für die Speicherung der Schlüssel.

36.1 Funktionsweise

Die opportunistische Verschlüsselung erlaubt die Verwendung von IPsec, ohne dass der Administrator zuvor die entsprechenden Verbindungen konfiguriert hat. Damit dies möglich ist, muss Openswan jedes nach außen gerichtete Paket abfangen und anschließend ermitteln, ob es möglich ist, das Paket über eine verschlüsselte Verbindung zuzustellen. Dabei unterscheidet Openswan zwei Rollen: den Initiator, der den Tunnel aufbaut, und den Responder.

Sobald der Initiator ein Paket an den Responder versenden möchte, fängt Openswan dieses Paket ab und stellt eine Reverse-DNS-Anfrage für die Ziel-IP-Adresse. Der Responder hat zuvor seinen öffentlichen Schlüssel im DNS veröffentlicht. Erhält der Initiator in der Antwort auf seine DNS-Anfrage einen öffentlichen Schlüssel, so startet er die IKE-Verhandlungen der Phase 1 mit dem Responder. Sobald die Verschlüsselung verhandelt wurde, überträgt der Initiator seine Identifikation (zum Beispiel FQDN) an den Responder. Der Responder ermittelt mit dieser Information im DNS den öffentlichen Schlüssel des Initiators und kann mit diesem Schlüssel den Initiator authentifizieren.

Aus diesem Protokoll ergeben sich drei verschiedene Rollen, die ein Rechner einnehmen kann. Diese werde ich im Folgenden erklären und ihre Konfiguration beschreiben.

36.2 OE-Initiator

Am einfachsten ist die Konfiguration eines reinen OE-Initiators. Dieser Rechner kann lediglich opportunistische Verbindungen initiieren, aber nicht passiv derartige Verbindungen entgegennehmen.

Um den OE-Initiator zu erzeugen, müssen Sie die DNS-Einträge verwalten können. Dieser Eintrag muss nicht unbedingt gleichzeitig auch auf die IP-Adresse des Systems verweisen, daher können Sie auch freie DNS-Anbieter wie http://www.opendns.com, http://www .gratisdns.de oder http://www.xname.org nutzen. Nach der Wahl eines geeigneten FQDN, dessen DNS-Eintrag Sie ändern können, generieren Sie bei Openswan mit einem der folgenden Befehle diesen Eintrag:

Listing 36.1: **Erzeugung des Forward-DNS-Eintrags**

```
# ipsec showhostkey --txt
# ipsec showhostkey --ipseckey
```

Dies erzeugt einen TXT-Record oder einen IPSECKEY nach RFC 4025.

Dieser Eintrag muss nun im DNS-Server für die entsprechende Domäne veröffentlicht werden. Das kann dann wie folgt aussehen:

Listing 36.2: **Zonendatei mit Schlüssel**

```
$TTL    86400
$ORIGIN spenneberg.com.
@    1D IN SOA ns1.spenneberg.net. ralf.spenneberg.net (
                2009080201      ; serial
                3H              ; refresh
                30M             ; retry
                1W              ; expiry
                1D )            ; minimum


     1D IN NS        ns1.spenneberg.net.
     1D IN MX    5   mail
vpn  1D IN A         192.0.2.1
     10D IN IPSECKEY ( 10 1 2 192.0.2.38  ↵
            AQNRU3mG7TVTO2BkR47usntb1O2uFJtugbo6BSGvgqt4AQ== )
```

Eine erfolgreiche Veröffentlichung des Schlüssels im DNS kann mit dem Befehl `ipsec verify -host vpn.spenneberg.com` überprüft werden. Der Befehl meldet unter anderem:

```
Looking for TXT in forward map: vpn.spenneberg.com        [OK]
```

Nun muss die Openswan-Konfigurationsdatei `ipsec.conf` noch leicht angepasst werden, indem die folgende Verbindung hinzugefügt wird:

```
conn my-private-or-clear
    leftid=@vpn.spenneberg.com
    also=private-or-clear
```

Zusätzlich muss eine Gruppendatei für diese neue IPsec-Policy angelegt werden:

```
cp -p /etc/ipsec.d/policies/private-or-clear /etc/ipsec.d/policies/ ↵
        my-private-or-clear
```

Die neue Datei sollte den Eintrag 0.0.0.0/0 enthalten. Dieser Eintrag sollte aus der Datei `private-or-clear` entfernt werden. So versucht Openswan nun bei jeder Verbindung mit jedem Rechner (0.0.0.0/0) zunächst eine verschlüsselte Verbindung aufzubauen. Ist dies nicht möglich, so erlaubt FreeS/WAN eine Klartextverbindung.

36.3 Volle opportunistische Verschlüsselung

Wenn ein System sowohl als OE-Initiator als auch als OE-Responder auftreten soll, so spricht die Openswan-Dokumentation von *voller opportunistischer Verschlüsselung* (Full OE). Hierzu müssen Sie sicherstellen, dass sowohl bei dem DNS-Namen als auch bei der IP-Adresse des

Systems ein Resource-Record mit dem öffentlichen Schlüssel des Systems eingetragen wird. Dabei ist es notwendig, dass der verwendete DNS-Name bei einer DNS-Auflösung tatsächlich die echte IP-Adresse des Systems liefert. Der Eintrag dieses Schlüssels ist im letzten Abschnitt bereits besprochen worden. Daher beschreibe ich hier nur die Generierung des Schlüssels für den Reverse-Lookup.

Dazu erzeugen Sie wieder ein IPSECKEY- oder TXT-Record mit zum Beispiel dem folgenden Befehl:

Listing 36.3: **Erzeugung des Reverse-DNS-Eintrags**

```
# ipsec showhostkey --txt 217.160.128.61
; RSA 2192 bits   vpn.spenneberg.com   Fri Jul 25 14:01:52 2003
        IN      TXT     "X-IPsec-Server(10)=192.0.2.1" "
                AQNv7irLLViBZRKVUAnHrLwTMsvBeYnV52eCsdhUiTvgc6+17MZzbAHH+
                1B11FX8T1KOBs1jBRRF1dd85g93eUEXARuJOi2LLo1X5JwGabLYtju+fh
                yks358rvuzmDX+V/PUDgvnWq96COWUBM7119wv1gbtOvoHI2eDyUYZmhh
                7N3uKAfArmEnAIGdJxe5/FEF9h6ZhDnOa7bV3C/0571rCrnOhV9c56LXG
                DIAnwS7g1QY/zPkzG4o+UVJcF/" "PwsPCJSY+m3iqfLXJXSkEvBL5+m9
                kPQLmyCA7ezIvnPVp+x6ptQ7V1f5ODbJQvmZ9uSS6/Bbq4nEMd5/U5d/c
                rrbni+OkZel2UGtcFvZtVvmyoj+1J"
```

Diesen Schlüssel müssen Sie nun unter dem Reverse-DNS-Eintrag der IP-Adresse 1.2.0. 192.in-addr.arpa in der Reverse-DNS-Zone veröffentlichen. Die erfolgreiche Veröffentlichung im DNS kann mit dem Befehl ipsec verify -host vpn.spenneberg.com überprüft werden. Dabei sollte der Befehl nun auch in der Zeile Looking for TXT in reverse map ein OK ausgeben.

Eine weitere Konfiguration wie bei dem OE-Initiator ist nicht erforderlich. Die Policy-Gruppe private-or-clear ist bereits vollständig konfiguriert.

36.4 OE-Gateway

Schließlich besteht noch die Möglichkeit, ein OE-Gateway zu konfigurieren, das für dahinter liegende Subnetze die opportunistische Verschlüsselung ermöglicht. Dabei fängt der Initiator ein Paket ab, das an einen Endknoten gerichtet ist, der selbst nicht in der Lage ist, einen Tunnel aufzubauen. Jedoch befindet sich zwischen dem Initiator und dem Endknoten ein Gateway, das diese Aufgabe wahrnehmen und die Verbindung zwischen dem Initiator und dem Gateway mit dem IPsec-Protokoll sichern kann. Der Initiator baut dann die Verbindung zum Gateway auf.

Hierfür ist es zunächst erforderlich, dass Sie dieses Gateway als Full-OE-System konfigurieren. Dies wurde im letzten Abschnitt beschrieben.

Nun besteht aber noch zusätzlich das Problem, dass der Initiator herausfinden muss, dass es ein Gateway gibt, das den Endknoten schützt, und welche IP-Adresse und welchen Schlüssel dieses Gateway verwendet. Hierfür werden für jeden Endknoten zusätzliche Reverse-DNS-Einträge benötigt. Diese Einträge enthalten die IP-Adresse des Gateways und den öffentlichen Schlüssel des Gateways. Dazu wird der Eintrag zunächst wie in Listing 36.3 auf dem Gateway erzeugt. Anschließend wird dieser RR bei jedem Reverse-DNS-Eintrag von jedem zu schützenden Endknoten eingetragen:

```
77.1.0.3.in-addr.arpa. IN PTR eins.example.com.
; RSA 2192 bits   vpn.spenneberg.com   Fri Jul 25 14:01:52 2003
        IN   TXT    "X-IPsec-Server(10)=217.160.128.61" " AQNv7.../"

78.1.0.3.in-addr.arpa. IN PTR zwei.example.com.
; RSA 2192 bits   vpn.spenneberg.com   Fri Jul 25 14:01:52 2003
        IN   TXT    "X-IPsec-Server(10)=217.160.128.61" " AQNv7.../"

79.1.0.3.in-addr.arpa. IN PTR drei.example.com.
; RSA 2192 bits   vpn.spenneberg.com   Fri Jul 25 14:01:52 2003
        IN   TXT    "X-IPsec-Server(10)=217.160.128.61" " AQNv7.../"
```

Auch hier ist keine weitere Konfiguration erforderlich.

36.5 Test der opportunistischen Verschlüsselung

Das WAN-Team stellt zwei Server zur Verfügung, die für einen Test der opportunistischen Verschlüsselung genutzt werden können. Hierzu genügt es, mit einem Webbrowser vom Initiator eine Verbindung nach http://oetest.freeswan.org aufzubauen. Wenn die opportunistische Verschlüsselung funktioniert, so erscheint der folgende Text:

Listing 36.4: **Erfolgreiche opportunistische Verschlüsselung**

```
You  seem  to  be  connecting  from:  217.160.128.61 which DNS says is:
   vpn.spenneberg.com

   Status E-route
   OE    enabled    16    192.139.46.73/32    ->    217.160.128.61/32    =>
   tun0x2097@217.160.128.61
   OE    enabled    176   192.139.46.77/32    ->    217.160.128.61/32    =>
   tun0x208a@217.160.128.61
```

Beim Aufbau und Test der opportunistischen Verbindungen ist es wichtig, dass kompatible Openswan-Versionen eingesetzt werden.

36.6 Policy-Gruppen

Die Verwaltung der opportunistischen Verschlüsselung erfolgt mit den Policy-Groups. Diese erlauben Ihnen die Verwaltung der OE-Verbindungen mit geringem Aufwand.

Openswan enthält bereits die folgenden eingebauten Policy-Gruppen: `private`, `private-or-clear`, `clear-or-private`, `clear` und `block`.

Um diese Gruppen zu nutzen, ist es lediglich erforderlich, die entsprechenden IP-Adressen oder IP-Netzwerke in CIDR-Notation in den Gruppendateien `/etc/ipsec.d/policies/*` einzutragen. Anschließend werden diese Dateien von Openswan durch den Aufruf von `ipsec auto -rereadgroups` wieder eingelesen. Hier ein Beispiel:

```
[root@vpn root]# cd /etc/ipsec.d/policies
[root@vpn policies]# cat private
3.0.2.18/32              # Mein POP3-Server
3.0.2.19/32             # Mein Webserver

[root@vpn policies]# cat private-or-clear
0.0.0.0/0                  # Meine Defaultregel

[root@vpn policies]# cat clear
3.0.2.81/32               # Mein Webproxy

[root@vpn policies]# cat block
www.badhost.com
```

Die eingebauten Policy-Gruppen schützen lediglich den Rechner selbst. Sie sind nicht in der Lage, Subnetze zu schützen, die sich hinter dem System befinden. Hierfür müssen eigene Gruppen erzeugt werden. Dies ist aber relativ einfach. Dazu fügen Sie den folgenden Eintrag in der Openswan-Konfigurationsdatei `ipsec.conf` hinzu:

```
conn private-net
    also=private  # erbt alle Einstellungen der Gruppe private
    leftsubnet=192.168.2.0/24

conn private-or-clear-net
    also=private  # erbt alle Einstellungen der Gruppe private
    leftsubnet=192.168.2.0/24

conn clear-or-private-net
    also=private  # erbt alle Einstellungen der Gruppe private
    leftsubnet=192.168.2.0/24

conn clear-net
    also=private  # erbt alle Einstellungen der Gruppe private
    leftsubnet=192.168.2.0/24
```

```
conn block-net
    also=private  # erbt alle Einstellungen der Gruppe private
    leftsubnet=192.168.2.0/24
```

Nun müssen Sie noch die einzelnen Dateien für die Gruppen im Verzeichnis /etc/ipsec.d/ policies erzeugen:

```
# cp -p /etc/ipsec.d/policies/private /etc/ipsec.d/policies/private-net
```

Diesen Befehl müssen Sie dann für jede Datei einzeln ausführen.

37. Einsatz von Hardware-Kryptoprozessoren

Der Einsatz von Hardware-Kryptoprozessoren erlaubt, besonders auf Embedded-Plattformen mit langsamen CPUs, einen höheren VPN-Durchsatz. Diese Hardware-Kryptoprozessoren unterstützen den Prozessor bei der symmetrischen Verschlüsselung mit 3DES, Blowfish oder AES. Zusätzlich können Sie RSA- und Diffie-Hellman-Operationen unterstützen. Um sie einzusetzen, sind jedoch besondere Treiber erforderlich. Bisher hat es lediglich die Unterstützung für den *VIA Padlock*-Chip der *VIA Epia*-Chipsätze in den Kernel geschafft. Es gibt jedoch zusätzliche Treiber, die von einzelnen Distributionen unterstützt werden.

37.1 VIA Padlock

Die Dokumentation für den VIA Padlock-Treiber finden Sie unter http://www.logix.cz/ michal/devel/padlock/. Aktuelle IPsec-Implementierungen nutzen automatisch die Hardwareunterstützung.

37.2 OpenBSD Crypto Framework

Da die Unterstützung für die verschiedenen Kryptoprozessoren in Linux eher stiefmütterlich behandelt wurde, hat unter anderen David McCullough das *OpenBSD Crypto Framework* auf den Linux-Kernel portiert.

Der Patch ist unter http://ocf-linux.sourceforge.net/ verfügbar. Dieser Patch basiert auf der FreeBSD-Portierung des OCF-Frameworks.

Um das Crypto Framework zu verwenden, müssen Sie den Kernel patchen und selbst kompilieren. Zunächst laden Sie den Linux-Kernel zum Beispiel von http://www.kernel.org. Laden Sie ebenfalls den OCF-Linux-Patch von seiner Homepage. Anschließend packen Sie den Kernel aus und wenden den Patch an:

```
$ cd /tmp
$ tar xjf linux-2.6.30.10.tar.bz2
$ cd linux-2.6.30.10
$ zcat ../ocf-linux-26-20090901.patch.gz | patch -p1
patching file crypto/Kconfig
```

```
patching file crypto/Makefile
patching file drivers/char/random.c
patching file fs/fcntl.c
patching file include/linux/miscdevice.h
patching file include/linux/random.h
patching file crypto/ocf/hifn/Makefile
patching file crypto/ocf/safe/Makefile
...
patching file crypto/ocf/pasemi/pasemi_fnu.h
$ make xconfig
```

Anschließend erhält man das grafische Kernel-Konfigurationswerkzeug (siehe Abbildung 37.1), mit dem Sie die Unterstützung für Hardware-Kryptoprozessoren aktivieren können.

Nun müssen Sie nur noch den Kernel übersetzen und installieren. Dies kann in Abhängigkeit von Ihrer Distribution mit den folgenden Befehlen erfolgen:

```
$ make
$ make modules
$ make modules_install
$ make install
```

Nun müssen Sie noch das Crypto-Device erzeugen:

```
mknod /dev/crypto c 10 70
```

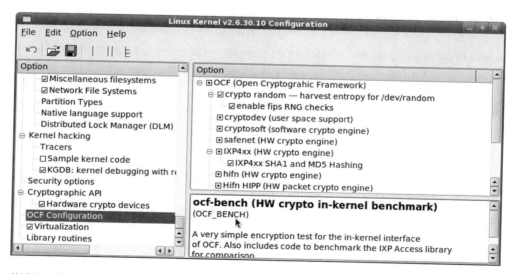

Abbildung 37.1: **Die Aktivierung der Hardwareunterstützung kann mit einem grafischen Werkzeug erfolgen.**

Openswan enthält ab der Version 2.6.16 die Unterstützung für das OCF-Framework. Hier ist keine weitere Modifikation erforderlich.

Damit OpenSSL die Krypto-Hardware nutzt, ist auch noch ein Patch von OpenSSL erforderlich. Dies wird auf der OCF-Homepage erläutert. StrongSwan muss dann mit aktiviertem OpenSSL-Krypto-Plug-In übersetzt werden, damit strongSwan die Unterstützung nutzt.

38. Prüfung der Zertifikate

38.1 Automatisches Laden der CRL

Openswan und strongSwan unterstützen den automatischen Update der *Certificate Revocation List* (CRL) mit den Protokollen LDAP, HTTP und FTP. Hierzu muss für die Protokolle HTTP und FTP *cURL* zur Verfügung stehen. cURL wird auf `http://curl` `.haxx.se` gepflegt und ist auch Bestandteil der meisten Linux-Distributionen. Für das LDAP-Protokoll muss während der Übersetzung von Openswan und strongSwan die OpenLDAP-Entwicklungs-

bibliothek (`http://www.openldap.org`) zur Verfügung stehen. Auch diese ist in den meisten Linux-Distributionen enthalten. Häufig heißt das entsprechende Paket `openldap-devel` oder `libldap-dev`. Damit diese Bibliothek bei der Übersetzung eingebaut wird, geben Sie die Optionen `--enable-curl` bzw. `--enable-ldap` an.

Damit Pluto automatisch die entsprechenden CRLs im richtigen Zeitabschnitt lädt, ist es erforderlich, dass das CA-Zertifikat die entsprechenden Informationen enthält. Hierbei handelt es sich um die X.509.v3-Erweiterung *crlDistributionPoint*. Ist diese Erweiterung vorhanden und gesetzt, kann anschließend mit dem Befehl `ipsec auto --listcrls` (Openswan) oder `ipsec listcrls` (strongSwan) der aktuelle Zustand der CRLs überprüft werden:

```
Jul 31 08:25:51 2003, trials: 2
    issuer: 'C=DE, O=OpenSourceSecurity, CN= Root CA'
    distPts: 'http://vpn.spenneberg.com/ca/cert.crl'
            'ldap://ldap.spenneberg.com/o=OpenSourceSecurity, c=DE
                ?certificateRevocationList?base
                ?(objectClass=certificationAuthority)'
```

Um die Häufigkeit des CRL-Updates zu bestimmen, existiert nun eine neue Konfigurationsdirektive `crlcheckinterval` in der Datei `ipsec.conf`:

```
config setup
    crlcheckinterval = 600    # Sekunden
```

Außerdem besteht die Möglichkeit, eine Richtlinie zu definieren, die das Verhalten bestimmt, wenn keine aktuelle CRL zur Verfügung steht:

```
config setup
    strictcrlpolicy = yes
```

Wird die `strictcrlpolicy` gesetzt, so wird kein Zertifikat mehr akzeptiert, wenn nicht eine aktuelle CRL der entsprechenden CA vorliegt.

Die Option `cachecrls` erlaubt auch noch ein lokales Caching der CRL-Dateien, sodass nach einem Neustart die Daten noch zur Verfügung stehen und nicht erneut über das Netz geladen werden müssen.

38.1.1 Racoon und Isakmpd

Racoon und Isakmpd unterstützen die automatische Aktualisierung der CRL nicht. Hier kann ein halbautomatisches System aufgebaut werden. Dazu wird ein Script eingesetzt, das per Cronjob täglich oder auch stündlich prüft, ob eine neue CRL existiert. Ist dies der Fall, wird sie an die entsprechende Stelle kopiert, und an den IKE-Daemon wird ein SIGHUP gesendet. Sowohl Racoon als auch Isakmpd reagieren auf das SIGHUP mit dem erneuten Einlesen der Konfigurationsdateien.

38.2 Online Certificate Status Protocol (OCSP)

Das *Online Certificate Status Protocol* (OCSP) erlaubt es einem Client, jedes Zertifikat direkt zu prüfen. Das OCSP wurde in dem RFC 2560 spezifiziert. Hierbei fragt der Client mit dem HTTP-Protokoll den OCSP-Server an und erhält sofort die Information, ob das Zertifikat noch gültig ist. Bei einem Rückruf muss daher nicht bis zum nächsten Download der CRL gewartet werden, bis der Client das Zertifikat ablehnt. Um das OCSP-Protokoll zu nutzen, muss strongSwan mit cURL-Unterstützung übersetzt worden sein. Dann ist die Nutzung aber sehr einfach.

Um OCSP verwenden zu können, genügen die folgenden Zeilen in der Konfigurationsdatei:

```
ca opensource-security
    cacert=opensource-security-Cert.pem
    ocspuri=http://ocsp.os-s.net:8888
    auto=add
```

Der Parameter `ocspuri` gibt den Ort des OCSP-Servers an. Dieser kann auch in dem Zertifikat eingetragen werden. Hierzu können Sie eine X.509v3-Erweiterung nutzen:

```
authorityInfoAccess=OCSP;URI:http://ocsp.os-s.net:8888
```

Der Aufbau eines OCSP-Servers kann sehr einfach mit OpenSSL erfolgen. Hierzu verwenden Sie das OpenSSL-`ocsp`-Kommando:

```
openssl ocsp -index index.txt -CA opensource-security-Cert.pem -port 8888 ↵
        -rkey ocspKey.pem -rsigner ocspCert.pem -resp_no_certs -nmin 60 ↵
        -text
```

Hierbei müssen Sie die folgenden Parameter angeben:

» `-index`: Dies ist der Index der CA. In dieser Datei werden alle ausgegebenen Zertifikate mit ihrem aktuellen Zustand (V-Valid, R-Revoked) vermerkt.

» `-CA`: Dies ist das Zertifikat der CA.

» `-port`: Auf diesem Port nimmt der OCSP-Server Anfragen entgegen.

» `-rkey`: Mit diesem Schlüssel signiert der OCSP-Server seine Antworten.

» `-rsigner`: Dies ist das Zertifikat zum `-rkey`.

» `-resp_no_certs`: Hiermit entscheiden Sie, ob das Zertifikat des OCSP-Servers in den Antworten enthalten ist.

» `-nmin`: Hiermit geben Sie an, wie lange die Antworten gültig sind.

» `-text`: Diese Option aktiviert eine ausführliche Protokollierung.

39. Dead Peer Detection

Die *Dead Peer Detection* (DPD) wurde im Februar 2004 im RFC 3706 verabschiedet. Mit DPD können Sie erkennen, ob eine IPsec-Verbindung funktionsuntüchtig geworden ist. Dann bauen die Peers die SAs (Security Associations) ab, um einen Neuaufbau zu ermöglichen. Ohne DPD wird der Peer mit noch bestehendem Tunnel den Neuaufbau wahrscheinlich abwehren, da die neu erzeugten SPIs (Security Payload Identifier) nicht mehr passen. Ein Neuaufbau der Tunnel ist damit erst nach Ablauf der Rekeying-Timer möglich.

DPD wird als Notify-Message im ISAKMP-Protokoll übertragen. Es handelt sich um sogenannte R-U-THERE-Nachrichten. Diese müssen von der Gegenstelle mit R-U-THERE-ACK-Nachrichten beantwortet werden. Damit kann kontinuierlich die Verbindung zur Gegenstelle geprüft werden. Um die Bandbreite nicht unnötig zu verschwenden, werden die R-U-THERE-Nachrichten nur versendet, wenn in dem entsprechenden Zeitraum kein regulärer IPsec-Verkehr übertragen wurde.

Alle modernen Implementierungen unterstützen DPD. Die Konfiguration von DPD im Zusammenhang mit Racoon wurde bereits in Abschnitt 16.1.2 erläutert. Daher werde ich hier nur die Parameter für Openswan und strongSwan vorstellen und erläutern.

Es werden drei Parameter unterstützt:

» `dpdaction`: Default bei Openswan: `hold`, Default bei strongSwan: `none`.
» `dpddelay`: Default 30 Sekunden.
» `dpdtimeout`: Default 120 Sekunden.

Wenn für eine bestimmte Zeit (`dpddelay`) kein IPsec-Verkehr zwischen den Kommunikationspartnern ausgetauscht wurde, versendet das System eine R-U-THERE-Nachricht. Wenn der Peer dies unterstützt, antwortet dieser mit einer R-U-THERE-ACK-Nachricht. Wird jedoch keine Antwort erhalten, so werden die R-U-THERE-Nachrichten bis zum `dpdtimeout` wiederholt. Wenn bis zu diesem Zeitpunkt weder IPsec-Verkehr noch R-U-THERE-ACK-Nachrichten empfangen wurden, wird der Peer für tot erklärt; und alle Security Associations (SAs) zu diesem Peer werden gelöscht.

Wichtig ist die Konfiguration des Parameters `dpdaction`. Die einzelnen Werte haben folgende Funktion:

» `none`: DPD ist abgeschaltet.
» `clear`: SA und Routen werden gelöscht. Dies ist auf einem Gateway sinnvoll, das Verbindungen von Roadwarriors entgegennimmt.

» `hold`: Die SA wird gelöscht. Sobald erneuter Verkehr für das VPN erkannt wird, wird die SA neu ausgehandelt.

» `restart`: Die SA wird direkt neu ausgehandelt (aktuell nur bei Openswan).

» `restart_by_peer`: Sämtliche SAs zu diesem Peer werden neu ausgehandelt (aktuell nur bei Openswan).

Die Verwendung von DPD ist grundsätzlich zu empfehlen, da die Peers dies in der Phase 1 des IKEv1-Protokolls mithilfe von Vendor-IDs aushandeln. Das bedeutet, dass nur dann, wenn beide Peers DPD unterstützen, es auch tatsächlich genutzt wird. Daher können Sie, ohne Nachteile befürchten zu müssen, DPD immer aktivieren. Wenn der Kommunikationspartner entgegen allen Erwartungen DPD nicht unterstützt, wird es auch nicht genutzt.

40. Hochverfügbarkeit

In vielen Umgebungen stellen virtuelle private Netzwerke zentrale Strukturen in der Netzarchitektur dar. Ein Ausfall dieser Systeme für einige Stunden oder Tage ist meist mit hohen Folgekosten verbunden. Können durch den Ausfall eines VPNs 20 Mitarbeiter einen Tag lang nicht mehr ihre Aufgaben erfüllen, so entspricht dies einem theoretischen Schaden von 20 Mann-Tagen, also etwa einem Monat.

Um einem derartigen Ausfall vorzubeugen, statten Sie die VPN-Gateways möglichst ausfallsicher aus. Hierzu gehört die Austattung mit RAID-Festplatten, redundanten Netzteilen, aber möglicherweise auch die hochverfügbare Auslegung durch die Bereitstellung eines zweiten VPN-Gateways, das bei einem Ausfall des ersten Gateways dessen Aufgaben übernimmt.

Die Implementierung strongSwan wird eine eigene Lösung für hochverfügbare VPN-Server ab der Version 4.4 experimentell unterstützen. Diese wird sogar laufende VPN-Verbindungen übernehmen können. Das ist bei der hier vorgestellten Lösung nicht der Fall. StrongSwan wird dann auch die VPN-Tunnel mit ihren IPsec-SAs zwischen den Gateways synchronisieren. Ein erneuter Aufbau des Tunnels ist nicht erforderlich. Dies wird mithilfe der ClusterIP-IPtables-Erweiterung gelöst. Die Funktion wird in dem Abschnitt 26 beschrieben. Ein derartiger hochverfügbarer Aufbau ist mit einer Einschränkung sehr einfach mit Open-Source-Werkzeugen realisierbar. Die wesentliche Einschränkung liegt in der Natur der IPsec-Tunnel. Da die Schlüssel der IPsec-Tunnel von den VPN-Gateways ausgehandelt und nicht auf der Festplatte gespeichert werden, können aufgebaute Tunnel nicht durch den Backup-Server übernommen werden. Das Backup-System kann lediglich die Tunnel wieder neu aufbauen oder selbst neue Anfragen entgegennehmen. Da mit den modernen Hilfsmitteln, wie Dead Peer Detection, der Ausfall einer Leitung sehr schnell erkannt wird und ein erneuter Aufbau möglich ist, merken die beteiligten Applikationen meist den Ausfall kaum. Bei Standleitungen, die mit einem VPN gesichert werden, stellt dies also keine echte Einschränkung dar, da die Verbindung auch von beiden Seiten neu aufgebaut werden kann. Bei Roadwarriors müssen nach einem Ausfall der Verbindung die Roadwarriors die Verbindung neu initiieren.

Um automatisch beim Ausfall eines VPN-Gateways die Übernahme der Funktion durch einen zweiten Rechner zu garantieren, werden High-Availability-Cluster (HA-Cluster) genutzt. Für den Aufbau einer derartigen Hochverfügbarkeitslösung stehen verschiedene Werkzeuge unter Linux zur Verfügung. Die meisten dieser Werkzeuge arbeiten nach demselben Prinzip, sodass hier nur *Heartbeat* vom Linux-HA[1]-Projekt beschrieben werden soll.

---

1   http://www.linux-ha.org

Heartbeat2 ist die zentrale Komponente des Linux-HA-Projekts. Es ermöglicht die ausfallsichere Verfügbarkeit eines Dienstes. Für den Einsatz benötigen Sie zwei Rechner mit identischer Konfiguration. Damit die Rechner sich gegenseitig überwachen können, werden sie mit geeigneten Methoden verbunden. Hierzu können Sie ein Cross-Over-Kabel oder ein Null-Modem-Kabel verwenden. Um Probleme durch den Ausfall eines Kabels zu vermeiden, nutzen Sie sinnvollerweise beide Varianten.

Es besteht auch die Möglichkeit für die Überwachung das normale Netzwerk zu nutzen. Dann sollten Sie aber eine Authentifizierung der Heartbeat-Pakete nutzen, um einem DoS-Angriff vorzubeugen.

Ein beispielhafter Cluster aus Master-Node und Backup-Node ist in Abbildung 40.1 dargestellt. Hierbei verfügt jeder Node zunächst über eigene IP-Adressen. Zusätzlich besitzt der Cluster sowohl eine interne als auch eine externe virtuelle Cluster-IP-Adresse. Unter diesen Adressen stellen beide Nodes die Verfügbarkeit des Dienstes unter der externen IP-Adresse 3.0.0.3 und der internen IP-Adresse 192.168.0.3 sicher.

Die Installation und Konfiguration des Heartbeat-Clusters ist sehr einfach. Zunächst installieren und konfigurieren Sie zwei Systeme identisch. Hierbei geben Sie den Netzwerkkarten aber unterschiedliche Adressen (wie in Abbildung 40.1). Dies ist erforderlich, damit es nicht zu einem Adresskonflikt kommt. Die zukünftige Cluster-IP-Adresse nutzen Sie hier noch nicht. Anschließend sollten Sie die Kommunikation über das Cross-Over-Kabel und das Null-Modem-Kabel testen. Die Funktion des Cross-Over-Kabels kann sehr einfach mit einem Ping getestet werden. Um das Null-Modem-Kabel zu testen, können Sie auf einem Rechner den

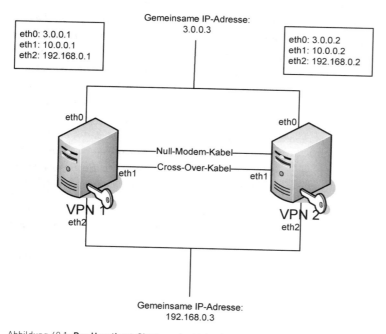

Abbildung 40.1: **Der Heartbeat-Cluster erlaubt den hochverfügbaren Aufbau von VPN-Gateways.**

Befehl `cat < /dev/ttyS0` und auf dem anderen Rechner den Befehl `echo 'Kabeltest' >` `/dev/ttyS0` eingeben. Natürlich sollten Sie auch die Gegenrichtung testen! Bei Anschluss des Null-Modem-Kabels an COM2 verwenden Sie dementsprechend `/dev/ttyS1`.

Falls es noch nicht geschehen ist, können Sie nun das Heartbeat-Paket installieren. Dies ist in den meisten Distributionen enthalten. Ansonsten können Sie es auch von `http://www` `.linux-ha.org` herunterladen, auspacken und installieren. Falls Ihre Distribution keine entsprechenden Pakete enthält, besitzt das Quelltext-Paket auch die notwendigen Dateien, um RPM-Pakete oder Debian-Pakete zu bauen. Für ein RPM-Paket ist die Datei `heartbeat.spec` verantwortlich. Mit dem Befehl `rpmbuild -bb heartbeat.spec` werden die Pakete `heart-beat`, `heartbeat-pils`, `heartbeat-ldirectord` und `heartbeat-stonith` erzeugt. Diese können Sie nun sehr einfach mit dem Befehl `rpm -i` installieren. Das Paket `heartbeat-ldirectord` wird in diesem Szenario jedoch nicht benötigt.

Die Konfiguration von Heartbeat selbst ist auch recht einfach, da die entsprechenden Dateien sehr gut kommentiert sind und eine sehr gute Dokumentation dem Paket beiliegt. Die Konfigurationsdatei in Listing 40.1 enthält aus Platzgründen diese Kommentare nicht.

Listing 40.1: **Die Datei ha.cf enthält die wesentlichen Einstellungen.**

```
debugfile /var/log/heartbeat-debug
logfile /var/log/heartbeat
keepalive 2
deadtime 30
initdead 120

serial /dev/ttyS0
baud 19200

udpport 694
bcast eth1

node vpn1.spenneberg.de
node vpn2.spenneberg.de
```

Die Parameter `debugfile` und `logfile` definieren die Dateien für die Protokollierung von Ereignissen. Heartbeat sendet nun alle zwei Sekunden (`keepalive`) einen „Herzschlag" aus. Wurden 30 Sekunden keine Herzschläge empfangen, so wird der andere Knoten für tot erklärt (`deadtime`). Da es bei einem Neustart der Rechner möglicherweise einige Zeit dauert, bis das Netzwerk zur Verfügung steht, und Systeme möglicherweise zu früh einen Failover durchführen, wird für diesen Fall die Zeit erhöht (`initdead`). Für die Kommunikation soll die serielle Schnittstelle genutzt (`serial`) und ein UDP-Broadcast über eth1 durchgeführt werden (`udp` und `bcast`). Die Namen der Knoten im HA-Cluster sind vpn1 und vpn2. Diese Namen müssen mit der Ausgabe des Befehls `uname -n` übereinstimmen!

Zusätzlich müssen Sie die Datei `/etc/ha.d/authkeys` erzeugen. Diese Datei definiert, wie die Heartbeat-Meldungen authentifiziert werden. Da die Kommunikation nur über gesicherte Leitungen (Null-Modem- und Cross-Over-Kabel) erfolgt, besteht hier zwar keine Gefahr. Sinnvoll, auch bei zukünftigen Änderungen, ist die Wahl eines sicheren Schlüssels (siehe Listing 40.2).

Listing 40.2: **Die Datei authkeys definiert die Schlüssel für die Authentifizierung der "Herzschläge".**

```
auth 2
2 sha1 Ein geheimer Schlüssel
```

Die letzte und wichtigste Datei bei der Konfiguration von Heartbeat ist die Datei /etc/ha.d/ haresources. Diese Datei (sieheListing 40.3) enthält die Spezifikation der IP-Adressen und Dienste, die bei einem Ausfall des ersten Knoten übernommen werden sollen.

Listing 40.3: **Die Datei haresources definiert die ausfallsicheren Dienste.**

```
vpn1.spenneberg.de 3.0.0.3 192.168.0.3 ipsec
```

Der in Listing 40.3 angegebene Eintrag sorgt nun dafür, dass vpn1.spenneberg.de zunächst der aktive Knoten ist. Hierzu startet Heartbeat auf diesem Knoten sämtliche konfigurierten Ressourcen. So werden die IP-Adressen als virtuelle IP-Adressen gebunden, und anschließend wird der Dienst ipsec gestartet. Die Reihenfolge der Dienste in der Datei bestimmt auch die Startreihenfolge.

Bei Ausfall des Knotens übernimmt der zweite Knoten automatisch die IP-Adressen 3.0.0.3 und 192.168.0.3 als eth0:0 bzw. eth2:0Zusätzlich startet der zweite Knoten den Dienst ipsec. Damit dies funktioniert, dürfen die hier angegebenen IP-Adressen nicht im Betriebssytem konfiguriert werden. Heartbeat kümmert sich um deren Konfiguration nach seinem Start. Auch der Dienst ipsec darf nicht vom System automatisch gestartet werden. Ihn startet Heartbeat. Das Betriebssystem muss lediglich automatisch Heartbeat starten, damit der Cluster seine Aufgabe übernehmen kann.

Um die Funktion von Heartbeat zu testen, sollten Sie zunächst Heartbeat auf beiden Systemen starten. Anschließend sollten die virtuellen IP-Adressen 3.0.0.3 und 192.168.0.3 mit einem Ping erreichbar sein. Die Protokolldateien sollten den erfolgreichen Start von Heartbeat melden. Wird nun der Knoten vpn1 ausgeschaltet, so sollte nach 30 Sekunden der Knoten vpn2 dies merken und den Dienst übernehmen.

Bei der Konfiguration des VPN-Gateways sind nun einige Besonderheiten zu berücksichtigen. Das VPN-Gateway besitzt offiziell nach außen die IP-Adresse 3.0.0.3. Daher muss diese IP-Adresse und nicht 3.0.0.1 oder 3.0.0.2 in den Konfigurationsdateien eingetragen werden. Im Falle von Openswan oder strongSwan ist dies wie folgt möglich:

```
left=3.0.0.3
```

Sämtliche Rechner, die den VPN-Tunnel für ihre Kommunikation nutzen sollen, müssen als Gateway die IP-Adresse 192.168.0.3 verwenden. Dies ist nun das Default-Gateway für den Tunnel und kann auch als Source-IP des Gateway für den Tunnel angegeben werden:

```
leftsourceip=3.0.0.3
```

41. Smartcard-Unterstützung

Seit Langem unterstützen Openswan und strong-Swan die Speicherung der privaten Schlüssel (Private Key) auf einer Smartcard – im Gegensatz zu racoon oder isakmpd. Dabei baut die Smartcard-Unterstützung auf der *OpenSC*-Bibliothek (http:// www.opensc.org) auf. Sie ist in der Lage, mit den verschiedensten Lesegeräten zusammenzuarbeiten. Hierzu können zwei verschiedene Treibersysteme eingesetzt werden: *PCSC-Lite* (http:// www.linuxnet.com/middle.html) und *OpenCT*. OpenCT wird ebenfalls vom OpenSC-Team entwickelt und kann von dessen Homepage bezogen werden.

Diese Programme unterstützen eine ganze Reihe von Kartenlesegeräten (Towitoko, Kobil Kaan Professional, Aladdin eToken, Rainbow iKey 3000, Cryptoflex eGate und Eutron Crypto-Identity ITSEC) und Smartcards. Eine Liste der unterstützten Karten und Lesegeräte ist auf der Homepage der Software zu finden. Ich verwende neben einem Towitoko Chipdrive Micro (http://www.towitoko.com) mit Schlumberger Cryptoflex 8K-Karten (http://www .smartcards.net) auch Aladdin eToken, Feitian ePass3000 und einige weitere.

Dieses Kapitel beschreibt die notwendigen Programme, deren Installation und Konfiguration für den Einsatz mit Openswan und strongSwan.

41.1 Installation

Bevor Sie Openswan und strongSwan mit der Smartcard-Unterstützung übersetzen können, müssen Sie zunächst die entsprechenden Bibliotheken installieren. Hierbei handelt es sich um die OpenSC-Bibliothek und mindestens eine der Bibliotheken OpenCT oder PCSC-Lite.

41.1.1 Installation von OpenCT

Die Installation von OpenCT ist recht einfach. Viele Distributionen enthalten bereits diese Bibliothek. Ansonsten laden Sie zunächst das Quelltextarchiv von der Homepage (http:// www.opensc.org) und entpacken dieses. Anschließend konfigurieren Sie den Quelltext und übersetzen und installieren die Bibliothek.

```
# ./configure
# make
# make install
```

41.1.2 Installation von PCSC-Lite

Die Installation von PCSC-Lite ist genauso einfach wie die Installation von OpenSC. Auch hierfür stehen bei den meisten Distributionen Pakete zur Verfügung, wenn Sie die Installation nicht manuell vornehmen möchten. Die manuelle Installation ist aber recht einfach und erfolgt mit:

```
# ./configure --enable-usb
# make
# make install
```

41.1.3 Installation von OpenSC

Nun kann OpenSC installiert werden. Auch diese Bibliothek ist meist als Paket in den Distributionen enthalten. Sie kann aber auch sehr einfach aus dem Quelltextarchiv erfolgen. Bei der Installation geben Sie den Pfad zu OpenCT und PCSC-Lite an:

```
# ./configure --with-openct=path --with-pcsclite=path
# make
# make install
```

41.2 Installation von Openswan und strongSwan

Die Installation von Openswan und strongSwan wurde bereits besprochen. Für die Unterstützung von Smartcards muss die Übersetzung angepasst werden. Möglicherweise ist dies in Ihren Distributionspaketen bereits geschehen. Bevor Sie strongSwan neu installieren, sollten Sie prüfen, ob strongSwan oder Openswan bereits die unten aufgeführten Optionen kennen.

Listing 41.1: **Konfiguration des strongSwan-Quelltextes**

```
./configure --enable-smartcard
make
make install
```

41.3 Konfiguration des Lesegerätes und der Karte

Falls Sie nicht einen PCMCIA- oder USB-gestützten Kartenleser verwenden, müssen Sie zunächst den Kartenleser konfigurieren. Dies erfolgt in der Datei /etc/openct.conf. Für einen Towitoko-Kartenleser an einer seriellen Schnittstelle ist dort folgender Eintrag erforderlich:

Listing 41.2: **Die Datei openct.conf**

```
reader towitoko {
        driver = towitoko;
        device = /dev/ttyS0;
};
```

Die meisten USB-Kartenleser sind bei den heutigen Distributionen bereits vorbereitet.

Wenn Sie die Software richtig eingerichtet und installiert haben, können Sie den Befehl `openct-control` nutzen, um ihren Leser und die Karten anzuzeigen:

```
# openct-control status
No.   Name                         Info


=====================================================
  0   Towitoko Chipdrive Micro     slot0: empty
```

Sobald eine Karte eingelegt wird, kann auf sie zugegriffen werden:

```
# openct-control status
No.   Name                         Info
=====================================================
  0   Towitoko Chipdrive Micro     slot0: card present
# opensc-explorer
OpenSC Explorer version 0.8.0
Connecting to card in reader Towitoko Chipdrive Micro...
Using card driver: Schlumberger Multiflex/Cryptoflex
OpenSC [3F00]> quit
```

Nun können Sie auf der Karte eine PKCS15-Struktur für die Speicherung von RSA-Schlüsseln und Zertifikaten anlegen. Hierzu verwenden Sie den Befehl `pkcs15-init`. Dieser formatiert die Smartcard und erzeugt zunächst eine Speicherstruktur, in der anschließend die Schlüssel gespeichert werden. Möglicherweise müssen Sie gleichzeitig auch noch die Option `--erase-card` angeben.

```
# pkcs15-init --create-pkcs15
Connecting to card in reader Towitoko Chipdrive Micro...
Using card driver: Schlumberger Multiflex/Cryptoflex
About to create PKCS #15 meta structure.
New security officer (SO) PIN required (press return for no PIN).
Please enter PIN: <enter>
Transport key (External authentication key #1) required.
Please enter key in hexadecimal notation (e.g. 00:11:22:aa:bb:cc),
or press return to accept default.

To use the default transport keys without being prompted,
specify the --use-default-transport-keys option on the
command line (or -T for short), or press Ctrl-C to abort.
Please enter key [2c:15:e5:26:e9:3e:8a:19]: <enter>
```

Viele Karten unterstützen keinen *Security Officer*. Die Eingabe einer PIN und eines PUK (Personal Unblocking Key) führen hier zu einem Fehler. Die Angabe `--no-so-pin` überspringt die

Abfrage des Security Officers. Wenn für die Übertragung der Daten zur Karte immer dieselben Transportschlüssel verwendet werden sollen, muss hier keine Abfrage erfolgen. Das kann mit der Option `--use-default-transport-keys` aktiviert werden. Die Initialisierung sieht dann so aus:

```
# pkcs15-init --erase-card --use-default-transport-keys
Connecting to card in reader Towitoko Chipdrive Micro...
Using card driver: Schlumberger Multiflex/Cryptoflex
About to erase card.
# pkcs15-init --create-pkcs15 --no-so-pin --use-default-transport-keys
Connecting to card in reader Towitoko Chipdrive Micro...
Using card driver: Schlumberger Multiflex/Cryptoflex
About to create PKCS #15 meta structure.
```

Die Verwendung der Default-Transportschlüssel erlaubt es jeder beliebigen Person mit Zugriff auf einen Kartenleser, die Karte zu löschen. Die Daten, die auf der Karte gespeichert wurden, können nicht gelesen werden, aber die Karte kann mit neuen Informationen gefüllt werden. Daher ist es möglicherweise sinnvoll, einen anderen Transportschlüssel zu wählen. Im weiteren Kapitel wird aber der Einfachheit halber mit den Default-Transport-Keys gearbeitet.

Nun müssen Sie die Schlüssel auf der Karte speichern. Einige meiner Karten erlauben es nur, die Schlüssel direkt auf der Karte zu erzeugen. Andere unterstützen diese Funktion nicht. Hier müssen Sie die Schlüssel extern erzeugen und auf die Karte kopieren:

```
# pkcs15-init --generate-key rsa/2048 --auth-id 1 --pin "12345678" --puk ↵
        "87654321" --label "my Pin" --store-pin --use-default-transport- ↵
        keys
Connecting to card in reader Towitoko Chipdrive Micro...
Using card driver: Schlumberger Multiflex/Cryptoflex
Found OpenSC Card
About to store PIN.
About to generate key.
Warning: card doesn't support on-board key generation.
Trying software generation
Updating RSA private key...
Updating RSA public key...
```

Hier handelt es sich um den letzteren Fall. Sie müssen den Schlüssel manuell mit OpenSSL generieren und im PEM-Format auf die Karte übertragen. Hierfür speichern Sie zunächst eine PIN und einen PUK auf der Karte. Die PIN und der PUK können auf der Kommandozeile mit den Optionen `--pin` und `--puk` angegeben werden. Aus Sicherheitsgründen sollte dies jedoch unterbleiben. Die Angaben auf der Kommandozeile werden in der Bash-History gespeichert und können bei Ausführung des Kommandos vom `ps`-Befehl angezeigt werden.

```
# pkcs15-init --auth-id 1 --store-pin --label "VPN Pin" --use-default- ↵
        transport-keys
Connecting to card in reader Towitoko Chipdrive Micro...
Using card driver: Schlumberger Multiflex/Cryptoflex
Found OpenSC Card
About to store PIN.
New user PIN required.
Please enter PIN: <6-stellige PIN>
Please type again to verify: <6-stellige PIN>
Unlock code for new user PIN required (press return for no PIN).
Please enter PIN: <6-stellige PUK>
Please type again to verify: <6-stellige PUK>
```

Die PIN wird nun benötigt, um auf die in der Karte gespeicherten Informationen zuzugreifen. Gibt der Benutzer mehr als dreimal die PIN falsch ein, so wird die Karte gesperrt und kann nur durch den PUK entsperrt werden.

Nun können der private RSA-Schlüssel (Private Key) und das X.509-Zertifikat auf der Karte gespeichert werden. Wenn der Schlüssel mit einer Passphrase geschützt ist, so kann diese mit der Option `--passphrase` auf der Kommandozeile angegeben werden. Ansonsten fragt der Befehl Sie interaktiv nach der Passphrase (empfohlen).

```
# pkcs15-init --auth-id 1 --store-private-key berlin_key.pem  --id 45 -- ↵
        use-default-transport-keys
Connecting to card in reader Towitoko Chipdrive Micro...
Using card driver: Schlumberger Multiflex/Cryptoflex
Found OpenSC Card
About to store private key.
Enter PEM pass phrase: passphrase
Updating RSA private key...
Updating RSA public key...
```

Dieser Befehl speichert den Schlüssel mit der ID 45 ab. Dies ist der Defaultwert. Durch die Angabe einer anderen ID können mehrere Schlüssel auf einer Smartcard gespeichert werden. Die Anwendungen können dann später zwischen den Schlüsseln wählen.

Um das Zertifikat auf der Smartcard zu speichern, ist nun folgender Befehl erforderlich:

```
# pkcs15-init --auth-id 1 --store-certificate berlin_cert.pem  --id 45 -- ↵
        use-default-transport-keys
Connecting to card in reader Towitoko Chipdrive Micro...
Using card driver: Schlumberger Multiflex/Cryptoflex
Found OpenSC Card
About to store certificate.
```

Die abgespeicherte Struktur auf der Smartcard kann dann mit dem Befehl `pkcs15-tool` betrachtet werden:

```
# pkcs15-tool --list-certificates --list-pins --list-keys
Connecting to card in reader Towitoko Chipdrive Micro...
Using card driver: Schlumberger Multiflex/Cryptoflex
Trying to find a PKCS15 compatible card...
Found OpenSC Card!
Card has 1 certificate(s).

X.509 Certificate [Certificate]
        Flags    : 2
        Authority: no
        Path     : 3F0050155501
        ID       : 45

Card has 1 private key(s).

Private RSA Key [Private Key]
        Com. Flags  : D
        Usage       : [0x4], sign
        Access Flags: [0x0]
        ModLength   : 1024
        Key ref     : 0
        Native      : yes
        Path        : 3F0050154B010012
        Auth ID     : 01
        ID          : 45

Card has 1 PIN code(s).

PIN [VPN Pin]
        Com. Flags: 0x3
        Auth ID   : 01
        Flags     : [0x32], local, initialized, needs-padding
        Length    : min_len:4, max_len:8, stored_len:8
        Pad char  : 0x00
        Reference : 1
        Type      : 1
        Path      : 3F0050154B01
```

Diese Karte kann anschließend für den Aufbau eines VPNs mit strongSwan verwendet werden. Die Schlüssel sind auf dieser Karte nun sicher gespeichert. Ein Auslesen des privaten Schlüssels ist nicht möglich. Um den privaten Schlüssel einzusetzen, ist die mindestens 6-stellige PIN erforderlich.

41.3.1 Anwendung in strongSwan

Damit strongSwan oder Openswan die Smartcard nutzen kann, muss der Administrator die Konfiguration anpassen. Der private RSA-Schlüssel und das X.509-Zertifikat werden vom IKE-Daemon für die Authentifizierung bei der Erzeugung der ISAKMP-SA benötigt. Dabei verwendet Pluto die Schlüssel nicht mehr selbst, sondern beauftragt die Smartcard, die entsprechenden Informationen zu signieren.

Hierzu ist in der Konfigurationsdatei ipsec.conf die Konfiguration der Verbindung wie folgt anzupassen:

```
conn smartcard
      right=3.0.0.1
      rightnexthop=3.255.255.254
      rightid=@vpn.spenneberg.com
      rightrsasigkey=%cert
      left=5.0.0.1
      leftnexthop=5.255.255.254
      leftid=@client.spenneberg.com
      leftcert=%smartcard
      auto=add
```

Wird das Zertifikat mit leftcert=%smartcard angegeben, so greift Pluto auf den ersten RSA-Schlüssel im ersten Smartcard-Leser zu. Existieren mehrere Schlüssel oder Lesegeräte, so können diese mit der Direktive leftcert oder rightcert explizit angegeben werden:

```
leftcert=%smartcard<readerid>:<ID>
```

Der Wert ID bezieht sich auf die bei der Speicherung des Schlüssels angegebene ID. Die Angabe %smartcard entspricht also der Angabe %smartcard0:45.

Nun muss Pluto für den Zugriff auf die Smartcard die PIN kennen und an die Smartcard übergeben können. Hierfür existieren im Grunde zwei verschiedene Varianten:

1. Die PIN wird in Klartext in der Datei ipsec.secrets eingetragen. Hierfür wird die folgende Zeile der Datei hinzugefügt:

   ```
   : PIN %smartcard "12345678"
   ```

   Auch hier ist es wieder möglich, die Nummer des Lesegerätes und die ID anzugeben. Dabei wird die gleiche Syntax verwendet wie oben. Dies ermöglicht einen automatischen Start der VPN-Verbindung ohne Interaktion eines Benutzers.

2. Die PIN wird nicht auf dem System gespeichert. Wenn das System die Verbindung startet, fragt es Sie nach der PIN. Hierzu ist die Angabe %prompt in der Datei ipsec.secrets erforderlich.

   ```
   : PIN %smartcard %prompt
   ```

Aber auch diese Lösung ist nicht ohne Probleme. Da nun erst bei dem Tunnelaufbau die PIN verlangt wird, ist dies bei einem VPN-Gateway, das nur passiv Tunnel anbietet, aber selbst keine aufbaut, keine gangbare Lösung. Der Tunnel kann zu jeder Zeit von außen aufgebaut werden, und dann wird die PIN benötigt. Zu diesem Zeitpunkt ist möglicherweise noch nicht einmal ein Benutzer angemeldet. Um diese PIN bereits im Vorfeld zu laden, kann der Befehl `ipsec rereadsecrets` bzw. `ipsec auto--rereadsecrets` verwendet werden. Er fordert dann von Ihnen die PIN an und hält sie im Arbeitsspeicher vor. Mit dem Befehl `ipsec listcards` bzw. `ipsec auto--listcards` können Sie den Zustand der Karten und der PINs überprüfen.

42. DMVPN

Das *Dynamic Multipoint VPN* (DMVPN) ist eine Erfindung von Cisco und wird von den IOS-Routern unterstützt. Es erlaubt die einfache Konfiguration von extrem skalierbaren Hub-Spoke-VPNs, bei denen viele VPN-Endpunkte ähnlich wie Fahrradspeichen (Spokes) mit einer zentralen Nabe (Hub) in einem Stern verbunden sind. Während bei normalen Konfigurationen die Kommunikation zweier Endpunkte über den zentralen Hub erfolgen muss, erlaubt das DMVPN den automatischen dynamischen Aufbau zusätzlicher Tunnel direkt zwischen den Endpunkten. Hierbei finden sich die Endpunkte selbstständig mithilfe des zentralen Hubs. Dies funktioniert auch, wenn alle Endpunkte über sich ändernde dynamische IP-Adressen verfügen.

Das DMVPN erlaubt damit einzelnen Endpunkten, direkt miteinander über ein öffentliches WAN oder das Internet zu kommunizieren. Dies kann zum Beispiel für den Transport von VoIP-Verkehr sinnvoll sein. Eine permanente VPN-Verbindung zwischen den Endpunkten ist nicht erforderlich. Da auch keine explizite Konfiguration erforderlich ist, erlaubt das DMVPN den Aufbau von sehr skalierbaren Lösungen. Es verbessert die Netzwerkleistung durch geringere Latenzzeiten[1] und geringen Jitter[2]. Gleichzeitig reduziert das DMVPN stark die genutzte Bandbreite des Hubs, da nun die Kommunikation zwischen den Endpunkten direkt abgewickelt und nicht mehr über den Hub erfolgt. Es kann auch die Ausfallsicherheit erhöhen, da bei einem Ausfall des zentralen Hubs die Endpunkte immer noch über ihre eigenen VPN-Tunnel kommunizieren können.

Die Vorteile im Einzelnen:

» bessere Bandbreitennutzung

» direkte Endpunktkonnektivität über einzelne VPN-Tunnel

» geringe Komplexitität im Deployment

» bessere Ausfallsicherheit

Damit die einzelnen Endpunkte selbstständig die zusätzlich benötigten VPN-Verbindungen aushandeln können, hat Cisco das *Next Hop Resolution Protocol* (NHRP) entwickelt.

---

1   Die Endpunkte nutzen eine direkte VPN-Verbindung anstelle zweier VPN-Verbindungen über den Hub.
2   Der zentrale Hub ist häufig stark ausgelastet. Dies erzeugt zusätzlichen Jitter.

42.1 NHRP

Das Ziel des *Next Hop Resolution Protocol* (NHRP) ist das effizientere Routen von Netzwerkverkehr über *Non Broadcast Multiple Access*-Netzwerke (NBMA). Hierbei handelt es sich um Netzwerkmedien, die von mehreren Clients gleichzeitig genutzt werden können, aber keine Broadcast-Adressierung unterstützen. Typische Netzwerkmedien sind zum Beispiel X.25 und Frame-Relay.

NHRP bietet eine dem *Address Resolution Protocol* (ARP) ähnliche Lösung. So erlaubt das NHRP einem System, dynamisch die NBMA-Adressen der anderen gleichzeitig verbundenen Systeme zu lernen. Damit können die Systeme dann direkt miteinander kommunizieren, ohne auf einen zentralen Hop angewiesen zu sein.

Dieses Protokoll wurde in dem RFC 2332 spezifiziert. Cisco hat einige Modifikationen und Erweiterungen durchgeführt. Hierbei handelt es sich unter anderen um:

» eine Erweiterung zur Authentifizierung

» eine NAT-Adresserweiterung

42.2 OpenNHRP

Das OpenNHRP-Projekt[3] entwickelt eine Open-Source-Implementierung des NHRP-Protokolls mit den Cisco-Ergänzungen. Um dieses unter Linux einzusetzen, sind einige Voraussetzungen erforderlich:

» das Kernel-Modul `ip_gre` mit NBMA-Adressunterstützung:

  • Patches für 2.6.20 und 2.6.22 sind im OpenNHRP-Quelltext vorhanden.
  • Ab Kernel 2.6.24 ist der Patch integriert.
  • Die folgenden Funktionen müssen im Kernel aktiviert sein:
    – `CONFIG_ARPD`
    – `CONFIG_NET_IPGRE`

Die Installation des OpenNHRP-Dienstes ist recht einfach und benötigt als Besonderheit lediglich die `c-ares`-Bibliothek[4]. Die Übersetzung und Installation erfolgt dann mit:

```
make
make install
```

Für die Konfiguration von OpenNHRP benötigen Sie eine einfache Konfigurationsdatei:

```
interface gre1
  map 10.255.255.1/24 192.168.200.1 register
  cisco-authentication secret
```

---

3   http://sourceforge.net/projects/opennhrp/
4   **Debian:** `libc-ares-dev`, **Fedora:** `c-ares-devel`

```
  shortcut
  redirect
interface eth1
  shortcut-destination
```

Die einzelnen Parameter sind in der Manpage `opennhrp.conf(5)` erläutert. Daher will ich hier nur kurz ihre Bedeutung erklären:

» `interface`: Hiermit spezifizieren Sie die Netzwerkkarten, auf denen der OpenNHRP-Daemon aktiv werden soll.

» `map`: Hiermit geben Sie an, dass für die *Next Hop Resolution*-(NHR-)Anfragen der angegebene Peer (192.168.200.1) zu verwenden ist. Der optionale Parameter `register` verlangt bei dem Start eine Registration am Peer. Mit dem optionalen Parameter `cisco` geben Sie an, dass es sich bei dem Peer um einen Cisco-IOS-Router handelt.

» `cisco-authentication`: Cisco hat NHRP um die Authentifizierung erweitert. Hiermit geben Sie das *Shared Secret* an. Maximal 8 Zeichen werden unterstützt.

» `shortcut`: Erhält der OpenNHRP-Daemon eine *Traffic Indication*, so führt er mit NHRP eine Next Hop Resolution durch und erzeugt eine Shortcut-Route direkt zum Ziel. Dies ist eine wichtige Option auf den OpenNHRP-Instanzen an den Spokes.

Sie benötigen weiterhin statische Routen bzw. ein dynamisches Routing-Protokoll, da NHRP lediglich Shortcut-Routen für bereits vorhandene Routen erzeugen kann. Am einfachsten setzen Sie in jedem Spoke eine Default-Route auf den Hub.

» `redirect`: Erkennt der OpenNHRP-Daemon, dass eine direkte Route zwischen dem Absender und Empfänger möglich ist, sendet er eine Traffic-Indication. Dies entspricht einem ICMP-Redirect. Diese Option ist auf der OpenNHRP-Instanz auf dem Hub wichtig.

» `shortcut-destination`: OpenNHRP erkennt, welche Netze über diese Netzwerkkarte erreichbar sind, und antwortet für entsprechende NHRP-Anfragen. Dies sollte die „interne" Netzwerkkarte sein. Weitere Konfigurationsparameter sind für diese Karte nicht erlaubt.

OpenNHRP kann gleichzeitig mit den IPsec-Tools (`setkey` und Racoon) genutzt werden. Hierbei sollten Sie aber darauf achten, dass Sie die Version 0.8 verwenden oder einen entsprechenden Patch in der Version 0.7 einspielen.

OpenNHRP benötigt einen NBMA (Non-Broadcast-Multi-Access)-GRE-Tunnel. Dieser Tunnel verbindet den Spoke mit dem Hub. Aktuell wird nur IPv4 unterstützt. Um diesen Tunnel zu erzeugen, können Sie zum Beispiel die folgenden Befehle nutzen:

```
ip tunnel add gre1 mode gre key 1234 ttl 64
ip addr add 10.255.255.2/24 dev gre1
ip link set gre1 up
```

Außerdem benötigen Sie eine IPsec-Policy. Diese können Sie in der Datei /etcipsec.conf erzeugen:

```
/etc/ipsec.conf:
      spdflush;
      spdadd 0.0.0.0/0 0.0.0.0/0 gre -P out ipsec esp/transport//require;
      spdadd 0.0.0.0/0 0.0.0.0/0 gre -P in  ipsec esp/transport//require;
```

Da die eigentliche Kommunikation in dem GRE-Tunnel stattfindet, muss IPsec die GRE-Pakete verschlüsseln. Hierzu genügt der Transport-Mode.

Für einen ersten Test mit Racoon kann die folgende Konfigurationsdatei racoon.conf genutzt werden:

```
path pre_shared_key "/etc/racoon/psk.txt";
remote anonymous {
    exchange_mode aggressive;
    my_identifier fqdn "my-domain.example.com";
    nat_traversal on;
    script "/etc/opennhrp/racoon-ph1down.sh" phase1_down;
    proposal {
            encryption_algorithm 3des;
            hash_algorithm sha1;
            authentication_method pre_shared_key;
            dh_group 2;
    }
}
sainfo anonymous {
    pfs_group 2;
    encryption_algorithm 3des, rijndael;
    authentication_algorithm hmac_sha1, hmac_md5;
    compression_algorithm deflate;
}
```

Dieses Beispiel nutzt den Aggressive-Modus mit einem DNS-Namen als Identität und einem PSK zur Authentifizierung. Dies erlaubt einen schnellen einfachen Testaufbau. Natürlich sollten Sie aus Sicherheitsgründen Zertifikate vorziehen. Für einen ersten Test genügt dies jedoch. Natürlich brauchen Sie auch noch eine PSK-Datei:

```
my-domain.example.com   "geheim"
```

43. Fehlersuche

Dieses Kapitel widmet sich der lästigen, aber häufig notwendigen Fehlersuche in virtuellen privaten Netzwerken. Hier gestaltet sich die Suche nach einem Fehler meist sehr schwierig, da die Nachrichten verschlüsselt übertragen werden. Bei einem Konfigurationsfehler verwirft möglicherweise eine Seite diese Pakete ohne Angabe eines Fehlers.

Es gibt eine Reihe von Werkzeugen, die bei der Fehlersuche helfen können. Das wichtigste Werkzeug ist sicherlich die Protokollierung durch die entsprechenden Systeme. Hier finden sich am ehesten die Fehlermeldungen und Hinweise auf Konfigurationsfehler. Sowohl Openswan/strongSwan als auch der Isakmpd erlauben die Änderung des Debug-Levels im laufenden Betrieb.

43.1 *swan-Debugging

Bei Openswan und strongSwan kann mit dem Befehl ipsec whack im laufenden Betrieb der Debug-Level des Pluto-Dienstes verändert werden. Bei strongSwan steht mit ipsec stroke ein entsprechender Befehl für den Charon-Dienst zur Verfügung. Dabei kann mit der Option --name die Protokollierung für nur eine bestimmte Verbindung aktiviert werden. Folgende Protokollfunktionen existieren bei Pluto:

» --debug-raw
» --debug-crypt
» --debug-parsing
» --debug-emitting
» --debug-control
» --debug-dns
» --debug-all (nicht empfohlen)
» --debug-private
» --debug-none (schaltet das Debugging ab)

Ein weiteres Feature bei der Fehlersuche ist der Befehl ipsec verify. Dieser prüft die Konfigurationsdatei und die verwendeten Schlüssel auf ihre Syntax:

```
# ipsec verify
Checking your system to see if IPsec got installed and started correctly
Version check and ipsec on-path                              [OK]
Checking for KLIPS support in kernel                         [FAILED]
```

```
Checking for RSA private key (/etc/ipsec.secrets)         ipsec  ↵
        showhostkey: no pubkey line found -- key information old?
[FAILED]
Checking that pluto is running                      whack: Pluto  ↵
        is not running (no "/var/run/pluto.ctl")
[FAILED]
DNS checks.
Looking for TXT in forward map: kermit.spenneberg.de      [MISSING]
Does the machine have at least one non-private address    [FAILED]
Two or more interfaces found, checking IP forwarding      [OK]
Checking NAT and MASQUERADING                             [N/A]
```

Die Ausgabe muss jedoch mit Vorsicht gelesen werden, denn nicht jedes MISSING und jedes FAILED bedeutet, dass die Konfiguration Fehler aufweist. Dieser Befehl prüft auch, ob sämtliche Schlüssel für die opportunistische Verschlüsselung (OE) im DNS eingetragen wurden. Wird die OE nicht verwendet, so können die entsprechenden Meldungen ignoriert werden.

43.2 Debugging bei Racoon

Bei Racoon kann nur beim Start der Debug-Level angegeben werden. Leider unterstützt Racoon hier auch nur die Verwendung der allgemeinen Option -d, die den Level erhöht. Mehrere Angaben dieser Option erhöhen den Debug-Level weiter. Ansonsten unterstützen Racoon wie auch Isakmpd die Ausführung im Vordergrund einer Konsole, sodass die Meldungen auf die Konsole geschrieben werden. Wird Racoon nicht mit der Option -F angewiesen, im Vordergrund zu laufen, so protokolliert er über den Syslog-Dienst. Mit der Angabe der Option -l logdatei führt er die Protokollierung in der angegebenen Datei durch. Wenn der Debug-Level geändert werden soll, muss Racoon neu gestartet werden.

43.2.1 Racoon-Fehlermeldungen

Da Racoon sehr kryptische Fehlermeldungen ausgibt, möchte ich Ihnen einige Fehlermeldungen und ihre häufigsten Gründe im Folgenden erläutern.

» *unable to get local issuer certificate*: Racoon kann das Zertifikat der CA nicht finden. Wahrscheinlich haben Sie vergessen, den gehashten Link anzulegen:

```
ln -s CA.crt `openssl x509 -noout -hash -in CA.crt`.0
```

» *no (suitable) policy found*: Wahrscheinlich haben Sie mit dem setkey-Kommando nicht die (richtigen) Policys geladen.

» *failed to get subjectAltName*: Wenn Sie den folgenden Parameter nicht setzen, sucht Racoon nach dem subjectAltName:

```
my_identifier asn1dn;
```

» *failed to get proposal for responder* oder auch *notify message must be encrypted*: Meistens verwenden die beiden Kommunikationspartner unterschiedliche Verschlüsselungsverfahren, z.B. 3DES und AES oder Blowfish.

43.3 Debugging beim Isakmpd

Der Isakmpd unterstützt zusätzlich zur Angabe des Debug-Levels bei seinem Start auch dessen Änderung während der Ausführung. Hierfür erzeugt Isakmpd bei seinem Start eine *Named Pipe*. Der Ort der Named Pipe kann mit der Option `-f` beim Start angegeben werden. Wird diese Option nicht verwendet, so verwendet Isakmpd die Datei `/var/run/isakmpd.fifo`.

Durch das Senden des Befehls `D` an diese Named Pipe kann der Administrator den Debug-Level konfigurieren. Im Einzelnen stehen die folgenden Befehle zur Verfügung:

» `D <class> <level>`: Dies stellt den Level für die angegebene Klasse (s.u.) ein.

» `D T`: Hiermit wird das Debugging für alle Klassen abgeschaltet. Ein weiteres `D T` stellt das Debugging im alten Zustand wieder her.

Der Isakmpd verwaltet die Debug-Informationen in Klassen. Hierbei definiert er die folgenden 11 Klassen: 0 (Misc), 1 (Transport), 2 (Message), 3 (Crypto), 4 (Timer), 5 (Sysdep), 6 (SA), 7 (Exchange), 8 (Negotiation), 9 (Policy) und A (Alle). Diesen Klassen können Werte zwischen 0 und 99 zugewiesen werden.

Um nun das Debugging für alle Klassen auf den Wert 40 zu setzen, nutzen Sie den folgenden Befehl:

```
# echo "D A 40" > /var/run/isakmpd.fifo
```

Über die Fifo können auch weitere Eigenschaften von dem Isakmpd gesteuert werden. So ist es möglich, Verbindungen zu starten oder zu beenden.

43.4 Weitere Werkzeuge für das Debugging

Das wichtigste Werkzeug ist wahrscheinlich der Befehl `ping`. Dieser Befehl prüft die Erreichbarkeit eines weiteren Rechners und ist Ihnen sicherlich bekannt. Mit dem Befehl `ping` sollte vor allem die Erreichbarkeit des VPN-Peers vor der Aktivierung des VPNs getestet werden. Besteht bereits ohne VPN keine Konnektivität, so wird diese wahrscheinlich nicht durch den Aufbau des VPNs entstehen.

Dieser Befehl kann auch genutzt werden, um Path-MTU-Probleme (PMTUD) zu analysieren. Hierzu verwenden Sie den folgenden Aufruf:

```
ping -M do -s 1472 10.0.0.1
```

Dieser Aufruf baut ein ICMP-Ping-Paket mit 1472 Bytes Nutzdaten. Hinzu kommen 8 Bytes ICMP-Header und 20 Bytes IP-Header, sodass am Ende ein Paket mit genau 1500 Bytes entsteht. Der Parameter -M do weist den Ping-Befehl an, das DF-Bit zu setzen. Erhalten Sie keine Antworten, so ist die Path-MTU-Discovery defekt.

Bei der Ermittlung der MTU hilft auch der Befehl tracepath unter Linux:

```
# tracepath vpn.spenneberg.net
 1:   192.168.255.101 (192.168.255.101)         0.278ms pmtu 1500
 1:   192.168.255.1 (192.168.255.1)             0.293ms
 1:   192.168.255.1 (192.168.255.1)             0.319ms
 2:   192.168.253.1 (192.168.253.1)             1.129ms
 3:   192.168.253.1 (192.168.253.1)             1.360ms pmtu 1450
 3:   217.0.118.129 (217.0.118.129)            20.820ms
 4:   87.186.246.70 (87.186.246.70)            22.115ms
 5:   217.239.40.230 (217.239.40.230)          31.288ms asymm  8
 ...
10:   vpn.spenneberg.net (...)                 32.163ms reached
      Resume: pmtu 1450 hops 10 back 55
```

Weitere wichtige Befehle sind traceroute, tcpdump und wireshark (früher ethereal). Vor allem die letzten beiden Befehle sind besonders interessant, da sie die Angabe des verwendeten Algorithmus und des Schlüssels erlauben. Sie sind dann in der Lage, die übertragenen IPsec-Pakete zu entschlüsseln und Klartext darzustellen. Dies kann bei der Fehlersuche sehr hilfreich sein. Der Befehl tcpdump verwendet hierfür die Option -E algo:secret.

44. Testumgebungen

Bevor Sie ein VPN real und produktiv betreiben, sollten Sie den Einsatz und die Konfiguration in einer Testumgebung evaluieren und prüfen. Hier haben Sie die Möglichkeit, Fehlerszenarien durchzuspielen und die Robustheit zu prüfen.

Dieses Kapitel stellt verschiedene Möglichkeiten für den Aufbau einer derartigen Testumgebung vor. Hierbei existieren grundsätzlich zwei verschiedene Möglichkeiten:

» Entweder werden sämtliche benötigten Rechner für den Aufbau des Testfalls in eigenständiger physikalischer Hardware realisiert. Sie benötigen dann jedoch umfangreiche Hardwareressourcen, wie Rechner, Kabel, Hubs, Switches und so weiter. Von Vorteil ist jedoch, dass Sie direkt die Leistungsfähigkeit der eingesetzten Hardware in der VPN-Lösung testen können.

» Die Alternative ist eine Virtualisierung der gesamten Testumgebung. Hierbei werden die benötigten Rechner mithilfe von Softwareprodukten emuliert. Sie benötigen daher keine zusätzlichen Rechner oder Netzwerkhardware. Am bekanntesten ist sicherlich die Rechneremulation mit VMware. Alternativ kann jedoch auch XEN oder KVM genutzt werden. Diese Produkte emulieren einen Intel-PC und erlauben die Installation eines beliebigen Betriebssystems. Ich bin inzwischen ein zufriedener Anwender von KVM, da es mir unter Linux auf aktueller Hardware am schnellsten die Virtualisierungsmöglichkeiten bietet.

Dieser Abschnitt stellt die in diesem Buch verwendeten Testumgebungen vor und erklärt ihren Aufbau. Diese Umgebungen sind sehr generisch gehalten und versuchen, die realen Verhältnisse im Internet mit möglichst geringen Mitteln nachzustellen, damit Sie so gut wie jedes in diesem Buch vorgestellte Szenario nachstellen können.

Im Grunde werden zwei verschiedene Testumgebungen benötigt:

» Eine einfache Testumgebung I, bei der zwei Netzwerke über zwei VPN-Gateways miteinander kommunizieren. Das Internet wird durch einen zusätzlichen Router zwischen den VPN-Gateways emuliert.

» Eine Testumgebung II, bei der einzelne Rechner mit dynamischen IP-Adressen über einen Router auf ein VPN-Gateway zugreifen.

Wenn die Testumgebungen aufgebaut werden, sollte vor dem Einsatz eines VPNs getestet werden, ob diese Umgebungen funktionieren. Dazu kann mit ping die Konnektivität geprüft werden.

44.1 Testumgebung I

Diese Testumgebung (Abbildung 44.1) stellt den häufigsten Fall einer VPN-Lösung in einem Unternehmen dar. Das hier abgebildete Unternehmen verfügt über zwei lokale Netzwerke. Sie befinden sich in New York und Berlin. Das Netzwerk in New York verwendet die IP-Adressen 10.0.1.0/24. Das Netzwerk in Berlin verwendet die IP-Adressen 10.0.2.0/24. In beiden Netzen gibt es ein Standard-Gateway. Es ist unter der IP-Adresse 10.0.1.1 beziehungsweise 10.0.2.1 erreichbar. Beide Gateways verfügen über eine statische IP-Adresse im Internet. New York verwendet die IP-Adresse 3.0.0.1 mit einer Netzmaske von 255.0.0.0 und einem Standard-Gateway von 3.255.255.254. Berlin verwendet die IP-Adresse 5.0.0.1/8 mit dem Standard-Gateway von 5.255.255.254.

New York und Berlin sind in der Realität über mehrere Router im Internet miteinander verbunden. Hier wird das Internet durch einen Router simuliert, der über zwei Netzwerkkarten mit den IP-Adressen 3.255.255.254/8 und 5.255.255.254/8 verfügt.

44.2 Testumgebung II

Diese Testumgebung wird für den Test eines Roadwarrior-Szenarios und den Test des NAT-Traversals benötigt. Hierbei gleicht die linke Hälfte des Aufbaus der Testumgebung I. Es existiert hier ebenfalls ein Netzwerk New York, das die IP-Adressen 10.0.1.0/24 verwendet. Dieses Netzwerk ist über ein Gateway mit dem Internet verbunden. Das Gateway ist dazu mit zwei Netzwerkkarten ausgestattet. Die interne Karte verwendet die IP-Adresse 10.0.1.1/24. Die externe Karte verwendet die IP-Adresse 3.0.0.1/8 mit einem Standard-Gateway von 3.255.255.254.

Der Router simuliert erneut das Internet. Über den Router greifen nun Clients mit dynamischen IP-Adressen auf New York zu. Hinter den Clients kann sich ein weiteres Netzwerk (Client1, 192.168.3.0/24) befinden. Client1 kann damit auch für den Test des NAT-Traversal verwendet werden. Dazu wird auf Client1 NAT aktiviert. Der VPN-Aufbau erfolgt dann von den Rechnern NAT-Client1 und NAT-Client2 hinter Client1. Client2 ist ein weiterer Client mit dynamischer IP-Adresse.

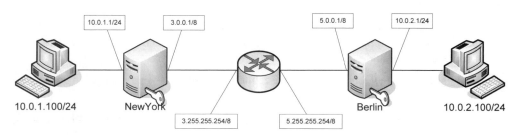

10.0.1.1/24   3.0.0.1/8   5.0.0.1/8   10.0.2.1/24

10.0.1.100/24   NewYork   Berlin   10.0.2.100/24

3.255.255.254/8   5.255.255.254/8

Abbildung 44.1: **Testumgebung I**

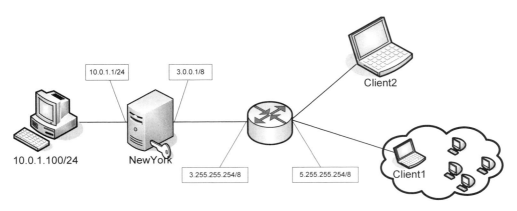

Abbildung 44.2: **Testumgebung II**

44.3 Physikalische Testumgebungen

Es ist möglich, diese Testumgebungen physikalisch aufzubauen. Hierzu benötigen Sie jedoch eine große Anzahl von Rechnern inklusive Hubs, Switches und Kabeln. Ein physikalischer Testaufbau erlaubt jedoch eine Abschätzung der tatsächlichen Leistungsfähigkeit der Hardware. So kann geprüft werden, ob die ausgewählte Hardware später im Produktionseinsatz in der Lage ist, die gewünschte Leistung zu erbringen.

Für erste Tests ist es jedoch sinnvoller und meist auch schneller und preiswerter, die entsprechenden Aufbauten zu emulieren.

44.4 VMware

VMware Workstation ist ein kommerzielles Produkt. Es wird von VMWare (http://www.vmware.com) hergestellt und stellt ein Produkt aus einer Reihe mit dem *VMware Player, Server* und dem *VMware ESX Server* dar. Es erlaubt die Virtualisierung eines Intel-PCs auf der Basis von Linux oder Windows-32-Bit-Betriebssystemen. So besteht die Möglichkeit, auf diesem virtualisierten PC ein weiteres Intel-Betriebssystem (Windows, Linux, *BSD oder Solaris) zu installieren. VMware unterstützt dabei eine Vernetzung der virtuellen Rechner.

VMware Workstation ist als Evaluationsversion erhältlich.

Für die Vernetzung bietet VMware die Erzeugung von virtuellen Netzwerken. Dazu werden auf dem Host-Betriebssystem virtuelle vmnetX-Karten erzeugt, die dem Host Zugang zu diesen Netzwerken geben.

Der Aufbau sämtlicher Testumgebungen ist mit VMware Workstation möglich. Für Einzelheiten lesen Sie bitte die VMware-Bedienungsanleitung.

44.5 KVM

Die *Kernel Virtual Machine* (KVM) ist seit dem Linux-Kernel 2.6.20 ein fester Bestandteil des Linux-Kernels. KVM ist in der Lage, ein unverändertes X86-Betriebssystem in einer virtuellen Maschine auszuführen. Hierbei benutzt KVM für die Bereitstellung der peripheren Hardware (PCI-Bus, Festplatten, Netzwerkkarten, Sound etc.) das Qemu-Projekt. Die Ausführung von virtuellen Gästen ist mit Qemu bereits seit vielen Jahren möglich. Qemu ist jedoch ein Emulator, und die Ausführungsgeschwindigkeit der Gäste leidet unter der Emulation. KVM ist ein Qemu-Beschleuniger, der die Emulation durch die Hardware-Virtualisierung der modernen Prozessoren ersetzt.

So ist es möglich, jeden KVM-Gast auch ohne KVM-Beschleunigung in Qemu auszuführen.

KVM und Qemu sind heute Bestandteil aller größeren Distributionen. Wenn Ihr Rechner über eine moderne CPU mit Hardware-Virtualisierung verfügt, können Sie KVM nutzen. Ansonsten müssen Sie auf die Qemu-Emulation zurückgreifen.

Um zu prüfen, ob Ihr Prozessor die Hardware-Virtualisierung unterstützt, versuchen Sie, das entsprechende Kernel-Modul zu laden:

```
modprobe kvm_intel
modprobe kvm_amd
```

Kann eines der beiden Module geladen werden, so ist Ihr System KVM-fähig.

44.6 Aufbau virtueller Netzwerke

Virtuelle Netzwerke können mit unterschiedlichsten Methoden aufgebaut werden. Hier möchte ich daher auf die KVM- und Qemu-Dokumentation verweisen. Ich persönlich nutze gern virtuelle Tap-Netzwerkkarten oder Multicast-Sockets.

Ein typisches Script zum Aufbau eines virtuellen Netzes ist auf der CD für den Start der virtuellen Umgebung vorhanden:

```
#!/bin/bash

QEMU=/usr/bin/qemu-kvm
SUDO=/usr/bin/sudo
TUNCTL=/usr/sbin/tunctl
SYSCTL=/sbin/sysctl
# NewYorkNet
$SUDO $QEMU -hda newyorknet.img \
        -net nic,vlan=1,macaddr=00:e0:81:80:c5:6c,model=e1000,name=eth0 \
        -net socket,mcast=230.0.0.1:2001,vlan=1 \
        -monitor telnet:127.0.0.1:10001,server,nowait \
        -m 64M \
        -daemonize
```

```
# NewYork
$SUDO tunctl -t tap0
$SUDO ifconfig tap0 3.255.255.254 up
$SUDO $QEMU -hda newyork.img \
        -net nic,vlan=1,macaddr=00:e0:81:80:c5:6d,model=e1000,name=eth0 \
        -net socket,mcast=230.0.0.1:2001,vlan=1 \
        -net nic,vlan=2,macaddr=00:e0:81:80:c5:6e,model=e1000,name=eth1 \
        -net tap,vlan=2,ifname=tap0,script=no \
        -monitor telnet:127.0.0.1:10002,server,nowait \
        -m 128M \
        -daemonize

# BerlinNet
$SUDO $QEMU -hda berlinnet.img \
        -net nic,vlan=1,macaddr=00:e0:81:80:c5:6f,model=e1000,name=eth0 \
        -net socket,mcast=230.0.0.1:2002,vlan=1 \
        -monitor telnet:127.0.0.1:10003,server,nowait \
        -m 64M \
        -daemonize

# Berlin
$SUDO tunctl -t tap1
$SUDO ifconfig tap1 5.255.255.254 up
$SUDO $QEMU -hda berlin.img \
        -net nic,vlan=1,macaddr=00:e0:81:80:c5:60,model=e1000,name=eth0 \
        -net socket,mcast=230.0.0.1:2002,vlan=1 \
        -net nic,vlan=2,macaddr=00:e0:81:80:c5:61,model=e1000,name=eth1 \
        -net tap,vlan=2,ifname=tap1,script=no \
        -monitor telnet:127.0.0.1:10004,server,nowait \
        -m 128M \
        -daemonize

#Roadwarrior
$SUDO tunctl -t tap2
$SUDO ifconfig tap2 7.255.255.254 up
$SUDO $QEMU -hda rw.img \
        -net nic,vlan=1,macaddr=00:e0:81:80:c5:63,model=e1000,name=eth0 \
        -net tap,vlan=1,ifname=tap2,script=no \
        -monitor telnet:127.0.0.1:10005,server,nowait \
        -m 128M \
        -daemonize

$SUDO $SYSCTL -w net.ipv4.conf.tap0.forwarding=1
$SUDO $SYSCTL -w net.ipv4.conf.tap1.forwarding=1
$SUDO $SYSCTL -w net.ipv4.conf.tap2.forwarding=1
```

Teil V

OpenVPN 2.x

In diesem Teil des Buches wird der Aufbau von VPN-Verbindungen mit OpenVPN beschrieben. OpenVPN verwendet im Gegensatz zu den IPsec-basierten VPNs ein eigenes proprietäres Protokoll. Daher ist es sinnvoll, diese Variante in einem eigenen Teil zu besprechen.

45. Einführung

OpenVPN ist ein Open-Source-SSL-VPN. Es erlaubt eine Vielzahl von Konfigurationen. Mit OpenVPN können Sie Telearbeitsplätze anbinden, Filialnetze mit einer Zentrale verbinden, WLANs absichern und vieles mehr. Dabei bietet OpenVPN Hochverfügbarkeit, Lastverteilung und sehr fein granulierte Zugangsregelungen. Die Authentifizierung kann auf der Basis von PreShared Secrets, Zertifikaten oder Smartcards erfolgen.

45.1 Betriebssysteme

OpenVPN verwendet ein proprietäres Protokoll. Daher ist für den Einsatz von OpenVPN immer die Installation der OpenVPN-Software erforderlich. OpenVPN ist für die folgenden Betriebssysteme verfügbar:

» Linux

» Windows 2000, XP, 2003, Vista und Windows 7

» OpenBSD

» FreeBSD

» NetBSD

» Mac OS X

» Solaris

» PocketPC[1]

Ein großer Vorteil der OpenVPN-Software unter Linux ist die Tatsache, dass OpenVPN keine spezielle Kernel-Unterstützung benötigt. Es nutzt die TUN/TAP-Treiber, die fester Bestandteil des Linux-Kernels sind und von den meisten Distributionen auch standardmäßig aktiviert werden. So kann OpenVPN ohne Modifikationen des Kernels auf allen mir bekannten Distributionen eingesetzt werden. Dies bezieht insbesondere auch die Distributionen für Embedded Devices wie OpenWRT, FreeWRT und SlugOS ein. Auch diese Geräte können mit OpenVPN einfache VPN-Verbindungen aufbauen. Ich nutze selbst mehrere Linksys WRT54G-Router zu diesem Zweck.

Auch unter Windows ist die Installation problemlos. Hier ist neben der OpenVPN-Software lediglich noch der TUN/TAP-Treiber zu installieren. Dieser ist leider nicht von Microsoft

---

1   Diese Software wird unter `http://ovpnppc.ziggurat29.com/ovpnppc-main.htm` entwickelt. Aktuell ist diese Software im Beta-Status. Sie scheint sowohl unter Windows Mobile 2003 und Windows Mobile 5 zu funktionieren.

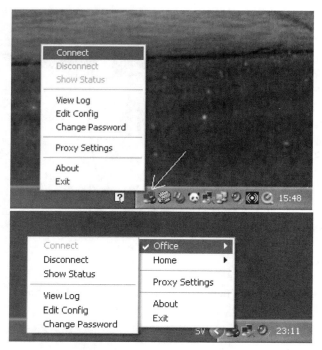

Abbildung 45.1: **OpenVPN-GUI von Mathias Sundman für Windows**

signiert, sodass bei der Installation der Benutzer zustimmen muss. Dies wird in Kapitel 54 genau erläutert.

Für alle Betriebssysteme stehen inzwischen auch grafische Oberflächen zur Verfügung, die in einem eigenen Kapitel (Kapitel 55) besprochen werden. Am häufigsten wird unter Windows jedoch die Oberfläche von Mathias Sundman (http://openvpn.se) eingesetzt. Diese ist in Abbildung 45.1 zu sehen.

45.2 Aufbau

In den folgenden Kapiteln werde ich zunächst den einfachen Aufbau eines sehr simplen Tunnels, die Fehlersuche und einige grundlegende Funktionen beschreiben (Kapitel 46). Anschließend zeige ich Ihnen, wie Sie Zertifikate mit OpenVPN verwenden und diese Zertifikate auch einfach mit den OpenVPN-Bordmitteln erzeugen können (Kapitel 47). Anschließend betrachten wir die Funktionen des OpenVPN-Servers bei der Verteilung von IP-Adressen an die OpenVPN-Clients. In diesem Zusammenhang können auch DNS-, WINS- und Zeitserver automatisch verteilt werden (Kapitel 48). In einem weiteren Kapitel betrachten wir dann einzelne Funktionen von OpenVPN, die immer wieder gebraucht werden, aber nicht zwingend erforderlich sind. Hierzu gehören Smartcards, die Verbindungen zwischen den einzelnen OpenVPN-Clients, Hochverfügbarkeit und Lastverteilung (Kapitel 50). Den Themen OpenVPN und

Windows sowie grafische Oberflächen sind wieder eigene Kapitel gewidmet (Kapitel 54 und Kapitel 55).

Wenn Sie noch nie mit OpenVPN gearbeitet haben, möchte ich Ihnen empfehlen, das folgende Kapitel in Beispielen nachzuvollziehen, da OpenVPN einige Besonderheiten aufweist, die in diesem Zusammenhang erläutert werden und deren Kenntnis später das Verständnis und die Fehlersuche erleichtern.

46. Ein einfacher Tunnel

In diesem Kapitel möchte ich Ihnen zeigen, wie Sie einen sehr einfachen verschlüsselten Tunnel zwischen zwei Rechnern mit OpenVPN aufbauen können. Dabei soll dies kein Beispiel sein, das Sie später in einer Produktionsumgebung nutzen sollen. Es soll lediglich als minimale Konfiguration dienen, damit Sie einen ersten Eindruck von den Möglichkeiten von OpenVPN, dem Aufbau der Konfigurationsdatei und den Methoden der Fehlersuche erhalten. Der hier gezeigte Tunnel ist meiner Meinung nach nicht für produktive Einsätze geeignet. Ich werde Ihnen am Ende des Kapitels die Gründe für diese Meinung nennen. Das Kapitel ist in Form eines Tutorials aufgebaut. Das bedeutet, dass Sie schrittweise an die einzelnen Funktionen herangeführt werden.

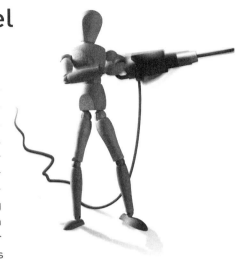

46.1 Installation von OpenVPN 2.x

Dieses Kapitel behandelt die Installation von OpenVPN unter Linux. Damit stellt es auch die Voraussetzungen für die weiteren Kapitel zur Verfügung. Im Weiteren erläutere ich die Installation unter Verwendung des Quelltextes und der Pakete, die von den Distributionen zur Verfügung gestellt werden.

46.1.1 Manuelle Installation

Für die Demonstration der manuellen Installation verwende ich eine Fedora 7-Distribution. Die folgenden Schritte sind aber auf allen Distributionen im Wesentlichen identisch. Warum sollten Sie OpenVPN manuell installieren? Wahrscheinlich wird Ihre Distribution doch über ein entsprechendes Paket verfügen. Möglicherweise hat der Hersteller des Paketes jedoch nicht alle Funktionen aktiviert, oder Sie benötigen eine Funktion, die erst in der folgenden Version enthalten ist. In diesen Fällen ist eine manuelle Installation erforderlich.

Zunächst müssen Sie sich die OpenVPN-Quellen von `http://openvpn.net` besorgen. Ich demonstriere die Installation anhand der Version 2.1_rc7. Wenige Wochen vor dem Erscheinen des Buches wurde endlich nach Jahren der Entwicklung die Version 2.1 freigegeben. Die hier vorgestellten Beispiel sollten auch mit der endgültigen Version funktionieren. Gleichzeitig mit dem Download sollten Sie auch die Signatur des Pakets laden. Hiermit können Sie überprüfen, ob das Paket tatsächlich von James Yonan, dem OpenVPN-Entwickler, gebaut wurde. James Yonan verwendet den GPG-Schlüssel `1FBF51F3`, den Sie auch von der Webpage laden können. Im Folgenden laden wir diesen aber von einem Keyserver.

Hierzu führen Sie die folgenden Befehle aus:

```
$ gpg --recv-keys 1FBF51F3 --keyserver wwwkeys.eu.pgp.net
$ gpg --fingerprint 1FBF51F3
pub    1024D/1FBF51F3 2003-11-20
   Schl.-Fingerabdruck = C699 B264 0C6D 404E 6454  A9AD 1D0B 4996 1FBF 51F3
uid                       James Yonan <jim@yonan.net>
sub    2048g/4B9741E3 2003-11-20
$ gpg --verify openvpn-2.1_rc7.tar.gz.asc
gpg: Signature made Mi 30 Jan 2008 01:45:39 CET using DSA key ID 1FBF51F3
gpg: Good signature from "James Yonan <jim@yonan.net>"
gpg: WARNUNG: Dieser Schlüssel trägt keine vertrauenswürdige Signatur!
gpg:          Es gibt keinen Hinweis, daß die Signatur wirklich dem ↵
              vorgeblichen Besitzer gehört.
Haupt-Fingerabdruck  = C699 B264 0C6D 404E 6454  A9AD 1D0B 4996 1FBF 51F3
```

Hier ist die Signatur des Pakets in Ordnung. Die Warnung wird nur ausgegeben, da Sie dem Schlüssel noch nicht das Vertrauen ausgesprochen haben. Das sollten Sie jedoch nur tun, wenn Sie wirklich sicher sind, dass dies der Schlüssel von James Yonan ist. Nun können Sie das Paket entpacken. Mit `./configure --help` erhalten Sie einen Überblick über die zur Verfügung stehenden Optionen zum Bau von OpenVPN.

```
$ tar xzf openvpn-2.1_rc7.tar.gz
$ cd openvpn-2.1_rc7
$ ./configure --help
```

Normalerweise müssen Sie bei dem Aufruf von `./configure` keine weiteren Optionen angeben. Lediglich um Funktionalitäten zu deaktivieren oder den Installationsort zu ändern, müssen Sie die Optionen nutzen. Die Installation erfolgt dann ganz einfach mit:

```
$ ./configure
$ make
$ sudo make install
```

Hierbei können einige typische Probleme auftauchen:

1. Fehlende LZO-Header-Dateien
    Dies äußert sich in den folgenden Zeilen:

    ```
    configure: checking for LZO Library and Header files...
    checking lzo/lzo1x.h usability... no
    checking lzo/lzo1x.h presence... no
    checking for lzo/lzo1x.h... no
    checking lzo1x.h usability... no
    checking lzo1x.h presence... no
    checking for lzo1x.h... no
    ```

```
LZO headers were not found
LZO library available from http://www.oberhumer.com/opensource/lzo/
configure: error: Or try ./configure --disable-lzo
```

In diesem Fall sollten Sie die Entwicklerversion dieser Bibliothek nachinstallieren. Bei Fedora und OpenSUSE heißt das Paket `lzo-devel`. Bei Debian lautet der Name `liblzo-dev`. Verfügt Ihre Distribution nicht über die entsprechenden Pakete, können Sie die Bibliothek auch von der angegebenen URL laden und installieren.

2. Fehlende OpenSSL-Header-Dateien

```
configure: checking for OpenSSL Crypto Library and Header files...
checking openssl/evp.h usability... no
checking openssl/evp.h presence... no
checking for openssl/evp.h... no
configure: error: OpenSSL Crypto headers not found.
```

In diesem Fall müssen Sie ebenfalls die Header-Dateien nachinstallieren. Diese sind meist in einem Paket mit dem Namen `openssl-devel` enthalten. Bei Debian lautet der Name des Paketes `libssl-dev`.

3. Fehlende PKCS11-Helper-Header

```
configure: checking for pkcs11-helper Library and Header files...
checking pkcs11-helper-1.0/pkcs11h-core.h usability... no
checking pkcs11-helper-1.0/pkcs11h-core.h presence... no
checking for pkcs11-helper-1.0/pkcs11h-core.h... no
pkcs11-helper headers not found.
```

Diese Dateien sind bei den meisten Distributionen noch nicht enthalten und können von dem OpenSC-Projekt nachinstalliert werden.[1]

46.1.2 OpenSUSE-RPM

Wie fast sämtliche weiteren Distributionen verfügt auch OpenSUSE über ein OpenVPN-RPM-Paket. Die Aktualität hinkt häufig den offiziellen Versionen hinterher. Dies ist aber ein Problem bei allen Distributionen. Das OpenSUSE-RPM weist die folgenden Eigenheiten auf:

» Für jede `/etc/openvpn/*.conf`-Datei wird ein OpenVPN-Prozess gestartet.

» Das Startscript unterstützt die folgenden Operationen:

- `start`
- `stop`
- `restart`
- `reload` (SIGHUP)
- `reopen` (SIGUSR1)
- `status` (SIGUSR2)

---

1 http://www.opensc-project.org/pkcs11-helper

46.1.3 Fedora-RPM

Wie fast sämtliche weiteren Distributionen verfügt auch die Fedora-Distribution über ein OpenVPN-RPM-Paket. Meist handelt es sich hierbei nicht um die neueste Version. Dies ist aber ein Problem bei allen Distributionen. Das Fedora RPM weist die folgenden Eigenheiten auf:

» Für jede `/etc/openvpn/*.conf`-Datei wird ein OpenVPN-Prozess gestartet.

» Existieren `/etc/openvpn/*.sh`-Dateien, werden diese Scripts zuerst gestartet.

» Das Startscript unterstützt die folgenden Operationen:

- `start`
- `stop`
- `restart`
- `reload` (SIGHUP)
- `reopen` (SIGUSR1)
- `status` (SIGUSR2)

46.1.4 Debian und Ubuntu

Auch die Debian-basierten Distributionen verfügen über OpenVPN. Genauso wie bei den anderen Distributionen handelt es sich hier meist jedoch nicht um die neueste Version. Das Debian-Paket weist die folgenden Eigenschaften auf:

» Das Startscript startet per Default für jede Konfigurationsdatei `/etc/openvpn/*.conf` einen OpenVPN-Prozess.

» Dies kann in der Datei `/etc/default/openvpn` angepasst werden:

- Die Variable `AUTOSTART` entscheidet, welche Tunnel gestartet werden.
- Die Variable `STATUSREFRESH` entscheidet, wie häufig die Statusdateien in `/var/run/openvpn.*.status` geschrieben werden.

» Das Startscript unterstützt lediglich `start`, `stop`, `reload` und `restart`.

46.2 Konfiguration von OpenVPN

Für diese ersten Versuche benötigen Sie zwei Rechner. Diese können Sie auch virtuell bereitstellen. Hierzu können Sie Xen, KVM, User Mode Linux, VMware oder Virtualbox nutzen.

Für den ersten Versuch verbinden Sie die beiden Systeme über ein Cross-Over-Kabel oder mithilfe eines Switches und konfigurieren deren statische IP-Adressen. Anschließend installieren Sie entsprechend dem letzten Abschnitt OpenVPN auf beiden Systemen. Hierbei spielt es zunächst keine Rolle, ob es sich um die Version 2.0 oder 2.1 handelt. Bitte verwenden Sie aber keine ältere Version.

Im Folgenden verwende ich die in Abbildung 46.1 abgebildete Konfiguration.

Willkürlich legen Sie zunächst den Client und den Server in der Konfiguration fest. Dies ist im Moment noch recht willkürlich, da beide Systeme über eine feste IP-Adresse verfügen und beide daher auch in der Lage sind, den Tunnel aufzubauen, wenn sie immer erreichbar sind. Dies ist in vielen später diskutierten Szenarien nicht mehr der Fall.

Der Server erhält nun die Konfigurationsdatei /etc/openvpn/server.conf:

```
dev tun
ifconfig 10.8.0.1 10.8.0.2
secret /etc/openvpn/static.key
```

Diese Datei speichern Sie in dem Verzeichnis /etc/openvpn. Auch der Client erhält eine Konfigurationsdatei, /etc/openvpn/client.conf:

```
remote ip-des-server
dev tun
ifconfig 10.8.0.2 10.8.0.1
secret /etc/openvpn/static.key
```

Achten Sie bitte darauf, dass Sie hier die IP-Adressen in der umgekehrten Reihenfolge angeben! Bevor wir die Optionen erläutern, wollen wir den Tunnel aufbauen und das Erfolgserlebnis genießen. Hierzu fehlt noch eine Datei /etc/openvpn/static.key. Diese Datei muss auf beiden Systemen den identischen Inhalt besitzen. Daher erzeugen Sie diese Datei auf einem System und kopieren diese Datei anschließend mit geeigneten Mitteln auf das zweite System. Dabei darf diese Datei nicht in falsche Hände geraten. Mit dieser Datei authentifizieren sich die Kommunikationspartner gegenseitig.

Um diese Datei zu erzeugen, verwenden Sie:

```
openvpn --genkey --secret /etc/openvpn/static.key
```

Anschließend kopieren Sie die Datei, z.B. mit einem USB-Stick, auf den zweiten Rechner.

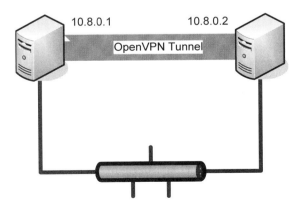

10.8.0.1   10.8.0.2

OpenVPN Tunnel

Abbildung 46.1: **Einfacher Tunnel mit OpenVPN**

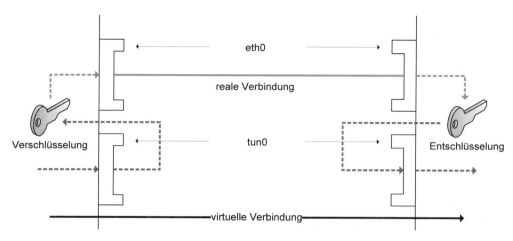

Abbildung 46.2: **OpenVPN verwendet eine virtuelle Schnittstelle tun0.**

Nun starten Sie zunächst den OpenVPN-Prozess auf dem Server. Hierzu können Sie einfach den folgenden Befehl aufrufen:

```
openvpn /etc/openvpn/server.conf
```

Bei diesem Aufruf verbleibt der Prozess im Vordergrund und gibt seine Protokollmeldungen direkt aus.

Anschließend starten Sie auf dem Client entsprechend den Prozess mit:

```
openvpn /etc/openvpn/client.conf
```

Nach wenigen Sekunden sollten Sie Meldungen sehen, die besagen, dass der Tunnel initialisiert ist. Nun können Sie den Tunnel nutzen. Um tatsächlich zu erkennen, dass der Tunnel verschlüsselt ist, können Sie dies mit dem Ping testen.

Hierzu möchte ich Ihnen zunächst erläutern, wie OpenVPN die Pakete erzeugt und die virtuellen Netzwerkkarten tun0 verwendet.

Mit dem Start des OpenVPN-Dienstes wird eine virtuelle Netzwerkkarte tun0 erzeugt. Diese virtuelle Netzwerkkarte erhält die mit dem Parameter ifconfig definierte IP-Adresse:

```
ovpn-server:~# ifconfig tun0
tun0      Protokoll:UNSPEC  Hardware Adresse  ↵
          00-00-00-00-00-00-00-00-00-00-00-00-00-00-00-00
          inet Adresse:10.8.0.1  P-z-P:10.8.0.2  Maske:255.255.255.255
          UP PUNKTZUPUNKT RUNNING NOARP MULTICAST  MTU:1500  Metric:1
          RX packets:0 errors:0 dropped:0 overruns:0 frame:0
          TX packets:0 errors:0 dropped:0 overruns:0 carrier:0
          Kollisionen:0 Sendewarteschlangenlänge:100
          RX bytes:0 (0.0 b)  TX bytes:0 (0.0 b)
```

Achten Sie darauf, dass Sie den OpenVPN-Prozess nicht beenden, um diesen Befehl und die folgenden einzugeben.

Sie können nun Pakete an die entsprechende Adresse versenden. Der Server hat nun die virtuelle IP-Adresse 10.8.0.1, während der Client virtuell unter 10.8.0.2 ansprechbar ist. Sehr schön können Sie mit tcpdump oder wireshark die Verschlüsselung sichtbar machen. Hierzu öffnen Sie eine weitere Konsole und starten tcpdump:

```
ovpn-server:~# tcpdump -ni eth0
tcpdump: verbose output suppressed, use -v or -vv for full protocol decode
listening on eth0, link-type EN10MB (Ethernet), capture size 96 bytes
```

Falls Sie zu viele Informationen von TCPDump angezeigt bekommen, können Sie mit der zusätzlichen Angabe icmp die aufgeführten Pakete auf ICMP-Pakete einschränken. Nun öffnen Sie wiederum ein weiteres Fenster und versuchen, mit Ping vom Server den Client zu erreichen und umgekehrt. Verwenden Sie hierzu zunächst die richtigen IP-Adressen. Bei mir hat der Server die IP-Adresse 192.168.255.44 und der Client die IP-Adresse 192.168.255.43.

```
ovpn-server:~# ping -c 1 192.168.255.43
PING 192.168.255.43 (192.168.255.43) 56(84) bytes of data.
64 bytes from 192.168.255.43: icmp_seq=1 ttl=64 time=4.75 ms

--- 192.168.255.43 ping statistics ---
1 packets transmitted, 1 received, 0% packet loss, time 0ms
rtt min/avg/max/mdev = 4.751/4.751/4.751/0.000 ms
```

TCPDump erkennt die Ping-Pakete:

```
19:57:01.042348 IP 192.168.255.44 > 192.168.255.43: ICMP echo request, id ↩
        48396, seq 1, length 64
19:57:01.043255 IP 192.168.255.43 > 192.168.255.44: ICMP echo reply, id ↩
        48396, seq 1, length 64
```

Versuchen Sie nun ein Ping auf die virtuelle IP-Adresse. Wenn Sie oben bei dem Aufruf von TCPDump icmp angegeben haben, werden Sie keine Pakete sehen, da OpenVPN die Pakete in UDP-Paketen verschlüsselt. Geben Sie daher statt icmp in dem Fall udp an: tcpdump -ni eth0 udp.

```
# tcpdump -ni eth0 udp
tcpdump: verbose output suppressed, use -v or -vv for full protocol decode
listening on eth0, link-type EN10MB (Ethernet), capture size 96 bytes
00:57:34.960652 IP 192.168.255.43.1194 > 192.168.255.44.1194: UDP, length ↩
        124
00:57:34.961253 IP 192.168.255.44.1194 > 192.168.255.43.1194: UDP, length ↩
        124
```

Dies sind nun die von OpenVPN verschlüsselten Pakete. Wer möchte, kann sich diese Pakete auch mit Wireshark grafisch ansehen.

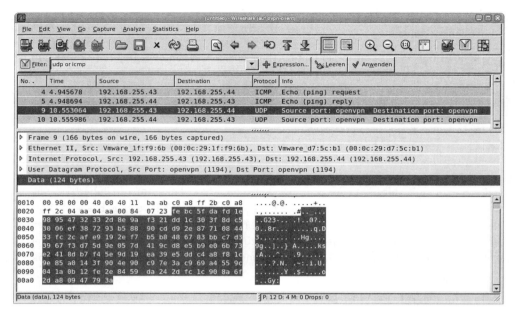

Abbildung 46.3: **Wireshark zeigt auch den verschlüsselten Inhalt der OpenVPN-Pakete.**

Wieso funktioniert das nun? Was bedeuten die Optionen in der Konfigurationsdatei? Im Folgenden werde ich die einzelnen Optionen erläutern.

Wir beginnen mit dem Server. Ich habe im Folgenden noch einmal die Konfigurationsdatei mit Zeilennummern abgebildet. Die Reihenfolge der einzelnen Zeilen in dieser Datei ist übrigens egal.

```
1: dev tun
2: ifconfig 10.8.0.1 10.8.0.2
3: secret /etc/openvpn/static.key
```

Anhand der Zeilennummern möchte ich diese Datei erläutern:

1. Mit dem Parameter dev geben Sie an, welche Art der virtuellen Schnittstelle OpenVPN nutzen soll. Hier werden Sie meist tun verwenden. Dies erzeugt einen VPN-Router, der zwei Netzwerke wie ein Router verbindet. Die Rechner in den verbundenen Netzen müssen IP-Adressen aus unterschiedlichen Netzen und entsprechende Routen besitzen. Alternativ kann hier auch ein tap-Gerät verwendet werden. Dann handelt es sich um eine VPN-Bridge. Diese wird in Abschnitt 50.4 genauer besprochen. Die genaue Bedeutung dieses Parameters wird später noch klarer.

2. Der Parameter `ifconfig` beschreibt die in dem VPN zu verwendenden IP-Adressen. Bei dieser Konfiguration werden die IP-Adressen auf beiden Seiten fest definiert. Später (siehe Kapitel 48) werden Sie auch Methoden kennenlernen, um die IP-Adressen von dem Server automatisch verteilen zu lassen. In diesem Beispiel müssen Sie die IP-Adressen sowohl auf dem Server als auch auf dem Client fest vorgeben. Dabei ist die erste IP-Adresse immer die lokale IP-Adresse und die zweite IP-Adresse die Adresse des VPN-Partners. Wenn Sie nun vom Server ein Paket an die IP-Adresse 10.8.0.2 senden, wird diese durch das VPN verschlüsselt. Hierbei verwendet der Server als Absender-Adresse die 10.8.0.1.

3. Die dritte Zeile mit dem Parameter `secret` gibt die Datei an, in der sich der geheime Schlüssel befindet, mit dem die beiden Systeme sich gegenseitig authentifizieren und mit dem die Daten im VPN verschlüsselt werden. Diese Datei wird weiter unten auch noch erläutert. Hier sollten Sie einen absoluten Pfad verwenden, damit die Datei auch immer gefunden wird.

Die Konfigurationsdatei des Clients ist fast identisch:

```
remote ip-des-server
dev tun
ifconfig 10.8.0.2 10.8.0.1
secret /etc/openvpn/static.key
```

Hier ist lediglich eine Zeile zusätzlich enthalten. In der ersten Zeile geben Sie mit dem Parameter `remote` an, wo sich der Server befindet. Hier müssen Sie die echte IP-Adresse des Servers angeben, damit der Client die Verbindung zum Server aufbauen kann. Natürlich können Sie hier auch einen DNS-Namen verwenden. Dieser wird dann vorher aufgelöst. Mithilfe eines DNS-Namens können Sie auch Hochverfügbarkeits- und Lastverteilungskonzepte implementieren (siehe Abschnitt 50.5).

Falls Sie den Server nicht auf dem Standard-Port `1194/udp` gestartet haben,[2] können Sie den Port auch bei diesem Parameter nach einem Leerzeichen angeben:

```
remote ip-des-server 1195
```

Zusätzlich fällt in dieser Datei auf, dass die IP-Adressen bei dem Parameter `ifconfig` in der umgekehrten Reihenfolge angegeben wurden. Dies ist wichtig, da immer zuerst die eigene virtuelle IP-Adresse im VPN und erst anschließend die virtuelle IP-Adresse des anderen Tunnelpunktes angegeben werden muss.

---

2   Dies können Sie mit dem Parameter `port` erreichen.

Die secret-Datei ist natürlich bei dem Client dieselbe wie auf dem Server und kann folgendermaßen aussehen:

```
#
# 2048 bit OpenVPN static key
#
-----BEGIN OpenVPN Static key V1-----
7b327c02d78d4dfb0e2e3cdf43bbebe1
c72453d515e39a0ad7de9da602b404dd
6252fff0bbe396a3f68ed10c33da73e3
f727db05e48b5e924ccd339907dc96a5
b662343678b0b515ea8d6cecd9ed562f
f72bfdc7f738e514c5afd2c20ee6fe7e
1058c2733ce837cda06c0ac3a5243b3f
d233f9ad48ba9759138870232d7a63c8
fba7743815380748d0eb9f965f8a13a5
23055cf1654a853aca184f3586d5d10f
1e3f386657e7ab8ff2c551f9ef65249e
d00a7779ea303f2ddeffec2197bc5443
84bfa36968f94ee445eccb1e935201d8
a5ae52366b4f9c30d8d271769c77744c
a5c8f40601e740d65c2cc43d4fd3cc3a
d0b99bb8c95842f1da0fdd31faa24360
-----END OpenVPN Static key V1-----
```

Der Inhalt ist zufällig mit dem Kommando openvpn --genkey erzeugt worden.

46.3 Warum sollten Sie diesen Tunnel nicht verwenden?

Die Konfiguration von OpenVPN im letzten Abschnitt war sehr einfach. Dies hat natürlich Vorteile. Sie benötigen keine Zertifikate. Es ist keine komplizierte Aushandlung der Protokolle erforderlich. Sie benötigen nur einen sicheren Kanal, über den Sie vorher die Datei static.key austauschen können. Dies kann per Diskette, USB-Stick oder SSH erfolgen. Sie müssen nur sicherstellen, dass kein Dritter Zugang zu der Datei erhält. Mit Kenntnis der Datei können alle in der Vergangenheit ausgetauschten Daten entschlüsselt und alle zukünftigen Daten abgefangen werden.

Allerdings hat diese Konfiguration auch Nachteile. Sie müssen für jeden VPN-Tunnel, den Sie aufbauen wollen, einen eigenen statischen Schlüssel static.key erzeugen. Um die unterschiedlichen Tunnel unterscheiden zu können, müssen Sie für jeden Tunnel eine eigene Konfigurationsdatei und damit auch einen eigenen Port verwenden. Dies erhöht bei vielen Kommunikationspartnern die Komplexität und den Dokumentationsaufwand.

Als Alternative bietet sich die Authentifizierung mit Public-Key-Verfahren an. Hier unterstützt OpenVPN die X.509-Zertifikate (siehe Kapitel 47). Werden Zertifikate eingesetzt, haben Sie die folgenden Vorteile:

» TLS bietet *Perfect Forward Secrecy* (PFS). Dies stellt sicher, dass ein Angreifer nicht Daten, die Sie im VPN übertragen haben, entschlüsseln kann. Kann der Angreifer den privaten Schlüssel des Zertifikats stehlen, kann er lediglich als Mann-in-der-Mitte das VPN angreifen.

» Die hier vorgestellte Konfiguration skaliert nicht besonders gut. Wenn Sie einen VPN-Server aufbauen möchten, der vielen (mehreren Hundert) Clients einen Zugang ermöglichen soll, ist dies mit Zertifikaten viel einfacher. Auch die Verwaltung des Zugangs ist einfacher. So können Sie einfach Zertifikate widerrufen und so den Zugang sperren. Außerdem erlaubt die TLS-basierte Konfiguration von OpenVPN mit X.509-Zertifikaten die Verteilung von Netzwerkkonfigurationen (siehe Kapitel 48).

47. Zertifikate

Zertifikate wurden bereits mehrfach in diesem Buch
angesprochen. Die Grundlagen sollen hier daher
nicht wiederholt werden. Auch die Verwaltung der
Zertifikate mit Kommandozeilenbefehlen (siehe Abschnitt 13.5.1) und mit grafischen Befehlen (siehe
Kapitel 28) wurde bereits besprochen. Hier will ich
daher nur kurz die Verwaltung von Zertifikaten mit
der bei OpenVPN enthaltenen kommandozeilenba-
sierten Zertifikatsverwaltung Easy-RSA vorstellen.

47.1 Easy-RSA

Easy-RSA basiert auf dem Kommandozeilenbefehl
openssl. Es existieren zwei verschiedene Versionen dieses Paketes:

» Version 1.0

» Version 2.0
   Diese Version hat die meiste Funktionalität in das Script pkitool verschoben. Die alten
   Scripts der Version 1.0 sind aber größtenteils weiter vorhanden. So können Sie auch ältere
   Dokumentationen noch nutzen. Die Version 2.0 steht bisher nur für Linux zur Verfügung.
   Die Windows-Version nutzt weiterhin die Version 1.0.

Ich halte mich hier zunächst an die Version 1.0. Wenn die Version 2.0 abweicht, werde ich
darauf hinweisen. Weitere Informationen finden Sie aber auch in den README-Dateien und
auf der OpenVPN-Homepage.

47.1.1 Variablendefinition

Am Anfang jeder Zertifikatsverwaltung steht die CA. Bevor Sie die CA erzeugen können, müssen Sie die Datei vars in dem easy-rsa-Verzeichnis anpassen.

Hier sind die folgenden Variablen interessant:

» KEY_DIR Hiermit geben Sie das Verzeichnis an, in dem später die Schlüssel gespeichert
   werden. Achtung: Als erster Schritt bei der Erzeugung der CA wird der Befehl ./clean-
   all durchgeführt. Dieser Befehl löscht dieses Verzeichnis, wenn es bereits besteht!

» KEY_SIZE Hiermit geben Sie die Größe der zu erzeugenden Schlüssel an. Als Defaultwert ist hier 1024 Bit eingetragen. Wenn Sie eine höhere Sicherheit wünschen und keine
   langsamen Systeme einsetzen, können Sie hier auch 2048 Bit eintragen. Auf langsamen
   Systemen kann es bei dieser Schlüssellänge allerdings zu Verbindungsproblemen kommen, da die Berechnungen für Timeouts bei dem Verbindungsaufbau sorgen können!

» KEY_COUNTRY Diesen und die folgenden Parameter sollten Sie anpassen, damit Ihnen später bei der Schlüsselerzeugung passende Default-Werte vorgeschlagen werden. Dies erleichtert die Erzeugung ungemein.

» KEY_PROVINCE siehe KEY_COUNTRY

» KEY_CITY siehe KEY_COUNTRY

» KEY_ORG siehe KEY_COUNTRY

» KEY_EMAIL siehe KEY_COUNTRY

Diese Variablen sollten Sie für Ihre Zwecke anpassen. In der Version 2.0 kommen die folgenden Variablen dazu:

» KEY_CAEXPIRE Hiermit geben Sie die Lebensdauer der CA an. Diese ist bei der Version 1.0 in der Datei openssl.cnf als default_days mit 3650 Tagen definiert. Speziell dann, wenn Sie auch Zertifikate für andere Systeme als OpenVPN erzeugen möchten, sollten Sie sicherstellen, dass die CA immer eine längere Lebensdauer als die Zertifikate aufweist. Viele Produkte weigern sich, Zertifikate zu akzeptieren, deren Lebensdauer die Lebensdauer der CA überschreitet!

» KEY_KEYEXPIRE Hiermit geben Sie die Lebensdauer der erzeugten Zertifikate an. In der Version 1.0 ist dies ebenfalls mit dem gleichen Wert in der Datei openssl.cnf definiert. Ab der Version 2.0 können Sie hier unterschiedliche Werte leicht verwalten.

» KEY_PKCS11* Hiermit können Sie bei der Version 2.0 direkt die Schnittstellen für die Verwaltung von Smartcards (PKCS#11) angeben.

Nachdem Sie die Datei vars editiert haben, sourcen Sie diese:

```
[spenneb@kermit easy-rsa]$ . ./vars
NOTE: when you run ./clean-all, I will be doing a rm -rf on /home/spenneb ↵
      /easy-rsa/keys
```

Achtung, der Punkt „." ist der Befehl und kein Fehler. Hiermit weisen Sie die Shell an, die Datei in der aktuellen Shell einzulesen und so die Variablen in der aktuellen Shell zu setzen. Würden Sie diese Datei mit der folgenden Zeile aufrufen, würde hierzu eine neue Shell gestartet werden, in der die Variablen gesetzt werden würden. Diese würde dann wieder beendet werden, und die Variablenwerte würden wieder gelöscht!

```
./vars
```

Als Nächstes rufen Sie den Befehl ./clean-all auf. Dieser löscht, wie bereits erwähnt, das Verzeichnis KEY_DIR. Anschließend können Sie diesem Script die Ausführungsrechte nehmen, damit Sie nicht irrtümlich wieder dieses Script aufrufen und so Ihre Schlüssel später löschen.

47.1.2 Zertifikatsautorität

Nun bauen wir unsere CA. Hierzu nutzen Sie den Befehl ./build-ca. Dieser Befehl stellt Ihnen einige Fragen und baut die CA:

```
[spenneb@kermit easy-rsa]$ ./build-ca
Generating a 1024 bit RSA private key
........+++++
...............+++++
writing new private key to 'ca.key'
-----
You are about to be asked to enter information that will be incorporated
into your certificate request.
What you are about to enter is what is called a Distinguished Name or a DN.
There are quite a few fields but you can leave some blank
For some fields there will be a default value,
If you enter '.', the field will be left blank.
-----
Country Name (2 letter code) [DE]:
State or Province Name (full name) [NRW]:
Locality Name (eg, city) [Steinfurt]:
Organization Name (eg, company) [OpenSource-Training http://www.os-t.de]:
Organizational Unit Name (eg, section) []:VPN
Common Name (eg, your name or your server's hostname) []:Root-CA (c) 2008
Email Address [vpnadmin@spenneberg.net]:
```

Wenn Sie im Vorfeld die Variablen in der Datei vars entsprechend editiert haben, müssen Sie bei diesem Aufruf die Default-Werte der meisten Fragen nur mit der Enter-Taste bestätigen. Sie müssen lediglich einen Common-Name angeben, den Sie frei wählen dürfen, und können eine Organizational Unit angeben.

Anschließend befinden sich in dem Verzeichnis keys der private Schlüssel der CA (ca.key) und das selbst signierte Zertifikat der CA (ca.crt). Leider ist der private Schlüssel nicht mit einer Passphrase geschützt. Easy-RSA versäumt es, hierzu nach einer Passphrase zu fragen. Ich empfehle jedoch diesen Schutz mit 3DES. Dies können Sie leicht selbst erreichen:

```
[spenneb@kermit easy-rsa]$ openssl rsa -in keys/ca.key -out keys/ca-des. ↵
        key -des3
writing RSA key
Enter PEM pass phrase: <kennwort>
Verifying - Enter PEM pass phrase: <kennwort>
[spenneb@kermit easy-rsa]$ rm keys/ca.key
[spenneb@kermit easy-rsa]$ mv keys/ca-des.key keys/ca.key
```

47.1.3 Zertifikate für Server und Clients

Nun müssen Sie die Zertifikate für die Server und die Clients im VPN erzeugen. Hierzu existieren drei verschiedene Scripts:

» `build-key-server` Dieses Script baut einen privaten Schlüssel und ein Zertifikat für einen Server. Der private Schlüssel wird nicht mit 3DES verschlüsselt. Dies erlaubt einen automatischen Start des Servers, ohne dass Sie eine Passphrase eingeben müssen. Zusätzlich erhält das Zertifikat des Servers eine X.509v3-Erweiterung:

```
Netscape Cert Type: SSL Server
```

Diese Erweiterung kann und sollte von den Clients genutzt werden, um den Server zu verifizieren.

» `build-key` Dieses Script erzeugt einen privaten Schlüssel und ein Zertifikat für einen Client. Der private Schlüssel wird auch hier nicht mit 3DES verschlüsselt, sodass der Client ohne Eingabe einer Passphrase auch automatisch gestartet werden kann. Jedoch wird die X509v3-Erweiterung hier nicht hinzugefügt.

» `build-key-pass` Dieses Script erzeugt wie das letzte Script einen privaten Schlüssel und ein Zertifikat. Hierbei werden Sie bei der Erzeugung des privaten Schlüssels nach einer Passphrase gefragt, mit der dieser Schlüssel geschützt wird.

Im Folgenden sehen Sie den Aufruf des Scripts `build-key-server` als Beispiel. Alle Scripts erwarten bei dem Aufruf die Angabe einer Zeichenkette. Diese wird als Grundbaustein für die erzeugten Schlüsseldateien genutzt.

```
[spenneb@kermit easy-rsa]$ ./build-key-server server
Generating a 1024 bit RSA private key
.....++++++
...................++++++
writing new private key to 'server.key'
-----
You are about to be asked to enter information that will be incorporated
into your certificate request.
What you are about to enter is what is called a Distinguished Name or a DN.
There are quite a few fields but you can leave some blank
For some fields there will be a default value,
If you enter '.', the field will be left blank.
-----
Country Name (2 letter code) [DE]:
State or Province Name (full name) [NRW]:
Locality Name (eg, city) [Steinfurt]:
Organization Name (eg, company) [OpenSource-Training http://www.os-t.de]:
Organizational Unit Name (eg, section) []:VPN
Common Name (eg, your name or your server's hostname) []:DLRZ GW
Email Address [vpnadmin@spenneberg.net]:
```

```
Please enter the following 'extra' attributes
to be sent with your certificate request
A challenge password []:
An optional company name []:
Using configuration from /tmp/easy-rsa/openssl.cnf
Enter pass phrase for /tmp/easy-rsa/keys/ca.key:
Check that the request matches the signature
Signature ok
The Subject's Distinguished Name is as follows
countryName               :PRINTABLE:'DE'
stateOrProvinceName       :PRINTABLE:'NRW'
localityName              :PRINTABLE:'Steinfurt'
organizationName          :PRINTABLE:'OpenSource-Training http://www.os-t.de'
organizationalUnitName:PRINTABLE:'VPN'
commonName                :PRINTABLE:'DLRZ GW'
emailAddress              :IA5STRING:'vpnadmin@spenneberg.net'
Certificate is to be certified until Dec  5 17:52:40 2018 GMT (3650 days)
Sign the certificate? [y/n]:y

1 out of 1 certificate requests certified, commit? [y/n]y
Write out database with 1 new entries
Data Base Updated
```

Nach dem Aufruf des Scripts finden Sie drei Dateien in dem Verzeichnis KEY_DIR. Diese beginnen mit der angegebenen Zeichenkette und unterscheiden sich nur in der Endung:

- » `server.key` Dies ist der private Schlüssel.
- » `server.csr` Diese Datei wurde für die Erzeugung des Zertifikats benötigt und kann nun gelöscht werden. Sie enthält den *Certificate Signing Request* (CSR).
- » `server.crt` Diese Datei enthält das Zertifikat des Servers.

Bei der Erzeugung der Zertifikate für die Server und die einzelnen Clients können Sie auch immer einen *Common Name* angeben. Dieser sollte einzigartig sein. Ansonsten stellt OpenVPN keine besonderen Anforderungen an den Common Name. Sie sollten Umlaute und Sonderzeichen vermeiden.

Es ist sinnvoll, als Common Name möglichst beschreibende Namen zu verwenden. Bei Servern nehmen Sie zum Beispiel den Rechnernamen. Bei den Clients hat es sich eingebürgert, die vollen Namen der späteren Anwender zu verwenden. So können Sie leicht nachvollziehen, wer welches Zertifikat verwendet.

Wenn Sie die Beispiele der folgenden Kapitel nachvollziehen möchten, stellen Sie bitte sicher, dass Sie eine CA erzeugt haben. Anschließend erzeugen Sie die Zertifikate für einen Server[1] und mindestens zwei Clients[2],[3].

Bei dem Aufruf aller Befehle ist es wichtig, dass Sie immer zuerst die Datei vars sourcen[4]. Anschließend können Sie in der gleichen Sitzung die weiteren Befehle aufrufen. Dies funktioniert nicht in anderen Fenstern oder Sitzungen, da hier nicht die Variablen definiert sind.

47.1.4 Widerruf von Zertifikaten

Die Easy-RSA stellt auch Werkzeuge für den Widerruf von Zertifikaten zur Verfügung. Hierzu werden die Zertifikate zunächst widerrufen (Revoke) und dann in einer *Certificate Revocation List* (CRL) gespeichert. Diese kann dann bei OpenVPN angegeben werden. Wenn Sie diese Funktion nutzen möchten, können Sie zunächst eine leere CRL erzeugen:

```
[spenneb@kermit easy-rsa]$ ./make-crl crl.pem
Using configuration from /tmp/easy-rsa/openssl.cnf
Enter pass phrase for /tmp/easy-rsa/keys/ca.key:
```

Wenn Sie den Befehl nicht direkt aufrufen können, müssen Sie möglicherweise noch die Rechte anpassen.[5] Bei dem Aufruf müssen Sie den Namen der zu erzeugenden CRL angeben. Wenn Sie den privaten Schlüssel der CA verschlüsselt haben, wie ich es in Abschnitt 47.1.2 empfohlen habe, müssen Sie auch die Passphrase eingeben.

Die leere CRL können Sie dann bereits bei OpenVPN angeben. Wenn Sie später weitere Zertifikate widerrufen, wird die CRL automatisch neu erzeugt.

Um nun ein weiteres Zertifikat zu widerrufen, geben Sie folgenden Befehl ein:

```
[spenneb@kermit easy-rsa]$ ./revoke-full client1
Using configuration from /tmp/easy-rsa/openssl.cnf
Enter pass phrase for /tmp/easy-rsa/keys/ca.key:
Revoking Certificate 02.
Data Base Updated
Using configuration from /tmp/easy-rsa/openssl.cnf
Enter pass phrase for /tmp/easy-rsa/keys/ca.key:
client1.crt: /C=DE/ST=NRW/O=OpenSource-Training http://www.os-t.de/OU=VPN ⤸
        /CN=Ralf Spenneberg/emailAddress=vpnadmin@spenneberg.net
error 23 at 0 depth lookup:certificate revoked
```

Dieser Befehl widerruft zunächst das Zertifikat. Hierzu müssen Sie die Passphrase der CA eingeben. Anschließend erzeugt das Script die CRL neu. Da diese signiert werden muss, wer-

---

1   ./build-key-server server
2   ./build-key-pass client1
3   ./build-key-pass client2
4   . ./vars
5   chmod 755 make-crl

den Sie erneut von dem Script nach der Passphrase der CA gefragt. Als Letztes prüft das Script die Gültigkeit des Zertifkats. Dies erzeugt die Fehlermeldung in der letzten Zeile. Diese Fehlermeldung zeigt daher den erfolgreichen Widerruf des Zertifikats an und sollte Sie daher freuen!

STOP

Die CRL hat ebenfalls eine eingeschränkte Gültigkeit. Diese beträgt bei der CRL nur 30 Tage. Wenn Sie eine CRL verwenden, sollten Sie diese daher alle 30 Tage neu erzeugen. Dies ist auch nötig, wenn Sie kein Zertifikat widerrufen haben. Dies kann auch mithilfe eines Cron-Jobs erreicht werden!

47.1.5   Diffie-Hellman-Parameter

Für den Server müssen Sie auch noch Diffie-Hellman-Parameter erzeugen. Bei OpenVPN werden nicht wie bei IPsec allgemein bekannte Diffie-Hellman-Gruppen mit festen Primzahlen verwendet, sondern OpenVPN nutzt hier selbst generierte Zahlen. Diese können Sie mit dem Befehl ./build-dh erzeugen:

```
[spenneb@kermit easy-rsa]$ ./build-dh
Generating DH parameters, 1024 bit long safe prime, generator 2
This is going to take a long time
............................................................................
..............................................................................+
..............................................................................
..............................................................................
.......+.+....................................................................
...+...+......................................................+...............
.................................+............................................
.................................................+.........+..................
.........................+..........................................+.........
.................................+............................................
..............................................................+...............
...................+.............................................+....+.....
....+...............+..................................................+....+....
..............................+.........+.............+..............+....+....
..+...........................................................................
.+.........+....+................................+............................
..................................+..........................................
.................+............................................................
......+.......+..........++*++*++*
```

Die Erzeugung kann eine Weile dauern. Die Länge der DH-Parameter wird auch von der Variablen KEY_SIZE definiert.

47.2 Verteilung der Schlüssel

Nun müssen Sie die einzelnen Dateien auf Ihre Systeme verteilen:

1. Server

   » `ca.crt` Diese Datei enthält das Zertifikat der CA. Dieser öffentliche Schlüssel wird auf allen Systemen benötigt, um die bei der TLS-Aushandlung übertragenen Zertifikate zu überprüfen. Jedes Zertifikat, das von dieser CA unterzeichnet wurde, darf anschließend einen Tunnel aufbauen.

   » `server.crt` Dies ist das Zertifikat des Servers.

   » `server.key` Diese Datei enthält den privaten Schlüssel des Servers. Da die Datei nicht verschlüsselt ist, müssen Sie sicherstellen, dass diese Datei nicht in falsche Hände gerät. Dies könnten Sie mit Smartcards sicherstellen (siehe Kapitel 53).

   » `dh1024.pem` Diese Datei enthält die Diffie-Hellman-Parameter für den Diffie-Hellman-Key-Exchange (siehe Abschnitt 7.11). Diese sind nur auf dem Server erforderlich.

2. Client

   » `ca.crt` Diese Datei enthält das Zertifikat der CA. Dieser öffentliche Schlüssel wird auf allen Systemen benötigt, um die bei der TLS-Aushandlung übertragenen Zertifikate zu überprüfen. Jedes Zertifikat, das von dieser CA unterzeichnet wurde, darf anschließend einen Tunnel aufbauen.

   » `client1.crt` Dies ist das Zertifikat des Clients.

   » `client1.key` Diese Datei enthält den privaten Schlüssel des Clients. Da die Datei nicht verschlüsselt ist, müssen Sie sicherstellen, dass diese Datei nicht in falsche Hände gerät. Dies könnten Sie mit Smartcards sicherstellen (siehe Kapitel 53).

Am einfachsten speichern Sie die Schlüssel in einem eigenen Unterverzeichnis `keys` unterhalb von `/etc/openvpn`.

47.3 Konfigurationsanpassungen

Nun müssen Sie noch die Konfigurationsdateien auf dem Client und auf dem Server anpassen. Zunächst zeige ich Ihnen direkt wieder die Dateien, damit Sie es sofort ausprobieren können. Anschließend erläutere ich die Parameter.

Die Server-Konfiguration benötigt nicht mehr den Parameter `secret`. Diesen können Sie auskommentieren und die weiteren Parameter einfügen:

```
dev tun
ifconfig 10.8.0.1 10.8.0.2
#secret /etc/openvpn/static.key
tls-server
ca /etc/openvpn/keys/ca.crt
```

```
cert /etc/openvpn/keys/server.crt
key /etc/openvpn/keys/server.key
dh /etc/openvpn/keys/dh1024.pem
```

Auf dem Client wird die Konfiguration ähnlich angepasst:

```
remote 172.16.178.129
dev tun
ifconfig 10.8.0.2 10.8.0.1
#secret /etc/openvpn/static.key
tls-client
ca /etc/openvpn/keys/ca.crt
cert /etc/openvpn/keys/client1.crt
key /etc/openvpn/keys/client1.key
```

Bei dem Start gibt es nun auch kaum einen Unterschied. Folgendes protokolliert der Server bei dem Start und der folgenden Anmeldung des Clients:

```
ovpn-server:~# openvpn /etc/openvpn/server.conf
Sun Dec  7 20:44:16 2008 OpenVPN 2.0.9 i486-pc-linux-gnu [SSL] [LZO] [ ↲
        EPOLL] built on Sep 20 2007
Sun Dec  7 20:44:16 2008 IMPORTANT: OpenVPN's default port number is now ↲
        1194, based on an official port number assignment by IANA. ↲
        OpenVPN 2.0-beta16 and earlier used 5000 as the default port.
Sun Dec  7 20:44:16 2008 TUN/TAP device tun0 opened
Sun Dec  7 20:44:16 2008 ifconfig tun0 10.8.0.1 pointopoint 10.8.0.2 mtu ↲
        1500
Sun Dec  7 20:44:16 2008 UDPv4 link local (bound): [undef]:1194
Sun Dec  7 20:44:16 2008 UDPv4 link remote: [undef]
```

Bei Start des Clients kommen die folgenden Zeilen hinzu:

```
Sun Dec  7 20:45:02 2008 [Ralf_Spenneberg] Peer Connection Initiated with ↲
        172.16.178.130:1194
Sun Dec  7 20:45:03 2008 Initialization Sequence Completed
```

Ähnlich sieht es auf dem Client aus:

```
ovpn-client:~# openvpn /etc/openvpn/client.conf
Sun Dec  7 20:45:36 2008 OpenVPN 2.0.9 i486-pc-linux-gnu [SSL] [LZO] [ ↲
        EPOLL] built on Sep 20 2007
Sun Dec  7 20:45:36 2008 IMPORTANT: OpenVPN's default port number is now ↲
        1194, based on an official port number assignment by IANA. ↲
        OpenVPN 2.0-beta16 and earlier used 5000 as the default port.
Sun Dec  7 20:45:36 2008 WARNING: No server certificate verification ↲
        method has been enabled.  See http://openvpn.net/howto.html#mitm ↲
        for more info.
```

```
Sun Dec  7 20:45:36 2008 TUN/TAP device tun0 opened
Sun Dec  7 20:45:36 2008 ifconfig tun0 10.8.0.2 pointopoint 10.8.0.1 mtu ⮠
        1500
Sun Dec  7 20:45:36 2008 UDPv4 link local (bound): [undef]:1194
Sun Dec  7 20:45:36 2008 UDPv4 link remote: 172.16.178.129:1194
Sun Dec  7 20:45:36 2008 [DLRZ_GW] Peer Connection Initiated with ⮠
        172.16.178.129:1194
Sun Dec  7 20:45:37 2008 Initialization Sequence Completed
```

Zwei Punkte fallen Ihnen als aufmerksamem Leser vielleicht auf:

1. Sowohl der Client als auch der Server protokollieren nun den Common Name des Kommunikationspartners: DLRZ_GW und Ralf_Spenneberg.

2. Der Client warnt, dass keine Methode zur Verifikation des Servers eingeschaltet ist.

Den zweiten Punkt beheben Sie, indem Sie auf dem Client die folgende Option hinzufügen:

```
ns-cert-type server
```

Dies verhindert, dass sich ein anderer Client als Server ausgeben kann. Dieser Parameter prüft, ob in dem Zertifikat die X509v3-Erweiterung *Netscape Cert Type* als *SSL Server* gesetzt ist. Diese Erweiterung wird von dem Script ./build-key-server erzeugt.

Nach dem Setzen dieses Parameters sollte diese Warnung auf dem Client nicht mehr auftreten und der Tunnel nun mit TLS-Authentifizierung wieder funktionieren.

Betrachten wir kurz die neuen Parameter in den Konfigurationsdateien:

» ca Diese Zertifikatsautorität verwendet OpenVPN, um das Zertifikat des Kommunikationspartners zu prüfen. Client und Server können unterschiedliche Zertifikatsautoritäten verwenden.[6]

» cert Dieser Parameter gibt die Datei an, in der sich das eigene Zertifikat des Systems befindet.

» key Hiermit geben Sie den privaten Schlüssel des Systems an.

» pkcs12 Alternativ können Sie auch alle drei Informationen in einer PKCS#12-Datei speichern und diese mit diesem Parameter angeben.

» dh Auf dem Server müssen Sie die Diffie-Hellman-Parameter angeben. Der Server überträgt diese dann während der Aushandlung auch an den Client.

» crl Mit diesem Parameter können Sie eine CRL aktivieren. Diese Funktion wird gerne auf einem Server verwendet, um einfach Clients durch einen Widerruf ihrer Zertifikate zu deaktivieren.

---

6 Dies kann genutzt werden, um alle Zertifikate der Server mit einer CA und alle Zertifikate der Clients mit einer anderen CA zu signieren.

» `tls-server` TLS ist ein Protokoll, das einen Client und einen Server kennt. Hiermit geben Sie an, ob das OpenVPN-System als TLS-Server (sinnvoll auf dem OpenVPN-Server) fungieren soll.

» `tls-client` Dieser Parameter wird entsprechend auf dem Client gesetzt.

Sinnvoll wird der Einsatz der Zertifikate bei vielen verschiedenen Clients und der automatischen Verteilung von IP-Adressen durch den Server. Dies ist mit statischen Schlüsseln nicht mehr möglich.

48. Verteilung von IP-Adressen

In den vergangenen Kapiteln haben wir die IP-Adressen, die von den Kommunikationspartnern in dem Tunnel verwendet werden, manuell definiert. Sobald mehrere Clients denselben Server verwenden sollen, funktioniert diese Methode nicht mehr gut, da wir für jeden Client eine eigene Konfigurationsdatei und einen eigenen Port verwenden müssen. Schöner ist es, wenn der Server selbst für die IP-Adressen verantwortlich ist und für jeden Client automatisch eine IP-Adresse aussucht und diese zuweist. Dann genügt eine Konfigurationsdatei auf dem Server für die Verbindungen beliebig vieler Clients. Die Vergabe der IP-Adressen erfolgt automatisch dynamisch.

48.1 Serverkonfiguration

Die Anpassung der Konfigurationsdateien hierfür ist bei OpenVPN trivial einfach.

Zunächst müssen Sie sich entscheiden, welche IP-Adressen der Server für die Verteilung in den Tunneln nutzen soll. Wir werden der Einfachheit halber dieselben verwenden, die wir auch in den vorhergehenden Kapiteln genutzt haben: 10.8.0.0/24. Der Server nimmt sich selbst die IP-Adresse 10.8.0.1 und vergibt dann weitere IP-Adressen an die Clients in der Reihenfolge ihrer Verbindungsaufnahme.

Auf dem Server müssen Sie nun minimale Änderungen an der Konfiguration vornehmen:

```
dev tun
#ifconfig 10.8.0.1 10.8.0.2
#secret /etc/openvpn/static.key
server 10.8.0.0 255.255.255.0
#tls-server
ca /etc/openvpn/keys/ca.crt
cert /etc/openvpn/keys/server.crt
key /etc/openvpn/keys/server.key
dh /etc/openvpn/keys/dh1024.pem
```

Die auskommentierten Zeilen können Sie auch löschen, da sie nicht mehr benötigt werden.

48.2 Client-Konfiguration

Auch auf dem Client halten sich die Änderungen in Grenzen. Die Datei wird sogar, wenn Sie die nicht benötigten Parameter löschen, um eine Zeile kürzer:

```
remote 172.16.178.129
dev tun
client
ca /etc/openvpn/keys/ca.crt
cert /etc/openvpn/keys/client1.crt
key /etc/openvpn/keys/client1.key
ns-cert-type server
```

Bei dem Start des Client erhält dieser nun von dem OpenVPN-Server eine freie IP-Adresse aus dem Netz 10.8.0.0/24 zugewiesen:

```
ovpn-client:~# openvpn /etc/openvpn/client.conf
Sun Dec  7 21:12:05 2008 OpenVPN 2.0.9 i486-pc-linux-gnu [SSL] [LZO] [ ↵
        EPOLL] built on Sep 20 2007
Sun Dec  7 21:12:05 2008 IMPORTANT: OpenVPN's default port number is now ↵
        1194, based on an official port number assignment by IANA.  ↵
        OpenVPN 2.0-beta16 and earlier used 5000 as the default port.
Sun Dec  7 21:12:05 2008 UDPv4 link local (bound): [undef]:1194
Sun Dec  7 21:12:05 2008 UDPv4 link remote: 172.16.178.129:1194
Sun Dec  7 21:12:06 2008 [DLRZ_GW] Peer Connection Initiated with ↵
        172.16.178.129:1194
Sun Dec  7 21:12:07 2008 TUN/TAP device tun0 opened
Sun Dec  7 21:12:07 2008 ifconfig tun0 10.8.0.6 pointopoint 10.8.0.5 mtu ↵
        1500
Sun Dec  7 21:12:07 2008 Initialization Sequence Completed
```

Die erste IP-Adresse, die vergeben wird, ist die 10.0.8.6. Dies hängt mit der Unterstützung für bestimmte Microsoft Windows-Betriebssysteme zusammen. Diese können keine echten Point-to-Point-Verbindungen wie UNIX-Betriebssysteme aufbauen. Daher wird hier immer ein /30-Subnetz mit einer eigenen Netzadresse, einer eigenen Broadcast-Adresse und zwei nutzbaren IP-Adressen verwendet:

Client	Netzadresse	Broadcast	Server	Client
1.	10.8.0.4	10.8.0.7	10.8.0.5	10.8.0.6
2.	10.8.0.8	10.8.0.11	10.8.0.9	10.8.0.10
3.	10.8.0.12	10.8.0.15	10.8.0.13	10.8.0.14
...				

Diese Verwendung ist der Default, da so auch Windows-Clients unterstützt werden können. Werden keine Windows-Clients eingesetzt, können Sie das Verhalten mit der Option ifconfig-mode-linear[1] oder topology p2p[2] abschalten.

Leider kann OpenVPN aus diesem Grund mit einem /24-Netzwerk nur 64 Clients bedienen.

Für die Fehlersuche und den Test ist noch der Hinweis wichtig, dass Sie von dem Client aus nicht die entsprechende IP-Adresse des Servers, sondern nur die IP-Adresse 10.8.0.1 anpingen können.

48.3 Weitere Clients

Weitere Clients können sich nun mit eigenen Zertifikaten ebenfalls mit dem Server verbinden. Der Server teilt diesen Clients dann weitere IP-Adressen zu. Hierzu müssen die Clients über eigene Zertifikate verfügen, die jeden Client eindeutig identifizieren. Hierzu müssen die Common Names der Zertifikate unterschiedlich sein. Im folgenden Beispiel verwendet der Client einen Schlüssel, der mit ./build-key-pass gebaut wurde. Daher muss eine Passphrase bei dem Aufbau des VPNs eingegeben werden:

```
ovpn-client2:~# openvpn /etc/openvpn/client.conf
Sun Dec  7 21:44:15 2008 OpenVPN 2.0.9 i486-pc-linux-gnu [SSL] [LZO] [ ↵
        EPOLL] built on Sep 20 2007
Sun Dec  7 21:44:15 2008 IMPORTANT: OpenVPN's default port number is now ↵
        1194, based on an official port number assignment by IANA.   ↵
        OpenVPN 2.0-beta16 and earlier used 5000 as the default port.
Enter Private Key Password:
Sun Dec  7 21:44:17 2008 UDPv4 link local (bound): [undef]:1194
Sun Dec  7 21:44:17 2008 UDPv4 link remote: 172.16.178.129:1194
Sun Dec  7 21:44:18 2008 [DLRZ_GW] Peer Connection Initiated with   ↵
        172.16.178.129:1194
Sun Dec  7 21:44:19 2008 TUN/TAP device tun0 opened
Sun Dec  7 21:44:19 2008 ifconfig tun0 10.8.0.10 pointopoint 10.8.0.9 mtu ↵
        1500
Sun Dec  7 21:44:19 2008 Initialization Sequence Completed
```

Der Server protokolliert dann beide Verbindungen:

```
Tue Dec  9 00:06:30 2008 172.16.178.130:1194 [Ralf_Spenneberg] Peer  ↵
        Connection Initiated with 172.16.178.130:1194
Tue Dec  9 00:06:41 2008 172.16.178.131:1194 [Thorsten_Robers] Peer  ↵
        Connection Initiated with 172.16.178.131:1194
```

Die IP-Adressen werden hierbei nach dem First-Come-First-Serve-Prinzip ausgegeben. Das bedeutet, dass es hier auf die Reihenfolge bei der Anmeldung ankommt. Dies kann zu Pro-

---

1 OpenVPN 2.0
2 OpenVPN 2.1

blemen führen, wenn Verbindungen abbrechen und neu aufgebaut werden müssen. Wenn Sie sicherstellen möchten, dass die Clients möglichst immer wieder dieselben IP-Adressen erhalten, können Sie OpenVPN anweisen, diese Informationen in einer Datei abzuspeichern:

```
ifconfig-pool-persist /var/cache/openvpn/ipp.txt 600
```

Diese Option weist OpenVPN an, alle 600 Sekunden (Default) die Zuordnungen zwischen den Common Names der Clients und den zugewiesenen IP-Adressen in dieser Datei zu speichern. Diese Datei wird das erste Mal bei dem Start mit leeren Inhalt geschrieben und nach 600 Sekunden das erste Mal aktualisiert. Die Datei erhält dann den folgenden Aufbau:

```
Ralf_Spenneberg,10.8.0.4
Thorsten_Robers,10.8.0.8
```

OpenVPN wird anschließend versuchen, gleichen Clients wieder gleiche IP-Adressen zuzuweisen. Dies ist keine Garantie, funktioniert jedoch erstaunlich gut.

48.4 Weitere Optionen

Einem OpenVPN-Windows-Client können weitere Optionen DHCP-ähnlich zugewiesen werden. Hierfür können Sie auf dem Server den Parameter dhcp-option in Kombination mit dem Parameter push verwenden.

Die folgenden Optionen können Sie hiermit setzen:

» DOMAIN: Hiermit können Sie einen Domänennamen für den Client angeben.

» DNS: Dies erlaubt die Konfiguration des primären DNS-Servers. Wenn Sie diese Option wiederholen, definieren Sie auch einen sekundären DNS-Server.

» WINS: Hiermit geben Sie den WINS-Server an. Auch diese Option können Sie mehrmals angeben.

» NBDD: Dies ist der primäre NBDD-Server (*NetBIOS over TCP/IP Datagram Distribution-Server*). Auch diese Option können Sie mehrfach verwenden.

» NTP: Hiermit geben Sie einen NTP-Server an. Auch diese Option können Sie mehrfach verwenden.

» NBT: Dies gibt den NetBIOS-Knotentyp an.

» NBS: Hiermit können Sie den NetBIOS-Scope angeben.

» DISABLE-NBT: Dies deaktiviert NetBIOS-over-TCP.

Eine typische Konfiguration sieht folgendermaßen aus:

```
push "dhcp-option DOMAIN spenneberg.net"
push "dhcp-option DNS 192.168.255.210"
push "dhcp-option DNS 192.168.255.1"
push "dhcp-option NTP 192.168.255.1"
```

Aktuell werden diese Werte nur von dem Windows-Client umgesetzt. Aber auch andere Clients können diese Werte nutzen, wenn Sie dies entsprechend konfigurieren. Hierzu bietet OpenVPN ein „UP"-Script an. Vor dem Aufruf dieses Scripts werden die mit diesem Parameter übergebenen Werte in Umgebungsvariablen gespeichert. Die Optionen werden der Reihe nach in den Variablen `foreign_option_n` hinterlegt. Dabei wird der Wert n von 0 beginnend hochgezählt. Diese Variablen können dann von dem „UP"-Script ausgewertet und in dem System hinterlegt werden.

Ein Beispielscript für die Anpassung der Datei `/etc/resolv.conf` ist in dem `contrib/`-Verzeichnis des OpenVPN-Quelltextes vorhanden. Hier befinden sich die Dateien `contrib/pull-resolv-conf/client.[up|down]`, die Sie mit dem Parameter `up` und `down` in der Konfiguration einfügen können:

```
up /etc/openvpn/pull-resolv-conf/client.up
down /etc/openvpn/pull-resolv-conf/client.down
```

48.5 Änderung des Default-Gateways

OpenVPN kann auch das Default-Gateway eines Clients modifizieren. Anschließend wird der gesamte Verkehr, den der Client mit weiteren Netzen austauschen möchte, über den Tunnel transportiert. Hierzu führt der Client dann drei Operationen durch:

1. Zunächst erzeugt der OpenVPN-Client eine statische Route auf den OpenVPN-Server (`remote`), sodass bei dem Löschen und erneuten Setzen der Default-Route keine Probleme entstehen.
2. Im zweiten Schritt löscht der Client die Default-Route.
3. Im dritten Schritt setzt der Client die Default-Route neu auf die virtuelle IP-Adresse des OpenVPN-Servers.

Das genaue Verhalten kann durch vier optionale Flags noch konfiguriert werden:

» `redirect-gateway local`: Wenn die beiden OpenVPN-Systeme direkt miteinander über ein LAN verbunden sind, kann diese Option gesetzt werden. Dann wird der Schritt 1 übersprungen.

» `redirect-gateway def1`: Hier wird nicht die Default-Route gelöscht und neu gesetzt, sondern stattdessen die Route für zwei Netze gesetzt, die der Default-Route entsprechen: 0.0.0.0/1 und 128.0.0.0/1.

» `redirect-gateway bypass-dhcp`: Wenn der DHCP-Server für den Client nicht im lokalen Netz lokalisiert ist, setzt dieses Flag eine Route für den DHCP-Server, sodass dieser weiterhin erreicht werden kann.

» `redirect-gateway bypass-dns`: Hier werden für die DNS-Server zusätzliche Routen gesetzt, sodass diese an dem Tunnel vorbei angesprochen werden.

Um Probleme bei dem Löschen und Setzen der Default-Route zu verhindern, sollten Sie das Flag `def1` nutzen. Dieses verhindert die meisten Probleme.

48.6 Feste Zuweisung von IP-Adressen

Wenn unterschiedliche OpenVPN-Anwender unterschiedliche Zugriffsrechte erhalten sollen, ist eine Möglichkeit, dass diese Anwender feste und garantiert immer gleiche IP-Adressen erhalten, sodass eine Firewall dann den Zugriff regeln kann.

Die feste Zuweisung von IP-Adressen kann leicht mit OpenVPN erreicht werden. Hierzu sollten Sie sich zunächst überlegen, ob Sie grundsätzlich jedem Anwender eine feste IP-Adresse zuweisen möchten oder ob einige Benutzer weiterhin dynamische IP-Adressen erhalten sollen.

Wir betrachten im Folgenden den zweiten Fall, da dieser auch den ersten Fall mit einschließt und lediglich eine Erweiterung des bisherigen Aufbaus darstellt.

Hierzu sollten Sie zunächst einen eigenen zusätzlichen IP-Adressbereich für die feste Zuteilung einrichten. Wir werden in diesem Beispiel das Netz 10.9.0.0/24 hierfür benutzen. Damit OpenVPN sich auch verantwortlich für das Routing dieses Netzes fühlt, wird der folgende Parameter in der Konfiguration des OpenVPN-Servers verwendet:

```
route 10.9.0.0 255.255.255.0
```

Um nun bestimmten Clients eigene IP-Adressen zuzuweisen, richten wir ein eigenes Verzeichnis ein, in dem für jeden Client eine eigene Datei erzeugt wird. Dieses Verzeichnis ist das Client-Konfigurationsverzeichnis (client-config-dir). Wir nennen es daher ccd und tragen es in der Konfiguration des OpenVPN-Servers ein:

```
client-config-dir /etc/openvpn/ccd
```

Nun können wir für jeden Client, der eine eigene IP-Adresse erhalten soll, in diesem Verzeichnis eine Textdatei anlegen. Diese enthält die IP-Adresskonfiguration, die der Client später verwenden soll:

```
ifconfig-push 10.9.0.1 10.9.0.2
```

Spätere Änderungen an den Dateien im CCD-Verzeichnis erfordern keinen Neustart des OpenVPN-Servers. Lediglich für die Aktivierung dieser Option müssen Sie den OpenVPN-Server einmalig neu starten.

Der Name der Datei muss mit dem Common Name des Zertifikats des Clients übereinstimmen. In meinem Fall verwendet ein Client den Common Name „Ralf_Spenneberg". Daher heißt diese Datei /etc/openvpn/ccd/Ralf_Spenneberg. Hierbei werden Leerzeichen durch den Unterstrich ersetzt. Dies entspricht der Schreibweise in den Protokollen.

Verbindet sich der Client erneut, so wird der OpenVPN-Server aufgrund der Konfigurationsdatei im CCD-Verzeichnis dem Client die IP-Adresse 10.9.0.2 zuweisen und selbst die 10.9.0.1 verwenden. Weitere Clients können mit folgenden Adresspaaren konfiguriert werden:

10.9.0.1	10.9.0.2
10.9.0.5	10.9.0.6
10.9.0.9	10.9.0.10
10.9.0.13	10.9.0.14
etc.	etc.

Firewallregeln können dann den Clients den entsprechenden Zugang erlauben:

```
iptables -A INPUT -i tun0 -s 10.9.0.0/24 -m state --state NEW -j ACCEPT
iptables -A INPUT -m state --state RELATED,ESTABLISHED -j ACCEPT
iptables -A OUTPUT -m state --state RELATED,ESTABLISHED -j ACCEPT
iptables -A FORWARD -i tun0 -s 10.9.0.0/24 -m state --state NEW -j ACCEPT
iptables -A FORWARD -m state --state RELATED,ESTABLISHED -j ACCEPT
```

Das Client-Konfigurationsverzeichnis kann auch zu einem anderen Zweck genutzt werden. Einer meiner Kunden wollte mit OpenVPN Wartungszugänge für externe Firmen realisieren. Diese Zugänge sollten jedoch nicht grundsätzlich aktiv sein. Er wünschte sich eine Möglichkeit, den Zugang nur bei Bedarf zu aktivieren. Da er nicht die Zertifikate widerrufen wollte, haben wir uns für eine andere Lösung entschieden. Wir haben die dynamische Vergabe von IP-Adressen genutzt. Zusätzlich haben wir aber auch das Client-Konfigurationsverzeichnis aktiviert und für jeden Client hier eine leere Datei mit seinem Common Name angelegt. Anschließend haben wir zusätzlich die Option ccd-exclusive *bei dem OpenVPN-Server hinzugefügt. Diese Option verlangt für die Authentifizierung eines Clients das Vorhandensein einer (auch leeren) Datei in dem CCD-Verzeichnis.*

Nun konnte der Kunde durch einfaches Umbenennen der Dateien den Wartungszugang aktivieren und deaktivieren. Hierzu genügt schon:

mv /etc/openvpn/ccd/Ralf_Spenneberg /etc/openvpn/ccd/Ralf_Spenneberg.off

49. Zusätzliche Netze

Bisher haben wir Tunnel aufgebaut, die es lediglich zwei Rechnern erlaubten, durch den Tunnel verschlüsselt zu kommunizieren. Meist sind jedoch sowohl auf der Serverseite als auch auf der Clientseite weitere Netze vorhanden, die auch den Tunnel nutzen sollen. In diesem Kapitel besprechen wir die Einbindung dieser Netze in den VPN-Tunnel. Eigentlich ist das so trivial, dass hierzu kein eigenes Kapitel erforderlich wäre. Jedoch finden Sie so die Information über das Inhaltsverzeichnis hoffentlich schneller.

49.1 Zusätzliche Netze auf der Seite des Servers

Die Einbindung zusätzlicher Netze auf der Seite des Servers ist sehr einfach. Der Client benötigt hierzu nur eine Route für das entsprechende Netz hinter dem OpenVPN-Server. Dies kann natürlich manuell auf dem Client erfolgen. Schöner ist es jedoch, wenn der Server diese Information automatisch an den Client bei dem Aufbau des Tunnels sendet. Hierzu ist lediglich auf dem Server ein zusätzlicher Parameter erforderlich. Mit dem Parameter push können Sie den Clients mitteilen, dass Sie über den VPN-Tunnel weitere Rechner hinter dem OpenVPN-Server erreichen können. Wenn, wie in Abbildung 49.1 hinter dem OpenVPN-Server das Netzwerk 192.168.0.0/24 vorhanden ist, benötigen Sie in der Serverkonfiguration folgende Zeile:

```
push "route 192.168.0.0 255.255.255.0"
```

Hiermit setzt der Client bei dem Aufbau des Tunnels eine Route für dieses Netz auf den OpenVPN-Server über den Tunnel. Nun müssen Sie nur noch sicherstellen, dass die Rechner in dem Netzwerk 192.168.0.0/24 alle Pakete für die Rechner in dem 10.8.0.0/24-Netz an den OpenVPN-Server senden. Dies ist unproblematisch, wenn der OpenVPN-Server auch

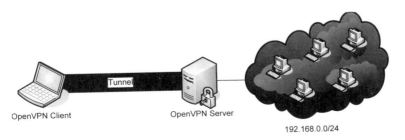

OpenVPN Client   OpenVPN Server

192.168.0.0/24

Abbildung 49.1: **Hinter dem OpenVPN-Server befindet sich ein weiteres Netzwerk.**

das Default-Gateway in dem Netz 192.168.0.0/24 ist. Ansonsten müssen Sie auf dem Default-Gateway eine Route für das Netz 10.8.0.0/24 für den OpenVPN-Server setzen.

STOP

Natürlich müssen Sie sicherstellen, dass grundsätzlich ein Routing auf dem OpenVPN-Server aktiv ist. Sie müssen das IP-Forwarding aktivieren[1] und Ihre Firewall entsprechend anpassen.

Weitere Netze auf der Serverseite können genauso eingebunden werden. Wenn nur einzelne Clients Zugriff auf bestimmte Netze erhalten sollen, können Sie diese Zeilen auch in den Konfigurationsdateien in dem Client-Konfigurationsverzeichnis eintragen. Sie sind dann nur gültig für die entsprechenden Clients.

49.2 Zusätzliche Netze auf der Seite des Clients

Auch auf der Seite des Clients befinden sich häufig weitere Netze, die den Tunnel nutzen sollen (siehe Abbildung 49.2). In diesem Fall handelt es sich um das Netz 172.16.0.0/24. Hierfür gibt es zwei Möglichkeiten:

» *SNAT*: Sie aktivieren auf dem Client SNAT (Source-Network-Address-Translation). Die weiteren Rechner in dem Netz, in dem sich auch der OpenVPN-Client befindet, greifen dann genattet auf den Tunnel zu. Auf dem Server sehen Sie lediglich die IP-Adresse des Clients.

» *Routing*: Sie erlauben auch den Rechnern in dem Netzwerk des Clients die Nutzung des Tunnels.

Während für das SNAT lediglich eine IPtables-Regel auf dem Client erforderlich ist, benötigt die zweite Variante Modifikationen der Serverkonfiguration, damit dies automatisch funktioniert. Das Ziel der Konfiguration ist es, dass jedes System aus dem Netz des Clients mit jedem System aus dem Netz des Servers in beiden Richtungen kommunizieren kann.

1. Da unterschiedliche Clients unterschiedlichen Netzen den Zugang ermöglichen, benötigen wir eine clientspezifische Konfiguration. Hierzu muss ein Client-Konfigurationsverzeichnis genutzt werden:

```
client-config-dir /etc/openvpn/ccd
```

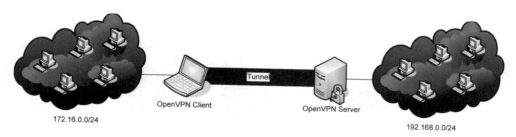

Abbildung 49.2: **Hinter dem OpenVPN-Client befindet sich ein weiteres Netzwerk.**

---

1   sysctl -w net.ipv4.ip_forward=1

2. Der OpenVPN-Server muss den Verkehr für das Netz des Clients erhalten. Der Kernel muss diese Pakete an den OpenVPN-Server über die `tun0`-Schnittstelle senden. Hierfür müssen Sie das kernelbasierte Routing aktivieren:

```
route 172.16.0.0 255.255.255.0
```

3. Während die ersten beiden Modifikationen in der Server-Konfigurationsdatei erfolgen, muss die folgende Konfiguration in der CCD-Datei für den Client erfolgen. Hier muss dem Server mitgeteilt werden, welcher Client für das entsprechende Netz zuständig ist. Dies konfiguriert das interne Routing des OpenVPN-Servers:

```
iroute 172.16.0.0 255.255.255.0
```

4. Natürlich müssen auch hier die Systeme in dem Server- und Clientnetz entsprechend konfiguriert werden. Dies ist kein Problem, wenn die OpenVPN-Systeme in beiden Netzen die Default-Gateways sind. Sind sie es nicht, sind zusätzliche Routen erforderlich, damit die Systeme den Verkehr für das jeweils andere Netz auch an die OpenVPN-Systeme routen!

49.3 Kommunikation der Clients untereinander

Normalerweise unterbindet OpenVPN die Verbindungen von Clients untereinander. Dies trifft dann natürlich auch auf Netze hinter den Clients zu. Um die Kommunikation unterhalb der Clients zu erlauben, bietet OpenVPN die folgende Option auf dem Server:

```
client-to-client
```

Soll auch ein Netz hinter einem Client für die anderen Clients erreichbar sein, so ist neben der Konfiguration nach Abschnitt 49.2 auch eine entsprechende Route erforderlich. Der OpenVPN-Server kann diese Route an alle weiteren Clients automatisch verteilen:

```
push "route 172.16.0.0 255.255.255.0"
```

50. Fortgeschrittene Funktionen

Dieses Kapitel beschäftigt sich mit Funktionen, die für den Betrieb eines OpenVPN-Tunnels nicht zwingend erforderlich sind. Jedoch ist es häufig sinnvoll, diese Funktionen auch zu nutzen. So handelt es sich um Einstellungen, um die Sicherheit, die Verfügbarkeit und die Geschwindigkeit des Systems zu verbessern.

50.1 Sicherheit

Um die Sicherheit des Systems und den Schutz vor Angriffen des OpenVPN-Servers zu erhöhen, gibt es mehrere Möglichkeiten. Zunächst muss der OpenVPN-Server mit *root*-Rechten gestartet werden. Nur so kann er die notwendigen virtuellen Netzwerkkarten erzeugen. Anschließend kann er aber diese *root*-Privilegien auf Nicht-Windows-Systemen fallen lassen. Dies erzeugt aber wieder zusätzliche Probleme, für die OpenVPN weitere Lösungen bietet.

Unter Linux ist es sogar möglich, OpenVPN komplett ohne Root-Rechte zu betreiben. Außerdem kann OpenVPN auf Nicht-Windows-Systemen in einem Chroot betrieben werden.

Um die Stärke der Verschlüsselung zu verbessern, können Sie die Schlüssellängen heraufsetzen.

Diese Funktionen werden in diesem Abschnitt beschrieben.

50.1.1 Wechsel des Benutzerkontextes

Auf allen Systemen außer Windows, auf denen Sie OpenVPN betreiben können, kann OpenVPN nach dem Start die Root-Privilegien fallen lassen. Hierzu starten Sie OpenVPN als *root* und tragen die beiden folgenden Parameter in der Konfiguration ein:

```
user openvpn
group openvpn
```

Natürlich müssen Sie diese Gruppe und den Benutzer vorher anlegen:

```
# groupadd openvpn
# useradd -s /bin/false -g openvpn -d /etc/openvpn openvpn
```

Auf einem Server erzeugen diese Funktionen im laufenden Betrieb jedoch Probleme, da der Server bei einem Neustart des Tunnels die Netzwerkschnittstelle tun0 löscht und neu anlegen möchte. Ohne *root*-Privilegien ist das nicht möglich. Um dies zu verhindern, tragen Sie auch noch die folgenden Parameter in der Konfiguration ein:

```
persist-tun
persist-key
```

Während die erste Option sicherstellt, dass die virtuelle Netzwerkschnittstelle einen Neustart des OpenVPN-Servers mit dem Signal SIGUSR1 überlebt, sorgt die zweite Option dafür, dass der OpenVPN-Server auch seinen privaten Schlüssel, der nur von *root* gelesen werden kann, nicht vergisst. Wichtig ist in diesem Fall, dass der von dem OpenVPN-Dienst verwendete Benutzer auch Lese- und Schreibrechte an einigen Dateien erhält:

» Protokolldateien (w)

» Ifconfig-Pool-Persist-Datei (rw)

» CRL (r)

» CCD-Verzeichnis (rx, Inhalt: r)

50.1.2 Betrieb ohne jedes Root-Privileg

Eine zweite Möglichkeit steht lediglich unter Linux zur Verfügung. Hier können Sie mit dem Befehl ip aus dem *iproute2*-Paket und dem Befehl sudo beliebigen unprivilegierten Benutzern erlauben, den Tunnel zu starten. Die Konfiguration ist ein wenig aufwendiger, aber aus Sicht der Sicherheit gegen einen Angriff über OpenVPN optimal.

Leider bedeutet es, dass Sie einem lokalen Benutzer das Recht einräumen müssen, den Befehl ip als root auszuführen. So kann der Benutzer anschließend mit diesem Befehl IP-Adressen und Routen ändern. Ob Sie dies erlauben möchten, müssen Sie selbst entscheiden. Ich persönlich ziehe da die erste Variante (Abschnitt 50.1.1) vor.

Zunächst erzeugen Sie ein Script /etc/openvpn/unpriv-ip, das den Befehl ip mithilfe von sudo aufruft. Dabei werden sämtliche Argumente, die an das Script übergeben wurden, an den Befehl ip weitergegeben.

```
#!/bin/sh
sudo /sbin/ip $*
```

Nun konfigurieren Sie sudo in der Datei /etc/sudoers so, dass der von Ihnen gewählte Benutzer (*spenneb*) den Befehl ip als *root* aufrufen darf:[1]

```
spenneb ALL=(ALL)  NOPASSWD: /sbin/ip
```

OpenVPN konfigurieren Sie anschließend so, dass es nun das Script für den Aufruf des Befehls ip verwendet. Dabei müssen Sie den exakten Namen der virtuellen Schnittstelle angeben:

```
dev tun0
iproute /etc/openvpn/unpriv-ip
```

---

1 Dies kann angenehm mit dem Befehl visudo erfolgen.

Nun müssen Sie noch als *root* einmalig die Schnittstelle tun0 erzeugen und dem Benutzer das Recht geben, diese zu verwalten:

```
openvpn --mktun --dev tun0 --type tun --user spenneb
```

Anschließend kann der Benutzer *spenneb* OpenVPN aufrufen und den Tunnel aufbauen. Open-VPN benötigt nun keine Root-Privilegien mehr!

50.1.3 Chroot

OpenVPN erlaubt den Betrieb in einem Chroot-Verzeichnis. Hierbei kann der OpenVPN-Prozess nach dem Wechsel in das Chroot-Verzeichnis nicht mehr auf Dateien außerhalb des Verzeichnisses zugreifen. Allerdings ist es erforderlich, dass der OpenVPN-Server seine *root*-Privilegien fallen lässt, damit dies die Sicherheit des Systems erhöht. Ein Chroot unter Linux bietet keinen Schutz, wenn der Prozess mit root-Privilegien arbeitet. Ein derartiger Prozess kann mit drei einfachen Funktionsaufrufen ein Chroot verlassen.

Es ist häufig diskutiert worden, ob dies eine Sicherheitslücke ist. Ein POSIX-Chroot ist jedoch nie als Sicherheitsfeature geplant gewesen. Sein ursprünglicher Zweck ist der Test eines Prozesses in einer anderen Umgebung. Der POSIX-Standard verlangt, das der Superuser root das Chroot einfach verlassen kann:

```
 mkdir foo; chroot foo; cd ..
```

Diese Funktion ist auch in der Manpage chroot(2) *erläutert. Wenn Sie also ein Chroot für Sicherheitszwecke einsetzen, stellen Sie immer sicher, dass der Prozess auch seine root-Privilegien fallen lässt.*

Damit OpenVPN nun ein Chroot nutzt, genügt eine Zeile in der Konfiguration des OpenVPN-Daemons:

```
chroot /openvpn-chroot/
```

Der OpenVPN-Prozess liest seine Konfigurationsdatei und sämtliche weiteren Dateien, die er zum Start benötigt. Dann wechselt er in das Chroot-Verzeichnis. Hier müssen dann nur noch die Dateien vorliegen, die er während des Betriebs liest. Dies sind, falls sie konfiguriert wurden:

- » ipp.txt: die Ifconfig-Pool-Persist-Datei
- » crl.pem: die Zertifikatswiderrufsliste
- » ccd/: das Client-Konfigurationsverzeichnis

Der Einfachheit halber verschieben Sie diese Dateien in das Chroot-Verzeichnis und erzeugen dann Links auf diese Dateien, sodass diese auch außerhalb des Chroot unter demselben Pfad verfügbar sind. Dies erleichtert die Administration:

```
mkdir -p /openvpn-chroot/var/cache/openvpn
mkdir -p /openvpn-chroot/etc/openvpn/keys
```

```
mv /var/cache/openvpn/ipp.txt /openvpn-chroot/var/cache/openvpn/ipp.txt
mv /etc/openvpn/ccd /openvpn-chroot/etc/openvpn/ccd
mv /etc/openvpn/keys/crl.pem /openvpn-chroot/etc/openvpn/keys
ln -s /openvpn-chroot/var/cache/openvpn/ipp.txt /var/cache/openvpn/ipp. ↲
    txt
ln -s /openvpn-chroot/etc/openvpn/ccd /etc/openvpn/ccd
ln -s /openvpn-chroot/etc/openvpn/keys /etc/openvpn/keys/crl.pem
```

50.1.4 Schlüssellängen

Per Default setzt OpenVPN öffentliche Schlüssel mit einer Länge von 1024 Bit ein. Dies ist sicherlich für die meisten Anwendungen ausreichend, da heute Angriffe auf diese Schlüssellängen noch als unmöglich angesehen werden. Dies wird sicherlich auch noch einige Jahre so bleiben. Dennoch spricht nichts dagegen, bereits jetzt längere Schlüssel zu verwenden, wenn die Rechenleistung der verwendeten Systeme es zulässt. Hierzu editieren Sie, wenn Sie Easy-RSA verwenden, die Datei vars und setzen die KEY_SIZE auf den Wert 2048.

Auch den symmetrischen Schlüssel können Sie anpassen. OpenVPN verwendet per Default den Verschlüsselungsalgorithmus Blowfish. Blowfish erlaubt symmetrische Schlüssellängen von bis zu 448 Bit. Dennoch nutzt OpenVPN lediglich 128 Bit lange Schlüssel. Dies ist nach der herrschenden Meinung aktuell ausreichend und kann nicht mit vertretbarem Aufwand gebrochen werden. Dies würde wahrscheinlich auch mit den Kapazitäten, die den größten Geheimdiensten zur Verfügung stehen, viele Jahre benötigen. Dennoch können Sie sowohl den Algorithmus als auch die Schlüssellänge anpassen. Um nachzuvollziehen, welche Algorithmen Ihr OpenVPN unterstützt, können Sie den folgenden Befehl nutzen:

```
[spenneb@kermit openvpn-2.1]$ /usr/sbin/openvpn --show-ciphers
The following ciphers and cipher modes are available
for use with OpenVPN.  Each cipher shown below may be
used as a parameter to the --cipher option.  The default
key size is shown as well as whether or not it can be
changed with the --keysize directive.  Using a CBC mode
is recommended.

DES-CFB 64 bit default key (fixed)
DES-CBC 64 bit default key (fixed)
RC2-CBC 128 bit default key (variable)
RC2-CFB 128 bit default key (variable)
RC2-OFB 128 bit default key (variable)
DES-EDE-CBC 128 bit default key (fixed)
DES-EDE3-CBC 192 bit default key (fixed)
DES-OFB 64 bit default key (fixed)
DES-EDE-CFB 128 bit default key (fixed)
DES-EDE3-CFB 192 bit default key (fixed)
DES-EDE-OFB 128 bit default key (fixed)
DES-EDE3-OFB 192 bit default key (fixed)
```

```
DESX-CBC 192 bit default key (fixed)
BF-CBC 128 bit default key (variable)
BF-CFB 128 bit default key (variable)
....
```

Hier können Sie erkennen, dass Blowfish per Default lediglich einen 128-Bit-Schlüssel verwendet, die Länge jedoch variabel eingestellt werden kann. Dies kann mit dem Parameter `keysize` erfolgen:

```
keysize 256
```

Sie sollten sich jedoch bewusst sein, dass längere Schlüssel einen größeren Rechenaufwand bedeuten.

50.1.5 Einsatz von Hardware-Beschleunigung

Speziell auf schwachbrüstigen Systemen oder bei Verwendung langer Schlüssellängen kann es sinnvoll sein, für die Verschlüsselung Hardware-Unterstützung zu verwenden. Die eigentliche CPU wird durch zusätzliche Kryptoprozessoren entlastet. Diese sind hierfür optimiert und können diese Funktion viel schneller erledigen. OpenVPN kann hier die Crypto-Hardware-Engines nutzen, die von der OpenSSL-Bibliothek unterstützt werden. Um zu erfahren, welche Systeme von Ihrem OpenVPN unterstützt werden, können Sie den folgenden Befehl verwenden:

```
[spenneb@kermit openvpn-2.1]$ /usr/sbin/openvpn --show-engines
OpenSSL Crypto Engines

VIA PadLock (no-RNG, no-ACE) [padlock]
Dynamic engine loading support [dynamic]
```

Hier ist lediglich die *Padlock*-Engine geladen. Weitere Engines können als zusätzliche Bibliotheken geladen werden. Die VIA Padlock-Engine ist in den meisten VIA-Chipsätzen der *Mini-ITX*-Boards enthalten. So können mit diesen Boards und den dort eingesetzten schwachbrüstigen VIA-C3-Prozessoren durchaus mächtige VPN-Systeme aufgebaut werden. Sie aktivieren die Engine mit folgender Zeile in der OpenVPN-Konfiguration:

```
engine padlock
```

50.1.6 Signatur der Pakete

OpenVPN bietet bereits mit dem SSL/TLS-Protokoll ein großes Maß an Sicherheit. Jedoch gibt es einige Möglichkeiten des Angriffs:

» Wenn UDP eingesetzt wird, besteht die Gefahr eines Denial-of-Service-Angriffs (DoS), da OpenVPN jedes Paket zunächst entschlüsseln muss, um die Korrektheit des Pakets zu überprüfen. Da der Angreifer bei UDP die Absender-IP-Adresse spoofen kann, hilft hier auch keine Firewall.

» Ein Port-Scanner kann erkennen, ob der OpenVPN-UDP-Port bedient wird.

» Wenn in der SSL/TLS-Implementierung ein Buffer-Overflow oder anderer Programmier-fehler enthalten ist, kann ein Angreifer diese Schwäche für einen Exploit ausnutzen, ohne einen gültigen Tunnel aufgebaut zu haben.

Diese Angriffe kann OpenVPN einfach unterbinden. Hierzu bietet OpenVPN die Möglichkeit, jedes Paket zusätzlich mit TLS und einem statischen Schlüssel zu signieren. Weist ein Paket nicht die korrekte Signatur auf, kann OpenVPN dieses Paket direkt verwerfen und muss nicht mehr die SSL/TLS-Entschlüsselung vornehmen. Dies schützt vor den oben beschriebenen Angriffen, da der Angreifer nicht die richtige Signatur erzeugen kann und OpenVPN so dessen Pakete nicht weiter betrachtet.

Um diese Funktion zu nutzen, müssen Sie zunächst einen symmetrischen Schlüssel erzeu-gen. Dies erfolgt wie bei dem Tunnel mit dem statischen Schlüssel:

```
openvpn --genkey --secret ta.key
```

Nun müssen Sie diesen Schlüssel über einen sicheren Kanal auf allen Systemen[2] hinterlegen. Dann tragen Sie auf dem Server folgende Zeile in der Konfiguration ein:

```
tls-auth /etc/openvpn/keys/ta.key 0
```

Auf den Clients tragen Sie Folgendes ein:

```
tls-auth /etc/openvpn/keys/ta.key 1
```

Die Zahl gibt hierbei die Richtung an.

Diese Funktion wird grundsätzlich für den Schutz des VPNs empfohlen. Insbesondere dann, wenn Sie Ihre OpenVPN-Instanz nicht mit einer Firewall schützen können, da sie Pakete von beliebi-gen Clients mit zum Beispiel dynamischen IP-Adressen entgegennehmen muss, sollten Sie diese Methode zum Schutz nutzen!

50.2 Verfügbarkeit

VPN-Tunnel werden aufgebaut, um genutzt zu werden. Hierzu müssen sie funktionieren. Dazu ist es erforderlich, dass OpenVPN einen nicht funktionstüchtigen Tunnel erkennt und neu auf-baut. Dies wird bei IPsec als Dead Peer Detection bezeichnet.

OpenVPN nutzt hierzu die folgenden Parameter:

» `ping n`: Mit diesem Parameter sendet OpenVPN ein Paket an den Kommunikationspart-ner, wenn für *n* Sekunden kein Paket über den Tunnel transportiert wurde. Die OpenVPN-Ping-Pakete werden nicht von OpenVPN beantwortet. Es handelt sich hier nicht um das ICMP-Ping! Um Pakete in beiden Richtungen zu senden, müssen Sie diesen Parameter auf beiden Kommunikationspartnern eintragen. Hiermit erreichen Sie zwei Ziele:

---

2   Auf allen Servern und allen Clients speichern Sie diesen Schlüssel in `/etc/openvpn/keys`.

1. Zustandsorientierte Firewalls vergessen gerne eine Verbindung, wenn für eine bestimmte Zeit kein Paket gesendet wurde. Dies ist insbesondere bei OpenVPN-UDP-Tunneln der Fall. Hier vergessen Firewalls bereits häufig nach 3 Minuten Inaktivität die Verbindung. Der Ping verhindert das.

2. Diese Pakete dienen auch als Grundlage für die Erkennung eines Tunnelausfalls im Zusammenhang mit den folgenden Parametern.

» `ping-exit` *n*: Mit dieser Option wird OpenVPN sich beenden, wenn es für *n* Sekunden kein Paket von dem Kommunikationspartner erhalten hat.

» `ping-restart` *n*: Diese Option ähnelt der letzten Option. Hier löst OpenVPN ein `SIGUSR1`-Signal aus , wenn für *n* Sekunden kein Paket von dem Kommunikationspartner empfangen wurde. Im Client-Modus hat dieser Parameter den Defaultwert 120 Sekunden.[3] Die Auswirkung dieses Parameters hängt von dem Modus ab:

- Server-Modus: Das Signal `SIGUSR1` bezieht sich immer nur auf den einen Tunnel und den entsprechenden Client. Das Signal betrifft nie den gesamten Server und alle Tunnel. Darüber hinaus führt das Signal nicht zu einem Neustart, sondern nur zum Löschen der entsprechenden Instanz. Da der Server nicht die IP-Adresse des Clients kennt, kann er nicht den Tunnel neu aufbauen.

- Client-Modus: Das Signal löst einen Neustart des Tunnels aus.

Um die Konfiguration der Ping-Werte zu vereinfachen, kennt OpenVPN auch noch den Parameter `keepalive`. Dieser nimmt zwei Werte entgegen:

```
keepalive 10 60
```

Dies ist eine Hilfsdirektive, die von OpenVPN folgendermaßen interpretiert wird:

```
if mode server:
  ping 10
  ping-restart 120
  push "ping 10"
  push "ping-restart 60"
else
  ping 10
  ping-restart 60
```

Hiermit wird der Server so konfiguriert, dass er alle 10 Sekunden spätestens ein Paket versendet und den Tunnel löscht, wenn Pakete länger als 120 Sekunden ausbleiben. Gleichzeitig konfiguriert der Server den Client mit `push`-Anweisungen so, dass auch der Client alle 10 Sekunden spätestens ein Paket sendet und nach 60 Sekunden den Tunnel neu startet. Da der Server die Informationen an den Client übermittelt, ist ein Eintrag auf dem Client nicht erforderlich!

---

3   Dies führt nach 120 Sekunden Inaktivität zum Neustart des Tunnels. Daher sollte der OpenVPN-Server immer mindestens eine `ping`-Anweisung haben.

Um die Verfügbarkeit des Tunnels zu garantieren, sollten Sie die Option keepalive *grundsätzlich in Ihren Serverkonfigurationen verwenden.*

50.3 TCP und Proxies

Das Standard-Transportprotokoll von OpenVPN ist UDP. Dies ist auch gut so, da UDP keinerlei Garantien bezüglich des Transport gibt. So stellt UDP bei Paketverlusten nicht sicher, dass das verlorene Paket erneut gesendet wird. Dies ist bei TCP der Fall. Daher ist es allgemein eine schlechte Idee, einen Tunnel, in dem TCP-Pakete transportiert werden, wieder mit TCP zu übertragen. Geht hier ein Paket verloren, so werden zwei TCP-Schichten sicherstellen, dass das verlorene Paket erneut transportiert wird. Dies erzeugt zwei Retransmissions. Da der Paketverlust häufig bereits durch eine Überlastung des Netzes verursacht wurde, verschärft sich dadurch die Überlastung. Weitere Pakete gehen verloren, für die wieder jeweils doppelte Retransmissions ausgelöst werden. Die Situation eskaliert, bis keine Daten mehr durch den Tunnel transportiert werden.

Dennoch kann es sinnvoll sein, TCP als Transportprotokoll einzusetzen. Wird der Tunnel in einem Netz aufgebaut, in dem wenig Paketverluste zu erwarten sind, sind die beschriebenen Effekte kaum von Belang. Falls das getunnelte Protokoll keine Übertragungssicherheit bietet, treten die Probleme nicht auf. Das Protokoll kann auch Vorteile bieten. So kann es in Umgebungen, in denen die Path-MTU-Discovery aufgrund fehlerhafter Firewallkonfiguration fehlschlägt, den Betrieb des VPNs erlauben. Auch in Umgebungen, in denen nur TCP-Verbindungen durch eine Firewall zum Beispiel auf den Port 80 oder 443 aufgebaut werden dürfen, kann UDP als Transportprotokoll nicht eingesetzt werden.

In einigen Netzen ist keinerlei direkter Zugriff auf das Internet erlaubt. Sämtlicher Verkehr muss durch einen HTTP-Proxy gefiltert werden. OpenVPN kann auch einen HTTPS-Proxy für den Tunnel nutzen. Die meisten Proxys erlauben dann aber nur eine Verbindung auf einen Port 443 im Internet. Steht hier nur eine IP-Adresse zur Verfügung und wird hier bereits ein HTTPS-Webserver betrieben, kann OpenVPN den Port gemeinsam mit dem Webserver nutzen. Dies wird als *Port-Sharing* bezeichnet und wird ab der OpenVPN Version 2.1 unterstützt.

In den folgenden Abschnitten betrachten wir die verschiedenen Möglichkeiten.

50.3.1 TCP

Die Verwendung von TCP in OpenVPN ist sehr einfach. Hierzu ist lediglich ein einziger Parameter erforderlich: proto. Dieser Parameter muss jedoch auf dem Client und Server unterschiedlich gesetzt werden:

» Server: proto tcp-server
Der Server bindet sich hiermit auf den konfigurierten Port und erwartet dort die TCP-Verbindung.

» Client: proto tcp-client
Der Client versucht, die TCP-Verbindung aufzubauen. Schlägt das fehl, versucht der Client

es nach 5 Sekunden erneut. Dies können Sie mit `connect-retry` einstellen. Der Client versucht unendlich oft, den Server zu erreichen (`connect-retry-max`).

Wenn Sie TCP verwenden, ist es sinnvoll, auch einen entsprechenden Port zu nutzen, damit der OpenVPN-Server auch durch eine Firewall von außen erreichbar ist. Hier bieten sich an: 21/tcp, 25/tcp, 80/tcp, 443/tcp. Dies ist natürlich nur möglich, wenn kein anderer Dienst auf diesen Ports lauscht.

50.3.2 Proxy

Häufig wird das TCP-Protokoll gewählt, da der OpenVPN-Server für einige Clients nicht per UDP erreichbar ist. Wenn Sie OpenVPN einsetzen, um zum Beispiel Außendienstmitarbeitern einen Zugriff auf Ihr Netz zu geben, wird häufig auch ein Zugriff auf einen TCP-Port durch eine Firewall verwehrt werden. In derartigen Netzen steht häufig ein Internetzugang nur über einen HTTP-Proxy zur Verfügung. Wenn der Proxy auch das HTTPS-Protokoll unterstützt, kann auch OpenVPN den Proxy nutzen. Hierzu muss der Proxy jedoch einen verschlüsselten Tunnel erlauben. Wenn der Proxy den HTTPS-Tunnel aufbricht, um den Inhalt der Kommunikation zu analysieren, funktioniert dies nicht!

Grundvoraussetzung für die Nutzung des Proxys ist die Verwendung des TCP-Protokolls als Transportprotokoll (siehe Abschnitt 50.3.1). Dann müssen Sie auf dem Client lediglich die folgende Zeile hinzufügen:

```
http-proxy server port
```

Hiermit geben Sie die IP-Adresse des Proxys und dessen Port an. Bei einem Squid wäre dies zum Beispiel normalerweise der Port 3128. Damit der Proxy die Verbindung erlaubt, ist es sinnvoll, den OpenVPN-Server auf dem Port 443 zu betreiben. Viele Proxys erlauben verschlüsselte Verbindungen nur zu diesem Port.

Verlangt der Proxy eine Authentifizierung, so kann OpenVPN auch diese unterstützen. OpenVPN kann die Authentifizierung mit der Methode `basic` oder `ntlm` durchführen. Ab der Version 2.1 kann OpenVPN die unterstützte Methode selbst erkennen (`auto`). Für die Authentifizierung benötigt OpenVPN den Benutzernamen und das Kennwort. Diese Informationen speichern Sie auf zwei Zeilen in einer Datei ab, die Sie zusätzlich angeben:

```
http-proxy server port [authfile] [basic|ntlm]
```

Falls Sie den Benutzernamen und das Kennwort nicht speichern möchten, kann OpenVPN es auch über die Standardeingabe einlesen. Hierzu geben Sie als Datei `stdin` an. Damit OpenVPN die Methode selbst erkennt, geben Sie statt der Datei `auto` an. Dann fragt OpenVPN automatisch über die Standardeingabe nach dem Kennwort.

Unter Windows können Sie auch OpenVPN ab Version 2.1 anweisen, selbst den Proxy zu ermitteln. Dies aktivieren Sie mit der Option `auto-proxy`.

50.3.3 Gemeinsame Portnutzung mit einem Webserver

Im vergangenen Abschnitt habe ich darauf hingewiesen, dass viele Proxys eine verschlüsselte Verbindung lediglich zum Port 443 erlauben. Natürlich muss es sich bei diesem Port um einen öffentlich erreichbaren Port handeln. Er muss also über eine öffentliche IP-Adresse erreichbar sein. Wenn Sie nur eine IP-Adresse besitzen und hier auch einen HTTPS-Server betreiben möchten, mussten Sie sich bisher für eine der beiden Lösungen entscheiden.

Ab Version 2.1 bietet OpenVPN auf allen Systemen außer Windows die Port-Sharing-Funktion. Hierzu konfigurieren Sie Ihren Webserver so, dass er nicht auf dem Port 443, sondern zum Beispiel auf 444 läuft. Den OpenVPN-Server konfigurieren Sie so, dass es den Port 443/tcp verwendet. Zusätzlich aktivieren Sie den Parameter `port-share` und geben dabei die IP-Adresse und den Port an, auf dem sich der wahre Webserver befindet. OpenVPN erkennt, ob es sich um das eigene Protokoll oder ein fremdes Protokoll (z.B. HTTPS) handelt. Fremde Protokolle werden durchgereicht, ohne dass der Client dies bemerkt.

```
port-share 127.0.0.1 444
```

50.4 OpenVPN im Bridge-Modus

OpenVPN ist einer der wenigen VPN-Implementierungen, die auch im Bridge-Modus arbeiten können. Hierbei arbeitet OpenVPN wie ein Cross-Over-Kabel, das die Netze direkt miteinander verbindet. So werden anschließend alle Broadcast- und Multicast-Pakete transportiert. Dies wird häufig für Online-Spiele benötigt. Auch die Konfiguration einiger Protokolle, die viele Broadcast-Nachrichten einsetzen, wird hierdurch einfacher. Grundsätzlich kann ich aber den Einsatz nicht empfehlen.

Dennoch möchte ich die Konfiguration kurz vorstellen.

Die Konfiguration von OpenVPN selbst ist recht einfach. Hier genügt es, auf dem Server die folgenden Optionen in der Datei einzutragen:

```
dev tap
# server-bridge gateway netmask pool-start-IP pool-end-IP
server-bridge  10.8.0.4  255.255.255.0 10.8.0.128 10.8.0.254
```

Hierbei verteilt der OpenVPN-Server IP-Adressen aus dem Netz 10.8.0.128 –10.8.0.254 an den OpenVPN-Client. Zusätzlich erhält der Client das Gateway 10.8.0.4. Das Tap-Device weist OpenVPN an, im Bridge-Modus zu arbeiten.

Alternativ kann auch der DHCP-Server in dem Netzwerk des OpenVPN-Servers verwendet werden, um dem Client eine IP-Adresse zuzuweisen. Dann wird aber nicht der Parameter `server-bridge` verwendet. In diesem Fall ersetzen Sie diese Zeile durch `mode server`.

Für das Bridging müssen Sie auch noch die Netzwerkschnittstelle auf dem eingesetzten Betriebssystem bridgen. Dies erfolgt unter Linux mit dem Befehl `brctl`. Für diese Konfiguration bringt OpenVPN in dem Verzeichnis `sample-scripts/` zwei Beispieldateien mit:

Abbildung 50.1: **Das Überbrücken der Netzwerkkarten kann einige Minuten dauern.**

» `bridge-start`

» `bridge-stop`

Diese Dateien können Sie nutzen, um automatisch die Bridge zu erzeugen und anschließend wieder zu löschen. Hierzu rufen Sie zum Start die folgenden Befehle auf:

1. `bridge-start`
2. `openvpn`

Zum Stoppen des VPN nutzen Sie:

1. `pkill openvpn`
2. `bridge-stop`

50.4.1 Windows

Auch unter Windows können Sie eine Bridge mit OpenVPN realisieren. Dies ist ab Windows XP/2003 möglich. Hierzu unterstützt Sie das Windows-Betriebssystem sogar grafisch! Im Folgenden werde ich Ihnen kurz die erforderlichen Schritte beschreiben. Windows kann sowohl als OpenVPN-Server als auch als OpenVPN-Client in diesem Szenario eingesetzt werden.

Nachdem Sie OpenVPN unter Windows installiert haben, sollten Sie zunächst, wie in Kapitel 54 empfohlen, die virtuelle Netzwerkkarte umbenennen. Anschließend wählen Sie beide Netzwerkkarten, die physikalische LAN-Verbindung und die virtuelle OpenVPN-Karte aus und wählen mit der rechten Maustaste VERBINDUNGEN ÜBERBRÜCKEN (siehe Abbildung 50.1).

Sobald der Vorgang abgeschlossen ist, zeigt Windows XP die fertige Netzwerkbrücke an.

Nun können Sie auch die neu entstandene Netzwerkbrücke in *OpenVPN-Brücke* umbenennen. Dies erleichtert später das Wiedererkennen. Sämtliche Angaben zu den einzelnen IP-

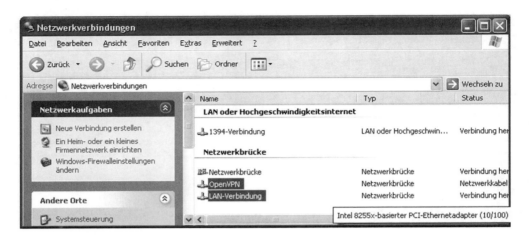

Abbildung 50.2: **Windows XP zeigt die fertige Brücke an.**

Adressen erfolgen nun auf der Netzwerkbrücke. Hierzu wählen Sie wie gewohnt mit der rechten Maustaste die EIGENSCHAFTEN und können dort Einstellungen zu den TCP/IP-Protokollen vornehmen.

Unabhängig von dem gewählten Namen für die Netzwerkbrücke tragen Sie in den OpenVPN-Konfigurationsdateien lediglich als Namen tap ein. Die Konfigurationsdatei für einen Open-VPN-Bridge-Server könnte folgendermaßen aussehen:

```
dev tap
ca ca.crt
cert server.crt
key server.key
dh dh2048.pem
server-bridge 192.168.0.254 255.255.255.0 192.168.0.100 192.168.0.119
client-to-client
keepalive 10 60
```

Ein Client würde folgendermaßen konfiguriert werden:

```
remote win.ovpn-bridge.de
dev tap
nobind
client
ca ca.crt
cert client.crt
key client.key
```

50.5 Lastverteilung und Hochverfügbarkeit

Wenn Sie OpenVPN erfolgreich einsetzen und irgendwann mehrere Hundert Clients unterstützen, werden Sie möglicherweise an die Grenzen der eingesetzten Hardware für die Server stoßen. Dies kann auch bei wesentlich weniger Clients bereits der Fall sein, wenn diese Clients große Datenmengen übertragen. Die Server werden in Abhängigkeit des übertragenen Verkehrs durch die Ver- und Entschlüsselung der Daten ausgelastet. Dann ist es an der Zeit, sich Gedanken über mehrere OpenVPN-Server zu machen, die ihre Last untereinander verteilen können.

OpenVPN kann dies sehr einfach ermöglichen. Hierzu konfigurieren Sie einfach zwei oder mehr identische OpenVPN-Server. Ihre Konfiguration muss sich lediglich in dem Pool der ausgeteilten IP-Adressen unterscheiden, damit das Routing eindeutig definiert ist.

Das eigentliche Load-Balancing macht dann der Client. Hierzu tragen Sie auf jedem Client einen anderen OpenVPN-Server mit dem Parameter remote ein.

Alternativ können Sie auch auf allen Clients alle Server in einer unterschiedlichen Reihenfolge eintragen:

```
remote server1
remote server2
```

Da dies die Pflege der Client-Konfiguration kompliziert, können Sie auch auf allen Clients die Server in identischer Reihenfolge eintragen. Damit der Client sich dann doch immer mit einem unterschiedlichen Server verbindet, geben Sie zusätzlich die folgende Option an:

```
remote-random
```

Hiermit ermittelt der Client bei jedem Start zufällig einen Server aus der Liste, mit der er sich verbindet.

Gleichzeitig erreichen Sie mit der Konfiguration mehrerer Server in der Client-Konfiguration auch eine Hochverfügbarkeit Ihrer Konfiguration. Antwortet der Server nicht bei dem Tunnelaufbau oder fällt er im Betrieb aus, so weicht der Client automatisch auf den nächsten Server in der Liste aus.

Damit auch bei einer fehlerhaften DNS-Auflösung auf den nächsten Server ausgewichen wird, müssen Sie die Option resolv-retry angeben:

```
resolv-retry 60
```

Falls Sie nicht mehrere Server in der Konfigurationsdatei angeben möchten, können Sie diese Aufgabe auch mithilfe des DNS lösen. Hierzu tragen Sie bei dem Client lediglich einen DNS-Namen als Server ein. Nun sorgen Sie dafür, dass bei einer Auflösung dieses Namens mehrere IP-Adressen (A-Records) zurückgegeben werden. OpenVPN wird bei jeder Namensauflösung eine IP-Adresse zufällig auswählen.

INFO

Wenn ein Client sich nach dem Ausfall eines Servers erneut mit einem anderen VPN-Server verbindet, erhält er natürlich eine neue IP-Adresse. Dies kann zu Problemen bei den eingesetzten Protokollen führen. Falls sich hinter dem Client ein Netz befindet, das den Tunnel nutzt, können Sie mit dynamischen Routing-Protokollen sicherstellen, dass dann anschließend alle Verbindungen weiterhin funktionieren.

50.6 Quality of Service (QoS)

Quality of Service (QoS) ist ein wichtiges Thema in einem Tunnel. Hiermit können Sie die verfügbare Bandbreite des Tunnels oder einzelner Protokolle in dem Tunnel verwalten.

OpenVPN bietet hier zwei Einstellungen, die es erlauben, die Bandbreite zu verwalten. Linux selbst bietet noch weitere Methoden, die zu beschreiben allerdings den Rahmen des Buches sprengen würden.

OpenVPN kann zum einen die Bandbreite eines Tunnels beschränken und zum anderen die nutzbare Bandbreite durch Kompression erhöhen.

Um die Bandbreite eines Tunnels zu beschränken, verwenden Sie die Option shaper. Hiermit limitieren Sie die sendende Bandbreite eines Tunnels auf n Bytes/Sekunde. Wenn Sie die Bandbreite in beiden Richtungen bestimmen möchten, müssen Sie diese Option auf beiden Seiten setzen!

OpenVPN realisiert die Bandbreitenbegrenzung, in dem es nach b versandten Bytes (b/n) Sekunden wartet, bevor es erneut Daten versendet. Da OpenVPN auch mehrere Tunnel zwischen denselben Kommunikationspartnern unterstützt, kann unterschiedlicher Verkehr mit unterschiedlichen Bandbreiten zwischen denselben Kommunikationspartnern versandt werden.

Bei sehr langsamen Tunneln (<1000 Bytes/s) sollten Sie auch die MTU-Größe reduzieren, damit OpenVPN die Pakete schneller versendet und die Latenzzeiten so gering hält.

Der Parameter n darf Werte zwischen 100 und 10.000.000 (100 MBytes/s) annehmen.

Um die Daten im Tunnel vor der Verschlüsselung zu komprimieren und so Bandbreite zu sparen, können Sie die LZO-Verschlüsselung einsetzen. Hierzu besitzt OpenVPN den Parameter comp-lzo. Dies kann der Server auch an den Client pushen:

```
comp-lzo yes
push "comp-lzo yes"
```

Dazu muss jedoch der Client zuvor mindestens die folgende Zeile in seiner Konfiguration aufweisen:

```
comp-lzo no
```

Hierbei handelt es sich um eine *adaptive Kompression*. Adaptive Kompression versucht, die Kompression zu optimieren. Wenn Sie in Ihrem Tunnel nur Daten transportieren, die bereits komprimiert sind, ist eine weitere Kompression sinnlos. OpenVPN wird dann in regelmäßigen Abständen die Wirksamkeit der Kompression testen. Ist der Kompressionsgrad gering, deaktiviert OpenVPN die Kompression bis zum nächsten Test. Dies können Sie mit comp-noadapt abschalten.

51. OpenVPN-Management-Schnittstelle

OpenVPN bietet bei entsprechender Konfiguration eine Management-Schnittstelle an, die mit einem Telnet-Client bedient werden kann. Hierüber kann die OpenVPN-Instanz ferngesteuert werden. Sie können den Tunnel starten, stoppen, Kennwörter und Passphrasen übergeben und den Status auslesen.

Um die Management-Schnittstelle zu aktivieren, bietet OpenVPN mehrere Parameter:

```
management IP port [pw-file]
management-query-passwords
management-forget-disconnect
management-hold
management-signal
management-log-cache n
management-client-auth
management-client-pf
```

Diese Parameter haben folgende Eigenschaften:

» `management IP port [pw-file]`
Hiermit öffnet OpenVPN den angegebenen Port auf der angegebenen IP-Adresse und nimmt hier Befehle entgegen. Die Datei `pw-file` kann auf der ersten Zeile ein Kennwort enthalten, das von dem Client bei der Verbindung angefordert wird. Es kann sich immer nur ein Client verbinden.

Es ist auch möglich, die Management-Schnittstelle über den Tunnel verfügbar zu machen. Hierzu ist als IP-Adresse das Wort `tunnel` anzugeben.

Dieser Port ist in erster Linie für die Steuerung mithilfe grafischer Programme (wie Open-VPN Management Tool, siehe Kapitel 55.1) gedacht. Sie können sich aber auch mit einem einfachen Telnet-Client verbinden.

» `management-query-passwords`
Wenn Sie diesen Parameter angeben, fordert OpenVPN mögliche Passphrasen für den privaten Schlüssel und den Benutzernamen und das Kennwort über die Management-Schnittstelle an. Die Kommunikation sieht dann folgendermaßen aus:

```
>PASSWORD:Need 'Private Key' password
password "Private Key" foo
```

» `management-forget-disconnect`

Hiermit weisen Sie OpenVPN an, die übergebenen Kennwörter zu vergessen, sobald die Management-Sitzung sich beendet. Dies betrifft alle Kennwörter außer der Proxy-Authentifizierung.

» `management-hold`

Hiermit startet OpenVPN, jedoch wird der Tunnel nicht initialisiert. So kann über die Management-Schnittstelle die Aufforderung zum Aufbau des Tunnels übertragen werden. Damit ist es möglich, OpenVPN automatisch bei dem Start des Systems als Dienst zu starten und später manuell die Tunnel zu starten.

» `management-signal`

Sobald sich die Management-Schnittstelle schließt, löst OpenVPN ein `SIGUSR1`-Signal aus. Dies beendet dann auch den Tunnel.

» `management-log-cache n`

Die Management-Schnittstelle kann auch auf die OpenVPN-Protokolle zugreifen. Um die letzten Meldungen nachträglich auslesen zu können, muss OpenVPN diese cachen. Hiermit geben Sie die Anzahl der zu cachenden Einträge an.

» `management-client-auth`

Diese Option ist nur in der neuesten Version 2.1 verfügbar. Hiermit wird die Management-Schnittstelle auf dem Server zusätzlich bei jeder Clientverbindung gefragt, ob der Client sich verbinden darf.

» `management-client-pf`

Diese Option ist nur in der neuesten Version 2.1 verfügbar. Die Management-Schnittstelle auf dem Server muss hier für jeden Client einen Paketfilter spezifizieren, der auf den Verkehr des Clients angewendet wird.

Die beiden letzten Optionen sind für mächtige Server-Konfigurationssysteme gedacht.

52. Anmeldung mit Benutzername/ Kennwort

OpenVPN erlaubt auch eine Anmeldung des Clients mit einem Benutzernamen und Kennwort. Der Client fragt dazu bei seinem Start den Benutzer nach seinem Namen und Kennwort. Dieses wird dann von dem Client über den Tunnel an den Server gesendet. Der Server kann dieses Kennwort dann mit einem Authentifizierungs-Plug-In überprüfen. Dieses Plug-In kann ein Script oder eine Bibliothek (Shared Object oder DLL) sein.

Die Konfiguration des Clients ist sehr einfach. Hier müssen Sie lediglich die folgende Zeile einfügen:

```
auth-user-pass
```

Dies fordert den Client auf, den Benutzernamen und das Kennwort über den Tunnel zu übertragen. Auf dem Server gibt es nun unterschiedliche Möglichkeiten:

1. Die Überprüfung erfolgt mit einem Script. Dieses wird mit der Direktive `auth-user-pass-verify` eingebunden. Für diesen Zweck ist ein Beispielscript `auth-pam.pl` in dem Open-VPN-Paket enthalten:

   ```
   auth-user-pass-verify auth-pam.pl via-file
   ```

2. Die empfohlene Methode ist jedoch die Verwendung einer Bibliothek. Dies ist unter Unix ein Shared-Object oder unter Windows eine DLL. OpenVPN unterstützt mehrere Bibliotheks-Plug-Ins. Eines dieser Plug-Ins kann die Authentifizierung mithilfe von PAM prüfen. Dieses Modul befindet sich in dem Verzeichnis `plugin/auth-pam/` im OpenVPN-Quelltextverzeichnis. Es kann mit `make` in diesem Verzeichnis kompiliert werden. Die meisten Distributionen sehen in ihren Paketen dieses Plug-In vor.

Um das Plug-In zu nutzen, tragen Sie es hier in der Server-Konfiguration ein:

```
plugin /usr/share/openvpn/plugin/lib/openvpn-auth-pam.so login
```

Mit dieser Zeile laden Sie das Plug-In und geben an, welche PAM-Konfigurationsdatei es für die Authentifizierung verwenden soll.

Dieses Modul hat gegenüber dem Script einige Vorteile:

» PAM kann auch den Benutzernamen und Kennwort überprüfen, wenn der OpenVPN-Server nicht mit Root-Rechten arbeitet.

» Im Gegensatz zum Script werden der Benutzername und das Kennwort direkt über den Speicher und nicht über eine externe Datei übergeben.

Natürlich können Sie auch eine eigene PAM-Konfigurationsdatei erzeugen, die für die Authentifizierung genutzt wird. So können Sie auch eine ADS via Kerberos und `pam_krb5` einen LDAP-Server via `pam_ldap` oder die lokale Benutzerdatenbank via `pam_unix` verwenden. Zusätzliche Einschränkungen sind immer mit `pam_listfile` möglich.

52.1 Verzicht auf Client-Zertifikate

Normalerweise erwartet OpenVPN trotz der Verwendung von Benutzername und Kennwort eine Authentifizierung des Clients mit einem Zertifikat. Dies ist auch die sichere Variante, da so ein Man-in-the-Middle-Angriff mit einem gestohlenen Kennwort ausgeschlossen werden kann.

Wenn Sie dennoch auf ein Client-Zertifikat für die Authentifizierung verzichten möchten, können Sie auf dem Server den folgenden Parameter verwenden:

```
client-cert-not-required
```

Der Client benötigt dann nur noch den Parameter `ca` um das Zertifikat des Servers zu überprüfen. Die Parameter `cert` und `key` können auf dem Client entfernt werden.

Sinnvoll ist dann auch der Parameter `username-as-common-name`. Hiermit protokolliert der OpenVPN-Server den Benutzernamen in den Protokollen.

53. Smartcards

Mit Smartcards können Sie eine Zwei-Faktor-Authentifizierung nutzen. Allgemein gibt es drei Verfahren zur Authentifizierung:

» *Wissen*
  Dies kann zum Beispiel durch ein Kennwort realisiert werden. Nur bei Kenntnis des Kennworts können Sie sich authentifizieren. Leider kann ein unvorsichtiger oder bösartiger Benutzer das Kennwort weitersagen. So können auch andere Benutzer sich mit demselben Kennwort authentifizieren.

» *Besitz*
  Dies entspricht einem physikalischen Schlüssel. Nur bei Besitz des Schlüssels können Sie eine Tür aufsperren. Wenn Sie den Schlüssel nicht besitzen, bleibt die Tür verschlossen. Leider kann ein Schlüssel verloren gehen oder gestohlen werden.

» *Persönliche Eigenschaft*
  Dies entspricht einem Fingerabdruck. In der IT-Welt sind biometrische Verfahren im Moment der letzte Schrei. Hier werden Fingerabdrücke mit speziellen Lesern ausgewertet. Leider hat es hier auch schon Probleme gegeben. Zum einen konnten die Leser mit nachgemachten Fingerabdrücken überlistet werden. Zum anderen sind bereits Fälle bekannt geworden, in denen Verbrecher die Finger ihrer Opfer einfach abgeschnitten haben.

Eine Zwei-Faktor-Authentifizierung nutzt zwei Methoden gleichzeitig. Dies ist zum Beispiel bei einer Smartcard der Fall. Um diese zu verwenden, müssen Sie sowohl das physikalische Gerät besitzen (Smartcard) als auch ihre Pin wissen.

Die Smartcard speichert einen privaten Schlüssel. Gute Smartcards erlauben die Erzeugung des privaten Schlüssels direkt auf der Smartcard, sodass der Schlüssel nie außerhalb der Smartcard gespeichert werden muss. Wird der Schlüssel benötigt, kann der Rechner nicht den Schlüssel auslesen, sondern muss die Daten, die mit dem Schlüssel signiert werden sollen, an die Smartcard senden. Der Prozessor auf der Smartcard kann auf den Schlüssel zugreifen und die Daten signieren.

Eine Kopie der Smartcard oder das Anfertigen eines Duplikates ist nicht möglich, da der Schlüssel nie außerhalb der Smartcard gespeichert wurde und aus der Smartcard nicht ausgelesen werden kann.

Um die Smartcard zusätzlich zu schützen, wird der Schlüssel mit einem Kennwort oder einer PIN geschützt. Nur nach Eingabe der PIN kann der Prozessor auf der Smartcard auf den Schlüssel zugreifen. Eine gute Smartcard sperrt den Schlüssel auch nach mehreren fehlerhaften Eingaben der Pin. So kann bei Verlust der Smartcard der Finder diese nicht ohne Kenntnis der PIN nutzen.

Dies erhöht die Sicherheit bei der Authentifizierung. Es ist nicht möglich, einer weiteren Person durch Weitergeben der PIN den Zugang zu ermöglichen. Ohne Smartcard ist kein Zugriff möglich. Bei Verlust der Smartcard ist die Gefahr auch recht gering, da der Finder ohne PIN die Smartcard nicht nutzen kann. Grundsätzlich kann nur eine Person gleichzeitig die Smartcard nutzen.

53.1 PKCS#11

Der häufigste Standard für den Einsatz von Smartcards und kryptografischen Token ist der PKCS#11-Standard. Dieser Standard beschreibt die Cryptoki-API (CRYPtographic TOKen Interface). PKCS#11 ist ein plattformunabhängiger und herstellerunabhängiger Standard. Fast jeder Hersteller bietet für seine Crypto-Geräte eine entsprechende Bibliothek.

Um diesen Standard zu nutzen, benötigen Sie die PKCS#11-Bibliothek. Dies kann die OpenSC-Bibliothek sein. Ihr Name lautet `opensc-pkcs11.so` unter Linux und `opensc-pkcs11.dll` unter Windows.

Um nun eine Smartcard zu nutzen, müssen Sie folgenden Schritte durchlaufen:

1. Initialisierung der Smartcard
2. Generierung des RSA-Schlüsselpaars auf der Smartcard
3. Erzeugung eines Bürgschaftsanfrage (*Certificate Signing Requests*)
4. Signatur der Anfrage mit einer CA
5. Speicherung des Zertifikats auf der Karte

Für diese Schritte kann das Kommando `pki-tool` aus dem Easy-RSA-2.0-Paket genutzt werden. Hiermit erreichen Sie mit den folgenden Befehlen das Ziel:

```
# Initialisierung
./pkitool --pkcs11-slots /usr/lib/pkcs11/<provider>
./pkitool --pkcs11-init /usr/lib/pkcs11/<provider> <slot> <label>
# Erzeugung des Schlüsselpaars und Signatur des Zertifikats
./pkitool --pkcs11 /usr/lib/pkcs11/<provider> <slot> <label> client1
```

53.2 Anpassungen in OpenVPN

Zunächst sollten Sie prüfen, dass OpenVPN die Smartcard ansprechen und die Identitäten auslesen kann:

```
openvpn --show-pkcs11-ids /usr/lib/pkcs11/<provider>
```

Dieser Befehl gibt sowohl den Distinguished Name (DN) des Zertifikats als auch die seriali-sierte ID aus. Die serialisierte ID wird von OpenVPN benötigt. Also tragen Sie in der Konfigu-rationsdatei von OpenVPN die folgenden Informationen ein:

```
pkcs11-providers /usr/lib/pkcs11/<provider>
pkcs11-id 'aaaa/bbb/.....'
pkcs11-slot-type label
pkcs11-slot "OpenSC Card (Ralf Spenneberg)"
pkcs11-id-type subject
```

Um die PIN über die Management-Schnittstelle anzufordern, können Sie folgenden Beispiel-Code aus dem OpenVPN-Howto verwenden:

```
pkcs11-providers /usr/lib/pkcs11/provider1.so /usr/lib/pkcs11/provider2.so
pkcs11-id 'aaaa/bbb/41545F5349474E415455524581D2A1A1B23C4AA4CB17FAF7A4600'
pkcs11-pin-cache 300
daemon
auth-retry nointeract
management-hold
management-signal
management 127.0.0.1 8888
management-query-passwords
```

53.3 Microsoft CryptoAPI

Alternativ können Sie auch die Microsoft-eigene CryptoAPI nutzen. Dies ist natürlich nur auf Windows-Betriebssystemen möglich. Hierfür müssen Sie die entsprechenden Treiber des Herstellers installiert haben.

Dann können Sie auch auf das Zertifikat mit dem folgenden Parameter spezifizieren:

```
cryptoapicert "SUBJ:Ralf Spenneberg"
```

Leider hat diese Methode auch Nachteile. Sie funktioniert anscheinend nicht mit Smartcards, wenn OpenVPN als Dienst unter Windows gestartet wurde.

54. OpenVPN auf Windows

OpenVPN kann auf Linux, Solaris, BSD, Mac OS X und Windows-32-Bit-Betriebssystemen eingesetzt werden. Für die Installation auf Vista 64 Bit wurde der Win32-TAP-Treiber auch signiert und sollte nun funktionieren. Allerdings sollten Sie OpenVPN als Administrator installieren.

Auf der OpenVPN-Homepage können Sie fertige Pakete für die Installation von OpenVPN unter Windows erhalten. Die Konfiguration erfolgt genauso, wie bisher beschrieben wurde.

Speziell für die Konfiguration der Verbindungen existieren sowohl für Windows- als auch für Linux- und Mac OS X-Systeme grafische Oberflächen mit unterschiedlichen Eigenschaften, die im nächsten Kapitel besprochen werden.

54.1 Installation

Für die Installation unter Windows steht ein grafischer Installer zur Verfügung. Dieser kann auch von der OpenVPN-Homepage geladen werden. Das Installationsprogramm enthält auch direkt die OpenVPN-GUI von Mathias Sundman.

Im Folgenden werden kurz die Installationsschritte besprochen. Nach dem Start werden Sie zunächst begrüßt und dann gebeten, die entsprechenden Lizenzen zu akzeptieren.

Anschließend können Sie das Installationsverzeichnis und die zu installierenden Komponenten auswählen. Hier können Sie in den meisten Fällen die Default-Einstellungen übernehmen.[1]

Wurden alle Fragen beantwortet, beginnt die Installation von OpenVPN. Während der Installation wird auch der Win32-TAP-Treiber installiert, den OpenVPN für seine virtuellen Netzwerkkarten benötigt. Hierbei kann es noch zu einer Meldung kommen (Abbildung 54.3), dass der Treiber den Windows-Logo-Test nicht bestanden hätte. Ignorieren Sie diese Meldung, und setzen Sie die Installation fort.

Nach der Installation ist es sinnvoll, die neue virtuelle Netzwerkkarte umzubenennen, um Verwirrung vorzubeugen.

---

[1] Bei der Installation unter Vista kann es vorteilhaft sein, OpenVPN nicht in dem Ordner `C:\Programme` zu installieren. Stattdessen kann `C:\OpenVPN` sinnvoller sein.

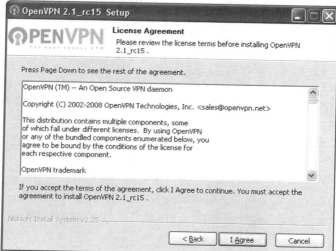

Abbildung 54.1: **Die OpenVPN-Komponenten werden von verschiedenen Lizenzen begleitet. OpenVPN selbst ist GPL-lizenziert.**

54.1.1 Windows 7

Der aktuelle OpenVPN 2.1-Client ist auch unter Windows 7 lauffähig. Allerdings müssen Sie das Installationsprogramm hier im Vista-Kompatibilitätsmodus starten. Hierzu wählen Sie nach einem Rechtsklick auf das Installationsprogramm zunächst Eigenschaften aus. Dort setzen Sie den Kompatibilitätsmodus auf Windows Vista und starten das Programm als Administrator (siehe Abbildung 54.5).

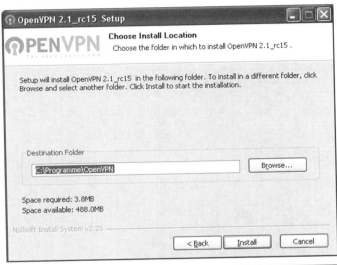

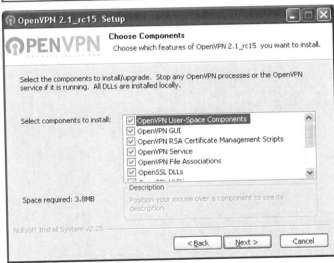

Abbildung 54.2: **Die OpenVPN-Komponenten können einzeln für die Installation ausgewählt werden.**

54.2 Erzeugung eines eigenen Installationsprogramms

Sie können sich auch ein eigenes Installationspaket bauen. So können Sie direkt die Konfigurationsdateien mit einschließen und auch die Schlüssel der Nutzer mit verteilen. Natürlich kann auch eine GUI direkt mit eingeschlossen werden. Das Ganze kann dann auch mit einem eigenen Namen versehen werden und so der CI (Coporate Identity) genügen. Hierzu können Sie das *Nullsoft Scriptable Installation System* (NSIS) nutzen. Dieses ist als Open-Source-Software unter http://nsis.sourceforge.net verfügbar.

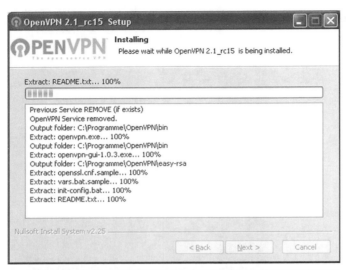

Abbildung 54.3: **Der Win32-TAP-Treiber in der Version 9 verfügt über keine offizielle Signatur durch Microsoft.**

Laden Sie die letzte Version (hier 2.42) von der Homepage, und installieren Sie diese auf Ihrem Windows-System. Bei der Installation akzeptieren Sie einfach sämtliche Default-Einstellungen. Natürlich können Sie aber den Installationsort anpassen.

Die folgenden Schritte sind an verschiedenen Stellen dokumentiert. Leider sind die originale Dokumentation[2] und die dort erwähnten Pakete ein wenig veraltet. Hier finden Sie eine aktuellere Beschreibung, auf der auch die folgenden Zeilen basieren: http://www.ameir.net/blog/index.php?/archives/30-Creating-a-customized-OpenVPN-installer.html.

---

2   http://openvpn.se/files/howto/openvpn-howto_roll_your_own_installation_package.html

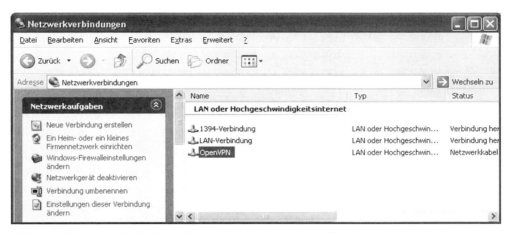

Abbildung 54.4: **Benennen Sie die Netzwerkkarte einfach per rechtem Mausklick um.**

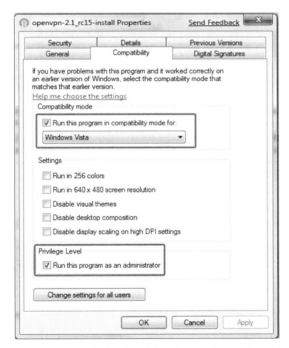

Abbildung 54.5: **Unter Windows 7 betreiben Sie OpenVPN im Vista-Kompatibilitätsmodus.**

Anschließend benötigen Sie die folgenden Softwarepakete:

» OpenVPN 2.1 (Release Candidate)-Installationspaket[3]

---

3   Dies erhalten Sie unter http://www.openvpn.net.

» Installationsdateien GUI 2.1 Beta 7[4]

Alternativ können Sie auch dieses Paket verwenden: `http://wiki.lug-reutlingen.de/openvpn-2.1_rc7.zip`. Dann entfällt das Kopieren des TAP-Treibers.

» die OpenVPN-GUI (Diese ist bereits in dem „OpenVPN 2.1 für Windows" Installationspaket enthalten.)

Installieren Sie das Windows-Installationspaket, und entpacken Sie die Installationsdateien (ZIP-Archiv). Bei der Installation wählen Sie einfach die Defaultwerte, während Sie das ZIP-Archiv an beliebiger Stelle entpacken können.

Das ZIP-Archiv enthält in dem Ordner `openvpn/` alte Versionen von OpenVPN und der Open-VPN-GUI. Diese ersetzen Sie nun durch Kopien der bei Ihnen installierten aktuelleren Versionen aus dem Verzeichnis `C:\Programme\OpenVPN\bin`.

Nun benötigen wir speziell für den Betrieb unter Vista einen neueren TAP-Treiber als den, der sich aktuell in dem ZIP-Archiv befindet. Hierzu kopieren Sie die Dateien `tap0901*` aus dem Verzeichnis `C:\Programme\OpenVPN\driver` in das Verzeichnis `openvpn\tap-win32\i386`. Anschließend müssen Sie noch die Datei `openvpn-gui.nsi` im Wurzelverzeichnis des ZIP-Archivs anpassen. Ändern Sie die Zeile

```
!define TAP "tap0801"
```

so, dass der neue Treiber genutzt wird:

```
!define TAP "tap0901"
```

Natürlich können und sollten Sie auch die anderen Versionsangaben an ihre aktuelle Version anpassen.

Weitere interessante Parameter sind:

» `Caption` Hiermit ändern Sie die Titelzeile des Installers.

» `BrandingText` Hiermit ändern Sie den Text in der Fußzeile.

Nun müssen Sie nur noch das Paket bauen. Hierzu genügt es, die NSI-Datei mit der rechten Maustaste anzuwählen und aus dem Kontextmenü die Option COMPILE NSI auszuwählen.

---

4   `http://www.openvpn.se/files/install_packages_source/openvpn_install_source-2.1beta7-gui-1.0.3.zip`

55. Grafische Oberflächen

Für verschiedene Betriebssysteme existieren verschiedene grafische Oberflächen. Während sie alle versuchen, die Steuerung der Tunnel zu ermöglichen, erreichen sie dies auf unterschiedlichen Wegen und mit unterschiedlicher Komplexität. Meist differieren sie auch in den angepeilten Zielgruppen. Die folgende Liste erhebt keinen Anspruch auf Vollständigkeit:

» Windows: OpenVPN Management Tool, OpenVPN-GUI, OpenVPN-Admin

» Linux: OpenVPN Management Tool, OpenVPN-Admin, KVpnc

» Mac OS X: OpenVPN Management Tool, Tunnelblick

55.1 OpenVPN Management Tool

Das OpenVPN Management Tool wird von meinem Mitarbeiter Thorsten Robers entwickelt. Es enstand als grafische Oberfläche für die Nutzung der Management-Schnittstelle von OpenVPN.

Dieses Werkzeug wurde mit dem Ziel entwickelt, eine einfache grafische Oberfläche zu erzeugen, die es einem Benutzer ohne administrative Rechte erlaubt, OpenVPN unter Windows, Linux und Mac OS X im Betrieb zu steuern. Hierzu wurde die Oberfläche mit Microsoft Windows .NET entwickelt, um die Portierung auf Mono zu ermöglichen.

Die Oberfläche verbindet sich mit der Management-Schnittstelle (siehe Kapitel 51) der als Dienst gestarteten OpenVPN-Instanzen. Über diese Schnittstelle steuert sie den Tunnel, übergibt OpenVPN die benötigten Kennwörter und Passphrasen und wertet die Protokollmeldungen aus.

Für die Steuerung des Tunnels (siehe Abbildung 55.1) über die Management-Schnittstelle benötigt das Werkzeug keine administrativen Rechte, sodass ein unprivilegierter Benutzer OpenVPN benutzen kann.

Zusätzlich bietet das Werkzeug den automatischen Download neuer Konfigurationsdateien von einem zentralen Konfigurationsrepositorium. Dies erlaubt es dem Betreiber des OpenVPN-Gateways bei Änderungen der Konfiguration, diese Änderungen auch automatisch an alle Clients zu übertragen. Dabei können unterschiedliche Konfigurationen für unterschiedliche Clients verteilt werden. Der Download erfolgt SSL-verschlüsselt und bei Bedarf mit einem Kennwort geschützt.

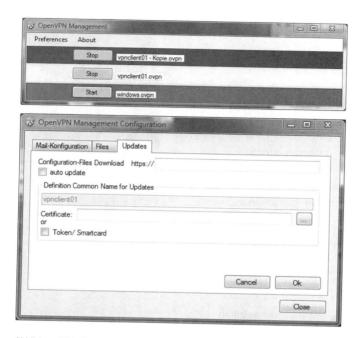

Abbildung 55.1: **Das OpenVPN Management Tool erlaubt die einfache Steuerung des Tunnels und den Download der Konfigurationsdateien.**

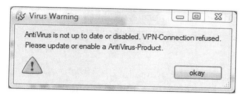

Abbildung 55.2: **Das OpenVPN Management Tool prüft vor dem Tunnelaufbau die Systemintegrität des Clients.**

Da häufig das VPN den Clients ungeschützten Zugriff auf das interne Netz gewährt, ist in das OpenVPN Management Tool auch eine lokale Überprüfung der Systemintegrität integriert (siehe Abbildung 55.2). Nur wenn ein aktueller Virenscanner aktiv und die Firewall eingeschaltet ist, erlaubt es den Aufbau des Tunnels. Leider kann dies von einem erfahrenen Benutzer im Moment leicht umgangen werden, da OpenVPN selbst diese Prüfung nicht durchführt. Der Anwender kann direkt über die Management-Schnittstelle mit OpenVPN kommunizieren und selbst über die Schnittstelle den Tunnel aufbauen. Dies soll in zukünftigen Versionen verhindert werden.

55.2 OpenVPN-GUI

Die OpenVPN-GUI wird von Mathias Sundman entwickelt und unter http://openvpn.se veröffentlicht. Sie läuft unter Microsoft Windows-Betriebssystemen und integriert sich in die Toolbar (siehe Abbildung 55.3).

Sie verfügt über die folgenden Eigenschaften:

» Die Steuerung erfolgt über ein Icon in der Toolbar.

» Die Verwaltung mehrerer Tunnel gleichzeitig ist möglich.

» Sie versteckt das Konsolenfenster von OpenVPN.

» Sie erlaubt die Betrachtung der Protokolle.

» Sie kann einen Texteditor starten, um die Konfiguration anzupassen.

» Sie kann OpenVPN als Dienst starten, stoppen und neu starten.

» Sie bietet einen Dialog für das Kennwort des privaten Schlüssels.[1]

» Sie bietet einen Dialog für den Benutzernamen und das Kennwort.[2]

» Sie erlaubt eine Änderung des Kennworts des privaten Schlüssels.

» Sie kann einen Proxy konfigurieren.

» Sie kann zusätzlich ein Batchfile vor und nach der Verbindungsaufnahme starten.

Diese Oberfläche ist sicherlich die am häufigsten eingesetzte Oberfläche unter Windows.

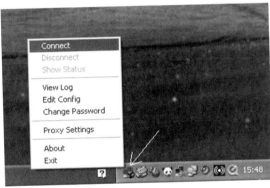

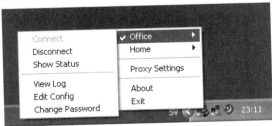

Abbildung 55.3: **Die OpenVPN-GUI von Mathias Sundman für Windows**

---

1 Dies funktioniert nur mit einem zusätzlichen Patch bei Einsatz von OpenVPN als Dienst unter Windows.

2 Dies funktioniert ebenfalls nur mit einem zusätzlichen Patch bei Einsatz von OpenVPN als Dienst unter Windows.

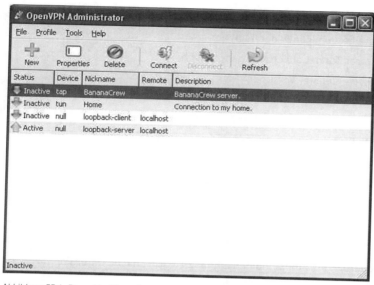

Abbildung 55.4: **Dasselbe Binary ist mit Mono unter Linux und Windows lauffähig.**

55.3 OpenVPN-Admin

OpenVPN-Admin wurde von Rainer Jung und Everaldo Canuto entwickelt. Leider wird es seit Ende 2006 nicht weiter gepflegt. Sie erhalten es unter http://openvpn-admin.sourceforge. net/. Es nutzt als Programmiersprache Mono und kann so sowohl unter Linux als auch unter Windows betrieben werden.

55.4 KVpnc

KVpnc ist ein Monster unter den grafischen VPN-Konfigurationswerkzeugen. Es unterstützt unter Linux VPN-Tunnel mit den folgenden Technologien:

» IPSec mit folgenden Softwarepaketen:

- Racoon
- FreeS/wan
- Openswan
- strongSwan
- Vpnc
- Cisco Client

» OpenVPN

» PPTP

» L2TP

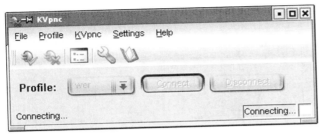

Abbildung 55.5: **KVpnc bietet Tunnelkonfiguration in KDE.**

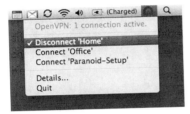

Abbildung 55.6: **Tunnelblick arbeitet unter Mac OS X.**

Hierbei kann es meist die vorhandenen Konfigurationsdateien importieren und auch die grafisch konfigurierten Tunnel in nativen Konfigurationsdateien exportieren. Dabei bleibt die grafische Oberfläche im Betrieb angenehm übersichtlich.

55.5 Tunnelblick

Tunnelblick ist eine Oberfläche für Mac OS. Sie wird auf Google Code gehostet[3] und von Angelo Laub entwickelt. Tunnelblick benötigt für den Start Root-Rechte und installiert sich daher als SetUID-Binary.

---

3   http://code.google.com/p/tunnelblick/

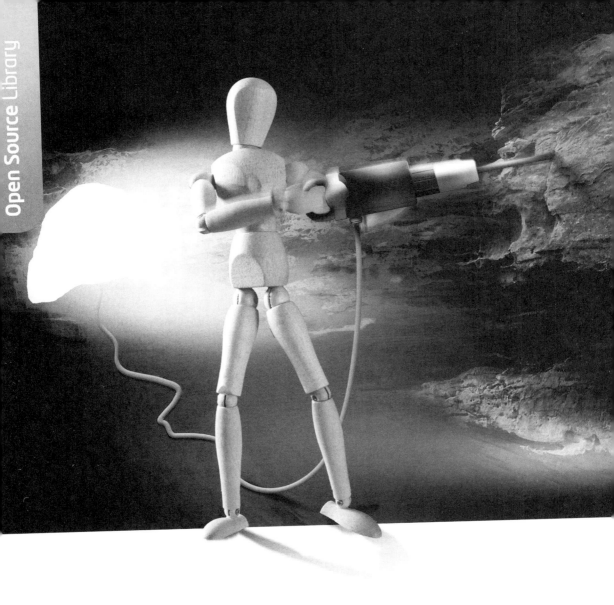

Teil VI

Anhang

Die CD-ROM zum Buch

Die CD-ROM enthält zusätzliches Material, das den Umfang dieses Buches gesprengt hätte, und die Software, um die Beispiele in diesem Buch testen zu können.

RFC-Dokumente

Die CD-ROM enthält viele Drafts und RFC-Dokumente, die für das Verständnis der eingesetzten Protokolle erforderlich sind. Diese sind insbesondere wichtig, da einige originale Drafts nicht mehr einfach im Internet auffindbar sind.

Software

Die CD-ROM enthält die aktuellsten Versionen von Openswan, strongSwan, Setkey, Racoon und Isakmpd, die zum Zeitpunkt der Drucklegung verfügbar waren.

Außerdem befindet sich auf der CD eine virtuelle Umgebung, basierend auf KVM, mit der Sie die verschiedenen Beispiele aus dem Buch nachvollziehen können. Der genaue Start der virtuellen Umgebung wird auf der CD beschrieben.

Literaturverzeichnis

[1]. Cavallar, Stefania, Bruce Dodson, Arjen K. Lenstra, Walter Lioen, Peter L. Montgomery, Brian Murphy, Herman te Riele, Karen Aardal, Jeff Gilchrist, Gerard Guilerm, Paul Leyland, et al.: Factorisation of a 512-bit RSA modulus, In: Theory and Application of Cryptographic Techniques, `ftp://ftp.gage.politechnique.fr/pub/publications/jma/Rsa-155.ps`.

[2]. Lipp, Manfred: VPN – Virtuelle Private Netzwerke. Aufbau und Sicherheit. 1. Aufl., Bonn u. a.: Addison-Wesley 2001.

[3]. Böhmer, Wolfgang: VPN. Virtual Private Networks. Die reale Welt der virtuellen Netze. 1. Aufl., München u. a.: Hanser 2002.

[4]. Dr. Pohlmann, Norbert, Markus a Campo: Virtual Private Networks. 2. überarbeitete Aufl., Bonn: MITP 2003.

[5]. Marsh, Matthew G.: Policy Routing Using Linux. 1. Aufl., Indianapolis u. a.: SAMS 2001.

[6]. Doraswamy, Naganand, Dan Harkins: IPSec. 1. Aufl., Bonn u. a.: Addison-Wesley 2000.

[7]. Bauer, Friedrich L.: Entzifferte Geheimnisse. Methoden und Maximen der Kryptologie. 3., überarbeitete Aufl., Berlin u. a.: Springer 2000.

[8]. Schneier, Bruce: Applied Cryptography. 2., überarbeitete Aufl., New York u. a.: John Wiley + Sons 1995.

[9]. Bellovin, William, Steven Cheswick: Firewalls und Sicherheit im Internet. 2., überarbeitete Aufl., Bonn u. a.: Addison-Wesley 1995.

[10]. Ziegler, Robert L.: Linux Firewalls. 2.,überarbeitete Aufl., München: Markt+Technik Verlag 2002.

[11]. Kahn, David: The Codebreakers. 2., überarbeitete Aufl., New York: Simon + Schuster Inc. 1997.

[12]. Barrett, Daniel J., Richard E. Silverman: SSH: Secure Shell – Ein umfassendes Handbuch. 1. Aufl., Köln: O'Reilly 2001.

[13]. Stevens, W. Richard: TCP/IP Illustrated. Bd. 1. 1. Aufl., Reading u. a.: Addison Wesley 1994.

[14]. Hall, Eric A.: Internet Core Protocols: The Definitive Guide. 1. Aufl., Sebastopol u. a.: O'Reilly 2000.

[15]. Garcia, Flavio D., Gerhard de Koning Gans, Ruben Muijrers, Peter van Rossum, Roel Verdult, Ronny Wichers Schreur, Bart Jacobs (2008-10-04). "Dismantling MIFARE Classic". 13th European Symposium on Research in Computer Security (ESORICS 2008), LNCS, Springer.

[16]. Laurin, Frederik und Calle Froste, Svenska Dagbladet, 18 November 1997: Secret Swedish E-Mail Can Be Read by the U.S.A.

[17]. Wang, Xiaoyun, Dengguo Feng, Xuejia Lai und Hongbo Yu: Collisions for Hash Functions MD4, MD5, HAVAL-128 and RIPEMD. Cryptology ePrint Archive, Report 2004/199, `http://eprint.iacr.org/`

[18]. Alexander Sotirov, Marc Stevens, Jacob Appelbaum, Arjen Lenstra, David Molnar, Dag Arne Osvik, Benne de Weger: MD5 considered harmful today. Creating a rogue CA certificate. 2008. http://www.win.tue.nl/hashclash/rogue-ca/

Stichwortverzeichnis

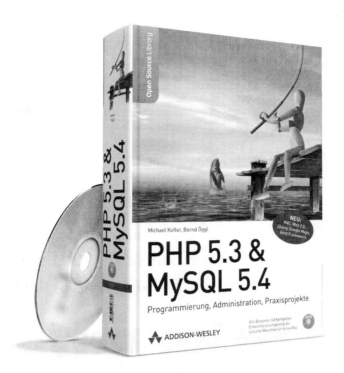